读
行
者

从阅读走进现实
knowledge·power

knowledge-power

读行者

中国传统语境下的
皇权与学术

春秋大义

熊逸

著

民主与建设出版社 博集天卷
CS-BOOKY
·北京·

历史上的"国家"是一个充满歧义的概念。在某种程度上，国家具有和所谓天神相同的属性：被人类自己所创造，又被人类自己所服从，并且，正如祭司们自称在人间代行天神的旨意，统治者们也会自称代表国家的利益，而真正的获益者却往往只是这些"代理人"自己。

——作者题记

自 序

1.

本是想详细讲解"《春秋》三传"的，讲解春秋二百四十多年的历史，于是在正式开讲之前需要写上一个小序，谈谈春秋的小国民主是如何一步步走向战国、秦、汉的大国寡头乃至大国专制的，谈谈《春秋》及其相关的经典是如何在秦、汉以来的两千年专制社会里发挥实际作用的，谈谈我们现代人所认为的这些"迂腐的书斋学问"在当初是如何在政治和社会生活中呼风唤雨的，谈谈一贯被当作中国精神的"春秋大义"到底是一种怎样的东西，谈谈道家的思想是否真的是我们一般认为的"清静无为"，谈谈一统天下的儒学究竟在怎样培养出忠臣孝子，谈谈我们对那段历史有着多少的误解和想当然……但是，一不小心，这个序言就写长了，长到了现在这个足以支撑起一本厚书的篇幅，如果"世界上最长的序言"也能申请吉尼斯世界纪录的话，等哪天实在无聊的时候我或许会试上一试。

——无聊的事情先放在一边，一个迫在眉睫的问题是：我不得不再写一个"序言的序言"，嗯，就是你正在看的这个。

2.

每次写书的时候我常常精神亢奋，但写序言的时候却经常龇牙咧嘴，有时我真想好好翻翻旧书，找出哪位伟大的作家也有同样的毛病，但总是没能如愿。好在懒惰总能刺激人们去寻找捷径——前思后想之后，我决定了：干脆就直接引用三位前辈高人给他们自己的著作所作的序言好了。呵呵，人固然不能无耻到这个地步，但我保证，他们的序言用在我这里绝对不是胡拼乱凑。

第一个要引用的，是摩莱里给他的《自然法典》写的序言，把拉丁文略去之后是这样的：

人们是否读这本书，对我关系不大；但是，如果要读，就应当先读完，再提出任何异议。我既不愿意人家半听不听，也不愿意让有成见的人来评判。为了了解我，就必须放弃自己最珍视的偏见：请你摘掉这块面纱一分钟吧，你将会惊讶地发现，你认为从中汲取智慧的地方，正是一切灾祸和罪恶之根源。你会清楚地看到自然的最简单而又最好的教诲，它总是处处与通常的道德和政治不相容的。如果你的心灵和理智已经被通常的道德和政治的信条所迷惑，你既不愿意也不可能意识到其荒谬之处，那么，我就听凭你随这谬误之流去吧。

第二个要引用的，是约翰·格雷《人类幸福论》的序言：

这里讨论的一些问题，可能是依据跟整个教育制度向目前这一代人灌输的观念很不一致的观点来加以探讨的。因此，在那些尚未形成与自己青年时代的最初印象相反的任何观点的人看来，也许会觉得我们的见解是错误的。不过我们要问一下，上述见解果真是错误的吗？

第三个要引用的，是许地山《道教史》的序言：

此本不能说是著作，只将前人及时人研究的结果总撮起来，作为大学参考的书……全书创见极少，成见也无，不完不备，在所难免，望读者赐教。

最后许地山这篇当中，有一句话是要改动一下的：把"作为大学参考的书"改为"作为中学生可看可不看的课外读物"即可。

——说句心里话，本来我是想把许地山这篇放到后记再引的，可就在思想斗争的关键时刻，良知突然露了露头，我终于还是不情愿地改变了原来的计划。

最后，再从阅读的角度说上两句：为了兼顾通俗和严谨，我对古老典籍的引述一般会在正文当中取其意而遗其直，并把原文附在注释里以供参考查阅。另外，如果说以前的《孟子他说》和《周易江湖》是好熊的"休闲装版"，那么，现在这个《春秋大义》就是好熊的"正装版"了，不知道老朋友们是否习惯呢？当然，穿西装也不一定要打领带的。

好了，开场白就说到这里了，希望这篇文字至少会让你读得有趣，嗯，正如司马迁在《史记·熊逸列传》里说的："如果这世上还有一件事情是比读书更快乐的话，那一定就是读熊逸的书了。"

熊逸

春秋大义

目录
Contents

第三章
天人三策 211

第四章
黄老，老庄，申韩，谁是真道家？ 335

引子之一：
新问题常是老问题

问题总是层出不穷的，在任何一个"当下"的种种热点问题之中，哪些才是新问题，哪些却是老问题，嗯，这是一个问题。

　　而且，还是一个有趣的问题。

　　比如这两年，年轻人中流行"请笔仙"，把笔仙当真的大有人在，结果搞得电视台请出专家来做解释，从心理学等等科学角度来破除笔仙迷信，但结果依然是信者自信、疑者自疑。其实这问题早有人做过极其深入的研究——许地山在几十年前就曾写过一部《扶箕迷信的研究》，论之极详，商务印书馆在1997年把这书印了区区三千册，使之作为严肃的学术著作在小范围流传，其实如果趁着笔仙热把它重新包装一下，比如配些插图，找个中学生把许前辈的文字做一些生动的点评，书名改成《许地山谈笔仙》之类，封面文案再点明许地山就是《落花生》的作者，想来发行量无论如何也不止三千册吧？（我把好人做到底，再透露一个重要信息：许地山死于1941年，作品已经过了版权保护期了。）

　　笔仙这个新问题原来却是老问题，也早有人妥帖地解决了。眼睛再看看别处：近年又有人争论法国大革命的是是非非，好像以前我们所认为的那一场绚烂光辉的运动其实血腥得很。这是一个颠覆我们常识的问题，自然免不了许多辩论。但是，早在一百年前，就已经有人把法国大革命的内容详详细细、残残酷酷地展现给我们了——他就是康有为，那时他游历法国，写下了一部《法兰西游记》，这部书早在光绪三十三年（1907年）就在国内出版了，其中讲到大革命的"盛况"，除了各式各样的"屠"简直就找不到别的东西了——"异党屠尽，则同党相屠；疏者屠尽，则亲者相屠"，种种场面实在令人毛骨悚然。或许正所谓"实现正义的热情，会使我们忘记慈悲为怀；对公正的热望，使许多人成了铁石心肠。"（奥克肖特《巴别塔》）

　　康有为还点了一句："合数十百万革命军之流血，以成就一罗伯卑尔之专制民主；合数千万良人之流血，以复归于一拿破仑之专制君主。"看来他从激进派转为保守派并不是没有原因的。

　　一百年啊！一百年前的这部《法兰西游记》也不知道当时有多少人读过？

　　和这些个问题一样，很多新问题其实都是老问题，下面我就再来说几个吧。

（一）

"诋岳飞而推崇秦桧也"

岳飞是不是民族英雄，秦桧是不是大汉奸，甚至，秦桧是不是一位爱国志士，这好像一直都不是问题，可这两年却变成了一个热点问题，参加辩论的人们很少有在发过三个回帖之后还能保持理智的。可翻翻旧书，咦，这却是个老问题了。

早在1935年，周作人写了一篇《岳飞与秦桧》，发表在3月21号的《华北日报》上，内容是声援吕思勉的。起因是，吕思勉写了一部《自修适用白话本国史》，被国民党政府严令查禁。——单听这个消息，大家肯定都会为吕思勉鸣不平，想想那年头的国民党政府真没少查禁进步言论，甚至还派特务暗杀持异见的知识分子，这回肯定又没干什么好事。可是，先别急着下结论，看完周作人的文章再说：

报载十三日南京通讯，最近南京市政府呈请教育部通令查禁吕思勉著《自修适用白话本国史》，因其第三编近古史下，持论大反常理，诋岳飞而推崇秦桧也。如第一章南宋和金朝的和战中有云：

"大将如宗泽及韩岳张刘等都是招群盗而用之，既未训练，又无纪律，全靠不住。而中央政府既无权力，诸将就自然骄横起来，其结果反弄成将骄卒惰的样子。"又云：

"我说，秦桧一定要跑回来，正是他爱国之处，始终坚持和议，是他有识力肯负责任之处。"云云。

以上所说与群众的定论比较的确有点"矫奇立异"，有人听了要不喜欢，原是当然的。鄙人也不免觉得他笔锋稍带情感，在字句上不无可商酌之处，至于意思却并不全错，至少也多有根据……①

周作人的语气似乎过于温和了，他虽然抢先点了点吕思勉的错误，可这错误也无非是"笔锋稍带情感，在字句上不无可商酌之处"，这不过是个幌子，真正的重心是在后半句——"意思却并不全错"，词锋虽冷，实际是说"意思基本上都是对的"，至于那句"至少也多有根据"则很容易让人想到：如果不"至少"的话，那岂不是"很有根据"？

随即，周作人便引述历史文献以论证之，凿实吕思勉的"至少也多有根据"，其中引到朱熹的话，颇有分量（朱熹毕竟既是圣人，又是那段历史的部分亲历者，为人为学更以气节闻名），继而点明岳飞之所以成为国人心中的岳飞，道理却在他处：

"……秦桧见虏人有厌兵意，归来主和，其初亦是。使其和中自治有策，后当逆亮之乱，一扫而复中原，一大机会也，惜哉！"（熊逸按：这是朱熹的话，原文较长，只引一句。）可见在朱子当时，大家对于岳飞秦桧也就是这样的意见，我们如举朱子来作代表，似乎没有什么毛病吧。至于现今崇拜岳飞唾骂秦桧的风气我想还是受了《精忠岳传》的影响，正与民间对于桃园三义的关公与水泊英雄的武二哥的尊敬有点情形相同。我们如根据现在的感情要去禁止吕思勉的书，对于与他同样的意见如上边所列朱子的语录也非先加以检讨不可。还有一层，和与战是对立的，假如主和的秦桧是坏人，那么主战的韩侂胄必该是好人了，而世上骂秦桧也骂韩侂胄，这是非曲直又怎么讲？赵翼《廿二史札记》卷三十五云……

后文就不引了，周作人这些话里，"假如主和的秦桧是坏人，那么主战的韩侂胄必该是好人了"这一句一望便知是强词夺理，至于其他，据我所知的是，朱熹确曾是褒秦桧而贬岳飞的，这可真给后人出了大难题了，比如清代龚炜对此就愤愤不平，说朱圣人夸过施全，而既然夸施全，自然就等于在骂秦桧，自然也等于是深惜岳飞，至于为什么朱圣人夸秦桧很有骨力，要么就是朱熹在说反话，要么就是这话有什么特定背景，而大家都理解错了。②乱纷纷的话一直很多，就连王夫之这样的大家竟也对岳飞不以为然，③另如尤侗《看鉴偶评》、毛奇龄《重刻杨椒山集序》等等，多有议论。

现代人评论岳飞，常常惋惜他的"愚忠"，其实若以"《春秋》责备贤者之义"，岳飞还算不得一个忠臣——比如，单是"岳家军"这个名字的存在就分明说明他目无君主。岳飞的结局在"岳家军"这个称呼刚一流行的时候应该就已经注定了：只要在专制时代，凡是"某家军"必遭统治者的大忌。这世上只能有赵家军或者宋军，哪能有什么岳家军呢？可这事也得怪宋朝皇帝：岳飞军队的正式番号先后是"神武右副军""神武副军""神武后军""后护军"，名字都太拗口，老百姓记这些哪有记岳家军、韩家军容易！（这就提出了一个管理技术的问题。）

可老百姓也很健忘：仅仅在岳飞身后五十多年，陆游写诗"剧盗曾从宗父命，遗民犹望岳家军"，句子底下自己做了个注释："'岳家军'这个词，大概是宋高宗绍兴初年的话。"（岳家军，盖绍兴初语。）——陆游这"大概"两个字，真不知让人说什么才好。

好啦，这件事就简单谈到这儿吧，谁是谁非我也没法判断，想想历史这东西呀，一百年来的事情尚且疑云密布，何况千年前的往事？至于说扎实地回溯宋代史料，在穷尽所有资料之后再做出冷静的判断，这就不是我力所能及的了。

（二）

我们今日还不配读经

读经问题像是一个新问题。这几年来，所谓国学断断续续地热过一阵子，更有一些人极力提倡中小学要开读经课，更有人大代表提议公务员考试要考"四书五经"，究其原委，一方面是自豪于中华文化的博大精深，一方面是感叹世风不古、道德沦丧（无论在市井还是在官场），所以需要儒学的补救吧。

但是，这个问题照旧是个老问题。几十年前就曾有过同类的读经运动，也曾有过同类的正方和反方，现在激辩的那些问题在我看来还是在几十年前的框子里打转，甚至还不如前人说得透彻。

再次请出胡适，1935年的胡适，他在《独立评论》上发表了一篇文章，题目很扎眼，叫作《我们今日还不配读经》。

文章起于傅孟真在《大公报》撰文，讨论学校读经的问题，其中提到六经之难读，说"今日学校读经，无异于拿些教师自己半懂不懂的东西给学生。……六经虽在专门家手中也是半懂不懂的东西，一旦拿来给儿童，教者不是浑沌混过，便要自欺欺人。这样的效用，究竟是有益于儿童的理智呢，或是他们的人格？"

胡适对傅孟真这话大以为然，继而分析道：

今日提倡读经的人们，梦里也没有想到五经至今还只是一半懂得一半不懂得的东西。这也难怪，毛公、郑玄以下，说《诗》的人谁肯说《诗》三百篇有一半不可懂？王弼、韩康伯以下，说《易》的人谁肯说《周易》有一大半不可懂？郑玄、马融、王肃以下，说《书》的人谁肯说《尚书》有一半不可懂？古人且不谈，三百年中的经学家……又何尝肯老实承认这些古经他们只懂得一半？……王国维先生忽然公开揭穿了这张黑幕，老实的承认，《诗经》他不懂的有十之一二，《尚书》他不懂的有十之五。王国维尚且如此说，我们不可以请今日妄谈读经的诸公细细想想吗？④

在我来看，胡适这话说得还保守了。要知道，他那个时代里，经学毕竟还有着很高的地位，现在则大不一样，谈起"四书五经"或"十三经"，谁还会再有一丝半点的顾忌呢？其实，别说是历来以难解著称的《尚书》和《易经》，就算最浅显不过的《论语》，又何尝不是歧义纷纭？

——经书无法读懂的论调其实并非始于王国维，早在东汉，王充就曾经有过专论，说孔子的学生很少有敢于和老师辩驳的，有不懂的地方经常就闷在心里，所以孔子的话里便有一些怕是永远都不可解的；王充还就此认为：汉代儒生更加讲不清孔子的那些话到底是什么意思了。⑤

往更早的时代追溯，《礼记·檀弓》里"丧欲速贫，死欲速朽"这个著名的典故就已经说明，孔子的第一代弟子里，便已经有人对老师的话因为断章取义而发生误解了。回顾一下，"《论语》的词句，几乎每一章节都有两三种以至十多种不同的解读"。⑥虽然得益于学术的进步，其中一些内容现在倒是明朗多了，可还是有很多地方恐怕真会如王充的悲观论调——我们永远也不会知道了。

胡适看上去倒没我这么悲观，他虽然在文章中大讲经典之不可解，却在结尾处以不乐观的语气谈了一点乐观的展望：

总而言之，古代的经典今日正在开始受到科学的整理的时期，孟真先生说的"六经虽在专门家手中也是半懂不懂的东西"，真是最确当的估计。《诗》《书》《易》《仪礼》，固然有十之五是不能懂的，《春秋三传》也都有从头整理的必要；就是《论语》《孟子》也至少有十之一二是必须经过新经学的整理的。……二三十年后，新经学的成绩积聚的多了，也许可以稍稍减低那不可懂的部分，也许可以使几部重要的经典都翻译成人人可解的白话，充作一般成人的读物。

在今日妄谈读经，或提倡中小学读经，都是无知之谈，不值得通人的一笑。

现在，胡适那个"二三十年后"已经过去足有七十年了，在这七十年中，考古发现也多，学术进步也大，确实也做到了"稍稍减低那不可懂的部分"，但是，不可解的地方依然很多，歧义争执也不在少数，而对一个旧问题的解决又往往引发出十个新问题来，这倒真让人不由得体谅起朱元璋来：要把经书作为考试内容，如果没有规范化的试卷格式（八股文），没有全国统一的标准答案（朱熹的注释），判起分来还真不知该如何下手呢。

至于说儒学能否扭转"世风不古，道德沦丧"，这也是个老问题了，论之者甚众。考察一下历史，会发现孔子那时候就已经"世风不古，道德沦丧"了，之后的每个时代同样在感慨着"世风不古，道德沦丧"，也不知道那个"古"到底什么时候存在过。可世风难道不是（像胡适所说的那样）在进步着么？

相关的问题是，儒学究竟能否扭转"世风不古，道德沦丧"呢？嗯，仔细看看，这个问题的前提就是有问题的——如果说得夸张一些，可以把对其前提的质疑表述成："当真存在一种儒家学说吗？"——这就留待正文部分去讨论了，届时我们也听听托克维尔等人的他山之石，看看道德这东西究竟是不是"讲"来的。

另一个耐人寻味的现象是：似乎越是暴君越是喜欢推行美德。马克思和恩格斯在他们合著的《神圣家族》里这样描绘了法国大革命期间罗伯斯庇尔和圣茹斯特对古典美德的热情呼唤：

罗伯斯比尔在他论述公共道德的原则的演说中问道（在1794年2月5日召开的公会会议上）："民主的或人民的政府的根本原则是什么？是美德。我说的是公共的美德，这种美德曾在希腊和罗马做出了那么伟大的奇迹，并且将在共和的法兰西做出更令人惊异的奇迹来。我们说的美德就是热爱祖国和祖国的法律。"

接着，罗伯斯比尔明确地把雅典人和斯巴达人称做"自由人民"。他不断地要听众回忆古代的"人民本质"，并且既提到它的英雄莱喀古士、狄摩西尼……

圣茹斯特在关于逮捕丹东的报告……中极为明确地说：

"在罗马人以后，世界变得空虚了，只有想起罗马人，世界才充实起来，才能够再预言自由。"

在圣茹斯特的另一个报告（关于普遍警察制的报告）中，共和主义者被描写成完全具备了古代精神即刚毅、谦逊、朴质等品质的人。警察局按其本质来说应当是相当于罗马的市政检查局那样的机关。他列举了柯德尔……等人的名字。最后，圣茹斯特用一句话表明了他所要求的"自由、正义、美德"的特征，他说：

"革命者都应当成为罗马人。"⑦

在作为第三者的读者看来，他们这些话实在是绝妙的反讽，可生活在法国大革命当中的人们对着这些个"美德"，怕是说什么也笑不出来的。

（三）

祭孔·文天祥

这两年，祭孔也开始热闹起来了，可祭的人大多只知道该祭，却不知道该怎么去祭，于是就在盛大而荒诞的场面之中看到旗袍和太监的"克己复礼"，还有"是可忍，孰不可忍"的"八佾舞于庭"。这一来，争论便风起云涌开了，很快便从"该怎么祭"的问题又引申到"该不该祭"的问题。

唉，这实在也是个老问题了。第三次请出胡适，这是在1934年：

最近政府忽然手忙脚乱的恢复了纪念孔子诞辰的典礼，很匆遽的颁布了礼节的规定。8月27日，全国都奉命举行了这个孔诞纪念的大典。在每年许多个先烈纪念日之中加上一个孔子诞辰的纪念日，本来不值得我们的诧异。然而政府中人说这是"倡导国民培养精神上之人格"的方法；舆论界的一位领袖也说："有此一举，诚足以奋起国民之精神，恢复民族的自信。"难道世间真有这样简便的捷径吗？

……礼成祭毕，纷纷而散，假期是添了一日，口号是添了二十句，演讲词是多出了几篇，官吏学生是多跑了一趟，然在精神的人格与民族的自信上，究竟有丝毫的影响吗？[⑧]

胡适这里犯了一个知识分子常见的错误：重内容而轻形式，殊不知在很多社会重要事项上形式是要大大重于内容的。不过这也难怪，那年头还没有什么像样的社会学和人类学的研究呢。这个话题留待正文去谈，现在我们还是继续听听胡适的说法吧：

> 这二三十年中，我们废除了三千年的太监，一千年的小脚，六百年的八股，四五百年的男娼，五千年的酷刑，这都没有借重孔子的力量。八月二十七日那一天汪精卫先生在中央党部演说，也指出"孔子没有反对纳妾，没有反对蓄奴婢；如今呢，纳妾和蓄奴婢，虐待之固是罪恶，善待之亦是罪恶，根本纳妾蓄奴婢便是罪恶"。汪先生的解说是："仁是万古不易的，而仁的内容与条件是与时俱进的。"这样的解说毕竟不能抹煞历史的事实。事实是"最近"几年中，丝毫没有借重孔夫子，而我们的道德观念已进化到承认"根本纳妾蓄奴婢便是罪恶"了。

感谢胡适，我以前只知道太监和小脚已经被废除掉了，原来八股、男娼和酷刑也在胡适那"二三十年中"同样被废除掉了呀。至于儒学对于"培养精神上之人格"能有多大意义，我倒觉得不妨从史料当中统计一下数据。要知道，人们在心理上总是很容易对特殊事件做出强烈反应，进而会把个别典型混同为普遍现象——有一句女人爱说的口头禅就很能说明这个问题："男人都不是好东西！"事实上，如果以严格的社会学方法做个统计的话，很可能会得出相反的结论："绝大多数的男人都是好东西"，或者是"绝大多数的男人在绝大多数的场合下都是好东西"。

如果划定一个很小的范围，单从西汉的儒家宰相来看，这个简单的统计工作班固已经替我们做了，他在《汉书·匡张孔马传》的结尾处评论说："自从汉武帝大兴儒学以来，公孙弘以儒生拜相，其后蔡义、韦贤、玄成、匡衡、张禹、翟方进、孔光、平当、马宫以及平当的儿子平晏都是以儒家宗师官居宰相高位，这些人身上穿的都是儒者衣冠，嘴里说的都是先王圣训，大有温柔蕴藉之风范。但是，他们的用心却全在如何保住官位上边，时评全夸他们是马屁高人。我们若真以古代的标准来衡量他们，哪一位能称得上称职呢？"⑨

通观历史，这些人才是大多数，文天祥那样的只是极少数罢了，只是不知道：多少个尸位素餐的马屁高人里边才能出一个文天祥呢？⑩

另一方面，如果儒者只是混一些屠狗功名、雕虫文卷，自然很难被人喜欢，但儒者若是建功立业，尤其是建立军功，那么，当翰墨抒写儒将豪情，把事功点染进文学，这样的作品往往是震撼人心的，或者说是足以"培养精神上之人格"。比如这样一首《木兰花慢》：

> 混鱼龙人海，快一夕，起鲲鹏。
> 驾万里长风，高掀北海，直入南溟。
> 生平许身报国，等人间、生死一毫轻。
> 落日旌旗万里，秋风鼓角连营。
>
> 炎方灰冷已如冰，余烬淡孤星。
> 爱铜柱新功，玉关奇节，特请高缨。
> 胸中凛然冰雪，任蛮烟瘴雾不须惊。
> 整顿乾坤事了，归来虎拜龙庭。

这首词是抒写将军出征前夕的豪情壮志，"生平许身报国，等人间、生死一毫轻"，这是何等豪迈；"胸中凛然冰雪，任蛮烟瘴雾不须惊"，这是对敌人何等的蔑视；"整顿乾坤事了，归来虎拜龙庭"，这又是何等的功业和荣耀，当然，作者没忘记最后交代一下立了功以后是要回来向"龙庭"交差的。

虽然是绝妙好词，但多少还是有一点欠缺：再有点儿红粉味道就完美了，就连暴力黑帮电影也不能全是大男人在银幕上晃来晃去呀。所以，作者的另一首《木兰花慢》也许更有看头：

> 乾坤秋更老，听鼓角，壮边声。
> 纵马蹙重山，舟横沧海，戮虎诛鲸。
> 笑入蛮烟瘴雾，看旌麾、一举要澄清。
> 仰报九重圣德，俯怜四海苍生。
>
> 一尊别后短长亭，寒日促行程。
> 甚翠袖停杯，红裙住舞，有语君听。
> 鹏翼岂从高举，卷天南地北日升平。

记取归来时候，海棠风里相迎。

又有侠骨，又有柔肠，虽然这一首艺术水准比较差，流行元素却都具备了。现在说说这位作者：他乃是名门之后，将门虎子，家有万卷藏书，授业的老师既有状元（王鹗），又有名儒（比如郝经），家里真可谓"谈笑有鸿儒，往来无白丁"，简直就是《傅雷家书》里的那种气氛。

这位"傅聪"姓张，叫作张弘范，他爸爸就是当时的名将张柔。按现代的话说，张柔是金籍汉人，后来降了蒙古，立下过赫赫战功，张弘范是张柔的儿子当中最有出息的一个，从当时的"国籍"说，他是元籍的汉人。张弘范这两首《木兰花慢》里都说到"蛮烟瘴雾"，像是诸葛亮南下七擒孟获的感觉，其实指的却是南宋南逃的残余势力。第一首词写在作者统兵南下的出征前夕，那时，他刚以汉裔身份被授予蒙、汉军都元帅之职，带尚方宝剑，大受忽必烈的信任和重用，结果厓山一场海战，宋军浮尸十余万众，宋朝便算是彻底亡国了，对于张弘范来讲，这果真是"整顿乾坤事了"呀。

后人对厓山一役，消极的评价是"厓山以后无中国"，积极的评价则是张弘范协助元朝完成了统一大业。这些评论我们暂时不必去管，却说张弘范南征的战船上曾经带着一位重要俘虏，一同渡过零丁洋，一同目睹厓山战。这俘虏就是文天祥，"人生自古谁无死，留取丹心照汗青"的那首《过零丁洋》正是写于这段路上，而厓山之战的那次目击则被文丞相写成了一首七言古风，题为《二月六日》：

南人志欲扶昆仑，北人气欲黄河吞。
一朝天昏风雨恶，炮火雷飞箭星落。
谁雌谁雄顷刻分，流尸飘血洋水混。
昨朝南船满崖海，今朝只有北船在。
昨夜两边桴鼓鸣，今朝船船酣睡声。
北兵去家八千里，椎牛酾酒人人喜。
惟有孤臣雨泪垂，冥冥不敢向人啼。
六龙杳霭知何处，大海茫茫隔烟雾。
我欲借剑斩佞臣，黄金横带为何人。

　　厓山种种，历来论之者众，其中不乏饱学鸿儒，更不乏深入精辟的见解。我这里却只说说一位热血青年的议论："……到了元朝，中国才为外国一统。那些理学名儒，如许衡、吴澄辈，皆俯首称臣。只有文天祥、张世杰、陆秀夫、谢叠山不肯臣元，都死了节。九十年中，虽有些英雄豪杰起事恢复，被那些儒生拿着君臣大义视为盗贼，立刻替元朝平息了。"

　　这位热血青年就是陈天华，但凡念完初中的人没有不知道他的，但这段文字却不是出自《猛回头》或《警世钟》，而是摘自他另一部作品，题为《狮子吼》。他这短短两句话，涉及了错综复杂的许多问题，其中一些恐怕到现在也是说不清楚的，比如"君臣大义"和"华夷之辨"，这两个儒家的顶级概念在宋元易代之际该如何解释现实呢？

注释

① 引自《周作人文类编》第1卷（钟叔河/编，湖南文艺出版社1998年第1版，引文见第710—711页）

② ［清］龚炜《巢林笔谈》"朱子之议秦桧岳飞"条："世传朱子称秦桧有骨力，议岳忠武为横，此岂情理中所有耶？朱子言：'举世无忠义，这须正气，忽自施全身上发出来。'叹美施全，即是痛恨贼桧，深惜忠武处，安得有此错谬语？《纲目》千有余年之褒贬，使天下后世帖然无遗议；独于本朝近事，反没其好恶之公至此耶？若理上必无之事，而朱子竟有其说；又或当时有所愤激作此反语，如《檀弓》'丧欲速贫，死欲速朽'之类，而记录者未之察也。呜呼！世无有子之明，即圣言亦不能无疑于后世，宁独朱子然哉！"

另有"称桧有功"条："贼臣至秦桧，士无贤不肖，再没个宽解他，而邱琼山瞀说，独称其有造宋功。"

③ ［清］王夫之《读通鉴论》"汉武帝第十九"："……岳飞之能取中原与否，非所敢知也；其获誉于士大夫之口，感动于流俗之心，正恐其不能胜任之在此也。受命秉钺，以躯命与劲敌争死生，枢机之制，岂谈笑慰藉、苞苴牍竿之小智，以得悠悠之欢慕者所可任哉！"

又如"帝奕第三"，这一段很有点儿小人之心的味道："秦桧之称臣纳赂而忘仇也，畏岳飞之胜而夺宋也。飞亦未决其能灭金耳。飞而灭金，因以伐宋，其视因父俘兄之怨奚若？"

又如"唐高祖第七"，这一段是从军政的技术层面来分析的："夫夷狄者，不战而未可与和者也，犬系项而后驯，蛇去齿而后柔者也。以战先之，所以和也；以和縻之，所以战也；惜乎唐之能用战以和，而不用和以战耳。知此，则秦桧之谋，与岳飞可相辅以制女直，而激为两不相协以偏重于和，飞亦过矣。抗必不可和之说，而和者之言益固，然后堕其所以战而一恃于和，宋乃以不振而迄于亡。非飞之战，桧亦安能和也；然则有桧之和，亦何妨于飞之战哉？战与和，两用则成，偏用则败，此中国制夷之上算也。夫夷狄者，诈之而不为不信，乘之而不为不义者也，期于远其害而已矣。"

④ 胡适：《我们今日还不配读经》（收录于《胡适文集》第5卷，欧阳哲生/编，北京大学出版社1998年第1版，引文见第439—443页，原载于1935年4月14日的《独立评论》第146号）

⑤ ［东汉］王充《论衡·问孔》："孔子笑子游之弦歌，子游引前言以距孔子。自今案《论语》之文，孔子之言多若笑弦歌之辞，弟子寡若子游之难，故孔子之言，遂结

不解。以七十子不能难，世之儒生，不能实道是非也。"

⑥ 杨伯峻：《论语译注》（中华书局1980年第2版，第35页）

⑦ ［德］马克思、恩格斯：《神圣家族》（《马克思恩格斯全集》第2卷，人民出版社1963年第1版，第155—156页）

⑧ 胡适：《写在孔子诞辰纪念之后》（收录于《胡适文集》第5卷，欧阳哲生/编，北京大学出版社1998年第1版，引文见第408—413页，原载于1934年9月9日的《独立评论》第117号）

⑨ 《汉书·匡张孔马传》："赞曰：自孝武兴学，公孙弘以儒相，其后蔡义、韦贤、玄成、匡衡、张禹、翟方进、孔光、平当、马宫及当子晏咸以儒宗居宰相位，服儒衣冠，传先王语，其酝藉（蕴藉）可也，然皆持禄保位，被阿谀之讥。彼以古人之迹见绳，乌能胜其任乎！"

⑩ 至于复杂一些的统计，比如［美］魏斐德：《洪业——清朝开国史》，其中统计了明清易代之际有关自杀和投降的种种数据。

引子之二：
事实问题还是逻辑问题

一百年前，哲学家威廉·詹姆斯和一些伙伴在山中露营，詹姆斯独自散步回来，发现大家正在争论一个形而上学的问题。争论的主题是一只松鼠：假定有一只松鼠攀着树干的一面，一个人站在树干的另一面，这个人绕着树跑想看到那松鼠，可无论他跑多快，松鼠总是以同样的速度跑到反面去，松鼠和那个人之间始终隔着那棵树。最后，问题来了：这个人是否在绕着松鼠跑？①

——辩论这种问题的人也真够无聊的，但这确实是威廉·詹姆斯郑重其事地拿来做演讲的，而这位詹姆斯先生也并非阿猫阿狗，而是美国实用主义哲学的创始人之一，这些演讲稿的中译本也被庄严地收录在商务印书馆"汉译世界学术名著丛书"之中，尽管编者在内容提要里认真注明："实用主义是为帝国主义服务的现代资产阶级反动哲学的主要流派之一……在美国特别流行，曾被视为代表美国生活方式的官方哲学。这一哲学是先进的科学思想和马克思列宁主义的敌人。"

这位敌人中的干将，这位职业哲学家，此刻就站在争论双方的中间，被双方竭力争取着。正如我们在遇到危难关头的时候脑海中总要油然浮现出一些伟大的人和伟大的话一样，詹姆斯先生马上想到了经院哲学家的一则箴言："一旦遇到矛盾，一定要找出差别来。"箴言刚刚在脑海中隐没，差别就被找出来了。下面就是詹姆斯的结论：

我说："哪一边对，要看你们所谓'绕着'松鼠跑的实际意义是什么。要是你们的意思是说从松鼠的北面跑到东面，再到南面和西面，然后再回到北面，那么这个人显然是绕着它跑的；因为这个人确实相继占据了这些方位。相反的，要是你的意思是说先在松鼠的前面，再到它的右面，再到它的后面，然后回到前面，那么这个人显然并没有绕着这个松鼠跑，因为，由于松鼠也相对活动，它的肚子总是朝着这个人，背朝着外面。确定了这个差别后，就没有什么可争辩的了。你们两边都又对又不对，就看你们对'绕着跑'这个动词实际上是怎么理解的。"

　　松鼠问题看似无聊，其实却很现实，历来很多问题争来争去，归根结底都是松鼠问题。比如人们激辩"儒家思想"如何如何，直辩得天昏地暗、日月无光，但若深究一下辩论的这个标靶到底是个什么，很有可能一百个人的心中有一百个所谓"儒家思想"。所以，事情往往如同威廉·詹姆斯所说的："你们两边都又对又不对，就看你们对'绕着跑'这个动词实际上是怎么理解的。"

注释

① 本节内容详见〔美〕威廉·詹姆斯：《实用主义——一些旧思想方法的新名称》（陈羽纶、孙瑞禾/译，商务印书馆1981年第1版，第25—26页）

引子之三：
在诗歌的标签之外

对于读书来说，标签有时候是一种好东西，比如"唐诗宋词"这个标签，让我们一下子就知道诗是唐朝的好，词是宋朝的好，所以读诗就读唐诗，读词就读宋词。再加上"马太效应"从中兴风作浪，读诗就越发是读唐诗，读词就越发是读宋词。但是，标签的定义就真的那么准确吗？

我年轻时喜欢文学，对中国古诗也是很爱读的，受标签所惑，唐诗都读过上千首了，宋元明清的诗却几乎全没看过。后来岁数大了，不怎么再读文学了（或者说不再从文学的角度来读文学了），这才出于旁的缘故逐渐接触到各个时代的诗词，于是发现：别说宋元明清各有好诗，就连互联网上的现代人也常有直追唐宋的诗词出现。

现在我要谈的是一位金朝文人的作品。这人名叫吴激——大概是被"唐诗宋词"这类标签搞的，现代人大多对他不熟，可当年的吴激却是金初词坛盟主，大大的有名。

吴激，字彦高，福建人，家世显赫，爸爸是宋朝的宰相吴栻，岳父是书法大家米芾。自然，吴激本是宋朝人，在宋钦宗靖康末年（就是"靖康耻"的那个"靖康"）出使金朝，因为名气太大，被金政府硬给留下来了，从此，吴激就在金朝做了官。

有一天，吴激到一位张侍御家赴宴，宴会上不少文人名士，像宇文虚中、洪皓，都是和吴激有着同样遭际的。既然是宴会，就自然少不了三陪小姐，张侍御家的侍女出来唱歌，其中却有一人面带忧郁，破坏了宴会的喜庆气氛。吴激他们到底不是粗人，一见此情此景，便向那侍女关心了几句，这才知道她原本竟是宋朝宣和殿的宫姬。

这才叫同病相怜。吴激即席写下了一首小词《人月圆》：

南朝千古伤心事，犹唱后庭花。

旧时王谢，堂前燕子，飞向谁家？

　　恍然一梦，仙肌胜雪，宫髻堆鸦。

　　江州司马，青衫泪湿，同是天涯。

　　这首词一出，很快就上了当年的全球畅销金曲排行榜，但在现在看来，这首小词似乎明显不如唐诗宋词——审美的个人偏好即便不谈，有一个硬指标却是毋庸置疑的：这短短的四句话，有三句明显全是剽窃别人的，而且剽窃的居然还都是名人名作。

　　"南朝千古伤心事，犹唱后庭花"，这是剽窃自杜牧名作"商女不知亡国恨，隔江犹唱后庭花"。

　　"旧时王谢，堂前燕子，飞向谁家"，这是剽窃自刘禹锡"旧时王谢堂前燕，飞入寻常百姓家"。

　　"江州司马，青衫泪湿，同是天涯"，这是剽窃白居易《琵琶行》"同是天涯沦落人，相逢何必曾相识"。

　　"恍然一梦，仙肌胜雪，宫髻堆鸦"，这句虽然算不上明显剽窃，但这三个意象全是前人诗词里写滥的东西。

　　但就是这样一首集剽窃之大成的小词，在当时却每每感人至深，以至于传唱天下，看来剽窃也是要有特殊本领的。

　　不过话说回来，想想吴激当时所处的环境，如此的"剽窃"也真是难为他了。刘祁在《归潜志》里这样说过："诗不宜套用前人的话，但词的标准可以宽些，只要用得巧妙也就是了，比如吴激的《人月圆》，半是前人的句子，但用得韵味深长、不露圭角，比当时同席的宇文虚中的原创作品可强得多了。"[①]

　　这是一种境界，也是一种无奈。

注释

① ［宋］刘祁《归潜志》："诗不宜用前人语，若夫乐章，则剪裁古人语亦无害，但要能使用尔。如彦高《人月圆》，半是古人句，其思志含蓄远甚，不露圭角，不犹胜宇文自作者哉。"

第一章
杀人无罪，报仇有理

（一）

徐元庆谋杀案——控方：陈子昂，辩方：柳宗元

唐朝。武则天时代。

这一天，在一家小小的驿站里发生了一桩谋杀案。

按说谋杀案并不稀奇，可这桩谋杀案却吸引了各位高官的注意，就连武则天本人的眼光也盯了过来。

原因之一是：死者是位中央大员。

官员被谋杀了，这会是怎么回事？

一般人马上就能想到的是：八成是政敌买凶，这种事还少么，没什么稀奇，凶手就是个收钱卖命的黑道中人，背后的主谋天知道是谁呢！

但这件案子有些不同。

死者名叫赵师韫，是位御史老爷，他在出差的路上到一家驿站歇脚，没想到被这家驿站里的一名服务生结果了性命。

乍看上去，这像是一起偶然的凶杀，是呀，一位偶然落脚某家驿站的御史老爷和驿站中的一名服务生能有什么梁子呢？

而离奇的是，这名服务生，也就是犯罪嫌疑人，在杀人之后却不逃跑，而是主动拨叫了110，投案自首了。据他后来供述，此案并没有什么幕后主使，完全是自己一人所为，作案动机是：报仇，报的是杀父之仇。

原来，死者赵师韫当年做过县公安局的局长，在任上杀过一个叫徐爽的人，徐爽有个儿子名叫徐元庆，处心积虑要报父仇，于是改名换姓，在驿站里

当了个服务生。——徐元庆很聪明，因为驿站本来就是各级官员出差歇脚的地方，只要有耐心，总有一天会等到仇人的。

果然让徐元庆等到了，已经高升为御史的赵师韫就这么在驿站里送了性命。

至于徐元庆，父仇已报，了无遗憾，便从从容容地束手待缚。

案情并不复杂，徐元庆谋杀罪名成立，但是，该怎么判决呢？

——这才是本案的难点所在：对杀人凶手徐元庆到底应该怎么量刑？

如果是在条文法的社会，徐元庆恐怕必死无疑，判决依据是：他的行为触犯了刑法第××条，于是，按照刑法第××条的规定，应该判处死刑。

如果是在普通法系的社会（简要而言），徐元庆却有可能逃得一命，我相信陪审团的成员们很容易会站到徐元庆这边的。再想一想，如果武则天时代真的有陪审团，并且判案过程公正的话，那么徐元庆无罪释放或得到特赦的可能性也是有的。

为什么呢？

因为徐元庆虽然是蓄意谋杀，但他的动机是为父报仇，而在当时，为父报仇在很多人的心目中都是天经地义的。

——自从汉武帝"罢黜百家，独尊儒术"以来，儒家思想似乎早已深入人心，成为政治行为和社会生活的主导思想，而对于为父报仇这种事应该怎么做，儒家经典里可是有明确记载的，而且还是大圣人孔子的金口玉言。我们看看《礼记·檀弓》：

子夏问于孔子曰："居父母之仇，如之何？"

夫子曰："寝苫（shān），枕干不仕，弗与共天下也。遇诸市朝，不反兵而斗。"

曰："请问居昆弟之仇，如之何？"

曰："仕弗与共国，衔君命而使，虽遇之不斗。"

曰："请问居从父昆弟之仇，如之何？"

曰："不为魁。主人能，则执兵而陪其后。"

这一段是孔子的高足子夏和老师的对话。子夏问："对杀害父母的仇人应该怎么办？"

孔子回答说："睡在草垫子上，拿盾牌当枕头，不去做官，决不跟仇人生活在同一个世界上。不论在集市上还是在朝堂上，只要一遇到仇人，应该马上动手杀他——腰上别着家伙就抄家伙，没带家伙的话，赤手空拳也要上！"

孔子在这里说的"弗与共天下也"就是俗话"杀父之仇，不共戴天"的出处。所谓"反兵而斗"，是说发现仇人的时候身上正巧没带家伙，于是掉头回家去取——连这孔子都觉得不应该，就算在澡堂子里也得抢拳头上！

子夏接着又问："那么，对杀害亲兄弟的仇人又该怎么办？"

孔子回答说："不和仇人同朝为官。如果自己奉国君之命出使外国，在外国遇见了仇人，不能跟他动手，要以公事第一。"

子夏又问："那么，对杀害叔伯兄弟的仇人又该怎么办？"

孔子回答说："自己不带头报仇，如果死者的亲儿子或者亲兄弟找仇人动手，那就拿着家伙在后边助威。"

——这是儒家经典里的经典语录，是孔圣人的话，把杀父母之仇、杀兄弟之仇、杀叔伯兄弟之仇的报仇方法讲得清清楚楚。圣人的话是不会错的，而且是治国之大纲，这样看来，徐元庆谋杀赵师韫，一点儿都没错啊！

关于父母之仇，《礼记》里还有一段话，见于《礼记·曲礼》，说得很简洁：

父之雠，弗与共戴天；兄弟之雠，不反兵；交游之雠，不同国。

意思和前边那段稍有出入，是说：杀父之仇不共戴天；杀害兄弟的仇人一旦遇到，不管手里有没有家伙，应该立马就上；至于杀害朋友的仇人，不能跟他生活在同一座城市里。

《礼记》里的这两段虽然内容略有出入，但在"杀父之仇，不共戴天"这一点上还是完全统一的。

《礼记》在唐朝的科举教科书中属于"大经"，地位很高，又因为语言内容相对浅近，所以学的人也多，用现在的话说，《礼记》思想在当时有着广泛的社会影响力和渗透力。这样看来，徐元庆一案的两难之处就在于，如果依"法"，杀人者应当偿命；可如果依"礼"，杀死杀父仇人天经地义。

——依"法"，还是依"礼"，这是个问题。

徐元庆案件以一种极端化的形式让"礼"和"法"的矛盾暴露出来了——这事如果发生在秦朝就非常好办了，秦朝是严刑峻法治国，立法是本着法家思想，遇上徐元庆这样的，没什么废话，三下五除二就给杀了；而唐朝虽然也不乏严刑峻法，但立法思想似乎却是儒家的礼治精神，也就是说，讲等级、讲贵贱、讲所谓的"君臣父子"。知道了这些，我们就容易理解徐元庆案件的审判难点了：这一件小小的谋杀案竟然挑战着最高治国纲领，挑战着占据统治地位的意识形态，让法律的"体"和"用"凸现出了尴尬的矛盾，这案子可怎么判？——难煞人也！

于是，这块烫手的热山芋最后就交到了武则天的手上。①武女士思前想后，最后终于下了个结论："要不，就放了这小子吧。"

这是一个非常人性化的最高指示，即便徐元庆依法当杀，但皇帝法外开恩，给予特赦。那么，既然民心思放，皇帝也愿意放，看来徐元庆是可以捡回一命了，皆大欢喜。可是，就在这个时候，突然传来一个不和谐的声音："放不得！"

说这话的人大家恐怕都不陌生，就是大名鼎鼎的陈子昂，但凡读过几首唐诗的应该都读过那首慷慨悲凉的《登幽州台歌》："前不见古人，后不见来者。念天地之悠悠，独怆然而涕下。"就是这位大诗人、大才子陈子昂，此刻庄重地提出了自己的意见："放不得！"

陈子昂的说法是："徐元庆蓄意谋杀，案情清楚，按照国法应该被判处死刑，国法不可不依。但是，念在这小子是为父报仇，情有可原，孝义感人，所以建议在杀了他之后再大张旗鼓地表彰他一番。"

陈子昂的这个建议乍一听好像满不着调，可仔细再一琢磨，却还真是个高招：这一来，"法"和"礼"的矛盾就被轻松化解了，两头都照顾到了，嗯，高，果然是高！

朝中大臣们议论纷纷，越议论就越觉得陈子昂这招可行。

这确实是一个高招，也正是因为这个高招，徐元庆谋杀案才得以被史官记录在案，并成为陈子昂履历表上光彩的一笔——在《旧唐书》里，徐元庆谋杀案是被记载在陈子昂的传记里的。

好啦，大家别看我啰啰唆唆了这么半天，其实《旧唐书》对这件事的记载非常简略，不过才寥寥几句话而已：

> 时有同州下邽人徐元庆，父为县尉赵师韫所杀。后师韫为御史，元庆变姓名于驿家佣力，候师韫，手刃杀之。议者以元庆孝烈，欲舍其罪。子昂建议以为："国法专杀者死，元庆宜正国法，然后旌其闾墓，以褒其孝义可也。"当时议者，咸以子昂为是。

翻译过来就是：同州下邽人徐元庆的父亲被县尉赵师韫给杀了，后来赵师韫升官当了御史，徐元庆改名换姓到驿站里做了一名服务生，等赵师韫来驿站歇脚的时候就拿刀杀了他。大家觉得徐元庆孝义忠烈，打算免了他的罪，可陈子昂建议说："徐元庆蓄意谋杀，案情清楚，按照国法应该被判处死刑，国法不可不依。但是，念在这小子是为父报仇，情有可原，孝义感人，所以建议在杀了他之后再大张旗鼓地表彰他一番。"大家都觉得陈子昂说的在理。

——是不是有人看出来了：《旧唐书》的这一小段记载和我前面的叙述在细节上有些出入？

不错，是有一些出入，因为我依据的不是《旧唐书》，而是《新唐书》。《新唐书》对徐元庆谋杀案前前后后的记载比《旧唐书》丰富得多。

先说一个小问题：为什么有了《旧唐书》，还要重修一个《新唐书》？

《旧唐书》和《新唐书》原名都叫《唐书》，后人为了区别两者才把一个叫"旧"一个叫"新"。《旧唐书》是五代时期编纂的，《新唐书》是宋朝编纂的。《新唐书》的两位主编都很有名，一位是"红杏枝头春意闹"的宋祁，一位是"唐宋八大家"之一的欧阳修。为什么要重修《唐书》，因为宋人对《旧唐书》的一个重要不满是：《旧唐书》的笔法缺乏惩恶扬善的精神，既没使忠臣孝子得到应有的褒奖，也没给奸佞叛党足够的唾骂。——要知道，中国的修史传统奉孔圣人的《春秋》为滥觞，孔子之所以成为圣人，是因为《春秋》而不是因为《论语》，《春秋》是以微言大义暗藏褒贬的，而历来传说

"《春秋》者，赏善罚恶之书"②，听上去很像是和尚在讲因果报应，但也不知道到底是谁影响了谁。

所以，宋祁和欧阳修秉承着"孔子修《春秋》，乱臣贼子惧"的精神，下大功夫重修唐史，要使这部新编唐史具有赏善罚恶的道德意义。这个目的的确达到了，后来章学诚评论《新唐书》有一句很中肯的话，叫作"笔削谨严，乃出迁、固之上"③。意思是，《新唐书》"笔"和"削"都很严谨，在这点上做得比写《史记》的司马迁和写《汉书》的班固还强。

什么是"笔"和"削"？

一种流行的说法是，"笔"就是写，"削"就是不写，④章学诚用这两个字，暗中是拿《新唐书》和《春秋》相比，因为，据说孔子修《春秋》的时候是"笔则笔，削则削"，也就是说，哪些该写，哪些不该写，拿捏得很有分寸。这也就意味着，《新唐书》比《旧唐书》更加符合"春秋大义"，修史的目的不是为了客观如实地记载历史，而是要着重体现出褒贬色彩，有劝勉，有惩戒，以期"再使风俗淳"。

——这就是《春秋》所创立的中国古代修史精神，历史书不是或不仅仅是为了忠实记录历史事件，而是要起到赏善罚恶的作用的，换句话说，一部《春秋》就是侠客岛上的"赏善罚恶使"，以后的司马迁也好，⑤欧阳修也好，都是侠客岛的传人。所以有人说过中国古代只有经学而无史学，这话虽然有点儿极端，却当真很有道理。至于"赏善罚恶"的效果如何，则另当别论。——比如胡适，在这个问题上属于正方，他说："但私家可以记史事，确有使跋扈权臣担忧之处。故有'乱臣贼子惧'的话。此事正不须有什么'微言大义'，只要敢说老实话，敢记真实事，便可使人注意（惧）了。今之烂污报馆，尚且有大官贵人肯出大捧银子去收买，何况那位有点傻气的孔二先生呢？"⑥照此看来，《春秋》在孔子当时约略等于近现代社会里的新闻独立，从水门到拉链门事件等等，确实使"乱臣贼子惧"了，看来"春秋大义"早已传播到海外去了，即便是那些发达国家也每每虚心效法，这真令国人骄傲呀！

胡适是正方，自然也还有反方，鲁迅就是一个："虽说孔子作《春秋》而乱臣贼子惧，然而现在的人们，却几乎谁也不知道一个笔伐了的乱臣贼子的名字。说到乱臣贼子，大概以为是曹操，但那并非圣人所教，却是写了小说和剧本的无名作家所教的。"⑦

胡适和鲁迅谁是谁非我们暂且不论，《春秋》赏善罚恶的效果虽然有争议，但这种修史精神却当真传承了两千年，于是，徐元庆谋杀案就没有像《旧唐书》那样被收录在陈子昂的传记里，而是被收录在题目叫作《孝友》的一组专题传记当中，而且传主就是徐元庆本人。

——这说明了什么呢？说明徐元庆在死后被翻案了，宋代的儒家大师由衷地赞了他一个"孝"字。

这案子其实倒不是宋祁和欧阳修他们第一个翻的，早在唐朝就已经有人给翻了，来龙去脉，在《新唐书·孝友》里记得清楚。

我们重新在《新唐书》里看看这个案子。——案子还是这个案子，但陈子昂的建议可不再是《旧唐书》里那三言两语了，而是一篇长文，通常被称作《复仇议》。（是不是有人觉得眼熟？）

陈子昂是唐朝大才子、诗文大家，这篇《复仇议》写得文采飞扬、气势恢宏：

先王立礼，所以进人也；明罚，所以齐政也。夫枕干雠敌，人子之义；诛罪禁乱，王政之纲。然则无义不可以训人，乱纲不可以明法。故圣人修礼理内，饬法防外，使夫守法者不以礼废刑，居礼者不以法伤义；然后暴乱不作，廉耻以兴，天下所以直道而行也。

窃见同州下邽人徐元庆，先时，父为县吏赵师蕴所杀；遂鬻身庸保，为父报雠，手刃师蕴，束身归罪。虽古烈者，亦何以多。诚足以激清名教，立懦夫之志，振下士之靡者也。

然按之国章，杀人者死，则国家画一之法也。法之不二，元庆宜伏辜。又按《礼》经，父雠不同天，亦国家劝人之教也。教之不苟，元庆不宜诛。

然臣闻在古，刑之所生，本以遏乱。仁之所利，盖以崇德。今元庆报父之仇，意非乱也；行子之道，义能仁也。仁而无利，与乱同诛，是曰能刑，未可以训。元庆之可宥，显于此矣。然而邪由正生，理心乱作。昔礼防至密，其弊不胜；先王所以明刑，本实由此。

今傥义元庆之节，废国之刑，将为后图，政必多难；则元庆之罪，不可废也。何者？人必有子，子必有亲，亲亲相仇，其乱谁救？故圣人作始，必图其终，非一朝一夕之故，所以全其政也。故曰："信人之义，其政不行。"且夫以私义而害公法，仁者不为；以公法而徇私节，王道不设。元庆之所以仁高振古，义伏当时，以其能忘生而及于德也。今若释元庆之罪以利其生，是夺其德而亏其义；非所谓杀身成仁，全死无生之节也。如臣等所见，谓宜正国之法，置之以刑，然后旌其闾墓，嘉其徽烈，可使天下直道而行。编之于令，永为国典。谨议。

陈子昂这里先是点明礼和法的不同功用：礼是用来使人进步的，法是用来搞好国政的。那么，拿盾牌当枕头时刻准备着为父报仇这是做儿子的大义所在，没错；而诛杀罪犯也是政府的一项基本功能。如果礼义有缺，就没法教育百姓；如果国法不彰，就没法治理国家。所以说，礼和法是相辅相成、不可偏废的。

徐元庆的做法慷慨激烈，即便是古代的烈士也不过如此了。《礼记》教导我们说：杀父之仇不共戴天。这话可不是含糊其词，咱们也不能说一套做一套，所以徐元庆理所当然无罪释放。但这么一来，从法律上又说不过去，难道治国只要有礼治就够了，而可以不要刑罚吗？——当然是不可以的。但是，如果依法把徐元庆杀了，从法律上倒说得过去了，可怎么跟人民群众解释呢？大家一看，孝子复仇却落了这么个悲惨结局，荣辱观还不就错位了吗？所以我陈子昂觉得，放也不对，杀也不对。

那该怎么做呢？道理是这样的：徐元庆如今之所以能够以孝义感动天下，都是因为他为了孝义而不惜牺牲生命的精神。如果咱们饶他不死，他也就不成其为舍生取义、杀身成仁了，咱们这等于是在玷污人家的节操啊！所以我陈子昂以为，最好的办法莫过于依法判他死刑，然后再依礼给他在家乡和墓地搞搞活动什么的，好好表彰一下。

——按《新唐书》的版本，这篇文章到这里就结束了，而我上文引的是《全唐文》的版本，文字有些出入，关键在于，行文到这里还没有结束，后面还有一句"请把我的这篇文章附在相关法律条文的后边，永远作为国家法典的一部分"——这句话的意义何在，容后再表。

现在请大家想想：陈子昂的这番说辞究竟在不在理？

可能有人会问了："刚才不是说《新唐书》把徐元庆列在了《孝友传》里

么，又说《新唐书》站在儒家立场上褒贬善恶，那应该会表彰徐元庆才对啊，应该为徐元庆翻案才对啊，怎么却引了陈子昂这么一大段文章，还是说徐元庆该杀啊？"

——别急，《新唐书》这里引述陈子昂的《复仇议》其实立了个靶子，马上就该炮轰它了。我方才不是问过，《复仇议》这个标题是不是有人觉得眼熟么，因为《古文观止》里收录了柳宗元的一篇名文，题目叫作《驳〈复仇议〉》，就是专门反驳陈子昂这篇《复仇议》的。

大家先想想，如果是你，要反驳陈子昂会怎么下手？

陈子昂的《复仇议》抓没抓住问题的重点？有什么毛病没有？看似文采飞扬、逻辑缜密，其实藏没藏着什么致命的纰漏呢？

的确有纰漏，而且，还真就被柳宗元给抓住了。

先交代两句背景：陈子昂在提交《复仇议》的时候，做的官是左拾遗，这是个谏官，这就意味着，他虽然是在讨论礼和法的问题，可按我们现在的话说，他既不是法律口儿的，也不是礼仪口儿的，而柳宗元写《驳〈复仇议〉》的时候，做的官是礼部员外郎，恰恰就是礼仪口儿的。

另外，虽然同属唐朝高人，可陈子昂到底只是个诗人、才子，柳宗元却还是政治家和思想家，柳前辈的犀利我们已经在《周易江湖》里见识过了，他和韩愈、刘禹锡关于"天"的一系列讨论早已成为唐代思想史上璀璨的一页。

柳宗元和陈子昂虽然同处唐朝，却并不是一个时代的人，陈子昂死后七十多年柳宗元才刚出生，所以，柳宗元是在翻阅历史卷宗的时候看到了徐元庆谋杀案的相关文件，对当时的判决大为不满，于是针对陈子昂的《复仇议》写了一篇批驳之论。

有人可能会不理解："一件陈年旧案子，当事人都死了多少年了，还翻个什么案，难道大家不应该团结起来向前看么！翻历史旧账有意义么！"

——还真是有意义的，而且是非常现实的意义，这一点后面就会看到，咱们先看看柳宗元这篇《驳〈复仇议〉》吧：

臣伏见天后时，有同州下邽人徐元庆者，父爽，为县尉赵师韫所杀，卒能手刃父仇，束身归罪。当时谏臣陈子昂建议，诛之而旌其闾，且请编之于令，永为国典。臣窃独过之。

臣闻礼之大本，以防乱也。若曰无为贼虐，凡为子者杀无赦。刑之大本，亦以防乱也。若曰无为贼虐，凡为治者杀无赦。其本则合，其用则异，旌与诛莫得而并焉。诛其可旌，兹谓滥，黩刑甚矣。旌其可诛，兹谓僭，坏礼甚矣。果以是示于天下，传于后代，趋义者不知所以向，违害者不知所以立，以是为典可乎？盖圣人之制，穷理以定赏罚，本情以正褒贬，统于一而已矣。

向使刺谳其诚伪，考正其曲直，原始而求其端，则刑礼之用，判然离矣。何者？若元庆之父不陷于公罪，师韫之诛独以其私怨，奋其吏气，虐于非辜，州牧不知罪，刑官不知问，上下蒙冒，吁号不闻；而元庆能以戴天为大耻，枕戈为得礼，处心积虑，以冲仇人之胸，介然自克，即死无憾，是守礼而行义也。执事者宜有惭色，将谢之不暇，而又何诛焉？其或元庆之父，不免于罪，师韫之诛，不愆于法，是非死于吏也，是死于法也。法其可仇乎？仇天子之法，而戕奉法之吏，是悖骜而凌上也。执而诛之，所以正邦典，而又何旌焉？

且其议曰："人必有子，子必有亲，亲亲相仇，其乱谁救？"是惑于礼也甚矣。礼之所谓仇者，盖其冤抑沉痛而号无告也，非谓抵罪触法，陷于大戮。而曰彼杀之，我乃杀。不议曲直，暴寡胁弱而已。其非经背圣，不亦甚哉！

《周礼》："调人，掌司万人之仇。凡杀人而义者，令勿仇，仇之则死。有反杀者，邦国交仇之。"又安得亲亲相仇也？《春秋公羊传》曰："父不受诛，子复仇可也。父受诛，子复仇，此推刃之道，复仇不除害。"今若取此以断两下相杀，则合于礼矣。且夫不忘仇，孝也；不爱死，义也。元庆能不越于礼，服孝死义，是必达理而闻道者也。夫达理闻道之人，岂其以王法为敌仇者哉？议者反以为戮，黩刑坏礼，其不可以为典明矣。

请下臣议附于令，有断斯狱者，不宜以前议从事。谨议。

柳宗元说：我从文献上看到武则天在位的时候，发生过一起徐元庆谋杀案，当时的谏官陈子昂提议判处徐元庆死刑，然后再在徐的家乡给他搞什么表彰活动，陈子昂还建议把这个判例载入律令，永远成为国家法典的一部分。我觉得这样的做法是非常错误的。

柳宗元该展开议论了，他和陈子昂一样，也是从礼和法的不同功用来入手的。

柳宗元说：礼的意义在于防乱，禁止杀害无辜的人——看，柳宗元把问题的重点放在"无辜"与否之上——所以，如果父亲有罪该杀，那么儿子就不应该为父报仇；儿子如果杀了人、报了仇，也应该被判处死刑。法的意义也在于防乱，也禁止杀害无辜的人，所以，如果官员滥杀无辜，就应该被判处死刑决不宽恕。这样看来，礼和法虽然具体运用的对象不同、方法不同，但本质却是一般无二的，可既然如此，又怎么可能对同一件事情既依礼表彰又依法处罚呢？这么一来，大家还不都给搞糊涂了，到底什么是对、什么是错啊？

——柳宗元抓住了问题的要害：礼和法是一枚硬币的两面，其核心价值观都是一样的，绝不是互不相关的两套系统，像你陈子昂这么一搞，等于把礼和法对立起来了，搞出两套核心价值观了，让大家伙儿分不清什么是对、什么是错了。

柳宗元先是从法理原则上抓住了要害，紧接着又从徐元庆这个个案当中抓住了要害。他问了一个重要的问题：徐元庆的父亲到底是因为什么才被赵师韫杀的？

这可是个要命的问题，如果解决了这个问题，下边根本就不会有什么难题，根本就不会有什么礼和法的冲突，可陈子昂那帮人怎么就都没想到呢？

柳宗元说：如果徐元庆的父亲当真犯了法，论罪当死，赵师韫杀他只不过是执行国法，那么杀他的并不是赵师韫本人，而是国家大法。如果是这样的话，那么徐元庆谋杀赵师韫就分明是仇恨国法，这性质可就变了，就不是为父报仇了，而是犯上作乱了。那么，判处徐元庆死刑自然是理所应当的，凭什么还表彰他呢？

这话可谓再一次抓住了要害。《韩非子·外储说下》有句名言，说"以罪受诛，人不怨上"⑧，就是说一个人因为犯了罪而受诛杀，这个人是不会埋怨法官的。

柳宗元接着说：可是，如果徐元庆的父亲没犯法，赵师韫杀他只是出于个人恩怨，只是为了逞逞官威，这就是赵师韫的不对了，滥杀无辜嘛！徐元庆想为父亲鸣冤，可是官场一片漆黑，官官相护，可怜徐元庆一介草民，上告无路，上访无门，这时候，他还能怎么办呢？

大家注意，柳宗元这里提出的观点非常犀利，别以为儒家都是教人做老好人的，不一定的哦！柳宗元这时候坚决地站在弱势的徐元庆一方，话里透着的意思分明是：别说什么不能以暴易暴，别说什么要走正常的司法程序，别说什么要相信上级政府能把问题妥善解决，如果这些路全被堵死了，你让一介草民还能怎么办？

怎么办？杀父之仇不共戴天，既然所有正常途径全被堵死了，草民只有一条贱命，那就以命搏命好了！

——柳宗元够狠吧？他接着说：如果情况真是这样，那么，徐元庆谋杀赵师韫就是合乎礼、合乎义的，执政者们向徐元庆道歉还来不及呢，又怎能判他死罪呢？

看，这也是儒家的"礼"，是有血性、有情怀的"礼"。

柳宗元接着又搬出了一部儒家典籍：《周礼》上说："凡是杀人而符合道义的，死者的亲属便不许报仇，谁要报仇就处死谁。"（这段《周礼》在下文还会出现，届时再来详说。）接着再引"春秋三传"之一的《公羊传》："父亲被冤杀，儿子可以报仇；父亲有罪该死，儿子报仇就会引起接连不断的仇杀，这样报仇是不合道义的。"柳宗元归纳说：如果按照《公羊传》的这个原则来审理刑事案件，这就符合礼的标准了。

我在正文会开讲《春秋》"一经三传"，"一经"就是《春秋》，"三传"就是《左传》《公羊传》和《穀梁传》。既然柳宗元现在搬出了《公羊传》作为重要断案依据，我们就先对这几句话留心一下。

《公羊传》这几句话的原文是："父不受诛，子复仇可也。父受诛，子复仇，此推刃之道，复仇不除害。"现代读者可能对这几句话不易理解，"父不受诛，子复仇可也"，好像是说"父亲没有被杀，儿子可以复仇"，这，好像和常理不大合拍呀？

之所以会产生这种误解，原因就在于这个"诛"字。我们都知道"诛"就是"杀"，不错，但"诛"和"杀"是有区别的。在古籍里，同样是表示杀人，"诛"一般表示上级杀下级，是以有道杀无道，是以正义之刀杀有罪之人；与之相反的是"弑"，表示下级杀上级，比如"弑君"；而"杀"字则是一个中性词。所以，"父不受诛，子复仇可也"，意思就是：如果父亲被杀——不是被"诛"，而是无辜被杀——这样的话，儿子就应该复仇。

这句话的具体出处是《公羊传·定公四年》，上下文大家都很熟悉：楚国人伍子胥因为父亲和哥哥都被楚平王冤杀了，伍子胥逃到吴国，多年之后，伍子胥在吴国受到吴王阖庐的重用，后来带兵攻打祖国楚国，大败楚军，这时候楚平王已经死了，楚平王的儿子楚昭王逃到了附近的随国。《公羊传》对这一段史事的记载很可能并不可靠，但在态度上确是鲜明地支持伍子胥复仇的，"父不受诛，子复仇可也……"这句话就是从伍子胥这儿说的。⑨

可能有人觉得难以理解：《公羊传》到底是儒家的一部重要经典，是阐发《春秋》的微言大义的，是要让"乱臣贼子惧"的，怎么可能去赞扬伍子胥的复仇呢？要知道，按现在的说法，伍子胥可以被定性为叛国投敌，是个大大的"汉奸"！儒家经典竟然会褒奖叛国行为？会站在汉奸一边？！⑩

即便在现代社会，只要是思想觉悟不是很低的人恐怕都会认为国家利益高于一切，所以，个人再怎么受到不公正待遇，在面对大是大非的时候也要以国家为重，比如当年乒乓球选手何智丽引起的大讨论就很说明问题。具体到伍子胥的例子，哪怕是父亲被冤杀了，哥哥被冤杀了，自己也被一路追杀，可就算再有不平，也不能投奔外国啊，更不能带领外国军队杀进祖国啊！

话是这么说，可人家《公羊传》还就是那么讲的。不但如此，《公羊传》还阐发了一则火上浇油的"微言大义"：

《春秋经》：
冬十有一月庚午，蔡侯以吴子及楚人战于伯莒，楚师败绩。

《公羊传》：
吴何以称子？夷狄也，而忧中国。
其忧中国奈何？伍子胥父诛乎楚，挟弓而去楚，以干阖庐……

——为什么一段是《春秋经》，一段是《公羊传》呢？因为《春秋》（以后还叫作《春秋经》好了，不容易引起误会）相当于一本经典教材，历来被认为是孔圣人编写的，里边奖善罚恶，蕴含着治国大道，但这教材也有一个缺点，那就是内容编得太洗练了，一般人看不懂其中隐蔽的含义。那该怎么办呢，就需要有教辅来做补充参考，而《左传》《公羊传》和《穀梁传》就是留存下来的三大《春秋经》教辅。三大教辅各擅胜场，而其中最早被官方认定为经典的就是这部《公羊传》，也称《公羊春秋》。

《春秋经》里被认为蕴含着孔子的"微言大义"，《公羊传》就细心去发掘这些"微言大义"——在上边这两小段里，《公羊传》就是阐发《春秋经》那句话的深刻内涵的。

《春秋经》那句话翻译过来就是：冬季十一月庚午日，蔡侯和吴子联合，在伯莒这地方和楚国人打仗，楚国人被打惨了！

——好好看看，你能看出来里边藏着什么"微言大义"么？

这得通看《春秋经》才能琢磨出来，这句里带着"微言大义"的词汇就是"吴子"，指的是伍子胥的新老板——吴王阖庐。

春秋大义强调"夷夏之防"，也就是说，推崇中原地带以周天子为核心的那些文明程度较高的诸侯国，比如鲁国、齐国等等，这些国家被称作"诸夏"；看不起边缘地区那些文明程度较低的国家，比如楚国、吴国、越国，这些国家被认为是"蛮夷"。

不仅是"蛮夷"，通常有所谓东夷、西戎、北狄、南蛮，单从字面看就知道不是好话，"夷夏之防"里的"夷"就代表了所有这些东西南北的落后文化。至于为什么要重视"夷夏之防"，理由诸如著名的"非我族类，其心必异"等等，意思是说：夷人们虽然勉强也被叫作人类，但其实都是些牛鬼蛇神——我们可以参考一下亨利·梅因在论述古代社会的时候说的意见："一个原始共产体对于在风尚上和它自己有非常不同的人，往往会感到几乎是自然的憎恶，这种憎恶通常表现为把他们描写成怪物，例如巨人，甚至是魔鬼（在东方神话学中，几乎在所有情况中都是如此）。"[11]——现在我们很难想象了，湖南早已是"惟楚有材，于斯为盛"，苏杭一带也尽是才子佳人，可当年这些地方都是"蛮夷"啊，盛产巨人和魔鬼！更要命的是，这样一种"春秋大义"断续保持了两千多年，孙中山的纲领口号有"驱逐鞑虏"，邹容的《革命军》号召"杀尽胡人"，都有一种拒斥夷狄的味道在内。

两千多年前的夷狄更让诸夏看不顺眼，所以，《春秋经》在提到吴国的时候一般都会说"吴如何如何"，只用一个"吴"字，但在"蔡侯以吴子及楚人战于伯莒"这句话里却用了"吴子"，这可是尊称啊，这就表示了对吴王帮助伍子胥出兵伐楚的一种激赏。有趣的是，就在这句话之后，《春秋经》便又恢复为用单摆浮搁的一个"吴"字来称呼吴王了。

《公羊传》对"吴子"的那番阐释翻译过来就是："一直都称'吴'，为什么这里却改称'吴子'了呢？这是因为吴国人虽然属于蛮夷，这时候却乐于为中原分忧，所以要夸上一夸……"⑫这里的中原指的就是中原诸夏系统里的蔡国，而作为蛮夷的吴国为了帮助蔡国，毅然和楚国作战，这一战，既帮助蔡国出了气，又帮伍子胥报了父兄之仇。

——这一段等讲到《春秋经·定公四年》的时候再仔细来说，至于《公羊传》这段分析是对《春秋经》的透彻理解还是穿凿附会，也留待以后再讲。⑬现在我们先来想想：《公羊传》为什么这样写呢？儒家思想怎么会赞成为了报父仇而叛国，甚至攻杀祖国的国君呢？这不是大逆不道么？！

我们还是先要分清：大体来说，秦朝以前的中国是封建社会，秦朝以后的中国是专制社会，这两种社会形态有着本质的不同⑭。儒家原本的思想有一个重要原理，大体可以叫作"推己及人"，比如我们都熟悉的"修身、齐家、治国、平天下"，是从小到大一步步做起来的，那么，在家儿子孝顺父亲，在朝臣子忠于君主，也是这个道理。而大家熟悉的"君要臣死，臣不得不死"之类的观念其实都是专制社会的产物，要搁在封建社会，君要臣死？嘿，那得问问凭什么！

更进一步，如果君对臣的迫害到了杀父之仇的地步，那就没的说了，杀父之仇不共戴天，管你天王老子呢，是孝子就该报仇，天经地义！也就是说，父子天伦是儒家眼里最核心的人际关系，君臣关系倒在其次。这是一种可怕的思想啊，到了专制社会可就不讲这些了，皇上杀起人来也都是满门抄斩，把三族九族的一并株连进去，这一来，想报仇也得有活口啊。（话说回来，楚王当初对伍子胥一家也是要赶尽杀绝的，只是伍子胥逃得快罢了。）

这真是社会制度不一样啊，封建社会是建立在宗法基础上的，国君、大臣乃至城里的平民论起来都是一家人，只不过有大宗、有小宗，血缘关系有亲有疏罢了。我在《周易江湖》里提到过，那个时代里，爱家观念比爱国观念要强得多。

另一方面，社会的运转是有着强大惯性的，时至汉代，虽然早已变封建为专制，但一些风俗习惯并不可能马上就扭转过来。我们可以说，汉朝人思想上还普遍背着"封建社会的大包袱"。

司马迁就背着这个包袱，所以他对伍子胥的评价是："弃小义，雪大耻，名垂于后世"，是一个实至名归的"烈丈夫"。⑮我们还要留意的是：司马迁是受过《春秋》学的名师传授的，在董仲舒那里听过课，所学的具体科目就是《公羊传》。

话说回来，再表柳宗元，他老人家如今正在唐朝这个专制社会里抖搂出了"血亲复仇"的春秋大义，搬出《公羊传》这个大招牌，建议今后如果再遇到徐元庆之类的案件，应该遵照《公羊传》的精神来做判决，总结起来就是："如果父亲是被冤杀，儿子就可以报仇；如果父亲有罪该死，儿子就不可报仇。"（父不受诛，子复仇可也。父受诛，子复仇，此推刃之道，复仇不除害。）

这是一条凌厉的"春秋大义"，时至宋朝，苏轼为伍子胥辩诬，就拿的是这个理由。他说："'父不受诛，子复仇'，这在'礼'上是天经地义的。伍子胥对待杀父仇人，仇人若还活着，就砍下他的脑袋，仇人若是死了，就鞭打他的尸体，这都是内心痛楚的自然流露，只能这么做而别无选择。"（苏轼《论范蠡、伍子胥、大夫种》："父不受诛，子复仇，礼也。生则斩首，死则鞭尸，发其至痛，无所择也。"）

"父不受诛，子复仇可也。父受诛，子复仇，此推刃之道，复仇不除害"，这是一条被人遗忘的儒家主张。如果一个人他的父亲被官府冤杀，而他自己又上告无路、上访无门的话，依照儒家的观念，最天经地义的选择就是怀揣利刃，手刃仇人！

马克斯·韦伯在《儒教与道教》一书中也提到了这一则杀人复仇的"春秋大义"："当年，连孔子都要求，把为被杀害的双亲、兄长和友人报仇作为大丈夫的义务。"随即，韦伯话锋一转："这种伦理现在成了和平主义的、入世的伦理，并且仅仅是畏惧鬼神而已。"⑯

从历史上来看，许许多多的思想或者信仰，无论一开始的时候是以什么面目出现的——无神论的或有神论的，一神论的或多神论的，出世的或入世的，激进的或消极的——只要它最后流行开来，最后都会变成"和平主义的、入世的伦理，并且仅仅是畏惧鬼神而已"，并且，很少有人能清楚地知道他们所信奉的东西"真正"是什么意思。

至少在孔子时代，"春秋大义"对报仇还是非常嘉许的，这和现代人印象中的"中庸之道"⑰大相径庭。其间种种容后再表，我们还是先来看看柳宗元。

柳宗元的《驳〈复仇议〉》已经写完了，真是一篇好文章，说理清晰、论证有力。柳宗元最后一句话写道："请把我这篇文章附到相关的法律条文之后，以后再遇到同类案件，不能听陈子昂那臭小子的，得听我的。"

想起来了吧，陈子昂那篇《复仇议》的结尾不也有这么一句话么，前边还说过柳宗元翻故纸堆给陈年老案翻案是不是闲得无聊，看，这还真是有实际意义。陈子昂的《复仇议》被附进了法律文献，成为后来判决同类案件的参考，现在柳宗元的请求如果获准，他的《驳〈复仇议〉》也将附进法律文献，成为后来判决同类案件的参考。

——好了，至此，就是《新唐书》里关于徐元庆谋杀案的全部内容了。

放松一下，扯两句题外话。

题外话之一：现在是不是有人觉得陈子昂这小子不太地道啊？是个逻辑不清还鼓吹严刑峻法的家伙？

这倒错怪陈子昂了，就在《旧唐书·刑法志》里，陈先生针对武则天统治时期的白色恐怖，又发挥了他的才子做派，搞了一篇长篇大论，建议要行仁政。——是啊，陈子昂可是"前不见古人，后不见来者"的一位风流俊彦，自然是一身正气、忧国忧民的。

嗯，可也未必，如果看看他借以成名的一些文章，会发现这家伙很会溜须拍马呢。再看看史书记载，好像知识分子阶层普遍对这小子没什么好感啊！

认识一个人真的是很难！

题外话之二：脑筋急转弯！

回忆一下《礼记·檀弓》里子夏问老师孔子的话："居父母之仇，如之何？"孔子回答"弗与共戴天"云云。现在我们想象一种情况：如果是母亲杀死了父亲，这种情况应该"如之何"呢？

这可是个难题哦。从《檀弓》里看，孔子认为杀父和杀母之仇都是不共戴天的，是在同一个级别上的，所以，如果真是母亲杀了父亲，做儿子的还真不好办呢。

　　不过，如果这个儿子并不是一个儒家读书人，事情也许倒没什么难办的。

　　也许有人觉得这纯属伪问题，现实生活中根本不可能出现——那你可错了，这样的事情还真的出现过，就发生在汉景帝的时候。当时，有个叫防年的老百姓大逆不道，居然杀了自己的继母（不是亲生母亲），究其原因，竟是这位继母杀了防年的父亲（也就是她自己的老公）。

　　案子一直报到汉景帝这里，还真把汉景帝给难住了，这个杀人犯防年到底该怎么判呢？杀父、杀母之仇都是不共戴天，所以，防年的继母是防年的不共戴天的杀父仇人，而防年又是自己的不共戴天的杀母仇人……◎＃￥％……※×没有250以上的智商还真想不明白！

　　这个难题最后是让一个小孩子解决的，这孩子当时刚刚十二岁，按现在的标准也就是小学才毕业，他说："所谓继母如母，但到底不是亲生母亲，把她当作母亲是因为父亲的关系，而防年的继母居然杀了老公，这就是主动断了夫妻的情义，于是，她既对老公失去了做妻子的资格，又对防年失去了做母亲的资格，所以，防年杀母只应该判作普通的杀人罪，而不该判作杀母的大逆罪。"

　　——如果你想的答案跟这孩子一样，那就恭喜你了，因为这孩子可就是日后的汉武帝啊！

（二）

梁悦谋杀案：韩愈的法律难题

好了，让我们继续前进。

《新唐书》发扬了《春秋》的惩恶扬善精神，《孝友传》的设立自是表彰孝义的一个具体体现。就在徐元庆小传之后，还紧跟了一系列的类似事件，其中也不乏耐人寻味的故事。

在唐宪宗时代，又出了一个徐元庆谋杀案的翻版：有个叫梁悦的家伙手刃杀父仇人秦果，随后到衙门里投案自首。这案子照旧惊动了中央，没多久，朝廷下了诏书，发布了最高指示，说道："按礼来说，杀父之仇不共戴天，梁悦做的没错；可按法说，杀人就应该偿命。哎呀呀，礼和法说的不一样，这案子没法判啊！"

——诏书如果真这么下，皇帝就该威严扫地了，所以，这只是诏书的前半段，还有后半段留待一会儿再讲。

先说说皇帝的为难。这案子如果换到现在可能就简单多了，不少人可能会觉得：这有什么为难的，管那个礼干什么呀，法律问题法律解决，没说的，判梁悦死刑好了！

可前边讲过，在唐朝，礼是立法的根本精神，或者说，儒家思想是立法的根本精神。如果读读《唐律疏议》，开头部分是唐太宗时代的名臣（也是唐太宗的大舅哥）长孙无忌写的一篇很长的序言，序言里一会儿"《周礼》说如何如何"，一会儿"《尚书》说如何如何"，一会儿"《易经》说如何如何"，一会儿又是"《春秋》说如何如何"，根本就不像一部国家法典的总序，倒更像是腐儒写的八股文（所以说读不通"十三经"，读历史就总有障碍，就拿"二十四史"来说，皇帝的诏书和大臣的奏议里尽是些引经据典的话）。其核心意思就是讲咱们唐朝的法律精神是以礼为体、以法为用的，或者说，形式上是以法治国，核心却是以礼治国、以德治国。

所以，礼是法的核心精神，儒家思想是国家法律的意识形态准绳。只有在这个背景下，我们才能体会出当礼和法出现矛盾的时候，那些当事人该会如何的抓耳挠腮。

有人可能会问：不是已经有了徐元庆的案例了吗？可以拿来参考啊！

但不知道为什么，这回却没提徐元庆这个茬儿，也许是陈子昂和柳宗元谁对谁错大家还没有论明白呢。所以，诏书接着说："礼和法同是治国的根本，所以梁悦杀人案不能小看。这样吧，把这案子交给尚书省好好讨论一下吧。"

看来皇帝也发愁，不知道该怎么办，把皮球踢给尚书省了。

尚书省是中央头等大机关之一，这机关里的精英们当时是怎么商量的我们已经不得而知了，《新唐书》里只收录了一份当时一名职方员外郎的书面意见——这是一篇值得细细品味的好文章，原因之一是，这位职方员外郎就是大文豪韩愈。我们读一下大文豪是怎么写官样文章的：

子复父仇，见于《春秋》《礼记》《周官》，若子史，不胜数，未有非而罪者。最宜详于律，而律无条，非阙文也。盖以为不许复仇，则伤孝子之心；许复仇，则人将倚法颛杀，无以禁止。夫律虽本于圣人，然执而行之者，有司也。经之所明者，制有司者也。丁宁其义于经而深没其文于律者，将使法吏一断于法，而经术之士得引经以议也。

《周官》曰："凡杀人而义者，令勿仇，仇之则死。"义者，宜也。明杀人而不得其宜者，子得复仇也。此百姓之相仇者也。公羊子曰："父不受诛，子复仇可也。"不受诛者，罪不当诛也。诛者，上施下之辞，非百姓相杀也。《周官》曰："凡报仇雠者，书于士，杀之无罪。"言将复仇，必先言于官，则无罪也。

复仇之名虽同，而其事各异。或百姓相仇，如《周官》所称，可议于今者；或为官吏所诛，如《公羊》所称，不可行于今者。《周官》所称将复仇先告于士，若孤稚羸弱，抱微志而伺敌人之便，恐不能自言，未可以为断于今也。然则杀之与赦不可一，宜定其制曰："有复父仇者，事发，具其事下尚书省，集议以闻，酌处之。"则经无失指矣。

我前边说这篇文章值得细细品味，不仅仅因为作者是韩愈，更主要的是，要细细品味文中的语气，体会那种磨磨叽叽、拖泥带水、欲说还休的味道。

韩愈说：子报父仇这种事在《春秋》《周礼》以及诸子书里都没少讲过，没人把这当犯罪，按说这是最应该写进法律条文里的，那样的话，后人遇到这类案子的时候也就不会为难了。为什么法条里不写呢，这也是有道理的。咱们想想，如果法律明文禁止儿子给父亲报仇，这就会伤了孝子的心（咱们以孝道治天下，哪能这么做呢！）可法律如果明文允许儿子可以给父亲报仇，恐怕就会有人来钻法律的空子。唉，法律虽然是圣人制定的，内容好得很，可执行法律的官吏却只是一些普通人呀。

韩愈的意思大概是：法律对这个问题不便明说，但意在言外，要靠执法者心领神会了。

引经据典是必要的，韩愈接着便引述了《周礼》的相关内容。《周礼》旧称《周官》，是一部来路不明的经典，[⑱]是"三礼"之一，在唐朝被列入官学"九经"，后来也进了"十三经"。韩愈这里对《周礼》并没有引用完整，他引的是"凡杀人而义者，令勿雠，雠之则死"，可我们如果核对《周礼》原文，就发现韩愈在句子中间漏写了"不同国"三个字。——这句话的出处是《周礼·地官司徒·调人》，上下文连起来是这样的：

调人掌司万民之难而谐和之。凡过而杀伤人者，以民成之。鸟兽亦如之。凡和难，父之雠，辟诸海外；兄弟之雠，辟诸千里之外；从父兄弟之雠，不同国；君之雠视父；师长之雠视兄弟；主友之雠视从父兄弟。弗辟，则与之瑞节而以执之。

凡杀人有反杀者，使邦国交雠之。杀人而义者，不同国，令勿雠，雠之则死。凡有斗怒者成之，不可成者则书之，先动者诛之。

这段文字可以说是给"调人"这个职位所做的岗位描述，前文中柳宗元为徐元庆做辩护的时候也引过这一段内容，也和韩愈一样省略了那个"不同国"。全段的意思是说：调人的职责是调解人民群众的内部矛盾，要使大家过上和谐的生活。凡有过失伤人者，调人要和乡亲们一同来评判是非，凡有过失伤害了别人家的牲口和家禽的，也要同样办理。调解仇怨的具体办法是这样的：调解杀父之仇，就要让凶手躲到海外去；调解杀兄弟之仇，就要让凶手逃到千里之外去；调解杀从兄弟之仇，就要让凶手躲到国外去；杀君之仇照杀父之仇办理，杀师长之仇照杀兄弟之仇办理，杀主人和朋友之仇照杀叔伯兄弟之仇办理。如果凶手不听劝，不肯逃走，那君王就授予调人瑞节去抓他治罪。

凡"杀人有反杀者"，就告知天下各国缉拿凶手。凡杀人而符合道义的，就要安排凶手和被害者家属不要同国居住，还要劝说被害者家属不可报仇。凡有吵嘴打架的，就去评理调解，调解不了的，就登记在案，此后看这吵嘴打架的双方谁先动粗就惩治谁。

这就是《周礼》对"调人"的岗位描述，看上去还真够详细的，以现代眼光来看也真够别开生面的。但问题是：这是真的么？

的确，对于《周礼》一书的性质，现在占压倒性的意见是：这是一部古代的乌托邦著作。但是，我们显然不能因为它的"乌托邦"就怀疑它的真实性。就拿这个"调人"的岗位描述来说，它很可能是对原始部落遗风的一种较为真实的写照——如果我们参照一下当代世界若干偏僻角落里一些土著部落的生活方式，比如，我们就看看人类学家埃文斯-普理查德的名著《努尔人》吧，我们会惊讶地发现：《周礼》所描述的"调人"简直就和努尔人当中的"豹皮酋长"如出一辙。这大概也能够启示我们这样一个事实：历来被传为周公制作的"礼乐"，其真正源头可能是相当古老的。而更加耐人寻味的是，从种种的人类学著作来看，似乎越是在那些原始的部落当中，"礼"就越是丰富、越是仪式化，人们也越是重视"礼"。这样看来，如果真让孔子搞成了"克己复礼"，怕也不是什么好事。

我们可以简略看一下努尔人的豹皮酋长在"调人"工作遇到阻力的时候是怎么做的：

酋长的恐吓至多也只不过是说如果亲戚们不听他的话，那么当他们处于同样的困境时，他便可能会也不听他们的话。但有人告诉我，如果他们相当固执地拒绝调停，酋长便很可能会恐吓说要离开他们的家宅去诅咒他们。他会牵来一头母牛，用草木灰擦它的后背，并开始吆喝它，说如果受害一方坚持复仇，那么他们中的许多人就会死于这种努力，并且他们把长矛掷向敌手将是徒劳的。人们告诉我，接下来他就会举起长矛要杀掉母牛，但这只是在人们担心他把长矛刺向母牛时才如此。在维护了他们作为亲属的尊严之后，死者家族成员之一便会抓住他高扬的胳膊，不让他刺伤母牛，喊道："不！不要杀死你的牛，算了吧，我们愿意接受赔偿。"我的一个提供信息者进一步补充道：如果人们坚持拒绝接受酋长的调停，酋长就会牵走一头短角的公牛。在诉求神灵之后，把这头公牛杀掉，这样，拒绝他的调停的那个宗族的成员们便可能会在以后发动世仇争斗时被杀死。他的话得到了其他人的支持。

因此，我们可以得出如下结论，酋长的诅咒本身并不是调解的真正律令，而是世仇调解中的一种习俗性的、仪式性的运作步骤，这是人们事先就知道并在他们的算度当中已有考虑的。[19]

——这段文字对我们了解中国古代的"礼"与"法"的关系是有些参考意义的，尽管它不足以确证我们此刻所遇到的具体问题。我们看到，在豹皮酋长行使调人职责的时候，好像并不存在什么"礼"和"法"的冲突，那么，原因究竟在哪里呢？

或许在于："礼"就是"法"，"法"就是"礼"——这两者之所以没有区别，并非因为它们面貌相似，而是因为它们根本就是同一个东西。

是的，这种"习俗性的、仪式性的运作步骤"，说它是"礼"自然没错，说它是"法"也一样成立——在部落社会的背景下，似乎根本就不存在"礼"和"法"的任何区别。那么，中国古代经学家有所谓"礼就是法"的说法，是否也是这个意思呢？

我们从努尔人的豹皮酋长来揣度"礼"和"法"的原始形态，那么，徐元庆和梁悦案件如果拿到豹皮酋长那里去解决，也许这令人困惑的两难场面就不会出现了。或许是随着社会的发展，"礼""法"分家，又双双被赋予了神圣的光环以及与时俱进的崭新功能，而后，人们又忘记了这两者曾经是一体的，这才有了徐元庆案和梁悦案那种困惑人心的场面出现。

事情也许还不仅如此，甚至，即便是"区别贵贱尊卑等级"这一"礼"的基本功能也并不像看上去那样属于文明社会的产物——帕累托曾经指出：尊卑贵贱的角色区分是人类的基本情感之一，也是人类社会的一种基本需要，不仅在人类社会，就连动物界都有"上等人"和"下等人"之分。[20]

当然，韩愈这时候还读不到埃文斯－普理查德和帕累托这些人类学家和社会学家如此赤裸裸的"非礼"的文字，他还只能在儒家典籍里转转圈子，他眼中的《周礼》自然尽是圣人之法，是无可怀疑的。那么，在对豹皮酋长有了简单的了解之后，我们再来看看《周礼》中的这个"调人"。

《周礼》这一段对"调人"的岗位描述就把"礼"（在这里意指具体的行为规范）表现得非常细腻，其中说到"国外"和"不在同一国居住"，这个"国"就是前文所讲的"邦国"的意思——从这一段的上下文来看，"国外"是最近的地方，再远一些就是"千里之外"，最远的是"海外"，但那时候的"海外"应该指的是"蛮夷"地区，比如现在的湖南、湖北、江浙一带就都属于"海外"，海南岛大概得算当时的"天外"了。

"杀人有反杀者"这句话我没翻译。从字面上看，这好像是说有人杀了人，而其他人又为被害人报仇杀了那个凶手，但联系上下文来看，这又像是指官府诛杀罪人之后，罪人家属生事寻仇——古人注释《周礼》大多是取后一种解释的，还是这个解释更合情理。

韩愈在梁悦案中引述的《周礼》文字就是上文中相当靠后的这句："凡杀人而符合道义的，就要安排凶手和被害者家属不要同国居住，还要劝说被害者家属不可报仇。"韩愈省略了当中"就要安排凶手和被害者家属不要同国居住"这句，大约是因为唐朝已经是大一统的王朝了，封建时代的"邦国"已经不存在了。

如果按照《周礼》的说法，只要合乎道义，私下杀人就是被允许的。但这话说起来容易，具体到个案当中，怎样才算合乎道义，又由谁来裁判，都是要命的问题。如果是岳飞杀了金兀术，案子交给秦桧来判，这……

按照我们的常识，案子当然要交给法官来做裁判，即便在部落社会里，豹皮酋长不就是在纠纷中扮演着法官的角色么？

——看似如此，其实并非如此，豹皮酋长可绝对不是法官，而且，他也并不是我们习惯概念中的那种酋长，除了排解凶杀纠纷之外他在部落中起不到太大的作用，再者，即便是他在行使本职工作的时候，他也更多地靠的是"仪式性的潜能"，而不是自己"一朝权在手"式的主观能动性。还有一点值得我们注意：豹皮酋长通常都是些没有什么后台的家伙——埃文斯·普理查德这样说道：

> 如果认为"豹皮酋长"是一个政治代理人或是裁决权威，将会导致对努尔人社会构成的误解，因而看不清它的基本原则，为了表明这一点，我们就不得不解释清楚他在世仇调解中所扮演的角色。我们已经讲述过，他没有裁决或执法的权威。他没有责任对凶杀的案件决定是非曲直。对努尔人来说，永远不会发生任何需要裁决的情况。因此，酋长无法迫使人们偿付或接受"恤牛"。他没有有权势的亲属或人口众多的社区做后盾来支持自己。他只不过是在特定社会情境中的一个调停人，而且只有在双方都承认有社区上的联系，并且他们都希望避免激化到更深层的敌对，至少在当时如此时，他的调解才能成功。只有在争执双方希望使事件得以解决时，酋长的介入才会成功。他们是一种机制，使群体各方在期望事件恢复到正常状态时达到这一目的。[21]

努尔人的社会是一种"有序的无政府状态"，之所以既"无政府"还能"有序"，靠的就是社会习俗的规范力量——这也就是我们所谓的"礼"，或者所谓的"法"。设想一下，假定努尔人又度过了漫长的历史岁月，进而发展出了辉煌的文明，这时候，有人把上古遗俗半真半假地记载下来，这记载继而又被奉为圣典，那么，是不是也有可能出现韩愈眼下所面对的这个尴尬呢？

是的，豹皮酋长（调人）还在，礼治规范还在，但在社会的发展中，老名词早已被赋予新概念了。于是，在对某一起凶杀案的裁决中，"怎样才算合乎道义，又由谁来裁判"，这原本也许都不是问题，而现在却都成了要命的问题。

那么，事情是不是这样的呢：原本是由社会习俗来解决的问题，到韩愈这时却早已变成由专制权力来解决，既没有后台也没有权力的豹皮酋长（调人）

也早已变成后台强硬的暴力执法机关？

而且，《周礼》对调人的那一整段岗位描述也因为太过具体，所以很难用经义做与时俱进的修饰，比如"国外"和"海外"这些说法显然已经不适应唐代社会了。但韩愈到底是韩愈，除了《周礼》之外他还有别的法宝，他紧接着又引述了一位"公羊子"的话。这位公羊子说："父不受诛，子复仇可也。"——好眼熟啊，这不就是前边一再提到的《公羊传》里的话么！

不错，韩愈这里说"公羊子"，就是不称书而称人，要知道，《公羊传》之所以叫《公羊传》，据说是因为搞出这门东西的人是战国时候的公羊高，公羊是他的姓。——中国古时候有很多怪姓的，后来就越来越少了。

韩愈引完《公羊传》，又引了一回《周礼》。这句"凡报仇雠者，书于士，杀之无罪"出自《周礼·秋官司寇·朝士》，这里所谓"书于士"的"士"，应该不是指周代一般意义上的贵族的"士"，而是指一种叫作"士师"的长官，简单讲就是公安局局长。所以，这句话的意思就是："报仇当然是可以报的，但是，得先到公安局备个案，你备完案再去把仇人杀了就不算你犯罪。"——下文也没说备案的时候如果公安局不同意怎么办，即便不存在这个问题吧，韩愈接着发表议论说："这种法律简直就是'第二十二条军规'！"

咱们好好想想，就拿徐元庆谋杀案来说吧，想要报仇的徐元庆只是一介草民，无权无势，只有一条豁出去的老命，而仇人赵师韫却是朝廷高官，徐元庆倘若真的到公安局先备案去，就算公安局那边真能同意，可风声不就走漏了么，以赵师韫堂堂御史，整治一个刁民还不容易！

所以韩愈发牢骚："这不是挤对人么，这个条文设计得也太绝了吧！"

韩愈还算个实诚人，在儒家经典里转了两圈，最后说：看来这种案子还真不能在法律条文里给明确规定出来，我看不如这样好了：但凡有这种为父报仇的案子，就交尚书省让大家一起商议，具体问题具体分析，把商议结果报给皇上，由皇上最后来酌情处理，这样做才是符合儒家经典的核心精神的。

——这等于引经据典了半天，可还是没有一个明确意见。但是，韩愈这个不是明确意见的意见也许还真起了作用，最后，念在杀人犯梁悦为父报仇又主动投案的份上，只判了他一个流放。

既没杀他，也没放他，却判了个流放，这大概是个折中的办法吧。

徐元庆和梁悦两个案子的前前后后为我们揭开了"春秋大义"的一角。现在人们已经普遍对儒家精神很陌生了，甚至包括不少鼓吹复兴儒家思想的人。有人以为儒家讲道德、讲做人，有人认为儒家讲究以和为贵、和稀泥、打太极拳，也有人说儒家经典都是知识分子闷在书斋里搞的寻章摘句，看看，其实不是这么回事吧？

我上边讲的是唐朝的事，如果把时间再往前推，推到汉朝，这就是儒家思想在现实社会中发挥实际功用的最早的时代。那么，我们先来想一个小问题：如果徐元庆和梁悦这两宗谋杀案发生在汉朝，官府会怎么判决呢？

（三）

以德报怨，以直报怨，以过分报怨——从赵娥亲案、康买得案和阳球灭门案看《公羊传》的复仇大义——爱德华·泰勒的人类学解释

东汉末年，在甘肃酒泉发生过一起极著名的谋杀案。好几部文献对这件事都有记载，内容有详有略。略的比如《三国志》，只交代了一个梗概，总共几十个字而已，可要说详的，皇甫谧的《列女传》简直把这件事写成了一篇短篇小说。那么，为了照顾本文的可读性，我就说说《列女传》的版本好了。

事情以杀人开始，以死人为过程，最终又以杀人结束。这虽然只是个老百姓身边的故事，却在天灾人祸中先后死了好几口子，颇有几分戾气。

第一名死者名叫赵君安，他是被同县的老乡李寿所杀。这事一出，赵家的人当然不干了。要说赵家也算得上人多势众，赵君安一共有三个儿子和一个女儿，女儿名叫赵娥亲，此时已为人母，就算是外姓人了，可那三个儿子哪一个都不是好惹的，立志为父报仇，非要让李寿血债血偿不可，把那李寿搞得提心吊胆。可说来也巧，也许是老天爷保佑，偏在这个时候闹了一场瘟疫，等瘟疫一过，奇事出现：杀人凶手李寿毫发无伤，可赵君安的三个儿子却死了个干净。

赵家这就等于绝了户，男丁全死光了，只一个女儿这会儿也算外姓人了。李寿后顾无忧，禁不住挑大指赞叹老天爷的好眼神。喜事总该庆祝一下，李寿大摆筵席宴请宗族亲属，席间乐呵呵地对大家说："赵家现在只剩下妇女儿童啦，再没什么可怕的啦！"

这话很快就传到了赵娥亲的耳朵里，赵姑娘怆然流泪，恨恨地说："李寿，你小子等着，我非得亲手宰了你不可！"

为父报仇的重任压在了赵娥亲一个弱女子的肩上。赵娥亲着手准备，上街买了把快刀，没事就在家里磨刀。一个县城没有多大，这消息很快就被李寿知道了。李寿再不敢大意，心想："别看赵家只剩下妇女儿童，可俗话说得好，妇女能顶半边天，我还是小心为上！"从此，李寿出门一定带刀骑马，再不敢有丝毫懈怠，瘟疫之前那种提心吊胆的感觉又回来了。

就这样过去了好几年，李寿还照旧带刀骑马，赵娥亲也还照旧在夜里磨刀——这么多年磨下来，就算是青龙偃月刀也得被磨成小片儿刀了。邻居们开始笑话赵娥亲了，是呀，女流之辈，难道还真能提刀杀人不成，不过是做个样子罢了。

冷言冷语比冷风还要刺骨，但赵娥亲也不分辩，只是默默地咬着牙、发着狠："你们就等着瞧吧。"

再长的等待也是有终点的，大对决终于就要发生了。在这里，《列女传》给我们描述了一个古龙式的场景：那是光和二年二月，上旬里的一天……

天。

冷天。

冷的天上挂着白的太阳。

这是西北甘肃，是冷风、黄沙和双旗镇刀客的老家。

在都亭近处，赵娥亲怀揣利刃，乘鹿车，静静守候。而就在路的尽头，李寿快马轻刀，越来越近了……

还得说皇甫谧厉害，这段描写比亲眼看见的都真：赵娥亲是怎么动作的，李寿又是怎么反应的，比武侠小说还要热闹。接着，在一场激战之后，李寿受伤落马，正掉在路边的沟里。赵娥亲紧追不舍，挥刀再砍，眼看着李寿逃不过了，可这刀却不知道砍在了什么地方，竟然断掉了。就在这电光火石的一瞬间，赵娥亲突然想起了无名刺杀秦始皇的策略——看电影不是白看的，赵姑娘把断刀一扔，扑上去就抢李寿的腰刀。也得说赵娥亲出招够快，从开始伏击直到现在，李寿被逼得连拔刀的工夫都没有，自己的佩刀还在腰间没出鞘呢。

李寿也急眼了，连忙护住佩刀，紧接着大喝一声，一个燕子三抄水，又一个细胸巧翻云，再接一个梯云纵，从沟里跳了起来。生死就在一线间！

真要等李寿站稳脚跟，再把刀拔出来，赤手空拳的赵娥亲是说什么也敌不过的。夺刀不成的赵姑娘在最后关头使出了压箱底儿的绝技——这就得读皇甫谧的原文才能感到那种异乎寻常的震撼：赵娥亲"挺身奋手，左抵其额，右捿其喉，反复盘旋"，——这就是说，赵娥亲硬是用一双女人的巧手把李寿这个大男人的脑袋给拧断了！

毙敌之后，赵娥亲随即砍下李寿的人头，提着它去衙门自首。这一路上，赵姑娘步态从容，神情不改，哪有一点点弱女子杀人之后的惊慌失措。地方长官面对此情此景，也不由得深受感动，不忍心治赵娥亲的罪，宁愿挂冠辞职，也执意要放赵娥亲回家。

这真是个有人情味儿的地方官啊。赵娥亲却不领情，说自己杀了人就该领受国法。就这样，任凭长官怎么劝，她就是赖在衙门不走。（看来人还是要多读书的，赵姑娘如果读过《周礼》，就应该听从长官这位"调人"的调解，逃走也就是了。）

这消息一传出来，"乡人闻之，倾城奔往，观者如堵焉，莫不为之悲喜慷慨嗟叹也"，各大论坛一连多日全是关于赵娥亲杀李寿案的网友评论，这案子实在是社会影响太大了，赵娥亲的遭遇也实在让人敬佩和感动。后来，官方附和民意，甘肃一带的高级长官们一同向中央上表，联名表彰赵娥亲的大无畏精神。事情的结果还算喜人：赵娥亲不但没被治罪，反而被"刊石立碑，显其门闾"，被朝廷树为活典型，成了大家学习的好榜样。——看看，同样是"刊石立碑，显其门闾"，徐元庆的碑比之赵娥亲这块碑可是大不一样，而后世那些贞节牌坊就更不可同日而语了。[22]

这件事还有后话，连带交代一下。赵娥亲不是有个儿子么，这儿子有名有姓，叫作庞淯。母亲英雄儿好汉，庞淯在长大成人以后大有其母风范，几次三番在生死关头舍生取义，是一位响当当的英雄豪杰，这大概就要归功于母亲的"身教"吧。更加值得欣慰的是，庞淯也像她母亲一样，虽然一度曾因大义所在而把自己置之死地，却幸而有惊无险，最后落得善终。——好人有好报的例子不多，庞淯得算一个。[23]

两汉时期，这类血亲复仇的事件屡见记载，对于报仇者，官府通常都是网开一面的（像赵娥亲的例子，官府不但赦免其罪，而且立碑表彰），民间也全是一片赞誉之声，这就是当时的风气。我们现代人想象古人，常常以为儒家思想把古人们熏陶得都有以德报怨之风，㉔其中虚伪之徒甚至示德于人来博取名声。其实，汉朝风气绝非如此，反倒很有几分侠气，正所谓"一饭之恩必偿，睚眦之仇必报"。儒家讲《春秋》的复仇精神，这是我们现代人不容易想见的。

甚至，不但血亲复仇"以直报怨"受到嘉许，就算"以过分报怨"、搞过了火，也不算什么。——东汉有个叫阳球的，因为妈妈受了郡吏的侮辱，他便纠结了几十个古惑仔，一股脑杀光了那郡吏全家。而这位阳球，这位灭门惨案的制造者，不但未受到法律追究，甚而从此成名！更加骇人的是，阳球居然还被举荐为孝廉！看来孝廉可不都是善男信女哦。㉕

阳球的这种作风和当时社会的这种反应甚至还能得到法律的部分支持。东汉有一个不长的时期里曾经颁布一部《轻侮法》，内容大体是：如果因为爸爸受了别人的侮辱，儿子杀死了这个侮辱爸爸的人，儿子可以免除死罪。——这可不仅仅是"礼"的说法了，而是国家法典的明文规定。

够狠吧？徐元庆、梁悦、赵娥亲他们都是因为爸爸被杀，这才去杀人报仇，而西汉这部《轻侮法》却暗示大家：别说爸爸被杀，就算爸爸仅仅受了一些窝囊气，做儿子的也应该去杀人来给爸爸出气！放手去杀吧，杀了人也不会被判死刑的！

那么，这部骇人听闻的《轻侮法》的立法精神是从哪儿来的呢？——很可能还是那部《公羊传》。

我们看看《公羊传·隐公十一年》：

《春秋经》：
冬十有一月壬辰，公薨。

《公羊传》：
何以不书葬？隐之也。

何隐尔？弑也。

弑则何以不书葬？《春秋》君弑，贼不讨，不书葬，以为无臣子也。

子沈子曰："君弑，臣不讨贼，非臣也。不复仇，非子也。"

先是《春秋经》说鲁隐公死了，然后《公羊传》来解释。《公羊传》的文体很是有趣，是自问自答式的，而且问题和答案还是逐步递进的。这一段按现代习惯翻译过来就是：

Q：鲁隐公死了，按规矩《春秋经》应该记一下他的下葬呀，可为什么没记呢？

A：这是因为有所隐晦啊。

Q：啊？有秘密哦？！什么秘密啊？悄悄告诉我，我保证不告诉别人！

A：◎＃￥％……※×

Q：嗯？！——你说什么呢？

A：不好意思，因为有所隐晦，所以有好几个敏感词，搞得我好几次都发不上去。嗯，好啦，现在调整后重发：因为鲁隐公是被鲁+桓+公murder而死的，可大臣们却nobody revenged their dead king，××所以不记载他的下葬，《春秋经》之所以不记载鲁隐公的下葬，是为了挤对那些没良心的大臣。

《公羊传》接着引用一位子沈子前辈的话："国君被谋杀，臣子如果不去讨伐杀人犯就不配为臣；父亲被杀，儿子如果不去为父报仇就不配当儿子。"

——看来徐元庆和梁悦有点儿生不逢时哦。

《公羊传》的这句"父亲被杀，儿子如果不去为父报仇就不配当儿子"（不复仇，非子也）赤裸裸地支持子报父仇；有趣的是，东汉张敏在提议废除《轻侮法》的奏章里居然也提到了这句名言——这是南辕北辙么？不是的，张大人的意思是：虽然春秋大义有这个"儿子为爸爸复仇"的说法，这没错，但我们不应该把这个精神具体落实在法律条文里，因为那是很容易让坏人钻空子的。[26]

——韩愈应该是读过《后汉书》的，回想一下前文，他在对梁悦案的意见书里所表达的意见正和张敏的说法如出一辙。嗯，可韩愈怎么一直没提张敏这事呢？

　　这个问题我可回答不了，不过，现在我们还是来想下一个问题吧：为什么春秋大义会嘉许血亲复仇呢？这规矩是孔老夫子制订的吗？如果是的话，他老人家是拍脑门凭空想出来的呢，还是有什么我们所不了解的隐蔽渊源呢？

　　我们知道，孔子并不赞成"以德报怨"，而是主张"以直报怨"，㉗如果我们把"直"理解为"等值"的话（不是没有这个可能），这就相当于犹太人那句著名的"以眼还眼，以牙还牙"，那么，如果亲人的生命被人夺走了，应该怎么办呢？

　　如果把春秋大义里的血亲复仇看作一种法律设计的话，那么我们知道，法律很少是凿空而来的，而往往是因循于习俗，或者说，是对习俗的归纳和条文化。血亲复仇，如果它曾经也是一种社会习俗的话，会有什么渊源呢？会有什么特殊的意义呢？

　　现代人类学给我们提供了一些或许不那么确定的线索。列维-施特劳斯在对土著的研究中发现：相互间的仇杀居然和相互间的馈赠具有相同的内涵，在土著社会里，仇杀不仅是不可避免的，甚至是非常必要的。——这个问题留待后文再仔细交代。另外，正如人类学的老前辈爱德华·泰勒引述乔治·格雷的话说："为最近的亲属之死而复仇，是最神圣的义务，土著被号召去完成这个义务。如果他忘记了这个义务而没有完成，那么任何一位老太婆都将会嘲笑他；如果他没有结婚，那么甚至连一个姑娘都不会同他讲话；如果他有妻子，那么她将抛弃他；他的母亲将悲叹、哭泣，因为她生了这样的败类儿子；他的父亲将以轻蔑的态度来对待他；而他也就成了共同蔑视的对象。"㉘

　　这是对土著习俗的研究，我们很容易想象：或许孔子之前的氏族时代也曾经是这个样子，更有甚者，就连灭三族、灭九族这样令人发指的酷刑或许也并非完全出自君主的专擅，而同样部分地源于血亲复仇的古老习俗，甚至，被连累的那三族、九族也并不觉得自己是冤枉的——比如在澳大利亚的土著当中就有这种习俗：当某一家庭成员杀了人，其余的成员自然而然地承认他们也有罪。那么，下一个问题是：如果那个杀了人的罪魁祸首逃跑了，这时候又会出现什么情况呢？又该找谁来负起这个责任呢？

　　爱德华·泰勒为我们解释说："如果杀人者消失不见了，该怎么办呢？这种情况在这类蒙昧地区和居民很少的地区，是很容易发生的。土著的习俗就接受了古代的学说，罪犯的整个家族都负有责任；所以当杀人的事已经众所周知的时候，特别是当真正的罪犯消失不见的时候，罪犯的亲属就要以逃跑来自救。甚至七周岁的儿童都知道，他们是否跟杀人者有亲戚关系，假如有，就要赶快躲藏起来。在这里我们得出了两个原则，任何一位研究者如果他是从最早阶段按迹探求法律学的历史的话，他实在应该把这两个原则清楚地记住。他将在近亲复仇的原始法律中看到，社会为了自己的幸福而利用了把人跟低等动物区分开的近亲复仇的天性；同时由于认为整个家族对它的每一成员的行动都负有责任，社会就利用家族对每个人的影响力，作为保持人们之间和平的手段。无论是谁，看到近亲复仇的影响时就不能否定它的实际合理性，也不能否认它在那种还没有专门的法官和刽子手的阶段上，对于制止人的暴行的益处。"

不仅如此，泰勒的研究还告诉我们："当转到研究高级文明水平的时候，我们在古代文化水平较高的民族中仍然遇到了近亲复仇权，但是它已经被文明逐渐改变了形态。"㉙这句话正好适用于我们在上文看到的这两个案例，而对下文将要出现的案例也将同样适用。看，汉唐两代文明鼎盛时期的法律制度竟然会在原始部落那里找到可怕的源头，而在儒家思想的精心包装之下却一点儿也看不出蒙昧的痕迹——这是不是很容易让人联想起帕累托的"剩遗物"和"派生物"这一对著名的概念呢？

好啦，我们有必要再一次回到唐朝。徐元庆和梁悦之后，到了唐穆宗时代，又出了一件类似的案子。有个叫康宪的带着十四岁的儿子康买得去找一个叫张莅的家伙讨债。看来在唐朝就已经有了欠债的反倒要横的事了，这位张莅赶巧刚喝了酒，一见债主上门，一言不合就动起手来。张莅长得牛高马大，不让泰森，几记重拳之下眼看着就要把康宪给打死了。十四岁的康买得在旁边看得焦急："这么打下去，爸爸非死不可啊！"康买得有心上去拉架，可一看，自己的大腿还没张莅的小手指头粗，上去也是白给。生死一瞬间，康买得也来不及多想，顺手抄起一个家伙，照着张莅的脑袋就砸了下去。

介绍一下，康买得抄起来的这个家伙叫作"锸"（chā），是一种农具，铲土用的，大体相当于现在的铁锹。康买得一铁锹下去，张莅当时就不动了。

张莅死了吗？当时没死，熬了三天才死。

康宪虽然获救，心中哪还有半点喜色，他流着眼泪埋怨儿子："臭小子，没有宝马你也敢随便杀人，这是死罪啊！"

——要是换到现在，康买得显然有救，毕竟可以以"正当防卫"啊、"未成年人"啊什么的来找理由。可在当时……

事情见了官，刑部侍郎孙革的判决是："康买得救父杀人不算行凶，估计拉不开架而用铁锹砸了张莅的脑袋也属情有可原。先王制定刑律的精神是以父子亲情为先，《春秋》'原心定罪'，《周书》当中的各种刑罚也不是没有变通余地的。这样看来，康买得杀人是孝心的体现，不该判罪。"后来果然诏书下达，免了康买得的死刑。㉚

在这个案例里，我们尤其要注意的是孙革那句"《春秋》原心定罪"。什么叫"原心定罪"，这是一种判案的依据吗？

——"原心定罪"可不是孙革发明的，也不是唐朝人发明的，而是汉朝人搞的，这是汉朝应用"春秋大义"来审判案件的一个重要手段，是和"罢黜百家，独尊儒术"有一些瓜葛的。

好啦，为了追踪这个"《春秋》原心定罪"，咱们又该追溯汉朝去看看了。汉朝是儒家学说开始定于一尊、成为官方意识形态的时代。咱们现代人读读儒家经典，无非就是长长知识而已，要么就是为了提高一下道德修养，一不小心还容易被人笑话成孔乙己，但在当初，儒家的学问可当真是经世致用、安邦定国的——至少看上去是这样。

（四）

"汉时以经义断事"——张汤亭疑奏谳——隽不疑处置卫太子事件——萧望之以儒术解决匈奴问题——汉武帝的"九世复仇"

在解释"《春秋》原心定罪"之前先扯点儿别的。

清代大史家赵翼在《廿二史劄记》里写过一条"汉时以经义断事"，说汉朝初年法制建设很不完备，每当遇到大事有了分歧的时候，群臣往往就援引经书里的文辞来讨论该做什么决定。

这个说法颇有道理，我们只要想想汉高帝刘邦那个著名的"约法三章"，就知道单靠这三章约法在天下一统之后是没法真正有效地治理国家的。没有法，怎么办？那就得靠经了。赵翼接着举了《史记》和《汉书》里的几个例子，他老人家全是一语带过，但我这里就得娓娓道来了。

赵翼举的第一个例子是张汤的事情。张汤是汉武帝时期的审案名人，但他的出名不像福尔摩斯靠的是推理能力，而是靠狠辣的手段，所以他的传记是被司马迁收在《酷吏列传》里的。赵翼说："张汤为廷尉，每决大狱，欲傅古义，乃请博士弟子治《尚书》《春秋》者，补廷尉史，亭疑奏谳。"

这句话我没给翻译，因为不太好翻。原因是这样的：

赵翼这本书是笔记体的，不那么严谨，他这句话的出处或在《史记》，或在《汉书》，因为这两部书里都有相似的这么一段话，只是文字略有出入罢了。赵翼这里的引述翻译过来就是："张汤作廷尉，审理大案要案的时候想要附会儒家典籍，就请了些研究《尚书》《春秋》的博士，摆平法律疑点，向皇上奏报。"

原文最后那句"亭疑奏谳"现代读者一般不容易理解，"亭"不是亭子，而是"平"或"定"，当动词用，我觉得翻译成"摆平"比较合适；"谳"（yàn），当动词讲就是判案定罪，还有把判决结果上报的意思，当名词讲就是"案件"。

这样看来，这个例子支持赵翼前边那个论断的，但问题是，赵翼漏掉了《史记》《汉书》原文中关键的几个字——在开头那里，应该还有一句"是时，上方乡文学"，然后接着才是"张汤为廷尉……"㉛

这里的"上"指的是皇上，也就是当时在位的汉武帝；"乡"在这里的意思是"向"；而"文学"指的是儒学。这句话就是说：这个时候，皇上正迷儒学呢。——再把后文联系起来，我们发现，原来张汤找那些研究《尚书》和《春秋》的博士来判案其实只是为了迎合皇上的喜好啊！

赵翼啊，这么大的名家也有疏忽的时候，还偏巧被我逮到了，嘿嘿，心中窃喜，亏得他老人家不是当代红人，不然的话，该有多少人骂我是想借着给名人挑小错出名啊。

赵翼举的第二个例子是张敞，说张敞在每次朝廷议论重大事件的时候引古论今，折服公卿。

张敞也是个办案能手，其实《汉书》里的另一段话更能够说明问题：张敞是位研究《春秋》的专家，办案的时候大多以儒家典籍为本，惩恶扬善，所以，虽然同时代的好几位办案高手都没得善终，张敞却终能自保。

其实张敞这个名字大家应该非常熟悉，就是"张敞画眉"典故里的那位多情丈夫。

第三个例子最能说明《春秋》在当时的意义。在汉武帝的晚年，首都长安发生了一起著名的巫蛊之乱，在接连发生的一系列灾难中，太子被冤枉地整掉了。这位太子是皇后卫子夫所生，所以也被称为卫太子。

动乱之后过了多年，天子也已经换成了汉昭帝，当年的乱子也没什么人提起了，可是，有一天，首都突然出现了一名男子，此人乘一辆黄牛犊拉的车子，车上插着黄旗，旗上画有龟蛇图案，身穿黄衣，头戴黄帽，一副与众不同的打扮，来到皇宫北阙，自称卫太子。——啊，难道当初的卫太子没死不成？！这可是个爆炸性新闻，立刻就引来了数万的围观者。

几家欢喜几家愁，大小官员全都把心揪起来了。这种事情，稍不留心就能搞掉一大堆的人头，怎不让人胆战心惊！如果你就是当时长安的一名大员，你会怎么办？

翻翻史书很容易知道，官场上的事，什么作奸犯科、巧取豪夺、飞扬跋扈、抢男霸女，所有这些老百姓眼里的滔天大罪在官员们的眼里根本就不算回事，只要你站对了队、跟对了人、表足了忠心，就算坏事做绝，也一样可以飞黄腾达；可如果反过来，站错了队、跟错了人、表错了忠心，就算你再怎么忠于职守、再怎么廉洁奉公，哪天人家一样能把你当贪官办了。而这时候，当朝天子根基还没立稳呢，传说中的卫太子却突然出现了，这种最高层的权力斗争一旦开打就不知道要牵连多少人呢。——这就是专制政体的可怕之处，为了整垮一两个政治对手，让全国老百姓都当了炮灰也在所不惜。

人的这种心态就和偷电缆一样道理，一根电缆的造价可能有1000元，偷来当废铜卖只能卖10元。但你如果不偷，就算它值5000元，却一分都不是你的，可你如果偷了，10块钱可是确确实实落在自己手里的啊。这是人类理性判断的一个基本通则，自然也是古代官场上的通则——彭尼·凯恩曾经举过一个中国古代黄河管理局的例子，讲那些本来以治水和防水患为本职工作的官僚是怎么反其道而行之的："然而在十八世纪，它变成了一个臃肿、庞大的官僚机构，渐渐不能预报洪水的汛期，也不能将灾难限制在最小的限度。他们不断增加税收，但很少用于治理黄河，最后，凡在此机构供差的人都肥了，与其机构创建的初衷很难相容。这些官僚故意疏忽对黄河的重要河段的管理，和对重要河坝、堤的保护，以致使其'垮得更快，塌得更快，冲走得更快'，这就可以争得更多的拨款（迈尔斯，1970年，第225页）……"[32]

蜘蛛侠的叔叔有句名言"能力越大，责任越大"，这话套用在这里同样是合适的：（如果权力不受到监督和制衡的话，那么，）"能力越大，祸害越大"。黄河管理局就比偷电缆的家伙能力大，所以祸害也大，而能力更大的家伙……

无论是偷电缆的还是王公大臣，甚或皇帝，这道理都是一样的，所以，对那些高高在上的人物来讲，只要能把政敌搞垮，只要能把位子坐稳，就算死上几亿人，那都是别人的性命，一点儿没什么可心疼的。于是，在这汉昭帝时代的皇宫北阙，我们应该很容易理解为什么卫太子一出现，大家的心就全都提到嗓子眼。除非你决意投一次机、赌一把牌，那就赶紧表个态，站个队，可如果你没有这份胆色，还是赶紧夹紧尾巴留心看天色吧！

——在这紧张的空气里，大家心里也都在怀疑：卫太子不是早就死了吗？这个家伙不会是假冒的吧？

纵然有九成九的疑心，可谁敢去较这个真呢？

长安的空气越来越凝重了，面对此情此景，谁也不敢贸然出面，事情看来就要这样僵住了。

还真就有不信邪的，只见京兆尹隽不疑挺胸抬头地来到那位卫太子的跟前，向左右差役石破天惊地大喝一声："把这小子给我拿下！"

看，这就叫胆色！

当然，单有胆色当然是不够的，更要有头脑。当时这一绑，旁人可都吓坏了，一个劲儿嘀咕："老隽哎，你是生猛海鲜吃多了呀，真假都没弄清你就敢绑人？他如果是真的卫太子，你这就是大逆犯上啊！"

是啊，难道隽不疑就不怕来人当真是如假包换的卫太子么？

可人家隽不疑一点儿都不担心，理直气壮地说了这样一番道理："当年蒯聩把爸爸得罪了，被迫流亡海外，后来他爸爸死了，他儿子在国内接了班。蒯聩这时候想回国，可他儿子拒不接纳。《春秋》可是赞同蒯聩儿子的做法的啊！现在这事不是如出一辙么，卫太子当年得罪了先帝，早就是个罪人的身份了，即便这位是如假包换的卫太子，也该当即拿下！"

隽不疑讲的这段故事详见《左传》，是一段很复杂很复杂的故事，等讲到《左传》相应地方的时候再来详说吧（那要很晚很以后了）。但终西汉一代，《左传》并未被立为官学经典，所以隽不疑这里说的"《春秋》可是赞同蒯聩儿子的做法的啊"，这其实是《公羊传》里边的评论。㉝隽不疑的这一雷霆手段堪称果断决绝，而且义正词严，最重要的是，迅速安定了社会人心。汉昭帝和当时辅政的大将军霍光听说之后对隽不疑大加赞叹，感慨说："看来朝中大员一定要用那些精通经典、深明大义的人啊！"——如果隽不疑是个赌徒，这一把可赢大发了。

有人可能会问："就这么完了啊？这个卫太子到底是真是假啊？"

答案是：是真是假恐怕我们永远不会知道了。《汉书》虽然说了最后这位卫太子被验明正身，确定是个冒牌货，但这种结论只能姑妄听之。况且最重要的并不是卫太子的真假，而是隽不疑仗着"春秋大义"的撑腰，迅速把一场迫在眉睫的血雨腥风防患于未然——这其实只是个副产品，重中之重的是，隽不疑果决地维护了汉昭帝和霍光权力的稳固。是啊，维持社会稳定才是最重要的，为了最大多数人的最大福祉，当然更为了汉昭帝、霍光领导核心的权力稳固，即便冤杀个把卫太子好像也不算什么啊。㉞

再把话说得简明一些：隽不疑的这一做法，对外维护了社会稳定（这是虚的），对内维护了权力核心的稳定（这才是实的）。霍光立时对隽不疑刮目相看，激动得要把女儿嫁给他，但被小隽光明磊落地拒绝了。——如果说隽不疑"春秋大义"那一手是个高招，拒婚这手也玩得漂亮。隽不疑沉得住气，要知道，为领导层立了这样一个大功，千万不要马上就拿好处——好处是跑不掉的，因为人家已经把你当成"自己人"了。

看，儒家经典一定是要好好学习的呦！（当然，这只是我在以小人之心度君子之腹，从隽不疑光明磊落的事迹里学到了一些卑鄙的伎俩。）

赵翼举的第四个例子是有关萧望之，这是一次重大的国际事件。这件事的"后果"大家都很熟悉，但"前因"就未必清楚了。

汉朝和匈奴的关系应该都了解的，匈奴虽然在汉武帝时代受过几次重创，但还是很让汉人头疼。可突然间，有好消息传来：匈奴发生了重大内乱！

对汉人来说，这真是一个天大的好消息，朝臣们群起议论，建议赶紧趁这个天赐良机狠狠打匈奴一家伙。皇帝不动心是不大可能的，但他还算稳重，想了想：咱们还是听听萧望之的意见吧。

——前边讲过的张敞也好，隽不疑也好，虽然也算通晓经术，但在学术造诣上恐怕都没法和萧望之相提并论。萧望之既是当朝重臣，也是海内名儒，而且一生读书为官的经历颇为传奇。此刻，萧望之思考着十万火急的匈奴问题，他会说些什么呢？

如果你是萧望之，你会是什么意见？

提示：一定要本着儒家精神去讲。

我想可能有人会说："儒家最讲究'夷夏之防'，维护华夏先进文明，打击夷狄落后文明，所以当然要打呀！"

可萧望之说的却是"不打"，而且这个"不打"的理由也是货真价实的儒家思想。

萧望之说："根据《春秋》记载，晋国士匄（gài）带兵攻打齐国，半路上听说齐侯死了，士匄就收兵回国了。君子称赞士匄，说他不攻打正在办丧事的国家，合乎道义。士匄的这种做法，足以让齐国的新君感其恩，足以使天下诸国服其义。"

萧望之引述的这个故事见于《春秋经·襄公十九年》，原文是：

晋士匄帅师侵齐，至穀（gǔ），闻齐侯卒，乃还。

翻译过来就是："晋国士匄带领军队攻打齐国，行军到穀这个地方的时候，听说齐侯死翘翘了，于是收兵回国。"

大家可能觉得奇怪：这不就是一句客观叙述么，也没有什么"君子"的评论啊。再说了，都说《春秋》微言大义，可这句话怎么读也读不出有什么褒贬色彩啊？萧望之不会是借题发挥、顺口胡说吧？

——萧望之不会胡说。其实君子的评论是有的，褒贬也是有的，只是我们普通人没那个水平从《春秋经》当中把褒贬看明白，这就得求助于"三传"了。

《左传》以记事见长，对这件事却没有更丰富的叙述，只给了一个评价。这评价也简短得只有两个字："礼也。"意思是：士匄的做法是合乎"礼"的。（《左传》最是讲"礼"。）

《公羊传》和《穀梁传》不长于记事，却善于阐发《春秋经》里的微言大义。《公羊传》对这件事的评论是：

还者何？善辞也。

何善尔？大其不伐丧也。

此受命乎君而伐齐，则何大乎其不伐丧？大夫以君命出，进退在大夫也。

翻译过来是这样的：

Q：《春秋经》对这件事的记载里最后用的字是"乃还"，这个"还"有什么含义没？

A：当然有含义了，这是个好字眼啊！

Q：为什么要用好字眼呢？

A：是为了表扬士匄不攻打正在办丧事的国家。

Q：可士匄是奉了国君的命令去打齐国的呀，他怎么能半路上自己做主收兵回国了呢？这怎么可以被表扬呢？

A：当官的奉了国君之命外出办事，自己是有自主决定权的。

《公羊传》用了三问三答，把问题说得清楚明白，其中第三个问答还和我们熟悉的"将在外，君命有所不受"很是相似。只是，《春秋经》原文用的那个"还"字真的蕴含着如此丰富的意义吗？——反正古人是这么认为的。

咱们再看看《穀梁传》是怎么来说这件事的：

还者，事未毕之辞也。受命而诛，生死无所加其怒。不伐丧，善之也。善之则何为未毕也？君不尸小事，臣不专大名，善则称君，过则称己，则民作让矣。士匄外专君命，故非之也。然则为士匄者宜奈何？宜墠（shàn）帷而归命乎介。

《穀梁传》也是从"还"字入手来做阐释的，阐释得却和《公羊传》大有不同，说"还"的含义是"事情还没办完"。

《穀梁传》说：士匄是奉了国君之命去杀敌的，他和齐侯并没有个人恩怨，所以，如果齐侯活着，那就前往诛杀，如果齐侯已死，那就收兵不打，这正是礼的精神。《春秋经》之所以记载这件事，是因为它大有"合礼性"。

说到这儿，《穀梁传》和《左传》《公羊传》还都是保持一致的，紧接着，《穀梁传》提出了一个非常重要的儒家观念："君不尸小事，臣不专大名，善则称君，过则称己"。——这里的"尸"可不当"尸体"讲，而是做动词的"主持"，本意是和祭祀仪式有关的。这句的意思是：君主不主持小事，臣子不专享美名，事情办好了全要归功于国君，事情办砸了全要归罪于自己。——这种思想我们中国人应该非常熟悉吧？看看，这就是儒家经典《穀梁传》的精辟总结。⑤

说句不大恭敬的心里话：我有时候读经之余就在想，这些经典到底是想教我们学好啊，还是想教我们学坏？——《穀梁传》的这句论断倒是既可以往好了想，也可以往坏了用，等讲到《左传》的时候，那么多的权谋攻略才够吓人呢！从这层意义上讲，难怪有人主张公务员考试要考"四书五经"，实在太实用了！

大家一定要牢记这几句话，尤其是"善则称君，过则称己"，两千多年来的中国士大夫有多少人靠着这一经典思想进则升迁、退则保身，这实在是能让人受益终生的一句话啊。

《穀梁传》拿出"善则称君，过则称己"这个原则是做什么用呢？很简单，是为了批评士匄。前边那些话都是表扬，现在也该批评几句了。《穀梁传》认为，士匄半路收兵虽然非常值得表扬，但他应该把功劳留给国君才对！想想萧望之前边说的"士匄的这种做法，足以让齐国的新君感其恩，足以使天下诸国服其义"，如果照《穀梁传》的意思，齐国的新君应该对士匄的老板而不是对士匄"感其恩"，天下诸国应该对士匄的老板而不是对士匄"服其义"，如果士匄能把事情做到这个份上，这才是真正"合乎礼"的，才是完美无缺的。

《穀梁传》的原作者据说名叫穀梁赤（也有说叫穀梁喜、穀梁俶等等的），如果我是士匄，非得跟这位穀梁老先生急眼："您老人家这也太求全责备了吧！我我我，气死我了！说空话容易，如果当时是你领兵，你还能玩出什么新花样来？你能做到'完美无缺'地'合乎礼'吗？"

是呀，《穀梁传》既然认为士匄做得还不够，那说没说怎么做才叫"够"呢？不能批评完了别人就算完了呀，有一破还得有一立呀。

这问题还真难不倒穀梁赤，他接着说："告诉你吧，士匄当时应该这么做：半路上听说齐侯已死的消息后，把人马驻扎下来，扫个场子搞搞祭祀活动，派使者回国向国君去请新的指示。"（宜墠［shàn］帷而归命乎介。）

顺便一说："宜墠帷而归命乎介"，这句话里的"墠"是指把一块地面整平，把草除干净，准备做祭祀用。（古人并不是那么讲环保的，只是受限于技术条件，所以破坏力没现代这么大罢了。）

古人"封土为坛，除地为墠"，都是祭祀用的。段玉裁《说文解字注》详论过这个问题，说"筑土曰封，除地曰禅"，凡是说"封禅"的，其实也就是"坛墠"，"经典多用坛为墠，古音略同也"。——皇帝们兴师动众地大搞特搞的封禅仪式，原本就是这么回事。往下看，"介"在这里是"界"的意思，指边界、国界，所以"归命乎介"就是指回国请求最新指示。

回过头来再说萧望之，他引述"《春秋》褒奖不打服丧之国的士匄"来论证现实问题，说道："匈奴单于现在被叛臣所杀，国内大乱，咱们汉朝可是礼仪之邦哎，本着'春秋大义'来看，哪能趁机去攻打人家呢！"

看，萧望之的意思是"不打"。

有破还得有立，既然不打，那该怎么办呢？萧望之说："不但不打，还应该派使者去匈奴吊唁，在人家弱小的时候提供帮助，在人家遇到困难的时候施以援手，这样一来，四方夷狄都会感戴汉朝的仁义。如果匈奴在我们汉朝的帮助下稳定下来，立了新君，新君一定会向汉朝称臣。这是一件盛大的德政啊！"

我想肯定有不少人看到这里会骂萧望之是个书呆子。——两国之间讲什么德政啊，难道还真能以德服人不成！哼，这就叫上赶，要是汉武帝……

是呀，好像一提起汉朝，大家都心向汉武帝，那几次凸显"大汉雄风"的和匈奴的大决战总是让人心潮澎湃。如果真是汉武帝在位，这时候恐怕早把萧望之踢到一边去了。可是，皇帝换了，时代变了，匈奴也和当年不一样了。现任皇帝说："老萧的意见不错，就这么办吧。"

看看，够迂腐吧？书呆子搞外交，错过了击溃匈奴的大好时机，我们在两千年后读起这段历史都恨不得冲进史书里痛打老萧一顿！

但是，事情的发展是出人意料的，这世界从来又都是以成败论英雄的，萧望之这个"迂腐"的主意最后居然为汉朝赢得了空前的外交胜利；后边的事情大家一定都熟悉了，因为得了汉朝好处的那位匈奴单于就是娶了著名大美人王昭君的呼韩邪。㊱

呵呵，一则迂腐的书生之见竟然胜过了百万雄兵。不过，迂腐不迂腐暂且不论，萧望之的这种作风确实是非常儒家的。很多人喜欢汉武帝时代那种"大国雄风",但从儒家立场来看,汉武帝可绝对不是一个模范皇帝。在儒家的眼里,真正的高手是靠搞政治来玩转天下,而绝对不是靠武力,所以他们推崇的是"不战而屈人之兵",而不是"一将功成万骨枯"。这种思想不仅在先秦的封建时代有,在秦汉以后的专制时代一样也有;不仅儒家有,非儒家一样也有。汉初的大才子贾谊在《新书》里对这个问题发表意见说:"天子有道,守在四夷;诸侯有道,守在四邻。"这就是说,如果统治者是个政治高手,就会使本是敌对势力的四方夷狄变成自己国家的守卫者。换句话说:本来要筑长城来防御邻近的外国,但政治高手会把外国变成自己的长城。——你以为这只是说空话吗?萧望之就做到了么!往后看,清朝皇帝也是这么做的;再往后看,看看欧盟的历史,不也有这种思路的影子么?

说到这里,肯定有些读者早就迫不及待地要反驳了:"汉武帝的时候,《穀梁传》和《左传》都没什么地位,官方独尊公羊学,可就是在那个时候,又是卫青,又是霍去病,连年和匈奴决战。汉武帝既然独尊公羊学,为什么做法和萧望之完全相反呢?难道汉武帝是说一套做一套吗?难道汉武帝决定要和匈奴决战的时候就没有像萧望之一样的儒家官员站出来用《公羊传》的指导精神来劝谏过吗?"

是啊,这还真是个问题。

当时,还真有过不少人劝谏过汉武帝,这没错;而汉武帝在这个问题上却也并没有说一套做一套。

这很矛盾吗?不,一点儿都不矛盾。

汉朝人学习经典,讲究的是"通经致用",也就是说,学习儒家经典不是为了在书斋学院里研究历史、思想史——当时并没有"史学"的概念——而是为了让经典当中的圣人思想指导实际的政治工作。比如,搞水利工程靠的是《尚书·禹贡》,法官断案靠的是《春秋》,校订法律靠的是《尚书·吕刑》(也叫《甫刑》),向领导劝谏靠的是《诗经》……整个儿政治生活几乎都被儒家经典一网打尽了。㉘所以,当一众大臣反对汉武帝和匈奴开战的时候,汉武帝祭出了《公羊传》这部经典,说:"根据《公羊传》的精神,这场仗我们一定要打!"

——萧望之祭出《公羊传》,是论证不该打仗;汉武帝祭出《公羊传》,

却论证应该打仗？！

不错，汉武帝时代的匈奴和萧望之时代的匈奴是大不一样的，所以应用的经典意见自然也该有些差异。汉武帝引的《公羊传》是和萧望之不同的段落，见于《公羊传》的"庄公四年"。在这个"庄公四年"，《春秋经》记载了一句话：

纪侯大去其国。

《春秋经》记载简略，如果没有注解，后人谁也不明白这寥寥六个字的一句话是什么意思。《公羊传》出来解释说：

大去者何？灭也。

孰灭之？齐灭之。

曷为不言齐灭之？为襄公讳也。

《春秋》为贤者。讳何贤乎襄公？复仇也。

何仇尔？远祖也。哀公亨乎周，纪侯谮之。以襄公之为于此焉者，事祖祢（nǐ）之心尽矣。

尽者何？襄公将复仇乎纪，卜之曰："师丧分焉"。"寡人死之，不为不吉也。"

远祖者几世乎？九世矣。

九世犹可以复仇乎？虽百世可也。

家亦可乎？曰："不可。"

国何以可？国君一体也。先君之耻，犹今君之耻也。今君之耻，犹先君之耻也。

国君何以为一体？国君以国为体，诸侯世，故国君为一体也。

今纪无罪，此非怒与？

曰："非也。"古者有明天子，则纪侯必诛，必无纪者。纪侯之不诛，至今有纪者，犹无明天子也。古者诸侯必有会聚之事，相朝聘之道，号辞必称先君以相接，然则齐纪无说焉，不可以并立乎天下。故将去纪侯者，不得不去纪也。

有明天子则襄公得为若行乎？曰："不得也"。

不得则襄公曷为为之？上无天子，下无方伯，缘恩疾者可也。

《公羊传》这段解释还是照旧一问一答的形式：

Q：《春秋经》里说："纪侯大去其国。"这个"大去"是什么意思啊？

A："大去"在这里就是说纪国被灭了，完蛋了。

Q：谁把纪国灭了？

A：齐国。

Q：那《春秋经》为什么不直接说齐国灭了纪国？把话说清楚也省得我总是问你呀！

A：这你就不懂了，《春秋经》之所以这么写，是为了给齐国当时的领导人齐襄公隐讳遮掩。

Q：不对呀，《春秋经》号称"为贤者讳"，只有贤明的君主做了错事才应该被遮掩一二的，这位齐襄公算个什么贤君啊？

A：这里给他遮掩，不是因为他有多贤明，而是因为他这次灭纪之战是一场复仇之战。

Q：复仇？！这我可没听说。他跟纪国有什么仇啊？

A：齐襄公不是自己和纪国结了什么仇，他是替他的祖宗复仇。当年，齐襄公的老祖宗齐哀公被周天子下令扔到锅里给煮了。哼，齐哀公是无辜的，这都是因为当时纪国的领导人在周天子面前进了谗言！所以说齐襄公在灭纪这件事上做得不错，对祖先算是尽了心了。

Q：到底怎么个尽心法？

A：齐襄公在发兵复仇之前，先搞了一次占卜。占卜的结果说："如果开战，我们的军队会损失一半。"这要是别的国君，可能就被吓回去了，可人家齐襄公只是把嘴一撇："只要能复仇，就算寡人拼上命，也值！"

Q：哦，这样啊。那，我再问个问题：所谓齐襄公给祖宗复仇，从这位祖宗到齐襄公有几世了呀？

A：九世。

Q：啊？！九世啊！太夸张了吧！都过了九世难道也应该复仇呀？

A：这叫什么话！当然应该复仇了！别说才过了九世，就算过了百世也应该复仇。

Q：好吧，就算你对。可是，国君是这样，大夫之家也应该这样复仇吗？

A：不可以。

Q：搞特权不是？凭什么国君就可以，大夫就不可以呢？

A：前代的国君和后代的国君都是一体的，所以说，前代国君的耻辱也就等于当今国君的耻辱，当今国君的耻辱也一样等于前代国君的耻辱。

Q：这叫什么道理呀？忽悠我呢吧？为什么说前代的国君和后代的国君都是一体的呀？

A：谁忽悠你呀。国君以国为体，位子是世袭的，所以说前代和后代的国君都是一体的。

Q：就算你对，可是，当今的纪国国君可没得罪齐国呀，齐襄公灭了人家，这不是迁怒么？

A：话可不能这么说。你想想，当年齐哀公被冤枉的时候，如果中央在位的是一位圣明天子，早把进谗言的纪国领导人给处理了，世界上也就不会再有纪国了。纪国从那时候能传到现在，这么多年等于是白捡来的，这都是因为天子不圣明啊！还有一个外交上的现实问题：当时诸侯有会盟、有访问，外交辞令中有很多都要互相举称先君，好比说："我们两国从我爷爷某某某和你爷爷某某某那时候就建立了亲切的睦邻友好关系，你爷爷某某某和你爸爸某某某曾经多次到我国做友好访问，受到我爷爷和我爸爸的热情友好的接见。我爷爷和你爷爷，我爸爸和你爸爸，他们多次就某某问题、某某和某某问题达成共识……"好啦，现在你好好想想，如果"你爷爷"当年陷害"我爷爷"致死，咱俩孙子辈的国君在外交场合上该怎么说这些外交辞令啊？说假话对不起祖宗，说真话当时就得翻脸，所以只能做个了断，有你没我，有我没你！齐襄公当时就面临着这个决断，而要搞掉纪侯，自然就得灭掉纪国。

Q：哦，这样啊。那，如果有圣明天子在位，齐襄公还会这样做吗？

A：那就不会了。可齐襄公这时候上无称职的天子，下无称职的霸主，所以做起事来只求快意恩仇就好。⑧

汉武帝就是拿这一段齐襄公复仇灭纪国来做自己攻打匈奴的理论依据的，他的意思是："想想当年高皇帝白登之围，想想匈奴是怎么欺负我们的，齐襄

公九世复仇被《公羊传》嘉许，我自然也该为先祖复仇！"㊴

——到了现在，我们至少可以对《公羊传》总结出两点：一是把汉武帝这个例子联系一下上文里徐元庆和梁悦的例子，体会一下《公羊传》的立意核心正在于血亲关系和宗法关系，它对复仇的鼓励是让我们很多现代人瞠目结舌的；二是只要肯用心，从同一部经典中可以得出多种多样、甚至完全相反的结论，并用以支持各种现实的政治意图。

这第二点尤其意义重大，我们不妨想象一下：当一种意识形态成为官方的甚至是官方唯一认可的意识形态的时候，当这种意识形态具有了《圣经》在中世纪基督教世界的无上权威地位的时候，对它任何微小的偏离都会被视为大逆不道，于是异见分子能使自己的想法和行动合法化的唯一办法就是打着红旗反红旗了。——从这层意义上说，越是长篇大论的经典也就越是容易被人找到下手的地方。比如，对一个读过一些儒家经典又很喜欢动脑筋的人来说，他既可以从经典出发来论证应该大力宣扬封建迷信的道理，同时也可以论证出打倒封建迷信的必要性，既能从中论证出资本主义的"历史终结论"，同样也能论证出儒家思想和共产主义理想是紧密贴合的……总之，并不是经典怎么说他就怎么思考，而是无论他想干什么，都能从经典当中找到依据，甚至是，领导讲什么，他就能从典籍当中找出佐证来呼应什么。我相信，只要肯用心，任何一个哪怕智力水平低于平均线以下的人都有能力做到这点。

——对这个"第二点"更为有利的情况是：一种神圣意识形态里存在着不止一部经典。

我们已经知道了汉武帝的时候独尊公羊学，而过了几代之后，汉宣帝独爱《穀梁传》，后来《穀梁传》和《公羊传》并立为官学，再后来大家又讲"《春秋》三传"，《左传》也有些地位了。而这几部书同属儒家系统，《春秋经》号称孔圣人的大作，"三传"辅翼圣人之言，看上去似乎应该是"三位一体"的才对。

我们就窥一斑而知全豹好了，就先看看对于齐襄公灭掉纪国这件事，《穀梁传》和《左传》都是怎么说的。

以记事见长的《左传》这回反倒把事情经过叙述得异常简略：

纪侯不能下齐，以与纪季。夏，纪侯大去其国，违齐难也。

翻译过来就是：纪国领导人不愿意屈服于齐国，把国君的位子让给了弟弟，自己则为了躲避齐国的迫害而永远地离开了祖国。

《穀梁传》的记载是：

大去者，不遗一人之辞也。言民之从者，四年而后毕也。纪侯贤而齐侯灭之，不言灭而曰大去其国者，不使小人加乎君子。

《穀梁传》也是先从"大去"这个怪词开始解释，但解释得和《公羊传》竟然完全不同：所谓"大去"，就是说"不留下一个人"——当时纪国领导人离开祖国，纪国人民全体追随而去。这些人有先跟着走的，也有随后上路的，整整四年，纪国人民全都走光了。那么，为什么《春秋经》里不写齐国灭纪国，而说纪侯"大去"呢？这是在褒奖纪侯是位贤明的君主，不愿意使小人凌驾于君子之上。

——看，事情一到《穀梁传》这儿，怎么完全反过来了？到底谁说的对呢？到底是谁才真正读懂了孔圣人在《春秋经》里的"微言大义"呢？

就算神秘的"微言大义"我们暂且不论，那么，到底就这一历史事件的叙述来说，谁说的才是对的呢？看来齐国肯定是欺负了纪国，但到底是纪侯自己跑了呢，还是带着全国人民一起跑了？反正"三传"在对这件事情的叙述上是互相矛盾的。

《穀梁传》说纪国全国人民都走光了，这似乎操作难度过大，但那时候的邦国没法和现代国家相比，举国搬迁的事也是有的。即便《穀梁传》在这里夸大其词，可《公羊传》说的"九世复仇"难道就正确吗？后来的学者们也有在研究之后认为不大可靠的。好吧，退一步来说，就算《公羊传》和《穀梁传》都是重点在于"大义"而不在于历史实录，可如果我们是汉朝人，对这两家截然相反的"大义"又该听谁的才好呢？

注释

① 按唐制，理论上说，死刑判决要报到中央，最后还要由皇帝审核。故意杀人罪按《斗讼律》应该判斩，虽然徐元庆有自首情节，但伤害罪自首也不会减刑。

② 这是一种很有民间风格的说法，参见［清］梁章钜《浪迹续谈》"赏善罚恶"条：杭州吴山上城隍庙头门外有墙，四面甚高广，慈溪盛小坨本以大颖书作"赏善罚恶"四大字，极奇伟，此庙不毁，此字亦当不磨也。或疑此四字所出不古。按《公羊传序》疏云："《春秋》者，赏善罚恶之书。"《云笈七签》："……赏善罚恶，各有职司，报应之理，毫分无失。"则此四字之由来亦久矣。

③ ［清］章学诚《文史通义》外篇二"永清县志皇言记序例"

④ 关于孔子之笔削，历代众说纷纭，此处暂不细论。

⑤ 详见《史记·太史公自序》

⑥ 胡适：《论〈春秋〉答钱玄同》（收录于《胡适文集》第5卷，欧阳哲生/编，北京大学出版社1998年第1版，第459页）

⑦ 鲁迅：《在现代中国的孔夫子》（收录于《鲁迅全集》第6卷《且介亭杂文二集》，人民文学出版社1973年第1版，引文见第316—317页）

⑧ "以罪受诛，人不怨上"，韩非子接着举了"刖危坐子皋"这个例子，又拿"以功受赏，臣不德君"对举。"刖危坐子皋"是说孔子的学生子皋做狱吏的一段故事，见《韩非子·外储说下》：孔子相卫，弟子子皋为狱吏，刖人足，所刖者守门，人有恶孔子于卫君者曰："尼欲作乱。"卫君欲执孔子，孔子走，弟子皆逃，子皋从出门，刖危引之而逃之门下室中，吏追不得，夜半，子皋问刖危曰："吾不能亏主之法令而亲刖子之足，是子报仇之时也，而子何故乃肯逃我？我何以得此于子？"刖危曰："吾断足也，固吾罪当之，不可奈何。然方公之狱治臣也，公倾侧法令，先后臣以言，欲臣之免也甚，而臣知之。及狱决罪定，公愁然不悦，形于颜色，臣见又知之。非私臣而然也，夫天性仁心固然也，此臣之所以悦而德公也。"

⑨ 对这一层"春秋大义"的阐释参见［清］龚自珍《春秋决事比》"人伦之变篇答问"：丙问复仇之节。答曰：何休曰："诸侯之君与王者异，义得去，去则绝。伍子胥是也。"故比之曰：今世家长杀雇工非道，视此文。凡臣民不得仇天子，得仇天子之

臣；不得仇天子执法之大臣，得仇天子之谗臣，齐襄公是也。故比之曰：今世设有三法司枉挠人命，视此文。

⑩ 康定二年，王安石经过胥山，见伍子胥的祠庙依然香火旺盛，很是感慨，认为个中原因有二：一是伍子胥的气节感动后世，二是伍子胥的遗爱仍在吴地。王安石于是写了一篇《伍子胥庙记》，盛赞先贤。——但我们仍要记住一点：王安石在北宋可是个大另类，他写昭君出塞的诗里有"汉恩自浅胡恩深，人生乐在相知心"，饱受卫道士们的恶骂。

《伍子胥庙记》："予观子胥出死亡逋窜之中，以客寄之一身，卒以说吴，折不测之楚，仇执耻雪，名震天下，岂不壮哉！及其危疑之际，能自慷慨不顾万死，毕谏于所事，此其志与夫自恕以偷一时之利者异也。孔子论古之士大夫，若管夷吾、臧武仲之属，苟志于善而有补于当世者，咸不废也。然则子胥之义又曷可少耶？康定二年，予过所谓胥山者，周行庙庭，叹吴亡千有余年。事之兴坏废革者不可胜数，独子胥之祠不徙不绝，何其盛也！岂独神之事吴之所兴，盖亦子胥之节有以动后世，而爱尤在于吴也。后九年，乐安蒋公为杭使，其州人力而新之，余与为铭也。烈烈子胥，发节穷逋。遂为册巨，奋不图躯。谏合谋行，隆隆之吴。厥废不遂，邑都俄墟。以智死昏，忠则有余。胥山之巅，殿屋渠渠。千载之词，如祠之初。孰作新之，民劝而趋。维忠肆怀，维孝肆乎。我铭祠庭，示后不诬。"

——后世对伍子胥推崇备至的人非常之多，又如苏轼曾在诗中写道："仲谋公瑾不须吊，一酹波神英烈君"，甚至视伍子胥为江南第一名人，把他排在了孙权和周瑜之前。

⑪ ［英］亨利·梅因：《古代法》（沈景一/译，商务印书馆1959年第1版，第五章）

⑫ 经籍当中很少有确定不移的解释，关于"吴子"的另外一种说法听上去也很有道理："孔子曰：'唯名不可以假人。'又曰：'名不正则言不顺，''必也正名乎！'是知名之折中，君子所急。况复列之篇籍，传之不朽者邪！昔夫子修《春秋》，吴、楚称王而仍旧曰子。此则褒贬之大体，为前修之楷式也。马迁撰《史记》，项羽僭盗而纪之曰王，此则真伪莫分，为后来所惑者也。自兹已降，论谬相因，名讳所施，轻重莫等。至如更始中兴汉室，光武所臣，虽事业不成，而历数终在。班、范二史皆以刘玄为目，不其慢乎？"（［唐］刘知几《史通·称谓》）从这里看来，孔子比司马迁更加"政治上正确"。

⑬ 先举个质疑之说好了。［明］周统/撰，［清］周梦龄、周毓龄/增辑：《春秋三传通经合纂》周梦龄、周毓龄跋："宋吕朴向论《春秋》家穿凿之患有二：一曰月日为褒贬，一以名称爵号为褒贬。盖日月，史有详略，闵僖以为时远，册多脱漏；文宣以后

为时近，事可据实。又赴告亦有详略，皆难拘为定例也。至于名称爵号，各随事之大小详略而书之，如谓书爵为褒，彼同一楚子伐郑，在宣四年则谓书爵以予之，在宣九年乃谓书爵见其暴陵中华。一褒一贬何又相悬也？"

⑭ 熊逸：《孟子他说》第一册：所谓封建，天子分封诸侯国，这是一种大封建，还有一种小封建，就是诸侯国的国君在自己的地盘里也像天子分封自己一样地拿出地盘来分封给贵族们，而被分封的贵族们和诸侯国国君之间的关系与诸侯国国君和天子之间的关系非常相似。贵族们也有自己的领地和军队，诸侯打仗的时候，贵族们要带着自己的私人军队出征，这是他们应尽的义务。到了所谓礼崩乐坏的时候呢，诸侯们对天子不大恭敬了，开始有僭越的举动了，同样地，贵族们对诸侯也不大恭敬了，也开始僭越了。而正如同大的诸侯有实力轻视周天子一样，大的贵族家族也有实力来轻视诸侯，所以孟子才会说那句"万乘之国弑其君者，必千乘之家；千乘之国弑其君者，必百乘之家"。这个"家"，既不是我们现代人一夫一妻一小孩的家，也不是以前什么四世同堂之类的家，而是贵族的大型家族，有领地，有军队，有相当大的政治权力。……

封建封建，是分封制的社会体制：天子分封诸侯，诸侯分封贵族，诸侯和贵族在自己的领地上拥有相当的自主权，这才是封建社会。秦始皇统一六国之后，就把分封制改为郡县制了。秦朝之后，历代政权基本上一直延续着郡县制的政治体制，虽然也曾经陆续有过分封，但都是以郡县体制作为主体的。而秦朝之前，虽然也有郡县制，但那都是零敲碎打，而且，那时的郡县，其实质和秦以后的郡县很不一样，社会制度的主体还是分封制。所以，比较准确的表达是：秦始皇结束了中国的封建社会传统。所以呢，要说什么封建社会的历史包袱，秦、汉之际的人的确还有这个包袱，而在现代，在两千多年之后的我们的身上，早没有这个包袱了。——可是，解决了这个问题，新的问题又来了：我们身上的包袱如果不是封建社会的包袱，那又是什么包袱呢？

答案是：是两千年的集权专制传统的包袱。

⑮ 《史记·伍子胥列传》：太史公曰：怨毒之于人甚矣哉！王者尚不能行之于臣下，况同列乎！向令伍子胥从奢俱死，何异蝼蚁。弃小义，雪大耻，名垂于后世，悲夫！方子胥窘于江上，道乞食，志岂尝须臾忘郢邪？故隐忍就功名，非烈丈夫孰能致此哉？

⑯ ［德］马克斯·韦伯：《儒教与道教》（王容芬/译，商务印书馆，1995年第1版，第221—222页）。该书这一节的小标题是"儒教的和平主义本质"，是说儒教的和平主义特性在历史的发展过程中不断升级，从孔子提倡复仇发展到乾隆皇帝的"唯使生灵免遭涂炭者可治天下"，这是"统一帝国发展的最终产物"。这像是在说孔子时代的儒家思想并不那么"和平"，但韦伯又在注释里提到了"据说孔子本人声称不懂军事事务（《论语·卫灵公篇》：卫灵公问陈［阵］于孔子。孔子对曰：'俎豆之事，则尝闻之矣；军旅之事，未尝学也。'）"——在我看来，孔子思想保留着一些部族时代的古

老习俗观念，这也许是对他之所以赞成血亲复仇的一个合理解释。

⑰ "中庸之道"大概要算是儒家概念中被误解最深的一个。关于这个问题可以参看我的《周易江湖》："庸"在这里的意思其实是"常""平常"，如果说我"庸言之信"，那就是说，我这个人平常一贯说话都很靠谱，很有分寸，从来都不忽悠谁。

"庸"字后来才有了"平凡"的引申意，大家可别以为这个意思是一开始就有的。

如果好好读读"四书"，我们会发现"中庸"这个概念和我们望文生义想当然的那个意思完全是相反的，也就是说，孔子真正讲的"中庸"和我们平日里认为的"中庸"恰恰能构成一对反义词。

"中庸"本来是儒家修身的最高境，我们可以这样理解："中"就是不偏不倚，既不过头，也无不及，还有，坚持原则，自己有主心骨，不管潮流怎么变，不管生活怎么苦，也会坚持原则不动摇；"庸"就是一贯如此，好比实事求是一个人的原则，那他无论在哪里都会实事求是，面对鲜花和掌声他会实事求是，脖子上架着钢刀他一样会实事求是。所以，中庸的人是伟大的人，在社会上根本是凤毛麟角，孟子说的"贫贱不能移，富贵不能淫，威武不能屈"，这才是真正的"中庸"。……我们平日里说的"中庸"其实在孔子眼里根本就是"乡愿"，这种人是他老人家最最深恶痛绝的。孔子如果知道两千多年后的中华儿女普遍把他最推崇的"中庸之道"当成了他最痛恨的"乡愿"，那得是什么心情啊！

⑱ 简单来说，《周礼》很可能是河间献王刘德在汉景帝时代从民间搜罗来的古书，是经典当中最为晚出的一部，内容从字面上看是周公制定的政治制度，但真相是否如此，历来争议很大：有人怀疑它是伪造的，有人说它是乌托邦式的，直到现在，对作者和成书时间还是搞不清楚。

⑲ ［英］埃文斯–普理查德：《努尔人——对尼罗河畔一个人群的生活方式和政治制度的描述》（褚建芳、阎书昌、赵旭东/译，华夏出版社2002年第1版，第200—201页）

⑳ ［德］帕累托：《普通社会学纲要》（田时纲/译，三联书店2001年第1版，第153页）：无论下等人，还是上等人，都有等级的情感；在动物界可以观察它，在人类社会更为普遍；甚至由于人类社会相当复杂，似乎缺乏这些情感，它们就不能继续存在。等级可以变化，但在社会中永远存在，尽管它们宣布人人平等；这里形成某种暂时的封建制，从最高统治者到最卑贱的臣民应有尽有，譬如，在法国和意大利所看到的那样。我们可以把个人感受到对参加的集体或其他集体的差异情感、被它们赞同和欣赏的愿望，放在等级情感之中。

㉑ ［英］埃文斯–普理查德：《努尔人——对尼罗河畔一个人群的生活方式和政治制度的描述》（褚建芳、阎书昌、赵旭东/译，华夏出版社2002年第1版，第200页）

㉒ 《三国志·二李臧文吕许典二庞阎传》：初，淯外祖父赵安为同县李寿所杀，淯舅兄弟三人同时病死，寿家喜。淯母娥自伤父仇不报，乃帏车袖剑，白日刺寿于都亭前，讫，徐诣县，颜色不变。曰："父仇已报，请受戮。"禄福长尹嘉解印绶纵娥，娥不肯去，遂强载还家。会赦得免，州郡叹贵，刊石表闾。

《三国志》裴松之注引皇甫谧《列女传》：酒泉烈女庞娥亲者，表氏庞子夏之妻，禄福赵君安之女也。君安为同县李寿所杀，娥亲有男弟三人，皆欲报仇，寿深以为备。会遭灾疫，三人皆死。寿闻大喜，请会宗族，共相庆贺，云："赵氏强壮已尽，唯有女弱，何足复忧！"防备懈弛。娥亲子淯出行，闻寿此言，还以启娥亲。娥亲既素有报仇之心，及闻寿言，感激愈深，怆然陨涕曰："李寿，汝莫喜也，终不活汝！戴履天地，为吾门户，吾三子之羞也。焉知娥亲不手刃杀汝，而自俟倖邪？"阴市名刀，挟长持短，昼夜哀酸，志在杀寿。寿为人凶豪，闻娥亲之言，更乘马带刀，乡人皆畏惮之。比邻有徐氏妇，忧娥亲不能制，恐逆见中害，每谏止之，曰："李寿，男子也，凶恶有素，加今备卫在身。赵虽有猛烈之志，而强弱不敌。邂逅不制，则为重受祸于寿，绝灭门户，痛辱不轻也。原详举动，为门户之计。"娥亲曰："父母之仇，不同天地共日月者也。李寿不死，娥亲视息世间，活复何求！今虽三弟早死，门户泯绝，而娥亲犹在，岂可假手于人哉！若以卿心况我，则李寿不可得杀；论我之心，寿必为我所杀明矣。"夜数磨砺所持刀讫，扼腕切齿，悲涕长叹，家人及邻里咸共笑之。娥亲谓左右曰："卿等笑我，直以我女弱不能杀寿故也。要当以寿颈血污此刀刃，令汝辈见之。"遂弃家事，乘鹿车伺寿。至光和二年二月上旬，以白日清时，于都亭之前，与寿相遇，便下车扣寿马，叱之。寿惊愕，回马欲走。娥亲奋刀斫之，并伤其马。马惊，寿挤道边沟中。娥亲寻复就地斫之，探中树兰，折所持刀。寿被创未死，娥亲因前欲取寿所佩刀杀寿，寿护刀瞋目大呼，跳梁而起。娥亲乃挺身奋手，左抵其额，右椿其喉，反覆盘旋，应手而倒。遂拔其刀以截寿头，持诣都亭，归罪有司，徐步诣狱，辞颜不变。时禄福长汉阳尹嘉不忍论娥亲，即解印绶去官，弛法纵之。娥亲曰："仇塞身死，妾之明分也。治狱制刑，君之常典也。何敢贪生以枉官法？"乡人闻之，倾城奔往，观者如堵焉，莫不为之悲喜慷慨嗟叹也。守尉不敢公纵，阴语使去，以便宜自匿。娥亲抗声大言曰："枉法逃死，非妾本心。今仇人已雪，死则妾分，乞得归法以全国体。虽复万死，于娥亲毕足，不敢贪生为明廷负也。"尉故不听所执，娥亲复言曰："匹妇虽微，犹知宪制。杀人之罪，法所不纵。今既犯之，义无可逃。乞就刑戮，殒身朝市，肃明王法，娥亲之原也。"辞气愈厉，面无惧色。尉知其难夺，强载还家。凉州刺史周洪、酒泉太守刘班等并共表上，称其烈义，刊石立碑，显其门闾。太常弘农张奂贵尚所履，以束帛二十端礼之。海内闻之者，莫不改容赞善，高大其义。故黄门侍郎安定梁宽追述娥亲，为其作传。玄晏先生以为父母之仇，不与共天地，盖男子之所为也。而娥亲以女弱之微，念父辱之酷痛，感仇党之凶言，奋剑仇颈，人马俱摧，塞亡父之怨魂，雪三弟之永恨，近古以来，未之有也。诗云"修我戈矛，与子同仇"，娥亲之谓也。

㉓ 详见《三国志·二李臧文吕许典二庞阎传》：庞淯字子异，酒泉表氏人也。初以凉州从事守破羌长，会武威太守张猛反，杀刺史邯郸商，猛令曰："敢有临商丧，死不赦。"淯闻之，弃官，昼夜奔走，号哭丧所讫，诣猛门，衷匕首，欲因见以杀猛。猛知其义士，救遣不杀，由是以忠烈闻。太守徐揖请为主簿。后郡人黄昂反，围城。淯弃妻子，夜逾城出围，告急于张掖、敦煌二郡。初疑未肯发兵，淯欲伏剑，二郡感其义，遂为兴兵。军未至而郡城邑已陷，揖揖死。淯乃收敛揖丧，送还本郡，行服三年乃还。太祖闻之，辟为掾属，文帝践阼。拜驸马都尉，迁西海太守，赐爵关内侯。后征拜中散大夫，薨。子曾嗣。

㉔ 《论语》是讲"以直报怨"，而"以德报怨"的说法可见通行本《老子》第七十九章："和大怨，必有余怨，报怨以德，安可以为善？是以圣人执左契，而不责于人。有德司契，无德司彻。天道无亲，常与善人。"——这里的"报怨以德"原来在第六十三章，但和上下文联系不上，所以一些学者认为是脱简，移到了第七十九章。但即便如此，"报怨以德，安可以为善"这句话很难解释，比较有代表性的比如陈鼓应译为"用德来报答怨恨，这怎能算是妥善的办法呢？"但这个"安"字是否应该解释为疑问语气词呢？"安"可通"焉"，用在句首有"于此"的意思，如果这么来解，整句的意思就完全反过来了。

㉕ 《后汉书·酷吏列传》：阳球字方正，渔阳泉州人也。家世大姓冠盖。球能击剑，习弓马。性严厉，好申韩之学。郡吏有辱其母者，球结少年数十人，杀吏，灭其家，由是知名。初举孝廉，补尚书侍郎，闲达故事，其章奏处议，常为台阁所崇信。

㉖ 《后汉书·邓张徐张胡列传》：建初中，有人侮辱人父者，而其子杀之，肃宗贳其死刑而降宥之，自后因以为比。是时遂定其议，以为轻侮法。敏驳议曰："夫轻侮之法，先帝一切之恩，不有成科班之律令也。夫死生之决，宜从上下，犹天之四时，有生有杀。若开兼容恕，着为定法者，则是故设奸萌，生长罪隙。孔子曰：'民可使由之，不可使知之。'《春秋》之义，子不报雠，非子也。而法令不为之减者，以相杀之路不可开故也。今托义者得减，妄杀者有差，使执宪之吏得设巧诈，非所以导'在丑不争'之义。又轻侮之比，浸以繁滋，至有四五百科，转相顾望，弥复增甚，难以垂之万载。臣闻师言：'救文莫如质。'故高帝去烦苛之法，为三章之约。建初诏书，有改于古者，可下三公、廷尉蠲除其敝。"议寝不省。敏复上疏曰："臣敏蒙恩，特见拔擢，愚心所不晓，迷意所不解，诚不敢苟随觸议。臣伏见孔子垂经典，皋陶造法律，原其本意，皆欲禁民为非也。未晓轻侮之法将以何禁？必不能使不相轻侮，而更开相杀之路，执宪之吏复容其奸枉。议者或曰：'平法当先论生。'臣愚以为天地之性，唯人为贵，杀人者死，三代通制。今欲趣生，反开杀路，一人不死，天下受敝。记曰：'利一害百，人去城郭。'夫春生秋杀，天道之常。春一物枯即为灾，秋一物华即为异。王者承天地，顺四时，法圣人，从经律。愿陛下留意下民，考寻利害，广令平议，天下幸

甚。"和帝从之。

㉗《论语·宪问》：或曰："以德报怨，何如？"子曰："何以报德？以直报怨，以德报德。"

㉘〔英〕爱德华·泰勒：《人类学》（连树声/译，上海文艺出版社1993年第1版，详见该书第16章）

㉙〔英〕爱德华·泰勒：《人类学》（连树声/译，上海文艺出版社1993年第1版，第16章）

㉚《新唐书·孝友传》：穆宗世，京兆人康买得，年十四，父宪责钱于云阳张莅，莅醉，拉宪危死。买得以莅趫悍，度救不足解，则举锸击其首，三日莅死。刑部侍郎孙革建言："买得救父难不为暴，度不解而击不为凶，先王制刑，必先父子之亲。《春秋》原心定罪，《周书》诸罚有权。买得孝性天至，宜赐矜宥。"有诏减死。

㉛《史记·酷吏列传》："是时上方乡文学，汤决大狱，欲傅古义，乃请博士弟子治尚书、春秋补廷尉史，亭疑法。奏谳疑事，必豫先为上分别其原，上所是，受而着谳决法廷尉，絜令扬主之明。"
《汉书·张汤传》："是时，上方乡文学，汤决大狱，欲傅古义，乃请博士弟子治《尚书》《春秋》，补廷尉史，平亭疑法。奏谳疑，必奏先为上分别其原，上所是，受而著谳法廷尉挈令，扬主之明。"
〔清〕王先谦《汉书补注》："平亭疑法奏谳疑"。李奇曰：亭亦平也。师古曰：亭，均也，调也。言平均疑法及为谳奏之。《补注》：宋祁曰：浙本疑字下有事字。王念孙曰：《北堂书钞》《御览》引《汉书》皆有事字，《史记》《通典》同。颜云为谳疑奏之，则所见本无事字。先谦曰：亭即平也，此平字衍文，师古所见本多平字，就为之说，实则亭训均调，平亦均调，并无异诂也，《史记》无平字是。《集解》引李奇曰：亭，平也，此李说多亦字，明师古妄加以右己说。谳，白也，请也。
"必奏先为上分别其原"。《补注》：王念孙曰：下奏字涉上奏字而衍，《史记》作"奏谳疑事，必豫先为上分别其原"，则无下奏字明矣。旧本《北堂书钞·设官部五》（陈禹谟本依俗本加奏字），《御览·职官部二十九》引《汉书》皆无下奏字。《通典·职官七》同，奏谳疑乃启下之词，非承上之词，颜连上文平亭疑法释之，非也。
《淮南子集释》："味者，甘立而五味亭矣"。俞樾云：《说文·高部》："亭，民所安定也。"是亭有定义。故《文选·谢灵运初去郡诗》注引仓颉曰："亭，定也。"亦通作"停"。《释名·释言语》曰："亭，定也，定于所在也。"五味亭矣，犹曰五味定矣。《文子·道原篇》字正作"定"，可证也。高注曰："亭，平也。"于义转迁。

向宗鲁云：平亦定也，不必词费。

《文子·原道》：音者，宫立而五音形矣；味者，甘立而五味定矣。

㉜［美］彭尼·凯恩：《中国的大饥荒（1959—1961）——对人口和社会的影响》（郑文鑫、毕健康、戴龙基等/译，中国社会科学出版社1993年第1版，第36—37页）

㉝《公羊传·哀公二年》："晋赵鞅帅师纳卫世子蒯聩于戚。戚者何？卫之邑也。曷为不言入于卫？父有子，子不得有父也。"

《公羊传·哀公三年》："春，齐国夏、卫石曼姑帅师围戚。齐国夏曷为与卫石曼姑帅师围戚？伯讨也。此其为伯讨奈何？曼姑受命乎灵公而立辄，以曼姑之义为固，可以距之也。辄者曷为者也？蒯聩之子也。然则曷为不立蒯聩而立辄？蒯聩为无道，灵公逐蒯聩而立辄。然则辄之义可以立乎？曰：可。其可奈何？不以父命辞王父命，以王父命辞父命，是父之行乎子也。不以家事辞王事，以王事辞家事，是上之行乎下也。"

㉞《汉书·隽疏于薛平彭传》：始元五年，有一男子乘黄犊车，建黄旐，衣黄襜褕，著黄冒，诣北阙，自谓卫太子。公车以闻，诏使公卿、将军、中二千石杂识视。长安中吏民聚观者数万人。右将军勒兵阙下，以备非常。丞相、御史、中二千石至者并莫敢发言。京兆尹不疑后到，叱从吏收缚。或曰："是非未可知，且安之。"不疑曰："诸君何患于卫太子！昔蒯聩违命出奔，辄距而不纳，《春秋》是之。卫太子得罪先帝，亡不即死，今来自诣，此罪人也。"遂送诏狱。

天子与大将军霍光闻而嘉之，曰："公卿大臣当用经术明于大谊。"由是名声重于朝廷，在位者皆自以不及也。大将军光欲以女妻之，不疑固辞，不肯当。久之，以病免，终于家。京师纪之。后赵广汉为京兆尹，言："我禁奸止邪，行于吏民，至于朝廷事，不及不疑远甚。"廷尉验治何人，竟得奸诈。本夏阳人，姓成名方遂，居湖，以卜筮为事。有故太子舍人尝从方遂卜，谓曰："子状貌甚似卫太子。"方遂心利其言，几得以富贵，即诈自称诣阙，廷尉逮召乡里知识者张宗禄等，方遂坐诬罔不道，腰斩东市。一云姓张名延年。

㉟ "善则称君，过则称己"，这话还见于《礼记·坊记》，紧接着还有一句"则民作忠"。

㊱《汉书·萧望之传》：三年，代丙吉为御史大夫。五凤中匈奴大乱，议者多曰匈奴为害日久，可因其坏乱举兵灭之。诏遣中朝大司马车骑将军韩增、诸吏富平侯张延寿、光禄勋杨恽、太仆戴长乐问望之计策，望之对曰："《春秋》晋士匄帅师侵齐，闻齐侯卒，引师而还，君子大其不伐丧，以为恩足以服孝子，谊足以动诸侯。前单于慕化乡善称弟，遣使请求和亲，海内欣然，夷狄莫不闻。未终奉约，不幸为贼臣所杀，今而

伐之，是乘乱而幸灾也，彼必奔走远遁。不以义动兵，恐劳而无功。宜遣使者吊问，辅其微弱，救其灾患，四夷闻之，咸贵中国之仁义。如遂蒙恩得复其位，必称臣服从，此德之盛也。”上从其议，后竟遣兵护辅呼韩邪单于定其国。

㊲ ［清］惠栋《九曜斋笔记》“经术饰吏事”条：“汉儒以经术饰吏事，故仲舒以通《公羊》折狱，平当以明《禹贡》治河，皆可为后世法。”

“经术”条：“潜邱语：以《禹贡》行河；以《洪范》察变；以《春秋》断狱，或以之出使，以《甫刑》挍律令条法；以《三百五篇》当谏书；以《周官》致太平；以《礼》为服制，以兴太平。斯真可谓之经术矣。”

㊳ ［汉］何休/解诂，［唐］徐彦/疏《春秋公羊传注疏》何休序：其中多非常异义可怪之论。解云：……“非常异义”者，即庄四年，齐襄公复九世之仇而灭纪……若其常义，则诸侯不得擅灭诸侯……故曰“非常异义”也。

㊴ 《史记·匈奴列传》《汉书·匈奴传》：“汉既诛大宛，威震外国，天子意欲遂困胡，乃下诏曰：‘高皇帝遗朕平城之忧，高后时单于书绝悖逆。昔齐襄公复九世之仇，《春秋》大之。’是岁，太初四年也。”——后来南宋要打金国、恢复中原，论者也多持这个理由。明代“三大案”，王之寀又把这一番“春秋大义”用在了宫廷政治上面：“二年二月上《复仇疏》，曰：《礼》，君父之仇，不共戴天。齐襄公复九世之仇，《春秋》大之。曩李选侍气殴圣母，陛下再三播告中外，停其贵妃之封，圣母在天之灵必有心安而目瞑者。此复仇一大义也。乃先帝一生遭逢多难，弥留之际，饮恨以崩。试问：李可灼之误用药，引进者谁？崔文升之故用药，主使者谁？恐方从哲之罪不在可灼、文升下。此先帝大仇未复者，一也。……”（见《明史·王之寀传》）有趣的是，“红丸案”一般除了这里适用“齐襄公复九世之仇”这则大义之外，更适合“许世子进药”，详见下文。

第二章

一经三传：哲学、历史、还是政治？

（一）

"三传"小史——小学《论语》与大学《春秋》——"春秋三传"和"春秋四传"——公羊学和穀梁学在皇家擂台上的正式比武——作为实用政治学的儒学

我们已经大略看过了儒学于汉、唐两代在政治运作中的实用意义，看来儒家典籍既可以在审案的时候被援引为法律判例，更可以在国家大政上发挥纲领性的指导作用。嗯，儒学并不像现在很多人以为的那样是什么讲做人、讲伦理的——不是的，儒学的核心是在政治，而且，儒家的政治思想核心并不是很多现代人认为的那样主要体现在《论语》当中，而是体现在《春秋》里的。

钱穆曾经很清晰地梳理过这个脉络："隋唐以前人尊孔子，《春秋》尤重于《论语》。两汉《春秋》列博士，而《春秋》又几乎是五经之冠冕。《论语》则与《尔雅》《孝经》并列，不专设博士。以近代语说之，《论语》在当时，仅是一种中小学教科书，而《春秋》则是大学特定的讲座①……此下魏晋南北朝以迄于隋唐，《春秋》列于经，仍非《论语》所能比。"后来直到宋朝，《论语》才和《春秋》平起平坐了，二程和朱熹则抬高《论语》超过了《春秋》，到清代乾嘉以后，《春秋》又超过了《论语》，"只有最近几十年，一般人意见，似乎较接近两宋之程、朱，因此研究孔子，都重《论语》，而忽略了《春秋》"。②

其实，要说这"最近几十年"，《春秋》也发出过不小的声音——晚清时代公羊学独胜，维新派拿它讲变法，革命家拿它讲"华夷之辨"和"易姓革命"，即如一向给人以埋头训诂之印象的杨树达前辈，也在1943年出版的《春秋大义述》自序当中倡明"意欲令诸生严夷夏之防，切复仇之志，明义利之辨，知治己之方"。他所指明的这几条"春秋大义"在当时是实有所指的。而如果以我们现在为坐标，这"最近几十年"的特色则更是明显——要知道，"《春秋》学"比"《论语》学"可复杂和深奥多了，所以，偌大文化断层边缘上的人们借助于《论语》来给断层搭桥显然要比借助于《春秋》容易得多。不过悲观地说，现在再怎么熟读《论语》和《春秋》，乃至其他种种儒家经典，都不会恢复当年的风光了——看看人家汉朝，儒者之学居然切切实实地施展在现实的政治生活当中，影响着内政与外交，掌握着生杀大权，真是威风八面啊。

汉代的儒家政治传统是从汉武帝时代开始的。

不太较真地说，汉武帝时期"罢黜百家，独尊儒术"，首倡之人是董仲舒。③董仲舒治学非常刻苦，"目不窥园"这个成语就是从他这儿来的。董仲舒是当时治公羊学首屈一指的专家——所谓"治公羊学的专家"，也就是研究《公羊传》的专家。在当时，因为《春秋经》号称是孔子所修，所以地位崇高，据说孔子他老人家还曾亲口说过，"吾志在《春秋》，行在《孝经》"④，更显得《春秋经》意义之无比重大。而如果说《春秋经》是一部权威教材，那么，为《春秋经》编写教辅的人也不在少数。在这里，《春秋》作为教材被称为"经"，那些教辅则被称为"传"。我们一直都说《春秋》三传"，就是《春秋经》加上《左传》《公羊传》《谷梁传》，是谓"一经三传"。《春秋经》据说是孔子根据鲁国国史亲手编订的，其意义正如孟子所谓"孔子作《春秋》而乱臣贼子惧"，可孔子一直都是"述而不作"的，只搞古籍整理，却从来不去原创，所以，《春秋经》作为他老人家唯一的"作品"，地位自然无比尊崇——比如清代桐城派名人方苞在《春秋直解》自序中说："夫他书犹孔子所删述，而是经则手定也"——这是两千年来很主流的一种观点。但此事是否可靠，后人聚讼纷纭，我这里就不细表了。

据说原本是孔子的学生子夏得了孔子《春秋》亲传，又传授给公羊高和谷梁赤，而后分别一代代口传心授，到汉初才形成文字，就是《公羊传》和《谷梁传》——这里边有没有猫腻，专家们也是一大堆意见，但我们先不去理会，就当这说法是真的好了。不过，即便承认此说为真，这么长篇大论的东西被几代人口头传承下来是否已经多多少少走了样，我们就不得而知了。至于《左传》，号称左丘明所著，而这位左丘明据说还和孔子同时，甚至两人还有过交往，所以他对孔子时的史料知之甚详，对孔子作《春秋》的意图也领会得最深。至于这些说法是否属实，古往今来的专家做过数不清的考证——这在任何一本思想史著作或者"一经三传"注释本的前言里都能了解到，况且也不是本文所关注的重点，所以就不多说了。

"一经三传"，其实原本该说"《春秋》五传"的，另外两传是《邹氏传》和《夹氏传》，⑤可惜都失传了。不过，韩愈有诗"《春秋》五传束高阁，独抱遗经究终始"，很让后人纳闷了一番：难道他那时候还能凑齐"《春秋》五传"吗？⑥

后来，继续为《春秋经》作传的大有其人，⑦但名声能和"《春秋》三传"媲美的却只有一部，这就是南宋大儒胡安国写的《春秋传》（也可以称之为《胡氏传》或《康侯传》，胡安国字康侯），这部《春秋胡氏传》在元、明两代影响很大，甚至和那"三传"一同被列为"《春秋》四传"。⑧更有甚者，胡安国这部书还曾被官方独尊，俨然居"三传"之上，甚或高居《春秋经》之上。⑨当然，学术的荣辱兴废无不是和政治有关的，胡安国这部书重点就在"尊王攘夷"和"复仇大义"上边，正是南宋偏安背景之下的应时激愤之语，乃至清人尤侗批评说：胡安国一门心思扑在复仇上，曲解经文来附会己意，他这部《春秋胡氏传》完全可以说是一本新书，和原本的《春秋经》没有一点儿关系。⑩

明代姜宝为徐浦《春秋四传私考》作序，把这"四传"的关系做过一个有趣的比喻：《春秋》就像老天，《左传》负责"照临、沾濡、焦杀、摧击之用"，《公羊传》和《穀梁传》就是日月、雨露、霜雪、雷霆，《胡氏传》则把大家伙儿的工作给统一调理起来，以成就一个大丰收的年景。⑪

及至清初，有儒臣奏请废除科举考试中的脱经题，据毛奇龄说："于是三百年来专取《胡传》阅卷之陋习为之稍轻"⑫，这也可见胡安国的《春秋传》曾经专擅科场三百年之久！不过，胡安国的这部《春秋传》现在知道的人恐怕不多了，不论它再怎么出色，也确实没能一劳永逸地附列于"三传"之下，就好像赵云的加入始终没成就"桃园四结义"一样。

清朝贬斥《春秋胡氏传》也是顺理成章的，那个恐怖的年头哪里还能再谈什么"尊王攘夷"呢，这正是统治者最大的忌讳呀。于是，"四传"又变回了"三传"。⑬

　　在这"三传"当中，现在大家都比较清楚《左传》是怎么回事，不大熟悉《公羊传》和《穀梁传》，其实在最初的汉朝时候情况恰恰相反，大家不大重视《左传》，觉得《左传》虽然内容非常丰富，文学性也很强，但说到底无非就是一本史书，仅仅记载历史而已，而《公羊传》和《穀梁传》大为不同，这两部书是着重阐发孔圣人《春秋经》里边的"微言大义"的，所以应该归入意识形态领域，归入政治哲学类。——如果你是位现代社会的图书馆管理员，会把"《春秋》三传"分到一类，比如，既可以分在"中国古典哲学"类，也可以分在"中国历史"类，但你如果是位汉朝的图书馆管理员，就应该把这四部书分开来放：《春秋经》和《公羊传》《穀梁传》要归入"经典著作"，《左传》要单独归入"历史"类。当然，我说的这只是总体情况，在细节上还是有一些变化的。

　　"公羊学"是最早成为官学的，兴于董仲舒，立于汉武帝。汉武帝的时代，正是汉代官学"破旧立新"的时代，哪家学术如果被立为官学，日后就有享不尽的荣华富贵，于是，正如权力是专制政治这个"市场"上的稀缺资源一样，学术地位也变成了官学"市场"上的稀缺资源，以后会发生什么也就可想而知了。

　　学术地位是稀缺的，是稀缺就要有竞争，汉武帝还算公平，给大家设了一个擂台，让各大学派的掌门人公开过招，汉武帝亲自来当裁判。——这个裁判意义重大，开了风气之先，要知道，后世著名的石渠阁擂台和白虎观擂台也都是由皇帝来为学术争议做最高裁判的。但很多人都会马上想到一个问题：难道皇帝的学术水平还能高过在擂台上过招的那些学术专家吗，那些人可都是全国范围内最顶尖的高手哎！

　　但这时候高手不高手的看来并不重要，权力永远要凌驾于学术之上：一方面来说，皇帝的身份不仅仅是一个国家最伟大的统治者，同时还是最伟大的导师和最高的大祭司；另一方面，只有符合权力要求的学术才能在擂台获胜——反过来说，学术为了获胜，除了碰巧之外，就必须改造自己以迎合权力的需要。

一旦某种学术被立了官学、设了博士，荣华富贵也就随之而来了。当然了，专家学者们都是些饱读诗书的高尚人士，想来在打擂的时候是不会有这种庸俗念头的。现在，《易》学、《尚书》学等等我们暂且不谈，就单说这个"公羊学"。——事情是这样的：《春秋》学要立博士，《公羊传》和《穀梁传》都是解释《春秋经》的，见解有同有异，那时候人们的脑瓜还不够开通，觉得这两者只能立一家，于是，公羊派第一高手董仲舒和穀梁派第一高手瑕丘江公登上擂台，比武过招。

这位穀梁派的瑕丘江公，单听名字就知道是个高手，但可惜的是，他老人家肚子里存货虽多，却笨嘴拙舌，辩不过董仲舒。这就好比请陈寅恪上"百家讲坛"和易中天"争鸣"，陈老前辈恐怕输面居多。再加上当时的丞相公孙弘本身就是位公羊学专家，哪能让穀梁派讨了好去。结果瑕丘江公败北而归，汉武帝尊崇公羊学，安排太子学习《公羊传》，公羊学从此大兴。⑭

公羊学之兴，另一个重要原因就是公孙弘，他这位公羊专家以草民百姓的身份却不但当了丞相，还封了侯，这对天下读书人的刺激实在太大了，于是"天下学士靡然乡风矣"⑮。

但是，斗争并没有就此结束，太子虽然听了皇帝爸爸的话，开始学习公羊学，可学完之后却悄悄喜欢起《穀梁传》来了，于是找了位老师来辅导学业，而这位老师正是当年擂台败北的那位瑕丘江公。

事情发展到这一步，人们很容易推测出来：汉武帝早晚是要驾崩的，等太子即位之后，公羊学必定失宠，穀梁学则要卷土重来。

这确实是一个合理的推测，但是，中途却出事了——出的还是件大事，这就是武帝朝极为著名的那场"巫蛊之祸"，太子被迫逃亡，而太子的亲娘、老婆、儿女，在这场动乱中全部死光。⑯

太子的亲娘就是著名的卫子夫，所以，这位不幸的太子通常被人称为卫太子，前文提到隽不疑本着"春秋大义"毅然抓获一个在宫门外自称卫太子的人，起因就在这里。

卫太子事件是一起轰动朝野的冤案，而卫太子不幸中的大幸是，他有一个襁褓之中的孙子被人偷偷救了下来，抚养在民间，后来又阴差阳错地做了皇帝，是为汉宣帝。汉宣帝自幼在民间就听说祖父当年爱读《穀梁传》，于是自己也勤于诵习，待到即位之后，便以皇帝之尊公开贬斥公羊学、尊崇穀梁学，这其中所蕴含的恐怕并非什么政治考虑，而是对祖父的怀念和对曾祖父的报复吧。这段史事，是《汉书》当中极为感人的一幕。

自此之后，《公羊传》和《穀梁传》各有浮沉命运，暂不细表，而"三传"中的《左传》却终西汉之世始终未被列入官学，后来在新莽之际受到官方大学者刘歆的推崇，其后又在刘秀时代昙花一现，及至魏晋以后才渐重于世，至于真正升格为"经"而与《公羊传》《穀梁传》并列（甚至超过公、穀）则要晚到唐代。这段历史，伴随着长达两千年的今文经学与古文经学之争，脉络过于复杂，还是留到以后再说吧。

《公羊传》和《穀梁传》早为官学，地位崇高。既然是官学，就有相应的官办研究院，院里也有专业的研究员，但我们千万不能把它们和现代的大学做类比——如果要做个类比的话，大体可以说：汉朝的官办研究院近似于现代的党校，院里的博士近似于现代的党校老师。——即便不谈笼统的儒学，单就《春秋》学而言，通经致用之风历数朝而不衰，比如牟润孙讲宋代经学，说："宋人之治经学，谈义理者则言《易》；谈政治者则说春秋大义。"[17] 所以说，当年的儒学（或仅仅是春秋学）绝对不像后来那样只是象牙塔里的皓首穷经，搞得个"人谁载酒问奇字，我欲携经坐古冕"那般的冷板凳，相反倒是热火得很，经义学问被广泛应用在现实政治生活的方方面面。

尤其是公羊学，更要坐到实用政治学的第一把交椅。但这实在是件太有趣的事情，傅斯年所谓："就释经而论，乃是望文生义，无孔不凿；就作用而论，乃是一部甚超越的政治哲学，支配汉世儒家思想无过此学者。"[18]——如果说得难听一些，傅斯年的话可以这样理解：一部胡说八道的经典和一门穿凿附会的学问竟然天长地久地被尊奉为官方政治学的圭臬，并且当真在指导着社会生活的方方面面？！

但无论如何，这一"通经致用"的确就是中国历史上主流的学术风气，好听点儿说，为学是要"有补于世"，当然，文字狱的时代又另当别论。这个"致用"，或者"有补于世"，大多和数理化没有关系，着眼点主要在政治上面。当年傅斯年议论这个问题，说了另一段很不中听的话："中国学人，好谈致用，其结果乃至一无所用。学术之用，非必施于有政，然后谓之用……"[19] 这话如果倒推，正说明了前人学术之用，是"必施于有政"的。

（二）

作为官方政治学的"春秋大义"——《唐太宗文集》——《春秋决狱》——《诗经》和《春秋》的联合断案——对孟子的一次问难

儒学之"施于有政"，著名的概念很多，以现代人的熟悉程度来论，恐怕排第一位的就是"以德治国"了——这也正是《春秋》学的一个提纲挈领的要义。但要细论起来，事情却没有那么简单。

我们一般人都知道儒家和法家势同水火，好像儒家就是讲以德治国，靠领导人高标人格的感化作用来扭转社会的道德风气，而法家就是讲以法治国，是胡萝卜加大棒式的照章办事，不讲道德人情。其实，就像前边例子里讲的，儒家并不反对依法治国，但要以德治为主，以法制为辅，而"德"的内容千千万万，要从经义之中细心发掘，在现实之中灵活运用，这就是典籍的经世致用之功。

"以德治国"在历代帝王之中往往被列为头等纲要，古人讲立德、立功、立言，在帝王而言，立德无疑是首当其冲的事情——无论他是明君还是昏君，无论他是"德主刑辅"还是相反，这个"德"总是要立的。《贞观政要·文史》记载唐太宗的一则故事很能说明这个问题：

贞观十一年，著作佐郎邓隆表请编次太宗文章为集。太宗谓曰："朕若制事出令，有益于人者，史则书之，足为不朽。若事不师古，乱政害物，虽有词藻，终贻后代笑，非所须也。只如梁武帝父子及陈后主、隋炀帝，亦大有文集，而所为多不法，宗社皆须臾倾覆。凡人主惟在德行，何必要事文章耶？"竟不许。

这段是说：贞观十一年，一位叫邓隆的官员奏请把唐太宗的文章汇编成集。

想唐太宗一代英明领袖，自有无数的远见卓识，而且他还很有文采，至少我个人感觉他的文章并不比"唐宋八大家"要差，所以，编一部《唐太宗文集》怎么想都是一件好事。况且邓隆这个提议，就算满朝文武当中有些人不以为然，可谁又敢提反对意见呢？

出人意料的是，还真就有人提了反对意见，这个人就是唐太宗自己，他说："我那些重要讲话什么的，如果真的很重要，如果其中真有一些有益于人的内容，史官自该记录在案，也自然足以传之不朽；如果有些内容纯属不循古训、乌七八糟，就算辞藻再怎么漂亮，一旦流传下去也只会惹后人笑话。看看梁武帝父子和陈后主、隋炀帝，他们都有文集行世，可他们的所作所为实在让人不敢恭维，哪一个不是没折腾多久就把宗庙社稷给折腾完蛋了？所以说啊，当皇帝的要靠什么，靠的是德行，重中之重的就是德行，区区文章又算得了什么呢？"

唐太宗这番话，儒家可以说他深得儒家圣王"行不言之教"之理，道家也可以说他深得道家"无为"之法，法家也可以说他深得法家"不以术示人"之术，反正谁家都不提倡领导人多发议论。——要知道，这个立场很容易被人认为是道家的，其实儒家的"无为"思想并不弱于道家。比如在《论语》里，孔子有一次发感慨说自己不想再说话了，弟子们很是纳闷儿，问老师："您要是不说话了，我们的学费不是白交了么？"孔子回答："老天不是也不说话么，四季照样轮回，万物照样生长。"[20]这问题后来苏轼说得明白："我读《史记·孔子世家》，发现孔圣人说话很是循规蹈矩，言必称先王，而再看他那几个著名的学生，子路的勇武、子贡的口才、冉有的智慧，在当时天下都堪称数一数二，可孔子却不大喜欢他们，唯独喜欢那个三脚踢不出一个屁的颜回，嗯，这是有深意的啊。"——这"深意"是什么呢？苏轼归结说："孔子的'道'是'平易正直'的，他这是预料到后世一定会有窃取他的学说而做不义之事的坏家伙。如果自己说话又是高深莫测又是长篇大论，这是很容易让后世的野心家钻空子的。孔子这番良苦用心值得我们好好体会啊，想想我们自己吧，如果为文立论过于注重文辞，那就与圣人的主张背道而驰了啊。"㉑——苏轼这话的确发人深省，不过话说回来，苏轼自己在这个问题上恐怕是最没有发言权的。

如果我们不因人废言的话，苏轼的这层体会正可以解释《贞观政要》的这则轶闻：唐太宗此刻表现出来的似乎正是"平易正直"的一面，如果当真浩浩荡荡地搞一部文集出来，岂不是会让苏轼那样的知识分子偷偷笑话么？唐太宗把话说得坦白，还真不是假谦虚，就这样，邓隆的马屁提案竟然未获批准，贞观年间的考研大军这才算松了一口气。

以儒家的眼光来看，唐太宗这番表态可以说是"以德治国"的一种体现，而有趣的是，欧阳修他们在修《新唐书》的时候还真就没有收录什么皇帝的诏令，把"本纪"部分搞得很是简洁，后来章学诚还为这事挑了一回大指，夸欧阳修他们深得《春秋》的笔削精髓，比司马迁和班固做得都好。看来，领袖治国在德而不在文，这倒真是很多人的共识。可是，儒家翻来覆去念叨这个"德"字，到底包含哪些内容，其实是相当含混的。举个例子来说，司马光曾经在给皇帝的上疏里具体谈过这个问题，说君主之"德"包含三类内容，它们分别是：仁、明、武。㉒

"仁"，近似于我们一般理解的"德"，强调一种教化型的政治作风；"明"意味着有明智的脑瓜，知道谁是好人、谁是坏蛋，知道什么是对、什么是错；"武"并不是穷兵黩武的意思，而是说君主要有良好的判断能力，当十个参谋官贡献了十条意见的时候知道该选哪一个。——谁都知道这道理不错，可这种说法却怎么看怎么都像格斗中的第一金科玉律：一定要打倒对手，一定不能被对手打倒。

现在一些问题就比较明确了：难道儒家的"德"就仅仅是伦理意义上的"道德"吗？

——当然不是。

难道"德"就全是讲教育、讲感化吗？

——当然也不是。

具体看看董仲舒，这样一位官学泰斗，难道就只是在书斋里边闷着头搞教学和著述吗？

——当然更不是。

我们叙述的时间顺序是从后向前的，就从老董的晚年说起好了。

不，不该称呼"老董"，而该恭恭敬敬称他一声"董老"。话说董老辛辛苦苦一辈子，终于光荣离休了，可离休了也闲不下来，朝廷每有大事争议不下的时候，就派张汤到董宅找董老来讨主意。张汤其人我们前边已经见过，是汉代风光一时的大法官，而大法官频繁地去找大儒者讨主意，这本身就很说明问题了。

主意讨来讨去，少说也讨了好几百回了，就连叫花子讨饭都没有这么腻人的。董老给的主意虽然都是就事论事，可人们对这些意见回头再一琢磨，发觉其中句句都是金玉良言。于是，这些主意最后被汇集成书，一共收录了二百多条——但这可绝对不是一般意义上的儒家学问书，而是一部法典，题目叫作《春秋决狱》。顾名思义，书的内容是以"春秋大义"来裁断疑难案件的。[23]

看，儒家大师贡献法律判例。更有甚者，有人认为《春秋》一书根本就是孔夫子的法律专著，比如明代黄正宪《春秋翼附》，作者的大哥在序言里就这么说："《春秋》，吾夫子刑书也。"[24]

咱们想想，像钱钟书、陈寅恪这样的大学者，学术水平应该不在董仲舒之下，但是让这两位去参与判案和制订法典，恐怕谁都会觉得荒诞吧？

那么，董仲舒又是怎么给大法官支着儿的呢？所谓《春秋决狱》，又是怎么以《春秋》的内容来做判案依据的呢？咱们来看一个例子：

甲无子，拾道旁弃儿乙，养之以为子。及乙长，有罪杀人，以状语甲，甲藏之。甲当何论？

断曰：甲无子，振活养乙，虽非所生，谁与易之？《诗》云："螟蛉有子，蜾（guǒ）蠃（luǒ）负之。"《春秋》之义，父为子隐。甲宜匿乙。

诏：不当坐。[25]

这段文字可以让大家体会一下当时法律文书的行文风格。我们现代人学习传统文化，大多都是去读唐诗宋词、骈散名文，却对古代实用体裁的东西了解不多。而实际上，这种实用类的在当时可比诗词歌赋重要太多了。作为意识形态根基的学术典籍自然就更重要了，要知道，诗词歌赋多是抒发闲情逸致，至多也就是发发忧国忧民的感慨，在名利之途上有时也能赶上以诗取士的好日子，而儒家典籍却不一样：小可以安身立命，大可以安邦定国，这才是社会发展的主旋律。

好了，我们现在来好好看看《春秋决狱》的这一小段到底在说什么。

这一小段一共分为三个部分，第一部分是提问题，第二部分是董仲舒回答问题，这两部分是主干，最后第三部分是皇帝的简单批示。

问题是：现在有这么一个案子：某甲没儿子，在路边拣了个弃婴，收养下来，叫作某乙。某乙长大成人之后，有一回犯了罪，杀了人，回家之后就把犯罪经过如实告诉了养父某甲。某甲知道事情不妙，就把养子某乙窝藏起来。现在案情都清楚了，我们为难的是，不知道该把某甲定什么罪？

先别管董仲舒怎么回答，想一想，你觉得某甲应该定什么罪呢？

窝藏凶嫌，应该判个几年吧？

不过，这有什么难判的呢？很简单的案子而已啊！

——现在我们看这案子很简单，在当时可不简单，问题的症结就在某甲和某乙的"父子关系"上：如果只是简简单单的小尼姑包庇令狐冲，这还好办，可爸爸包庇儿子，这……再说了，他们到底算不算父子关系呢，他们只是养父和养子而已呀！

董仲舒的回答是：某乙虽然不是某甲的亲生儿子，但这种父子关系我们是应该肯定的。《诗经》说："螟蛉有儿子，土蜂背起它。"《春秋》的道理是：父亲天经地义地要为儿子的过错做遮掩。所以，养父某甲应当藏匿养子某乙，这是没有错的，不应判罪。

皇帝下的诏书总结说："那就没某甲什么事了。"

先说说文风。这种一问一答的风格是不是很眼熟啊？不就是《公羊传》的风格吗？看来，董老作为公羊学大师，搞起法律来也是公羊味儿十足啊。

——这个推论非常合情合理，唯一的问题是：它是错的。

那时候的法律文本流行这种风格，并不是学自《公羊传》或《穀梁传》。

《公羊传》和《榖梁传》从战国以来一直都是口传心授，到汉朝才被正式书写成卷。而秦简《法律答问》却早已是这种腔调了。更有意思的是，法律文本好像应该援引相关法条才是，比如说《刑法》某某条怎么说，《民法》某某条怎么说，可董老援引的却是《诗经》怎么说，《春秋》怎么说，在我们现代人看起来可真不像是在搞法律。

《诗经》里的这句"螟蛉有子，蜾蠃负之"传入了民间，我们听评书里常说的一个词，叫"螟蛉义子"，就是从这儿来的，很古雅吧。螟蛉是一种飞蛾，蜾蠃是一种土蜂，古人观察到土蜂把飞蛾的幼虫扛到自己家去，以为土蜂这是把飞蛾的幼虫收为养子，所以就有了"螟蛉有子，蜾蠃负之"这个说法。其实土蜂没那么好心肠，它之所以收养"义子"，是要拿它们来喂养自己的亲儿子。——这个血淋淋的真相我知道，现代昆虫学家也知道，可董老当年不知道。

至于《春秋》里"父亲为儿子的过错做遮掩"（父为子隐）的精神，大家可能也会觉得眼熟。——《论语》里有这样一个名段，说叶公对孔子说："俺们那圪垯有个耿直的人，他爸爸偷了人家的羊，他把他爸爸给揭发检举了，够耿直吧！"孔子心说："要这么说，俺们那圪垯耿直的人更多，别说儿子检举爸爸，就连老婆检举老公，亲兄弟、好朋友互相揭发，你打破了脑袋也想不出来的人伦怪事一应俱全。只有你叶公想不到的，没有俺们这圪垯没发生过的。"可孔子嘴上却说："我们那儿的直性子跟你们那儿不一样：父亲为儿子隐瞒过错，儿子为父亲隐藏过错。"㉖

——"父为子隐，子为父隐"，这又是儒家的一个重要精神，体现的是：先礼后法，礼比法大；先亲情后国法，亲情比国法大。

所以，就这个案子，董老的逻辑是：养子和养父之间虽然没有血缘关系，但本着《诗经》精神，应该将之等同于实质的父子关系；下一步，按照《春秋》精神，父亲应该为儿子隐瞒过错，儿子应该为父亲隐藏过错。所以，养父藏匿犯了罪的养子，这是合乎《春秋》之义的，不当判罪。

董老的这个逻辑在儒家之中非常贴近孔子思想。其实这个问题孟子也曾经遇到过，但他就不是这个意见。——当时有人给孟子出难题，问他："如果是舜当天子，皋陶当法官，而舜的爸爸犯了罪，这时候该怎么办？"

这是问难者精心设计的一个难题。要知道，舜是儒家最为推崇的少数几位大圣人之一，皋陶又是最著名的上古包青天，儒家又是最讲孝悌之道的。所以，皋陶会看着舜的面子给老人家网开一面吗？舜会利用权力影响司法公正吗？如果舜认同了皋陶的秉公执法，爸爸要是被判死刑了，那不是透着自己不孝吗？如果尽孝，用权力徇私，那舜还能成其为圣人吗？

——孟子的时代是百家争鸣的时代，知识分子一个个绞尽了脑汁刁难别人，这个问题问得就实在刁钻透顶。想想看，如果你是孟子，你会怎么回答呢？

反正我是答不出来，因为无论怎么答，都会暴露出和儒家所提倡的精神相矛盾的地方，暴露出儒家思想并不是一套自洽的思想体系。——难啊，此题看来无解。

但是，孟子还真给解开了——要是没解开，这件事也就不会被编在《孟子》这本书里了——他老人家说：“舜会由着皋陶秉公执法，但是，他紧接着就会劫牢反狱，把爸爸背走，从此放弃天子的地位，高高兴兴地和爸爸在海边过着流窜生活。”㉗

老孟有一套，这还真是个精彩答案，舜既没有徇私枉法，又没有违背孝道，皋陶也没有特意给舜开绿灯，尤其是最后那个流窜海滨的镜头，更加凸显出了舜的圣人风范。这个结局是如此的温情脉脉，足以打动所有善良女生的柔软的心——如果再能请到布拉德·皮特来扮演大舜的话。

但是，事情真的这么完满吗？

如果我们再追问孟子一些问题，他会怎么回答呢？比如说，我们可以问问他：就算事情真按你说的那样发展了，那么，大舜劫牢反狱是不是违法了呢？大舜父子二人是不是成为逃犯了呢？皋陶要不要通缉大舜他们呢？就算大舜父子逃出了国，当国际警察堵在门口的时候，大舜会拒捕吗？就算皋陶睁一只眼闭一只眼，不去联络国际警察来通缉大舜，可如果大舜父子因为非法入境遭到外国政府的遣返，皋陶又会怎么办呢？……

很遗憾，这些问题已经没机会问孟子了，不然还真不知道他会怎么回答。

那么，如果是董仲舒，他又会怎么回答呢？“父为子隐，子为父隐”，这就足以回答上面那些问题吗？孟子曾经遇到过太多的问难，董仲舒呢？

（三）

原心定罪：同罪不同罚——《春秋繁露》——逢丑父该杀——辕涛涂不该抓——鲁季子追捕庆父——吴季子宽恕阖庐——皇恩浩荡与感恩图报——爱国的逻辑试题——兄终弟及和父死子继——《盐铁论》

1

当初有刁难孟子的，这时候也有刁难董仲舒的。这一刁难，刁难出了董老非常重要的"春秋决狱"的一个思想纲领。——前文讲过，《春秋决狱》里的判例既解决了当时的具体问题，又具结成文来供后人做同类案件的参考依据，马上我们要遇到的就不再是判例，而是董氏判案的核心法理原则了。

刁难的人出场了。这厮问道："你老董不是《春秋》专家么，我问问你，《春秋》上说大夫不能擅自行事，可又说大夫在国外的时候，如果有对本国有利的事可以自行决定。同样还是《春秋》，又有一处说，大夫奉国君之命外出作战，进退可由自己决定；又说大夫在国外出公差的时候如果听到父母的死讯，切不可急急忙忙立时回国。老董哎，我不挑《春秋》以外的东西来问难，就拿《春秋》本身来看，一本书说话前后矛盾，这是什么道理啊？"㉘

每一部经典都是要经受千锤百炼的，很多人都知道西方的《圣经》在一千多年来无数神学家的手里已经被打磨得几乎天衣无缝了，其实咱们中国的这些经典也有过不少类似的遭遇。

董仲舒对这个刁钻问题的回答是："这几句话你从书里挑出来单摆浮搁看着确实是自相矛盾的，可你要是把它们再放回书里，上下文一联系，你就会明白每句话其实都是对的，只不过在说的时候是针对不同的情况罢了。所以，我们应该具体问题具体分析……"

董仲舒不厌其烦，诲人不倦，说着说着就说到判案子了："我们一定要具体问题具体分析，有些事情看似一样，实质却完全不同，就判案来说……"董仲舒下面这一段话是一段名言，影响极其深远，单是一个汉朝就有多少人的身家性命全都被捏在董仲舒这句话里：

《春秋》之听狱也，必本其事而原其志。志邪者，不待成；首恶者，罪特重；本直者，其论轻。（《春秋繁露·精华》）

翻译过来就是：《春秋》断案的原则，一定要根据事实推究出犯罪嫌疑人在作案时的心理动机。对那些动机邪恶的家伙，哪怕他犯罪未遂，也得好好治他的罪；对首恶分子要严加量刑；而对那些出于善意而犯下罪行的人，量刑一定从轻。

这段话，就是赫赫有名的"《春秋》原心定罪"原则——回忆一下前边讲过的唐朝康买得杀人案中刑部侍郎孙革的判决："康买得救父杀人不算行凶，估计拉不开架而用铁锨砸了张莅的脑袋也属情有可原。先王制定刑律的精神是以父子亲情为先，《春秋》'原心定罪'，《周书》当中的各种刑罚也不是没有变通余地的。这样看来，康买得杀人是孝心的体现，不该判罪。"——嗯，董仲舒现在这段话就是后来孙革判案的法律依据。

如果单说"原心定罪"，现代人也很容易理解，比如同样是杀人，就分蓄意谋杀、过失杀人、正当防卫等等，但在"原心定罪"之前加上《春秋》这个帽子，意义就不大一样了，就被拴上了《春秋》的道德准绳，更强调动机在"春秋大义"范围里的善与恶了。

这种思想不单在汉代，在整个中国历史上都得到过广泛的认同。比如《聊斋志异》里有个很著名的故事叫《考城隍》，说有位宋先生灵魂出窍，到了阴曹地府参加公务员考试，结果考上了城隍。宋先生没走关系没行贿，之所以考上了全凭真本事，或者说，全凭他写出了一句掷地有声的好句子："有心为善，虽善不赏；无心为恶，虽恶不罚。"

这十六个字看上去合情合理，但操作起来却大有难度：城隍也许有法力，能看透犯罪嫌疑人当时是怎么想的，可活人哪有这么大的本事？那么，活人判案，也就只能从事情的来龙去脉去推断犯罪嫌疑人的作案动机了，这也就是董仲舒说的"必本其事而原其志"。

董仲舒为此举了四个例子：

是故逢（páng）丑父当斮（zhuó），而辕涛涂不宜执，鲁季子追庆父，而吴季子释阖庐，此四者，罪同异论，其本殊也。俱欺三军，或死或不死；俱弑君，或诛或不诛。（《春秋繁露·精华》）

直接翻译过来就是：逢丑父该杀，辕涛涂不该抓，鲁季子追捕庆父，吴季子宽恕阖庐，这四个人罪行相同而论罪不同，因为他们当时"犯罪"的出发点是不一样的。所以，同样是欺骗军队，却既有该杀的，也有不该杀的；同样是弑君，也是既有该杀的，又有不该杀的。

——插一句话：我为什么觉得读历史应当经史并重呢？因为各部经书几乎都是古代知识分子的必读书，经书的内容和古人的思想、行为是水乳交融的，所以，如果我们也能把经书读熟，再读历史就会有一种高屋建瓴、顺流而下的感觉了。即便从小处来说，古人说话、写作的遣词造句到处有经书的影子，如果我们不熟悉经书的话，读史乃至读话本小说，[20]都会遇到不少障碍。就看董仲舒上边说的这两句话，如果是他同时代的知识分子，马上就能明白他的意思，可我们如果不熟悉《公羊传》或《左传》的话，这时候就只能干瞪眼了。

现在，为了不再干瞪眼，我们只好去查查董老这番话的背景资料了。

先说说"逢丑父该杀"。熟悉《古文观止》的朋友应该记得在"周文"里边收录了一篇选自《左传》的文章，题为《齐国佐不辱命》，是写齐、晋"鞌（ān）之战"之后的一次外交活动，而现在要讲的这个"逢丑父该杀"就发生在"鞌之战"当中。《左传》的记载是：齐国和晋国在鞌这个地方决战，齐顷公的战车落了单，眼看要落入敌手，而车上还有一位逢丑父，他急中生智，冒充了齐顷公。于是，假齐顷公作了晋国军队的俘虏，真齐顷公就趁机逃之夭天了。晋国主帅发现到手的却是个假冒伪劣产品，气不打一处来，但最后还是说："放了这家伙吧，以此来勉励那些认真侍奉国君的人！"⑩

故事完了吗？

完了。

可是，董仲舒不是说"逢丑父该杀"吗，怎么却把他放了呀？

答案是：董仲舒是公羊学大师，他自然是取《公羊传》而不是《左传》的说法。《公羊传》对这件事情的记载又和《左传》发生了矛盾：虽然对故事的前半部分两家说的没什么区别，可当晋军发现逢丑父假冒齐顷公之后，《公羊传》的说法却是：主帅问大家说："欺骗三军的人该怎么处置？"大家说："该杀！"主帅点点头："那就把这小子杀了吧。"㉛

那，到底是杀了还是没杀呀？要不，就让《穀梁传》来评评理吧。

但可恨的是，《穀梁传》根本就没提逢丑父这回事。——这样吧，我们既然在讲董仲舒，就以《公羊传》为准好了。《公羊传》说："逢丑父该杀。"

我们只要稍微一想，就会发现《公羊传》这个逻辑很奇怪，不合情理：一个甘愿献出生命而忠心护主的人怎么会"该杀"呢？不但不该杀，还应该大力表彰才是啊！翻翻书，古往今来，这种例子可不算少；听听评书（这是最能代表民间的道德判断的），就说那个流传最广的杨家将"金沙滩"的故事吧，杨大郎替皇上死了，杨二郎替八千岁死了，多感人啊，这可是满门忠烈啊！

《太平御览》有一篇《忠勇》，搜罗了历史上为臣子者既忠且勇的例子予以表彰，其中就有这位逢丑父；㉜《册府元龟》记载马衍的一段慷慨陈词，也将逢丑父当作难能可贵的正面典型；㉝《氏族大全》载逢姓的第一位名人就是逢丑父，给了个小标题叫"代君任患"，㉞看来都是褒奖的态度呀。

咦，这就奇怪了，《公羊传》为什么要说"逢丑父该杀"呢？

——注意，主语已经被偷换了：《公羊传》只是在叙述晋军对如何处置逢丑父的讨论过程，是晋军得出结论说"该杀"，《公羊传》在这里只是客观叙述这个事件而已，并没有从自己的角度评论说"逢丑父该杀"，再看看《公羊传》的上下文，也没有什么更进一步的分析论述了。㉟

这意味着什么呢？

也许意味着：说"逢丑父该杀"并不是《公羊传》的意思，而是董仲舒自己的意思。

那么，董仲舒又为什么认为"逢丑父该杀"呢？

董仲舒在《春秋繁露·竹林》里详细讨论了这个逢丑父问题，简要来说，他认为逢丑父的做法是不对的，因为，他虽然救了齐顷公，却使齐顷公成了丢人现眼的逃兵，这就叫"陷国君于不义"，这让人家一国之君今后还怎么抬头做人？《春秋》认为：最高的尊贵不能加之于大羞大辱之上，对于失去君位而又回国复了位的国君尚且不以国君相称，更何况做了逃兵的国君呢！㊱

——哦，原来道理是这么说的。是不是有人觉得董仲舒这也太苛求了呢？

是呀，我也很想问问董仲舒："你说逢丑父这么做不对，那你说他当时应该怎么做才是对的？难道把齐顷公献出去不成？"

董仲舒的回答是："献出去倒不至于，但逢丑父如果深明大义，在那个危难关头就应该对齐顷公这么说：'你自己作了孽，惹怒了好几国诸侯，失礼失大了！如今你受了如此大辱，怎么还不去死啊！你这不是不知羞耻么！我请求跟你一块儿去死，也免得玷污了宗庙社稷。'——所以说：君子丢人现眼卑鄙地苟活，不如伟大光荣正确地去死。（君子生以辱，不如死以荣。）"

算董仲舒狠！逢丑父以苟且之道欺骗了晋国三军，置自家国君于大辱之地，虽然忠心护主，却不合于大义，于是被董仲舒虚拟地判处了死刑。另外值得我们注意的是，在这个故事里似乎另有一些耐人寻味的东西：国君好像也是会犯错误的，也是可以被臣子指责的，也是要为自己所犯下的错误负责任的——这倒更符合封建时代君臣关系的特色，等进入专制时代可就不再是这个样子了。

2

再说说那个"辕涛涂不该抓"，此事见于《春秋·僖（xī）公四年》。

这里再解释一下：所谓"僖公四年"，因为《春秋经》是鲁国的编年体史书，所以是依鲁国纪年的，这里的"僖公"就是鲁僖公，"僖公四年"就是鲁僖公在位的第四年。《春秋经》对这一年的全部记载是：

　　四年春王正月，公会齐侯、宋公、陈侯、卫侯、郑伯，许男、曹伯侵蔡。蔡溃，遂伐楚，次于陉。夏，许男新臣卒。楚屈完来盟于师，盟于召陵。齐人执陈辕涛涂。秋，及江人、黄人伐陈。八月，公至自伐楚。葬许穆公。冬十有二月，公孙兹帅师会齐人、宋人、卫人、郑人、许人、曹人侵陈。

　　难得一向惜墨如金的《春秋经》这回多说了几句，看来这一年的事情还真不少：诸侯联军到处打仗，领头的就是"春秋五霸"之一的齐桓公。但是，《春秋经》这回虽然着墨较多，具体到每一件事上却照旧只是简单一句而已，我们马上就要讨论的那件事在《春秋经》这一段里其实只有七个字："齐人执陈辕涛涂"，意思是：齐国人抓了陈国一个叫辕涛涂的家伙。

　　"齐人执陈辕涛涂"，这是鲁僖公四年里非常简要的一笔。

　　——先来回忆一下，鲁僖公四年应该是我们熟悉的一年。我在《周易江湖》里详细分析过晋国的几个卦例，是从晋国骊姬陷害太子申生开始讲的，而太子申生自杀，公子重耳和公子夷吾流亡国外，都是在这个鲁僖公四年里发生的。《古文观止》里有一篇《齐桓公伐楚盟屈完》，所叙述的事情也是发生在这一年——就是上面《春秋经》引文里的"楚屈完来盟于师，盟于召陵"。

　　"辕涛涂不该抓"这件事就发生在"齐桓公伐楚盟屈完"之后，两件事是紧挨着的。

　　话说齐桓公统率中原诸侯联军南下攻打楚国，热闹半天却没打起来，跟楚国使者屈完定了个盟约就撤军了。联军和屈完定盟的地方是在召陵，也就是现在的河南郾城一带——大约杜甫观看公孙大娘舞剑就是在这个地方，杨再兴大战小商河也在这一带，岳飞郾城大捷也在这里，岳飞"十年之功毁于一旦"的大撤军也在此地。

　　如今，鲁僖公四年，齐桓公统率着中原诸侯联军也要从这里撤退了。

　　根据《公羊传》的说法，齐桓公要从河南回到山东，按照正常的行军路线，应该会经过河南境内的陈国和郑国。联军里，陈国大夫辕涛涂给齐桓公出主意说："您这次南征，虽然仗没打起来，但也算把南蛮子驯服了。我看呢，大军遛了这么久，总得打两仗吧，所以，您回军不如取道东边的海滨，搂草打兔子，顺手把东夷征服，这是多么了不起的事业啊！"

齐桓公一听："嗯，不错，是个好主意，贼不走空嘛。"于是不再按原计划从河南回山东，而是取道海滨，准备再打几仗。可没想到的是，海滨这条路实在太不好走，大军竟然陷在沼泽里难以脱身了。这可把齐桓公给气坏了，当时就把那个出馊主意的辕涛涂拿下治罪。

那么，现在的问题是：齐桓公该不该抓辕涛涂呢？

如果你是齐桓公，你会抓捕辕涛涂吗？

如果你是辕涛涂，你会认为自己是罪有应得吗？

如果你是当时联军中的一位事不关己的旁观者，你会怎样看待这件事呢？

而辕涛涂又为什么要出那个主意呢？他有什么不可告人的目的吗？

——你怎么想我就不知道了，但我知道《公羊传》是怎么想的。《公羊传》对这个问题的回答非常简单明确："不该。"理由是：《春秋经》里说了，辕涛涂不该抓。

"《春秋经》里说了，辕涛涂不该抓。"——？！

哦，可是，《春秋经》这么说过吗？

好像没有呀！

那么，保险起见，咱们再回过头去看看方才《春秋经》的那段引文……嗯，辕涛涂被捕事件就只有七个字呀："齐人执陈辕涛涂"，意思是："齐国人抓了陈国一个叫辕涛涂的家伙。"——这明明只是对客观事实的客观描述而已呀，《春秋经》并没有告诉我们齐国人为什么要抓辕涛涂，更没告诉我们这件事谁对谁错，那么，难道《公羊传》是瞎说不成？

不，《公羊传》哪能瞎说呢，我们之所以想不通，只是因为我们还没有开窍，想那《春秋经》以微言大义奖善罚恶，这个"齐人执陈辕涛涂"里肯定藏着什么微言大义等待着我们的发掘。

你能发掘得出来吗？

什么，你要"大胆假设，小心求证"？——呵呵，错了，错了，对这些经典文献可绝对不能用这种态度来读，我们应该"大胆假设，大胆求证"，更要靠"感悟"（说难听点儿，就是凭空拍脑门儿），想想我在《周易江湖》里介绍过的许多历代先贤对《周易》煞费苦心的解读，难道不正是这种风格吗？

但这也真有点儿难为人，"齐人执陈辕涛涂"，言简意赅，本来就只有七个字，这七个字里还包括了两个国名和一个人名，动词只有一个——"执"，难道"微言大义"就落在这个"执"字上吗？

我们看看《公羊传》是怎么深挖狠刨的：

执者曷为或称侯，或称人？称侯而执者，伯讨也。称人而执者，非伯讨也。此执有罪，何以不得为伯讨？古者周公东征则西国怨，西征则东国怨。桓公假涂于陈而伐楚，则陈人不欲其反由己者，师不正故也。不修其师而执涛涂，古人之讨，则不然也。

这段话是从分析《春秋经》"微言大义"的独特"书法"入手的，这是《公羊传》的一贯作风。

《公羊传》首先设问："明明是齐桓公抓的辕涛涂，齐桓公是侯爵诸侯，照理说《春秋经》应该写成'齐侯执陈辕涛涂'，可为什么写成'齐人执陈辕涛涂'呢？"

呵呵，如果是我，肯定把嘴一撇："齐侯也好，齐人也罢，有什么不同吗？这有什么可研究的？吃饱了撑的！"

但《公羊传》严肃地认为，"齐侯"和"齐人"虽然在这里都是在说齐桓公，但含义上有着很大的差别，大约就像同样称呼齐老三，叫"齐总"和叫"小齐"所表现出来的态度是很不一样的，如果叫"齐三儿"，那就又是一种态度了。——对了，"态度"，就是这个词，孔子就是在用一些字眼上的细微差异来表达自己对历史人物的不同态度的，于是就有了"一字之褒"和"一字之贬"。

好比孔子正在家里看电视，电视上在播齐桓公的讲话，孔子严肃地点了点头，在竹简上写道："某某年，齐总在某某重要会议上发表了重要讲话。"——事情也可能是这样的：孔子看着电视里的齐桓公，从鼻孔发出了不屑的一哼，自言自语道："这个齐三儿，又在那儿人模狗样地说瞎话了。"孔子想把这件事记下来，但毕竟是写书，语言不能太粗俗，于是孔子是这样写的："某某年，齐三儿在某某重要会议上发表了重要讲话。"——看，和上一种情形的区别在字面上就只有"齐三儿"和"齐总"的不同。

于是，在对逮捕辕涛涂这件事的记载上，本该写作"齐侯"却写成了"齐人"，就好比本该称呼"齐总"却偏偏叫他"齐三儿"，这分明是在批评齐桓公。古代经学家们的主流解释是：如果是"齐'侯'执陈辕涛涂"，那就意味着齐桓公是以霸主的身份拿下了罪有应得的辕涛涂，这是堂堂正正、理所当然的；可如果是"齐'人'执陈辕涛涂"，就意味着齐桓公捉拿辕涛涂并不是堂堂正正、理所当然的。一字之差，差之千里。

——是不是觉得这套理论很迂腐、很荒谬呀？其实一点儿也不，抛开真假和是否阐释过度不论，这恰恰表现着人之常情。假设在1940年代的中国，你在村口望见有一队日本兵正向你这边过来，你立即掉头跑回村里，对乡亲们气壮山河又气喘吁吁地大喊道："大、大、大日本皇军进村啦——！"

呵呵，如果换了我，我可不那么喊，我喊的会是："小日本鬼子进村啦——！"

"齐侯"就大约等于"大日本皇军"，"齐人"就大约等于"小日本鬼子"。

这样看来，《春秋经》用"齐人"而非"齐侯"来称呼齐桓公，摆明了是对他的批评，但是，我们得好好想想：辕涛涂难道就不该抓吗？他不是明明给齐桓公出了个馊主意，把大军都给诓到沼泽地了吗？

是呀，辕涛涂看来确实有罪，确实糊弄了齐桓公，为什么不该抓他呢？

《公羊传》的回答是：当年大圣人周公带兵打仗，东征的时候西边的人就不高兴，大家都说："怎么还不来打我们国家呀？凭什么先打他们不打我们呀？周公您快来吧，我们想挨打都想疯啦——"周公如果西征，东边的人又不高兴了："周公偏心，怎么不打我们呀？快来攻打我的祖国吧，我这辈子最大的愿望就是能在有生之年光荣地当一回汉奸亡国奴！"

我在《孟子他说》里也讲过这段，孟圣人很爱拿周公说事。周公率领的是仁义之师，到处输出革命，颠覆外国政权，打到哪儿就解放哪儿，是世界人民的大救星。就算挨打国家的国君指责周公粗暴干涉别国内政，但不论哪国，国内的老百姓还偏就心向着周公，偏就愿意周公把自己的祖国给灭了。看看，汉奸那么早就有了。

值得注意的是，都到汉朝了，周公这些事依然作为官方主流意识形态里的经典范例，就像我以前讲过的，古人是没有像我们现在的"爱国主义"观念的，老百姓几乎都是文盲，就想过个安生日子而已，而在古代知识界的儒家思想里，"爱国"这个概念根本就没有什么地位，这是和我们现代意识形态有很大不同的。

接着说齐桓公。《公羊传》拿周公做例子，就是为了反衬齐桓公：为什么辕涛涂会出那个主意呢，他为什么要糊弄齐桓公呢？想想看吧，联军南下的时候就已经经过了一次陈国，如果齐桓公统率的军队能有周公军队的那种作风，陈国人欢迎还来不及呢，可陈国大夫辕涛涂却唯恐齐桓公在撤军的路上再经过一次陈国，这才出了那个馊主意。不错，辕涛涂确实是别有用心的，但齐桓公又怎么能责怪辕涛涂呢，他应该自己多做检讨才对啊！

嗯，这个说法还的确很有道理。——历代的经学专家们大多还是同情辕涛涂的，也大多赞同《春秋经》这里的"微言大义"，比如宋代孙复在《春秋尊王发微》中说："称人以执，不得其罪也。"㊲（这个"称人以执"是一个提炼出来的说法，也就是"'称'齐'人'而不称齐侯来'执'辕涛涂"。）朱熹、叶梦得、吕祖谦也都赞同《公羊传》的论调，㊳这几位都是宋代顶尖的学者。而吕祖谦和黄仲炎还由此估计说：春秋霸主出兵打仗并不全是自己带粮食和其他军需物资的，而是走到哪儿就由当地诸侯提供。㊴这样看来，齐桓公的军队宛如蝗虫，辕涛涂是不想让祖国连遭两次蝗灾。

但是，效忠祖国，难道就不效忠联军了吗？——黄仲炎分析说"为齐谋则诈，为其国谋则忠也"，但他也没有做更进一步的说明，想来联军自然是被摆在次要位置上的，这个问题也许根本就不是问题。但同是宋代的崔子方发表过一点儿意见，觉得辕涛涂坑害联军，算不得"忠"。㊵

明人高攀龙还曾经认真琢磨过辕涛涂的背景，说道："陈国和蔡国离楚国很近，常怀二心。再看看辕涛涂给齐桓公出的那个主意，这家伙确实没安好心，这是对联军的不忠。"但高攀龙接着又说："可齐桓公又是抓人，又是攻打陈国，就算原本占理，也不能得理不饶人呀，他做得实在也太过分了，所以《春秋》才会责难于他。"㊶

哦，事情渐渐明朗了，道理也渐渐清晰了。不过，也还有让人糊涂的地方：在辕涛涂这件事上，《左传》和《穀梁传》的说法和《公羊传》又有出入了。（到现在为止，这"三传"好像还很少有合拍的时候。）《左传》说，辕涛涂先拿自己的意见去找同在盟军里的郑国大夫申侯商量，因为齐桓公计划的撤军路线上既有陈国，也有郑国，所以辕涛涂的这个"不让蝗虫二次过境"的主意应该说对陈、郑两国都有好处。既然对陈、郑两国都有好处，申侯自然没有理由反对。于是，在申侯表示赞同之后，辕涛涂就找齐桓公出那个变更撤军路线的主意去了。齐桓公也没多想，很快就同意了。但问题是，那位申侯可不是个厚道人，刚刚才送走了辕涛涂，转脸就向齐桓公表忠心，建议说："军队外出太久了，疲惫不堪，如果往东走，即便遇到想打的敌人怕也打不动了，我看不如取道陈国和郑国之间，由陈国和郑国供应粮草军需。"齐桓公一听，很是高兴，当下便重赏了申侯，给了他虎牢这个地方。可高兴劲儿过后，齐桓公转念一想：咦，要不是申侯提醒，我还差点儿就被辕涛涂这小子给忽悠了！哼，这个居心叵测的坏东西，拿下！

逮捕了辕涛涂还不算完，齐桓公的气还没消，就在这年秋天，齐桓公攻打陈国，非要把胸中这口闷气彻底出足了不可。㊷

以上就是《左传》的记载。有一点值得我们留心：把秘事说得有鼻子有眼、活灵活现、完完整整，这是《左传》的一大特色，真不知作者是怎么知道这些事的。不过，这一招倒是被后世史家继承了下来，并在正史当中屡屡出现——举两个大家都很熟悉的小例子，比如《三国志·魏书·武帝记》裴注引孙盛《杂记》，写曹操逃亡途中因误会而杀了吕伯奢一家，杀完之后"既而凄怆曰：'宁我负人，毋人负我。'遂行。"——咦，难道这不是很奇怪吗：当时是谁看见了，谁听见了，又是谁告诉作者的？再看看《三国志·诸葛亮传》写"三顾茅庐"和"隆中对"，明明上文刚刚写了"因屏人曰"，也就是说刘备屏退旁人，和诸葛亮两个关在小屋里密谈，可接下来书里就是洋洋洒洒的大段对话。这都是《左传》遗风，也是我们读史不可不慎的地方。

我们再来看看辕涛涂事件的《穀梁传》版本。

《穀梁传》对辕涛涂一事的记载非常简略，一开始也和《公羊传》一样，纠缠在为什么《春秋经》写作"齐人"而不写作"齐侯"的问题上，但得出的结论却和《公羊传》大不相同。——《穀梁传》说："孔子这是批评齐桓公呢，因为齐桓公逮捕辕涛涂这分明是在干涉陈国内政！"㊸

　　唉，《左传》《公羊传》《榖梁传》，一家一个说法。这三部经典虽然号称"一经三传"，仿佛三位一体，可每当说点儿什么的时候却经常会闹些分歧。可既然是董仲舒举例，那就该以《公羊传》的内容来理解董仲舒的意思。

　　好啦，现在归结一下：逢丑父和辕涛涂，这就是董仲舒举的第一对例子。这两个人的所作所为都是欺骗了军队，而推究事情的原委，却发现两个人的出发点其实是截然不同的，所以才一个该杀，一个无罪。这就是董仲舒所谓的"《春秋》断案的原则，一定要根据事实推究出犯罪嫌疑人在作案时的心理动机"（《春秋》之听狱也，必本其事而原其志）。

　　——但是，还有一个重要区别怎么没有说呢：这两个人虽然都是欺骗了军队，但一个是欺骗敌军（逢丑父），一个是欺骗盟军（辕涛涂），这两者难道可以同日而语吗？

　　我是不知道该怎么回答的。那么，你是不是同意董仲舒的这个看法呢？

3

　　看看第二对例子，先说说"鲁季子追庆父"。

　　这件事情虽然大有嚼头，但来龙去脉实在过于复杂，"三传"的说法照旧有着冲突，我这里就从简了，等讲到《春秋》鲁闵公正文的时候再详细来谈。

　　事情发生在鲁国。鲁庄公病危，想赶紧把接班的人选定下来。鲁庄公哥儿四个，他是老大，老二庆父，老三叔牙，老四季友。鲁庄公先问叔牙。叔牙说："一继一及，鲁之常也。"——这句话透露了当时鲁国可能的继承制度，"继"是指父死子继，"及"是指"兄终弟及"，叔牙这是建议老大鲁庄公死后就由老二庆父继位。鲁庄公没表态，又找四弟季友来问。季友说："我衷心拥护您的儿子般！"季友的意见正合鲁庄公之意，但鲁庄公还是有些顾虑："叔牙想立庆父，这可怎么办呀？"

　　政治斗争永远是残酷的，季友当机立断，马上逼叔牙喝了毒酒，随后等鲁庄公一死就立即拥立了公子般。至此，东风压倒西风，季友占了上风。

　　可庆父也不是省油的灯，遇挫每强，很快便找圉人荦暗杀了公子般（在《周易江湖》里讲过），另立了公子般的弟弟公子开为君。这位公子开当时不过是个七八岁的孩子，糊里糊涂地就做了鲁国的国君。至于季友，则不得不逃亡国外，到陈国落脚。这一回合，西风压倒东风，庆父占了上风。

如果你是庆父，这时候会怎么做呢？

政客的一般做法是：明的一方面在国内全力拥戴新即位的小孩子国君，花大力气笼络国内贵族，迅速逮捕并处死杀害公子般的凶手，给国人施以小恩小惠；暗的一方面趁着正占优势的时候，全力攻杀季友，不死不休。如果还觉得不够，那就再大造舆论，说外国势力准备趁着我国新乱大举入侵云云，以此制造紧张局势，转移大家的注意力，以造成"兄弟阋墙，外御其侮"的局面。——历史的经验一再告诉我们，学会给自己制造敌人是一项重要的政治技巧，再者，政治斗争永远都要拉一派、打一派，切不可两面作战、两派一起打。就算要面对的只有一派，那也要先分化他们，然后再一拉一打，打掉一派之后再来分化剩下的一派，照旧一拉一打。

再有一条原则是：如果决意要打掉谁，一旦动起手来，那就一定要不遗余力地把对手打进十八层地狱，再踏上一万只脚，让他永世不得翻身。

但是，可怜的庆父啊，虽然迅速处决了围人荦，可不但没有对季友"痛打落水狗"，反倒又把新即位没两年的公子开给杀了。公子开谥号鲁闵公，这名号听起来像个慈眉善目的老国君，其实驾崩的那年他才不过十岁。

鲁闵公一死，鲁国的合法继承人就只剩下一个公子申了。季友知道，如果公子申再死了的话，论资排辈，庆父就真能当上国君了。事不宜迟，季友马上护着公子申逃到了邾国。

庆父在鲁国实在作孽太多，连杀两个国君，搞得天怒人怨。就在鲁闵公元年，有位齐国使者曾经说出了一句赫赫名言："不去庆父，鲁难未已！"这句话后来以"庆父不死，鲁难未已"的变体流传下来，一直到近现代都是人们常用的感慨词。——这是一个几乎贯穿整个中国历史的哀叹，所以我们不得不多问一问："为什么一个坏蛋就可以撼动一个国家？"——这个问题可以一直问到1976年："为什么四个坏蛋就可以撼动一个国家？"

"庆父不死，鲁难未已"，当一个传统的中国人发出这样一声哀叹的时候，他唯一能够想到的解决办法大概就是：政治地位高于庆父的"好人"睁开了眼睛，看清庆父的真面目。可我们看看庆父这个例子，在当时的鲁国，谁的政治地位比庆父更高？谁的权力比庆父更大？如果不是封建制度下的鲁国，而是专制统治下的鲁国，更有什么人能够约束庆父呢？

（一个小细节："不去庆父，鲁难未已"，这句话出自《左传》，而《左传》对这件事情的记载很可能张冠李戴了，因此这句名言的可信性也就成问题了，容后细表。）

我在《孟子他说》里详细讲过，中国的封建社会基本上属于贵族民主专制，所以，统治者的个人权力并不像秦朝以后的专制社会那样大得可怕。庆父一再的倒行逆施在国内激起了民愤，季友又在准备暗中回国，终于，庆父见势不妙，逃往莒（jǔ）国，而季友则拥立了当初一起在邾国避难的公子申为君，是为鲁僖公。

东风再次压倒西风，这一回是庆父逃亡，季友追杀。《公羊传》在这里说：

庆父弑二君何以不诛？将而不免遏恶也。既而不可及，缓追逸贼，亲亲之道也。

《公羊传》大概认为，季友追杀庆父，当时是可以追得上的，而像庆父这种连弑二君的大坏蛋，抓到了当然就该杀。那么，季友在追杀路上自然应该快马加鞭才是，但是，季友不但不加鞭，还时不时地勒勒缰绳，好像唯恐真能追上庆父似的。看来庆父就算车子突然坏了，下来修车，季友也会在后边停下来给自己的车子加加油什么的，直到庆父把车修好了再继续开追。那么，季友为什么要这样呢？《公羊传》的解释是：如果抓到庆父能够挽救公子般和公子开的两条小命，那自然不能怠慢，可人死不能复生，就算追上庆父，公子般和公子开也活不过来了，那何必再对庆父赶尽杀绝呢？

——可是，不对呀，这话虽然看似有理，可要照这个逻辑，杀人犯难道都不该受到制裁了吗？！

当然不是，《公羊传》之所以这么说，是因为庆父的身份特殊：他可不是普通的杀人犯，他和季友可是兄弟关系。

那么，《公羊传》的意思难道是：历尽劫波兄弟在，相逢一笑泯恩仇？

也不是，这恩仇是泯不了的，但《公羊传》告诉我们说："缓追逸贼，亲亲之道也。"这才是问题的关键。

儒家很讲究这个"亲亲之道"，认为季友故意放慢速度，不真的追上庆父，这是对的，是符合"亲亲之道"的。——大家想想前文讲过儿子为父报仇的那几个例子。

有人可能不理解了："儿子为父报仇那几个例子都是个人恩怨，'亲亲之道'也能理解，可庆父该算国贼啊，这可不是简单的个人恩怨啊，难道季友把兄弟亲情置于国家大义之上还是做对了不成？"

——别觉得不可思议，按照传统儒家的标准，季友还真是做对了。我们知道，礼治是儒家的一个核心主张，而礼治的诞生土壤正是封建制度下的宗法社会，宗法社会的一个重要特征又是以家族宗法为核心扩展成为国家政治统治（所以才会有"修身、齐家、治国、平天下"这个说法）。所以，家族利益高于国家利益，家族血缘纽带高于国家政治纽带，爱家主义高于爱国主义。这种状况直到封建社会瓦解、专制社会成形之后才发生了变化，但专制社会里依然没有爱国主义，因为那时候国家和人民都变成了皇帝的私有财产，所以"爱国"这个概念只是"忠君"的一个附属概念，而皇帝们也绝对不能容许有一个比"君"的地位还要高一级的"国"的概念。所以，古人提到"爱国"的时候，也往往是"忠君爱国"并称，比如雍正朝有"礼乐名臣"之称的张伯行说过：孔子乃至程朱，其学说都是"皆忠君爱国，明体达用之言"⑭——程朱是不是这样暂且不论，把孔子思想"传承"成这个样子，八成是存心的。

这是一个值得多费一些笔墨的问题。很多人对传统文化里的一些说法往往只从字面理解，因此而造成的误解实在太多了。说到爱家和爱国，就有必要先提一下孝道，而孝道就是一个被很多现代人误解的概念。中国所谓孝道，打着孝的幌子，其实却是忠道，而"十三经"里的《孝经》其实也就是《忠经》，这一点我已在《孟子他说》第三册里论之甚详。说到这个"忠"，忠于谁呢？忠于国家还是忠于皇帝？皇帝往往故意混淆这两个概念，把自己和国家等同起来。那么，古人难道就不讲爱国吗？

也不是的，比如，虽然《孝经》的本质就是《忠经》，但历史上还真是有过一部《忠经》的，据说作者和注者同是东汉的超级大儒——著为马融，注为郑玄，来头果然不小！⑮在这《忠经》里有一篇《报国章》，是专题来讲报国的：做臣子的之所以应该报国，是因为他的官职与俸禄都是君主给的。那么，难道只有做臣子的才应该忠君报国吗？是的，但是，"君临天下，谁不为臣？"并不是只有当官的家伙才是臣子，每个人都是君主的臣子，都受了君主的恩惠。正所谓"食土之毛，皆衔君德"，受了人家的好处，自然应该报答人家。而正如老板是开公司的，所以职员报答老板的最好方式就是努力为公司工作一般，皇帝是"开"国家的，所以臣子报答皇帝的最好方式自然就是"报国"。⑥——人生在世，最大的恩情就是皇恩，所以活着就要感恩，感恩就要图报，这看上去很像是本尼迪克特在《菊与刀》里所论及的日本精神，其实源头很可能在中国。⑦

梁启超曾在《中国之旧史学》中提到所谓"旧史学"的四大弊端，其一就是"知有朝廷而不知有国家"，于是乎所谓"二十四史"不过是"二十四姓之家谱"⑱——这话够狠，似乎击中要害，如果这个道理成立的话，那么，我们有多少人的"自豪感"不过是奴才的子孙为祖上侍奉过的老主人的家业而感到的"自豪"呢？而中国历史上首次出现具有现代意义的"爱国"的提法，很可能是在梁启超（还是他）的《爱国论》里——看看，"爱国"这是多么晚近的事呀。梁文开头就说：外国人都说我们没有爱国之性，性格是懦弱的，组织是涣散的，不论哪国人都能随便欺负和奴役中国人，而且一点点蝇头小利就可以让中国人趋之若鹜……梁启超归结说：不是我们中国人没有爱国心，而是中国历来就缺乏明确的国家概念，外国人以前其实也是这样的，也没什么爱国心，只是近几百年来的民族主义才促成了欧洲现代民族国家的成形，爱国主义这才油然而生。⑲——其实这个道理说起来很简单：只有人民群众当家做主、成为社会主人翁之后，才产生了真正的爱国主义概念。——道理确实很简单，之所以"爱国"，是因为"国家"是"我们"的。（梁启超说："夫国家者，一国人之公产也。"）

由此而引发的问题是："爱国"的前提不再是很多人想象中的"我生在这个国家"，而是，并且扎扎实实地是："国家是我们的。"——在这个问题上，可以看一下一种传统的逻辑结构是否成立，嗯，我们可以把这个问题想象成一道简单的逻辑试题：

因为：我生在熊国；
所以：我爱熊国，我以我是熊国的一员为荣。

问：以下哪项中的推理与题干的推理最为类似？

A因为：我是我妈妈生的；

所以：我爱我妈妈，我以我是我妈妈的儿子为荣。

B因为：我生在熊家；

所以：我爱熊家，我以我是熊家的一员为荣。

呵呵，别急，在回答这个问题之前，我们先来设想一下另外一个问题：如果有一位少年，爸爸是龟公，妈妈是老鸨，还有两个哥哥，既做龟公，又兼贩毒和拐卖人口，那么，这位少年"不爱"他这个家，在道德上是否站得住脚呢？而后，如果这位少年拒绝继承家族事业，毅然离家出走，在另外一处地方谋得了一份正当职业，开始了一番积极奋斗，那么，这在道德上是否站得住脚呢？他又是否可以"不以"自己的家庭为自豪呢？或者说，如果这位少年生在一处穷山恶水的地方，身边的人不是流氓就是恶霸，那么，如果他离开了这个地方，去追求阳光明媚的生活，这在道德上是否站得住脚呢？他是否可以"不爱"自己的家乡呢？他又是否可以"不以"自己的家乡为自豪呢？——这些问题是否都过于简单以至于根本就算不得问题呢？那么，把这个逻辑扩展一下却又为什么往往得出相反的结论来呢？

好啦，现在再回到上面那个选择题。答案A显然是错的，因为自然属性和社会属性不具可比性，而且，即便承认这个可比性，一位只有一两个孩子的妈妈和一位有几千万乃至几亿孩子的妈妈也是不具可比性的。如果换个角度，以梁启超的"夫国家者，一国人之公产也"来衡量，并且接受"妈妈和孩子"这一拟人手法的话，那么，答案A显然把母子的关系搞颠倒了，正确的关系是："我们"才是妈妈，"国家"才是孩子。

答案B像是正解，"因为：我生在熊家；所以：我爱熊家，我以我是熊家的一员为荣"和"因为：我生在熊国；所以：我爱熊国，我以我是熊国的一员为荣"这两句话在逻辑结构上是一致的，内容上也是完全具有可比性的。

但是，"我生在熊家，所以……"这个逻辑在道德上想来是多数人不会认可的——当初有秦姓子弟瞻仰岳飞庙，写下一副广为流传的对联，"人从宋后少名桧，我到坟前愧姓秦"，说的就是这个道理。生在那里，也许不一定就必须要爱那里、要以那里为荣，在巴金的"激流三部曲"时代，有多少有志青年都是以反叛家庭/家族为荣的。小鱼儿是在恶人谷长大的，身边全是天下最顶尖的坏蛋，小鱼儿不但不会以恶人谷的出身为荣，相反，这小子出淤泥而不染，闯荡江湖靠的全是自己的正直、善良和聪明。一个人无论出身如何，他大可以以自己的正直、善良和聪明为荣，相反，如果一个人跟其他人交往的时候满嘴不离自己显赫的家谱，想来没人会喜欢这样的家伙吧？——这个道理肯定是绝大多数人都会认可的，那么，为什么同样的问题，同样的逻辑，换到个人与国家的关系的时候，一些人的价值取向却完全颠倒过来了呢？[50]

还得说梁启超的判断准确："夫国家者，一国人之公产也"——问题的是与非，症结全在这里。搞清了这层道理，我们才能理解为什么周朝人的思想、行为和秦汉之后有着如此巨大的差异，我们才能理解春秋时代原汁原味的"春秋大义"到底是什么样子，我们才能思考为什么《公羊传》在这里会褒奖季友。

有人可能还会问："那春秋时代不是还有'大义灭亲'的壮举么？"——不错，的确是有，等我们后文遇到的时候再仔细分析，现在只是要把重点放在这个"缓追逸贼，亲亲之道也"上面。可是，季友真的就这么放过庆父了吗？

不是的。董仲舒认为，季友的"追"虽然故意磨蹭以体现"亲亲之道"，但已经明确表露了杀意。后来，作为政治流亡分子的庆父看到大势已去，准备认罪投降，看来是想争取一个"坦白从宽"，以甘愿回国受审为条件，以换得一个免除死刑的宽大待遇，但季友就是不松口，最后逼得庆父自缢而死。

季友为什么不松口呢？如果答应了庆父，不是正符合了"亲亲之道"吗？这我可就不知道了，也许季友是为了国内政权的稳定吧，如果真的审判庆父，庆父当初那些或明或暗的同党不知道又会搞出什么动静来呢，这一案也不知道会牵连多少人呢。

庆父就这么在国外自杀了，这也许是一个最为"政治正确"的结局吧？——是的，这样的结局也许对各方面的人马都有好处，只除了那些无辜的、不可能再跳出来为自己喊冤的死者。

再稍微说两句后话：庆父、季友，还有那个被季友杀死的叔牙，他们和鲁庄公都是兄弟关系，后来，庆父的后人建立宗族，号为孟孙氏，也叫仲孙氏，季友的后人就是季孙氏，叔牙的后人就是叔孙氏，又因为庆父这哥儿几个都是鲁桓公的儿子，所以孟孙氏、季孙氏、叔孙氏便合称为"三桓"。读过《论语》的朋友应该对"三桓"印象很深，尤其是那个季孙氏，《论语》里边著名的"季氏将伐颛臾"和"八佾舞于庭"，都是说的季孙氏。（这个说法在古代经师那里也是有争议的，暂不细表。至于姓和氏都是怎么回事，详见《孟子他说》。）

下面再来动一回脑筋，《春秋经·闵公二年》是这样记载的：

九月，夫人姜氏孙于邾娄。公子庆父出奔莒。

我们只看最后一句："公子庆父出奔莒"，这就是上文提到的"庆父见势不妙，逃往莒（jǔ）国"，这之后就是季友回国，拥立了鲁僖公。那么，从这句话里你能看出什么"微言大义"来吗？

这句话曾经给历代经学大师造成过极大的困扰，我先提示一下，前文刚刚讲过"齐人执陈辕涛涂"，《公羊传》抓住"齐人"的"人"字大做文章，说孔子不写"齐侯"而写"齐人"是批评齐桓公不地道。《公羊传》的这个解释历来都没有太大的疑议。好啦，我们把"齐人执陈辕涛涂"和现在这个"公子庆父出奔莒"联系在一起来看，能看出什么问题来吗？

是呀，既然齐桓公做了错事就不再是"齐侯"而是"齐人"，那庆父做的事可比齐桓公要坏上无数倍呀，怎么也应该叫他作"庆父反动派"之类的才对，可为什么还是叫他"公子庆父"呢，这不明明是一个尊称吗？——清代的官版权威《春秋公羊传注疏》有过一个解释，说：庆父罪大恶极，但《春秋经》还是称他"公子"，可见《春秋经》的褒贬并不是体现在爵号、名字、日期这类细小地方，有人做了坏事，《春秋经》如实把坏事记录下来，这不就是褒贬吗？⑤

这是一个具有颠覆性的解释，真要这么说，《公羊传》的权威就大可怀疑了，"微言大义"一说也好像有点儿站不住脚了。嗯，真是这样吗？

第二个问题：这个"春秋大义"里的"缓追逸贼，亲亲之道"虽然在宗法社会讲得通，可在进入专制社会之后难道就不被批判吗？皇权会容得下这个道理吗？对弑君逆贼不诛九族就算开恩了，还什么"缓追逸贼"，哪有这等道理！是呀，既然如此，专制意识形态下饱受浸染的那些知识分子难道看着这条"春秋大义"就不觉得别扭吗？

——确实觉得别扭。简单举两个例子：这个"缓追逸贼，亲亲之道"的说法还曾被《穀梁传》用在鲁隐公元年的"郑伯克段于鄢"的故事里，㉜事情虽然不同，道理讲的却是和《公羊传》一样的。于是，宋代沈棐《春秋比事》批评说："为了大义是不能顾念亲情的，当年周公为了维护政权稳定，不也杀了自己的亲兄弟么。这才是正理。"㉝

宋人高闶的《春秋集注》也论过此事，说：现在有些人很不负责任地说什么《春秋经》在鲁闵公之死一事上并没有责备季友的失职，反倒嘉许他对鲁僖公有拥立之功。我呸，这是胡说八道，季友他不忠于前君而自结于后君，这是贤者作为吗！还有人讲什么"缓追逸贼，亲亲之道"，世上哪有这种道理，做臣子的首要大义就是为君讨贼，所以才有"大义灭亲"一说。在庆父这件事上，季友和庆父是亲戚，这不假，可季友和鲁闵公也有血缘关系呀——不仅如此，在这个血缘关系之上还有君臣的尊卑关系。庆父和鲁闵公也同样有这两层关系。庆父杀了鲁闵公，是主动断绝了他与鲁闵公之间的尊卑关系和血缘关系，这时候，他相对于鲁闵公和季友来讲已经算是个毫无关系的人了。（熊逸按：可以联想一下前文防年杀继母的那个案件。）从鲁闵公的角度来讲，如果季友杀了庆父，既维护了君臣大义，又维护了亲属之情；可季友却"缓追逸贼"，这既没有维护君臣大义，也丧失了亲属之情，难道这就是贤者所为吗？㉞

看，时代发展了，对经义的解说也必须要与时俱进了。至于《春秋经》原本到底是什么意思，这好像从来都不重要。

4

再来说说董仲舒所举的第四个例子："吴季子释阖庐"。

这个故事里的两位主人公我们都不陌生，吴季子就是季札，阖庐就是吴王夫差的爸爸。《春秋经》在"襄公二十九年"写了一句照旧非常简短的话：

吴子使札来聘。

翻译过来就是：吴国派了季札到我们鲁国做外交访问。

在这次访问当中，季札详细点评了鲁国国家交响乐团演奏的各种音乐，就是《孟子他说》第一册里讲过的那段。现在我们要来了解的重点是：《春秋经》这短短一句话里隐含着什么"微言大义"没有？

《公羊传》认为"有"，因为吴国地处江南，在当时属于荒蛮之地，代表着落后生产力和落后文化，是被中原"诸夏"看不起的。所以，《春秋经》记载和吴国有关的事情时，一般仅仅说一个"吴"如何如何，既不给个尊称，也不记载人家君臣的名号。但是，独独在"襄公二十九年"，《春秋经》竟然破了例，不但尊称人家"吴子"，居然还记载了季札的名字。嗯，这里边一定是有什么深刻用意的。

那么，用意如何呢？当然就是表彰季札，认为这小子虽然出身夷狄，却大有诸夏之风。

故事的一般版本是：当年季札他爸吴王寿梦一共生了四个儿子，季札排行老四。大家都很喜欢老四，很想把位子传给他，可这么做又实在是坏了规矩。怎么办才好呢？后来有了主意：现在老大正做国君呢，那就立个规定好了：等老大死了以后不能把位子传给自己的儿子，而必须传给老二，然后老二传老三，这样一来，总有一天会传到老四季札那里。

事情还真就这样发展下去了：老大死了，老二接班；老二死了，老三接班；老三死了，老四……老四跑了！

要说这老哥儿仨都够义气的，为了把君位赶紧传给老四，他们天天祷告。——我们一般人祷告无非是求老天爷保佑升官发财、长命百岁，可这哥儿仨恰恰相反，都祷告说："老天爷啊，您要是保佑我们吴国，就快给我们几个降下灾祸吧！让我们赶紧死了，好给老四腾位子！"

单是祷告还不够，这哥儿仨整天是上山擒虎豹，下海斗蛟龙，专拣危险的事做，活生生地为"作死"一词下了完美的注脚。

老哥儿仨这么忙活了多少年，好容易如愿以偿地死光光了，可老四却还是不肯配合，趁人不备，逃之夭夭。

这可怎么办？总得有人做国君吧？

老四风格高，可风格高的人永远都是少数，结果，老三的儿子就接班了，这就是著名的吴王僚。等国内政局尘埃落定，老四季札这才没事人似的回来了，参见新任吴王，承认了他统治身份的合法性。

按说季札都点头了，别人也就没什么可议论的了。可是，老大的儿子公子光不干了："如果照爷爷的遗愿，现在应该是我四叔季札接班，就算四叔这人淡泊，那也该轮到我接班呀，凭什么是我堂弟得了便宜呀！"

——暂停一下。故事说到这里，肯定有人会想："这都是真事么？老哥儿仨又是祷告，又是作死，这种违背人性的事怎么可能呢？"

这个怀疑不是没有道理，但是，我们如果把"祷告"和"作死"的情节去掉，看到的可能就接近当时的真相了——或者再说得保守一些：即便这哥儿四个的事情对于严肃的历史读者来说未必值得当真，但故事所传达出来的"兄终弟及"的继承制度却很可能是当时的客观实际。

一般认为，母系社会里（假如中国历史上确实存在过母系社会的话⑤），血统是按女性一方来算的，所以，当一个男人死后，他的财产（如果有的话）应该优先传给他的兄弟姐妹，而令我们现代人难以想象的是：他自己的子女却是没有继承权的。因为死者和他的兄弟姐妹都是一母所生，而死者的子女却是死者的妻子所生，这两类近亲在母系社会的血统里分属两个不同的系统。

母系社会听起来好像非常古老，其实即便在进入父系社会之后，母系时代的一些传统并不是马上消失的。商代的国君继位就有"兄终弟及"之制，武王伐纣之后，商人的遗民国家宋国也依然保留着这个传统，就连大圣人周公的封国——根正苗红的鲁国——也有"兄终弟及"一说（前边庆父那个故事刚刚讲到的。但此说不大可靠，容后再表），那么，在荒蛮的吴国，这老哥儿四个的故事也许真是诞生得合情合理的。

较真的人可能还会穷追不舍："就算是'兄终弟及'，如果君位传到了最小的弟弟，等最小的弟弟死了，又该传给谁呢？"

换到季札时代的现实状况，这个问题就是："当老三死了之后，老四季札拒绝继承君位，那么，按照'兄终弟及'制度，在最小的兄弟季札放弃了继承权之后，合法继承人到底是吴王僚（没即位之前称作公子僚，为了减少阅读的麻烦，就一直叫他吴王僚好了）还是公子光？"

这事还真不好说，按照王国维的研究，殷商的继承法是以兄终弟及为主，父死子继为辅，而父死子继的规矩却是等父亲这一辈的哥儿几个都死光了以后，由最小弟弟的儿子来继位——如果这个规矩一直绵延到周代的话，绵延到南方不大开化的吴国，或者说，吴国还保持着相对于中原诸国更为原始的习俗的话，那很有可能吴王僚才是真正合法的继承人。

——这只是一个推测而已，也存在其他的可能：他山之石，可以攻玉，前辈社会学家斯宾塞研究澳洲的土著部落，发现了现实生活中依然存在的"兄终弟及"制度：头领死了，位子传给最大的弟弟，依次往下传，继位的除了亲弟弟之外，还包括父亲的兄弟的儿子们（也就是堂兄弟。注意，现在很多人已经分不清"堂"和"表"的区别了：大体来说，父亲这支叫"堂"，母亲那支叫"表"），如果依次继承下来，所有的兄弟，包括所有的堂兄弟，都死光了，这时候该由谁继位呢？

——由众兄弟当中年纪最长的那一位的长子继位。然后，又是新一轮的"兄终弟及"。

如果这个法则放之四海而皆准的话，那么，吴王僚是老三的儿子，在季札放弃了继承权之后，合法继承人就应该是老大的儿子公子光。

这么一琢磨，就会发现公子光的想法并不是没有道理，如果连我们都这么想，那公子光就更认为自己有道理了。公子光是个狠角色，决心靠自己的力量去寻回公正——是的，如果从正当的途径无法取得失去的公正的话，那么，使用一些阴险卑鄙的手段也是很容易被原谅的。

公子光的确很容易就原谅了自己。他接纳了一位落魄的楚国政治犯，这就是史上第一位大汉奸（严格说是大楚奸）伍子胥，伍子胥为公子光介绍了一位叫作专诸的勇士。这段故事是大家耳熟能详的了：专诸以鱼肠剑刺杀吴王僚，公子光如愿即位，是为大名鼎鼎的吴王阖庐。

——等等，我们先想一个问题：如果你是公子光，你会在杀死吴王僚之后就宣布自己当国君吗？

如果你的答案为"是"，那我建议你最好从事技术性的工作。——历史的经验一再告诉我们：越是卑鄙的动机，就越是需要正义的口号。公子光刺杀吴王僚，他该怎么向大家解释这个事情呢？宣传口径必然会是："伪吴王僚是个破坏了吴国君位继承传统的僭越分子，他的吴王身份是不合法的。为了维护传统，为了伸张正义，僭越者必死！打倒伪吴王僚——"

作为旁观者，大家现在可能会像当时吴国人一样，对公子光的这番表演嗤之以鼻："小样儿的，装什么大瓣儿蒜，谁不知道你小子就是想夺权呀！"

但公子光一脸正色地说："你们这是以小人之心度君子之腹，我根本不是为了自己夺权，我所做的这一切完全是为了维护咱们吴国的传统，为了伸张正义！"公子光说到做到，很快找来季札："四叔，我杀了伪吴王僚这个僭越分子，就是为了给您扫清继位路上的障碍。四叔您在吴国众望所归，您又是真正的合法继承人！四叔，我求您了，继位吧！"

——原来公子光这是路见不平啊？！

当然不是。谁都看得出来季札不会接受君位，谁都看得出来公子光只是做做样子。但是，这个"样子"是必须要做的，因为做了之后，按照吴国的君位继承传统，公子光就理所当然地成了君位的合法继承人。如果不做这个"样子"，那他至少在名义上永远都是不合法的。

这个"样子"还有另一层作用，就是给了吴国贵族们一个台阶。——要知道，公子光刺杀吴王僚，到底也算是弑君，何况吴王僚必然是有一批死党的。现在，吴王僚已死，公子光已经夺权，这是既成事实，改变不了。设想一下，假如我是当时吴国一位还算比较正直的贵族，我会一方面觉得公子光弑君作乱，应该反抗他才对，可人家手握大权，发难反抗只能是自投死路；可让我公开拥护公子光吧，拥护一个弑君者毕竟说不过去。唉，真是为难啊！

——现在好了，公子光请过了季札，那就意味着：第一，季札放弃了继承权，所以公子光做国君当之无愧，应该拥护；第二，天塌下来有高个子撑着，在这件事上，季札就是那个高个子，连季札都不追究公子光，我还犯得上么？

所以说，公子光没有立即即位，而是去请季札，这真是一个深谙人类心理的好策略。

可能还是有人会问："公子光请季札，这明摆着是玩虚的，谁看不出来呢，这不是掩耳盗铃么！"

不错，这还真就是掩耳盗铃，但很多时候，盗铃的人非但不傻，反而绝顶聪明，也正因为绝顶聪明，他们才会一边盗铃，一边掩耳，而大家眼睁睁地看着他在盗铃，却一个个都仿佛视而不见——为什么呢？因为他一掩耳，大家也就得了台阶，心照不宣地借坡下驴了。

可能有人还有疑惑："公子光耍的这是权谋，就算真要维护继位传统，也不该采取暗杀手段啊。季札为什么不去追究他呢？季札号称贤人，难道对弑君者就不闻不问吗？"

是呀，季札如果不去追究公子光的弑君，又何以为贤呢？

公子光玩的是权术，《公羊传》宣传的却是仁义。《公羊传》这样记载了公子光去请季札的那一段：

……于是使专诸刺僚，而致国乎季子。季子不受曰："尔弑吾君，吾受尔国，是吾与尔为篡也。尔杀吾兄，吾又杀尔，是父子兄弟相杀终身无已也。"去之延陵，终身不入吴国。故君子以其不受为义，以其不杀为仁。⑯

公子光刺杀了吴王僚之后，先去找到季札："四叔，这王位本来就是您的，现在给您空出来了！"

季札拒不接受，说："你杀了我的国君，如果我从你的手里接受了君位，那我就成了你篡位的同党。按说我该杀了你，可是，你杀了我哥，我再杀你，那岂不是父子兄弟之间互相杀来杀去没个完吗！"于是，季札既不接受公子光的"美意"，也不追究公子光的罪过，自己跑到延陵这个地方独善其身去了，一辈子没再踏入吴国国都。君子评论说：季札不接受君位，这叫"义"；不杀公子光，这叫"仁"。

——插一个小问题：如果读书仔细，你会发现季札那句话有个疑点。什么叫"你杀了我哥"（尔杀吾兄）呢？公子光刺杀的吴王僚明明是季札的侄子，怎么这里说成哥哥了呢？

这就是文献记载的相互冲突所致。我上边讲的那个四兄弟的故事版本是比较流行的说法，《史记·吴太伯世家》大体就是这么说的，而《公羊传》则认为吴王僚是吴王寿梦的"长庶子"，也就是吴王寿梦小老婆所生的所有孩子中的老大，那自然和季札是兄弟辈。其他文献也各有各说，反正这一家人的关系不是那么清楚的，我这里就不做详辨了。

《公羊传》认为，《春秋经》又称"吴子"又提名号地来褒奖季札，是因为季札有仁有义，符合贤者的标准。我们从这里再次看到了儒家"以家族纽带为第一"的重要原则，看，为了避免父子兄弟持续相杀，就连弑君者也是可以不予追究的。

现在可以归结一下了。让我们像董仲舒一样，把"鲁季子追庆父"和"吴季子释阖庐"这两件事并列来看：同样是弑君，但庆父该杀，公子光（阖庐）不该杀。这就像前一对例子一样：同样是欺骗三军，但逢丑父该杀，辕涛涂不该抓。这就是董仲舒所谓的"必本其事而原其志"。

说实在的，可能是我的脑瓜不够灵光，对逢丑父和辕涛涂的处理我还可以理解，可对这个庆父和阖庐，我却怎么也想不明白。——简单的推测是：庆父犯罪"未遂"，阖庐犯罪"已遂"，区别就在这里。庆父虽然连弑二君，但还没有达成自己夺权的最终目标，季友一直都有翻盘的可能；而阖庐杀了吴王僚，大局已定，季札根本就已没有回旋的余地。看来道理似乎是这样的：如果事情尚有可为，则为之；如果事情已不可为，那就只好"既往不咎"了（"既往不咎"这个成语是孔子贡献给我们的，看来当真也是儒家的精神呢）。

不费那个脑筋了，无论如何，我们只要明白董仲舒的主旨就可以了：

> 春秋之听狱也，必本其事而原其志。志邪者，不待成；首恶者，罪特重；本直者，其论轻。是故逢丑父当斫，而辕涛涂不宜执，鲁季子追庆父，而吴季子释阖庐，此四者，罪同异论，其本殊也。俱欺三军，或死或不死；俱弑君，或诛或不诛；听讼折狱，可无审耶！故折狱而是也，理益明，教益行；折狱而非也，暗理迷众，与教相妨。教，政之本也，狱，政之末也，其事异域，其用一也，不可不以相顺，故君子重之也。⑤

——《春秋》断案的原则，一定要根据事实推究出犯罪嫌疑人在作案时的心理动机。对那些动机邪恶的家伙，哪怕他犯罪未遂，也得好好治他的罪；对首恶分子要严加量刑；而对那些出于善意而犯下罪行的人，量刑一定从轻。所以逢丑父该杀，辕涛涂不该抓；鲁季子追捕庆父，吴季子宽恕阖庐，罪行相同而论罪不同。都是欺骗三军，有该杀的，有不该的；都是杀死国君，有该谴责的，有不该谴责的。审判案件一定要把深层的道理搞清楚啊！所以说，如果法院公正，理就会越来越明，教化也就会越来越得到推行；如果法院不公正，人们就会越来越淡化是非观念，结果，官方宣传是在教育人民仁义道德，现实世界却在教给人们相反的道理，这世界还怎么得了。教化是为政之体，刑法是为政之用，它们领域不同，但作用一致，所以是绝不可相互背离的，它们同样都为君子所重。

看来"《春秋》原心定罪"认真推究起来，还真是一个深刻的思想，也是一个为很多腐儒所忽视的概念。我们不难想见，就算再有多少"醇儒"满嘴仁义道德，如果现实社会中总是公理无处伸张，总是"卑鄙是卑鄙者的通行证，高尚是高尚者的墓志铭"，有多少人还会持之以恒地坚守那些仁义道德呢？

但董仲舒这番道理虽精，却只能流于纸面，因为这和专制社会的运作机制是无法合拍的，也就注定最后只能成为嘴巴上的仁义道德而已。如果真想要公理大行，其中道理要晚到晚清时候的严复和郭嵩焘他们才看得明白。严复放眼西望，讲到西方文化的精髓，概括说："不外于学术则黜伪而崇真，于刑政则屈私以为公而已。"⑧看上去和董仲舒的意见并没有太大差异，但严复却讲出了公理大行所需要的基础，这基础并不是董仲舒所谓的"以教化为体，以刑法为用"，而是"以自由为体，以民主为用"。——严复在这里点明了一个重要的逻辑关系：如果没有"自由"作为基础，"民主"便只能是无源之水、无本之木，至于学术打假（学术则黜伪而崇真）和刑政公允（刑政则屈私以为公）云云，自然也就更没着落。

两千年前的董仲舒哪能看得这么远呢，他能把问题想到"《春秋》原心定罪"这一步已经很是了得。在汉代，"《春秋》原心定罪"这个观点恐怕不只董仲舒有，或许还在儒家知识分子当中颇有一些共鸣，不过，这也可能是因为董仲舒名声太大、弟子众多的缘故吧。但我们可以肯定地知道，那个极为精炼的"原心定罪"四个字虽然与董老的思想如出一辙，实际上却另有出处。

在隽不疑依据"春秋大义"果断处置了那位不知真假的卫太子的一年之后，也就是始元六年（公元前81年），以汉昭帝为核心的权力集团召集了一大批贤人和知识分子，让他们和政府官员一起讨论各类国家大事。这是中国历史上的一次重大事件，大讨论的结果在后来的汉宣帝时期被桓宽整理成书，这就是著名的《盐铁论》。

这是一次很有意思的讨论，讨论当中经常形成两方针锋相对的局面：知识分子主要来自民间，有一些草根立场，了解一些民间疾苦，但缺乏政治上的实战经验；官员们则既有着丰富的政治经验，又往往是现行政策的既得利益者。当权者也不知道是怎么想的，不但没有在政策问题上统一口径，反倒给这两个阶级的代表们设了一座可以自由发挥的大擂台（这背后其实有着辅政四大臣的斗争背景）。

这个擂台一打起来，就把当时的焦点问题几乎全都议论到了：像什么三农问题（《力耕篇》），自由贸易问题（《通有篇》），贫富两极分化问题（《错币篇》），政治体制的内在缺陷使得官场劣胜优汰、劣币驱逐良币的问题（《相刺篇》），执政者以身作则、保持先进性的问题（《救匮篇》），言论自由、言者无罪的问题（《箴石篇》），省部级一把手权力不受监督的问题（《除狭篇》），吏治腐败问题（《疾贪篇》），至于什么权力寻租问题，侵吞国有资产问题，大型国有垄断行业的利弊问题更是议论当中的重要主题（《盐铁论》顾名思义，主要还是讨论盐铁官营问题的）。

看看，汉朝人在两千年前就已经在努力解决这些问题了，我们真不得不钦佩中国人罕见的耐心和毅力啊！

不过呢，现在我搬出《盐铁论》来，主要还是为了引述其中讨论到的"《春秋》决狱"的段落。

在《盐铁论·刑德篇》里，政府官员和民间知识分子讨论德与刑——也就是礼和法——的关系问题。官员们认为，只有完善的法律才能杜绝犯罪，而知识分子认为，法律当然应该有，可现在的法律也太过繁文缛节了，复杂到就连专业法官都经常搞不清楚，更何况文盲的老百姓呢。⑲

知识分子尤其反对严刑峻法，他们引述《论语》说：当年鲁国马厩发生了火灾，孔子下朝后听说了，只询问有没有人受伤，根本就不问马怎么样了。⑳这就叫以人为本啊。可现在法律是怎么规定的呢？偷一匹马就可以被判死刑，这叫什么事啊！

接着，知识分子提出了一个很儒家很儒家的观点："法者，缘人情而制，非设罪以陷人也。"也就是说：法意不外人情，法律条文不是给人设套下绊子的。

再下边的一句话就更重要了："故《春秋》之治狱，论心定罪。志善而违于法者免，志恶而合于法者诛。"直接点明了以《春秋》来断案的核心原则：

论心定罪。也就是说：根据动机来给犯罪嫌疑人定罪，如果动机是好的但行为违法，可以免罪；如果动机是坏的但行为合法，应该定罪诛杀。——我们后来一般不说"论心定罪"，而说"原心定罪"。

在《盐铁论》里，在知识分子说出了"《春秋》原心定罪"这个道理之后，政府官员们便无言以对了。

（四）

官员私斗：汉代"《春秋》原心定罪"的一个案例范本——弃市——完城旦春——孝道的顺民逻辑

现在来看一个汉代"《春秋》原心定罪"的实际案例。这个案例和前边讲过的那些有一点重要不同：这回的控方和辩方全都本着"《春秋》原心定罪"这一个原则，你来我往，各有阐发，煞是精彩。

这事发生在汉哀帝时期，博士申咸诋毁元老重臣薛宣，说他不孝顺，既不供养母亲，在母亲死后居然还不服丧，实在不该继续在朝廷里觍着脸待着。

这倒不是空穴来风，薛宣有两个弟弟，一个叫薛明，一个叫薛修，哥儿仨都是高官。薛宣做丞相的时候，薛修在临淄当官，后母跟薛修在一起住。薛宣想接走后母，但薛修不干。后来，后母死了，照规矩做儿子的应该辞官回家，守孝三年。薛宣说："规矩是死的，人是活的，服丧三年没几个人能做到。"薛修说："你做不到，可我做得到。"

薛修说到做到，当真就辞官守孝，守满了三年。

这儿我得说明一下：古人所谓守孝三年，并不真是完完整整的三年，而是两年零一个月，也就是说，在时间跨度上刚刚跨了三年。⑩

因为这事，薛宣和薛修兄弟翻脸。前边讲了，薛修是在临淄做官，而巧合的是，博士申咸也是山东人，所以说，申咸要么就是知道一些内情，要么就是和薛修有着什么瓜葛。

薛宣的儿子薛况也在朝廷做官，听申咸议论爸爸，气不打一处来，于是暗中指示门客杨明做好准备，要找机会给讨厌的申咸毁容，让他没法再在朝廷立足。

而恰好在这个时候，司隶的职位出了个缺。薛况可沉不住气了。

——这两件事有什么关系呢？我们要知道，当时申咸的职务是博士，还有个给事中的加官（"加官"的性质类似于保险公司的附加险种），大体近似于党校教授兼国务顾问，而司隶的原型却是汉武帝时代设置的司隶校尉，有纠察权，隶属于"三公"之一的大司空（御史大夫）。现在，司隶出缺，申咸很有可能就补了这个缺。真要到那个时候，申咸掌握了纠察权，虽然还没有"双规"的权力，可当真弹劾起薛宣来那也真不是闹着玩的。薛况就是担心这点，所以沉不住气了，赶紧找来杨明，嘱咐道："事不宜迟，赶紧动手！"

杨明果然动了手，就在宫门之外拦截申咸，把申咸砍得鼻子也断了，嘴唇也裂了，身上留了八处创伤。

案子很快就破获了，关键就看怎么审、怎么判了。

这案子看似简单明了，不就是个故意伤害么，应该很好判才是。

不错，按照"春秋大义"，如果犯罪嫌疑人的犯罪动机是恶的，而且犯罪实施完成，这是该杀的。但控方的重点并不在这个故意伤害上面——相对于薛况和杨明犯下的另一罪行，故意伤害倒不显得有多要紧了。

咦，难道他们还犯了别的罪吗？前边可没说啊！

——不是我没说，大家得仔细看。生活经验丰富的人应该很容易想得出来，试想一下，如果你在黑社会总部的门口打了一个打手，你最有可能落一个什么罪名呢？

想到了吧，这就是俗话说的"打狗也不看主人"，"打了奴才的屁股，就等于打了主子的脸"，这才是最要紧的。再想想我前文交代杨明是在哪里袭击申咸的？——对了，宫门外。胆敢在宫门之外殴伤朝廷大臣，这简直就是不把皇帝放在眼里，简直就是打狗不看主人。

有人可能会问："不对呀，你举例不当呀，怎么能拿黑社会跟皇朝相比呢？"

呵呵，这个举例很恰当，只要仔细琢磨一下，就会发现专制皇朝的制度结构和运作规律与黑社会毫无二致。我们之所以说黑社会"黑"，不过是因为我们能够站在外面冷眼旁观而已；而歌颂皇朝的"伟大"，也只是因为皇朝太大了，我们无奈地置身其中。其实，皇朝并不比黑社会更伟大，黑社会也不比皇朝更黑。

好啦，举例恰当，再往下看：

控方接着引述《春秋》原则：动机不良就该杀！在宫门外犯罪，这是冒犯皇上，此风不可长！薛况是主犯，杨明是帮凶，这二人动机和行为都是邪恶的，犯了大不敬之罪。对杨明的处罚理应从重，所以，判杨明和薛况——弃市！

弃市，这是个什么处罚？望文生义来看，大概是说把犯人丢弃在集市上？

"弃市"这个词很常见，很多人都知道它的意思就是执行死刑。但是，如果只是执行死刑的话，它和砍头、斩立决等等有什么不同呢？

很多人不知道的是，"弃市"其实也是儒家礼治当中的一个概念。你以为儒家都是好好先生吗？不是的，儒家也认真研究过怎么杀人。我们先来看看《礼记》，《礼记》和"《春秋》三传"并列于"十三经"，从书名看，就知道是专门讲"礼"的，《礼记·王制》写道：

爵人于朝，与士共之。刑人于市，与众弃之。是故公家不畜刑人，大夫弗养，士遇之涂弗与言也。屏之四方，唯其所之，不及以政，亦弗故生也。

翻译过来就是：在朝廷上授人爵位，一定要当着一众士人的面隆重授予；在集市上当着大家的面对犯人施刑，意思是和大家一起抛弃这个罪犯。公室不供养受过刑罚的人，大夫也不收留他们，士人在路上遇到他们也不和他们说话。把受过刑的罪犯放逐到四方，任其流浪，剥夺政治权利终身，这种人越早死越好。

这段话够狠吧？其中的"在集市上当着大家的面对犯人施刑，意思是和大家一起抛弃这个罪犯"（刑人于市，与众弃之），就是"弃市"。其背后透露出来的含义是：受过刑的人都不是什么好人，也别指望他们能够改过自新，大家谁也不带他们玩，让我们来一起厌弃他们，让大家都知道：他们都是这个社会上的贱民！

——真可怕呀！可如果是冤狱呢？

正统答案大概是这样的：圣王治下没有冤狱。

既然有这样一个背景存在，我们应该就更能体会司马迁接受腐刑时的那种痛苦了，也更能够体会士大夫阶层为什么天然就厌恶宦官了——宦官也是人，宦官会弄权，王公大臣也一样会弄权，而区别就在于：宦官正是"刑余之人"。

那么，从这层意义来讲，所谓"弃市"，不仅中国有，外国也有；不仅古代有，近代也有：十七世纪，一个仅仅二十出头的不妥协的异见分子被犹太教教会开除教籍——这是一个盛大的仪式，哀鸣的号角声渐渐隐去，烛火一盏盏地熄灭，喧哗一步步让位于死寂，光明一点点屈服于黑暗，所有这一切都暗示着这个年轻人已经拒绝了天堂，堕入了地狱（这种仪式化的操作也正是儒家所擅长的，其中意义容后再表），从此之后，再不会有本族人和他交往，甚至连靠近他都是不被允许的。于是，年轻的斯宾诺莎，这位将要被重笔记在哲学史上的世界级的大师，就这样遭到了"弃市"——勉强还算文明的是，他的肉体并没有受到伤害。

中国古代的弃市虽然意义与之相同，却绝对不可能那么"仁慈"。尽管从《礼记·王制》的记载上看，弃市未必意味着死刑，但在实际执行过程中，弃市基本上就是死刑的同义词了。薛况和杨明如果被弃市的话，很可能要被砍头——说得古雅一点儿就叫"大辟"。魏晋以后的弃市一度改用绞刑，后来又恢复为砍头，再后来就连凌迟都有了。所以，弃市虽然基本上等于死刑，但不一定就是砍头。

即便弃市是执行砍头，但简简单单的砍头是绝对不能被称为弃市的，如上所述，弃市一定要达到"与众弃之"的目的，这才是弃市的"礼"的真谛。所以，为了达到这个目的，犯人在被执行死刑之前通常要被游街示众，有时候为了昭显该犯的罪行，还在犯人的脖子后边插个大牌子，写上"反革命某某某"或者"黑五类某某某"等等字样。但犯人也有冤枉的，也有肚子里憋着很多话想临死之前赶紧说出来的，而统治者一般都很清楚控制言论的重要性，所以，他们总会有让犯人喊不出来的办法——早先是在嘴里塞个东西，后来就发展到割断喉管了（我们可以想想电影《墨攻》里那位女主角的遭遇）。

"弃市"的渊源很早，据日本学者滋贺秀三的推测，这可能源自上古时代在军阵上执行的一种死刑形式。①这只是一种推测，或许还有另外的可能，比如《论语·宪问》就有这么一段：有个叫公伯寮的家伙在权贵季孙那里说子路的坏话，子路是孔子的学生，所以子服景伯把这事告诉了孔子，说："季孙听了谗言，有点儿怀疑子路了，不过您别担心，以我的力量还是可以把事情摆平的，我会让公伯寮那小子陈尸于市（肆诸市朝）的。"⑥

在这里，"肆诸市朝"基本就是"弃市"的意思，据钱穆的解释："肆者，杀其人而陈其尸。大夫尸于朝，士尸于市，公伯寮是士，当尸于市，此处市朝连言，非兼指。景伯言吾力犹能言于季孙，明子路之无罪，使季孙知寮之枉愬，然后将诛寮而肆诸市也。"⑥

"肆"的意思既然是"杀其人而陈其尸"，考查一下"肆"字的发源，在先秦文献当中"肆"和"祀"有相通的用法⑥，而"祭祀"原本也是要杀人的，那么，儒者重要的本职工作之一就是在祭祀活动中充当司仪，难道说……

这些内容问题以后再说，不过这个"弃市"倒也真像是一种儒家风格的死刑方式，从周代到清代，虽然名义有变，实质却一直如此，比如明朝的甘石桥、清朝的菜市口，都是热闹的杀人场所——杀人是一定要让大家来看的。

回到汉朝，此一刻，眼看着薛况和杨明即将被控方以"弃市"处理了。这是否也告诉了我们一个重要信息：随着宗法社会的衰落和封建制度的瓦解，礼治的重要应用原则——刑不上大夫，礼不下庶人——已经松动了很多，像薛况这样的元老重臣之子、朝廷命官，犯了法也是要以一种不给面子的方式来杀掉的？（这时候是西汉晚期，我们想想汉朝初年贾谊强调礼治"别贵贱"的作用，结果长年来搞得大臣们以受司法调查为耻，只要一被调查，不管心里冤不冤都得自杀，名人如周亚夫、萧望之，都是这么死的。这在《孟子他说》里已有说明。可现在薛况的案子里，朝廷官员居然可以被弃市处死，"礼"所强调的尊卑贵贱的等级秩序全乱套了，是谓"非礼也"。）

弃市可不是好玩的，薛家决不能就这么让控方如愿以偿——以他们的实力，应该是请得起明星律师团的。于是，很快辩方开始了精彩发言。

辩方抓的要点也是"《春秋》原心定罪"，却从同一个原则推导出了和控方不同的结论。辩方认为，薛况的作案动机是因为父亲受了申咸的诽谤，所以心生愤懑，这是父子亲情所致，是孝心的体现，情有可原，哪就够得上死罪？

——这么辩护倒也在理，可是，对控方在"大不敬"这点上的纠缠又该怎么反击呢？

辩方认为：这次故意伤人纯粹是出于私人恩怨，和百姓斗殴在性质上没什么两样，根本就谈不上"大不敬"，随后又引述孔子的一番话来加重自己这边的砝码，强调"正名"的重要性："孔子曰：'必也正名。'名不正，则至于刑罚不中；刑罚不中，而民无所措手足。"⑥⑥这一正名，更发现这次事件纯属私人恩怨，和"大不敬"绝无干系。

辩方随后又提出一个概念："圣王不以怒增刑"，也就是说，好皇帝不会因为发怒就加重量刑，言下之意是：法律是明摆着的，该怎么处理就怎么处理，法律如果规定盗窃罪判十年有期徒刑，不能因为皇帝今天跟皇后吵了架就把最近抓到的小偷全给弃市了，如果一搞严打就可以随意重判，那就是人治而不是法治了。

辩方最后归纳：杨明应该只以故意伤害罪判刑，薛况有爵位在身，可以减罪，所以，他和其他同谋应该减刑为"完为城旦"。

皇帝把两方面意见交给大臣们讨论，最后的结果是：薛况减刑一等，发到敦煌；薛宣免职回家。⑥⑦

薛况被发到敦煌干什么去了？是不是"完为城旦"去了？什么叫"完为城旦"呢？

——这是一个法律术语，"城旦"是有期徒刑当中的一种，从秦朝就有，服刑的人要到边疆去，白天防备敌人入侵，晚上就修筑城墙——秦始皇的长城有一部分就是这么修的，如果你胆敢私藏禁书，就得接受这种惩罚。当然，这些亲身修筑长城的人在看到长城的时候怕是不会生出什么民族自豪感的。

大概谁都得承认"城旦"是个聪明的主意，不但节省了专业监狱的高昂开支，而且还能让犯人们像奴隶一样辛勤工作，创造剩余价值，更可喜的是，既不用给他们开工资，又不必给他们好吃好喝，他们就算累死、饿死、病死、冻死，那也是他们活该。还有，一般人恐怕不会想到，看管犯人的管理机构和管理者竟然也有可能富得流油。

"城旦"的刑罚具体分好几种，犯人们有的要被割掉鼻子，有的要在脸上刺字，相对最舒适的要算只把鬓角和胡子剃掉了，这就叫"完"，薛况去"为城旦"就是被这么"完"的。

现代人可能会不理解：这不就是理发么，上理发馆修修鬓角还要花钱呢！这算哪门子处罚呀？

这还真是个严重的处罚。在古人的观念里，有所谓"身体发肤，受之父母，不敢有丝毫损伤"一说——《世说新语》里记了一件趣事，说大儒范宣在八岁那年有一次在后园挑菜，不小心弄伤了手指，当下便号啕大哭起来。事情的线索很明朗：（1）一个八岁的孩子，（2）弄伤了手指，（3）号啕大哭。这三条加起来，傻瓜也能做出准确判断："伤口很疼！"——但是，错了，范宣说："我不是因为疼才哭的，而是因为想到了'身体发肤，受之父母，不敢有丝毫损伤'这条圣训，这才哭的。"⑱

这个观念的原始出处是在《孝经》："身体发肤，受之父母，不敢毁伤，孝至始也。"⑲这道理背后的逻辑是：如果犯了罪，身体发肤难免受到毁伤，这就违反孝道了；一个对双亲关怀备至的好孩子，如果犯了罪，身体发肤受到毁伤，他也就不再是一个孝子了。那么，为了做好孝子，就要先做好顺民，就千万别犯罪，千万别和政府作对——这就是"孝道"深层次的花花肠子之一。

话说回来，因为"身体发肤，受之父母，不敢毁伤"，所以古人是不理发的，头发被剪了就等于受到了奇耻大辱——这个观念绵延了两千多年。直到晚明，民间大范围的抗清运动其实并不是发生在清军大举入侵的时候，而是发生在"剃发令"颁布之后，这也就意味着，那许许多多英勇抗清的人民群众并不是在为明朝而战，而是在为自己的头发而战。

说回薛况这个例子，无论如何，理发和刮胡子再怎么具有侮辱性，也总比割鼻子、刺字要好。薛况最后被判的就是这种徒刑，全称叫"完城旦舂"，刑期大约是四五年。——最后那个"舂"字的意思是"舂米"，如果女人服刑就干舂米的活儿，男人服刑就干边防和筑城的活儿。这种男女分工还算比较以人为本的，演变到后来就变成了男人筛沙子，女人绑刷子，以此来挣出被遣返回乡的路费。

（五）

查案不难，判案才难——许世子判例——谁是理性人——腹诽判例——约法三章

"原心定罪"好不好呢？听上去倒也是相当可取的，但实行起来尺度如何把握，这就是个难题了。先看一个小案子：

> 甲、乙与丙争言相斗。丙以佩刀刺乙，甲即以杖击丙，误伤乙。甲当何论？
>
> 或曰：殴父也，当枭首。
>
> 论曰：臣愚以为，父子至亲也，闻其斗，莫不有怵惕之心，扶杖而救之罪所以欲诟父也。《春秋》之义，许止父病，进药于其父而卒，君子固心赦而不诛。甲非律所谓殴父，不当坐。⑦

某甲和某乙是父子俩，某乙（父亲）和某丙起了争执，动上手了。某丙是个狠角色，一言不合即拔刀相向，某甲（儿子）一看爸爸危险，赶紧抄起棍子以雷霆万钧之势直击某丙，真气鼓荡之处棍风飒然。说时迟，那时快，棍落处只听得一声闷哼，偌大身躯栽倒尘埃。

问你了：某甲应该怎么判？

——这不是跟康买得杀人案的情况差不多么，本着"亲亲之道"来判不就结了？

不是的，某甲那一棍子，力气着实不小，可准头实在太差，敌人没打着，

砸的是自己的爸爸。某丙拿着刀还纳闷呢：好快的身手，我这一刀还没刺下去呢，他这棍反倒后发先至，这不会就是传说中的五郎八卦棍吧？

就算十成功力的五郎八卦棍也敌不过国法，某甲这下可惨了，不但误伤了爸爸，自己恐怕也保不住项上人头。圣朝以孝道治天下，父子之亲乃天下第一人伦，于是，法官的判决：某甲以殴父罪论，当处枭首。

"枭首"这个词也是大家比较常见的，但很多人并不知道它的真正意思。"枭"字不是一个动词，而是指猫头鹰。猫头鹰在古代被认为是一种猛禽，所以还衍生出了"枭雄"这个词，那么，"枭首"顾名思义就是猫头鹰的脑袋。据说猫头鹰妈妈给猫头鹰娃娃觅食，非常辛苦，等到筋疲力尽再也动弹不得的时候，娃娃们就一起来啄妈妈身上的肉——这真是个残忍的传说，我都不忍心说下去了——猫头鹰妈妈无法躲避，只能悲哀地用嘴衔住树枝，等到身上的肉被娃娃们啄尽了，便只剩下一颗头颅高悬在树枝之上，这就是"枭首"。

人类社会的枭首就是仿照猫头鹰社会来的，把犯人的头砍下来，高悬在木杆上，起到示众的作用。这种刑罚至少从秦朝就有，直到辽代以后才不再载于法律正典。

现在，某甲忤逆人伦，殴伤亲爹，即将被处以枭首。——在秦、汉两代，对谋反和大逆才用枭首，可见某甲被定罪之重。

但这案子并未这么轻易了结，而是被审慎地交到了董仲舒那里。董仲舒看罢卷宗，提起笔来，写道："《春秋》说……"

人命关天的时候董老还要讲古？！不错，但他的讲古是很有现实意义的。董仲舒的意见是：本案可参照《春秋》"许止父病，进药于其父而卒"办理。

看来我们要是在汉朝当法官，一定要把经书读熟啊，至少得能看懂董老的批示是什么意思。

董仲舒讲的这个"古"，出自《春秋·昭公十九年》，在《春秋经》里照例又只是短短的一句话：

许世子止弑其君买。

翻译过来就是：许国太子止杀了他的国君爸爸。

这是许国的事。许国大家可能不太熟悉，这是个小国，姜姓，受封于周武王，原本的地盘在现在的河南许昌附近（看来许昌这个地名来源很古哦），后来到许悼公的时候迁到了现在安徽亳县附近的城父集。这位许悼公也就是《春秋经》提到的被太子止杀了的"其君买"。

嗯，杀了又如何呀？怎么杀的呀？为什么要杀呀？前因呢？后果呢？你倒是说清楚了啊！——没办法，《春秋经》就是这么写的。这种叙述风格是《春秋经》的一贯做派，古人就曾经感慨过，说孔夫子这么写历史，谁能看得懂啊！还好世上有"三传"，⑪可是，我们想想，一部脱离了教辅就无法让人看懂的教科书究竟能有多大意义呢，何况三本教辅之间还常闹矛盾，更何况教辅的解释还常有牵强附会的嫌疑？

无论如何，我们必然还是要看看教辅的。《公羊传》是从《春秋经》里"许国太子止杀了他的国君爸爸"的下一句话"葬许悼公"开始分析的：

冬，葬许悼公。

贼未讨何以书葬？不成于弑也。曷为不成于弑？止进药而药杀也。止进药而药杀，则曷为加弑焉尔？讥子道之不尽也。其讥子道之不尽奈何？曰："乐正子春之视疾也，复加一饭则脱然愈，复损一饭则脱然愈，复加一衣则脱然愈，复损一衣则脱然愈。"止进药而药杀，是以君子加弑焉尔，曰："许世子止弑其君买，是君子之听止也。葬许悼公，是君子之赦止也。赦止者，免止之罪辞也。"⑫

《公羊传》说的是：照《春秋经》的记事规矩，既然许悼公是被弑的，在凶手没有伏法之前是不能写"葬"的，为什么这里却坏了规矩呢？原因是：太子止所谓的"弑君"并不是故意的，他爸爸病重，他端了碗药给爸爸喝，谁想到爸爸喝了以后就死翘翘了。所以，君子才会先用"弑"字给太子止定罪，然后又用"葬"字宽恕了太子止。

作为现代人，我们恐怕很难理解这所谓的"弑"字之贬和"葬"字之褒。就说那个"弑"吧，如果太子止不是存心给爸爸下毒，只是不小心端错了药，人家本来闹肚子呢却给端了碗巴豆汤，这确实逃不了轻忽之嫌；如果许悼公已经是"阎王命令五更死"，太子止恰巧在四更半的时候给爸爸喂药，这可一点儿罪过都没有啊。《公羊传》看来是把太子止定性为后一种情况的，那为什么还要苛责他呢？因为《公羊传》搬出了孝顺的楷模——曾子的高足乐正子春——来作为儿子为爸爸尽孝的标杆。乐正子春是个超级大孝子，好像普天之下没人比他更孝顺了，所以，如果拿他来树标杆，恐怕连神仙都达不了标，[73]太子止就更加相形见绌了。《公羊传》对太子止的批评是：做孝子就得做到人家乐正子春那样，你比人家差得可不是一点半点，所以得用个"弑"字把你钉在历史的耻辱柱上。（我们想想《孟子他说》里方孝孺是怎么批评豫让的。）

"春秋大义"，把太子止批评了，随即又原谅了，[74]董仲舒所讲的就是这个故事。所以，董仲舒认为，对某甲误杀亲爹案，应该参照《春秋经》和《公羊传》对太子止的评议，不该治他殴父之罪，不该处以枭首之刑，"君子原心，赦而不诛"，无罪释放好了。

从这个案例来看，"原心"也算原得恰如其分，但这种方法并非没有风险，比如，我们可以向董仲舒追问一下：您董老德高望重，深明"春秋大义"，判案公正无私，这都不假，可是，如果不是您来亲自判案，那么，"谁来原心"和"如何原心"可就都成问题了。

谁来原心？——我们只要在历史类论坛上多转转就足以对这个问题形成比较清晰的印象了。比如有人发帖论证——中国人不是龙的传人，你就看回帖好了，没几个人在意这位仁兄的论证是否证据确凿、逻辑严密，多数人都在"原心"，所以这样的话是非常多的："楼主是汉奸！""拿了日本人的钱了吧？""你这个×××！""哗众取宠，想出名想疯了吧！""拖出去杀了！"等等，大多都是只看标题就回帖的。——如果我们哪天坐在被告席上，法官全是这副腔调，那可真是要了命了！

要谈原心，先得谈谈理性。现代经济学上经常把"人"定义为"经济人"，或者说是"理性人"，然后以此为出发点来分析人类社会的经济运作。但"理性人"这个概念一定先要厘清一下才行，或者如达伦道夫所谓，"理性人"只是经济学为了研究"人"作为消费者并且只作为消费者的时候而抽象出来的一个概念，正如心理学设定了"心理学人"，社会学设定了"社会学人"一样，都是为了特定领域的研究需要而设定出来的不完全的概念——如果我们把"理性人"的适用范围稍稍扩大一些的话，那么所谓"理性"，应该仅仅是指人的行为基本上是基于趋利避害的天性的，用俗话来说，就是在一个人面临选择的时候，他会两害相权取其轻，两利相权取其重；用术语来说，他会自主或不自主地衡量每一个选择的机会成本。我们可以看到很多这样的权衡，比如，"自由"本身就是个说不清、道不明的东西，它的弊病多如牛毛，可不知怎么，依然有那么多人追求自由，托克维尔便解释说："人们似乎热爱自由，其实只是痛恨主子"——看，人们并不是在追求"自由"的理想，而只是两害相权取其轻而已；同样，墨索里尼拥有众多的支持者，这在我们看来简直不可理喻，可伯林评论说："人们之所以拥护墨索里尼，是因为他们害怕无政府状态。"

理性问题往往又和善恶问题纠缠在一起。我们回忆一下：《孟子他说》讲到性善还是性恶问题的时候，说过善恶在这里其实是个假问题，因为善恶是人的社会属性，是后天的，而趋利避害才是人的自然属性，是先天的。用洛克的话说就是"善恶仅仅相对于快乐和痛苦而言"，而洛克的同道人边沁也有过类似的说法："自然把人类置于'苦'与'乐'这两位至高无上的主人的统治之下，他们两个决定着我们做什么和怎样做。"申不害和韩非子他们正是为虎作伥地鼓吹君主用"苦"与"乐"这两大法宝来操纵臣僚，用我们现代上班族容易理解的话来说，就是"奖金"和"罚款"。

所以，有一点似乎应该稍微强调一下：这里所谓的"理性"绝对不等同于"理智"（如果硬要在字面上做一个区别的话），我们在"理性人"这个范畴里所谓的"理性"仅仅是说人的趋利避害的天性，而并不是说人的行为基本上是"理智"的——恰恰相反，如果我们仔细分析历史的话，会发现人虽然常常表现为"理性人"，但常常也是不"理智"的。我们再好好到历史里看看那些政治高手，他们之所以在政治上能够成功，很大的原因就是他们把握了这一点，懂得了对人（尤其是对大众）既要许之以利，又要动之以情，但绝对不可诉之以理智。这一点很值得我们在读史的时候乃至在现实生活中去细心体会。

太阳底下没有新鲜事，上面这个我自己好不容易才想通的问题后来发现其实早就有不少专家做过细致的研究了，比如英国的格雷厄姆·沃拉斯在上个世纪初就质疑过传统政治理论中的"理性人"这个概念。沃拉斯是一位冷静的观察者，他是从实际的伦敦民主竞选过程来做研究的，我这里只举他书里一个关于"非理性的移情作用"的小例子：

1907年2月郡议会选举期间，伦敦广告牌上出现了无数张招贴画，目的在于制造一种信念，即郡议会的进步党议员是靠诈骗纳税人过活的。如果如实发表这样一个声明，就是诉诸批判性理智，可能会引起争端，甚至打官司。但这张招贴是诉诸下意识的推理过程。招贴上画着一个显然代表进步党的人，用一个短粗的手指指点着说："我们要的是你们的钱！"（为了避免诽谤罪，所以画面的意思非常含糊。）这张画妙就妙在充分利用了这样一个事实：大多数人是按照对于一个被控犯诈骗罪的人的外貌的一连串迅速而无意识的推理来判断控告的真伪的。如果从画中人所戴帽子的形状、他的表链和戒指的式样、不整齐的牙齿以及红鼻子来看，分明是个职业性的骗子。……这张招贴画是极其成功的，它……将继续发挥一种非理性的移情作用。㊄

沃拉斯所谓的"理性"也就是我在上文所谓的"理智"，如果没有一种完善的程序来做制约，那么，人类在天性上的弱点是很容易造成事情的失控的，或者说，是很容易被政治高手利用的。

我们还会发现，理智的叙述往往是政治语言中最为忌讳的东西。我们来拿日常生活的语言举例子好了：一个女人声泪俱下地说："男人都不是好东西！"——这话显然是不理智、不正确的，却有着足够的情感震撼力，立刻便能够得到其他女性的呼应。可如果这女人说的是："有一些男人不是好东西。"——这话千真万确、放之四海而皆准，但显然不会得到任何共鸣。如果更进一步，这女人说的是："要解答'男人到底是不是好东西'这个问题，我们先要确定一下讨论的范畴，然后，还需要给'好东西'下一个准确的定义——它到底属于'实证表述'（positive statements），还是属于'规范表述'（normative statements），然后……"我就不说"然后"了，听众早都跑光了。

勒庞研究大众心理，做出一个相当悲观的结论："说理与论证战胜不了一些词语和套话。"这种现象尤其在群体的背景之下显得异乎寻常——这些词语和套话"是和群体一起隆重上市的。只要一听到它们，人人都会肃然起敬，俯首而立。许多人把它们当作自然的力量，甚至是超自然的力量。它们在人们心中唤起宏伟壮丽的幻象，也正是它们的含糊不清，使它们有了神秘的力量。它们是藏在圣坛背后的神灵，信众只能诚惶诚恐地来到它们面前"。㊅我们真应该万分小心：分析一个独立的个人和分析处于群体背景下的这同一个人需要分别戴上不同的眼镜才好——前辈社会学家们常有犯这个错误的，他们认为只要把个人行为解释清楚了就可以把这些解释推广到群体当中去，当然，麻烦还不只这些。

心理学家米尔格莱姆以若干经典实验告诉我们：权威的影响和群众的影响是如何使一个当之无愧的理性人丧失了他原本的理性的——米尔格莱姆的实验试图探讨的问题是：为什么文明程度如此之高的德国会举国疯狂地在纳粹的旗帜下展开暴行，而那些暴行的实施者并不比我们一般人更缺乏理智，甚至比我们多数人的文化素养还要高上不少。

理性人的理性并不总是那么可靠的，其实我们身边就有很多这样的例子——我一直觉得传销组织是非常值得社会学家和心理学家去深入研究的，因为这样的组织简直就是极权政治的缩影，把一个传销组织作为个案来剖析清楚，或许有助于我们了解很多很多其他的事情。

好啦，我们再接着往下想：如此针对人性特点的政治技巧（传销技巧）在一个比较成熟的民主体制里一般并不会产生太过强烈的危害，因为不同的声音总会互相抵消一些，正所谓十个魔鬼的互相制衡胜过一个圣人的乾纲独断，可如果换到古代的专制社会，普天之下只有一种声音，并且这种声音还非常富于这类"既要许之以利，又要动之以情，但绝对不可诉之以理智"的政治技巧的时候，还能够保持清醒的人恐怕就真是凤毛麟角了。

了解这些之后，再来考虑那个"谁来原心"的问题，就有点儿不寒而栗的感觉了。人的理智和判断在多大程度上是可靠的，这是一个大可怀疑的问题，那么，如果这是人性的天生缺陷（或者说是特点）的话，能否克服呢，又该怎样克服呢？是依靠个人修养的提高呢，还是依靠某种制度来做弥补，又或者需要这两者结合起来？

"谁来原心""如何原心"，这在近现代社会尚且是个令人头痛的问题，更何况在权大于法的时代呢。在那些时代里，任何原则性的观点都可以被随意解释，并且解释得合情合理。——在董仲舒引用许世子判例的一千多年以后，明孝宗突然死了，大臣弹劾御医误用御药，把御医一干人等抓了下狱。当时的最高法院大法官对这件案子所参照的就是许世子判例："侍奉君父如果有了闪失，误伤等同于故意，对这些御医适用《春秋》许世子判例，绝对不能轻饶！"——咦，很奇怪呀，怎么和董仲舒的判法截然相反呢？⑦

看来"《春秋》决狱"也不是个很有谱的事情。我们再来看看清朝发生在旗人家庭中的一起眼熟的谋杀案：这是一个三口之家——爸爸、后妈和儿子，后妈和邻居某男私通，爸爸气愤难平，对儿子说："好孩子，去，把你妈和那谁谁给杀了！"儿子还真听话，夜入邻宅，杀了后妈和邻居某男，随后从从容容投案自首。

这案子该怎么判？

从前文的《春秋》判例来看，儿子应该是情有可原的，可当时这位法官看来没受过什么"《春秋》决狱"的训练，居然把儿子判了极刑，估计出发点是从儿子杀妈大逆不道这儿来的。就在这个紧要关头，还好有个明白人出来说话，引的是《春秋·庄公元年》之事，论证出妈妈如果做了对不起爸爸的事，儿子是可以不认这个妈的，这是符合"礼"的，所以，就当下这个案子来讲，儿子只不过是遵从父亲之命而杀死了父亲的仇人而已，判这样一个好孩子以极刑岂不有违"春秋大义"？

两种意见争议不下，奏请皇上裁决，结果"诏特从末减"，也算是个不错的结局吧。⑱

同一类的案情可以用不同的《春秋》大义来判，同一则《春秋》故事也可以解释出不同的微言大义，这可不是个别现象，而是经常发生的。单说许世子这个判例，历代的经学家们就有不少争论呢。⑲所以，很多时候，虽说有一套《春秋》作为宪法在那儿摆着，可最要命的倒不是宪法的条文本身，而是宪法的解释权落在谁的手里。

我们这时候再来想想那个中国人是不是龙的传人的问题，我们不妨把它作为一个假想的案件来审判一下。

张三说："这是一个学术问题，学术问题应该学术解决。即便楼主说错了，这也只是一个学术错误。"

李四说："楼主居心叵测，提出这种荒谬言论是对全体中国人的侮辱！"

王五说："楼主纯属诽谤，纯属造谣中伤！"

——现在可以排除张三了，因为李四和王五的判决才属于我们要讨论的

"原心定罪"。

如果真是在汉朝，李四和王五的意见占了上风，皇帝一点头，楼主就得等死了。但皇帝这时候未必会轻易点头，他应该还会允许反方申辩一下。反方很可能会对李四和王五提出这样的问题："你们怎么证明楼主是'居心叵测'，怎么证明'诽谤'？达尔文还说人是猴子变的呢，楼主如果被你们判了枭首，达尔文还不得被五马分尸？李四说楼主'提出这种荒谬言论是对全体中国人的侮辱'，那么请问，你是怎么得出这个结论的，你把论证过程讲给我听，还有，你是否在问了'全体中国人'之后才下结论说这'是对全体中国人的侮辱'，还是你有权代表'全体中国人'——如果真是这样，那么，你的'代表'是不是经过合法程序的？"

——李四和王五该怎么应对这种质疑呢？

好好想想……

好像很难做出有力的反驳吧？

别急，再好好想想……

呵呵，最好的办法还是"原心"——他们可以对质疑者说："你一定拿了楼主的钱了！你们一定是一伙的！"

看到这里，有人可能发现疑点了："不对呀，要照这么辩论下去还有个头儿呀！再说了，前文明明是讲'《春秋》原心定罪'，可现在怎么只有'原心定罪'，没有《春秋》了？咱们得根据'春秋大义'来'原心定罪'呀，不能法官想怎么'原心'就怎么'原心'呀！"

——不错，是这个理，作为"原心定罪"依据的那个《春秋》怎么说着说着就不见了呢？

不见了就对了！

全国能有几个董仲舒？官场上又有几个秉公执法的家伙？法官判案，秉承了"原心定罪"的办法，至于《春秋》不《春秋》的，既懒得看，也无所谓。于是，"《春秋》原心定罪"就变成了"法官原心定罪"，法官想怎么判你，就能怎么判你，"原心定罪"是个很虚的标准，有着无限的发挥余地。

要知道，一种思想，乃至一句话，到底是什么意思，不是看它声称自己"是什么"，而是看它声称自己"不是什么"。——因为一种思想，乃至一句话，常常可以有无限多的解释，拿大家最熟悉的佛教来说，我们看历史上的佛教，一开始说自己四大皆空，但在面对皇权的时候，他们也会从佛经里找出忠君思想，需要他们讲爱国的时候，他们又会从佛经里找出爱国主义，所谓儒家思想在历史上也是一样，需要什么思想，就可以从经典中找出什么思想，或者把经典中的某些段落解释成这个思想。但真理是越辩越明的，只有在攻击论敌的时候，正是和论敌在某个问题上的针锋相对才会让观众把双方的意思看得清楚明白。比如《孟子》是百家争鸣时代的产物，所以充满了辩论内容，而且，他的论敌也有书流传，互相参照之下就更容易看懂他们的意思。

所以，单纯来讲"《春秋》原心定罪"，即便真的是从《春秋》文本出发，还不是想怎么解释就怎么解释。那么，结论又是怎么来的呢？

还拿那个"龙的传人案件"来说吧，同样是"原心定罪"，咱们看看回帖，有人认为"犯罪嫌疑人"的动机是"因为他是汉奸"，有人认为他"拿了日本人的钱"，有人认为他"是个×××"，也有人认为他是"哗众取宠，想出名想疯了"……同样是"原心"，但不同的人就能原出不同的花样来。那，到底谁原的对呢？

——谁也不是别人肚子里的蛔虫，这个问题根本没法回答。但是，如果这真是古代的一桩真实案件的话，答案就非常确定了：谁的官大谁"原"的就对。如果最高长官接受了犯罪嫌疑人的贿赂，他也可以"原心"说："虽然该犯伤害了民族感情，但他的动机是要弘扬历史文化，所以不但无罪，而且有功！"

在人治的社会里，这种荒诞的事情是从来不缺的。有一个广为人知的笑话是：私塾先生喜欢学生张好好，讨厌学生李坏坏，有一天上课，先生发现李坏坏居然趴在桌子上睡觉，手里还举着本书挡着脸，于是痛骂他说："你这臭小子，读书的时候居然睡觉！"骂完之后一转头，看见张好好也在睡觉，一样是举着本书挡着脸，先生的脸色马上和缓起来："看看人家张好好，睡觉的时候还在读书！"——拿这个笑话对照一下历史：雍正朝有一次黄河水清，这可是天大的祥瑞，于是各地官员纷纷写表章歌功颂德，可是，歌功颂德也有出毛病的时候，这些马屁表章当中有两份在格式上不合规矩，被有关部门反映给了雍正皇帝。雍正一看，一份是鄂尔泰的，一份是杨名时的，于是发话：鄂尔泰是难得的大忠臣，不能因为小节有失就处分他，至于杨名时，这小子毫无亲君爱国之心，比鄂尔泰差远了，如今犯了这么大的错，可得好好罚罚他！

　　"原心定罪"本来像是没什么问题，可"谁来原心"和"如何原心"却都是不小的问题。而"《春秋》原心定罪"在没有公正的执法程序保障的情况下，先是把《春秋》剥离了出去，然后就变形为"诛心之论"了。

　　不用等多久，流弊马上就能出现。还是汉武帝的那位大法官张汤，和大司农颜异一直不大对付，终于找到机会下了黑手：颜异有一次和门客聊天，门客说起当时的一项新政策存在弊端，这可是个敏感话题哦。颜大人政治觉悟高，听完之后什么都没说。——的确什么都没说，只是嘴角微微动了一下。

　　不知道是不是有人故意使坏，这件事居然被举报上去了。张汤秉承着一项优异的政治传统——想整政治对手，必须一招致命——上奏说："颜异身为朝廷高官，对政策有意见就应该直接提出来，可他倒好，嘴上不说，心里却暗中不满，实在该判死罪。"

　　此事出于《汉书·食货志》，原文说："自是后有腹非之法比，而公卿大夫皆谄谀取容。"这里的"腹非"就是我们熟悉的"腹诽"，以腹诽为由攻击政治对手早已有之，但颜异因腹诽罪被判处死刑这可给历史开了先河。原文所谓的"比"，全名叫"决事比"，就是当某个案件的审理没有现成的法律条文来做依据的时候，就以先前判过的类似案件来做依据。从这点上看，汉朝的法律思想倒是很先进的，这似乎就避免了"走在法律条文前边的犯罪"只能以无罪结案的尴尬。不过，"决事比"其实也像"《春秋》原心定罪"一样，在权大于法的时代里，在没有公正程序的司法环境里，再好的法律思想也只能被人往坏了用。这个"腹诽罪"就以颜异案做了"决事比"，以后谁要敢动动嘴角什么的，那可是要判死刑的！

　　还有一点是值得注意的：对颜异之死，老百姓会怎么看呢？

　　这一点史书无载，但在古代的专制社会里，老百姓一般看到的事情总是这样的：又一个大贪官被查处了，好啊，大快人心啊，皇帝圣明，清官努力！——但真实情况往往是：很少有官员真正是因为贪污腐败而下马的，不贪不媚的人是很容易被官场的竞争法则所淘汰的，所以，下马的所谓贪官往往只是权力斗争的失败者、牺牲者，把他们整下来的人未必就比他们清廉。朝廷可真是一个丰富多彩的世界，可归根结底，大多数的政治斗争基本上都只是围绕着同一个问题：站队。

颜异腹诽案真是个恐怖的案例，可是，让我们反过来设想一下，如果颜异是张汤一党，而有人向张汤这样举报颜异的话，张汤会怎么判呢？

很简单，照旧是遵循"原心定罪"的原则，认为颜异那嘴角的微微一动表达的是对那位议论朝政的门客的不满，这正显示了颜异的一颗赤胆忠心。——是生是死全在长官的一句话，全看你跟长官的关系如何。在这样一个环境里，人如果不虚伪阿谀便无法自保。

有人可能感叹了："繁文苛法陷害人啊，要是都像刘邦当年只有一个'约法三章'那就好了！如果颜异不是生活在汉武帝时代，而是生在汉高帝刘邦时代，恐怕就死不了了。"

——这个想法看似有理，实则未必。

"约法三章"是尽人皆知的，前文也提到过汉朝初年法律并不完善。可是，大家别以为所谓"约法三章"就真的只是什么"杀人者死，伤人及盗抵罪"那么简单。《汉书·刑法志》说：汉朝初年，虽然只有"约法三章"，法网非常疏阔，网眼之大连长须鲸都能钻出去，可即便这样，在大辟刑中还存有"夷三族"的法令，执行的时候不是直接砍头，而是先用黥（qíng）刑，就是在脸上刺字；然后再上劓（yì）刑，就是割掉鼻子；然后再把两只脚给砍下来；然后再用竹板抽，直到把犯人抽死；死了还不算完，这时候才把犯人的头砍下来，枭首示众；这还不算完呢，最后一步是当着市集上的群众，把犯人的尸身剁成肉酱。

数一数：第一步，刺字；第二步，割鼻子；第三步，砍脚；第四步，枭首；第五步，剁肉酱。一共五步走，完成了这一套杀人程序就叫"具五刑"，这类刑罚则被称为"肉刑"，韩信和彭越他们当年被"夷三族"，全家老少就都是这么死的。[80]

如果是那个时候要整颜异，颜大人比那些遭受五刑的难兄难弟还得多受一份罪——割舌头。腹诽也是诽谤，对诽谤的人除了正常处罚之外，还要割舌头的。

——这让人在毛骨悚然中多少有些好奇：为什么诽谤罪就还有特殊待遇呀？难道诽谤就比杀人放火更可恨吗？

（六）

赵家村的爱国主义——君亲无将——同姓公卿和异姓公卿——国家股份公司

托洛茨基在《被出卖的革命》一书里讲过一句意味深长的话："权力转移给国家只是在法律上改变了工人的地位。"⑧用这句话来套历史，能套准很多问题。

我们看看诽谤罪为什么会有割舌头的特殊待遇，难道诽谤就比杀人放火更可恨吗？

诽谤原本一点儿都不可恨，但随着社会的发展，随着政治制度的变迁，诽谤就变得越来越可恨了。

"诽谤"原本是个中性词，就是"提意见"的意思，不少典籍里都说过舜或者禹的上古圣王时代里会广开言路，设置所谓"登闻之鼓"和"诽谤之木"什么的，都是群众直接向统治者反映意见。"诽谤之木"原本大概只是个一人来高的木棍上插着一块木牌子，可以让人写意见；后来，也许是统治者越来越重视大家的意见，把这东西越做越大、越做越高，最后就做成了一根两三丈高的石头柱子，上边横着一个云朵一样的精美石雕——这就是大家都很熟悉的华表，现在的天安门广场上就有。

当"意见"变得越来越不中听的时候，"意见"就变成了"诽谤"；当统治者的权力越来越大的时候，人民群众提意见的权利就越来越小，提意见的风险就越来越高，"服从"就越来越变成人民的天职。——当人们痛心疾首于一个遍地虚伪的社会时，他们应该想想，有几个人天生就是虚伪的呢，有几个人愿意成天口是心非地过日子呢，还不都是被环境逼的？更有甚者，当他们不再明显地感到这种环境逼迫的时候，他们甚至还有可能成为制造虚伪的帮凶。

是的，越是天下一统、思想一统的时代，人们就越是习惯"真理只有一个"，也越是想当然地认定这个真理掌握在权力者的手中，也扎根在自己的心中。于是，当"另一种声音"出现的时候，甚至在权力者还没有下手剿灭之前，人民群众便已经怒不可遏了。想想《孟子他说》第一册里讲过的故事，耶稣基督不就是这么死的吗？当"真理只有一个"，并且这真理掌握在我们手中的时候，几乎所有的异见只会成为"诽谤"，而审判乃至杀戮一个"诽谤者"，难道不是正义的吗？

"诽谤者"虽然不一定死在火刑柱上，但人民群众心头那"正义的火苗"的威力绝不比火刑柱更小。

一个虚伪的社会也许会陷入这种恶性循环，在上下互动之下，虚伪会愈演愈烈，人与人之间也会越发变得彼此相像。

有人可能会问："难道这也是'春秋大义'吗？"

——当然不是，但是，当颜异事件活生生地上演在大家身边的时候……

好啦，我们先把焦点集中在颜异身上吧。《汉书》里不是说了吗，官员们从颜异案件中受到了不小的触动，从此，阿谀奉承、歌功颂德很快就流行起来了。那么，想想看，我们能指责这些官员都是些虚伪的卑鄙小人吗？反正如果换我，我肯定天天要向朝廷唱赞歌的。

有人可能会继续问："颜异到底是个朝廷大员，判他死罪如果在《春秋》里边找不到一点儿依据的话，这也不大说得过去吧？"

——这依据要找还真能找到，而且，这还是"春秋大义"当中重中之重的一条："君亲无将"，出处就是《公羊传·庄公三十二年》。

事情还是前文提到的庆父和季友的那次政治斗争，我们回忆一下，鲁庄公一共哥儿四个，就是鲁庄公、庆父、叔牙、季友。鲁庄公快要死了，鲁国面临谁来接班的问题，庆父早就惦记着国君的位子，叔牙明确表态支持庆父，季友则支持鲁庄公的儿子公子般。这种局面一出，谁都知道山雨欲来风满楼了，肯定会死人，只是个死多死少的问题。

老四季友先下手为强，逼着三哥叔牙喝了毒酒。《公羊传》分析说：

"《春秋经》是把叔牙当作弑君凶手来写的，可叔牙根本就没有弑君呀，他只是"将"弑君而已，心里有这个弑君的念头罢了。那么，为什么把他也当作弑君凶手呢？——原因在于，对于君主和父亲，就连'将'都不行，也就是说，就连心里有个小小的叛逆的念头都不行，谁要是动了这种念头那就该杀。"——我们得记住《公羊传》原文里这极其重要的八字方针："君亲无将，将而诛焉。"⑩

这里的"君亲"指的就是"天地君亲师"里的"君亲"，也就是国君和父亲。《公羊传》严厉指出：无论对父亲也好，对国君也好，动一点点反叛的念头都是该杀的！（如果真照这个标准苛刻一点儿来执行的话，青春期的孩子们至少一多半都得没命，如果再加上一个"腹诽"判例，人类就该绝种了。）

这时候我们再来想想颜异的"腹诽"，颜大人可不就是对皇帝的政策起了一点点不满的念头么？该杀呀，一点儿都不冤枉。

——这，这，这是儒家思想么？

很多人都会有一个误解，认为永远是思想在影响着社会。就拿我们正在讲的这个儒家思想来说吧，他们会认为是儒家思想占了主导地位，从而深刻影响着世道人心和国家的大政方针。而事实上，并不全是这么回事，因为"思想影响社会"这句话还可以反过来说的。

我们先来想想，什么"君亲无将，将而诛焉"，孔孟那会儿有这个道理吗？

《孟子·万章下》记录了一段意味深长的对话：

齐宣王想让孟子讲讲公卿的事情，孟子反问了一句："您想问的是哪种公卿呀？"

齐宣王愣了："公卿难道还有好几种吗？"

孟子说："有两种。既有同姓的公卿，也有异姓的公卿。"

齐宣王问："同姓的如何呢？"

孟子说："同姓的公卿啊，君王如果犯了大错，他们就会劝阻，如果劝来劝去还是劝不动，那就把君王废了，另外再立一个。"

齐宣王的脸"唰"地就白了。

孟子说："别太吃惊，呵呵，你问我什么，我就实话实说什么。"

齐宣王缓了缓，又问："那，异姓的公卿又如何呢？"

孟子说："如果是异姓公卿，君王犯了错他们就劝，劝来劝去劝不动，那他们就会——"

赤橙黄绿青蓝紫，齐宣王的脸变成霓虹灯了，屏住气等着孟子。

孟子等他大喘气完了，接着说："那他们就会拍屁股走人。"⑧

上面这一段话，如果说是陈胜、吴广说的，可能倒有人信，但恐怕很多人都想不到，这竟然出自一位儒家大宗师之口。再联系一下颜异腹诽案，颜大人仅仅是动了动嘴唇，就被"春秋大义"给判了死刑，要是让汉武帝和张汤来审孟子，非把老人家给剐了不可！

孟子时代和汉武帝时代相去并不很远，可怎么同是儒家，思想的差异竟如此之大呢？这主要是因为社会形态变了，政治体制也变了。

孟子讲的同姓公卿和异姓公卿是属于传统封建社会的。早期的很多封建小国其实并不比现在的一个村子更大，大点儿的也就相当于一个镇子吧，再大有一个县城那么大的，有一个市那么大的。我们设想一下，有个大村子叫赵家村，村子里主要是姓赵的，当然了，村长和全体村干部也都姓赵，姓赵的村民们虽然也有不少穷苦人，可跟村长他们都是八竿子打得上的亲戚，所有姓赵的人论起来都是一家，他们无论是穷是富，在村子里都有一份政治权利。村子里也有一些外姓人，他们属于弱势群体，毫无政治权利可言，只是闷头干活儿，给赵姓统治者创造剩余价值。而随着社会的发展，村子里的情况发生了一些微妙的变化，外姓人里有一些登上了村子的政治舞台，能够担负起一些"高贵"的工作了，还有一些外村来的政治流亡分子，原本在自己国家也是贵族，现在就留在赵家村做事了。

这是一种非常简化的描述，但大体上还是能够说明问题的，现在我们只要把"赵家村"这三个字替换为"赵国"就可以了。而所有姓赵的人，无论是贵为公卿（村干部）的还是穷得叮当响的（赵姓村民），在身份上都是贵族，简单来说，最低等的贵族就是"士"，从士到公卿，大家都有政治权利，大家和国君（村长）都有着或近或远的血缘关系；⑧而那些外姓干粗活儿的人就都是"民"⑧，都没有政治权利，和国君（村长）也没有血缘关系。

封建社会实行的是一种贵族民主专政，这个赵国（赵家村）并不是属于国君（村长）一个人的，而是属于所有赵姓人的，但是，无论如何，它也绝不是属于那些外姓人的。明白了这一点，就能明白孟子那番话是怎么回事了。

这也可以用一个家族公司来打比方，好比有一家赵氏集团公司，各级管理层大多都是赵家的人，他们在公司也都有股份，但公司也从人才市场聘用了一些经理。那么，如果公司的最高管理者赵大鬼迷心窍了，非要做出一个对公司利益损害很大的决策，这个时候，如果你是一位赵姓的高管（同姓之卿），你就会再三来劝赵大，可赵大如果能被劝住那就不叫鬼迷心窍了。那该怎么办呢？这时候，你就会联合赵家其他的股东、董事们，罢免赵大，另选一个人出来接替赵大的岗位。——看，非常合情合理是吧？

可你如果只是被聘用来的一位外姓经理（异姓之卿），尽完你劝告的职责也就够了，你可不该（也没资格）罢免老板啊。如果照着孟子的说法继续往下做呢，你在劝说无效之后就应该自动离职。

从孔子到孟子，在国民和国君、国民和国家的关系问题上，强调的都是一种"互相"的观念，而这种观念产生于周代宗法社会的土壤：就赵家村来讲，所有的赵姓人和赵家村、和村长是有血缘纽带的，国事就是家事，儒家的礼治就是以这种血缘纽带为基础的，而从血缘纽带上看，如果一个人和他的家庭成员的关系在血缘纽带上比他和国家（国君）的关系更亲近，那么，保家先于卫国，这就是顺理成章的了。"春秋大义"嘉许子报父仇，认为父子伦理超越于国法之上，也正是基于这点。我们如果把圣人的逻辑扩展一下，可以把国民和国家政权的关系划分成几种类型：（1）血缘关系；（2）职员和公司的关系；（3）业主和物业公司的关系；（4）奴隶和奴隶主的关系。显然，国民和国家政权的关系不同，对国家承担的义务也相应不同，当国家遭受入侵的时候，让奴隶满怀爱国主义情怀去为国捐躯显然于情于理都是讲不通的。——事实也是如此，从西周到春秋，当兵打仗的几乎都是"士"，这既是他们的义务，也是他们的荣誉，而那些"民"则仅仅承担物质生产和提供给养的工作。

是呀，奴隶难道也有祖国去爱吗？——这问题早有人问过，比如周作人，他文绉绉地质问道："而奴于主人，乃言忠爱乎？"⑧周作人的这篇文章题目叫作《中国人之爱国》，颇有几分讽刺哦。但就话论话，奴隶之言爱国好像确实有点儿问题，爱国的前提首先要"有"一个祖国吧？伏尔泰就曾经故意刁难地问道："祖国这个词在一个不知有米太亚得、也不知有阿热西拉斯、而仅仅知道自己是土耳其近卫军一名士兵手下的奴隶的希腊人口里含义是否恰当呢，而且这名土耳其近卫军士兵还是一个奥斯曼帝国大臣手下的奴隶，这位大臣又是奥斯曼帝国皇帝在巴黎我们称之为大土耳其苏丹的人手下的奴隶？"[87]

　　在现代民约论的意义上，把国家当作股份公司的比喻在一百年前的中国就已经有了。1900年，蔡元培的《上皇帝书》写道："国者，公司也。民者，出资之股主也。天子者，总办也。诸侯者，官者，皆总办所自辟之分办也。"——这是现代意义（或者说"理想意义"）上的赵家村，其中只有村民，没有奴隶，而与蔡元培同时代的陈天华则惊讶地发现近邻日本居然已经变成这个理想模样了——他在《警世钟》里叙述日俄战争，说："日本的国民，现在力逼政府和俄国开战，那国民说道：就是战了不胜，日本人都死了，也留得一个大日本的国魂在世；不然，这时候不战，中国亡了，日本也要亡的。早迟总是一死，不如在今日死了。（政府又说没有军饷，和俄国开不得战。日本人民皆愿身自当兵，不领粮饷。战书既下，全国开了一个大会，说国是一定要亡的，但要做如何亡法方好；人人战死，不留一个，那就是一个好法子了。所以日本预存这个心，极危险的事毫不在意。俄人把守旅顺口、九连城一带如铁桶一般，都被日本打破。）"

　　陈天华这个叙述是否准确，我却没法判断，这已经超出我的知识范围了，不过有鉴于陈前辈在《警世钟》和《猛回头》里经常犯些历史错误，谁要是有兴趣还是核实一下为好。

（七）

江山可以送人吗？——卖国的人不都是贼——工人无祖国——泰戈尔对民族长远利益的质疑——民族主义与普世情怀

"腥风血雨难为我，好个江山忍送人"，这是陈天华《警世钟》开场诗中的一句，抛开"江山忍送人"的文学感染力不谈，冷眼看去，很多时候，江山确实是可以送人的——梁武帝有句名言："我打来的天下又从我手里失去了，也没什么好遗憾的。"（自我得之，自我失之，亦复何恨⑧）这话道出了个中真谛，是呀，江山的送与不送，又关老百姓什么事呢？

但陈天华是个热血青年，常常把理想当作事实，前文蔡元培在《上皇帝书》里讲的那些需要为之努力的社会理想到了陈天华这里却变成社会现实了：

须知国家是人人有份的，万不可丝毫不管，随他怎样的。中国的人最可耻的，是不晓得国家与身家有密切的关系，以为国是国，我是我，国家有难，与我何干？只要我的身家可保，管什么国家好不好？不知身家都在国家之内，国家不保，身家怎么能保呢？国家譬如一只船，皇帝是一个舵工，官府是船上的水手，百姓是出资本的东家，船若不好了，不但是舵工水手要着急，东家越加要着急。倘若舵工水手不能办事，东家一定要把这些舵工水手换了，另用一班人，才是道理，断没有袖手旁观，不管那船的好坏，任那舵工水手胡乱行驶的道理。既我是这个国的国民，怎么可以不管国家的好歹，任那皇帝官府胡乱行为呢？皇帝、官府尽心为国，我一定要帮他的忙，皇帝、官府败坏国家，我一定不答应他，这方算做东家的职分。古来的陋儒，不说忠国，只说忠君，那做皇帝的，也就把国度据为他一人的私产，逼那人民忠他一人。倘若国家当真是他一家的，我自可不必管他，但是只因为这国家断断是公共的产业，断断不是他做皇帝的一家的产业。有人侵占我的国家，即是侵占我的产业；有人盗卖我的国家，即是盗卖我的产业。人来侵占我的产业，盗卖我的产业，大家都不出来拼命，这也不算是一个人了。（陈天华《警世钟》）

"国家譬如一只船"，这个比喻会让现代人很眼熟，一下子联想到奥克肖特。可能"船"的意象真的很像国家社会吧，载舟覆舟之喻不也如此吗。但陈天华毕竟不是奥克肖特，他这段话即便从理论上被人认同了，但在实操层面上却依然只有"古来的腐儒"那句话是货真价实的："不说忠国，只说忠君"，或者，虽然既说忠君，也说忠国，但忠国的实质含义却等同于忠君，正如哈耶克所谓的专制统治者必然要玩弄名词的魔术——这个比喻如果仅从近现代背景来理解的话，"船"上的格局或许是下面这个样子的才更加贴近事实：

如果一艘船被宣布为集体财产，而旅客仍旧被分为头等、二等和三等；那很明显，对三等旅客来说，生活条件的差别要比法律上的所有权的转换重要得不可计量。另一方面，头等旅客一面喝着咖啡抽雪茄烟一面提意见说，集体所有制就是一切，舒服的头等舱是无关紧要的。（托洛茨基《被出卖的革命》）⑧

在中国这艘船上，在封建之后的两千年里，严复的悲哀论调恐怕才是更接近事实的："东方之臣民，世隆则为父子，世污则为主奴，君有权而民无权者也。"严先生更狠的一句话是："天子之一身，兼宪法、国家、王者三大物。"（严复《法意》）这简直比路易十四的"朕即国家"更显嚣张："朕"不仅是国家，还是宪法。——严复其实还忘说了一点："朕"还是全体人民。所以，爱国、爱宪法、爱人民，这些个"爱"归根结底都是爱皇上，反过来说也是一样：爱皇上也就等于爱国、爱宪法、爱人民。

对了，"宪法"这个词过于现代了，我们还是把它理解为皇帝从一执政起就"口含天宪"好了。如果有天真的大臣和老百姓搞不清这一点的话，认为爱国和爱皇上是两码事，甚至爱国胜于爱皇上，那可就麻烦了，达摩克利斯之剑可就时时刻刻悬在头顶了。

我们再来看看事情的另外一面：普世情怀似乎也是爱国主义的对立面，托马斯·潘恩所谓"我的国家是世界，我的宗教是行善"，这在专制帝国肯定是大逆之言，因为皇帝们想要推行的意识形态刚好相反："我的国家是领袖，我的宗教是服从。"

说这类大逆之言的可不止潘恩一个，甚至有些不中听的话是由一些在大众当中极有名望的人说出来的，比如雪莱——这位咏过西风、咏过云雀的浪漫诗人竟然还写过不少政论，其中甚至还说过这样的话："虽然并非所有的政府都坏得像土耳其政府那样，但也没有一个政府好得像它们理应做到的那样。每一个国家的大多数人有权改进他们的政府。少数人不应该扰乱他们；少数人可以退出，依照他们自己的方式，建立他们自己的制度。"——大家先别急着骂雪莱是分裂分子，马克思可曾经盛赞他是"一个真正的革命家，而且永远是社会主义的急先锋"，恩格斯还说他是"天才的预言家"。⑨

就雪莱的这段话来说，确实当得起马克思和恩格斯的赞誉，因为共产主义的一个重要特征就是"无国界的普世主义"，年纪大些的朋友应该还记得《共产党宣言》里的这样一句名言："工人无祖国"，马克思和恩格斯一向是尖锐批判民族主义的，他们所展现的是一种宏大而又非常现代的普世主义，他们似乎并不认为民族的利己主义较之某些特殊等级和特殊团体的利己主义来得更纯洁。⑨

如果从相反的角度来做观察，我们也许可以提出这样一个问题："为了本民族的利益（或者本国利益、本集体利益），是否可以牺牲无辜——比如，是否可以牺牲掉几十万无辜的妇女儿童？"

在回答这个问题之前，需要先来弄清楚两个前提：第一，是否有什么东西是高于民族利益或国家、集体利益之上的，比如最基本的良知或者别的什么？第二，这个问题本身是否就存在缺陷，那被牺牲的"几十万无辜的妇女儿童"是些什么人呢？——如果是同胞的话，他们难道不也是这个民族当中的一分子吗？

那么，所谓民族利益或国家、集体利益不应该也包括他们的利益吗？

那么，他们之所以可以被牺牲掉仅仅因为他们是少数分子吗？

那么，少数就可以在多数的决议之下被任意处置吗？……

还有许许多多的疑惑呀。

一个显而易见的回答是："如果为了本民族/国家/集体的长远利益，这样的牺牲有时是非常必要的。"——这的确是一个有力的回答，但是，正如泰戈尔曾经质疑过的，所谓民族的长远利益到底是真实存在的吗？

泰戈尔以一位诗人的严谨态度这样分析道："就人们在政治经济上的联合意义而言，民族就是全体居民为了机械目的组织起来的那种政治与经济的结合。这样的社会没有长远的目的，它本身就是目的。作为一种社会存在，它是人的自发的自我表现。它是人类关系的自然准绳，使人们能够在互相合作中发展生活理想。它也有政治的一面，但那只是为了特殊的目的，也就是为了保存自我。这仅仅是力量的那一方面，而不是人类理想的方面。"[92]——泰戈尔似乎比奥克肖特更早地注意到"它（社会）本身就是目的"，是的，"在政治活动中，人们是在一个无边无底的大海上航行；既没有港口躲避，也没有海底抛锚，既没有出发地，也没有目的地，他们所做的事情就是平稳地漂浮。大海既是朋友，又是敌人，航海技术就在于利用传统行为样式的资源化敌为友"。——这应该是奥克肖特被引述最多的一段话了，在他的眼里，政府最重要的职能（如果不是唯一职能的话）就是保障这只船不会沉没，至于船要驶向何方，这是完全不需要操心和计划的。嗯，如果真是这样的话，所谓的长远利益或长远目标又在哪里呢？

从另一个角度来看，民族主义也许是被"塑造"出来的——草莽有着某种渴望，庙堂有着某种目的，至于这两者到底孰先孰后，泰戈尔说："我在日本看到全体人民自愿地听任他们的政府整顿他们的思想，削减他们的自由。这个政府通过各种教育机构限制他们的思想，制造他们的感情，在他们露出向往精神生活的迹象时，就以猜忌之心提防他们，带领他们沿着狭窄小道走向必须按照它自己的秘方完全将他们焊接成一个整齐划一的群体，而不是走向真实的境界。人民愉快而焦急地接受这种普遍的精神奴役，因为他们渴望将自己变成一架叫作民族的机器，并在他们的集体尘世利欲方面胜过其他机器。"[93]

相形之下，普世情怀则显得有些温情脉脉了——陀思妥耶夫斯基曾经表现过一种更为传统的温情（这是不同于马克思和恩格斯的）："对于俄罗斯来说，欧洲如同俄罗斯一样的珍贵，欧洲的任何一块石头都是可爱的和珍贵的。如同俄罗斯一样，欧洲也是我们的祖国。啊，更大的祖国！"[94]——我们只要试着把这句话里的"俄罗斯"替换成"中国"，把"欧洲"替换成"亚洲"，就能够准确判断出陀思妥耶夫斯基在我们这里到底该挨多少砖头了："对于中国来说，亚洲如同中国一样的珍贵，亚洲的任何一块石头都是可爱的和珍贵的。如同中国一样，亚洲也是我们的祖国。啊，更大的祖国！"——不过，好像有些球迷还真是这么想的，他们会因为某支亚洲球队打进世界杯而兴高采烈，但我们如果按照同样的逻辑，岂不是还应该为那些没有打进世界杯的任何一支亚洲球队感到沮丧才对吗？

——是呀，想想最经典的普世情怀的宣言吧，约翰·多恩的那篇布道词："没有人是座孤岛，独自一人，每个人都是一座大陆的一片，是大地的一部分。如果一小块泥土被海卷走，欧洲就少了一点，如同一座海岬少一些一样；任何人的死亡都是对我的缩小，因为我是处于人类之中；因此不必去知道丧钟为谁而鸣，它就是为你而鸣。"——如果少一些诗意，多一些科学唯物主义观点的话，国家意义的淡化应该是和社会主义的进程捆绑在一起的，因为"根据马克思主义的理论，国家是统治阶级的一种工具。在一个真正没有阶级的社会中是可以没有国家的"。

——难道不是吗？再想想孟子的"民为贵，社稷次之，君为轻"[95]，还有荀子的"从道不从君"[96]，在那个没有爱国主义的古老年代里，"人民"和"真理"正是被这两位圣贤放在政治与伦理的首位的。

唉，哪个老板会喜欢这些乱七八糟的思想呢，尤其是孟子的那些让人脊背出冷汗的逻辑？赵大肯定就把孟子恨得牙根痒痒，连带着还得恨恨伏尔泰和雪莱他们。

随着秦始皇统一六国，封建社会结束了，历史进入了中央集权的专制时代，赵家村那种政治形态已经荡然无存了。国家不再是贵族们共同所有的了，而变成了皇帝的私有财产，所以，儒家思想如果还想继续生存下去，就必须要做出重大的改变才行——也就是说，必须要向现实妥协。

　　回想百家争鸣的时代，各派学者各持己见，活跃在学术舞台和政治舞台上，而专制时代的学术生活却大不一样，独立精神和自由思想在专制土壤里是生存不下去的，变成了皇帝呼唤什么，学者们就炮制什么，皇帝划定了什么禁区，学者们就避之唯恐不及，学派之间有了学术之争，皇帝来做最高裁判。这个世界啊，想想孔子当年讲什么"君使臣以礼，臣事君以忠"，嗯，现在已经不大合适了，君使臣如果"不以礼"，难道臣事君就可以"不以忠"了吗？孟子讲什么"民为贵，社稷次之，君为轻"，呸，居然把皇帝老子排在最末一位，反了你啦！荀子讲什么"从道不从君"，错，应该掉过来，改成"从君不从道"才对！皇帝看看先秦儒家三巨头，越看越挠头："这都是什么大逆不道的思想啊，不好不好！"

　　于是，汉朝儒家，从叔孙通到贾谊，无论从思想上还是从朝仪上都把皇帝捧得高高的，等到了董仲舒的时候，终于抛出了著名的"三纲"理论——君为臣纲，父为子纲，夫为妻纲，重新确立了社会等级秩序。[97]——咦，经书里有这些话吗？

（八）

三纲实系命——黑社会的三纲五常——乞丐何曾有二妻——在哈巴狗的眼里，狼是粗俗可鄙的——《驯狗教程》——"罢黜百家，独尊墨家""罢黜百家，独尊阴阳家"——从《论语》中论证出奴隶制的优越性，用《左传》来支持纳粹，甚至从《诗经》里论证出外星人的存在——谄媚的笑资格考试

这里有个问题可要注意：虽然现在一提儒家，很多人立刻就条件反射想到"三纲五常"，可"三纲"之说却不见于"十三经"这类的顶级官学经典。陈独秀当年解释过这个问题："三纲五常之名词，虽不见于经，而其学说之实质，非起自两汉、唐、宋以后，则不可争之事实也。"陈独秀继而给"三纲"做了个简单明确的说明，择其大意，"君为臣纲"是为忠，"父为子纲"是为孝，"夫为妻纲"是为从，总而言之，其实质就是"片面之义务，不平等之道德，阶级尊卑之制度"，并且是"孔教之根本教义"。⑧

陈独秀分析说，"三纲"的由来在于宗法社会里的礼治，"礼"的意义本来就是要使贵贱有别的。——这话倒是不错，可是，陈独秀那个"孔教之根本教义"的说法可能就有分析过度之嫌。毕竟，宗法社会与专制社会是截然不同的，所以，从"三纲"看出的情景或许是这个样子的：先秦儒家思想中封建宗法社会的痕迹已经随风而逝了。

"三纲五常之名词，虽不见于经"，陈独秀这话也不错，可"虽不见于

经"，却见于"子"，在《韩非子·忠孝》一篇中，韩非说他曾经听说过这样一种说法："臣事君，子事父，妻事夫，三者顺则天下治，三者逆则天下乱"，看来"三纲"的苗头的确早就有了。但耐人寻味的是，韩非在这里表现出对"臣事君，子事父，妻事夫"这一说法的极大热情，说这是"天下之常道"。⑨——这倒让人迷惑了，"三纲"之说到底算儒家呀，还是算法家？

无论如何，"三纲"之说在后世的影响实在太大，就连黑社会都搞这一套。——据说郑成功据台湾反清，创立"金台明远堂"，写下一部《金台山实录》，由军师陈近南携入内地，意在组织内地的反清志士。陈近南路上不大顺，遇到清军检查，情急之下就把《金台山实录》扔到海里去了（看来陈近南的武功并不像金庸描写的那样高明啊），后来这书被渔民捞得，后来到了四川人郭永泰的手上，郭永泰仿照这本书另写了一部《江湖海底》，内容是帮会的规章制度和黑话切口之类，由此组织了一个黑社会，这就是名震江湖的"袍哥"。这个传说故事是否真实，我也无从考据，但这本《江湖海底》确实是有的，据说书名里的这个"海底"就是指"从海里捞出来"的意思。

就是这本作为黑社会宪法的《江湖海底》，里边又讲"五常"，又讲"五伦""六礼"，很有儒家味道。比如"五伦论"："今日香堂施一礼，命把五伦说详细：第一君事臣以礼，第二臣事君忠应当的，第三愿子成龙意，第四奉亲如佛依，第五夫妻如宾侣，妻敬夫是应该的，咱们兄弟要体惜，莫把五伦来抛弃。"——这可真是前辈风范啊，如果他们真能言行如一的话，那这样的黑社会或许要比现在一些模范社团还要和谐融洽。

再者，现在虽然没有黑社会了，但这套东西还是很值得那些"具有黑社会性质的犯罪团伙"好好学习的。⑩

看看，"三纲五常"这些东西对黑社会都有影响，对学界的影响自然更大，所以，后儒注解《春秋》有时候也会把"三纲"带上，比如明代有位季本（徐文长就是他的学生），写过一部《春秋私考》，说春秋时代的开端实在不是个好时候，"三纲"全都乱套了，诸侯各自为政，再不把周天子放在眼里，歪理邪说层出不穷，大家听了居然还觉得很顺耳，世人的公道之心泯灭殆尽，这正是孔圣人之所以要作《春秋》的原因啊。⑪——季本对孔子之所以作《春秋》的解释倒是历朝历代的主流意见，可他这里却疏忽了，春秋时代哪里有什么"三纲"呢，不过，这种以今判古的作风可绝不止季本一人啊。（——有趣的是，季先生解经如此以纲纪为先，又大辟邪说，没想到后来他这部书却被钱谦益斥为邪说，还说该烧。唉，到底有谁掌握了绝对真理呢？^⑩）

等专制的时间慢慢久了，人们这才把忠君思想视为天经地义，所以读先秦文献便总会遇到难解的地方。比如，有人读《孟子》发现不对劲了，就写了首诗来讥讽。这首诗现在依然有些知名度：

乞丐何曾有二妻，邻家焉得许多鸡？
当时尚有周天子，何事纷纷说魏齐？^⑩

前两句是从细节上质疑《孟子》的两则寓言，乍一看很有道理：的确，乞丐哪能有一妻一妾呢？（以今度之，也真说不准。）但这其实怪不得孟子，这是因为诗的作者不了解先秦的写作风格——就好比"小猫钓鱼"的故事是为了说明"做事要持之以恒"这个道理，你不能质疑说小猫不会钓鱼，所以这故事是假的。——清代辨伪大家崔述曾经专题论之，说战国说客都喜欢打比方，孟子亦然，可后人却每每把他们的比方当成实事，采之入书，更有敷衍成篇者。^⑩

没有幽默感的读者是很可怕的，他们每每会把作者的寓言、反讽之类的东西当真（我觉得郭沫若就是最冤的一个），从崔述的说法来看，这样的人在古代就有不少。那么，以冷静的眼光看这首诗，前两句质疑自然可以放过不问，至于后两句，分明是在讽刺孟子不忠君——是呀，在孟子生活的时代里，周天子明明还在，孟子不去帮周天子，却在魏国、齐国这些诸侯那里到处游说，想让人家一统天下，这这这，这置周天子于何地呢？孟圣人岂不成了乱臣贼子了么？

可是，真要看看孟子的时代，就知道他这个做法本也没错，人家孟子本来就是不忠君的。不但孟子不忠君，就连孔子也不忠君，因为先秦时代根本就没有后来那种忠君观念。我们这一比较，就能从这首诗里体会到专制时代知识分子的一些心态：奴性已经养成了，扎根到骨子里了，对那些没有奴性的人看不顺眼了。——在哈巴狗的眼里，狼是粗俗可鄙的。

封建社会里那些为数众多的大小贵族好歹都是自己国家的主人翁，所以在保家卫国的时候那当真是保自己的家、卫自己的国，可当专制时代来临之后，整个国家的一切，从土地到人民，全都变成了帝王的私有财产了，于是，一个老百姓，甚至是一位大臣，他不再作为一个独立的人而存在，更不会作为国家的主人翁而存在，他的身份只相当于地主家的一只鸡、一头牛，或者是一只狗——狗的保家卫国实质上只是替主人保家、替主人卫国，但在主人的一再调教之下，狗或许也会认为保家卫国是自己的天职，甚至还以此为荣，尤其是，当狗知道自己即将为此献出生命的时候居然觉得无比的荣耀（这是值得心理学家认真研究的）。而对那些不那么训练有素的狗来说，即便主人换了，自己还是闷头过自己的日子。这些散淡的狗即便从来不去招惹是非，也会成为忠狗们的眼中钉——当忠狗们自以为占据了道德制高点的时候，它们很容易会拿自己的标杆来衡量别人，对达不了标的人充满愤怒（这也是一个值得关注的心理现象）。

所以，从某种意义上说，专制时代的儒家经典在经过专家学者们的连番修正之后，就变成了一部部行之有效的《驯狗教程》。——事实上，只要是专制社会，任何经典都难免遭遇这样的"修正"。这个时候，如果狗和狗之间发生了打斗，几只坏狗咬死了几只好狗，试问，主人要治这些坏狗以谋杀罪吗？

也许会的，毕竟秩序是要好好维护的，但说实在的，主人对这些小事并不会太放在心上，因为他的狗有很多很多，但是，如果有一只狗对其他的狗说："弟兄们，听我说，我们原来是狼来着……"主人就该紧张了，马上就会把这只狗抓来治罪。那么，治它个什么罪呢？

一个大圈子终于绕回来了：治它以诽谤罪。看，诽谤确实是一种比杀人放火严重得多的罪行。既然诽谤罪如此严重，自然应该谨慎处理，这个谨慎也许就意味着"宁可错杀一千，不可放过一个"，哪怕仅有一点点诽谤的苗头（"君亲无将"的"将"），也要马上严惩不贷！

有人可能会说："虽说这是帝王统御术，可到底《公羊传》上写着'君亲无将'的精神啊，就算它是儒家修正主义吧，可再怎么修正，好歹也是儒家的底子呀。"

——这话有理，但正像前边稍稍提到的那样，并不是儒家提倡什么，社会就响应什么，很多时候事情是恰恰相反的：帝王呼唤什么，儒家（也包括其他家）就提供什么。这正是经济学上的一个基本道理：一般来说，不是供给决定需求，而是需求决定供给；出现了什么样的需求，就会填补过来什么样的供给。

而且，我们要考虑一下皇帝的"消费者偏好"。

我们可以把皇帝想象成一个大农场主，把国家想象成农场，把人民想象成农场上的牲畜——这可一点儿也不夸张，因为正如农场和牲畜全都是农场主的私人财产一样，国家和人民也全是皇帝的私有财产；农场主想杀鸡就可以杀鸡，而"君要臣死，臣不可不死"，道理都是一样的。

但每个农场主都是不一样的，他们的共同点是：全都拥有并经营着一家广大的农场，但有的农场主喜欢迅速扩张自己的农场，牲畜死多少都无所谓，只要农场扩张就好；也有的农场主富于爱心，喜欢动物，愿意把动物们照顾得好好的，嗯，虽然该吃的时候还是要杀了吃的；也有的农场主对自己的这份产业并不上心，天天花天酒地，随便农场爱什么样什么样，牲畜们爱活不活，爱死不死……正如托尔斯泰的那句名言："幸福的家庭都是相似的，不幸的家庭各有各的不幸"，农场也是一样的。皇帝们各有各的偏好，各有各的念头，就算是同一位皇帝，不同的时期也会有不同的偏好和不同的念头，而专家学者们要想活得好，就得摸准主子的心。我们就看汉代好了：皇帝想加强皇权的时候，"春秋大一统"学说应运而生；⑩皇帝想削藩了，刚讲过的那个"君亲无将，将而诛焉"就被学者们捧出来了；斩杀诸侯王的时候，董仲舒的学生吕步舒本着"春秋大义"而"专断于外"，惩处了好几千人，这真可谓把汉武帝的心思都给摸透了；皇帝想打匈奴了，就有了"《春秋》九世复仇"；搞妥协的时候，"温柔敦厚，《诗》教也"；想削弱权臣权力的时候，就出来了"《左传》崇君父，卑臣子，强干弱枝"的精神……儒学这时候真可谓"时代呼唤什么，它就应运而生什么"。

这问题值得我们思考：到底是儒家思想主导着这个时代的社会发展，还是皇权在借着儒家的名义强化专制统治？如果是后者的话，那么也许儒家不儒家的并不重要——如果当时没有董仲舒其人，而另有一位墨家大师或者阴阳家大师出现，此公头脑灵活、口才出众，像董仲舒一样地把自己本家的学术理论修正为顺应专制呼声的崭新造型（无论是刻意而为还是适逢其会），汉朝世界因而变成"罢黜百家，独尊墨家"，或者"罢黜百家，独尊阴阳家"等等，其结果也许并不会和"罢黜百家，独尊儒术"有什么本质区别。这时候的学术早已不再有独立思想和自由精神了，无论什么学派被定为官学，样子也许都会变得差不多。

这就是专制社会的一个重要特征：人和人之间越发地彼此相似，学说和学说之间也越来越像是同门。

这没什么不好理解的吧，我想，如果是我来存心曲学阿世的话，就凭儒家这几部经典，我有信心从中论证出任何观点。是的，只要你足够用心，就可以不断挑战荒谬的极限，比如从《论语》中论证出奴隶制的优越性，用《左传》来支持纳粹，甚至从《诗经》里论证出外星人的存在……嘿，别说是儒家经典，就算拿一套《安徒生童话》，也一样能够论证无极限。

当然了，我这也只是说说罢了，没这个脸皮真正去做。但我们多看看历史的话，会发现有这个脸皮的人多到超乎想象：皇帝刚刚出台一个什么政策的时候，各个学派、各个宗教团体，不管原本是主张什么的，马上都能从自家的典籍里找出证据来附和皇帝的最新政策。可能让一些心地淳朴的善男信女难以置信的是：这么做，其实在技术上一点儿也不困难㉟，只要你脑袋够尖、脸皮够厚，很容易就做到了。——其实，即便是"正心诚意"地来引申"春秋大义"，又有多少不是引申者自己的主观臆断呢？俞汝言《春秋平议序》说了一句非常精辟的意见："传经之失不在于浅，而在于深，《春秋》尤甚。"㉛朱熹也曾经表示过这样一种意见："圣人心事正大光明，必不如传注家之穿凿。"㉞这让我想起小时候语文课归纳中心思想的套路：无论是阿猫阿狗的琐事还是花红柳绿的铺陈，最后都被引申成某某主义、某某主义和某某主义。

这么看来，所谓"春秋大义"，也不知到底有多少是真正的"《春秋》"的"大义"呢。

"《春秋》原心定罪"，大司农颜异以"腹诽"首案被汉朝的法律文书记录在册，这个案例警醒大家：千万不能有什么意见，即便心里真有意见，不但嘴不能说，而且嘴角也不能动，对了，眼角眉梢最好全都别动，这世道啊，脸上有一点儿表情都可能闹出杀身之祸，看来，也只有谄媚的笑是最保险的了。

——话是这么说，可这种高难度的技术活儿可不是每个人都能做到的。于是，在表面之下，谄媚的笑就渐渐变成了官场必备的重要本领，如果那时候市场经济足够发达，开一个秘密会员制的"'谄媚的笑'培训班"会是一个非常赚钱的营生，嗯，如果我们本着诚信经商的原则，还可以开办每年一度的"'谄媚的笑'资格考试"，定出四级和六级的标准，考试合格者发给证书，这也许比举荐贤良方正和科举考试更要实际得多呢。

可惜我这只是空想。那时候虽然没有实质性的市场经济，而市场经济的原理却并不仅限于市场经济本身，它们在很大程度上是适用于整个人类社会的。——如果真货被逼出市场，这就等于向全社会发出了一个市场信号：弄虚作假是低风险、高利润的，而货真价实则只会落得血本无归。这是很多人在市场丛林里已经频繁经历过的事情，而专制体制下的古代官场也是同样的道理。此刻，颜异的腹诽罪变成了法条中的决事比，这是一个多么响亮的市场信号啊！

——咦，前面不是说过，"春秋大义"可以被任意引申，用来论证任何你想要论证的道理吗？那么，有没有人用这个方法来反对一下腹诽罪呢？到底并非所有人都喜欢说假话呀，尤其说假话的时候还要带着那副"谄媚的笑"。

（九）

Don't Be Evil，真的吗？——《路温舒尚德缓刑书》——文章模板——乌鸦蛋和凤凰蛋——提意见的"第二十二条军规"——领袖似乎比普通老百姓更容易向堕落和愚蠢的一面发展——事情总是被"奸臣"搞坏的——"大人栽培"和"小的岂敢"——禅宗和尚的"打机锋"和官员们的"揣摩上意"

前面不是说过，"春秋大义"可以被任意引申，用来论证任何你想要论证的道理吗？那么，有没有人用这个方法来反对一下腹诽罪呢？到底并非所有人都喜欢说假话呀，尤其说假话的时候还要带着那副"谄媚的笑"。

还真有人这么做了。这个人大家可能并不陌生，他这篇文章大家应该也不陌生：

臣闻齐有无知之祸，而桓公以兴；晋有骊姬之难，而文公用伯。近世赵王不终，诸吕作乱，而孝文为太宗。繇是观之，祸乱之作，将以开圣人也。故桓、文扶微兴坏，尊文武之业，泽加百姓，功润诸侯，虽不及三王，天下归仁焉。文帝永思至德，以承天心，崇仁义，省刑罚，通关梁，一远近，敬贤如大宾，爱民如赤子，内恕情之所安，而施之于海内，是以囹圄空虚，天下太平。夫继变化之后，必有异旧之恩，此贤圣所以昭天命也。往者，昭帝即世而无嗣，大臣忧戚，焦心合谋，皆以昌邑尊亲，援而立之。然天不授命，淫乱其心，遂以自亡。深察祸变之故，乃皇天之所以开至圣也。故大将军受命武帝，股肱汉国，披肝胆，决大计，黜亡义，立有德，辅天而行，然后宗庙以安，天下咸宁。

臣闻《春秋》正即位，大一统而慎始也。陛下初登至尊，与天合符，宜改前世之失，正始受之统，涤烦文，除民疾，存亡继绝，以应天意。

臣闻秦有十失，其一尚存，治狱之吏是也。秦之时，羞文学，好武勇，贱仁义之士，贵治狱之吏；正言者谓之诽谤，遏过者谓之妖言。故盛服先生不用于世，忠良切言皆郁于胸，誉谀之声日满于耳；虚美熏心，实祸蔽塞。此乃秦之所以亡天下也。方今天下赖陛下恩厚，亡金革之危，饥寒之患，父子夫妻戮力安家，然太平未洽者，狱乱之也。夫狱者，天下之大命也，死者不可复生，绝者不可复属。《书》曰："与其杀不辜，宁失不经。"今治狱吏则不然，上下相驱，以刻为明；深者获公名，平者多后患。故治狱之吏皆欲人死，非憎人也，自安之道在人之死。是以死人之血流离于市，被刑之徒比肩而立，大辟之计岁以万数，此仁圣之所以伤也。太平之未洽，凡以此也。

夫人情安则乐生，痛则思死。棰楚之下，何求而不得？故囚人不胜痛，则饰辞以视之；吏治者利其然，则指道以明之；上奏畏却，则锻炼而周内之。盖奏当之成，虽咎繇听之，犹以为死有余辜。何则？成练者众，文致之罪明也。是以狱吏专为深刻，残贼而亡极，偷为一切，不顾国患，此世之大贼也。故俗语曰："画地为狱，议不入；刻木为吏，期不对。"此皆疾吏之风，悲痛之辞也。故天下之患，莫深于狱；败法乱正，离亲塞道，莫甚乎治狱之吏。此所谓一尚存者也。

臣闻乌鸢之卵不毁，而后凤凰集；诽谤之罪不诛，而后良言进。故古人有言："山薮藏疾，川泽纳污，瑾瑜匿恶，国君含诟。"唯陛下除诽谤以招切言，开天下之口，广箴谏之路，扫亡秦之失，尊文、武之德，省法制，宽刑罚，以废治狱，则太平之风可兴于世，永履和乐，与天亡极，天下幸甚。（《汉书·贾邹枚路传》）

《古文观止》从《汉书》里选了一篇《路温舒尚德缓刑书》，这是路温舒在汉宣帝即位初年呈上的一份奏章。路温舒也是要拿儒家经典来做大帽子的，他说：《春秋》很重视即位的一开始，这就像我们买了个崭新的日记本，在写第一页的时候都得工工整整的才行，好的开始是成功的一半。路温舒这时候提出了《春秋》"大一统"这个概念,这实在是个过于复杂的概念,我们先把它放一放,容后再说。嗯,路先生接着说:"皇帝您刚刚上岗,拿到了老天爷的聘书,您这时候最该做的就是把上一个王朝的错误给改正过来——哎,如果您觉得我的话不中听,可别埋怨我哦,这可不是我个人的意思,这是老天爷的意思。我的话您可以当成放屁,老天爷的话您还是听听的好。"

路温舒所谓的"上一个王朝"指的就是秦朝。董仲舒当年把儒家搞成了一个大拼盘,吸收了阴阳五行的观念,认为朝代的更替遵循着五行嬗变的规律,所以秦朝作为"上一个王朝",是和汉朝有着五行生克上的微妙关系的,形成的具体理论比如"五德始终说"等等——这些说法极其复杂,彻底是一笔乱账:别看汉朝人大讲阴阳五行,可从东汉到西汉,这套理论从来就没有定过型,专家们一会儿说相生,一会儿又说相克,一会儿说五行,一会儿说三统,一会儿这样,一会儿那样,你说我的不对,我挑你的毛病,大概直到现代社会没人深究这些事了,这套阴阳五行学说才算定型。遥想当年,虽然这套说不清、道不明的新儒家理论在很大程度上强化了专制统治,但似乎也有一个微妙的好处,那就是:给皇帝找了个婆婆——这位"婆婆"就是老天爷,老天爷经常会用祥瑞和灾难来表达自己对皇帝的意见。臣子们充分利用了这一点,上疏的时候常常打着老天爷的旗号,这也算是一种自我保全之道吧。路温舒现在用的正是这招,咱们再来回顾一下他方才那段"正即位,大一统"的话:

> 臣闻《春秋》正即位,大一统而慎始也。陛下初登至尊,与天合符,宜改前世之失,正始受之统,涤烦文,除民疾,存亡继绝,以应天意。

就这么短短两句话,路温舒拉起的大旗就有三面:第一,《春秋》(官方意识形态经典教科书);第二,五德始终或三统说(汉政权合法性的理论基础);第三,老天爷(皇帝的婆婆),顺带着还拍了皇帝的马屁。大家读《古文观止》的时候很容易就把这两句话给忽略过去了,其实这正是我们要认真对待的地方,路温舒只用了这么短的篇幅就给自己戴好了三顶安全帽。——年轻人读古文,都觉得《滕王阁序》《赤壁赋》才是好文章,岁数大点儿之后就该明白路温舒这样的才是真正的高手。

路温舒把这三点一说,道理清楚明白,那么,把秦政府的失误改正过来应该就是顺理成章的了。细心人可能在这里会发现一个问题：路温舒这会儿可不是汉朝初年啊，而是已经经历了汉高帝、汉惠帝、汉高后、汉文帝、汉景帝、汉武帝、汉昭帝、昌邑王，这才到了汉宣帝，你路温舒说什么改正秦政府的失误，难道你的意思是说，经过汉朝这么多届的统治，到现在还延续着秦政府的失误吗？这可是对汉朝历代先王的大不敬啊！

如果我和路温舒同朝为臣，平日里和他有仇，大可以抓住他文中这个破绽整死他。但我们从前边那三顶安全帽应该就可以推知，路大人精着呢，不应该犯这种低级错误呀。

他当然不会犯这种错，他接下来写的是："臣闻秦有十失，其一尚存。"——高手啊，刚刚才露了一个小破绽，还没等有心人去抓呢，转眼间就消弭于无形：秦朝有十个重大失误，现在还剩一个。言外之意是：汉朝历代先王劳苦功高，把秦朝十大失误解决掉了九个，现在就只剩下一个，等着陛下您来出手了；而且，您要是放着不管，似乎有愧于先祖吧？

那么，这硕果仅存的一个失误究竟是什么呢？路温舒现在才说："治狱之吏是也。"

所谓"治狱之吏"，并不是说"管理监狱的干部"，而是"法律工作者"，"狱"字这里大略是指"刑事案件"，这个说法从周代就有了。顺便一提，如果指民事案件的话，那一般就是"讼"。

当文章说到"治狱之吏是也"的时候，我们也该开始擦亮眼睛了：前边那些全是虚的，就算全部删掉也不影响路温舒真正要表达的意思（最开始那一段更虚，只是实在太长了，我就没讲），到现在这句话才算落了实地。但严格来说，这还不算真正地落到实地。路大人这篇文字要表达的中心思想是：咱们汉朝现在的法律太烦琐了，刑罚太重了，判案太没标准了，那些搞法律的人想弄死谁就能弄死谁，而且还是非常合法地陷害人家，法律变成了法律工作者手中的杀人利器，国家可不能这么搞啊！

路温舒针对的是整个汉政府的法律体系，认为这个体系从立法到司法，各个方面全都坏掉了。现在我们再来体会一下他前边说的那个"臣闻秦有十失，其一尚存：治狱之吏是也"，看到了吧，为什么我方才说这句话"不算真正地落到实地"，因为路大人只是拿"治狱之吏"做了个引子，乍看上去矛头指向的仅仅是一些负责具体法律工作的基层公务员而已，没什么大不了的，可再往下看，路温舒细细论述，原来是……

这可真是高手行文啊，一步步、一层层，化骨绵掌一般啊，这就是专制体制逼出来的高妙文章。路大人接着表演他的高妙，抨击早已倒台的秦政府说：

> 秦之时，羞文学，好武勇，贱仁义之士，贵治狱之吏；正言者谓之诽谤，遏过者谓之妖言。故盛服先生不用于世，忠良切言皆郁于胸，誉谀之声日满于耳；虚美熏心，实祸蔽塞。此乃秦之所以亡天下也。

大意是：秦朝的时候，勇武之人很拔份，治狱之吏很牛气，可知识分子没地位，高风亮节的人反倒被人看不起，谁敢讲真话就用诽谤的罪名扣死他，谁敢说点儿朝廷的不是就被当成妖言惑众，穿儒服的全下岗了，真话没人敢说，歌功颂德的声音满天飞，不知道底细的还以为秦朝是个太平盛世呢，哪知道火山口就在鲜花底下蠢蠢欲动。这就是秦帝国迅速败亡的原因。

——我们先得质疑一下：路大人说的都是真的么？他不会是为了讨好汉朝皇帝而故意把前朝说得很糟糕吧？不行，我们得慎重一些，看看其他渠道的资料来验证一下。嗯，正好，这里有秦朝的文献可以参考：

> 皇帝临位，作制明法，臣下修饬。二十有六年，初并天下，罔不宾服。亲巡远方黎民，登兹泰山，周览东极。从臣思绩，本原事业，祇诵功德。治道运行，诸产得宜，皆有法式。大义休明，垂于后世，顺承勿革。皇帝躬圣，既平天下，不懈于治。夙兴夜寐，建设长利，专隆教诲。训经宣达，远近毕理，咸承圣志。贵贱分明，男女礼顺，慎遵职事。昭隔内外，靡不清净，施于后嗣。化及无穷，遵奉遗诏，永承重戒。⑩

再看另一份：

> 维二十八年，皇帝作始。端平法度，万物之纪。以明人事，合同父子。圣智仁义，显白道理。东抚东土，以省卒士。事已大毕，乃临于海。皇帝之功，劝劳本事。上农除末，黔首是富。普天之下，抟心揖志。器械一量，同书文字。日月所照，舟舆所载。皆终其命，莫不得意。应时动事，是维皇帝。匡饬

异俗，陵水经地。忧恤黔首，朝夕不懈。除疑定法，咸知所辟。方伯分职，诸治经易。举错必当，莫不如画。皇帝之明，临察四方。尊卑贵贱，不逾次行。奸邪不容，皆务贞良。细大尽力，莫敢怠荒。远迩辟隐，专务肃庄。端直敦忠，事业有常。皇帝之德，存定四极。诛乱除害，兴利致福。节事以时，诸产繁殖。黔首安宁，不用兵革。六亲相保，终无寇贼。欢欣奉教，尽知法式。六合之内，皇帝之土。西涉流沙，南尽北户。东有东海，北过大夏。人迹所至，无不臣者。功盖五帝，泽及牛马。莫不受德，各安其宇。⑩

这都是秦始皇巡游途中刻在石头上的官方宣传文字，翻译过来就是：皇帝圣明，天下太平，风调雨顺，五谷丰登。人民群众衷心拥护英明的皇帝。都是托了皇帝的福，老百姓才有现在的好日子过。吃水不忘挖井人，大家都应该感恩戴德……

——完了吗？

——完了。

有人可能会问："人家这么长、这么精心堆砌的华丽文字你怎么这么随随便便就翻译出来了呢？"其实呢，这种歌功颂德的官样文章从秦始皇时代直到近代，基本上都是那一套，如果摘去文中的人名和极个别的具体事件，你根本分不清这到底是秦朝的、汉朝的，还是宋元明清的。听说那时候就有人开营利性网站，弄几个文章模板，哪位老爷的秘书想弄篇什么稿子的时候，买一个模板，把时间、地点、关键词简单一改就能用得上了。咱们作为读者，一个懒而有效的办法是：只要遇到史料里的这种文章，不管它有几千几万字，在脑子里马上替换成"歌功颂德"这四个字就足够了，这可以大大加快读书速度。

——当然，也可以多用几个字，翻译成比较文雅的式样，比如用七言绝句体："江安淮晏海澄波，共唱梁州乐世歌。座客善讴君莫讶，主人端要和声多。"（借用陈寅恪前辈的《闻歌》）

如果秦始皇时代的那些官方文件属实的话，秦帝国显然就是一个人间天堂，那么，路温舒的所有指控也就都是毫无道理的了。但路温舒是汉朝人，而只有立足于后朝才可以安全地批评前朝。于是，在路温舒的文章中，秦始皇那些美丽的石刻无一不被砸得粉碎，人间天堂眨眼间变成了人间地狱，秦朝的苛政乱法在路温舒的笔下呈现出一副令人毛骨悚然的狰狞面目。

但是，在明眼人看来，正如汉政府官样文章中的灿烂辉煌和秦政府的美丽石刻无甚差别一样，路温舒此刻批评的苛政乱法如果把"秦朝"两字换成"本朝"，同样是言之成理、证据确凿的。——这再一次体现了路温舒作为一个政治人（我特意没有用"政客"这个词）的高明之处。

现在考你一个问题：如果你是路温舒的政敌，你现在能想到什么办法来陷害他吗？

要注意游戏规则哦，买凶杀人那可不算，太不艺术了！

想到了没有？冠冕堂皇的办法就是把路温舒这篇奏疏里所批评的秦朝的那些苛政乱法一一对应到本朝的现实例子，然后弹劾路大人"借古非今"，构成诽谤罪。

腹诽都得判死刑，落实到字面上的诽谤还不得夷三族、具五刑，外加割喉啊！

——看到了吧，以路大人如此高明的太极推手功夫，如果存心想陷害他还是可以找到他的破绽的，所以呢，切不可以为功夫高了就能艺高人胆大，"莫得罪小人"这句话无论什么时候都得牢记在心。路大人如果得罪了我这个小人，嘿嘿，后果堪忧哦！

而且，这事如果换在秦朝，我陷害起路大人来可以更加冠冕堂皇。秦朝的法律明确规定"以古非今者族"，这里的"族"就是"灭族"的意思，这条是留给路大人的，法律紧接着还规定了"吏见知不举者，与同罪"，[⑩]这就是说，如果我知道了路大人"以古非今"却不去举报他，我也得被灭族。看，不是我不仗义哦，为了保全家族，也只好挥泪举报了。

但事情没那么简单，我得承认，路大人比我高明多了。我好容易才在他的文章中找到了一处破绽，可仅仅奸笑了不到三声，却突然发现：他居然在下文里很快就把这个破绽给补上了？！

我不是想以诽谤罪来弹劾路温舒吗，可路温舒接着写道：

臣闻乌鸢之卵不毁，而后凤凰集；诽谤之罪不诛，而后良言进。故古人有言："山薮藏疾，川泽纳污，瑾瑜匿恶，国君含诟。"唯陛下除诽谤以招切言，开天下之口，广箴谏之路，扫亡秦之失，尊文、武之德，省法制，宽刑罚，以废治狱，则太平之风可兴于世，永履和乐，与天亡极，天下幸甚。

这段文字非常漂亮，翻译过来就是：我听说，如果不去毁掉乌鸦蛋和老鹰蛋，那么凤凰就会飞来了；如果犯了诽谤罪的人不会被杀，那就会有人向国君出好点子了。古人说："高山大泽里藏着毒蛇猛兽，大江大河里也常有些脏东西，就连美玉都有瑕疵，所以，国君挨点儿骂不算什么。"希望陛下废除诽谤罪这个罪名，以此来让天下人都可以自由地发表意见。当年秦朝的十大失误迄今就这一条还没改过来，就等您一句话了。咱们不搞秦朝那一套，要学就学周文王、周武王这样的圣王，治国要以德为主，以法为辅，刑罚轻一些，别搞刑讯逼供。如果这样的话，用不了多久就天下太平了。汉朝万岁万万岁！

路温舒在此提出了一个非常前卫的思想：言论，即便当真是胡说八道，即便当真是诽谤朝政，发言的人也是不应该被定罪的，因为只有在宽松的言论环境下，真知灼见才有露面的机会。路温舒用的比喻很有意思，言下之意是：鸟蛋长得都差不多，你要嫌乌鸦蛋不好，给它砸了，可你敢说你砸的就一定是乌鸦蛋而不是凤凰蛋么？凤凰看到乌鸦蛋的悲惨遭遇，难道还敢轻易飞过来下蛋么？咱们想想国外的例子：哥白尼，伽利略，当初不都是被当成乌鸦蛋给砸碎了么，很久以后人们才发现他们错砸了凤凰的金蛋。

路温舒的这个观点实在太前卫了，以至于必然遭到许多人的激烈反对。比如，反对者会说："如果不砸碎那些乌鸦蛋和老鹰蛋，这些坏蛋肯定很快就被下得到处都是！"

嗯，这么说并非没有道理，那么，如果我们既不愿放弃凤凰的金蛋，又坚持要砸碎所有的乌鸦蛋和老鹰蛋，有什么切实可行的好办法没有？

——通常会有两种办法。第一种办法是最常见的，这就是"第二十二条军规"。

呵呵，别以为"第二十二条军规"只是小说家言。举个例子好了：宋神宗驾崩，年幼的宋哲宗即位，太皇太后垂帘听政，这个时候，众望所归的司马光重出江湖了。太皇太后问："现在最要紧的是做什么呀？快给我们拿个主意！"司马光的回答是三个字："开言路"——看上去正是路温舒的希望吧？

司马光这一说，大臣们还真就准备着开言路了，可开是开，总得有个规矩吧，于是，大臣们设计了六条规矩：第一，凡是暗中有什么打算的；第二，凡是狗拿耗子的；第三，凡是发表煽动性言论以动摇国本的；第四，凡是迎合业已实行之法令的；第五，凡是想迷惑领导以图升迁的；第六，凡是蛊惑老百姓的，以上这六种情况，谁要是在开言路之后不小心犯上任何一条，一定严惩不贷！

这招很厉害吧？对了，其中第四条单摆浮搁地看不容易看懂，实际上这是针对王安石的，规则的设计者特意告诉大家：不能为王安石的政策说好话。这就叫作：言论有自由，意见有导向，朝廷有政策，头顶有钢刀。

还好，太皇太后把这六条意见拿给了司马光看，司马光说："这哪是征求意见呀，这不成了拒绝意见了么！但凡是个提意见的，这六条里边至少也要犯上一条。"——六条意见于是撤销，提意见的人很快便数以千计。[12]

关于广开言路的六条政策，虽然在司马光这里暂时失效，但在两千年的专制时代里，它是无处不在的，可以说，有专制的地方就有这六条政策，它是如此的冠冕堂皇，以至于它所规定的竟然完全是正确的。这很容易让人联想起老诗人弥尔顿的讽刺："有时在一篇标题页上就可以发现五条出版许可令……于是他们便如法炮制地制定了那些气派十足的出版许可令，把我们弄得晕头转向。"（弥尔顿《论出版自由》）

这是一个古老的、普世性的问题，两千年前就呼声不绝，却直到现代社会才得以解决，个中原因是：解决这个问题必须具备一个大前提——社会制度的根本改变。毛泽东《为民主和自由而斗争》（收录于《毛泽东选集》第一卷）说得最是精彩："中国必须立即开始实行下列两方面的民主改革。第一方面，将政治制度上国民党一党派一阶级的反动独裁政体，改变为各党派各阶级合作的民主政体。这方面，应从改变国民大会的选举和召集上违反民主的办法，实行民主的选举和保证大会的自由开会做起，直到制定真正的民主宪法，召集真正的民主国会，选举真正的民主政府，执行真正的民主政策为止。……第二方面，是人民的言论、集会、结社自由。……"——看，这"六条政策"的废除是多么晚近的事情啊。

但这六条政策也给了我们一个重要的启发：如果想要在最短的时间里对历史上的某个政府做个大致的了解，只要看它的言论禁忌就可以了。因为一般来说，之所以需要设定禁忌，是因为有些见不得人的东西害怕曝光，所以禁忌越多，自然就说明见不得人的东西越多。

但遗憾的是，见不得人的东西在历史上从来都不罕见，所以，"六条政策"式的高明手段往往就是对路温舒问题的第一种解决办法：凤凰蛋和乌鸦蛋都欢迎，但是，只有凤凰下的乌鸦蛋才在被接纳之列，违规者将予以严惩！——而相应的，很多人也逐渐学会应该怎么说话了，"因为专制时代言论不自由，人民发明了一种隐喻法，于字里行间表现意思，称曰'奴隶的言语'"（周作人语）[13]。

有一点是很值得留心的：整个历史上，路温舒和司马光这样的举动并不多见，而"六条意见"的提出者和执行者却永远多如过江之鲫。这难免让人起疑："这世上哪来的这么多无耻之徒？"——问题或者可以这样来说："为什么全世界的无耻之徒有一多半都跑去做这一行了？"

答案照例还是："制度使然。"这就是北岛曾经以诗的语言做出的结论："卑鄙是卑鄙者的通行证，高尚是高尚者的墓志铭。"

是呀，在专制制度之下，数不清的无耻工作并不会因为其无耻就没人来做，于是，"由于有些需要做的工作本身就是坏的，是所有受到传统道德教育的人所不愿做的，因而愿意做坏事就成为升官得势的门径"（哈耶克语）[14]。"六条意见"这类审查性质的工作无疑也是"所有受到传统道德教育的人所不愿做的"工作之一。但是，事情也并非全然如此，有些时候，一些分不清到底是可喜的还是可笑的变化就会悄然出现："不久，就连那些审查官本身也不可靠了。由于受到排斥和嘲弄，他们失去了使命感和对自身工作的自豪感。当'检察官'成了一种可耻的称呼时，这种职业只能吸引最平庸者……"（科塞语）[15]

好啦，以上就是路温舒"下蛋问题"的第一个解决方法。至于第二个解决方法，其风格是非常儒家的——许多时代里儒者们都会这样说："只要上有明主，下有清官，事情这不就结了！"

这倒是，上有太皇太后，下有司马光，事情这不就结了！

可是，我们如果再追问一句："那，除了撞大运之外，怎么才能让'上有明主，下有清官'呢？"

这也不难（至少说起来不难），儒家的标准答案是："皇帝先要做到'正心诚意'，只要上梁正了，下梁就不会歪。"

宋代理学祖师爷程颐在绍兴八年得到追赠的时候，制词里就很赞扬他"自得于'正心诚意'之妙"——严格来说，"正心诚意"应该说是宋代理学家的标准答案，二程啦、朱熹啦，都是很主张这一套的。当然，这倒不是他们凭空创造出来的，而是早在孔孟那里就有渊源的。

可是，这总让人心里不太踏实：这个答案真的管用吗？

是呀，这个答案真的管用吗？对于这个问题，很多先哲都斩钉截铁地给出过回答。——哈耶克的认真精神可以让我偷懒一下，他在《自由秩序原理》的一处注释里罗列了很多答案出来：

谴责权力为罪魁祸首正如政治思想本身一样地古老久远。希罗多德就曾让奥塔尼斯在他的关于民主的著名演讲里说："即使将所有男人当中最优秀的那些安排在这个职位上，它大概都会改变他习惯的思维方式。"

弥尔顿："长期持续的权力可能会使最诚实、最正直的人腐败堕落。"

孟德斯鸠："从来都是这样的，每一个当权者都容易滥用权力，他会一直这样做，直到他碰到障碍为止。"

康德："拥有权力不可避免地会破坏理智的自由判断。"

伯克："在历史记载中，许多最大的专制暴君都是以最合理的方式开始其统治的。然而，事实真相是，这种邪恶的权力既腐蚀了人心，又毁灭了良知。"

亚当斯："权力如果不受限制，并且失衡，它就总是会被滥用"以及"绝对的权力将毫无区别地使暴君们、君主们、贵族们以及民主主义者们、雅各宾党人、无套裤汉陶醉着迷"。

麦迪逊："世人手中的一切权力均容易被滥用"以及"权力无论存在于何处，均或多或少地容易被滥用"。

阿克顿："权力导致腐败，而绝对的权力绝对地产生腐败。"（熊逸按：这句话在国内以另一种更加响亮的翻译而广为人知："权力导致腐败，绝对权力导致绝对腐败。")⑯

看看吧，这么多前辈高人，似乎都是一个论调哦，但这样的说法很不符合我们传统的儒家精神。还好，哈耶克的这个大费周章的注释当中还有一个压箱底的名句，这是罗特克在《绝对主义》一文里说的："在毫无限制的独裁权力中，存在着一种可怕的恶意诱惑，只有最高尚无私的人才能抵制住这种诱惑。"——这才是我们儒家式的答案：独裁也好，极权也罢，这有什么不好的呢? 在伟大领袖的无私胸怀里，权力只能是他造福人民的一个手段，他的权力越大，人民的福祉也就越多。

儒家理想中的伟大领袖啊，只是，古人们期待了两千多年，也不知一共遇上了几个?

更为现实的尴尬是：领袖似乎比普通老百姓更容易向堕落和愚蠢的一面发展，即便他一开始的时候还显得英明伟大。

看看他山之石，二百年前的一个英国人威廉·葛德文讲过一个比喻：设想一个外国人参加到我们繁杂的事务中来，他不会说我们的语言，不了解我们的生活习惯，没有一个朋友可以商量，也没人帮他，难道还有比这更不幸的事么? 很快，一群恶棍、骗子、小偷就会围上他，欺骗他，糊弄他。最后，当他离开我们国家的时候，还是同他刚来的时候一样孤立无助，对这里的真实情况一无所知。

葛德文接着说：国王就是这样的一个外国人。

——很让人吃惊的类比是吧? 可是，国王真有这么惨吗?

当然不是! 葛德文说：比这还惨! 国王和那个外国人之间有一点是不同的，那就是：如果那个外国人脑瓜够灵的话，可以从那帮坏蛋的包围里逃脱出去，找到一些真正值得信任的人，可对一位国王来说，这几乎在任何情况下都是办不到的。他被安置在自己特有的一个圈子里，被一种气氛包围着，不可能看到事物的真相。接近他的那些人最为关心的事情就是不让他了解真实情况，为此，这些人结成了阴谋集团。一个人，如果他无法自由接见来客，并且在不知不觉中同他最应该了解的人和物隔离开来，那么，不管他的名号上有多么高贵的尊称，他事实上都只是一个囚犯。⑰

看来"上梁"要"正"确实比较困难哦，而"信阳事件"似乎可以成为葛德文说法的一个佐证。

　　当然，这是一个由来已久的问题（和很多由来已久的丑事一样），还别说是专制时代，就算在封建时代，在国君的权力远远没有无限大的时候，这个问题就已经出现了。比如，郭店楚简里有一处记载鲁缪公问孔子的孙子子思"什么才是忠臣"，子思的回答是："经常数落国君的就是忠臣。"这话挑战了鲁缪公的常识，让他心里很不是滋味。当然，还有更让君主们心里不是滋味的事情，比如"上梁不正下梁歪"被人反过来推论：咦，怎么下梁到处都是歪的呀？嗯，嗯，嗯，一定是因为上梁不正！——这就彻底打碎了老百姓的一个常见的思维误区：以为在乌烟瘴气的地方上受到地方官不公正的待遇之后，只要跑到金銮殿上找到圣主明君就可以讨回公道——这是专制环境下一种极其常见的群体心理，反映给我们两个道理：第一，这之中暗示了统治者一种高明的政治技术：专制君主必须同时具备"严父"和"慈母"这两个形象，通俗来说就是：他既是玉皇大帝，又是王母娘娘；既是如来佛祖，又是观音菩萨；既是上帝，又是圣母。几乎所有成功的统治无不具备这个特点——弗洛姆分析基督教的成功与历史意义，说正是这种严父和慈母的结合给人以巨大的吸引力，"受到父权权威压制的群众，可以求助于慈母，以得到安慰和帮助"[18]。第二，则正如莫斯科维奇所指出的群体心理学的一个道理：群众对领袖满怀热心，而"有了这种热心，他们就会反对任何指向领袖的攻击或批评。甚至当领袖们自相矛盾或犯错误时，群体也拒绝相信。他们认为其他人，比如领袖的随从，必定是有责任的，这样就保持了领袖形象的完美无损。我们知道，许多苏联人和德国人都确信：斯大林对反对者的肃清迫害以及希特勒对犹太人的屠杀均一无所知"[19]。——看来，事情总是被"奸臣"搞坏的，任何冤屈只要能够上达天听，自然可以讨得公道。

　　是呀，"许多苏联人和德国人"都是这么想的，许多评书故事也都是这么说的，但是，事实上，如果按照"以德治国"的逻辑，地方上的乌烟瘴气跟金銮殿里的上梁不正绝对脱不了干系。老百姓如果这么去想，无异于受了蟊贼的抢，却去找贼大王说理。虽然贼大王有时候也是"通情达理"的，但如果能从海量数据中做一个规范的统计分析的话……

　　但这样的想法实在太普遍了，也太典型了，以至于魏特夫曾经把它当作一个深刻反映着东西方差异的问题："西方专制制度下的独立作家们不只反对专制制度的暴虐，而且还触及它的基础；与他们不同，批评治水社会的人则几乎在每一种场合下，都仅仅只抱怨官员个人的劣迹或者政府具体行动的弊端。"⑫（"治水社会"是魏特夫的标签式的概念，简单来说，就是东方特色的在治水工程的背景下形成的专制主义社会。不过，"治水社会"这一说法是否成立，就不在本文的讨论范畴之内了。）

林语堂在《吾国吾民》一书中把魏特夫所描写的这种"中国精神"归结为"古老中国最美丽的品德——感恩"，嗯，别看感恩和抱怨是一组对立的词，其实却无非是一事的两面而已："这种感恩戴德之情在中国普通人的心目中，尤其在农民中非常流行。一位受你恩惠的农民会一辈子记得你，记得你的恩惠。他还很可能在家里为你竖一块木牌子敬仰你，或者为你'赴汤蹈火'。确实，人民得不到宪法的保护，就只能乞怜于地方长官。然而，如果这位长官是仁慈的，那么他的仁慈就要受到后人的热情赞赏，因为它是无偿给予的。有千万个这样的事例，人民围着一位刚刚离任的、坐在轿子中的长官，跪在地上，眼里浸满了感激的泪水。这就是中国人感恩戴德的最好的证明，是中国官吏所施恩惠的最好例子。"——我特别把林语堂这一段的最后一句话单独提出来着重来看："人民只知道这是恩惠，不知道这是中国官吏们应该做的事。"⑫

的确，如果官吏们的任免与奖惩完全取决于他们的上级而非治下的百姓，履行一些"本职工作"也确实就会变成"恩惠"。日子久了，官吏和百姓都会认同这个道理，甚至于官府的"无所作为"都会成为一种"恩惠"——这就像老百姓供养黑社会一样：黑社会奋发有为的时候，老百姓就遭殃受罪；黑社会搞无为之治、休养生息的时候，老百姓就开始安居乐业，经济也有了好的发展。以现代经济学的眼光来看，在很多情况下，经济的发展并不是因为政府"管得好"或者"政策好"，反倒是因为政府"管得少"或者"政策少"——对比一下秦、汉两代的政策及其后果，这个道理便一目了然了。从这层意义上说，老百姓也是愿意养蛀虫的——想想前文对"机会成本"的说明，在现实生活中，人们所做出的种种选择往往并不是追求"最好"，而只是两利相权取其重，两害相权取其轻罢了。养蛀虫正是因为这个道理，反正相较之下，老百姓不怕蛀虫馋嘴，就怕蛀虫生事。所以，哪怕朝廷腐败透顶，只要不生事或少生事，老百姓也是能过得下去的，经济也是能步步发展的。天可怜见，事情要真是到了这么一步，就连腐败都算得上是朝廷的"恩惠"了，而老百姓若是希望地方官能够办些实事，就好比烧香磕头祈祷菩萨能够显灵。

辛亥年间的一篇报刊时论说过社会流行语中反映出来的奴性，说官场流行"大人栽培"，民间流行"小的岂敢"。⑫其实这里所表现出来的所谓奴性只是事情的表面罢了，它暗示着一种深层的制度缺陷：升官发财若全须"大人栽培"，能够在官场上混得下去的也就只有那些奴颜婢膝的"小的们"了，至于老百姓，除了跑到庙里去烧香磕头，还能把生活的希望寄托在哪里呢？

在这样一个背景下，理学家们的"正心诚意"就凸现出了一种宝石般的品质，但是，一件令人尴尬的事情是：那位"自得于'正心诚意'之妙"的程颐在绍兴八年的追赠却是秦桧在背后出力的——绍兴初年正是宋朝理学大兴的年景，按照《两朝纲目备要》的记载，"一时善类多聚于朝"，构成了一个难得的好人政府，不由得让人联想起上古传说时代的"八元八恺"。那么，这个好人政府班子是由谁牵头的呢？总得是包青天那样的人物才对吧？——恰恰相反，这人竟是秦桧。

那么，我们不禁要问：如果两千年的历史，也包括国外的情形在内，都证明了儒家的标准答案"皇帝先要做到'正心诚意'，只要上梁正了，下梁就不会歪"是个错误答案的话，这时候再来重温一下路温舒的那句"乌鸢之卵不毁，而后凤凰集；诽谤之罪不诛，而后良言进"，是不是能有些新的启发呢？

路大人的意思如果用现代语言来表述的话，大概是这样的：人不仅不应该因为内心转动着什么想法而受到实际的处罚，也不应该因为把这些想法表达出来而受到实际的处罚。

别以为这个说法很西化、很现代化，其实不是的，只是貌似而已，因为路温舒考虑这个问题的出发点并不是"腹诽"和"诽谤"的正义性，他并没有论述"腹诽"和"诽谤"是一个人"作为一个人"的正当权利，他只是认为这样做可以导致"凤凰集"和"良言进"的美好结果，对政治统治是十分有利的。

我们再来看一下比路温舒晚生两千年的葛德文的观点。也许是社会进步了不少，所以葛先生觉得：人因为表达想法而受到实际的处罚，这在现实操作上是根本不可能的——"你将用什么理由来劝说国内的一切人都以告密为职业呢？我把肺腑之言都告诉了我的亲密朋友，你能用什么理由来劝说他在离开我之后立刻跑到法官那里，使我为此而被投入到宗教法庭的监狱呢？"⑫

嗯，葛德文如果不是太单纯，就是对历史缺乏了解，或者，是没有对未来的预见能力，他为什么认为这"不可能"呢，他继续论证说："在企图这样做的国家里，会发生一种经常的斗争，政府尽力刺探我们最秘密的交往，而人民则被激起来对抗、闪躲，并咒骂他们的监视者。"——葛德文大概以为，这种情况是根本不可能发生的，所以"人因为表达想法而受到实际的处罚，这在现实操作上是根本不可能的"。

但即便如葛德文这般的温和见解，实际上也指出了为什么在某些社会里道德说教往往会徒劳无功的原因："我们不妨对比一下，一个国家的人民对于他们认为正确的事情敢想、敢说、敢做，并且不受任何阻止他们走向正确道路的虚伪动机的束缚，另一个国家的人民对于人类所探讨的重要的问题则不敢说、不敢想。有什么情况能比这种怯懦更加卑鄙呢？思想遭到这样破坏的人能够有什么崇高的理想么？这种最卑鄙的奴隶状态能够成为人类真正完美的境界吗？"⑬——是呀，在葛德文所谓的这"另一个国家"里，是否仅仅靠着学习儒家思想、普及"四书五经"就可以提升普遍道德水准吗？如果"四书五经"真有这般妙用，历史上哪个国家的道德水准会是世界第一的呢？这是个太简单的问题了吧？

回到两千年前，路温舒对这个"不敢说、不敢想"如此煞费苦心，那么，他的建议会被皇帝采纳吗？——是呀，这就像推销员说得再怎么动听，顾客就是铁了心不买，那也没辙呀。

这话不错，路温舒提出来的确实是一个根本性的问题，而他那个乌鸦蛋和凤凰蛋的比喻确实很有说服力，但作为统治者，扪心自问，谁爱听"诽谤"呀？谁不愿意权力无限，可以为所欲为呀？谁不希望可以借着"腹诽"的罪名想杀谁就可以随便杀谁呀？——你路大人说："我听说，如果不去毁掉乌鸦蛋和老鹰蛋，那么凤凰就会飞来了；如果犯了诽谤罪的人不会被杀，那就会有人向国君出好点子了。"嘿嘿，好，好一个"我听说"呀，你路大人是这么听说的，我还听说过"杀光乌鸦和老鹰才能招来金凤凰"呢，凭什么你听说的就对，我听说的就错呀？

看，路温舒这个乌鸦蛋和凤凰蛋的比喻虽然是全文当中最最精华的一句，但这句话毕竟是他"听说"的，也就是说，是禁不起较真的，如果我们把路大人这篇奏疏比作一支向敌人发起总攻的军队，那么，这个乌鸦蛋和凤凰蛋的比喻再怎么精彩，也只能当一队特种兵，而绝对不能担起主攻任务。

谁来担当主攻任务呢？——必须是官方主流意识形态，是儒家思想，是"春秋大义"。所以，路温舒是搬出了《公羊传》思想、《左传》思想、《尚书》思想、"五德始终"思想来做主攻，又以一些"我听说"和"俗话说"来做辅助，用心不可不谓缜密。这其中，一句"《尚书》思想"和一句"俗话说"分别代表了儒家政治理想的两个经典追求。

《尚书》中的那句话是："与其杀不辜，宁失不经。"大意是：审判犯罪嫌疑人要宁纵毋枉，要本着"无罪推定"的原则，宁可错放，不可错杀。

"俗话说"说的则是："画地为狱，议不入；刻木为吏，期不对。"——大家都知道"画地为牢"这个成语，但这个成语的本意很多人却都搞不清了。这里说的是：即便是在地上画个圆圈当监狱，人们也不愿意踏进去；即便是拿木头雕刻一个法官，人们也不愿意站在他前边。路温舒说这是"俗话说"，但这个"俗话"据说来源很古老，也很神圣：被儒家非常推崇的尧圣人在位的时候，天下大治，民风淳朴，对犯罪的人不打不骂、不上刑、不关监狱，只是给他们穿上不同式样的衣服来表示他们所犯的罪行，或者是把受刑人的样子画出来挂在显眼的地方——这种刑罚叫作"象刑"。

象刑是个无据可考的东西，历来也流传着种种不同的说法，但无论如何，象刑都是一种"象征性"的处罚，并不伤害犯人的身体，想来大概就像霍桑小说里的"红字"，或者如人类学家爱德华·泰勒所描述的那样："在从前还没有法学家和法典的那个时代，那些庄严的法令和权利借助如画一般的仪式，使它对所有的人都变得鲜明，这些仪式能够在没有知识的人的心中留下深刻的印象"。[25]——这也许就是"画地为狱"和"刻木为吏"的原始形象吧？

"画地为狱，议不入；刻木为吏，期不对。"路温舒认为这句俗话表达的是人民群众对司法黑暗的痛恨，虽然上古刑罚的真相恐怕并非如此，不过无论如何，儒家在大原则上是非常反对严刑酷法的。

路温舒还不点名地引用了《左传》："山薮藏疾，川泽纳污，瑾瑜匿恶，国君含诟。"大意是：高山大泽里藏着毒蛇猛兽，大江大河里也常有些脏东西，就连美玉都有瑕疵，所以，国君挨点儿骂不算什么。——这话耳熟吗？《孟子他说》第三册里，一开始的那个段志冲向唐太宗说真话的事件，英明领袖唐太宗在诏书里就是以类似的发言来对待逆耳之音的。历史上种种这类的例子告诉我们：统治者对自己的政治能力越有信心，对逆耳的声音也就越是宽容，反之则否。如果从这个历史的经验来判断的话，决定路温舒这份奏疏会造成什么样后果的主要因素并不在于路温舒是否言辞恳切、论述周密，而在于当时整体的政治环境，在于统治者的执政信心。——别看路温舒的文章精明到如此地步，如果他忽略了这最后一点，前边那些努力可能就都白费了。

好在我们有理由相信，以路大人的精明是不会犯下这种低级错误的。所以，事情的结果是喜人的：这份奏疏深受嘉许，路大人因此升官。——这大概要算得上是帕累托改进了：统治者高兴，路大人升官，人民群众的生活得到改善，却没有人因此受到损害。

有人可能会质问说："不会吧，难道司法集团的利益没有被损害吗？"

答案是：他们的利益只是被泛泛地触及，并没有受到实质的损害。

有人一定会继续质疑："路温舒的奏疏不是受到领导的表彰了吗？"

答案是：第一，受到表彰是一回事，付诸实施是另一回事，这两者之间并没有必然的联系；第二，一般来说，只有具体的改革方案才会真正触及某些利益集团的既得利益，从而引起他们的强烈反扑，但泛泛的改革方案却往往起不到这种作用——比如说，路温舒如果论证说要在司法机构搞个大裁员，或者要严格取消司法机构里所有干部的公家配车，你看看会引发什么后果。

——这也正是我们要心怀叵测地向路大人学习的地方啊。

有个问题必须要提：路大人的行文当真如此煞费苦心吗？是不是我在以小人之心度君子之腹呢？——并非没有这个可能，不过，即便我真的想多了也是情有可原的——对于文字上的一些意义含混却威力巨大的词语，就连费正清这样的高人都坦承大惑不解——他曾经这样感叹说："中国的政治论争通常是间接的和隐晦的"[16]，也许正因此，两千年来人们已经养成了猜谜语的习惯，即便是最直截了当的话也很容易被当成谜语来猜。

另外，提意见确实需要小心翼翼，这除了众所周知的原因之外，还存在同样由费正清描述的这样一个问题："在中国，人们总是把不合时宜的政策与道德败坏等同起来。对中国政治的这一特征，从未有满意的解释。它似乎源于理论联系实际的原则：行为表现性格，言必表现于行。这种传统思想一经成立，人们就不能像西方人那样，把政策和道德区分开来，相反，政策是官员行为的组成部分。一旦其政策为人厌恶，其道德品质也就受人怀疑了。"⑰——费正清这里虽然是说"对中国政治的这一特征，从未有满意的解释"，但"满意的解释"未必就当真没有，要知道，道德在中国历史上常常是被政治化的。

　　好了，话说回来，难道路温舒只是在说些空话吗？难道就从来没有过哪位皇帝开明到可以接受路温舒的意见吗？——倒也不是，早在路温舒之前，汉文帝就曾经下诏废除过汉朝自秦朝沿袭下来的妖言令：

　　五月，诏曰："古之治天下，朝有进善之旌，诽谤之木，所以通治道而来谏者也，今法有诽谤、妖言之罪，是使众臣不敢尽情，而上无由闻过失也。将何以来远方之贤良？其除之。民或祝诅上，以相约而后相谩，吏以为大逆，其有他言，吏又以为诽谤。此细民之愚无知抵死，朕甚不取。自今以来，有犯此者勿听治。"（《汉书·文帝纪》）

　　这份诏书的内容其实和路温舒的进谏是一个路数，提到古人的"进善之旌，诽谤之木"，对比如今的以言论治人之罪，然后说到如果大家谁都不敢说话了，皇帝又该从何知道自己的过错呢？从此以后，就算有小民诅咒皇上，也不算他们有罪。

　　看来两千年前的汉文帝就深知言论自由的好处，可他的诏书虽然可以这么写，谁要当真谁就悬了。所以说，事情常常是这样的："求实"是学者的责任，是政客的烦恼，是大众的逆鳞。

　　再者，中国文化很讲"悟性"，很多东西不能靠正常的逻辑去理解，而是要"悟"，对领导的话尤其要"悟"。禅宗之所以能在士大夫阶层当中广为流行，恐怕其中正有这个原因。——僧问："如何是古佛心？"师曰："三个婆子排班拜。"（见《五灯会元》，书中的这类对话俯拾即是。）禅宗和尚的"打机锋"和官员们的"揣摩上意"大有异曲同工之妙。——我们所熟知的禅宗其实很难说和印度佛教有什么真正的渊源，它或许正是"中国土壤"里栽培出来的一朵奇葩。

当然，作为官员，还得具备其他本领。比如，孔子当年有言："天下有道，则庶人不议"（《论语·季氏》），从权谋角度来看，这话应该反着理解：如果庶人们对统治者议论纷纷，这不就说明"天下无道"么，可皇上圣明，天下明明"有道"，所以自然应该没有那些乱七八糟的议论[⑱]。好了，现在再来问你一个问题：如果你是路温舒的政敌，你能从他的这篇《尚德缓刑书》里找到他的什么马脚吗？

嗯，不错，前面已经试过一回了，但没抓到要害。那么，再想一想，只要肯动脑筋，就一定会有办法的，就连刀枪不入的阿喀琉斯都有脚后跟的破绽，路温舒也一定有的！

有人可能会问："路温舒的主攻兵团是儒家思想，是'春秋大义'，是官方主流意识形态立场，怎么抓他的破绽呀？难道要和官方思想作对不成？"

——当然不是，找死的事咱们是不能做的，咱们的主攻兵团也是儒家思想，也是"春秋大义"，也是官方主流意识形态。这就得从路温舒的老前辈董仲舒说起了，董老可是汉代儒学一统天下的首功之人啊。

（十）

绞尽脑汁，抓住路温舒的破绽

吾爱董仲舒，穷经守幽独。

所居虽有园，三年不游目。

邪说远去耳，圣言饱充腹。

发策登汉庭，百家始消伏。

这是司马光盛赞董仲舒的一首诗，我们得注意一下第五句"邪说远去耳"。

儒家一直都在反对歪理邪说，孟子在论述孔圣人写作《春秋》的意图的时候，说："世衰道微，邪说暴行有作，臣弑其君者有之，子弑其父者有之。孔子惧，作春秋。"也就是说，孔子是看见社会上歪理邪说太多了，倒行逆施太多了，开始担心害怕了，这才写作《春秋》的。⑩孟子在这个问题上尤其执着，自许要"正人心，息邪说"，为此大战诸子百家，付出了毕生的努力。

但孟子生活的年代正值百花齐放、百家争鸣，所以，他老人家虽然恨不得把杨派、墨派什么的全给灭了，但也只是在一个公平的擂台上用自己的"圣人之学"来打击人家的"歪理邪说"。但既然有个开放的擂台，墨家他们也同样是用自家的"圣人之学"来打击孟子的"歪理邪说"，无论孟子再怎么运气，再怎么恼火，也得在言论自由的规矩下"学术问题学术解决"。

时代在发展，到了董仲舒的时候，终于完成了孟子的遗志，成功地罢黜了百家，独尊了儒术，把"歪理邪说"一扫光。但董仲舒赢得并不光彩，因为他是"学术问题政治解决"。

——当然了，这话只是两千年后的我这么来说，当时的董仲舒肯定不会觉得自己赢得有什么不光彩的，甚至，即便是孔孟复生，也得向后学董仲舒一挑大指。因为古人的普遍认识是：第一，真理只有一个；第二，真理在我手中；第三，和我的真理相抵触的说法都是歪理邪说；第四，既然是歪理邪说，就得严厉打击，以免危害社会。

呵呵，现在能想到了吧，以上这些就是打击路温舒的法宝。路温舒不是建议诽谤无罪吗，我们大可以质问他："难道歪理邪说不是诽谤吗？难道我们可以容忍歪理邪说在社会上横行无阻吗？"然后，我们可以引用孟子的话，再引用董仲舒的话来扯自己的大旗，唯一遗憾的是，《孟子》一书在当时还只算是"诸子书"之一，并没有升格为"经"，比《公羊传》什么的低了一头。

看来路温舒很走运哦，当时并没有人这么来反对他，这也许是和他的帕累托改进有关吧。但我们不妨想想，如果真的有人这样来和路大人作对，路大人会怎么自卫反击呢？

嗯，这还真不好说，这个问题直到最近的两百年来才被研究得比较透彻，所以，两千年前的路温舒就未必能够说得妥善了。

有人可能还没有释疑："《孟子》在当时不受重视，那'大旗'里不就只剩下董仲舒了吗，董仲舒的话又不是《春秋》的话，作用能有那么大么？"

——真有那么大。咱们一般都说儒家思想是"孔孟之道"，其实，汉朝以来的儒家思想很大程度上已经不是孔孟之儒，而是董仲舒之儒。这其实很好理解，孔子和孟子一个生活在春秋时代，一个生活在战国时代，那都是封建社会瓦解的时候，所以孔孟的思想是根源于封建制度、根源于宗法社会的。这两位老前辈既不忠君，又不爱国，拿老天爷也不太当回事，更要命的是，尤其是孟子，居然还宣传"革命无罪，造反有理"的思想。嘿，别看后人那么推崇他们，他们如果当真生活在汉唐宋元明清，八成早被皇上给杀了。而董仲舒则不同，他是在专制社会里成长起来的第一位儒家大宗师，把儒家思想修正得非常符合专制体制的特点，不然怎么能被皇上"独尊"起来呢？

大家熟悉的很多所谓儒家思想其实都是董仲舒的儒家修正主义思想，比如那个臭名昭著的"君为臣纲，父为子纲，夫为妻纲"，文天祥《正气歌》里的"三纲实系命"，就是这个董派思想；还有被毛主席痛批的君权、神权、族权、夫权这套在人民脖子上的四条锁链，也是董派思想。董仲舒吃亏也就吃亏在太"现代"了，他如果是位"古人"，全国各地可能就不建孔庙而建董庙了。这倒真是个令人感叹的话题：曲阜孔庙历经两千多年长存不衰，可董仲舒的老家现在却连一个姓董的人都找不着了。

尽管世态如此炎凉，但两千年专制社会的儒家修正主义思想的源头就在董仲舒对汉武帝的那个"天人三策"，嗯，现在咱们是时候来聊聊这个东西了。

注释

① 有趣的是，朱熹以一代儒宗之尊，却没有写下什么关于《春秋》的著作。清代汪绂《春秋集传》自序里说："《春秋》为朱子所难言，予小子何堪僭妄。"这样讲来，《春秋》就连朱熹都觉得很难，汪绂自知比不了朱熹，所以虽然写了《春秋集传》，却赶紧得谦虚一下"予小子何堪僭妄"，我呢，水平又远低于汪绂，可谦虚的话却都被汪绂说到家了，难啊！

② 钱穆：《孔子与春秋》，收录于《两汉经学今古文平议》（商务印书馆2001年第1版，第264—265页）。

③ 这里取一般之论。对这个问题的颠覆常识的论述可参考朱维铮：《经学史：儒术独尊的转折过程》（载于《上海图书馆建馆三十周年纪年论文集》，1982年）

④ 见于《艺文类聚》引纬书《孝经钩命决》："孔子曰：'吾志在《春秋》，行在《孝经》，以《春秋》属商，以《孝经》属参。'"这话的真实性大可怀疑。后两句当中，"商"指子夏，"参"指曾参，说这两人分别是《春秋》和《孝经》的嫡系传人。——我们虽然不必当真，古人却有不少当真的，比如汉代公羊学大师何休就说："昔者孔子有云：'吾志在《春秋》，行在《孝经》。此二学者，圣人之极致，治世之要务也。'"（何休注《公羊传》序）

⑤ ［清］朱彝尊：《经义考》卷一百七十，搜集这两传的相关记载。关于《邹氏传》："《汉书》：'王吉兼通五经，能为《邹氏春秋》。'班固曰：'邹氏无师。'阮孝绪曰：'建武中，邹、夹氏皆绝。'《隋书·经籍志》：'汉初，公羊、穀梁、邹氏、夹氏四家并行，王莽之乱，邹氏无师夹氏亡。'杨士勋曰：'五家之传，邹氏、夹氏口说无文，师既不传，道亦寻废。'"——从这些话，尤其是最后杨士勋的话来看，邹氏和夹氏原本都和公羊、穀梁一样，只是师生之间的口头传授，后来公、穀两传"著于竹帛"，形成文字了，这就便于流传，而邹、夹两家始终没能形成文字，结果一遇到社会的风吹草动，失传也是很正常的。

关于《夹氏传》："班固曰：'夹氏未有书。'按：《夹氏传》《汉志》注云有录无书，而《宋史·艺文志》载有《春秋夹氏》三十卷，不知为何人拟作，其书今亦无存。"

⑥ ［清］陈其元《庸闲斋笔记》"春秋五传"条：韩昌黎诗云："《春秋》五传束高阁，独抱遗经究终始。"今本刻作"三传"，非也。《前汉书艺文志序》云："《春秋》分为五。注云：左氏、公羊氏、穀梁氏、邹氏、夹氏。"不知汉后此二氏何时亡

佚，倘至今尚存，则古事可与三传互证，岂不快哉！

⑦ 有人还专门统计过。清嘉庆六年，张焘为牛运震写的《春秋传》（应该叫《春秋牛氏传》）作序，提到"夫前世传《春秋》者多矣，左、公、谷而外，宋有胡氏安国传，刘氏敞传，程氏颐传，刘氏绚传，陆氏佃后传，叶氏梦得传，郑氏樵传，陈氏傅良后传，凡十有一家。先生后出，岂欲以掩十一家之长哉？"——张焘一一数过，在牛运震之前的《春秋传》除去"三传"之外共有十一家，加上牛传就十二家了。后来再加上《春秋熊氏传》，就十三家了。

⑧ 比如明代姜宝为徐浦的《春秋四传私考》作序，说："胡氏传最晚出，而最为学者所宗。"徐浦这部书把"《春秋》四传"并列就更说明问题了。再比如明代贺粲然为黄正宪《春秋翼附》作序，讲道："国朝说《春秋》者无虑千百家，而'四传'为最著。"及"国朝绌'三传'独尊康侯。"——当初"最著"的东西如今却没多少人知道了，一本书的成名需要多少的机缘巧合啊。

清代陆奎勋《春秋义存录》自序说自己"少阅胡氏春秋，喜其文笔之清刚而寓……"（熊逸按：别怪我只引半句话，实在是我这本《春秋义存录》在"喜其文笔之清刚而寓"这里盖着两个大印，后边的字被印章压住了。）

⑨ ［明］黄正宪《春秋翼附》贺粲然序："胡氏传立于学宫，士人类墨守其说，顾安国去古益远，臆断于千百年之后，若射覆然，能一一悬中乎哉？"

［清］顾炎武《日知录》："取《胡氏传》一句两句为旨，而以《经》事之相类者合以为题，《传》为主、《经》为客，有以彼经证此经之题，有用彼经而隐此经之题：于是此一《经》者为射覆之书，而《春秋》亡矣。"

⑩ ［清］朱彝尊《经义考》卷一百八十五："胡传专以复仇为义，割经义以从己说，此宋之《春秋》，非鲁之《春秋》也。"

⑪ ［明］徐浦《春秋四传私考》姜宝序："盖尝譬之《春秋》犹天然，其照临、沾濡、焦杀、摧击之用尽备左氏，公、谷则为之日月、为之雨露，为之霜雪、雷霆，胡氏则又总其用以成岁功者也。"

⑫ ［清］毛奇龄《春秋条贯》卷一："康熙二十四年奉命考进士，阅春秋房卷，主考者授题法一本，曰如是则中，不如是则不中。按旧法，《春秋》四题：一单题，二双题，一脱经题。单题者，单传也；双题者，合两经为一题，而两传之语适相对也；脱经题者，题在此经，而是题之义则在他经之传中，即他经与此经俱无关也。国初儒臣谓脱经题不可训，其遵胡氏传则得矣，将置孔氏经文于何所？请去脱经题，但取两单两双而为四，而于是三百年来专取胡传阅卷之陋习为之稍轻。"——这里提到了科举考试中

《春秋》题目的格式，有单题、双题、脱经题之分，而毛奇龄与某考官的辩论一节更为可看。

毛奇龄还曾写过一部《春秋毛氏传》，清人著作中提到《毛氏传》的就是指这部书。不过这书非但没能和"三传"并列，连《胡氏传》的地位也没有过。

⑬ 其间经过大略，可见《四库全书总目提要》卷二十七·经部二十七·胡安国《春秋传》条目："……顾其书作于南渡之后，故感激时事，往往借《春秋》以寓意，不必一一悉合于经旨。《朱子语录》曰：'胡氏《春秋传》有牵强处，然议论有开合精神，亦千古之定评也。'明初定科举之制，大略承元旧式，宗法程、朱，而程子《春秋传》仅成二卷，阙略太甚，朱子亦无成书，以安国之学出程氏，张洽之学出朱氏，故《春秋》定用二家。盖重其渊源，不必定以其书也。后洽《传》渐不行用，遂独用安国书，渐乃弃经不读，惟以安国之《传》为主。当时所谓经义者，实安国之《传》义而已。故有明一代，《春秋》之学为最弊。冯梦龙《春秋大全·凡例》有曰：'诸儒议论，尽有胜胡氏者，然业已尊胡，自难并收以乱耳目。'则风尚可知矣。爰逮本朝，敦崇经术，钦定《春秋传说汇纂》于安国旧说始多所驳正，弃瑕取瑜……"

⑭ 《汉书·儒林传》："武帝时，江公与董仲舒并。仲舒通《五经》，能持论，善属文。江公呐于口，上使与仲舒议，不如仲舒。而丞相公孙弘本为《公羊》学，比辑其议，卒用董生。于是上因尊《公羊》家，诏太子受《公羊春秋》，由是《公羊》大兴。"

公羊学之胜，另参清嘉庆三年阮元为孔广森《公羊春秋经传通义》所撰序言："昔孔子成《春秋》，授于子夏，所谓'以《春秋》属商'是也。子夏口说以授公羊高，高五传至汉景帝时乃与齐人胡毋生始著于竹帛。其后有颜彭祖、颜安乐两家之学，宣帝为之立博士，故公羊之学两汉最胜。虽刘歆、郑众、贾逵谓公羊可夺、左氏可兴，而终不能废也。……六朝时何休之学盛行于河北，厥后左氏大行，公羊几成绝学矣。"

⑮ 《汉书·儒林传》

⑯ 《汉书·武五子传》：初，太子有三男一女，女者平舆侯嗣子尚焉。及太子败，皆同时遇害。卫后、史良娣葬长安城南。史皇孙、皇孙妃王夫人及皇女孙葬广明。皇孙二人随太子者，与太子并葬湖。

⑰ 牟润孙：《注史斋丛稿》（中华书局1987年第1版，第140页）

⑱ 傅斯年：《中国古代文学史讲义·儒林》（收录于《傅斯年全集》第2卷，湖南教育出版社2003年第1版，引文见第114页）

⑲ 傅斯年：《中国学术思想界之基本谬误》（收录于《傅斯年全集》第1卷，湖南教育出版社2003年第1版，引文见第24页）"施于有政"出自《论语·为政》：或谓孔子曰："子奚不为政？"子曰："书云：'孝乎惟孝、友于兄弟'，施于有政，是亦为政，奚其为为政？"

⑳ 《论语·阳货》：子曰："予欲无言。"子贡曰："子如不言，则小子何述焉？"子曰："天何言哉？四时行焉，百物生焉，天何言哉？"另有版本作"夫何言哉"。

㉑ 苏轼的这些意见见于他的《荀卿论》，他写这篇文章主要是批评荀子的：

尝读《孔子世家》，观其言语文章，循循莫不有规矩，不敢放言高论，言必称先王，然后知圣人忧天下之深也。茫乎不知其畔岸，而非远也；浩乎不知其津涯，而非深也。其所言者，匹夫匹妇之所共知；而所行者，圣人有所不能尽也。呜呼！是亦足矣。使后世有能尽吾说者，虽为圣人无难，而不能者，不失为寡过而已矣。

子路之勇，子贡之辩，冉有之智，此三者，皆天下之所谓难能而可贵者也。然三子者，每不为夫子之所悦。颜渊默然不见其所能，若无以异于众人者，而夫子亟称之。且夫学圣人者，岂必其言之云尔哉？亦观其意之所向而已。夫子以为后世必有不足行其说者矣，必有窃其说而为不义者矣。是故其言平易正直，而不敢为非常可喜之论，要在于不可易也。……

㉒ 《宋史·司马光传》：……遂上疏论修心之要三：曰仁，曰明，曰武；治国之要三：曰官人，曰信赏，曰必罚。其说甚备。且曰："臣获事三朝，皆以此六言献，平生力学所得，尽在是矣。"

《续资治通鉴》卷第五十九：壬寅，同知谏院司马光以三札子上殿。其一论君德曰："臣窃惟人君大德有三：曰仁，曰明，曰武……"

司马光《传家集》"陈三德上殿札子"：……窃惟人君之大德有三：曰仁，曰明，曰武。仁者，非妪煦姑息之谓也，兴教化，修政治，养百姓，利万物，此人君之仁也；明者，非烦苛伺察之谓也，知道义，识安危，别贤愚，辨是非，此人君之明也；武者，非强亢暴戾之谓也，惟道所在，断之不疑，奸不能惑，佞不能移，此人君之武也。故仁而不明犹有良田而不能耕也，明而不武犹视苗之秽而不能耘也，武而不仁犹知获而不知种也。三者兼备，则国治强，阙一焉则衰，阙二焉则危，三者无一焉则亡。自生民以来未之或改也。

——这样的大道理史不绝书，都是"一言可以兴邦"的，放之四海而皆准。我们来看一个有趣的对照：《禅林宝训》里，远公说做住持的道理：远公曰："住持有三要，曰仁，曰明，曰勇。仁者，行道德兴教化，安上下悦往来。明者，遵礼义识安危，察贤愚辩是非。勇者，事果决断不疑，奸必除佞必去。仁而不明如有田而不耕。明而不勇如有苗而不耘。勇而不仁犹如刈而不知种。三者备，则丛林兴。缺一则衰，缺二则危，三者无一，则住持之道废矣。"——几乎就是照搬司马光那套话，看来这"仁明勇"的道理既适合皇帝，也适合寺院住持？

㉓ 这书早已失传了，辑本见〔清〕王谟《汉魏遗书》当中的《春秋决事》。《春秋决事》也就是《春秋决狱》，就书名问题王谟在序言里加按语说："此书《汉志》作《公羊治狱》，《七录》作《春秋断狱》，新旧《唐书》作《春秋决狱》，《崇文总目》作《春秋决事比》，今从《隋志》。"——《隋书·经籍志》录有"董仲舒撰《春秋决事》十卷"。

㉔ 这篇序言还讲了"三传"在情理与法意上的关联："《春秋》，吾夫子刑书也。然刑由情生，情以法检，故左氏准经以附情，公、穀破情以比法。顾准之过则病溢，破之过则病谬……"

当然，"刑书"一词未必都是狭义的，如邵康节所谓："《春秋》，孔子之刑书也，功过不相掩。五伯者，功之首、罪之魁也。先定五伯之功罪而学《春秋》则大意立矣。《春秋》之间有功者未有大于四国者也，有罪者亦未有大于四国者也。不先治四国之功过，则事无统理不得圣人之心矣。"（转引自〔清〕汪绂《春秋集传·春秋纲领》，汪绂于邵子文下加按语："此数语至精要。"）

㉕ 〔清〕王谟辑《汉魏遗书》辑董仲舒《春秋决事》

㉖ 《论语·子路》：叶公语孔子曰："吾党有直躬者，其父攘羊，而子证之。"孔子曰："吾党之直者异于是。父为子隐，子为父隐，直在其中矣。"

㉗ 《孟子·尽心上》：桃应问曰："舜为天子，皋陶为士，瞽瞍杀人，则如之何？"孟子曰："执之而已矣。""然则舜不禁与？"曰："夫舜恶得而禁之？夫有所受之也。""然则舜如之何？"曰："舜视弃天下，犹弃敝蹝也。窃负而逃，遵海滨而处，终身欣然，乐而忘天下。"

㉘ 〔汉〕董仲舒《春秋繁露·精华》：难者曰："春秋之法，大夫无遂事。又曰：出境有可以安社稷、利国家者，则专之可也。又曰：大夫以君命出，进退在大夫也。又曰：闻丧徐行而不反也。夫既曰无遂事矣，又曰专之可也，既曰进退在大夫矣，又曰徐行而不反也，若相悖然，是何谓也？"……

㉙ 比如《镜花缘》这类小说，到处都是经史掌故。

㉚ 《左传·成公二年》：逢丑父与公易位。将及华泉，骖絓于木而止。丑父寝于辖中，蛇出于其下，以肱击之，伤而匿之，故不能推车而及。韩厥执絷马前，再拜稽首，

奉觞加璧以进，曰："寡君使群臣为鲁、卫请，曰：'无令舆师陷入君地。'下臣不幸，属当戎行，无所逃隐。且惧奔辟而忝两君，臣辱戎士，敢告不敏，摄官承乏。"丑父使公下，如华泉取饮。郑周父御佐车，宛伐为右，载齐侯以免。韩厥献丑父，郤献子将戮之。呼曰："自今无有代其君任患者，有一于此，将为戮乎！"郤子曰："人不难以死免其君。我戮之不祥，赦之以劝事君者。"乃免之。

㉛ 《公羊传·成公二年》：逢丑父者，顷公之车右也，面目与顷公相似，衣服与顷公相似，代顷公当左。使顷公取饮，顷公操饮而至，曰："革取清者。"顷公用是佚而不反。逢丑父曰："吾赖社稷之神灵，吾君已免矣。"郤克曰："欺三军者其法奈何？"曰："法斫。"于是斫逢丑父。

㉜ 《太平御览》第四百一十七卷·人事部五十八《忠勇》

㉝ 《册府元龟》第七百二十卷《谋画》：（马）衍因说丹曰："衍闻顺而成者道之所大也，逆而功者权之所贵也，是故期于有功不问所由，论于大体不守小节。昔逢丑父伏轼而使其君取饮称于诸侯；郑祭仲立突而出忽终得复位，见美《春秋》。盖以死易生、以存易亡，君子之通也，诡于众意宁国存身贤智之虑也……"

㉞ 《氏族大全》"代君任患"：逢丑父，齐大夫。齐侯战败，丑父与易位。晋韩厥获之，郤子将戮之。呼曰："自今无有代其君任患者。"乃免。

㉟ ［汉］何休/解诂，［唐］徐彦/疏《春秋公羊传注疏》何休序："至有倍经、任意、反传违戾者"。解云：言由疑惑之故，虽解经之理而反背于经。即成二年，逢丑父代齐侯当左，以免其主。《春秋》不非而说者非之，是背经也。

㊱ ［汉］董仲舒《春秋繁露·竹林》：……夫冒大辱以生，其情无乐，故贤人不为也，而众人疑焉，《春秋》以为人之不知义而疑也，故示之以义，曰：'国灭，君死之，正也。'正也者，正于天之为人性命也，天之为人性命，使行仁义而羞可耻，非若鸟兽然，苟为生，苟为利而已。是故《春秋》推天施而顺人理，以至尊为不可以加于至辱大羞，故获者绝之；以至辱为亦不可以加于至尊大位，故虽失位，弗君也；已反国，复在位矣，而《春秋》犹有不君之辞，况其溷然方获而虏邪！其于义也，非君定矣，若非君，则丑父何权矣！故欺三军，为大罪于晋，其免顷公，为辱宗庙于齐，是以虽难，而《春秋》不爱。……

㊲ ［宋］孙复《春秋尊王发微》卷五：陈辕涛涂，陈大夫。称人以执，不得其罪也。威公既与陈侯南服强楚，归而反执陈辕涛涂，其恶可知也。

㊳　［宋］李明复《春秋集义》卷二十四引《朱熹语录》：或问王霸之别。曰：以力假仁者，不知仁之在己而假之也，以德行仁者，则其仁在我而惟所行矣。以执辕涛涂侵曹伐卫之事而视夫东征西怨、虞芮质成者，则人心之服与不服可见。

［宋］叶梦得《叶氏春秋传》卷八：辕涛涂，陈大夫之三命者也。涛涂畏齐师之道其境以病陈，使出于东方。齐侯以申侯之潘，执涛涂。不责其师之病人而责人之不忠，已非伯讨，也故以人执。

㊴　［宋］吕祖谦《左氏传续说》卷四：陈辕涛涂谓郑申侯曰："师出于陈郑之间，国必甚病。"盖霸者之师凡经过处，诸侯必须供其资粮扉屦。

［宋］黄仲炎《春秋通说》卷五：陈辕涛涂有误军之罪，而齐执之，讨不忠也，何以书？

曰：涛涂为齐谋则诈，为其国谋则忠也。《左氏》载陈辕涛涂谓郑申侯曰："师出于陈郑之间，国必甚病，若出于东方，循海而归可也。"盖知齐师所过，必大为其国之扰，故涛涂不欲其出乎己之国也。齐不自反顾，乃执其臣而兵其国，仁者果如是乎？大抵兵事一动不惟有战斗死伤之忧，而师之所处，荆棘生焉，所过国邑，人民力困于诛求，胆寒于侵掠，诚有如涛涂之所谓甚病者。夫以齐桓用兵号为节制，而犹若此，况以悍将驱暴兵无法以驭之所过残灭者多矣。可不谨哉。

持同样意见的不乏其人，再如［清］方苞《仪礼析疑》卷八：春秋时，齐桓创霸，资粮扉屦皆所至之国供之，故陈辕涛涂以为国必甚病而诡辞以误之也。

㊵　［宋］崔子方《春秋经解》卷五：卖师不忠者，涛涂之罪也。

㊶　［明］高攀龙《春秋孔义》卷五：陈、蔡近楚，常有二心，涛涂欲误齐师东归，诚不忠矣。而执之、伐之、侵之不已，甚乎，皆《春秋》所罪也。

㊷　《左传·僖公四年》：陈辕涛涂谓郑申侯曰："师出于陈、郑之间，国必甚病。若出于东方，观兵于东夷，循海而归，其可也。"申侯曰："善。"涛涂以告，齐侯许之。申侯见，曰："师老矣，若出于东方而遇敌，惧不可用也。若出于陈、郑之间，共其资粮扉屦，其可也。"齐侯说，与之虎牢。执辕涛涂。秋，伐陈，讨不忠也。

㊸　《穀梁传·僖公四年》：齐人执陈辕涛涂。齐人者，齐侯也。其人之，何也？于是哆然外齐侯也，不正其逾国而执也。

㊹　唐鉴：《国朝学案小识》卷2《张孝先先生》（转引自白寿彝主编：《中国通史》第10卷下册，上海人民出版社，2004年第1版）

㊺　早有人怀疑这书有问题，《四库全书总目提要》的结论是：《忠经》是宋代的

伪书，但很可能这书原本是宋朝某人写的真书，后来不知被谁把作者篡改成马融，又加了个注者郑玄："旧本题汉马融撰，郑玄注，其文拟《孝经》为十八章，经与注如出一手。考融所述作，具载《后汉书》本传，玄所训释，载于郑《志》，目录尤详。《孝经注》依托于玄，刘知几尚设十二验以辨之，其文具载《唐会要》，乌有所谓《忠经注》哉？《隋志》《唐志》皆不著录，《崇文总目》始列其名，其为宋代伪书，殆无疑义。《玉海》引宋《两朝志》载有海鹏《忠经》，然则此书本有撰人，原非赝造，后人诈题马、郑，掩其本名，转使真本变伪耳。"

⑯《忠经·报国章第十七》："为人臣者官于君，臣之官禄，君宝锡之。先后光庆，皆君之德，光格祖考，庆重子孙。不思报国，岂忠也哉！忠则必报，不报非忠。君子有无禄而益君，无有禄而已者也。君临天下，谁不为臣？食土之毛，皆衔君德。昏衢迷于日月，君子知怀帝恩，故偃息山林，有能藩国，况荷君禄位，而无闻焉？报国之道有四：一曰贡贤，进得其才，君可端拱。二曰献猷，纳当其善，君可依行。三曰立功，功吾其庸，君可无患。四曰兴利，殖致其厚，君可与足。贤者国之干，干可以立。猷者国之规，规可以执。功者国之将，将可以御。利者国之用，用可以给。是皆报国之道，惟其能行之。各以其能而报于国，道斯广矣。《诗》云：'无言不酬，无德不报'，况忠臣之于国乎？凡人之闻一言一德，犹必报，君臣之义重恩重焉，如何忘也。"

⑰［美］本尼迪克特：《菊与刀》（吕万和、熊达云、王智新/译，商务印书馆1990年第1版，第70页）："恩，在用之于第一位和最大的恩情、亦即'皇恩'时，是在无限忠诚的意义上使用的。这是天皇的恩情，每个人必须以无比感激的心情来恭受。他们认为，自己有幸生在这个国家，安居乐业，万事称心，就不能不想到天皇所赐的恩典。在整个日本历史上，一个人一生中的最大恩主就是他那个生活圈内的最高上级。这个人物随着时代而变化，曾经是各地的地头、封建领主或将军，现在则是天皇。最重要的，似乎还不在于谁是最高上级，而在于几百年来'不忘恩情'这种习性在日本人习性中占有最高地位。近代日本用尽一切手段使这种手段集中于天皇一身。日本人对自己生活方式的一切偏爱都增加了对'皇恩'的感情。战争时期，以天皇名义发给前线部队的每一支香烟都强调每个士兵所领受到的'恩'。出征前士兵所领的每一口酒就更加是一种'皇恩'。他们说，神风队员自杀式的攻击就是报答皇恩。为守卫太平洋上某些岛屿而全部'玉碎'也被说成是在报答浩荡无际的皇恩。"

另参［英］伯特兰·罗素：《论国家》（收录于《罗素自选文集》，戴玉庆/译，商务印书馆2006年第1版）第60页："历史上忠顺于国家的原因是从个人对于君主的忠诚感中产生的。欧洲的国家是在封建制度下成长起来的，某些领地最早归封建诸侯所有。但这种培育忠诚感的源泉已经枯竭了，大概除了日本之外，这种源泉现在已经微乎其微了，在俄国也所剩不多。"——但罗素的后半句话显然错了。

⑱梁启超：《新史学·中国之旧史》（《饮冰室合集》，中华书局1988年第1版，

"饮冰室文集之九"，第2—3页）：试一审四库之书，其汗牛充栋、浩如烟海者，非史学书居十六七乎？上自太史公、班孟坚，下至毕秋帆、赵瓯北，以史家名者不下数百，兹学之发达，二千年于兹矣。然而陈陈相因、一丘之貉，未闻有能为史界闯一新天地。而令兹学之功德普及于国民者，何也？吾推其病源，有四端焉。

一曰知有朝廷而不知有国家——吾党尝言：二十四史非史也，二十四姓之家谱而已。其言似稍过当，然按之作史者之精神，其实际固不诬也。吾国史家，以为天下者君主一人之天下，故其为史也，不过叙某朝以何得之、以何治之、以何失之而已。舍此则非所闻也。惜人谓《左传》为相斫书，岂惟《左传》，二十四史真可谓地球上空前绝后之一大相斫书也。虽以司马温公之贤，其作《通鉴》，亦不过以备君王之浏览。盖从来作史者，皆为朝廷上之君若臣而作，曾无有一书为国民而作者也。其大弊在不知朝廷与国家之分别，以为舍朝廷外无国家，于是乎有所谓正统、闰统之争论，有所谓鼎革前后之笔法，如欧阳之《新五代史》，朱子之《通鉴纲目》等，今日盗贼，明日圣神，甲也天命，乙也僭逆，正如群蛆啄矢，争其甘苦，狙公赋茅，辨其四三。自欺欺人，莫此为甚。吾中国国家思想，至今不能兴起者，数千年之史家，岂能辞其咎耶？

——梁启超这番话虽然很愤青，却也很精辟，"正统、闰统之争论"和"鼎革前后之笔法"云云，在后文进入《春秋》文本之后都会一一呈现。

④ 梁启超《爱国论》（《饮冰室合集》，"饮冰室文集之三"，第65页）："泰西人之论中国者，辄曰：彼其人无爱国之性质，故其势涣散，其心怯懦，无论何国何种之人，皆可以掠其地而奴其民。临之以势力，则贴耳相从；啖之以小利，则争趋若鹜……"

另外，有人曾就此有过质疑，说："既然这样，为什么老百姓会骂'汉奸'而不是'皇奸'呢？"——因为"汉奸"其实是个近代概念，古人是无此一说的。"汉奸"一词的出现最早大约是在清朝，但清朝人所谓的"汉奸"并不是我们现在理解的这个意思，而是指"汉人中的奸人"。比如《清史稿·土司》：九年，乘胜沿九股河下抵清水江。时九股苗为汉奸曾文登所煽，言改流升科，额将岁倍，且江深崖险，兵不能入。又如《清史稿·蕃部》：十月，那彦成奏酌设卡隘，严捕汉奸。并谓："野番冥顽成性，蒙古虐其属下，反投野番谋生，导引抢掠其主。内地歇家奸贩，潜住贸易，无事则教引野番渐扰边境，有兵则潜往报信。近年番势日张，弊实在此。"

《清史稿·循吏》，这里的"汉奸"有点儿现代汉奸的意思了：英吉利兵舰犯鸡笼口，（曹）瑾禁渔船勿出，绝其乡导，悬赏购敌酋，民争赴之。敌船触石，擒百二十四人。屡至，屡却之。明年，又犯淡水南口，设伏诱击，俘汉奸五、敌兵四十九人。事闻，被优赉。未几，和议成，英人有责言。总督怡良知瑾刚直，谓曰："事将若何？"瑾曰："但论国家事若何，某官无足重，罪所应任者，甘心当之。但百姓出死力杀贼，不宜有负。"怡良叹曰："真丈夫也！"卒以是夺级。后以捕盗功晋秩，以海疆知府用。瑾遂乞病归，数年始卒。

(50) 可参看［美］贝格尔：《神圣的帷幕——宗教社会学理论之要素》（高师宁/译，上海人民出版社，1991年第1版，第13—14页）：社会学的重要成果之一，就是把普通人以为是构成社会的那种种假设实体，反复地归结为人类活动，这些实体是人类活动的产物，离开人类活动，它们实际上就无立足之地。构成社会及其一切形式的“材料”，是在人类活动中外在化了的人类意义。社会学分析又一次把那些巨大的社会实在（如“家庭”“经济”“国家”等等）归结为人类活动，人类活动是“家庭”“经济”“国家”等等的唯一起基础作用的实质。所以，如果社会学家（除非为了说明问题）把这些社会现象看成仿佛独立于最初创造它们，而后又继续不断创造它们的人类活动的实体来处理，那是毫无益处的。

(51) ［清］“十三经注疏”《春秋公羊传注疏》卷九考证：臣召南按：庆父罪恶至重，于其出奔犹书公子，则知《春秋》褒贬在所书之事有是有非，不在爵号名字及日月之详略也。

(52) 《穀梁传·隐公元年》：夏，五月，郑伯克段于鄢。克者何？能也。何能也？能杀也。何以不言杀？见段之有徒众也。段，郑伯弟也。何以知其为弟也？杀世子母弟目君，以其目君，知其为弟也。段，弟也而弗谓弟，公子也而弗谓公子，贬之也。段失子弟之道矣，贱段而甚郑伯也。何甚乎郑伯？甚郑伯之处心积虑成于杀也。于鄢，远也。犹曰取之其母之怀中而杀之云尔，甚之也。然则为郑伯者宜奈何？缓追逸贼，亲亲之道也。

(53) ［宋］沈棐《春秋比事》卷九：或者罪其克段于鄢，谓当缓追逸贼，始得亲亲之道，是大不然。徇大义者，不顾其亲，故周公诛管蔡以卫王室，叔向尸叔鱼以正邦刑，圣人均有取焉。

(54) ［宋］高闶《春秋集注》卷十三：或谓《春秋》不责季子不能全闵公，而嘉其能立僖公。呜呼，是不忠于前君而自结于后君也，岂贤者之所为乎？又谓缓追逸贼，亲亲之道，是尤不然。人臣之义，莫大乎为君讨贼，故曰：“大义灭亲”，今季子于庆父，亲也，而于闵公，则亲而又尊者也。庆父弑闵，彼尊尊亲亲之义已绝矣，苟能诛之，则尊尊亲亲之义两得之，舍庆父而忍乎闵公是尊尊亲亲之义两失之也。弃两得而从两失，贤者之所为果如是乎？

(55) 参看［美］张光直：《美术、神话与祭祀》（郭净/译，辽宁教育出版社2002年第1版，第122页）：一些人相信中国历史上曾有过按母系计算世系，妇女政治地位要高于男子的原始社会。其根据有两种极不相同的来源：一是19世纪的进化论，它认为所有社会都经过母系社会阶段。20世纪马克思主义成为中国的指导思想，这个观点便在史学界得到了有力的支持。二是分散于古书中的记载多谈到远古时曾有过知其母而不知其父的社会。倘若中国历史上确有过这样一个阶段，那它一定远在三代之前。据我们所知，三代时除了父系氏族之外，并没有其他类型的氏族……

㊱ 《公羊传·襄公二十九年》

㊲ 董仲舒《春秋繁露·精华》

㊳ 《严复集》第一册（中华书局1986年第1版，第2页）

㊴ 《盐铁论·刑德篇》：……文学曰：道径众，人不知所由；法令众，民不知所辟。故王者之制法，昭乎如日月，故民不迷；旷乎若大路，故民不惑。幽隐远方，析乎知之，室女童妇，咸知所避。是以法令不犯，而狱犴不用也。昔秦法繁于秋荼，而网密于凝脂，然而上下相遁，奸伪萌生，有司治之，若救烂扑焦而不能禁；非网疏而罪漏，礼义废而刑罚任也。方今律令百有余篇，文章繁，罪名重，郡国用之疑惑，或浅或深，自吏明习者不知所处，而况愚民乎！律令尘蠹于栈阁，吏不能遍睹，而况于愚民乎！此断狱所以滋众，而民犯禁滋多也。

㊵ 《论语·乡党》：厩焚。子退朝，曰："伤人乎？"不问马。

㊶ 《礼记·三年问》：三年之丧，二十五月而毕。

㊷ 详见：［日］滋贺秀三《中国上古刑罚考——以盟誓为线索》（收录于《日本学者研究中国史论著选译》第八卷，刘俊文/主编，姚荣涛、徐世虹/译，中华书局1992年第1版，第13页）

㊸ 《论语·宪问》：公伯寮愬子路于季孙。子服景伯以告，曰："夫子固有惑志于公伯寮，吾力犹能肆诸市朝。"

㊹ 钱穆：《论语新解》（巴蜀书社，1985年第1版，第360页）

㊺ 比如《尚书·牧誓》说周武王在开战前宣布商纣王的罪名，其中说道："昏弃厥肆祀弗答"。《史记·周本纪》把这句话翻译为："自弃其先祖肆祀不答"，《史记集解》引郑玄的注释，说"肆"是"祭名"。

㊻ 《论语·子路》

㊼ 《汉书·薛宣硃博传》

⑱　《世说新语·德行》：范宣年八岁，后园挑菜，误伤指，大啼。人问："痛邪？"答曰："非为痛，身体发肤，不敢毁伤，是以啼耳。"

⑲　《孝经·开宗明义章》：身体发肤，受之父母，不敢毁伤，孝至始也。立身行道，扬名于后世，以显父母，孝之终也。

⑳　［清］王谟辑《汉魏遗书》辑董仲舒《春秋决事》

㉑　［汉］桓谭《新论》（《全后汉文》辑本）："《左氏传》于《经》，犹衣之表里相待而成。《经》而无《传》，使圣人闭门思之十年，不能知也。"——这可能是所有研究《春秋》的著作中被引用最多的一句话了。

㉒　《公羊传·昭公十九年》

㉓　乐正子春之孝确实达到一个极致了，《礼记·祭义》：乐正子春下堂而伤其足，数月不出，犹有忧色。门弟子曰："夫子之足瘳矣。数月不出，犹有忧色，何也？"乐正子春曰："善如尔之问也，善如尔之问也。吾闻诸曾子，曾子闻诸夫子曰：天之所生，地之所养，无人为大，父母全而生之，子全而归之，可谓孝矣，不亏其体，不辱其身，可谓全矣，故君子顷步而弗敢忘孝也。今予忘孝之道，予是以有忧色也。一举足而不敢忘父母，一出言而不敢忘父母。一举足而不敢忘父母，是故道而不径，舟而不游，不敢以先父母之遗体行殆。一出言而不敢忘父母，是故恶言不出于口，忿言不反于身，不辱其身，不羞其亲，可谓孝矣。"

㉔　可参考龚自珍对这个案例的答疑："乙问：《春秋》假立吏，许世子狱如何？答乙：书许世子弑其君买，是拟死；书葬许悼公，是恩原之。《春秋》之吏，闻有父饮子药而死者，急欲成子之意拟之死。俄而《春秋》闻之，闻其愚孝，无有弑志，乃原之。"（见［清］龚自珍《春秋决事比》"不定律篇答问"）

㉕　［英］格雷厄姆·沃拉斯：《政治中的人性》（朱曾汶/译，商务印书馆1995年第1版，第70页）

㉖　［法］勒庞：《乌合之众——大众心理研究》（冯克利/译，中央编译出版社2000年第1版，第2卷）

㉗　［清］王士禛《池北偶谈》"边尚书"条：弘治末，孝宗上宾。予郡边尚书华泉（贡）为兵科给事中，疏劾太监张瑜、太医刘泰、高廷误用御药，逮瑜等下狱。大理

卿杨守随谓同谳诸臣曰: "君父之事,误与故同;例以《春秋》许世子之律,不宜轻宥。"此事与泰昌时孙文介(慎行)论红丸事相类。尚书工诗博雅,为弘正间四杰之一,世但知其文章,而不知其丰裁如此。又先生仲子习,字仲学,颇能诗。其佳句云: "野风欲落帽,林雨忽沾衣。"又"薄暑不成雨,夕阳开晚晴。"而老鳏贫窭,至不能给朝夕以死,则先生清节可知也。

⑱ [清]陆以湉《冷庐杂识》"丘大理"条: 旗人有与父异居而后母与邻人私者,父愤不能制,语子曰: "儿为我杀之!"子夜杀后母及邻人于室,自归有司,有司论极刑,部院核拟如所论。丘持不可,曰: "《春秋》书'夫人孙于齐,不称姜氏,绝不为亲,礼也'。夫绝不为亲,即凡人耳。彼承父治命,手刃父仇,而以大逆论,无乃非《春秋》之义乎?"乃以两议上,诏特从末减。其平反大狱类如此。

⑲ 比如清代魏源辩钱大昕: "钱氏又曰: '楚商臣、蔡般之弑,子不子,父不父也。许止以不尝药书弑,非由君有失德,故楚、蔡不书葬而许悼公书葬,以则楚、蔡二君之不能正家也。……'(《潜研堂答问》)正之曰: 《春秋》之义,君弑,贼不讨,不书葬,未闻有责君不正家者。许止本未尝弑,故书葬以赦之。吴、楚狄夷之君,从无书葬之例。……"(魏源《公羊春秋论》)

⑳ 《汉书·刑法志》: 汉兴之初,虽有约法三章,网漏吞舟之鱼。然其大辟,尚有夷三族之令。令曰: "当三族者,皆先黥、劓,斩左右止,笞杀之,枭其首,菹其骨肉于市。其诽谤詈诅者,又先断舌。"故谓之具五刑。彭越、韩信之属皆受此诛。至高后元年,乃除三族罪、妖言令。

㉑ 转引自[美]悉尼·胡克: 《理性、社会神话和民主》(金克、徐崇温/译,上海人民出版社1965年第1版,第159页)。

㉒ 《公羊传·庄公三十二年》: 秋七月癸巳,公子牙卒。何以不称弟? 杀也。杀则曷为不言刺? 为季子讳杀也,曷为为季子讳杀? 季子之遏恶也,不以为国狱,缘季子之心而为之讳。季子之遏恶奈何? 庄公病将死,以病召季子,季子至而授之以国政,曰: "寡人即不起此病,吾将焉致乎鲁国?"季子曰: "般也存,君何忧焉?"公曰: "庸得若是乎? 牙谓我曰: '鲁一生一及,君已知之矣。庆父也存。'"季子曰: "夫何敢? 是将为乱乎? 夫何敢?"俄而牙弑械成。季子和药而饮之曰: "公子从吾言而饮此,则必可以无为天下戮笑,必有后乎鲁国。不从吾言而不饮此,则必为天下戮笑,必无后乎鲁国。"于是从其言而饮之,饮之无傫氏,至乎王堤而死。公子牙今将尔。辞曷为与亲弑同? 君亲无将,将而诛焉,然则善之与? 曰: "然。"杀世子母弟直称君者,甚之也。季子杀母兄何善尔? 诛不得辟兄,君臣之义也。然则曷为不直诛而鸩之? 行诛乎兄,隐而逃之,使托若以疾死,然亲亲之道也。

⑧ 《孟子·万章下》：齐宣王问卿。孟子曰："王何卿之问也？"王曰："卿不同乎？"曰："不同。有贵戚之卿，有异姓之卿。"王曰："请问贵戚之卿。"曰："君有大过则谏，反覆之而不听，则易位。"王勃然变乎色。曰："王勿异也。王问臣，臣不敢不以正对。"王色定，然后请问异姓之卿。曰："君有过则谏，反覆之而不听，则去。"

同样的说法在《礼记》里也有，还可以参考龚自珍的名文"宾宾"，其中说道："异姓之卿，固宾籍也，故谏而不行则去。"龚自珍身处晚清时代，说这话大有借题发挥的味道。顺便一提，龚自珍还是位公羊学的专家。

⑧ 历史实情要复杂一些（比如异姓家臣的存在等等），这里只是简而言之。

⑧ "民"字到底如何解释一直是个聚讼纷纭的问题，比较确定的是，封建社会中，不同时代里的"民"意义是不一样的，这里简化来说，不做细辨。

⑧ 周作人：《中国人之爱国》，收录于《周作人文类编》第1卷（钟叔河/编，湖南文艺出版社1998年第1版，第5页，本文原载1907年11月刊《天义报》第11、12期），这一段尤其值得一看："夫吾果亦有爱国之说，特甚有异。俄有勒孟埵夫，生为诗人，挚于爱国，顾其有情，在于草原浩荡，时见野花，农家朴素，颇近太古，非如一般志士之为，盲从野爱，以血剑之数，为祖国光荣，如所谓'兽性之爱国者'也。夫人情恋其故乡，大抵皆尔，生于斯，歌哭于斯，儿时钓游之地，有毕世不能忘者，天怀发中然耳。至以凶暴为雄，以自夸美，则仁者耻。虽然，俄之君主，尚为其类，生同部落，系属较深，知理之士，犹不肯力右其长，俾益荣大，而奴于主人，乃言忠爱乎？"

⑧ ［法］伏尔泰：《哲学辞典》（王燕生/译，商务印书馆1991年第1版，第665—666页）

⑧ 《梁书·高祖三王列传》

⑧ ［苏］托洛茨基：《被出卖的革命》，转引自［美］悉尼·胡克：《理性、社会神话和民主》（金克、徐崇温/译，上海人民出版社1965年第1版，第160页），胡克补充说："为使这幅图画完全起见，当它适用于俄国的时候，我们必须加上这点：船员和船长只听从头等乘客的命令，而头等乘客又定期以残害的方法来消灭不满分子——这些对权力和生活条件的悬殊想得过多的人。"

⑨ ［英］雪莱：《雪莱政治论文选》（杨熙龄/译，商务印书馆，1982年第1版）。译者序注释引：马克思说：雪莱是"一个真正的革命家，而且永远是社会主义的急先

锋”，见《马克思恩格斯论艺术》第2卷，人民出版社1963年第1版，第261页。恩格斯说雪莱是“天才的预言家”，见《马恩全集》中文版第2 卷，第528页。

(91) 参见马克思、恩格斯合著的《神圣家族》（《马克思恩格斯全集》第2卷，人民出版社1963年第1版）。

(92) ［印度］泰戈尔：《民族主义》（谭仁侠/译，商务印书馆1986年第1版，第4页）

(93) ［印度］泰戈尔：《民族主义》（谭仁侠/译，商务印书馆1986年第1版，第14页）

(94) ［俄］别尔嘉耶夫：《俄罗斯思想》（雷永生、邱守娟/译，三联书店1995年第1版，第68页）

(95) 《孟子》这里所谓的“社稷”，意思可能更要原始一些。见《孟子·尽心下》：孟子曰：“民为贵，社稷次之，君为轻。是故得乎丘民而为天子，得乎天子为诸侯，得乎诸侯为大夫。诸侯危社稷，则变置。牺牲既成，粢盛既洁，祭祀以时，然而旱干水溢，则变置社稷。”

(96) 这句话应该并非荀子的原创。见《荀子·臣道》：伊尹箕子可谓谏矣，比干子胥可谓争矣，平原君之于赵可谓辅矣，信陵君之于魏可谓拂矣。传曰：“从道不从君。”此之谓也。

(97) “三纲”之说见董仲舒《春秋繁露·基义》：“是故仁义制度之数，尽取之天，天为君而覆露之，地为臣而持载之，阳为夫而生之，阴为妇而助之，春为父而生之，夏为子而养之，秋为死而棺之，冬为痛而丧之，王道之三纲，可求于天。”——在逻辑上还是董仲舒一贯风格的老天最大，人类社会的仁义制度都是从老天那里来的，所以“三纲”是老天给人类定的秩序，是至高无上的社会法则。

但是，董仲舒虽然表达了“君为臣纲，父为子纲，夫为妻纲”这层意思，可这句名言却不是他说的——《白虎通·三纲六纪·三纲之义》：“三纲者，何谓也？谓君臣、父子、夫妇也……故《含文嘉》曰：‘君为臣纲，父为子纲，夫为妻纲。’”——这个《含文嘉》一看名字就知道是纬书，它是“礼纬”，也可以叫作《礼纬含文嘉》，由它来阐释“三纲”倒也恰如其分。

当然，“三纲”的概念也不是凭空来的，从先秦到汉朝常有类似的观点出现，只是从没有像董仲舒那样拔高到那种程度罢了。比如《春秋经·隐公二年》提到：“九月，纪履緰来逆女。”《穀梁传》解释这句话，说：“冬，十月，伯姬归于纪。礼，妇人谓嫁曰归，反曰来归，从人者也。妇人在家制于父，既嫁制于夫，夫死从长子。妇人不专行，必有从也。伯姬归于纪，此其如专行之辞何也？曰非专行也。吾伯姬归于纪，故志之也。其不言使，何也？逆之道微，无足道焉尔。纪子伯、莒子盟于密。或曰纪子伯莒子而与之盟。或曰年同爵同，故纪子以伯先也。"——重点看这句"妇人在家制于父，既嫁制于夫，夫死从长子。妇人不专行，必有从也。"这里的"从"通常解作"顺从"，也有人说当是"跟从"——这是"从"字的原始意思，也符合上下文，还有"归从"（归属于哪一方的宗亲），不过这里就不展开讨论了。

另一方面，很多人容易把历史上女子地位的卑微归咎于"三纲"，这倒有些冤枉了。汉代女权极重，即便不说政治而讲风俗，女子即便生了孩子也是可以改嫁的，这在皇家贵戚当中都属正常之事。及至唐朝，开放之风尚众所周知。所以，女人的枷锁严格说是起自宋代的，近现代人所熟悉的相关内容主要与宋代理学有关，却不要冤枉了别人才好。

⑱ 陈独秀：《宪法与孔教》（《新青年》第2卷第3号，1916年11月1日）

⑲ 《韩非子·忠孝》：臣之所闻曰：臣事君，子事父，妻事夫，三者顺则天下治，三者逆则天下乱，此天下之常道也，明王贤臣而弗易也。则人主虽不肖，臣不敢侵也。今夫上贤任智无常，逆道也；而天下常以为治，是故田氏夺吕氏于齐，戴氏夺子氏于宋，此皆贤且智也，岂愚且不肖乎？是废常、上贤则乱，舍法、任智则危。故曰：上法而不上贤。

⑳ 我这本《江湖海底》是广文书局影印的，原书扉页有"群英社编辑，成都堂行"，行文虽然没标点，但每句之间留出明显的空格，非常好读，不知道是不是为了照顾文化程度普遍不高的袍哥兄弟们才这么编辑的？

㉑ ［明］季本：《春秋私考》第一卷："三纲既沦，九法亦斁，礼乐征伐自诸侯出，强暴侵陵无所忌惮，乱臣贼子皆有邪说文奸，而人亦不以为非，人心之公泯灭殆尽，此《春秋》之所以作也。"

㉒ 钱谦益：《牧斋初学集》第八十三卷："近代之经学，凿空杜撰，纰缪不经，未有甚于季本者也。本著《春秋私考》，于惠公仲子则曰隐公之母；盗杀郑三卿则曰戍虎牢之诸侯使刺客杀之。此何异于中风病鬼，而世儒犹传道之，不亦悲乎！传《春秋》者三家，杜预出而左氏几孤行于世。自韩愈之称卢仝，以为'《春秋》三传束高阁，独抱遗经究终始'。世远言湮，讹以传讹，而季氏之徒出焉。《孟子》曰：'始作俑者，其无后乎？'太和添丁之祸，其殆高阁三传之报与？季于《诗经》、三《礼》皆有书，其鄙倍略同。有志于经学者，见即当焚弃之，勿令谬种流传，贻误后生也。"

㉓ 《宋稗类钞》卷六

⑭　[清] 崔述《考信录提要》"虚言衍成实事"条："战国之时，说客辩士尤好借物以喻其意，如'楚人有两妻''豚蹄祝满家''妾覆药酒''东家食，西家宿'之类，不一而足。虽孟子书中亦往往有之，非以为实有此事也。乃汉、晋著述往往误以为实事而采之入书，学者不复考其所本，遂信以为真而不悟者多矣。……"

⑮　"大一统"的本义并非如此。一般我们会把这个概念理解为"大统一"，这里先从俗了，等后文讲到《公羊传·隐公元年》的时候再做详细解释。

⑯　确实不难。不信的话，大家可以回忆一下我在《周易江湖》里用《易传·系辞》的那套神秘说辞来分析我的笔记本电脑：

我用的这台是一台笔记本电脑，黑色的，平时不用的时候一直合着，象征着混沌的宇宙。当我要用它的时候，把它打开，显示器和键盘一分为二，象征着开天辟地，太极生了两仪。而且，显示器是亮的，键盘是暗的，这是明与暗的对立，阴与阳的对立，而它们又同是一台笔记本电脑的一部分，它们的关系既对立又统一。亮的显示器象征着天，暗的键盘象征着地，旁边从USB接口甩出一只鼠标来，象征着人，从此，天、地、人都有了，三才齐备。

更神奇的是，我明明在敲打键盘，文字却出现在显示器上，这不就是天地交泰、阴阳感应么？正是键盘和显示器的这种天地交泰，才源源不断地产生出新的东西，嗯，其中就有我现在写的这本书。

三才齐备了，还有四象呢。显示器是长方形的，上下左右四条边，象征着四象或者四季；而键盘这个区域竟然也是和显示器一模一样的长方形，配合得严丝合缝的，也是上下左右四条边，也象征着四象，象征着四季。显示器和键盘"交泰"在一起，一共有八条边，象征着八卦。

太神奇了！我的键盘上方居然还有一组按键，从F1到F12，恰好象征着一年的12个月……底下还有一个Fn按键，是和从F1到F12的12个按键配合使用的，所以，这个Fn按键不正好象征闰月么！

⑰　转引自《四库全书总目提要》卷二十九·经部二十九《御纂春秋直解》提要。其中类似的观点还引了一些名人名言，比如："王充之论《春秋》曰：'《公羊》《榖梁》之传，日月不具，辄为意使。平常之事有怪异之说，径直之文有曲折之义，非孔子之心。'苏轼之论《春秋》曰：'《春秋》儒者本务，然此书有妙用，儒者罕能领会，多求之绳约中，乃近法家者流，苛细缴绕，竟亦何用！'朱子之论《春秋》亦曰：'圣人作《春秋》，不过直书其事，而善恶自见。'又曰：'《春秋》传例多不可信，圣人纪事安有许多义例？'"——有趣的是，这部《御纂春秋直解》的编纂目的是"揭胡安国《传》之臆断以明诸天下"。

⑱ 转引自［清］汪绂《春秋集传·春秋纲领》。

⑲ 《史记·秦始皇本纪》

⑩ 《史记·秦始皇本纪》

⑪ 《史记·秦始皇本纪》

⑫ 《宋史·司马光传》：帝崩，赴阙临，卫士望见，皆以手加额曰："此司马相公也。"所至，民遮道聚观，马至不得行，曰："公无归洛，留相天子，活百姓。"哲宗幼冲，太皇太后临政，遣使问所当先，光谓："开言路。"诏榜朝堂。而大臣有不悦者，设六语云："若阴有所怀；犯非其分；或扇摇机事之重；或迎合已行之令；上以徼幸希进；下以眩惑流俗。若此者，罚无赦。"后复命示光，光曰："此非求谏，乃拒谏也。人臣惟不言，言则入六事矣。"乃具论其情，改诏行之，于是上封者以千数。

⑬ 周作人《奴隶的言语》，收录于《周作人文类编》第1卷（钟叔河/编，湖南文艺出版社1998年第1版，第533页，本文作于1926年，于1928年刊"北新"出版本，收入《谈虎集》）："斯特普虐克（Stepniak，字义云大野之子，他是个不安分的人，是讲革命的乱党，但是天有眼睛，后来在大英被火车撞死了！）在《俄国的诙谐》序中说，息契特林（Shchedrin-Saltykov）做了好些讽刺的譬喻，因为专制时代言论不自由，人民发明了一种隐喻法，于字里间表现意思，称曰'奴隶的言语'……"

⑭ ［英］哈耶克：《通往奴役之路》（王明毅/译，社会科学出版社1997年第1版，第10章）

⑮ ［美］刘易斯·科塞：《理念人——一项社会学的考察》（郭方等/译，郑也夫、冯克利/校，中央编译出版社2001年第1版，第93页）

⑯ ［英］哈耶克：《自由宪章》（杨玉生、冯兴元、陈茅等/译，中国社会科学出版社1999年2月第1版，第192页）

⑰ ［英］威廉·葛德文：《政治正义论》第2卷（何慕李/译，关在汉/校，商务印书馆，1982年第1版，第327—328页）。葛德文在如今的国人中知名度不太高，如果介绍他的话，就说他是诗人雪莱的老师兼岳父好了。

⑱ ［美］弗洛姆：《健全的社会》（孙恺详/译，王馨钵/校，贵州人民出版社1994年第1版，第50页）："……基督教义的最重要变化是从强调父权的因素转变到强调父权和

母权因素的融合。《旧约》中犹太上帝是一个十足的代表父权的神；天主教在发展过程中，重新引进了博爱且原谅一切的母亲的思想。天主教本身——代表着一切的母亲——以及圣母，象征着宽恕与爱的母性精神；而上帝（父亲）则代表着等级主义的权威，人必须顺从这个权威，不得有半点抱怨与反抗。毫无疑问，这种父亲因素与母亲因素的融合是天主教有着巨大吸引力、深深影响人们的头脑的主要原因之一。受到父权权威压制的群众，可以求助于慈母，以得到安慰与帮助。"

⑲〔法〕莫斯科维奇：《群氓的时代》（许列民、薛丹云、李继红/译，江苏人民出版社，2003年第1版，第234页）

⑳〔美〕魏特夫：《东方专制主义——对于极权力量的比较研究》（徐式谷/译，中国社会科学出版社1989年第1版，第132页）

㉑林语堂：《中国人》（即《吾国吾民》，郝志东、沈益洪/译，学林出版社1994年第1版，第200页）

㉒《箴奴隶》（《民声——辛亥时论选》，张岱年/丛书主编，胡希伟/编选，辽宁人民出版社1994年第1版，第86页。原载《国民日报汇编》第1集，东大陆图书译印局1904年10月出版）

㉓〔英〕威廉·葛德文：《政治正义论》第2卷（何慕李/译，关在汉/校，商务印书馆，1982年第1版，第472页）

㉔〔英〕威廉·葛德文：《政治正义论》第2卷（何慕李/译，关在汉/校，商务印书馆，1982年第1版，第473页）

㉕〔英〕爱德华·泰勒：《人类学》（连树声/译，上海文艺出版社1993年第1版）

㉖〔美〕费正清：《观察中国》（傅光明/译，世界知识出版社2002年第1版，第114页）

㉗〔美〕费正清：《观察中国》（傅光明/译，世界知识出版社2002年第1版，第120页）

㉘对孔子这句话最有趣（也最靠不住）的注释是康有为做的，他说"天下有道，则庶人不议"还有前面一句"天下有道，则政不在大夫"，其中的两个"不"字都是衍文，古本当中是没有的，所以孔子的本意是"天下有道，则庶人议"，"天下有道，则

政在大夫"。（康有为《论语注》）

　　⑫ 孔子到底是"编"《春秋》还是"作"《春秋》，或者说，如果按现代标准来署名的话，《春秋》到底该署"孔子著""孔子编著"还是"孔子编"，这是一场浩大的笔墨官司，暂不细表。"作"之为"作"，可以参考一下清代汪绂《春秋集传》自序里的说法："《春秋》，鲁史也，圣人修之，而孟子谓之曰'作'，诚以大义微辞圣人所独断，而非徒记载之文也。然谓鲁史旧文而斟酌损之，以某字为褒，某字为贬，使后世之人多方以求合，而莫测其意之所存，圣人当不尽然也。"

第三章
天人三策

（一）

"天人三策"之一——鬼神与灵异现象——做人还是做政治？——格劳孔PK苏格拉底——吕底亚牧羊人的戒指——儒法合流——皇帝上岗资格认证——孔孟之道和周孔之道——但欠世宗一死——《李秀成供词》——忠——从绝对父权到绝对君权——皇帝也需要刻章办证——建议皇帝下台——乌托邦种种

年轻的汉武帝广开言路，让各地推荐人才进京，然后亲自就国家大政方针向一众人才询问意见。

询问意见的程序是这样的：皇帝把问题写在成串的竹简上，发给大家，这个竹简就叫作"策"，竹简上的问题就叫作"策问"，皇帝的问话叫"制曰……"，所谓"临朝称制"，就是这个"制"；大家要应对"策"上边的"策问"，这个"应对"就叫作"对策"——我们现在也还常说"想个对策"，这个词就是从这儿来的。

汉武帝的第一次策问主要问的是：听说三皇五帝的时候大搞政改、创作新乐章，天下由此大治，后来的君王都纷纷效仿，可到了夏桀王、商纣王的时候，王道完全败坏了，后来的人再想扭转也很难扭转过来了，直到后王兴起，好不容易才把颓势给止住了。这到底是怎么回事呢？是人们丢掉了当初的治国大道了，还是老天爷就这脾气？那，人力有什么可为之处吗？怎么做才能把国家治理好呢？

看大家该怎么回答了。

作"对策"的有很多人，全是天下英才，其中就有我们的主人公董仲舒。董仲舒的"对策"一开始就从《春秋》出发，说："我看了《春秋》记载的历史，研究天和人之间的关系，哎哟哟，真是不得了哇！国家如果'失道'了，老天就会降下一些警告，人世间的统治者一看：'什么跟什么嘛，不过是个行政警告罢了，老子毫毛都没伤一根，不理会，不理会！'可老天爷是讲公道的，不是意思意思给老百姓看看就完了的，当他发现行政警告不起作用，就降下更大的灾祸，再搞些UFO和麦田怪圈什么的灵异现象出来，那意思是吓唬人间统治者：'臭小子，别给脸不要脸，你能有今天还不都是老子罩着，看你尾巴翘这么高，可别忘了谁才是真正的老大！老天爷生气了，后果很严重！'如果老天爷接二连三地发下警告，人间统治者却还不悔改的话，老天爷就真生气了，大灾大难就全降下来了。

"这么看来，老天爷不是不讲理的主儿，对人君是能罩着就罩着的，只有当人君实在太不像话的时候，老天爷才会发火，而只要人君不闹得太离谱，老天爷还是愿意罩着点儿的。所以，国家大治的关键就是看人间的统治者努力不努力了。"①

董仲舒说自己熟读《春秋》，发现天下的大问题在于"失道"，这个词是董老的原话，我方才加了引号，直接引用了。现在就得琢磨一下了：什么是"道"？

"道"这个词，缠绕中国历史两千多年，聚讼不休。道家的解决方案是最绝的："《老子》五千言，开篇就说'道可道，非常道'，所以，这个问题是无法言说的。如果你始终不说，你还可能理解对了，但你只要一说出口，那就肯定错了。"（这就好像现在的网络敏感词，版主既不公布，大家也不会说，但你还必须知道。可是，如果你想当然地以为一个词是敏感词，并把它规规矩矩地打了出来告诉别人，那只能说明它不是敏感词——敏感词可道，非敏感词。）——如果不是马王堆的帛书和郭店楚简的出土（后文再论），我们可能还真得承认《老子》是倾力在研究这个神秘的"道"的，嗯，看来儒家学者在这个问题上未必就不是专家。

董仲舒不玩虚的，很直截了当地解释说："所谓'道'，就是通往理想政治的道路。这可是一条真正的康庄大道啊，路上每隔三五里地就有仁义礼乐，比收费站还多！"（道者，所繇适于治之路也，仁义礼乐皆其具也。②）

　　这毕竟是在回答皇帝的策问啊，如果董仲舒也玩一个"道可道，非常道"，说不定当时就被轰出去了。董仲舒用比喻来解释"道"和"失道"，非常清楚明白，大意是说：最好的治国方法就是沿着这条大道一直走下去，就像开长途车走国道一样，路只要能认准了，再加上驾驶技术过硬，距离目的地就会越来越近；可假若天堂有路你不走，地狱无门你自来投，放着好好的国道不走，非要冲到荒野里另辟蹊径，或者不专心开车，眼睛总瞄摸着路边的美女，或者酒后驾车，横冲直撞，开到不晓得什么地方去了，这些就都叫作"失道"。所以说，我们看到历史上有不少昏乱的世道，那并不是因为国道不见了，而是因为昏君们不好好开车，拐到歪门邪道里去了。

　　董仲舒认为，一辆行驶在康庄大道上的好车应该是这样的：司机认真负责，把住方向盘，认清路标，别把车给开歪了，而路上应有的加油站和维修点一应俱全——这些加油站和维修点就是仁、义、礼、乐。这一来，司机认真负责，加油站和维修点分布合理，车上乘客们也就安全了。

　　就这些必要的加油站和维修点来说，"仁、义、礼"我们现代读者还都好理解，但"乐"真有那么重要的吗？——是呀，现在我们学校里音乐课几乎就是最不重要的课程了，而无论贝多芬还是周杰伦，都属于艺术/演艺范畴，难道这能和国家大政扯上什么关系吗？

　　——在古代还真就能，"乐"几乎和"礼"具有同等重要的地位，所以前边汉武帝才会把搞政改和创作新乐曲并列来谈，所以董仲舒在这里特别指出："乐者，所以变民风，化民俗也；其变民也易，其化人也著。"这就是说，音乐具有显著的移风易俗之功，是一种很有用的政治技术。他后边还说：歌功颂德也全要靠"乐"呀。——嗯，这很重要，我们可以看看《诗经》里边"颂"的部分，多是些官方音乐，对开国老前辈和历代（当然也包括现代）的君王们极尽歌颂之能事。这对天下人心真可谓春风化雨、润物无声啊，有着绝对不可小觑的教化之功。一支歌的力量未必就输给一支军队。

　　董仲舒接着引用孔子的话，说："人能弘道，非道弘人。"——这句话见于《论语》，有名得很，但它到底是什么意思，历来都是有争议的。董仲舒把它引在这里，看来他所理解的意思是：道是客观存在的，就像一台功能强大的电脑，但电脑怎么用，这主要不是取决于电脑本身，而是取决于电脑使用者，比如，有玩游戏搞得系统崩溃的，也有用电脑编写出很多精彩程序的。所以，那些坏的世道并不是因为天命终结了，世道就该着坏了，而是由于那些坏蛋国君造的孽太多，偏离了正道太远。世道的治与乱，全在人为呀！

虽然事在人为，但人并不是孤独的，老天可一直在上边瞧着呢。董仲舒说：如果有人接受了天命即将为王，世上必然会出现一些科学无法解释的灵异现象，这就是王者承受天命的凭证。为什么会这样呢？因为天下人心都归向他，就像小蝌蚪找妈妈，老天感受到了人类世界中如此强烈的诚意，于是便降下祥瑞，比如降下一头会讲历史故事的熊什么的。《尚书》里说武王伐纣的时候有白鱼跳上了周武王的船，还有，周武王的屋顶上着了火，火烧着烧着就变成了乌鸦，这些可都是有据可查的灵异现象啊，正是周武王承受天命的凭证。（不知道飞碟和麦田怪圈的目击者是否也承受了什么天命？）

老天爷可不是只会降下祥瑞的，他还会降下灾难。董仲舒接着说：坏蛋君王废弃了教化，滥用刑罚，致使道德沦丧，人心不古。而刑罚如果使用不当，就会积聚邪气，邪气积得多了，就会上下失和，阴阳错乱，妖孽滋生啊。

董仲舒继续扯起《春秋》这杆大旗，说：《春秋》一开篇的第一句话就是"春王正月"，表面看上去好像只是记载时间，就像"2010年1月"，或者"2038年3月"，其实可没这么单纯哦，这四个字里蕴含着极深刻极深刻的意义——咱们来看看《春秋》的"微言大义"到底有多么微妙——"春王正月"，王道之端就在"正"，而"正"次于"王"，"王"次于"春"，嗯，好好看看这四个字的排列顺序，难道不是这样吗？"春"是什么，是季节呀，是老天的所作所为；"正"是什么，是"王"的所作所为呀。这就是说，君王向上要效法老天，在人间要端正自己，走上正大光明的王道。

这可是董仲舒很重要的思想了：天道最要紧的就是阴阳——阳为德，阴为刑；德主生，刑主杀；阳主要在夏天活动，使万物生长繁茂；阴主要在冬天活动，悄悄藏着，不动声色。我们只要认真观察一下老天的活动规律，就会发现他老人家是喜欢用德而不喜欢用刑的。所以，相应地，人间治国也该以德为主，以刑为辅呀。

董仲舒接着说：我还没把《春秋》一开篇的大道理说完呢。您知道《春秋》里的"一"和"元"是怎么回事么？所谓"一"，就是万物的开始；所谓"元"，就是"大"。《春秋》纪年，把第一年称为"元年"，意思是说这是个重要的开始啊。这里可暗示着《春秋》的中心思想哎，是说一切的根源都在最尊贵的人那里——所以，做君主的要先让自己正心，正了心才能端正朝廷，端正了朝廷才能进一步端正百官，端正了百官才能端正万民，端正了万民才能端正天下四方，这样一来，大家就全往正道上走了，于是乎阴阳和谐，风调雨顺，五谷丰登，草木繁茂，不管多远的人在听说了君王的圣德之后都会赶来归附，老天的祥瑞会接二连三地降临，这就是王道的景象啊。

董仲舒该转折了：现在皇上您这好那好，可为什么老天没受到感应呢，为什么没有祥瑞出现呢？这都是因为没有搞好教化工作，而老百姓没有走上正途啊。人都是追逐利益的，就像水总是会往低处流一样，而教化就是水的堤防啊。不建立堤防的话，水就会乱流一气的。只要教化工作做得好，那就会人心向善，奸邪不生；教化工作如果做得不好，就如同豆腐渣大坝决口一般，没法收拾了，靠刑罚是解决不了根本问题的。古代圣王全都明白这个道理，所以全都重视教化工作，在首都建设大学，在地方建设中小学，用仁来教育人民，用义来感化人民，用礼来节制人民，所以，那时候刑罚虽然很轻而犯罪的人却少之又少，这都是教化大行而风俗淳朴啊。

——这是儒家的一个经典思想，我们想想杜甫的"致君尧舜上，更使风俗淳"。

董仲舒继续论述，从理论转入现实：秦朝搞的那套就是抛弃了德治而代之以苛刻的法制，把天下全搞坏了，所以仅仅十四年就亡国了。咱们汉朝接下了秦朝这个烂摊子，嘿，这个摊子还真够烂的，正如孔子说的"朽木不可雕也，粪土之墙不可圬也"，烂泥扶不上墙，麻尾儿串豆腐——提不起来！董仲舒下边几句话说得很漂亮，其中就有好几个我们熟悉的成语："法出而奸生，令下而诈起，如以汤止沸，抱薪救火，愈甚亡益也。窃譬之琴瑟不调，甚者必解而更张之，乃可鼓也；为政而不行，甚者必变而更化之，乃可理也。"——看，这么一句话里出了"以汤止沸"（我们现在一般用"扬汤止沸"，虽然一字之差，但字面意思却很不一样）"抱薪救火""琴瑟不调""改弦更张"四个成语，意思是：天下给秦政府毁成这样了，咱们汉朝皇帝怎么想办法结果都治理不好，法令刚一颁布下去就催生了更多的奸佞邪恶，诸多政治措施不是扬汤止沸不解决根本问题，就是抱薪救火越搞越糟糕。那，怎么办呢？正如琴走音了，得把琴弦解下来重新调整一下，政治搞不下去了，也应该换个思路另外搞搞。咱们汉朝都已经迎来七十多年国庆了，老办法也该换换啦，不是都说要与时俱进嘛！

——这就是"天人三策"的第一策，原文太长，这里只是节要而说。[③]可能熟悉孔孟的人早就按捺不住要问问题了："第一个问题：董仲舒讲的那什么天人感应，什么灵异现象，是真的么？孔孟有这么说过吗？《春秋》里边有这类的记载吗？第二个问题：还有那个'人都是追逐利益的，就像水总是会往低处流一样'，这都是正牌的儒家思想吗？这不是等于在否认人性本善吗？第三个问题：《春秋》里边的'春王正月'啥的，真有那么玄妙的奥义吗？"

第三个问题我们得放到后边再说，现在只来看看前两个问题。

先来琢磨一下问题一：《春秋》里边真有灵异现象吗？

一查资料，好像还真有：

周宣王要杀大臣杜伯，杜伯很冤，愤愤地对老天说："我不服！——哎，老天爷呀，跟你商量一下，等我死的时候给我搞个六月飞雪，我要让大家都知道我是冤枉的！"

老天微微一笑："就你这小样儿还想玩六月飞雪，不给你杜伯俩字搞成敏感词你就谢天谢地吧。"

杜伯一愣，呆了半晌，嗫嚅着说："那，那，给个旱天雷总可以吧？"

只听天上"噗哧"一笑："给你打旱天雷，哼哼，也行，可你得先告诉我，就你这点儿小小冤屈我都给打旱天雷，那等谁谁谁死的时候我可该怎么办呀？"

杜伯歪着头，又是好半晌，终于带着哭腔说："算了，你还是别管我了，求人不如求己，干脆这样，如果人死如灯灭那也就罢了，可如果死后有知，不出三年，我一定要让我们国君知道我的厉害！"

杜伯死了。过了三年，周宣王会合诸侯一起打猎，豪车数百辆，从者数千人，声势浩大。就这样一个车队，按说撞死人都是白撞，谁敢招惹呀。可是，就在日中时分，风云突变，只见一辆白马素车兀然冲来，车上一人——按说都白马素车了，车上一人应该是银盔银甲素罗袍，手持一杆亮银枪才对，但这个年代还没有说评书的，所以车上这位是红衣红冠，红弓红箭，直奔周宣王就冲过来了。大家一看：咦，这不是杜伯么，他三年前不就死了么！

　　注意，这可不是三更半夜、月黑风高、偏街僻巷、孤身一人，而是白日当空、众目睽睽啊。只见杜伯追得近了，张弓搭箭，瞄准了周宣王。周宣王还奇怪呢：咦，自己心口这地方怎么有一个红色的光点呀，这杜伯可真搞笑，弄张弓还搞个高科技，切！

　　眨眼间箭已离弦，呼啸而来。在场好几千人全都惊呆了，眼看着这一箭竟然速度变慢，形体变大，箭镞处的气流被推出了几道璀璨的波纹，这，这是怎么回事？

　　只有周宣王是个明白人，把嘴一撇："切，不就是玩个暴力美学么，你当自己是谁呀！"

　　箭镞突然恢复正常速度，一瞬间便洞穿了周宣王的心脏。周宣王一口气都没多出，当即便往车上一扑，死了。

　　——这就叫"光天化日鬼杀人"，此事见于《春秋》。从此之后，大家互相转告，都说："瞧见没有，人可不能乱杀呀，不然鬼神会报应的！"

　　灵异现象不止一件，类似杜伯的事件在燕国也出现过。燕简公要杀大臣庄子仪，庄子仪在临死之前说了和杜伯一样的话："如果人死如灯灭那也就罢了，可如果死后有知，不出三年，我一定要让国君知道我的厉害！"

　　庄子仪死了。过了三年，燕简公出行，随从众多，浩浩荡荡。还是在日中的时候，大家突然看到庄子仪冲到了马路中间，手里抓着一根红色的棍子。交警先说话了："嘿，小子，别以为乱闯红灯就没人管，还当自己是宝马了，不知道路口有摄像机吗！"

　　庄子仪冷笑一声："我是鬼哎，摄像机要能拍到我，你就找司马南领钱去吧！"

　　庄子仪一边说着，一边举起了大棍，恶狠狠地直扑燕简公。

　　燕简公脸色发青，嘴里念叨着："不要怕，不要怕，他不过是个鬼。"

　　光天化日，众目睽睽，庄子仪眨眼间就冲到了燕简公的面前。

　　燕简公突然问了一句："哎，小庄，你是鬼吗？"

　　庄子仪冷笑道："废话！"

　　燕简公迟疑着说："按说，鬼是没有物质形体的，没有重量的，电视里的鬼片不是都演鬼从人的身体撞过去，而人却浑然不觉吗？"

庄子仪一愣："对呀，这又如何？"

燕简公擦了擦额头的冷汗："这就是说，你如果拿棍子打我，我应该根本就感觉不到才对！"

庄子仪又是一愣："咦，好像是这个理呀……不行，那，那咱们试试？"

燕简公"嗯"了一声，摘了帽子，把脑袋探了过去："也对，就试试好了。"

庄子仪抡圆了大棍，"呜"的一声，照着燕简公的脑袋就砸了下去。

燕简公很是纳闷："这棍子怎么还挂着风声呀，它应该不是物质实体才对呀，为什么……"

"噗——"燕简公死了。

——又是一件"光天化日鬼杀人"的灵异事件，此事也见于《春秋》。从此之后，大家互相转告，都说："瞧见没有，人可不能乱杀呀，不然鬼神会报应的！"

再说一件宋国的事。宋文君时代，有个负责祭祀的官员叫作观辜。有一天，厉鬼附在巫子身上，责问观辜说："臭小子，最近的祭祀工作搞得很差劲嘛，玉器拿塑料仿制品充数，玉液琼浆是工业酒精兑敌敌畏，献祭的肥牛全有疯牛病，也太不像话了吧。老实交代，这到底是你们国君干的，还是你自己干的？"

观辜很有骨气："我们国君年纪小，还在吃奶呢，这些事全是我观辜干的，你想把我怎么着吧？"

巫子二话不说，抄起一支船桨当头便劈了过来。

观辜一看："好家伙，居然是岩流岛的宫本武藏！"

眼看着船桨离得近了，观辜好像突然明白了什么，大喊道："不对，鬼神怎么可以野蛮执法？！"

巫子冷笑一声："还把自己当根葱了！"嘴里说着，船桨势头不减。

"噗——"观辜死了。

这件事，照旧是发生在光天化日、众目睽睽之下，后来也被记入《春秋》。从此之后，大家互相转告，都说："祭祀不能不谨慎啊，鬼神在盯着咱们呢！"

这种事齐国也有。齐庄王时代，王里国和中里缴两人打官司，打了三年也没打出结果来。齐庄王很为难，有心把两人都杀了，可又不忍错杀无辜之人；有心把两人都放了，又不想让有罪的人漏网。但这案子实在太难断了，包青天此时还未出生，江户川柯南不懂中文，名侦探叶子的故事熊逸还没写完……唉，看来已非人力所能为。那，那就听听鬼神的意见吧。

于是，齐庄王派人弄来一只羊，带着王里国和中里缴一起到神社祭祀，杀羊歃血。王里国说："我庄严宣誓，我无罪。"中里缴也宣誓："我庄严——"话没说完，死羊突然跳了起来，一头朝着中里缴撞了过去，撞断了他的一条腿。

中里缴"哎哟"一声："我怎么这么倒霉！"

半空中突然有人说话："还有你倒霉的呢！"原来是神社里的神灵现身，照着中里缴的脑袋就是一记重拳。

中里缴仆倒在地，当时就一命呜呼了。

这件事，照旧是光天化日、众目睽睽，后来也被记入《春秋》。从此之后，大家互相转告，都说："不要发假誓呀，神灵在盯着咱们呢！"

这么多灵异现象全都是《春秋》有载哦，可是，孔子不是一个无神论者么？至少他老人家对这些神神鬼鬼的从来都是存而不论的态度呀，这，这不是很矛盾么？

——其实呢，一点儿都不矛盾，因为上面讲的这些个《春秋》并不是传说中孔子编的《春秋》，而是燕国的《春秋》、齐国的《春秋》、周天子的《春秋》等等，这几部《春秋》虽然没有流传下来，但书中的灵异现象却被墨家汇集起来，编纂进了他们墨家的经典《墨子》，上面这些故事，就是取自《墨子·明鬼》。④

这就告诉了我们两个信息：第一，《春秋》并不是孔子特别定下来的书名，并没有什么特殊的含义，当时各国的史书还有好几部也都叫《春秋》呢；⑤第二，董仲舒在对待老天的态度上和孔孟已经有了很大的差异，反倒和孟子毕生竭力苦战的墨家思想很有一些异曲同工之妙——这就让我们想到，自从"罢黜百家，独尊儒术"以后，难道先秦诸子百家的思想真的全部消亡了吗？也未必哦，墨家的"明鬼"思想不就悄悄地被藏进了董仲舒的儒家理念当中了吗，而墨家曾经可是儒家最大的对头呀。

《墨子·明鬼》在上面讲过的那几个小故事之前还有一个总则似的大帽子，说：自从三代的圣王死了之后，天下越来越乱了，简直没法看了。怎么会搞成这样呢？还不都是因为大家对鬼神产生怀疑了，不知道鬼神是能够赏善罚恶的呀。如果天下人都能相信鬼神可以赏善罚恶，世界很快就会好起来的。⑥

看，墨子想"明鬼"其实是为了现实服务的，所以他才从各国的《春秋》里摘选了那么多的"见鬼"的例子，告诉大家：鬼神就在我们身边。墨子为了取信于人，特意都选的那些光天化日、众目睽睽之下见鬼的例子，看起来确实很有说服力。可问题是，如果鬼神当真像墨子说的这样，天下还怎么可能大乱呢？谁还敢不老老实实地过日子呢？所以，天下大乱的现实其实已经把墨子的"明鬼"给结结实实地打翻在地了。我们再看董仲舒，他的"天人感应"理论在鬼神观上介于孔子和墨子之间，取了墨子神道设教的主意，但说得更虚、更玄了，也就是说，把墨子那个重大的逻辑漏洞给补上了。——想反驳墨子的"明鬼"是很容易的，像我方才那样，一棒子就可以打倒，但反驳董仲舒的"天人感应"可就难了；墨子的"明鬼"说法用简单的逻辑就可以驳倒，而要反驳董仲舒的"天人感应"就需要借助现代化的"奥卡姆剃刀"了。

另外，也许墨子自己都不知道，他的"明鬼"或许有着久远得多的传统渊源——爱德华·泰勒在他著名的《人类学》一书中讲过一个神判的例子，简直就是王里国和中里缴故事的外国翻版："在俄罗斯的西伯利亚法庭上，可以看到奥斯加克人宣誓的有趣场面：当时，把一个熊头带到法庭上来，为的是如果见证人做了虚假的证明，在这种情况下，奥斯加克人就去咬这熊头，以此为誓召唤熊咬死那见证人。"⑦——原始的神判仪式是如此普遍，当社会发生改变的时候，这些古老的习俗还会顽强地存在一段时间，但终会变得不合时宜。现在，感谢文明的进步，我们在俄罗斯的法庭上已经见不到熊头了（我诅咒这些北方的先民，居然犯了我的名讳），而在墨子那个时候，熊头这种东西也早已不是时代的主旋律了。墨子固守着这份传统，确实像是一位不折不扣的宋国人——宋国人是以迷信著称的商朝人的后裔，在百家争鸣的时代没少受人揶揄，揠苗助长和守株待兔的故事就都是好事者拿来编排他们的。

再看第二个问题："董仲舒所谓'人都是追逐利益的，就像水总是会往低处流一样'，这都是正牌的儒家思想吗？这不是等于在否认人性本善吗？"

再看看董仲舒的原话："夫万民之从利也，如水之走下，不以教化堤防之，不能止也。"不错呀，是说人都是趋利避害的，这是天性，改不了的，而这种天性如果任其发展的话，那一定是一发而不可收了。想解决也容易，好办法只有一个：加强思想教育工作，加强精神文明建设，提高人民群众的道德情操。

这也就是说，最高领导要教育所有老百姓说："都给我听清楚了，我要教你们怎么做人！"——看来没人教的话，老百姓自己是不会做人的，非得由领导来认真教诲才行，最后把所有人都教育成一模一样。

嗯，还有人认为儒家思想都是教人怎么"做人"的吗？

"做人"其实不是做人呀。

这个问题我曾经再三强调，实在是因为太多的人都有这个误解——不光是中国人，外国人也有，黑格尔教哲学的时候就说过：儒家哲学只是一种道德哲学，孔子只是一位现实生活中的智者，在他那里，思辨的哲学是一点儿也没有的，只有一些善良的、老练的、道德的教训，从里面我们不能获得什么特殊的东西。⑧

而其实呢，儒家的做人不是做人，道德不是道德，哲学不是哲学，根子全在政治上呢，政治问题是所有问题的出发点，这一点我们一定要搞清楚。

好了，再看董仲舒的"教做人"，好像老百姓全是坏坯子似的，这思想说它不是儒家吧，却和荀子的"性恶论"很像，而当年在荀子的这个思想里却发展出了法家——真是说不清、道不明啊。

我们设想一下：如果没人教、没人管，人会变成什么样呢？

这世上有很多问题比我们想象的更具有普世性，眼前这个问题也是一样，大约和孔子同时代的西哲格劳孔很有一些真知灼见，而且说得有趣。

格劳孔这个人可能很多人并不熟悉——在柏拉图的《理想国》里，众人围观苏格拉底和诡辩派哲学家色拉叙马霍斯辩论正义与非正义的问题，小色从一开始的气势汹汹直到逐步被苏格拉底逼得哑口无言，而这时候，旁边看热闹的格劳孔起了路见不平、拔刀相助之心，把小色换下场，以生力军的姿态再战苏格拉底。别看格劳孔是作为苏格拉底的对手出现的，平心而论，他的发言极有价值。

格劳孔说：那些做正义之事的人并不是真正地出于正义而为之，而仅仅是因为他们没有作恶的本领。

——真是个惊世骇俗的观点呀。格劳孔为了说明观点，给大家讲了一个故事：在很久很久以前，吕底亚的统治下有一个卑微的牧羊人，在一次地震之后，他惊讶地发现大地裂开了一个巨大的裂缝，深不见底。在好奇心的驱使下，牧羊人小心翼翼地走进了这个地缝，哈，果然没有白来，地底下有的是千奇百怪的珍宝。最特别的是一匹空心的铜马，马身上居然还有小窗户。这可太古怪了！牧羊人向这个小窗户里偷眼看去，见里面只有一具死尸，身量比普通人高大，身上什么都没有，只是手上戴着一只黄金戒指。

"不走空"的不只是贼，牧羊人摘下这只戒指戴在了自己的手上，然后就回到了地面。

一个月过去了，什么事都没有发生。这一天，是牧羊人集体开例会的时间，每人都要把羊群的情况向国王汇报。这位牧羊人和同事们坐在一起，静候着每月一度的例行公事。

国王先在主席台上发表有关他的重要思想的重要讲话："……取得了重大进展和伟大胜利……思想的指导下，进一步统一思想认识……"我们的牧羊人在底下坐着，聚精会神地在走神，胡乱摆弄着手上的戒指，把戒指上的宝石向自己这边转了一下。

奇迹发生了！突然，这位牧羊人在人群中消失了——并不是真的消失，只是别人全都看不到他了。他自己呆住了，莫名其妙，好半晌，又把戒指上的宝石向着外侧转了一下，马上，别人又能看见他了。

这真是个伟大的发现啊！从此以后，牧羊人搞了很多次试验，把宝石转过来转过去，结果是百试百灵！

如果你有这么一个法宝，你会做什么呢？

当然了，我们都有很好的荣辱观，真有了这件法宝也只会用它更多地去学雷锋、做好事，但这个古代的外国牧羊人却远远没有我们这么高的觉悟——他心里有了小算盘，想办法混进了公务员队伍，然后，靠这件法宝的帮助，勾引了王后，谋杀了国王，夺取了王位。

格劳孔讲完了这个故事，接着说："我们想象一下，如果有两枚这样的戒指，让一个正义的人和一个不义的人各戴一只，结果会怎么样呢？"

格劳孔自问自答："可以想象，只要有这样的法宝在手，没有一个人还会坚定不移地继续正义下去，没有一个人会克制住自己的欲望而不去拿别人的财物。如果可以在市场上想拿什么就拿什么，可以随意地穿门越户，随意调戏女人，随意杀人越货，总之，如果一个人就像全能的神一样，可以随心所欲地做任何事情，我敢说，那个正义的人和不义的人最后只会变得一模一样。"

——为什么会这样呢？因为，这就是人性呀，正如董仲舒说的——"人都是追逐利益的，就像水总是会往低处流一样"。

是呀，看上去真是这么回事。那么，这个问题如果是客观存在的话，有什么合适的解决之道呢？

董仲舒给出的解决之道就是"推行教化"。当然，完全依靠教化也是不行的，要阴阳结合才行，而阴阳体现在政治上，就是德和刑，也就是德治和法治。但老天既然以阳为主，以阴为辅，人世间也应该相应地以德为主，以刑为辅——这就是董仲舒"德主刑辅"的施政理念。

听上去很合理哦。

但是，仔细想想，似乎还有个问题没解决呀：如果"人都是追逐利益的，就像水总是会往低处流一样"这句话是成立的，那么，皇帝是不是"人"呢？难道皇帝就是用特殊材料制成的人吗？

如果皇帝也是人，那他也一样是追逐利益的呀，一样是会"水往低处流"的呀。皇帝来统一思想，教化万民，可谁来教化皇帝呢？那个"牧羊人的戒指"可千真万确地就戴在皇帝的手上呀，如果抛开寓言的因素，这个"牧羊人的戒指"不就是不受制约的"绝对权力"吗？如果格劳孔的论述成立，如果阿克顿勋爵"权力导致腐败，绝对权力导致绝对腐败"的论述成立，那么，不管一开始皇帝是正义的还是不义的，只要他戴上了这个"牧羊人的戒指"，就必然会最终变成不义的了？想想天纵英才、励精图治的唐太宗和唐玄宗在执政晚期都变成了什么样子，好像还真是这个道理呢。

如果事情真是这样的话，那也就意味着：用光芒万丈的道德情操来循循善诱地教化万民的，却是一个越来越向着不义滑去的皇帝？这就好像用善良、温顺、遵纪守法来教化羊群的，却是一只两眼绿光的豺狼？

——如果一套理论存在着如此巨大之漏洞的话，简直就无法自圆其说嘛。

天下有着各种各样的理论，有对的，有错的，有精湛的，有搞笑的，但无论如何，"能够自圆其说"总该是一个基本要求吧？一个无法自圆其说的理论恐怕很难得到人们的认真对待。

那么，以董仲舒的大才，一定有办法把这个破绽给圆上吧？

说实在的，这真有点儿难为人家董仲舒，因为儒家思想发源于宗法社会（详见《孟子他说》第二册），无论是孔子还是孟子，他们生活的时代虽然早已"礼崩乐坏"，但好歹是封建体制，好歹有着贵族民主专政的遗风。而秦朝以后，封建变为专制，社会格局变得和以前完全不同了，新儒家董仲舒面对的是一个面目全非的"美丽新世界"，新世界里的政治体制专制新格局是孔孟闻所未闻、见所未见的。也就是说，传统儒家思想里根本找不出现成的解决方案，一切全要靠董仲舒自己去想方设法。

这可不只是董仲舒一个人要解决的问题，也是汉朝以后几乎所有儒家知识分子都要面对的问题。但谁让董仲舒生得早呢，螃蟹他得先啃。

不妨自己先想想：如果你是董仲舒，你会怎么把话给圆上？

如果赤裸裸地说真话，也许可以这么说："天下都是他们老刘家流血流汗打下来的，整个汉朝所有土地、所有人民，都是他们老刘家的私有财产。你们这些臭老百姓就跟猪狗一样，人家想给你们饭吃，你们就有饭吃，想把你们饭碗砸了，你们就得挨饿。——怎么着，不服气是吗？不服气的话，你们也自己打天下去，也拿血汗换去！老话说得好：'既得利益者是不会自动退出历史舞台的，无论他们已经腐朽到了何种程度。'"

——这个逻辑可不是完全虚拟出来的哦，比如哈林顿在《大洋国》的书稿里提倡共和制，委婉地建议独裁者克伦威尔功成身退，而克伦威尔只是轻蔑地说："老子靠刀剑打下来的天下，难道因为一粒纸弹的打击就轻易放弃？"随之便扣留了哈林顿的书稿，不许印发。

董仲舒虽然不知道哈林顿这个"后车之鉴"，却也明白不能拿自己的脑袋开玩笑，如果当真这么说了，自己寿数也就到了。在整个两千年的专制历史上，虽然官方经常宣传什么直言进谏、心口如一，可现实一再告诉人们：有话直说是不会有好下场的，即便现在不收拾你，早晚有一天也会秋后算账。

那，那该怎么说呢？

想来想去，董仲舒理论的这个破绽仅靠人世间的政治理论是怎么也圆不上的，非得请来老天爷不可。看，"天人感应"一点儿都不幼稚吧？能够感应得天降祥瑞的皇帝当然就是真命天子了，其合法性是毋庸置疑的，道德品质之高更是毋庸置疑的，也正因为如此，他才不仅是我们全国人民的政治领袖，同时还是我们全国人民的伟大导师和道德楷模。

这是一个很高明的办法，我们想想，为什么历代那么多的草民在饱受地方官的欺凌虐待之后却依然坚信中央朝廷的圣洁无瑕，坚信皇帝和宰相们一心一意要让全国百姓过上好生活，而自己之所以没有过上好生活，完全是被恶毒的地方官害的。是呀，真命天子的政策全是好的，都是被地方上这些歪嘴和尚给念坏了的。

看，这样的真命天子倒很像柏拉图理想中的"哲学王"，但耐人寻味的是，柏拉图到了晚年，却对正义和教化绝口不谈，改论刑赏和法治了。

——看来德治教化之途在西方是行不通的哦，只有我们古老的东方文明才能如此。

但可惜的是，德治教化在古代中国其实也没行得通，汉武帝虽然独尊儒术，儒家思想成了官方意识形态，而真实的政治生活却一直都是外儒内法，说一套做一套。嗯，这个表达不很准确，说"儒法合流"也许更好。

不管怎么说，"天人感应"确实把理论破绽给圆上了。现在见面率非常高的"天人合一"其实最主要的源头就在董仲舒这里，只是我们很多人把它一厢情愿地理解成"人与大自然的和谐共处"——哦，很多很多古代概念都被我们理直气壮地误用着，"天人合一"不过是其中之一罢了。

也许事情总是有两面性的，从好的一面讲，"天人感应"虽然是对专制的维护，但也对最高统治者起了一定的制约作用：好你个皇帝老儿，别看你在人世间说一不二，什么都是你最大，可你头顶上还有个老天爷呢。商纣王牛不牛，一旦不招老天爷待见了，马上就完蛋。

这情形倒很像某种黑社会类型：所有人都以为老大是最大的，是说一不二的，是拥有无限权力的，可大家不知道，老大上边其实还有个人，只是大家从来都看不见——那就是当朝的巡抚大人，他老人家才是这整个黑社会的保护伞和真正大股东。在董仲舒的体系里，皇帝就是这位黑社会老大，老天爷就是巡抚大人。唯一不同的是，巡抚大人毕竟也是个人，是人就有人类的缺点，而老天爷却不是人，他既是至高无上的，也是完美无缺的。

董仲舒这么做，也等于搞了个"皇帝上岗资格认证"，意思是说：不是所有皇帝都拥有这个认证证书的，老天爷看着谁好，才会发给谁这个证书，然后盖个钢印。证书和钢印也就是那些祥瑞，于是，拥有祥瑞的皇帝也就是获得老天爷有效认证的皇帝，顺理成章成为一个道德完人，或者说是"圣人""圣主"，而圣主自然会代表万民的利益，关心万民的利益，他是大公无私的——如果他有私心，那就不可能得到资格认证的证书，而他既然已经考了这个证书，那他必然就是大公无私的圣主。

这个逻辑好像很严密哟，况且，就连一向被誉为东汉时期伟大的唯物论者的王充都曾经以自己的方式为董仲舒的祥瑞逻辑做过证明，⑨那么，既然皇帝是君权神授，老百姓自然该以服从为天职。

也许"神"还更可靠一些，毕竟神是无所不知的，而且可以奖善罚恶，撤换他不喜欢的代理人。

这时候我们再来回顾一下孔子和孟子，人家可从来没有讲过什么"忠君"哎，且不谈孟子的"民贵君轻"思想，就算孔子著名的那句"君君，臣臣，父父，子子"，其中或许也有一种"你敬我一尺，我敬你一丈"的精神——老板如果对咱够意思，咱就尽到咱的本分；老板如果不够意思，嘿，老子不干了，拍屁股走人！——如果你"君不君"，那就别怪我"臣不臣"。

时代变了，传统儒家的思想行不通了，该讲无条件的忠君了，该对着龙椅宣誓效忠了。其中原因难道仅仅是"老板是老天爷的人间代理"吗？——未必，天命一说其实早在儒家尚未出现的商、周两代就有了，并不是董仲舒的原创，而且，这个理论同时还有着这样一层意思：如果老天爷变主意了，改朝换代就是理所当然的了，真到了那时候，投靠新主子也不是什么丢人的事，无非是顺应天意嘛。

但这层意思最好让它只在理论上存在（所以汉景帝要搞那个"吃马肉不吃马肝"的学术禁区），而且，从"天人感应"来看，只要不断出现祥瑞，就说明天命依然站在当今圣上一边。既然如此，大家伙儿无条件地效忠皇上自然是天经地义的。也就是说，不管老板对你够不够意思，你都得对老板够意思。

当然，说归说，这其中还有一个很现实的因素，那就是"大一统帝国"的威力。帝国越是大一统，忠君的思想束缚就越强，原因很简单：异见分子没地方跑。——"天人感应"一说在两汉时代还比较清楚明白，越到后来就越有些含含糊糊了，毕竟黑社会老大在私心之中也不大喜欢巡抚大人的"另一面"。

这里还有很有趣的一点：我们若要分辨历代的知识分子对这个问题是什么态度，一般来说，只要看看他们怎么评价孟子就可以了。——有一点特别值得留心：咱们现在一提儒家思想就说"孔孟之道"，实际上"孔孟之道"这个说法是晚到北宋才有的，以前人们说的是"周孔之道"，是把周公和孔子并称。孟子是到了唐朝才经韩愈的"再发现"，后来又得到一些宋儒的推崇，这才有了后来的名满天下。

整个历史上，学孟子、像孟子最出名的应该算王安石，当时人们读他的文章，以为是孟子复生，而王安石还曾借权势之便亲手把《孟子》列入了科举考试必读书。而作为王安石的大对头，司马光自然是头一个反孟子的，他写了一篇《疑孟》，大批孟子，说孟老头儿很会拿圣人之学给自己谋求天价讲课费，而最重要的是，孟老头儿混淆君臣之义，对国君的召见竟然故意不睬，哪像人家孔子，就算鲁哀公那样的昏庸之君，只要派秘书给打个电话，孔子马上就毕恭毕敬地跑去了，这才是为人臣之礼啊！（有趣的是，司马光那个家教严谨的儿子司马温却很是推崇孟子，曾对皇帝说："《孟子》这书最是淳正，把王道讲得最是明白。"）李觏也是反孟子的（"乞丐何曾有二妻"那个故事就是和他有关的），说孔子之道是君君臣臣的尊卑秩序，孟子之道却是人人可以为君，这还了得！——看来，做奴隶也是会让人上瘾的。费正清曾经列举过自1607年以后中国的几位拥有超长任期的统治者，然后得出结论说："这可以说明，中国人愿意接受一个至高无上的个人权威，而不是法律的至高无上。"⑩我不清楚的是，如果承认他的这个结论，是否意味着下面这句话也是相应成立的："中国人天生就有奴性"？

我希望大家能把这个问题理解为反问句，但无论如何，相对于自由，很多人却宁愿选择服从；相对于直立行走，很多人却宁愿选择屈膝爬行，这恐怕既是人的天性所致，也是专制之下的斯德哥尔摩综合征吧？

——这种情形直到现代社会也依然不绝，拥有了自由的人们却开始逃避自由，或许自由是一种"不安全"的状态，而弱小的人类在天性上就是需要"集体"的，正如弗洛姆概括的那样："……极权主义运动吸引着渴望逃避自由的人们。现代人获得了自由，然而在内心深处却渴望逃避自由。现代人摆脱了中世纪的束缚，却没有能够自由地在理性与爱的基础之上营造一种有意义的生活，于是，他便想以顺从领袖、民族或国家的方式，以寻求新的安全感。"⑪——相形之下，孟子的精神就更显得难能可贵了，他老人家的简单真理却原来在根子上就是在和基本人性作对啊。

孟子思想里的知识分子独立人格和"民贵君轻"，在大一统时代里确实处境尴尬，忠君就得无条件地一忠到底才是正理，而当这类"忠"的意识已经在很多人的脑海里根深蒂固的时候，仅仅是"忠"却又显得不够了：一定要以"更忠"来超越"忠"，就像追求平等的领袖们从不会满足于平等，而要再接再厉地去追求"更平等"。

宋朝开国初年的宰相范质算得上"忠"的历史上的一个里程碑式的人物，他的经历对后世知识分子的尽忠观念影响极大。据《宋史·范质传》，范质小时候是个神童，文采出类拔萃，十三岁就开始钻研《尚书》——这可是一部超级难读的大部头啊，而且他这么小小年纪就开始教学生了。范质生逢五代乱世，在这五代当中，他在四代里边都当过官，进入后周的时候，范质早已是几朝元老，后来周世宗病危，范质便是一位托孤大臣。

乱世就是乱世，在周世宗咽气不久，小娃娃恭帝即位，随即便发生了一件众所周知的大事：后周武官赵匡胤陈桥兵变，黄袍加身，从此改朝换代，中国历史进入了北宋时期。范质面对这突如其来的变化，一时还没有缓过神来，可他既然已经历仕几朝，看看老天爷又变心思了，便也不在乎继续为这个新建立的宋朝效力，于是，范元老又做了赵家王朝的宰相。

范质此番为相，来了一个意义深远的破旧立新之举：此前，宰相和皇帝议事都是坐着讲话，但范质这时候可能觉得赵匡胤太伟大了，自己太渺小了，对坐议事实在说不过去，干脆，有事就写折子递上去让皇帝自己慢慢看吧。范质这一改规矩，赵匡胤也欣然接受，从此之后直到清朝，被范质改变的这个传统再也没有恢复回去。⑫

范质在去世之后又立起了一座里程碑——宋太祖看范质死了，感叹他辛辛苦苦操劳了这么多年，再看他家无余财，房子也只有自住的一套，也不经营什么产业，更是觉得这人不错。（从赵匡胤的这些感慨里，我们可以反推出当时很多大臣肯定都是大炒房地产成风，同时还利用权力经营产业。）赵匡胤一挑大指："这才是真宰相啊！"——更重要的评语是宋太宗赵光义做的，他说："宰辅当中若论守规矩、慎名节、重操守，没人能比得过范质。范质这人哪儿都好，但是，可惜了一点啊——他欠周世宗一死啊！"（宰辅中能循规矩、慎名器、持廉节，无出质右者，但欠世宗一死，为可惜尔。⑬）

宋太宗这个"但是"意义重大，《宋史》后文评论道：

> 五季至周之世宗，天下将定之时也。范质、王溥、魏仁浦，世宗之所拔擢，而皆有宰相之器焉。宋祖受命，遂为佐命元臣，天之所置，果非人之所能测欤。质以儒者晓畅军事，及其为相，廉慎守法。溥刀笔家子，而好学终始不倦。仁浦尝为小史，而与溥皆以宽厚长者著称，岂非绝人之资乎。质临终，戒其后勿请谥立碑，自悔深矣。太宗评质惜其欠世宗一死。呜呼，《春秋》之法责备贤者，质可得免乎！

这段是说：五代到了周世宗的时候，天下已经快要归于平定了。范质、王溥、魏仁浦这三个人都是周世宗提拔起来的，都有宰相之才。宋太祖接受天命当了皇帝之后，把这些超级能干的前朝旧臣一块儿给收编了，老天爷的心思真不是凡人能够揣测的啊。范质是儒生出身，却通晓军事，当了宰相以后廉洁奉公，谨守法度。……范质临终前，一再叮嘱孩子们不可以给自己请谥立碑，看来他心中是有着很深的悔恨啊。宋太宗评论范质，说他"欠（周）世宗一死"。呜呼，《春秋》笔法责备贤者，范质是逃不了这个责备喽！

——依咱们现代人看，宋太宗这就叫得了便宜还卖乖，但开国初期的皇帝们都是这样，打天下的时候是一个逻辑，坐天下的时候又是一个逻辑，打天下的时候是一个天命，坐天下的时候又是一个天命，而且还得想方设法让大家把打天下时候的逻辑和天命都给忘了，让老百姓们把打天下的时候对他们的许诺都给忘了，谁要敢旧事重提谁就是犯禁，必须给以严惩。这就是伯夷、叔齐的经典悖论，也是汉景帝那句"吃马肉不吃马肝"的另一种体现。想那范质，到底是周世宗的托孤之臣，从这一点上来说，范质也确实有点儿对周世宗不住。这个问题一经宋太宗的渲染，就成了：皇恩浩荡，臣子应当肝脑涂地。这个逻辑进一步会演变成：不管皇帝睬没睬你，只要你生在这个皇朝，那么，这个皇朝就对你皇恩浩荡，你就应该对这个皇朝肝脑涂地，如果这个皇朝被篡夺了，你就应当为此献出生命——是这个皇朝给了你生存权，所以，你自然也就欠这个皇朝一条命。（这会儿就不提天命了。）

"欠世宗一死"，这句话自宋太宗以后，就一直飘荡在历代知识分子的头顶，在一代代皇朝更替的时候起着鬼头刀的作用，嗯，再不能像五代那样历仕新朝了呀，必须从一而终，必要的时候就要勇于死节——因为你欠老皇帝一条命。

吴梅村那句最著名的诗句"浮生所欠只一死，尘世无由识九还"，出处就在这里，在明清易代之际，吴梅村因为自己没去自杀而日日夜夜地受到良心的谴责。

"皇恩浩荡，臣子应当肝脑涂地"，这两者之间真有因果关系吗？可能在宋朝的时候还有，到了后来就越发地淡了。一个典型的例子是：被电视剧渲染得清正廉明的雍正爷在真实的历史上曾经对臣下的一份奏折中"君恩深重，涓埃难报"这句话大为光火——我们一时恐怕很难理解，这八个响当当的字分明是在表忠心的呀，难道还有什么不对吗？这的确是表忠心的，也的确说得不对，雍正驳斥说："你只管去尽臣节，说哪门子君恩深浅呀！"⑩是呀，无论皇帝对你恩深还是恩浅，甚至冤枉了你，你也得尽忠，不能有丝毫二心，这个"忠"，总是要无条件一忠到底的。但这里也可能有个语境隔阂：奏折里所谓的"君恩深重"也许正是前文讲过的《菊与刀》中那种无所不在的"恩情"。

一般人都认为"忠君"是儒家思想，其实原本不是，孔孟不讲这一套，法家才讲，比如韩非子，谈忠孝一点儿不比后儒逊色。《韩非子》里专门有一篇"忠孝"，其中举了这样一个例子：做儿子的如果常常称赞别人的爸爸，开口闭口就说："瞧人家谁谁他爸，每天都早起晚睡，努力工作来挣钱养家，离过劳死只有一步之遥，真是个称职的好爸爸呀！"做儿子的如果尽说这种话，这不分明是在指责自己的爸爸么，这样的儿子可绝对不是个孝子。同样的道理，如果做臣子的整天都说先王如何如何好，这不也等于在骂自己的主子么，这样的臣子也绝对不是忠臣。那么，怎样才是忠臣呢？——很简单，别提尧舜汤武那些古代圣王如何如何的好，别提先烈们如何如何崇高，只要尽力守法，忠心不贰地服侍主子，这才叫作忠臣。⑮

那么，不符合韩非子这个忠臣标准的臣子又该如何呢？《韩非子·初见秦》告诉我们："为人臣不忠，当死。"

再看这样一段话："为人臣则忠，为人父则慈，为人子则孝，能审行此，无官不治，无志不彻，为人上则明，为人下则圣。君鬼（怀）臣忠，父慈子孝，政之本也。"——这是我们很熟悉的"父慈子孝，兄友弟恭"那套，分明是儒家无疑了，但是，这段话的出处却是和儒家最无缘的——是睡虎地秦简里的《为吏之道》，是以严刑峻法著称的秦政府派发给公务员的行为准则。

看看，很多人以为是儒家思想的东西，其实却未必真是儒家，这就是随着社会进入专制时代之后，儒家思想开始与时俱进，法家的一些妙处就这么不动声色地融到儒家思想当中了。在"儒家"这个大标签下，其实是一锅大杂烩，而董仲舒就是以"君权神授"在传统儒家思想和法家的无条件忠君思想之间巧妙地搭了一座桥梁。

董仲舒果然厉害，把问题的源头推到老天身上，大体上弥合了理论破绽。可我们如果多问一句："他的推论真的那么严密吗？"呵呵，也不一定哦。

我们知道，"君权神授"的说法中国有，外国也有，外国董仲舒也做过一套非常相似的论证，而且正如他们一贯所表现的那样，更在意论述的严谨性，他们说：亚当的生育权是上帝授予的，所以是神圣不可侵犯的，进一步所以，亚当和他以后的父亲们对自己所生育的子女也就拥有着绝对的权威。这个论证是有《圣经》来做支持的，因为《圣经》的"十诫"劝告人们服从君王所用的表达是"孝顺你的父亲"。

归纳一下来说：上帝授予了人类第一个男子亚当以"绝对父权"，而"绝对父权"等同于"绝对君权"，后世的统治者是从亚当那里传承下来这个"绝对父权/君权"的，所以他们对子民也具有天然的生杀予夺的权力，而子民则要对统治者报以绝对的服从。

别以为这仅仅是理论上的说法——首先，原始部落里确实有着这样的父权例子，比如人类学家爱德华·泰勒以巴西森林中的低级野蛮部族为例，说在那里"父亲可以随意处置他的妻子和孩子，甚至把他们卖为奴隶，而邻近的人既没有权力也不愿干涉他的处理"⑯，而爱伦·坡的诗中以"伟大"来定义的罗马令人吃惊地也曾是这般"绝对父权"的领地，"最古的罗马法律允许家长进行严厉的统治，其严厉性是我们新时代人的思想所难以理解的，因为父亲可以对自己成年的儿子进行体罚或者把他们处死，可以强迫他们结婚或跟妻子分离，甚至把他们卖掉"；⑰其次，就在我们著名的中国盛世，就在比董仲舒稍早些的时代里，绝对父权和绝对君权就曾经有过一次真实的联手——那是汉朝初定的时候，战乱方歇，民生凋敝，粮食价格暴涨，《汉书·食货志》记载说：人吃人，全国人口减半，刘邦下令，准许人民群众卖掉孩子，准许到蜀汉地区逃荒。⑱

这无论如何也是无可奈何之下的权宜之计，可权宜到这个份儿上，总有点儿让人毛骨悚然。我们可以想象一下在那个大饥荒的岁月里，"卖掉孩子"是怎样的一种情境？怕不会是"易子而食"吧？

"准许卖掉孩子"，这一法令的言下之意就是：孩子不是"人"。——历史上的杀婴现象是层出不穷的，老百姓虽然没什么文化，或许也没受过多少"孝道"的宣传，但在实际生活当中也对亲生骨肉行使着家长的权力。日本学者西山荣久曾经研究中国的杀婴现象，把原因居然归纳出十三条之多，后来江绍原还补充了骇人听闻的一点："西山荣久并且在末段'赘言'中辩明'幼儿的尸体遗弃'与 Infanticide（杀婴）不能混为一谈。他说殇儿被视为讨债的冤鬼，故不埋葬。但我们可以补充一两句：幼儿的尸体不但抛弃了'一任犬鸦的啮食'，而且许被斫几刀，或剁成几块，以防其再来投胎（今春汉口便发生过这种事，见《大陆报》，原文附在篇末）。又，怪胎往往也享不到埋葬的权利……"⑲看来，无论谈不谈父权问题，父亲确实天然就比孩子有"权"，而在那古老的社会里，从父权到君权似乎也是顺理成章的。

那么，如果我们就在文明社会远远地冷眼旁观，会怎样理解这种父权和君权呢？上帝真的赋予了亚当以"绝对父权"吗？这种"绝对父权"又真的可以合法演变成"绝对君权"吗？——让我们再想一步：如果老天爷或上帝暂时退席，君权的合法性难道就论证不出了吗？

呵呵，也不尽然。比如十七世纪的英国政治学者费尔玛就大有"道法自然"的精神，说：既然"自然"建立了父权，那么，由一个人来统治大家是非常合乎自然之道的。⑳

的确，想象一下人类社会的自然发展，好像还真是这么回事，而且，儿子/子民的服从同样是自然而然的："即使在最民主的社会里，这种片面性和不可逆性也总是建立在社会模仿的基础上，也就是说，建立在家庭的基础上。因为父亲一直是并且永远是他儿子的第一位主人、神父和榜样。每一个社会，即使今天的社会，都是从这种方式开始的。"莫斯科维奇引用了塔德的这一段话，并且说道："服从与家庭相互依附，接受一个就意味着接受另一个。这种联系一旦建立，群体心理学就把它引向逻辑的极端，并把父亲转变成每一种领袖的先兆。"㉑

是呀，从父权很容易推论出君权，从绝对父权也很容易推论出绝对君权，两者之中全都暗含着子女/子民对父家长与君主的"依赖和恐惧"（这两个词是套用弗洛姆的说法㉒），而当时代演进之后，绝对君权也很容易推论出"绝对国家之权"——如果我们刻意混淆"国家"的诸多定义的话。这些理论都是一脉相承的，像蔡元培这样的近现代开明大学者就曾提出：每个国民的性命和财产都是国家赐予的，所以，当国家遇到危难的时候，每个国民都应当勇于舍弃自己的财产和性命来进行卫国之战。——如果我们把蔡元培的"民约国家"这个前提刻意抛开的话，那么他这番话就和董仲舒等人的君权之论没什么差别了，遗憾的是，很多人都在有意无意地忽略这个前提。

那么，绝对父权和绝对君权是可以反驳的吗？

——如果上面这个问题意味着"有没有'权利'反驳"，这就得看时代是不是开明了；可如果它意味着"有没有'理由'反驳"，则当然是有理由的。历史一再地告诉我们：对于同一个文本，只要你肯动脑子，就可以从中引申出无数多的解释；或者说，你想把它解释成什么样就可以解释成什么样；再或者说，你看看世上正在流行什么，统治者正在鼓吹什么，如果你很会投机的话，就完全可以从你手里的文本中论述出什么。看上去这是个不可能的任务，事实上一点儿都不难。

就拿外国董仲舒先来试试。彼得·朗巴德《嘉言录》里有这么一句"嘉言"："基督徒对世俗权力特别是暴君负有服从的义务"，据说这话的根据是《马太福音》第十七章第二十五节里耶稣的话："既然如此，儿子就可以不受拘束了。"——单看这么一句话看不明白，我得把《马太福音》的上下文交代一下：

话说耶稣一行人到了迦百农，有收税的来见彼得，说："你们的先生不纳人丁税吗？"彼得说："要纳的。"耶稣随后就问彼得："你觉得，世上的君王应该向谁收税呢？是向自己的儿子呢，还是向外人？"彼得说："哪有向自己的儿子收税的道理，当然是向外人收了。"耶稣说："既然如此，儿子就可以免税了。"

这句"既然如此，儿子就可以免税了"，也就是朗巴德《嘉言录》里引到的"既然如此，儿子就可以不受拘束了"，翻译不同而已。严格来说，单独这句话仅从字面上看是"不受拘束"，但联系上下文，意思则应该是"免税"。另外，原始文献我是看不懂的，但这个"儿子"和"外人"在有些英文版里译作 citizens 和 foreigners，前者特指 their own people（他们的子民），后者特指 the foreigners they have conquered（他们征服的外人）。[23]

——这段故事至少可以给我们两个启示：第一，耶稣是上帝的儿子，自然不应该向世俗的君王纳税；第二，即便只以世俗的角度考虑，如果大老爷们都是"父母官"，那么，老百姓自然全是"子民"，哪有父母向子女收税的道理？子女孝顺父母倒是应该，可父母却不该向子女强行收税呀，尤其是，收不上来的时候还抓子女去坐牢。

世上有很多道理都是这样充满矛盾的，看来，如果听从耶稣的教导，老百姓应该抗税不交才是？

且慢！《马太福音》的故事还有下文，耶稣的话还没说完呢。

耶稣说："既然如此，儿子就可以免税了。"紧接着，耶稣又对彼得说了很重要的一句话："可真要抗税不交吧，又恐怕触犯了他们。算了，彼得，你到海边钓鱼去，把先钓上来的鱼拿起来，打开它的嘴，从里边可以摸出一块钱，可以拿去给他们，作为我的税钱。"

呵呵，此言一出，故事的含义似乎就完全变了，看来，耶稣是要教导我们：就连上帝的儿子都要照章纳税，何况平头百姓乎？——搞税务的就是牛哦，连耶稣都得向他们低头。

从这个角度来看，彼得·朗巴德的"嘉言"似乎就变得合情合理了："基督徒对世俗权力特别是暴君负有服从的义务。"——我也不知道朗巴德到底是怎么论证的，只能瞎猜了。

"基督徒对世俗权力特别是暴君负有服从的义务。"这个道理怎么琢磨怎么不是滋味。不过，事情也许并不这么悲观——作为中世纪的一代神学巨人，托马斯·阿奎那列出了大概是当时社会上曾经流行的五点反对意见，这五点意见主要也同样是从《圣经》的文本出发的：第一，如果在所有的国家，当今君主的儿女可以不纳税，而所有的国王都是受上帝支配的，那么，上帝的儿女当然更不该纳税。基督徒已经成为上帝的儿女，正如我们在《罗马书》第八章第十六节里读到的："圣灵与我们的心同证我们是神的儿女。"因此，基督徒在哪里都是不该纳税的，从而也就不必服从世俗的权力。

这话如果当真，全世界恐怕就没有非基督徒了。但是，这话在一定意义上还确实是真的，因为它说明了在西方世界里王权和教权对立的一面——为什么西方传统中有着权力制衡的意识，这恐怕也是原因之一。而中国历史上却是只有皇权而没有教权的，一切的一切都被统辖在皇权之下，都是为皇权服务的，所以中国最深厚的传统思想是明君专制。

阿奎那所列举的后面四点是越来越激烈的：第二，人有了罪才受到奴役，而通过受洗，这罪已经被洗掉了，人就不该再在奴役下生活了；第三，一个较大的义务可以解除一个较小的义务，正如新法律解除了人们对旧法律的遵守一样，人通过受洗礼而对上帝负有义务；这种义务的约束力比一个人因为遭受奴役而对另一个人承担的义务要大，所以，人在受洗之后就摆脱了奴隶状态；第四，如果有机会的话，任何人都可以取回被别人非法夺走的东西，而现在，许多君主横暴地夺取了所有土地，所以，当有叛乱发生的时候，他们的臣民并没有对他们服从的义务；第五，对于一个死有余辜的人，别人是没有义务服从他的，比如西塞罗在《论义务》中为杀死恺撒的人辩护，因为恺撒的王权是篡夺来的，所以，对这种人是不该服从的。[24]

这些话像极了孟子，但在论述上可比孟子严谨多了。前三点都是从神学立场出发，而最后两点却完全是出于世俗的考虑，因而在现代的眼光看来才显得更有意义。不过，我们既然在讨论君权神授，就更应该关注前三点才是。其中的道理是：神授之权不是国君独有的，而是国君和老百姓同样拥有的——这是一种极具颠覆性的思想，让老百姓在国君面前不再膝盖发软。值得我们注意的是：当初的西方世界正是因为有着王权和教权的制衡，这种颠覆性思想才得以存在下去，而中国历史上的宗教却必须是从教义上就拥护皇帝的，在管理上是受政府控制的，否则就无法生存。常有人从东西方宗教的不同教义出发来解释历史，可教义未必就真有多大的作用。

托马斯·阿奎那是西方世界的圣人，是中世纪最伟大的神学家，对以上这五点意见他有点儿看不惯，于是一一展开分析——嗯，立了靶子就是为了动手去打的。阿奎那是以繁复的分析论证而著称的，他反驳说："可是，同上述静证相反的，有《彼得前书》（第二章，第十八节）的说法：'你们做仆人的，凡事要存敬畏的心顺服主人，不但顺服那善良温和的，就是那乖僻的也要顺服。'还有《罗马人书》（第十二章，第二节）的说法：'抗拒掌权的，就是抗拒神的命令。'既然抗拒神的命令是不允许的，所以抗拒世俗的权力也是不允许的。"

阿奎那摆出雄辩的架势逐条反驳，对于第一点，他说："如果统治者本人有缺点，或者和他的地位不配，这是不应该影响到他的权威的，因为，既然他的权威是上帝给的，臣民们就应该服从，而无论他有多么的不称职；而如果统治者的权威是通过非法手段得来的，比如暴力或买卖圣职等等，那么大家是有权不服从他的。"——嗯，不过，按照这个说法，难道人们对"很不称职"的隋炀帝是应该绝对服从的，而对"通过非法手段"登极的唐宗宋祖却是不应该服从的？

阿奎那大概自己也觉得这道理不大好听，赶紧补充说："如果统治者滥用权力为非作歹，臣民们是可以不服从的，而且应该反抗，正如那些神圣的殉道者那样；如果统治者越了权，臣民们也是可以不服从的，比如一个主人要求一个仆人付出他不应支付的款项，仆人就有权拒绝。"——前半句话禁不起推敲，什么才叫"滥用"，这概念很难限定，尤其是在没有宪法的时代里，而后半句话其实隐含了对"统治者权力"的限定——统治者居然也有些"权"是不能"越"的？！

对于第二点，阿奎那认为我们不该把洗礼的作用无限夸大，诚然，洗礼可以使人产生对未来的希望，但这并不会免除我们的原罪，我们照样会死，照样会经受许多不幸。

对于第三点，阿奎那的回答是斩钉截铁的："较大的义务并不免除较小的义务，除非二者是互不相容的，因为错误和真理不能并存。"——可这个理由怎么看怎么觉得糊涂。

阿奎那是基本支持第四和第五点的——这可是大权威的支持哦——他甚至还说，在暴君当政而老百姓的苦难无处申诉的情况下，"如果有人用杀死暴君的办法来解放他的国家，他是值得赞扬和奖赏的"。

阿奎那最后归结："按照《马太福音》（第二十二章，第二十一节）给我们的指示，'恺撒之物应归恺撒。'当然，除非是宗教权力和世俗权力集中在同一个人的身上，如集中在教皇身上，因为根据既为祭司又为国王的基督的启示，教皇的权力在世俗问题和宗教问题上都是至高无上的……基督是永远的祭司，是万王之王和万主之主，他的权力必然不会丧失，他的统治权将永不消逝。阿门。"

——到了最后才是正解，虽然世俗的君主们要受到这样那样的限制，但教皇的权力却理所当然是至高无上的。如果我们抛开最后这段归纳，单看阿奎那对五点意见的论述的话，或者，单独看那五点意见的话……

一个显而易见的道理是：凡是赞成君权神授的，就必然赞成独裁，必然赞成统一思想。阿奎那在《论君主政治——致塞浦路斯国王》一文中说道：

> 而且，显然可以看出，如果许多人意见分歧，他们就永远不能产生社会的统一。……既然自然始终以最完善的方式进行活动，那么最接近自然过程的办法就是最好的办法。可是在自然界，支配权总是操在单一的个体手中的。……现在并非由一人所统治的城市或省份，常常由于倾轧而陷于分裂，并不断纷争；所以，当上帝说"许多牧人毁坏我的葡萄园"（《耶利米书》，第十二章，第十节）的时候，他的话看来是要应验的。反之，由一个国王所统治的城市和省份却是一片升平气象，公道之风盛行，并因财富充盈而民情欢腾。所以上帝通过先知答应他的人民：作为一个巨大的恩惠，他要把他们放在一人之下，只有一个君主来统治他们大众。㉕

社会达尔文主义不但早于达尔文，还早得不是一点半点，而一位著名的神学家早在达尔文降生之前几百年就说出了近乎社会达尔文主义的观点，倒真是一件值得深思的事情。另外值得留意的是，阿奎那在讲完这段"君主制是最好的政体之后"，紧接着就讲"暴君政治，即君主政治的腐化变质是最坏的政体"，这就与我们中国古人的担心与忧虑如出一辙了，而真实的历史永远上演着君主制走向腐化变质和暴君政治的节目——前者是后者的主要原因，后者是前者的必然结果。

　　——再来换个角度，从神学换到历史，我们如果从历史角度反驳外国董仲舒的绝对父权和绝对君权之说，就像从同样的角度反驳中国董仲舒一样容易：《旧约》时代普遍是氏族时代，家族里的爸爸一般也就是最高首脑，我们现在可以用"父家长"这个专业名词来称呼他们，并且，正如梅因在《古代法》里所说的那样："从历史表面上所能看到的各点是：——最年长的父辈——最年长的尊属亲——是家庭的绝对统治者。他握有生杀之权，他对待他的子女、他的家庭像对待奴隶一样，不受任何限制；真的，亲子具有这样较高的资格，就是终有一天他本身也要成为一个族长，除此以外，父子关系和主奴关系似乎很少差别"；㉖然而时代变了，社会结构变了，"父家长"和国君虽然字面上都是指最高首脑，但实质却是完全不同的，简直是没有可比性的，就像汉武帝和尧舜禹汤文武周公没有可比性一样。（孟德斯鸠也对费尔玛这类观点做过有力的反驳："父权的例子并不能证实任何东西。因为，如果父亲的权力和单独一人的统治有关系的话，那么父亲死后兄弟们的权力，或是兄弟们死后堂表兄弟们的权力，也与几个人统治的政体有关系了。政治的权力也就必须包括几个家庭的联合了。"）

　　可我们这样的反驳只能是事后诸葛亮，如果换到当时当地，就用当时当地的主流观念来做反驳，这才是高手之风。

　　英哲洛克就是这样的一位高手。

　　作为外国董仲舒的反对派，自由主义老前辈洛克同样从上帝创造亚当出发，居然论证出了完全相反的结论：亚当虽然是人类之始祖，我们所有人都是他老人家的后代，但我们的生命（灵魂）却不是亚当赋予的，而是得自上帝，所以，我们每个人所拥有的不但不是"天赋的服从"，反而是"天赋的自由"。

洛克继续论证：董仲舒们如果想使自己的推论成立，就必须首先证明下面这两个前提：第一，亚当的这种绝对权力不随他的死亡而终结，而是在他死后全部转移给另外某人，并且子孙万代一直这么转移下去；第二，现在的君主们都是通过一种正当的方式获得亚当传下来的这一绝对权力的。㉒

——看，同样是以老天／上帝为出发点，有人论证出了皇帝拥有绝对君权，而洛克却论证出了人民拥有天赋自由。董仲舒应该庆幸自己没遇上洛克，洛克也应该庆幸自己没生活在董仲舒时代的中国。

这种有趣的例子并不是绝无仅有的，我们就此再来考察一下所谓的"儒家思想"。

"亚洲四小龙"经济腾飞那阵子，不少人论证出儒家思想对政治经济现代化的推动作用，而当初韦伯的名著《儒教与道教》和《新教伦理与资本主义》却似乎从儒家思想推出了完全相反的结论，他的结论在很长时间以来都被许多人奉为圭臬。这时再想起韦伯开宗明义的"价值无涉"的学术姿态，越发让人摸不着头脑。

到底谁说的对呢？

既然"亚洲四小龙"都已经经济腾飞了，应该是那些现代专家说的对吧？呵呵，却也未必。其他因素就不说了，那些都和本文无关，我举这个例子其实想说的是：大家争论的这个问题，问题本身就是很不周密的。

如果反问一句：都说儒家思想如何如何，你们说的到底是哪个儒家思想呢？

——从上文我们已经看到，儒家刚刚发展到了汉朝，就已经和先秦时代大大不同了，董仲舒的主义里既有墨家成分，又有法家成分，孔孟如果在世，非得被小董气死。这还没完呢，董仲舒还融合了阴阳学说和五行学说，把一个无神论的儒家给搞得神神道道的。（阴阳和五行原本并非一家。）而在董仲舒之后，儒家也每每与时俱进，反正通常都是政治改造思想，而不是思想改造政治，我们甚至可以想象：如果汉武帝不是独尊儒术，而是独尊道术，或者独尊法术，这"道术"和"法术"最后也会变成和被独尊的"儒术"并无二致的思想。

所以，当我们在说"儒家如何如何"的时候，其实是在做一个很不周密的表述，如果我们再常常搬出孔子、孟子来论证之，那就很容易犯刻舟求剑的错误了。

　　说回董仲舒的"天人感应"，因为洛克的缺席，也因为"老天"或"老天爷"在人格化的程度上比"上帝"要低，所以这个逻辑倒也说得上圆满周密，毫无破绽。但即便这样，皇帝心里也会打鼓：祥瑞真能来么？如果祥瑞迟迟不出现，反倒三天两头灾荒、地震什么的，那不是质疑我的合法性吗？

　　这似乎真有点儿让皇帝揪心，但好在一般来说，这个怀疑只会在理论上成立，现实总有现实的逻辑。

　　比如说各级地方官员通过作假呈报地方上的祥瑞。——有些正直的人可能不以为然："如果换了是我，我不求升迁就是了，就是不去造假，谁又能奈我何？孔子不是说嘛：'邦有道，危言危行；邦无道，危言行逊。'这是说国家政治清明的时候，我们应该正直地说话，正直地办事；国家政治黑暗的时候，话我们还应该正儿八经地说，但做事却要谨小慎微才是。"

　　如果真有这样的人问出这样的问题，我首先要钦佩他的正直。但是，做事和说话真是截然不同的两件事吗？想起有一段时间，以赛亚·伯林的思想流行，大家津津乐道于他提出的"积极自由"和"消极自由"，把这两个词做一下庸俗化的理解：我们未必选择 be free to（不受约束的自由），但我们可以坚持 be free from（免于……的自由）——当造假事件涌现的时候，我们不一定以卵击石地前去声讨，但至少应该不去参与造假，不去助纣为虐、为虎作伥。

　　这两种自由，我觉得，倒都有着非常诗意的解释。一是柳宗元的《酬曹侍御过象县见寄》：

　　破额山前碧玉流，骚人遥驻木兰舟。
　　春风无限潇湘意，欲采苹花不自由。

　　（有件轶闻可做注解：程千帆在《桑榆忆往》一书中，回忆读书时到胡小石先生家去，见胡先生在读唐诗，正是这首《酬曹侍御过象县见寄》——胡先生"念了一遍又一遍，总有五六遍，把书一摔，说：'你们走吧，我什么都告诉你们了。'"）

二是陈寅恪的《答北客》：

多谢相知筑兔裘，可怜无蟹有监州。
柳家既负元和脚，不采萍花即自由。

这两首诗，上下悬隔千年，而"萍花"或采或否，自由或有或无，都是"把书一摔"，便已经全说清楚了。而以这两首诗来注解伯林所说，恰当与否，我也东施效颦，"把书一摔"好了。这境界，不比"拈花一笑"还要高些？

回到造假的问题，到底人们有着什么样的"自由"或者"不自由"呢？"萍花"当采还是不当采呢？想来想去，大白话还是那句："当造假事件涌现的时候，我们不一定以卵击石地前去声讨，但至少应该不去参与造假，不去助纣为虐、为虎作伥。"这总可以吧？

可是，这样真的可以吗？

真的可以吗？

举一个小例子好了：王莽准备篡位的时候，天下各地到处都有祥瑞出现，不但如此，还有大量童谣流行，全是歌颂王莽的。官员们单是上报这些祥瑞和童谣就几乎把全部的工作时间占满了。如果你也是此中一官，你会如何呢？

当时，公孙闳和班稚就没随大流。公孙闳比较过分一些，直言地方灾情，结果没多久，就有积极分子弹劾两人，说："公孙闳伪造灾情，班稚拒绝反映祥瑞，两人都是对朝廷的圣明心怀不满，实在大逆不道！"

当时当政的王太后心肠还算不错，下诏说："不宣扬祥瑞和伪造灾情应该分别处罚。班稚是班婕妤的弟弟，看在这层关系上，从轻发落好了。"结果，公孙闳入狱被杀，班稚引咎辞职。㉝——看，这时候到底有多少"消极自由"可谈呀？正直的人，不是被逼得学坏，就是被淘汰出局。这就像大家列队，别人都往前跨了一步，只有你原地不动，那落后分子就是你了。我们都知道"学如逆水行舟，不进则退"，其实造假使坏、溜须拍马这些勾当更如"逆水行舟"啊。

齐白石有则轶闻，说某天有外宾来访，对齐老赞不绝口，可细心的翻译注意到，齐白石的脸上始终带有一丝不悦。送走外宾之后，翻译忍不住来问齐老："人家那么夸您，您怎么还不大高兴呢？"齐老板着脸回答："他没挑大拇指。"——这则轶闻原本是着意描绘老艺术家有一颗孩童般的纯真的心，可我们却可以从中体会出人情世故的另外一个侧面：当夸赞已经成为家常便饭的时候，夸得不够火候都会惹被夸者不快。

这种现象发生在某个个体身上的时候，倒也透着可爱，可如果一个国家也变成这样，那就只显得可怕了。当歌功颂德成为每个人必修的功课时，不歌颂，甚至仅仅是歌颂得不够肉麻都会使自己从人群当中凸显出来，任身家性命做了聪明人邀功请赏的战利品。

当然了，这些聪明的古人同样可以从儒家思想里找到理论依据：我们是以德治国哎，皇上是圣明天子，朝廷是好人政府，社会是完美无瑕的，即便掐喉咙拿薪水，可掐的都是坏人的喉咙。

但问题是，即便真是好人政府，就一定不会犯错误吗？英国老诗人弥尔顿曾经对此很是不以为然，他说："一个好政府和一个坏政府同样容易犯错误。试问有哪一个官员敢保证不听错消息？尤其当出版自由被少数人垄断的时候就更加如此了。"——弥尔顿并不是一个思想家，而是一位诗人，人们知道这个名字往往是因为《失乐园》《复乐园》和《力士参孙》这三部不朽的长篇叙事诗，但他在《论出版自由》这篇小文里并没有诉诸什么深邃的思考，而仅仅是提出了一些常识。的确，有些问题是仅靠常识就可以判断的。弥尔顿的这句话提出了一个有趣的问题：少数人垄断出版自由是为了（至少表面是为了）不听错消息，或者说不让大家听错消息，然而，少数人垄断出版自由这件事情本身恰恰最容易使这"少数人"以及大家"听错消息"。嗯，这是不是一个常识性的判断呢？

明清易代之际的大儒王夫之对这个问题也发出了一句来自常识的判断："其上申韩者，其下必佛老。"㉙意思是说：最高领导如果搞的是申不害和韩非那套法家路线，他手下这些人必然都是佛家和老庄的处世之道。正经话不必正经来听，不正经的事却必须正经去做。——听上去不大让人舒服哎。可是，自从汉武帝以后，中国历朝历代不都是儒家思想一统天下了吗？关申不害和韩非什么事呀？儒家思想可都是仁义当先，教人学好的哎！

——儒家确实一统天下了，但那只是幌子，历史常常展现给我们的是：是政治选择思想，而不是思想选择政治；是政治改造思想，而不是思想改造政治；反过来说，是思想迎合政治，而不是政治迎合思想。所以，汉以后的儒家还是孔孟的儒家吗？独尊儒术真的是独尊儒术吗？这都是要多打上几个问号的。

法家要塑造的是强权皇帝，但这事最好关起门说；儒家要塑造的是圣人皇帝，这事可最好敞开了满世界去说。

圣人皇帝确实是一个美好的憧憬，就像民间故事里的亚瑟王、就像电视剧里的乾隆爷、雍正爷，看着这些圣明的"爷"剪除敌人，把权力大揽在手，然后坚决肃贪，贪官们看见他们就浑身发抖，他们还如此亲民，笑呵呵地走访穷困的乡亲，他们还如此俭朴，一件衣服打了补丁穿很多年……是呀，这是老百姓们最最喜闻乐见的了，这真要感谢一些天才超卓的造梦本领，也见得老百姓心里永恒的期望。

人们总是期待着以道德完人面目出现的圣主明君，这种期待是如此真诚而漫长，以致我们不禁要问："历史上真的有过这样的人吗？"

的确有过。在中国的历史上，尧舜禹汤文武周公，他们都是拿过货真价实的资格认证证书的，但他们的事迹过于遥远，经不起死脑筋的人去较真，而且遥远的事迹也含混不清，让人看不出具体的面貌。

如果真想看一下圣主明君的具体面貌，我们只好到外国去找了。不，这并不是说外国真的有过这样的人，相反，从没有过——我们又可以自豪一下了哎——但他们在理想中却有过对圣主明君的非常具体而微的勾勒。

首先值得一看的是柏拉图的《理想国》，苏格拉底在那个古代民主制度的城邦里和格劳孔（我们已经认识过他了）讨论如何"选择和任命统治者和护卫者的总办法"。——看，苏格拉底谈的是"选择和任命"，而不是董仲舒谈的"听天由命"，我们往下会看到，即便在古代民主的"选择和任命"里，一个英明统治者的俊朗模样也会显得多么地遥不可及。

苏格拉底煞有介事地讲了一个"荒唐的故事"，说我们大家虽然都是一土所生，彼此都是兄弟，但老天爷在造人的时候配料却搞得很有差别：他在有些人身上加了黄金，所以这些人是最高贵的，适合做统治者；他在另一些人身上加了白银，这些人适合去做国家的护卫者；还有些加了铜和铁的，就是那些工人和农民了。

这故事听上去好像是出身论哦，难道这种金属血统也会遗传吗？苏格拉底说：确实是会遗传的，但有个麻烦，那就是：金子的爸爸有时也会生出铜铁的儿子，铜铁的爸爸有时也会生出金子的儿子。所以，老天爷交给人间统治者的一项最重要的任务就是：要好好来做他们后代的监护人，认真了解他们后代的灵魂中究竟混进的是哪一种金属，如果发现孩子的含金量太低，而脸蛋儿上却能吸得住磁铁，这可是个危险的信号呀，要赶紧把孩子安排到铜铁的位子上去，让他去做工人、农民，绝对不能让他做国家的统治者和护卫者！

这道理也可以反过来说：如果在工人、农民的孩子当中发现了含金量极高的，那就应该把他提升起来，让他来做国家的护卫者或者统治者。神谕说过："铜铁当道，国家破亡"，就是这个道理啊！

那么，由金银通体打造出来的统治者和护卫者应该是什么样子呢？

在说明"应该是什么样子"之前，苏格拉底先用了一个比喻来说明"不应该是什么样子"：对牧羊人来说，人世间最可怕、最可耻的事情莫过于把那些帮助他们管理羊群的牧羊犬饲养成这个样子：它们因为放纵、饥饿或是什么坏脾气，反倒去伤害那些本该被自己保护的羊群。它们更像是豺狼而不像是牧羊犬。

苏格拉底的这个比喻看似精辟，其实是有些毛病的：人、牧羊犬、羊，这三者的关系让人想不清楚。苏老师的本意可能是："人"代表的是统治者，统治者雇用了护卫者（牧羊犬），护卫者护卫着羊群（人民群众）。但当时是个古老的民主社会，所以，"人"是应该由"羊群"来选择任命的，并且，这个"人"其实也是羊群中的一只或几只羊，只不过它们获得了羊群的同意，坐上了"人"的位子。这一制度的逻辑应该是：牧羊犬对人负责，人对羊群负责，最后让羊群里的羊都能过上好生活。

所以，这个有些缺陷的比喻也许倒更适合于专制社会："人"就是皇帝，"牧羊犬"就是官僚集团与军队，"羊"就是老百姓，"人"雇佣"牧羊犬"来管理"羊群"，因为"羊群"是属于"人"的，所以"人"要求"牧羊犬"把"羊群"管好，好让"羊群"能为自己生产更多的羊肉和羊毛。那么，既然最终的目的是羊肉和羊毛，"牧羊犬"再怎么折磨"羊群"都无所谓，只要羊肉和羊毛的供给量能够满足"人"的需求。

——事情也许并不会这么糟糕，如果这个"人"真的是集老天的祥瑞于一身的道德完人的话。

苏格拉底接着对格劳孔阐述"应该是什么样子"的问题：请考虑一下，如果让他们做优秀的护卫者，那么，下述这种生活方式、这种住房条件能行吗：第一，除了绝对必需品之外，他们中的任何人都不能有任何私产；第二，他们中的任何人都不许有私人住宅，房子和仓库都是大家公有的。至于他们的食物，全由其他公民供应，以作为支付给他们的报酬。这些食物按照需要，每年定量供应，既不会过多，也不会短缺。他们必须同吃同住，像士兵在战场上一样。至于金银，我们一定得告诉他们：他们已经从神明那里得到了足够的金银，藏在心灵深处，所以再不需要人世间的金银了，他们不应该让神明的金银和世俗的金银混杂在一起，否则就是对神明的亵渎呀。世俗的金银是万恶之源，而心灵深处的金银则是纯洁无瑕的至宝是也。国民之中只有这些护卫者不敢和金银发生任何关系，甚至不敢摸它们一下。他们不敢在身上挂一丁点儿的金银饰品，也不敢用金银酒杯喝酒。他们就这样来拯救自己、拯救自己的国家。他们如果接受了土地、住房或者金钱，那他们就去种地、去做生意好了，不能再搞政治、做护卫者了。他们这是从人民的盟友蜕变为人民的敌人了，蜕变为暴君了。他们憎恨人民，人民也憎恨他们；他们算计人民，人民渴望打倒他们；他们终生处于恐惧之中，对本国人民的惧怕远远超过对外国敌人的惧怕。最后，一定会出现这样的结果：他们和国家一起走上灭亡之路，同归于尽。

苏格拉底说话可真够狠的，听起来不像是位智者，倒像是个愤青。这时候，听众当中有位阿得曼托斯按捺不住了，出来问难说："老苏，你就忽悠吧，照你这么说，要想做城邦护卫者就得让自己成为一个毫无幸福的人，既不能像平常人那样获得土地、建造豪宅，也置办不起任何奢侈品，要是来了客人，连顿像样的饭都招待不起，只能带人家到路边无照小摊吃碗面条？你说你这像人话么！"

——如果换在我小时候，我是绝对支持苏格拉底，反对阿得曼托斯的。我那时就很奇怪：为什么职位越高，待遇也就越高呢？按说职位越高，就职者的思想觉悟也就越高；或者说，思想觉悟越高，也就越应该升到更高的职位，所以，应该是职位越高，待遇越低才合理呀！不怕大家笑话，这个问题可真困惑了我好多年呢。

苏格拉底和小时候的我站在一起，回答阿得曼托斯说："你说的这些还远远不够呢，他们还没钱给女朋友买礼物，也不可能随便就去旅游，诸如此类我还能补充很多很多呢。但是，我们的护卫者过着这种生活却是很幸福的，因为，我们建立这个国家的目的并不是为了满足某个阶级特殊的幸福，而是为了全体公民最大的幸福……打个比方，比如我在给一个人体塑像上颜色，有人质问我说：'人体最漂亮的部分是眼睛，颜色里最漂亮的是金色，你为什么不用金色来画眼睛呢？'我会回答说：'如果我真把眼睛染成金色，那它们就不是眼睛了。半夜里一双金灿灿的眼睛瞪着你，你不觉得头皮发麻呀？'同样的道理，不要把我们认为的那些幸福强加在我们的护卫者身上，如果他们得到了那些幸福，他们也就不成其为护卫者了。就像我们给农民穿金戴银，让工人吃喝玩乐，那他们也就不成其为工人和农民了。"

苏老师说的好是好，但说的到底是个"理想国"（从中译本的字面理解）呀，能够当真吗？曾经实现过吗？

——不要轻易否定哦，还当真实现过，这世界上曾经出现过许许多多的由高人们精心设计出来的人类生活实验场，比如，有莫尔的"乌托邦"，有康帕内拉的"太阳城"，有安德里亚的"基督城"，这里边都有苏格拉底的余音绕梁。

这三个鼎鼎大名的"理想国"既有共性，又各具特点。从共性上说，最主要的就是这三大世界都是圣主明君的开明专制：乌托邦里有个哲学王，太阳城里有个"太阳"，基督城里是三位领导联合执政，看起来像是寡头体制——要同时满足专制和寡头这两个条件可殊为不易呀。

因为伟人完美周密的设计，三大世界里的人民从衣食住行到生老病死全被安排得井井有条。我们窥一斑而知全豹，先看看基督城的生活好了：在这里，食物是定量配给的，衣服也是，而且每人只有两套，颜色非白即灰，没有任何花样和装饰；住宅也是国家统一分配的，所有的住宅楼都长得一模一样，一律三层；当然，最主要的是，这里的人民都具有高尚的思想情操——这一方面是因为领导人起到了良好的表率作用，上梁既正，下梁也就不歪；一方面和他们重视教育有关，每个人的德、智、体、美都在良好的教育之下得到了全面发展。㉚

再来看看太阳城：太阳城里的妇女生育政策很值得单独提出来看看——在这里，"在古雅典的体育学校上课时，所有男人和女人都要按古代斯巴达人的风俗把衣服脱光。这样，领导人就能够根据他们体格的情况，来确定哪个男人最适合同哪个女人性交；他们只需很洁净地洗过一次澡后，就可以每三夜进行一次性交。体格匀称和美貌的女子，只同体格匀称和健壮的男子结合；肥胖的男子与消瘦的女子结合，消瘦的男子与肥胖的女子结合，为的是能使他们得到有益的平衡"。——这还不是最让人吃惊的，他们还会"妇女初次与男子性交后而不受孕者，便被配给另一个男子；如果多次与男子合欢而仍不受孕，便被宣布为'公妻'，而且也就不能像主妇那样在'生育会议'上，在神庙和公共食堂中受人尊敬了"。㉛

——看，不分古今中外，这些伟大的社会蓝图都是由这位或那位伟人精心设计出来的，这样的蓝图是如此周密而完备，只要我们把自己当作蓝图中被设计出来的某个零件而按照该零件被设计出来的功能落脚在相应的位置上，这就够了，等大家都一起运转起来，这个蓝图就会变成真实的天堂。

人间天堂可绝不只有以上这三处，它们只是最为有名罢了。十七世纪的法国作家维拉斯写过一本《塞瓦兰人的历史》，同莫尔和康帕内拉他们一样，维拉斯也在书中构建了自己的天堂，并且也同他们一样认为自己设计的这个天堂是"古往今来的国家制度的楷模"。我们来看发生在塞瓦兰人政治生活中一个禅让的故事：七十高龄的塞瓦兰人的国君已执政了三十八年，感到年迈力衰，于是决定把政权禅让给年富力强的新人。禅让是成功的，再者，出于高尚的道德观，老国王过上了真正的平民生活，不再有任何特权。㉜

这真是个让人感动的故事呀，维拉斯大概没听说中国古史上尧舜禹禅让的传说，所以，难免令人疑惑的是：如此温和感人的禅让制度真会一直延续下去吗？

思想家摩莱里的《自然法典》发展了维拉斯的思想，他假想了一位"英明的立法者"到美洲去，"到那些还生活于自然状态的'野蛮民族'那里去，这位立法者向野蛮人传授新的饮食方法、新的艺术、正确的劳动组织，但还是原封不动地保存了财产共有制，以满足共同的需要。摩莱里断言，大家都会欢迎这位立法者的倡议的，实行他这个计划的一切条件都是良好的"。㉝

同在十七世纪，英国的掘土运动领袖温斯坦莱写成了《自由法》。与莫尔等人不同的是，他注意到了在其他人的天堂里都普遍缺乏制度约束观念，这可算是天堂设计师的一个较大进步了。㉞于是，太阳城里的领导干部终身制和塞瓦兰人中的禅让制在这里受到了强烈质疑，而普选和监督则被提到日程上来。天堂日新月异，哈林顿的"大洋国"更把法律提高到了众人之上的位置——这就是前边提到的受到克伦威尔轻蔑讥笑的那部稿子。㉟

是呀，所有的天堂都是稿子，我们也许应该为此感到无比的庆幸。在比较著名的例子里，似乎只有欧文和中国明朝的何心隐曾经把纸上的天堂蓝图小范围地付诸实现（不太著名的例子就很多了，比如几十年前西方的行为学派心理学家搞的试验田等等，另外，据说列宁也曾经小范围地搞过公社试验）——我们这回应该庆幸的是：欧文和何心隐毕竟都只是一介匹夫，只能小范围地搞个试验田，却没有足够的权力在更大的范围里轰轰烈烈地大搞一场。

以上的几个人间天堂，绝大多数都是圣主和教化并重，我们回过头来再看董仲舒的儒家修正主义理论，真有异曲同工之妙。还有一点值得注意：在查看天堂蓝图的时候，我们应该把蓝图的设计者一并考虑进去。那么，一个至关重要的问题是：人，如果仅仅是人，有能力设计出一幅周密的天堂蓝图吗？

是呀，仅仅是人，即便是位伟大的圣人，他可以吗？

儒家的思想，或者说中国的传统思想里，通常都是圣人或贤人决定一切，比如，蓝图是圣人勾勒的，对具体事件的意见要听贤人的，而多数人的意见通常不被重视，除非这多数人是一个贤人群体。汉朝人曾经流行着一种说法，认为《春秋》是孔子预先为汉朝写下的一部宪法，而儒家"十三经"里的《周礼》也是假托大圣人周公制订的一整套理想的政治框架。这两幅蓝图从未经过完整的实施，但这似乎还不足以否定它们具有被付诸实施的可能性。人的理性应该是有能力勾画出完整周密而且充分可行的天堂蓝图的——哎，这可不是我说的，这是笛卡儿的意见。我这只是扯大旗做虎皮罢了，但随之而来的另一面大旗却是康德的《纯粹理性批判》，康德大声质疑道：绝对理性真的存在吗？

值得注意的是：算起来，康德也是个很古老、很古老的人了。

对绝对理性的否定在政治领域里其实就是对"以德治国"和"以计划治国"的否定，毕竟道德完人和千手千眼的超人是从来不存在、未来也不可能出现的。现在我们谈起这个问题，一般都会想到一些著名的经济理论，其实这个思想渊源甚早——还是康德。

康德对柏拉图的"哲学王"不以为然，他认为君王搞哲学和哲学家成为君王这都是可遇而不可求的，原因很简单：权力会腐蚀理性。

康德对人类的私心私欲洞若观火，他虽然在伦理学领域造诣极深，却丝毫不认为人类可以通过提升道德水准来达到天下大治——嗯，那就民主好了。一个古典的伟大哲学家、伦理学家提出这样的观点简直令人难以置信，但康德确实认为：民主制度的形成并不依赖于人民的道德素质，当然也不依赖于统治者的道德素质，这些人尽管各有私心，但合理的宪政体制会迫使他们彼此互为制约。他们虽然坏心依旧，却受制于彼此的约束而干不了多少坏事。而且，别说人类可以如此，就算是一群魔鬼，只要他们都是具有理性的，也一样可以如此。

再把康德的意见归纳一下，大致是——

因为：1. 人的私欲永不可免；

　　　2. 道德完人永不可求；

　　　3. 绝对理性绝对没有；

所以：1. "以德治国"绝无可能；

　　　2. 当以民主宪政使人们彼此互为制衡时，在这个制度之下，就算是魔鬼，也只能空有无限坏心却做不了多少坏事了。其含义是：人民群众的普遍素质哪怕再低，也不会妨碍到民主制度的运作，进而也不会妨碍社会总体福利水平的提升。

董仲舒当然远比康德"古典"，他如果对汉武帝说什么"最高领导也有私欲，在权力不受限制的情况下私欲也会无限膨胀"，那他的下场也就可想而知了。无论如何，领导人一定是道德完人，是道德楷模，是全国人民学习的榜样。可我们如果把冠冕堂皇暂且抛在一边，躲在自家书房里关上门偷偷琢磨琢磨——哎呀，如果绝对理性是可疑的，如果圣人是可疑的，如果祥瑞是可疑的，那么，由此而派生出来的人间天堂和德育教化等等等等，岂不全都成空中楼阁了么？

还好，对绝对理性的怀疑也许一直都不是一个中国本土的问题，而圣人即便当真是可疑的，但他毕竟是迎合广大人民群众和知识分子呼唤的，这就等于抛出了一个强有力的市场信号，于是乎，有需求便会有人创造出供给，这是人类社会行为的一个一般规律。

是呀，只要有需求，便不愁没有供给。这个简单朴素的道理直到现在依然有许多人不太明白，所以才会一直纠缠在"为什么那么多虚无缥缈的东西会存在了那么久，并且现在还一直存在着，既然存在，肯定合理"这样的问题上去——要知道，在这里起决定性作用的并不是"真"和"假"，而是"需要"或"不需要"。

老百姓需要圣主，于是便有了圣主。

知识分子需要圣主，于是便有了圣主。

统治者需要把自己打扮成圣主，于是便有了圣主，于是便也出现了不少上赶着把自己的主子打扮成圣主的聪明的奴才。

有需求自然就会刺激供给，如果需求的东西并不存在，自然也会有西贝先生以假乱真。——这是个不争的事实，也是个很容易被人们忽略的事实。儒家的"礼仪"正是造假的最绝妙的技术，它以森严的等级秩序（外在的和内在的）把统治者高高地架在空中。是的，这个统治者也许是个不折不扣的坏蛋，但当他端坐在高耸入云的金銮殿，穿着和别人迥然不同的华贵衣着的时候，"仪式化"给他带来的万丈光芒往往使仰望的百姓崇敬不已。嗯，当我们在午夜的长街仰望一支巨大的霓虹灯时，我们是看不到灯管上的灰尘和鸟粪的——这就是"礼仪"的一个重要意义。

（二）

"天人三策"之二——形式主义必不可少——"明受之于天，不受之于人"——"用人不疑，疑人不用"，对吗？——汉承秦制——家天下、家庭行为和家长行为——要"国富民强"还是"国强民弱"？

汉武帝读了董仲舒的第一道对策，非常欣赏，随即又对大家提出了一轮新的问题："我听说大舜治理天下的时候，这家伙成天溜溜达达、游手好闲，可也真怪，天下居然太平无事！要说大舜是我们当领导的榜样吧，可大圣人周公却搞的是另外一套：天天忙得不可开交。结果呢，天下一样太平无事。我可真是纳了闷了，这治理国家到底有没有一定之规呀？让我们做领导的学哪个才对呀？

"再有，上古那些勤俭的领导连旗子都省，可到了周朝，领导人却大兴土木，大搞歌舞。真把我给搞晕了。就连至理名言也各说各的理，有说'美玉不需要雕琢'，也有说'没有华丽的排场就不足以辅佐德政'，这互相之间明明是矛盾的呀，我该听谁的才好呢？

"商朝为了惩治犯罪，用了严刑峻法，整起人来狠着呢，可到了周朝，周成王和周康王废弃刑罚四十多年，监狱全都空了。这就够矛盾的吧，可秦朝采用了商朝的办法，严而又严，天天搞严打，搞得全国人口锐减，就像遭了自然灾害似的。

"我这个皇帝很发愁呀，古代圣王用的招儿都是互相矛盾的，这不是存心难为我么！我朝思暮想，我辗转反侧，想的可都是我的事业呀！我是个很有事业心的年轻人。我自己觉得，治理国家的关键在于两点：一是搞好农业，二是任用贤人。我可不是光在嘴上说说，我当真都去做了：亲自去种田，给农民做出好榜样，鼓励孝悌行为，尊重有德之人，我还派出了很多使者，去慰问穷苦人家，救济鳏寡孤独——哎，你们还别信，这可都有录像作证，那些老百姓感动着呢，对我千恩万谢的。他们能不谢我么，他们得的那点儿好处可都是我万岁爷开恩赏给他们的！（说句心里话：就算我不开恩，他们也不能怨我不是？再说了，社会上总得有点儿穷苦人家才好，如果没有他们，政客们上哪儿去展示满腔高贵的同情心呢？）可我着急呀，能想的办法都想了，能使的招数都使了，可怎么看不见明显的效果呀？现在这世道，唉，别提了，阴阳不调，黎民过不上安稳日子，到处都是寡廉鲜耻之人，荣辱观错位，好人坏人分不清，真真假假看不明，所以我才特意召集你们这些五湖四海的杰出人士，想听听你们的意见。可，可，可你们，你们实在太让我失望了。瞧瞧你们，一百多号人，打麻将能凑三十桌了，可提的都是什么意见，不是不着调的就是不着调的！难道因为你们心存顾虑吗？放心，我这可绝对不是引蛇出洞，大家有话就说，有什么说什么，我不会找你们秋后算账的！"

汉武帝言辞恳切，这次提问的重点是：第一，古代圣王在治国的方针上是猫有猫道、狗有狗道，完全没有一定之规，可全都达到了良好效果，这是怎么回事呢？我们汉朝的政治方针又该学习哪位前辈才对呢？第二，我自己现在抓了农业，抓了用人，我觉得这都是治国的重中之重，可为什么到现在还不见效果呢？

——这两个问题如果让我来回答，容易得很。关于第一个问题：什么大舜垂拱而治呀，什么周公吐哺呀，全是扯淡，那都是后人要么托古改制、要么借古讽今给编出来的。有没有大舜这人还不一定呢，即便真有，他那时候还是原始氏族社会呢，跟汉朝完全不具可比性；至于周公，说他制礼作乐，设计了一套完美周密的政治蓝图——忘了前边刚刚讲过的吗，人类是没有这种能力的，虽然完美周密的设计确实是有的，但把这种设计全面付诸实施，并且取得良好成果，这种事直到二十一世纪也从来没发生过，而且已经被学者们证明为不可能了。休谟讲过一句至理名言："法律先于国家而出现"，社会的习俗、规则，很多很多都是自发形成的，是缓慢成型的（其中也包括一度被卢梭认为"天赋"的人权——回忆一下洛克，他在《人类理解论》里说："人心中没有天赋的原则"），周公制礼作乐充其量是在旧有习俗的基础上改造、总结了一下而已。还有，周公那个时代也刚刚才进入封建的门槛，和汉朝一样是没有可比性的。

对了，这里顺便提一句：大家一般都以为老子强调无为而治，其实并不尽然，儒家也是强调无为而治的，像儒家推崇的圣人大舜，他的风格就是"垂拱而治"，《论语》里孔子还说过："以德治国，就像北极星，待在自己的位置上一动不动，所有星星都围着它转。"（为政以德，譬如北辰，居其所而众星拱之。）这就是说，领导不必费心去抓具体工作，只要自己是个道德完人，那就会很快地感染身边的人，而身边的官员如果都被感染了，他们也一样会感染自己治下的老百姓。这就是以德治国的逻辑。这个逻辑最怕反推：当领导号称自己"以德治国"的时候，你发现老百姓满是刁民，地方官满是蛀虫，你反推出这都是因为最高领导缺"德"——嗯，逻辑虽然成立，可你的小命难保。

董仲舒当然不会像我这样说话，他对第一个问题的回答是：皇上您说的那些古代圣王，确实是既有废寝忘食的，也有好逸恶劳的，事情也确实不能一概而论，不是说废寝忘食的就一定光荣，好逸恶劳的就一定可耻。他们治国的大方针其实都是一样的，都是沿着我前边说的那条"道"在走，之所以劳逸有别，是因为时代有不同啊。尧当老大七十年，天下大治，舜接了尧的班，什么都不做，只由着社会按照惯性向前发展就足够了，实在是尧给打的底子太好了。可周朝推翻商朝，商纣王留下来的却是个十足的烂摊子，任谁也没办法"垂拱而治"，于是，领导人不得不风风火火、废寝忘食。

董仲舒接着解释圣王大搞形式主义的问题，说：从《春秋》来看，政权交替的时候，新政权应该改变历法，改变服装和饰物的颜色，以此来表示接受了新一轮的天命。所以，建筑呀、歌舞呀、旗帜呀，在这些东西上多费些心思可并不是穷奢极欲呀。孔子既反对奢侈，也反对吝啬，他不是说什么"奢则不逊，俭则固"么，所以，太节俭了，太抠门儿了，这都不是圣人喜欢的。（看，艰苦朴素、勤俭节约，这可都不是正统的儒家观念呦，人们最早有这种误解恐怕是被颜回和原宪这两个穷光蛋楷模给害的。）

我们应该承认，这些"形式主义"确实有着安定人心的作用——从宏伟的方面来说，正如贝格尔所谓"最初的一切秩序化都具有神圣的特征……从历史看，人类的世界大多数都是神圣化了的世界，事实上，似乎首先只有借助于神圣者，人才有可能设想一个宇宙"㊱，从实用的方面来说，这就好比一家公司新换了领导，首先得搞搞表面文章：把办公楼重新装修一遍，以前是红色的主色调，现在改为蓝色，给员工每人发一套全新的制服，颜色、款式也和以前大有区别，哪怕任何实质性的工作都没做呢，也可以轻易地营造出焕然一新的新气象，同时暗示每一个员工：我们和过去告别了，从此进入新领导的新时代了。

可别以为这只是搞搞形式主义而已，事实上，形式的重要性经常远远大于内容——好比说佛教吧，如果全世界所有的佛经全都失传了，对寺庙里香火恐怕不会有一点儿影响，但如果修庙造像和各种开光呀、超度呀之类的仪式全不搞了，会有什么后果可想而知。

而说到汉朝，都说汉朝初年休养生息，可就在汉高祖刘邦平城兵败刚刚回到长安的时候，就看见萧何在大兴土木，把皇宫建筑群的规模搞得奢华无比，大有不让后人之势。刘邦越看越气，质问萧何："天下匈匈，劳苦数岁，成败未可知，是何治宫室过度也？"萧何的回答是："正因为天下未定，才应该大建宫殿，况且天子以四海为家，宫殿不壮丽不足以立威。"这话果然在理，刘邦马上又高兴起来。㊲

萧何话中的"四海为家"这个词现在已经变成了四处流浪的意思，古人的原义是说"四海之内都是皇帝的家"——把马三立的"黄土马家"等比放大，也就是专制皇帝的"四海皇家"。

萧何这话说得简略，"正因为天下未定，才应该大建宫殿"，为什么呢，他没说原因。其实原因很简单：以安民心。——我年轻时读《摩西五经》，对人民群众的所作所为总是无法理解：他们为什么放着个那么神通广大的上帝还不安心，偏要时不时地造出个神像来膜拜一下，折腾得摩西这位领袖两头救火，这到底是为什么呢？很久以后才想通了：当年上帝严禁偶像崇拜，"摩西十诫"里就有这一条，可老百姓在心理上是一定要有个高大巍峨的东西来膜拜的，不然心里就不踏实，而基督教严禁给上帝造像，把大家搞得没偶像可拜，逼得他们只好另觅途径。而萧何就深明此理，所以才在宫殿的修建上不惜工本。这真是很有讽刺意味，人们总是嘴上希望统治者平易近人，可心底却深深膜拜着那些高高在上的家伙。后来王夫之论及此事，说萧何的话虽然鄙俗，却未尝不是人之常情。游士们都爱往王公巨卿的门口跑，并不一定是因为他们能在那里讨到富贵；道教和佛教的寺观金碧辉煌、笙吹钟鸣，谄媚之人匍匐在地以求保佑，他们未必就是真心信仰道教或者佛教的教义，只不过是被那金碧辉煌与笙吹钟鸣所感染罢了。帝王的愚民之术也是一样的道理。⑱

形式主义不仅要搞，而且要常搞，在改朝换代这等重大事情上就更要大搞特搞。事实上，儒家的专长就是形式主义，而形式主义在实际的政治生活中意义极其重大——我们现代生活里种种形式主义的痕迹：开张剪彩、婚丧嫁娶、开幕式、闭幕式、签约仪式、电影首映式、新专辑首发仪式，等等等等，在原本都属于儒家的专业范围，从这层意义上说，专业的司仪、主持人、DJ，这些人都可以被命名为"新儒家"——大家可别以为"新儒家"都是梁漱溟那样的大学者，不是的，梁漱溟他们只能说是儒家学说的研究者和学术继承人，真正在现实生活中起到儒家功用的其实是那些司仪和DJ，而儒家思想的重中之重其实也就在这个"仪式"上边，这一点留待后文再做详说。至于现在讲到的这个王朝开国的仪式，改皇历、换logo（徽标）和整体VI（视觉识别系统），看似幼稚，其实实用意义很大——在东汉的儒家官方权威典籍《白虎通义》里专门提到这些形式主义工作的伟大意义：这是告诉大家江山换主人了，现在的主人和上一朝的主人没有继承关系——这点很重要哦，江山不是从前朝继承下来的，而是从老天爷手里接过来的，老百姓都得明白这一点才行！我们来看《白虎通义·三正》这一节：

王者受命必改朔何？明易姓，示不相袭也。明受之于天，不受之于人，所以变易民心，革其耳目，以助化也。故《大传》曰："王者始起，改正朔，易服色，殊徽号，异器械，别衣服"也。是以禹舜虽继太平，犹宜改以应天。王者改作，乐必得天应而后作何？重改制也。《春秋瑞应传》曰："敬受瑞应，而王改正朔，易服色。"《易》曰："汤武革命，顺乎天而应乎民也。"

翻来覆去地引经据典，无非是强调这一句"明受之于天，不受之于人"——向大家表明我这改朝换代是老天爷安排的，可不是我从上代王朝手上搞过来的。这个逻辑可值得我们万分留意，这里分明在说：每一代王朝都是各不相干的，交接的两者之间绝对没有继承关系。如果这个逻辑在古代当真被人们普遍接受的话，这就意味着：一个有着延续性的"中国"的概念其实是不存在的，秦朝就是秦朝，汉朝就是汉朝，唐朝就是唐朝，每个朝代分别是每个皇室的独立的私有财产。于是，正如我在《孟子他说》里详细说明的那个道理：下一个朝代不会以上一个朝代的版图作为自己王朝版图的合理依据^㉚，比如说，刘家王朝的财产是一千万平方公里的土地，到了李家王朝，土地变成了五百万平方公里，但李家王朝没有理由去说"刘家有地一千万平方公里，所以我们李家也应该拥有同样范围的土地"，这就没有道理了，毕竟前朝的事是前朝的，本朝的事是本朝的，在私天下的时代里，每个朝代的土地都是各自皇室的私有财产，而既然是私有财产，自然可以被物主随意处置——送给外国也好，干脆放弃不管了也好，怎么处置都行，尤其重要的是：刘家的私有财产和李家的私有财产之间并不存在继承关系。

作为现代人的我们恐怕不大容易理解这个问题，我们觉得理所当然的是：从前（清朝、明朝，甚至更早的朝代）属于中国的地盘，现在自然也该属于中国。所以我得强调一下：别拿现代眼光去想古代问题，古人那时候一般都没什么"中国"的观念，只有各个王朝的观念。——顺便一提的是，即便说"春秋大义"当中的"华夷之辨"部分地消解了《白虎通义》的"明受之于天，不受之于人"的意义的话，那么，元朝和清朝的正统性便该受到质疑了，接下来的问题就是：难道元朝和清朝的领土规模有理由成为后面的时代里新政权的领土依据吗？——这是个两难的问题，如果承认为"是"，那就否定了《白虎通义》里"明受之于天，不受之于人"的正统理论，也否定了"春秋大义"里的"华夷之辨"，更给未来开了个以现实论历史的口子；可如果承认为"否"……

如果是在汉朝，无论西汉还是东汉，这问题的答案必定为"否"，新旧两个王朝之间的关系是一定要被强调为"不属于继承关系"的，所以，改皇历、换 logo 和整体VI，都是在向大家强调这个概念，形式主义是一定要搞的。

——这样看来，治国也不难嘛，尧舜行，我也行！只要接手的是个好摊子，搞搞形式主义就可以了，这也实在太容易了！做领导的完全可以垂拱而治、无为而治啊，对了，就像齐桓公那样。

不错，成功的例子就摆在那里鼓舞着我们，远的有大舜，近的有齐桓公，可是，如果追问一下的话：料理一个国家，总得有不少工作要做吧，都垂拱、都无为，那谁来真正做事呢？

当然得有人做事，他们不但要做，还要吃苦耐劳、任劳任怨地去做。领导的垂拱而治也好，无为而治也罢，全都得建立在手下人努力工作的基础上——有称职的小弟在打理，老大才能专心享福呀，没有他们的辛苦，哪有少数人的享乐，他们的存在和维持现在的状态是很有必要的。所以，从这层意义上说，"无为"的关键就在于用人。齐桓公不就是用了个管仲么，人家管仲可一点儿都不"无为"。

事情正是如此。董仲舒在解释为什么尧会给舜留下一个好摊子的时候说：尧在刚刚做老大的时候并不好过，但他致力于搞掉坏蛋、任用好人，于是，没过多少日子，尧手下的坏蛋纷纷死走逃亡，而能干的好人则被一个个提拔了上来，天下由此渐渐走向大治。

——这是儒家政治思想的一个重要的、也是影响尤其深远的主张：组建好人政府。用诸葛亮的话说，就是"亲贤臣，远小人，此先汉所以兴隆也；亲小人，远贤臣，此后汉所以倾颓也"（《前出师表》）。归根结底，搞好政治的关键就在于"用人"两字，只有把"用人"一关把好了，领导才可以"无为"。

在人治的大背景下，"用人不疑，疑人不用"，听上去掷地有声，可仔细一琢磨，这用人之道岂不成了掷色子——齐桓公不疑管仲，这是掷了一把"豹子"；唐玄宗不疑安禄山，这是掷了一把"蹩十"。一国政治的好坏，全要仰赖赌徒的眼光和老天爷给的运气？！

"用人"的这个思想直到现在还很有市场，评书里给我们讲了无数忠臣和奸臣的故事，让我们了解到：搞掉奸臣、信任忠臣，就可以万事大吉。"用人不疑，疑人不用"这八个字是紧承着"亲贤臣，远小人"而来的，同样是千百年来广泛流传的至理名言。最好的统治者应该做到的就是：有一双明亮的眼睛，能够准确识别出谁忠谁奸，然后，赋忠臣予重任，给他充分放权，让忠臣可以不受束缚地大展拳脚。

这一理论/理想在一部部的评书和电视剧里得到了无数次光彩照人的实现，也似乎赢得了人们的普遍认同，但是，如果考察真实的历史和真实的生活，我们却会惊讶地发现：如此一个妇孺皆知的浅显简明的道理，却很少真正发挥过什么作用。

也许因为，这一道理受到以下三个至少同样重要的道理的挑战：

1. 人是趋利避害的；

2. 没有人是一成不变的；

3. 权力是最好的腐蚀剂。

聪明的领导无论嘴上说什么，对这三句话无不心知肚明。我们来回顾一个人尽皆知的故事：韩信在平定齐国之后，派使者向刘邦请求封自己为代理齐王，惹得刘邦差点儿当时就翻了脸。我们如果把这件事反过来想想：韩信如果不向刘邦提出这个"过分"的要求，刘邦对韩信会怎么想呢？——这是一个权力场上的通则，所以萧何镇守大后方的时候会故意广置房地产，甚至还做出一些抢男霸女的勾当；所以王翦在统率大军攻打楚国的时候，一次次地向秦王写信要求赏赐。韩信的这个要求其实并不像《史记》里暗示的那样"过分"或者"幼稚"，如果换了我，我恐怕也得这么去提要求。韩信、萧何、王翦，乃至许许多多朝代里许许多多的臣僚，他们用这种手法往往都是在向天威难测的主子做出一种明确的暗示：我的野心不过如此哎，请您千万放心！而这种暗示因为符合基本人性，符合上述三条原则，所以是比较容易被领导相信的。这甚至向我们昭示了一个非常令人不快的道理：在权力场上，做贪官乃是保全自己的一种有效手段，适度的贪更容易让领导对你放心。

"亲贤臣，远小人"和"用人不疑，疑人不用"看上去已经显得有些可笑了。对皇帝而言，能够让自己放心的正是那些有适度办事能力的贪官而不是清官，这也就意味着，在专制体制下，所谓反腐，往往只是权力博弈的手段和副产品（详见《孟子他说》第二册"绵羊世界"一节），机灵鬼们谁也不会拿反腐这个名词当真，因为真正让皇帝顾忌的恰恰是那些光彩照人的清官，所以这些人才是最容易被清理的对象。

我们这里说的都是货真价实的清官。首先从技术层面来看，清官不好管理。这就好比你开了一家公司，以业绩提成的方式来激励员工，但有这么几个员工出身豪门，钱多得几辈子花不完，来上班只是为了消磨时间，还有几个是苦行僧出身，视金钱如粪土，所以，他们自然有自己强有力的一套工作观念，你想用提成和处罚来控制他们，可人家拿你那点儿小钱根本就不当一回事。你就算拿开除来威胁他们，人家也毫不在意。所以，这样的员工是没法管理的，即便他们能力再强，用起来也很不顺手。当初赵构问岳飞国事如何可为的时候，岳飞回答了一句千古名言：文官不爱财，武将不惜命。——可是对皇帝来讲，如果手下文臣武将全都符合岳飞的这个标准，国事反倒根本不可为了：奖励对他们没有激励作用，惩罚对他们也没有震慑作用，没法使唤呀！而更加要命的是，这句名言虽然好像光芒四射，被一代代的草民们无限憧憬着，可当草民们真的置身于不爱财的文官或不惜命的武将的治理之下的时候，反倒有可能燃起对贪官的怀念呢。《老残游记》也有一段名言，正好适合拿来和岳飞的名言配对来读：

赃官可恨，人人知之；清官尤可恨，人多不知。盖赃官自知有病，不敢公然为非；清官则自以为不要钱，何所不可，刚愎自用，小则杀人，大则误国。吾人亲眼所见，不知凡几矣。

清官们正因为觉得自己不爱财、不惜命，毫无私心，占据了道德上的制高点，做起事来便了无顾忌，于是草菅人命者有之，祸国殃民者有之，老百姓看着他生活之俭、执政之勤，再加上那一脸的正气，也就只有感动的份，哪还看得见有多少滔天大祸都是他一手造成的。

不妨使劲想一想"用人不疑，疑人不用"的方方面面，或许也可以找另一句名言配对来读——这是杰斐逊说的：信任是专制之母。那么……

从另一方面来看，完全没有欲望的人是不存在的，贪财和怕死是所有正常人的正常情感，个别人不贪财、不怕死倒有可能，但如果拿这个标准作为文武官员称职与否的考核指标，估计90％以上的人都得落马。但又因为当官是件一本万利的买卖，大量竞争者自然会涌进这个行当。——在这两方面因素的共同作用之下，越是厚颜无耻之徒越容易毫不脸红地把自己扮成既不贪财又不怕死的道德楷模，而正派人往往又拉不下脸来和小人比虚伪。于是，在这样一种高尚的游戏规则之下，只能是口号日渐响亮，人渣步步高升。中国传统文化最擅长的就是讲道德，可两千年来，每个时代都在感叹"世风不古"，这真是个莫大的讽刺。而更有讽刺意味的是，直到今天，还有不少人在鼓吹传统文化的道德样板，这至少会让一百年前的郭嵩焘死不瞑目。

那么，有什么办法能达到这样的效果："即使是坏蛋，为公益服务也符合他自己的利益？"这话是英国老哲人休谟说的，很典型地代表了东西方关注点的差异，是呀，这个问题就其本身来说似乎也是荒谬的，更何况它几乎从未被东方文化认真关注过。

退而求其次，在中国传统文化当中，孟子劝齐宣王的那些话倒像个合情合理的办法：贪财不要紧，领导有钱赚，要让大家一起有钱赚；怕死不要紧，领导保平安，要让大家一起保平安。⑩另一方面，如果以小人之心揣度，一个拿小钱不当回事的人很可能是在流着口水盯着大钱，一个人如果没有常人共有的那些欲望，那他很可能所图甚大。还有，清官是容易赢得民心的，这一点也足以引起皇帝的担心。想想田姓篡齐、王莽篡汉，这不都是由能力强、清誉高的小弟把老大给推翻了么！

即便在上上下下贪成一片、民怨沸腾的时候，皇帝照样会喜欢贪官，而且也会更加忌讳清官。因为越是这种情况，清官越容易赢得民心；而老百姓憎恨贪官，却常常期望九天之上的皇帝会出面制裁。和皇帝争民心无疑是最冒险的行为，回忆一下前文所讲：功劳永远要归于领导。

——这才是专制体制下真实的权力运作，儒家知识分子口口声声"亲贤臣，远小人"的劝导虽然在两千年来回音不绝，让我们几乎信以为真，但是，它始终只代表了一些善良人的善良愿望和一些聪明皇帝的表面文章。

我们说儒家两千年传统如何如何，在这个问题上，"说"的传统归儒家，"做"的传统却是要归法家的。

儒法不两立，他们常常会为了"立"自己而先"破"对方。董仲舒在对策里继续说道：周朝开国大搞德治，于是乎天下太平，而秦国却搞法家那一套，社会风俗迅速败坏，"诛名而不察实，为善者不必免，而犯恶者未必刑也"——看，董仲舒后来搞的"《春秋》原心定罪"正是直接反动秦法的。

说到这里，有人可能会怀疑：古代学者经常虚构历史，既然儒家可以把尧舜禹美化到无以复加，是不是也同样把秦国贬低得一无是处呢？秦国，乃至秦朝，当真这么差劲吗？

当然不可能真差劲到这种程度，不然毛主席怎么会盛赞秦始皇呢。他还写过这样一首诗送给郭沫若：

> 劝君少骂秦始皇，焚坑事件要商量。
>
> 祖龙魂死业犹在，孔学高名实秕糠。
>
> 百代多行秦政治，十批不是好文章。
>
> 熟读唐人封建论，莫从子厚返文王。

　　诗里有两句话尤其值得注意，一个是"祖龙魂死业犹在"，一个是"百代多行秦政治"，似乎是说秦始皇虽然死了，但他的核心政治精神却永远活在后代皇帝的心中。——如果往下继续讨论的话，就会进入一个颇有争议的话题，比如钱穆就认为中国专制传统绝非一成不变的。所以，为了谨慎起见，我们还是把这句话的含义苛刻地局限在"核心政治精神"上好了。

　　那么，董仲舒所谓的秦国在法家精神的指导下社会风俗急剧恶化，到底有没有可靠的佐证呢？感谢考古发现，睡虎地出土的竹简向我们展示了秦国的一些法律条文，里边居然详细写出了对儿子和父母之间偷窃财物的处理办法；还有：做妻子的如果举报干了坏事的丈夫，自己的财产可以免于充公；如果是丈夫举报妻子，妻子的财产可以用来奖励丈夫。看来即便是父子夫妇这样的至亲关系，也都各有各的财产，睡觉的时候还要睁着一只眼留心对方！

　　儒家知识分子对这种情况是最为痛心疾首的，贾谊《新书》里有一篇"时变"，描写秦国法家当道下的社会风俗，说：商鞅这坏小子违背伦理，治国方针全部就两个字：一个是"耕"，一个是"战"，老百姓全都成了国家大机器里的一个个螺丝钉，只知道种地和打仗，多收了粮食能拿提成，多斩了人头也能拿提成，全部生活就只有这些了。也就是两年的光景，秦国的风俗变得惨不忍睹。秦国人生了儿子，如果家境富裕，儿子长大之后就要分家独立；如果家境贫寒，儿子长大之后就得入赘到老婆家去。如果父子之间借把锄头啥的，换了咱们，还提什么借呀，直接拿过来用就是了，用坏了也无妨；可在人家秦国，儿子要是借给亲爹一把锄头，马上就会面露得色，好像施了多大的恩德似的！还有，儿媳妇给婴儿喂奶，能毫无芥蒂和公公坐在一块儿；婆婆和儿媳妇很少能有和睦相处的，捶捶打打已经成了日常生活必不可少的一部分。⑪

　　——现在常有人说陕西一带民风淳朴，看来这得感谢新社会，两千多年前的秦地风俗想想也让人脊背发凉。不过呢，贾谊这话也不知道写实性到底多强，他前边才说了儿子长大之后就离开父母，后边紧接着却说儿媳妇和公婆相处的事，好像有点儿矛盾哎。

儒家千载说商鞅，几乎只有一个骂字，但《史记·商鞅列传》却持截然相反的说法：商鞅的改革搞到十年的时候，秦国人民都很满意，社会上路不拾遗，山无盗贼，一派太平盛世的景象。[42]——那么，到底谁说得对呢？

我也不知道谁说的对，但苏轼在《东坡志林》里有一篇《司马迁二大罪》，说司马迁有两大罪状，就是论商鞅和桑弘羊之功，而这两位仁兄都是自汉代以来的学者们一致耻于讨论的，至于说商鞅的改革成果，诸如"路不拾遗，山无盗贼"云云，分明是战国游士的邪说诡辩，却被司马迁道听途说之后载之史册。[43]

——苏轼此论，似乎有他借古讽今的一面，矛头应该是指向王安石变法的。但从语气上看，苏轼倒也不像是在编造历史来迎合己意。那么，到底商鞅的改革成果是怎样呢，到底事情的真相如何呢，反正我是没法判断的，唯一能说的是，无论正方还是反方，字里行间都在强调"风俗"的重要性。

儒家是非常重视风俗的，他们认为风俗具有极高的政治意义——想想杜甫诗句里的"致君尧舜上，再使风俗淳"。商鞅的法家之道看起来让人心寒，好像这是和"风俗淳"南辕北辙的。孔子讲过一个故事，说父亲偷了人家的羊，儿子不但不检举，反而包庇，这就是"直"啊，社会风气就应该这样才对。[44]可在商鞅政策下的秦国，具有代表性的画面却是"儿子要是借给亲爹一把锄头，马上就会面露得色，好像施了多大恩德似的"（假父耰鉏杖彗耳，虑有德色矣）——一个是"证羊"，一个是"借鉏（chú）"，对比鲜明，陈寅恪曾经用这两个典故作了一首七绝："证羊见惯借鉏奇，生父犹然况本师。不识董文因痛诋，[45]时贤应笑步舒痴。"诗中第三句"董文"之"董"恰是董仲舒，而最后一句的"步舒"则是我们前文讲过的董仲舒的高足吕步舒——这三个字也正是陈寅恪这首诗的题目。

恐怕一般老百姓都会同意，作为风俗来说，"证羊"总比"借鉏"要好，而儒家知识分子的任务就是：让统治者也能有这种认同感。果然，贾谊还在另外一篇《俗激》当中议论过移风易俗对于国家政治的重要性：

夫邪俗日长，民相然席于无廉丑，行义非循也，岂为人子背其父，为人臣因忠于君哉？岂为人弟欺其兄，为人下因信其上哉？陛下虽有权柄事业，将何寄之？管子曰："四维：一曰礼，二曰义，三曰廉，四曰丑。四维不张，国乃灭亡。"使管子愚无识人也，则可；使管子而少知治体，则是岂不可为寒心？今世以侈靡相竞，而上无制度，弃礼义，损廉丑，日甚，可谓月异而岁不同矣。逐利乎否耳，虑非顾行也。今其甚者，到大父矣，贼大母矣，踝妪矣，刺兄矣。盗者虑探柱下之金，掇寝户之帘，攫两庙之器，白昼大都之中，剽吏而夺之金。矫伪者出几拾万石粟，赋六百余万钱，乘传而行诸侯，此其无行义之尤至者已。其余猖獗而趋之者，乃豕羊驱而往，是类管子谓四维不张者与，窃为陛下惜之。

　　以臣之意，吏虑不动于耳目，以为是时适然耳。夫移风易俗，使天下移心而向道，类非俗吏之所能为也，陛下又不自忧，窃为陛下惜之。夫立君臣，等上下，使父子有礼，六亲有纪，此非天之所为，人之所设也。夫人之所设，弗为不立，不植则僵，不循则坏。秦灭四维而不张，故君臣乖而相攘，上下乱僭而无差，父子六亲殃僇而失其宜，奸人并起，万民离畔，凡十三岁而社稷为墟。今四维犹未备也，故奸人冀幸，而众下疑惑矣。岂如今定经制，令主主臣臣，上下有差，父子六亲，各得其宜，奸人无所冀幸，群众信上而不疑惑哉。此业一定，世世常安，而后有所持循矣。若夫经制不定，是犹渡江河无维楫，中流而遇风波也，船必覆矣。悲夫！备不豫具之也，可不察乎！

　　贾谊忧心忡忡：哎呀呀，世风日下啊，笑贫不笑娼，礼义何在啊！我们一定要重视精神文明建设，可不能再这么下去了，国家要乱的呀！在家是逆子，在朝必定是奸臣。管仲当年提过"四维"的概念，我觉得很好，值得提倡。所谓"四维"就是"四个纲领"，即：礼、义、廉、耻。我建议组织各级政府深入学习"四个纲领"，对"礼义廉耻"我们要天天讲、月月讲、年年讲，还要组织群众学习讨论，让大家知道什么是礼义，什么是廉耻！看看现在，啊，看看现在，太令人痛心了，大家都在追逐私利，根本忘记这世上还有道德了。刑事案件里有杀害祖父母的，有伤害养父母的，有刺伤兄长的，小偷们也比以前更有胆色了，敢偷帝王陵墓了——那天抓着一个，这小子居然还敢嘴硬，扛着把洛阳铲硬说自己是考古工作者！我真是气不打一处来：你考古也没人说什么，可你挖的那坟，那是古墓吗？呸，先皇才死了半个月不到啊！唉，还有光天化日在闹市抢劫官吏的，这些老百姓也不知都是从哪儿听说的，以为是个当官的至少都趁几百万！还有更离谱的，有人诈称朝廷之令，从国家粮仓诈骗走了十万石粮食，粮仓主管都给气哭了，说："我这个官仓鼠两年了才贪掉八万石，我不平衡！"还有喜欢现金的，骗走了朝廷六百多万税款，查都没法查，因为朝廷的统计数字从来就没有真实过——主管官员都习以为常了，有一次我看见一个小孩缠着老师非要改考卷的分数，这孩子考得不错，一百分，可他非让老师给改成八万分，我好奇一问，这孩子说拿一百分的卷子回家他爸爸会打他——唉，这个动荡的世界呀，礼义廉耻全都不见了，实在是该号召全国来学习"四个纲领"的时候了！

　　——贾谊说话简直像个愤青，可是，我们如果仔细一想，这里面好像有问题呀：贾谊在《时变》里斥责的是秦国的法制，反正被推翻的政权全是坏的，屎盆子可以随便扣，可在《俗激》这篇里，贾谊怎么说的全是他本朝的事啊？汉朝政治号称反秦之道而行，可从这里看来，社会风俗怎么竟和秦国相差不多呀？

　　政治的两面性开始露头了。改朝换代的一般原则是：被推翻的那个朝廷罪大恶极，而新朝则反其道而行之，敌人反对的我们就支持，敌人支持的我们就反对，汉朝这个时候可供参考的历史经验并不太多，大家很奇怪为什么庞大的秦王朝仅仅十四年就土崩瓦解，这可真是史无前例的。学者们深入研究，发现秦朝实行法治，不行仁义，既然认清这是祸根，那我们汉朝就多行仁义，少搞法治好了。贾谊和董仲舒就都是持这种观点的。我们很多人都知道汉朝初年的休养生息政策，这是不假，秦朝尽搞国家工程，劳民伤财，又打了那么多年仗，老百姓实在吃不消了，好好休息吧；可事情的另一面是，在"休养生息"之外还有一个词叫作"汉承秦制"，顾亭林在《日知录》里就说，"汉兴以来，承用秦法，以至今日者多矣"，古人这类说法很多，话比较重的还说汉朝延续了秦朝的弊政，总而言之，汉朝自己没搞过什么原创性的政治改革，而是拿来主义，全盘秦化。比如，当年针对老百姓苦于秦朝的繁密刑罚，刘邦提出了深得人心的"约法三章"，而实际上，这"约法三章"并没有实行太久，萧何后来给汉朝编制法律，直接就把秦朝的法律条文拿过来稍加修改就用上了。所以我们不要以为汉朝前期法网真有多宽，有宽的时候那也是因为放松执法的关系，而不是说立法有多么宽疏简单。钱穆评论秦汉两代，说过秦始皇和汉武帝都是中国历史上的雄主，秦始皇焚书坑儒，以吏为师，严禁有人以古讽今，而汉武帝恰恰相反：表彰六艺，追慕尧舜，尊行上古圣王之法。可这种"恰恰相反"只是表面上的，汉武帝设立五经博士，这和秦始皇的焚书坑儒性质是一样的；汉武帝求仙、封禅，和秦始皇如出一辙。汉武帝把尧舜当作偶像，很瞧不起秦始皇，可所作所为和秦始皇却并无二致。汉武帝以为自己上承三代圣王，却不知自己正是亡秦的延续。原因在哪儿呢，汉朝自从刘邦以来，恭俭无为，搞的全是拿来主义，照抄秦朝。汉武帝虽然发愤图强，想像上古圣王一般有一番伟大作为，平治天下，其实还没脱离照抄秦朝的老路。学者们推崇尧舜，痛斥秦朝，可眼光也都限制在秦朝的历史局限性里。因为说来说去，上古的事情到底全是虚的，而秦朝的事却是实实在在摆在眼前的，秦汉同是大一统王朝，相似之处很多，一不小心就学上了。⑯

　　这么看来，汉朝初期所谓的"无为而治"倒有两层意思，除了"休养生息"之外，却是自己在政治上并无创新，只是照抄秦朝，投机取巧。至于个中原因，钱穆以为是刘邦那伙人除了张良具有贵族血统之外，其他人全属草根阶层，让这些人制订国家法典什么的那可真是难为他们了。现在把贾谊方才那两篇文章拿来一加对照，可着实露出了他的马脚：好你个贾谊，把你说的那些坏人坏事抹去时代背景，嗯，怎么看不出来是秦是汉呀？——难道是近似的政治框架终于搞出了近似的不良后果？

　　还得说董仲舒把握得住，在"天人三策"的第二策里大谈秦朝苛政，把批评紧紧地绑住秦朝："是以百官皆饰虚辞而不顾实，外有事君之礼，内有背上之心；造伪饰诈，趣利无耻；又好用憯酷之吏，赋敛亡度，竭民财力，百姓散亡，不得从耕织之业，群盗并起。是以刑者甚众，死者相望，而奸不息，俗化使然也。"和贾谊说的都差不多，反正就是秦政府乱搞法治，不体恤百姓疾苦就是了。董仲舒随后转而表扬本朝，以作为和暴秦的鲜明对照。

　　董仲舒说："皇上您如今一统天下，四海无不顺服，太牛了呀！"——其实这话如果不作为转折，直接放在坏典型秦始皇身上也是一样合适的。

　　董仲舒接着说："皇上您太了不起了，万里之外的夜郎、康居这样的国家都被您的德政感化，向您归顺！"——这是儒家"以德服人"的政治思想，前边讲过萧望之就是拿这种思想用在匈奴身上，结果赢得了空前的政治胜利。但现在的问题是，董仲舒这句话可能有假，因为夜郎和康居这时候还没归附汉朝呢。所以有专家怀疑"天人三策"存在被后人篡改的嫌疑——这倒不是没有可能，古书尽是被篡改的，所以后世写历史的家伙里边，有些人写推理小说也很擅长。

我们先不必去纠缠文献真实性的问题，反正，即便这里遭到篡改，篡改者也必是儒家无疑，出发点大概是要把这篇汉儒经典点缀得更加完善吧。我们不妨糊涂一下，把它当作董仲舒自己的话好了。董仲舒在举了夜郎和康居的例子之后，话锋突然一转，说："海外都纷纷归附了，这充分说明皇上您德治光辉普照四方、充满天地，但是，国内老百姓怎么没得着您什么好处呢？"——董仲舒对这个话题没有深入，其实他已经点出了一个专制朝廷的通病：对内对外两副面孔。

专制体制的特点是：全国所有土地、所有人口、所有物品，全是皇家的，虽然政策上允许私有权，但这是出于皇帝的恩赐，皇帝予取予夺，看谁不顺眼就可以剥夺谁的私有权。所以，全国之人谁都不具备和皇帝的人格平等性，他们都是皇帝的私产，要像狗一样无条件地忠于皇帝。而外国领导人却是和我们的皇帝有着人格上的平等性的，即便是个小国领袖也是如此，大家坐在一起就像大财主和小财主坐在一起，大财主尽可以财大气粗，小财主尽可以卑躬屈膝，但两人都是财主，都有自己或大或小的一份产业，是可以坐在一起说话的。而再小的财主也是财主，再大的家奴也是家奴。某个财主觉得自己经营有方，家大业大，很想炫耀一番——这是人之常情——但财主的苦恼是，家里虽然有无数家奴，虽然有无数忠狗，但总不能向他们炫耀吧，真要显摆显摆泱泱大财主之风，也只能在那些小财主面前炫耀，而在一个财主社区里，大财主也往往更希望有更多的小财主拥着自己。大财主既然家大业大，自然给得起好处，金钱乱抛之下，小财主纷纷拥来，不亦乐乎。赵翼就曾经笑话郑和下西洋主要就是给明成祖挣面子去的：毕竟万国来朝方显大国威仪。⑰

所以说，国际外交就是大财主的社交活动，国内政治就是大财主的家内事务——家再穷也不能在外人面前丢了面子！大财主有时会勒令或哄骗家奴们勒紧裤腰带，挤出钱来供自己在外边一掷千金，而小财主的作为也往往会像穷光蛋借钱请客一样，这种事在历史上绝不罕见。理解这个道理并不需要依靠什么深奥的理论，这仅仅是一个简单的常识。既然我们知道专制体制是"家天下"，就应该更多地去从"家庭行为"和"家长行为"的角度来理解当时的历史事件。但这个常识是常常被人忽视的，因为人们很容易忽略"家天下"的特性，而去思考什么国家民族利益之类的宏大主题。

老百姓对这种作风有时是深恶痛绝的，而民间的好恶常常在俗文学中体现得淋漓尽致，比如《隋唐演义》痛斥隋炀帝在扬州接待外国使节，为了显示国家繁荣，不但花大价钱装出歌舞升平的气象，甚至嫌树叶凋谢影响美观，竟着人在扬州城里大小树木的枝丫上扎满绿色丝带，这还真把一众外国使节唬得不轻。可隋炀帝也有百密一疏，忘记对使节们从边境进入扬州的沿途路线也照方抓药布置一番，结果被人家看出了破绽。

要注意的是，我说的是"老百姓对这种作风'有时'是深恶痛绝的"，为什么要加上"有时"这个限定，因为统治者只要弄些障眼法，老百姓还是很容易就被糊弄过去的。"老百姓的眼睛是雪亮的"吗？如果真是，皇帝们天天都得冒冷汗了。好在障眼法是很少失效的，呵呵，就连"老百姓的眼睛是雪亮的"这句话本身，不也是一个美妙的障眼法吗？

"国家民族"这些高尚的字眼也常常会作为优美的口号鼓舞着士气人心，但正如我在《孟子他说》里分析过的，爱国是现代社会的观念，而先秦时代并没有什么爱国观念，爱家先于爱国；专制时代也没有什么真正的爱国观念，爱国只是作为忠君的附属观念，而其意义实质上只是"维护主人的私有财产"。对于家天下的家奴们来说，理论上应该无条件效忠当前的主人以及主人的合法继承人，一些脑筋灵活的家奴则有时会想：效忠这个主人还是效忠那个主人，或者干脆找机会自己做主人？家奴只有主人，没有国家，任何高于主人之上的价值标杆都是被严厉禁止的。而主人是有权任意处置自己的财产的，包括国土和人民——正如我们无法要求一个财主不得把自己的土地割让给别的财主，我们同样无法要求财主不得杀掉他自家的牲畜。

自然，家天下里的家奴也好、忠狗也好、牲畜也好，有时也会过上美满的生活，但这一切都是来自主人的恩赐，主人既然可以恩赐给他，也有权力随时把恩赐收回。家奴们会因为美满或自以为美满的生活而由衷地歌颂主人的恩赐，这无可厚非，但他们可曾想过：靠恩赐而来的幸福是不可以安心地揣在怀里的——这次第，像极了皇宫里的那些女人。

从法家的观点来看，主人是切忌让家奴们收入过高、生活太好的，因为人富了也就不好管了，所以法家追求的并非我们熟知的"国富民强"，而是"国强民弱"，只有做到"国强民弱"了，朝廷才可以轻易压得住人民，可以充分用赏罚来操纵众人。人民越是愚、越是弱，朝廷操纵起他们来也就越是顺手。这就好比现代企业，高级技术人员往往并不好使，但流水线上的小工却是最容易控制的。

法家这种论调是完全站在君主立场上的，是真真切切地为君主着想，自然也就深得君主的喜爱。儒家的以民为本的想法就越发显得不合时宜了——如果当真"以民为本"，皇帝不就成给人民群众打工的了么？

不过，皇帝常常还真以打工者自居，也常常能骗得大家的信任和感动。是的，统治者会使老百姓把统治者本人的奋斗视为全体人民自己的奋斗，"并且要求他们做出必要的牺牲"⑧。呵呵，看来愚民并不是件太难的事哦。

再来回顾一下董仲舒方才那个问题："海外都纷纷归附了，这充分说明皇上您德治光辉普照四方、充满天地，但是，国内老百姓怎么没得着您什么好处呢？"董仲舒自问自答："国内老百姓之所以没能像海外小国那样感受到您的恩德，那是因为您的心思没在老百姓身上啊。"

按照"以德治国"的逻辑，如果皇帝想要加恩于百姓，先要端正自己，然后把自身的光芒辐射到一众官员身上，官员们受到了圣光的感染，便也越来越道德，越来越圣洁，最后再各自在各自的地盘上发出圣光，辐射到老百姓的身上。这用禅宗的诗境来说，叫作"一波才动万波随"。

所以，董仲舒继而提倡教育，提倡道德的吏治，他给地方官下的定义是：从省级干部到县级干部，都是人民的导师，是人民的表率，秉承皇上的恩泽进而宣化下民；如果导师是坏导师，表率是坏表率，那么皇上的恩泽可就遇到瓶颈了。董仲舒感慨现实："现在这些地方官呀，既不好好担负起教化人民的责任，又没有认真执行皇上的法令，暴虐百姓，专和坏人扎堆，从中牟取私利，致使弱势群体中常常有人流离失所，被屈含冤。于是乎阴阳错乱，天地间充满怨气，老百姓越来越难活了。这都是因为地方官不地道啊！"

董仲舒指出了办教育和选拔人才的办法，建议让诸侯和地方高官定期推荐贤才，这一招可开了后世科举制度之滥觞。董仲舒说："皇上您就照我说的去做，过不了多久您就是当代尧舜了。"

——大臣谏君经常拿出尧舜的大帽子，皇帝们也不知一代代地听厌了没有，我们这里倒值得关注一下地方政府的特殊角色，以便更好地体会一下"以德治国"的特殊逻辑。

地方官们不但是地方的君长，还是地方的导师，有时候也要兼一下地方的宗教领袖。让郑振铎来替我说两句吧："每一个县城，我们如果仔细考察一下，便可知其组织是极为简单的。在县衙的左近，便是土谷祠；和县长抗颜并行的便是城隍，也是幽冥的县官。还有文昌阁、文庙，那是关于士子的；此外，还有财神庙、龙王庙、观音阁等。差不多每一县都是如此的组织或排列着的。这还不和帝王之都的组织有些相同么？一县的县官，其责务便俨然是一位缩小的帝王。他初到任的时候，一定要到各庙上香。每一年元旦的时候他要祭天，要引导着打春牛……他们是具体而微的'帝王'；'帝王'是规模放大的'地方官'。他们两者在实质上是无甚殊异的。"⑭

郑先生把事情讲得绝对了些，但这段话仍不失为帮助我们理解德治逻辑的一把结实的梯子。

（三）

"天人三策"之三——"问鬼神"和"问苍生"并不矛盾——《搜神记》的怪力乱神——汤祷——龙图腾和龙王——端午节到底纪念谁？

汉武帝继续提问，这一回详细问到了天人感应之事。我们很多人都熟悉李商隐一首咏叹贾谊的七绝："宣室求贤访逐臣，贾生才调更无伦。可怜夜半虚前席，不问苍生问鬼神。"这是感叹政治新星贾谊好容易又得到了汉文帝的召见，本拟有机会施展抱负，可汉文帝关心的却只是鬼神之事，并非天下苍生的福祉。

其实若说起大搞"封建迷信"，汉武帝比汉文帝可强出太多了，汉文帝再怎么着也不过是请个高知来问问情况，汉武帝却是把特异功能大师接二连三给弄到宫里，金银财宝不说，还把女儿往外赔。但是，从另外一层意义来看，"问鬼神"和"问苍生"并不矛盾，甚至还可以说是一事的两面，因为天和人是互相感应的：人世好了，就会天降祥瑞；人世坏了，就会天降灾异。这也就是说，当你发现UFO满天飞、麦田怪圈无处不在、妖魔鬼怪四处显灵、到处都有灵异事件发生的时候，你就应该知道，这都是国家政治没搞好闹的。

——反正董仲舒就是这么解释的，他一本正经地说："这可不是我拍脑门拍出来的哎，我是有理论依据的。"他的这个理论依据，自然就是孔圣人的《春秋》。

董仲舒说："孔子作《春秋》，上察天道，下验人情，网罗古事，考察现实。所以《春秋》所讥讽的，也就是灾害所侵犯的；《春秋》所憎恶的，也就是灾异所降临的。"

有人读到这里可能会大为不屑："《春秋》怎么这么写呀，这还哪像是正史所为呀，还什么中国第一部编年史呢，哼，说野史还差不多！"

从历代官方说法来看，《春秋》原本还当真是部野史，因为孔子不过是个私立学校的校长，是没有权力来修治史书的。修史书是史官的职责，是官方的行为，从古至今都是如此，这也表现了历代官方对历史的重视。如果放任私家修史，你这么写，他那么写，一个人一个说法，也没有人来给敏感事件统一口径，这样的历史哪还有严肃性呢！所以，《孟子》里边提到孔子作《春秋》，说孔子感叹着"知我者《春秋》，罪我者《春秋》"，原因很可能就在这里，就是因为孔子也清楚自己这种私家修史的做法是一种僭越行为。

那么，如果真拿私家野史的标准来衡量，《春秋》大谈灾异似乎倒也说得过去。可事实上，这根本就不成为一个区分正史与野史的合理标准，因为在官方正史当中，灵异现象其实是无处不在的。当然，这也许是因为《春秋》对后世的影响力实在太大的缘故吧。

赵翼的《廿二史劄记》里专门有"《晋书》所记怪异一条"，说："采异闻入史传，惟《晋书》及《南》《北史》最多，而《晋书》中僭伪诸国为尤甚。"这好像还真呼应了董仲舒的说法，在乱世最乱的时候，在三天两头有坏蛋僭越称帝的那些时代里，灵异现象总是在全国风起云涌。赵翼提到刘聪时代里，天上掉下来一块大陨石——现代科学告诉我们，地球上每天都得掉个一吨半吨的陨石，这没什么稀奇，可这块陨石稀奇的是：大家以为它是石头，走近一看，却是一大团肉？！哎呀，都说天上不能掉馅饼，这还真就掉下一个来，看来馅饼的皮儿是在和大气层的摩擦当中燃烧掉了。这一大团肉，长有三十步，宽有二十七步，几里之外都闻得见味道，更奇怪的，这肉旁边还有哭声！

一件怪事的降临也许只是一系列怪事的开端，就在这个时候，刘聪的皇后生孩子了，生的是一对双胞胎，可惜不是人，而是一蛇一虎。这一蛇一虎伤人而走，大家去找，却在怪肉旁边找见它们了，而怪肉的哭声也奇怪地停了下来……

赵翼又举一例：干宝的《搜神记》，尽人皆知书里全是怪力乱神，可干宝其人在晋朝却是位出色的官方知识分子，他曾被皇帝委任编修国史，成就出一部《晋纪》，颇受好评，时人称之为"良史"。可就是这样一位出色的史家，家里边却出了一桩史笔难以描绘的灵异事件：干宝的爸爸很宠一个婢女，等爸爸死后下葬的时候，失去了靠山的婢女被妒火中烧的干家老妈活活推进墓中，就这么连活人带死人一块儿埋了。干宝那时候还小，不大懂事，也就没受太大的刺激。又过了十多年，老妈也死了，干家人安排合葬事宜，挖开了当初埋干宝爸爸的坟墓。这一挖，只见地底下场面骇人，那个婢女栩栩如生地趴在棺材上，就像活人一般。大家用车把婢女载回了家，过了一天，婢女竟然醒过来，回忆墓中生活，说干宝的爸爸对她很好，给她好吃好喝，两人恩爱非常。后来，干家把这婢女嫁了人（也许是不敢把这么一位奇人留在家里吧），她婚后居然还生了孩子。

单是这么一件事，倒也没什么太让人奇怪的，也许这婢女是个特异功能大师呢。可让赵翼感觉奇怪的是，这事居然是堂堂正正记载在正史《晋书》里的？！赵翼说：这事怎么想怎么不可信，但干宝正是因为自家出了这件怪事，这才四处搜罗灵异事件，编写出《搜神记》的。如果这是干宝瞎编的，他这不是自曝爸爸的隐私和妈妈的妒忌么，念过书的人是不会做这种事的呀。也许真是天地之大、无奇不有吧。

赵翼举例只是随手点检，而《晋书》里紧接着还记载了干宝家另外一桩奇事：干宝的哥哥曾经断了气，一连好几天，身体都僵硬了，后来却奇迹般地醒转，述说自己见到了鬼神，宛如一场大梦，不记得自己曾经死过。

——我现在深夜写字，写到这里也仿佛见了鬼：赵翼说的婢女复生事件确实《晋书》有载，可在《搜神记》里却没有这篇呀，只有两三个类似的故事而已。如果不是版本问题，那就真是见了鬼了！咳咳！

两晋南北朝天下大乱，正史里居然也鬼怪满街跑了，也许老天和人世当真有着什么奇妙的感应吧？当然，也许是写历史的人出于安全第一的考虑，不大着墨于人世而更多地着墨于鬼怪了。世界名著《隗家村》也许就是这么写出来的吧？

司马迁在《报任安书》里说过一句非常著名的话，说他写作《史记》是要"究天人之际，通古今之变，成一家之言"。这三句排比荡气回肠，很容易稀里糊涂就读过去了，如果细看一下，这个"天人之际"还能是什么意思呢？——要知道，司马迁可是在董仲舒门下听过课的，而且，以前的历史学家同时还得是天文学家。

进一步来说，很多人都知道"天人感应"是董仲舒提出来的，而事实上，这种观念由来已久，董仲舒不过是在一个恰当的时间、恰当的地点，做了一次恰当的阐发而已。那么，这种观念到底由来多久呢？嗯，至少在《春秋》里就已经有了。董仲舒在"天人三策"里论道：

> 孔子作《春秋》，上揆之天道，下质诸人情，参之于古，考之于今。故《春秋》之所讥，灾害之所加也；《春秋》之所恶，怪异之所施也。书邦家之过，兼灾异之变；以此见人之所为，其美恶之极，乃与天地流通而往来相应，此亦言天之一端也。古者修教训之官，务以德善化民，民已大化之后，天下常亡一人之狱矣。今世废而不修，亡以化民，民以故弃行谊而死财利，是以犯法而罪多，一岁之狱以万千数。以此见古之不可不用也，故《春秋》变古则讥之。

这段是说：孔子作《春秋》，上察天道，下证人事，参考历史，分析现实。所以《春秋》所讥讽的，也就是灾害所侵犯的；《春秋》所厌恶的，也就是怪异所降临的。孔子是把国家的过失与灾异现象写在一块儿的，以此来彰显善恶。古代掌管文教的官员致力于以道德感化万民，人民全被感化之后，监狱里也就一个人都没有了。而现在，古风不存，人民得不到教育感化，心里已经没有仁义了，为了赚钱可以连命都不要，所以犯法的人才这么多，一年里边摊上刑事官司的人就有成千上万。这样看来，古法是不可不用的，所以《春秋》对改变古代制度的事情总是大加讥讽的。

董仲舒在这重要的一段里暴露了三个问题。一是他的"天人感应"理论来自《春秋》；二是《春秋》的核心精神之一是"复古"；三是露了狐狸尾巴——前边一直都说秦朝法制横行，刁民逐利犯法，结果一不小心说漏了嘴，敢情汉朝如今也是这样啊！

还是着重说说第一个问题好了：《春秋》当真是大讲"天人感应"吗？既

然都说《春秋》是孔圣人所作，而孔圣人又一贯"敬鬼神而远之"，一贯"不语怪力乱神"，那《春秋》难道真会讲什么灾异吗？

——这还的确是真的。

《春秋》记事非常简略，一年的事情统共不过几句话（前边咱们已经见识过了），全书一共也不过一万多字，可对日蚀就记了好几十次，另外还有不少对彗星、流星雨等等"怪异"天象的记载。天上如果发生了什么不寻常的事情，人间可就真得好好地琢磨。

那么，《春秋》就是"天人感应"的源头么？

——也不是。我们看看《论语》最后一篇"尧曰篇"里有这样一段：

> 予小子履，敢用玄牡，敢昭告于皇皇后帝：有罪不敢赦。帝臣不蔽，简在帝心。朕躬有罪，无以万方；万方有罪，罪在朕躬。

这里的"予小子履"就是商朝的开国之君商汤，这段话是他在一次祭祀活动当中的重要讲话："我用黑色的公牛献祭，告诉伟大的上帝：有罪的人我不敢擅自赦免，您的仆人我对您老人家不敢有任何隐瞒，这您是知道的。我如果有罪，您就惩罚我一个，别牵连天下人；天下人如果有罪，都由我一个人承担！"

对这段话的解释历代专家们是有些分歧的，我这里姑取一说，大意不差。虽然有人怀疑"尧曰篇"晚出，但这里的思想似乎倒也与孔子相合。《论语》这种语录体的东西有一点很讨厌：经常不给出上下文，只是孤零零一句话拿出来让人去猜。好在这事在其他书里另有记载，让我们可以一窥端详。

——有趣的是，如果说这事《论语》有载、不属于"怪力乱神"吧，可偏偏《搜神记》这部"怪力乱神大全"里也有收录：

> 汤既克夏，大旱七年，洛川竭。汤乃以身祷于桑林，翦其爪、发，自以为牺牲，祈福于上帝。于是大雨即至，洽于四海。

《搜神记》讲得非常简洁：商汤灭了夏朝之后，连续遭逢七年干旱，洛水枯竭。商汤剪掉指甲和头发，以自己的身体为牺牲，在桑林中向上帝祈祷。大雨立刻降下，全世界都得到了滋润。

其实这个故事在古代文献里非常常见，《搜神记》是比较晚的，早些的还有《墨子》和《国语》等等。也许正因为商汤也是儒家吹捧的圣王之一，而天和人又可以如此感应，所以流风绵延到秦、汉以后，直到晚清、民国，皇帝要祭天、祭地、祭祖，也要这样做做自我批评——"朕躬有罪，无以万方；万方有罪，罪在朕躬"，这句话成为皇帝们的经典台词。当然，皇帝如果这么说，大家听了自然也会舒舒心，可皇帝心里是否真这么想，却要打个大大的问号了。

可能有人早就怀疑了："旱灾就旱灾好了，不过饿死一批草民罢了，只要加强管制、加强宣传，连哄带打别让他们闹事就行了。商汤一国之君，难道一遇到自然灾害还真拿自己当牺牲啊？！——什么是'牺牲'，就是献给神的祭品，一般都用猪、牛、羊，是要活活杀掉的。商汤这要么就是当真感动上帝了，要么就是运气好，可如果他祈祷完毕还是没有下雨，他这一国之君的小命难道还真丢在这里不成？董仲舒对汉武帝大谈天人感应，如果哪天汉朝也闹旱灾了，汉武帝也学着商汤的榜样去祈祷，万一不灵，难道汉武帝就这么死了？两千多年来这么多皇帝，到底有几个真把自己当作牺牲而死在祭坛上的？！"

是呀，这事仔细一想，确实处处透着荒诞。商汤的事迹渺茫难考，随便那些知识分子怎么说就怎么是，看来我们也只能拿它当故事听了。这就是说，在后世如此重要的一个理论/行动，竟是部分地扎根在一则虚构的故事之上？！

事情也许并非如此。在那个遥远的年代，这个故事也许是合情合理的。郑振铎有一篇《汤祷篇》，把这个问题说得很透。

郑先生不愧是搞文学出身，在《汤祷篇》的一开始，就以文学的笔法渲染了所有的汤祷场面，说连年干旱，搞得人心惶惶，于是——

没有下田或采桑的男妇，他们都愁闷的无事可作的聚集在村口，窃窃的私语着。人心惶惶然，有些激动。左近好几十村都是如此。村长们都已到了城里去。

该是那位汤有什么逆天的事吧？天帝所以降了那末大的责罚，这该是由那位汤负全责的！

人心骚动着，到处都在不稳的情态之下。

来了，来了，村长们从城里拥了那位汤出来了。还有祭师们随之而来，人们骚然的立刻包围上了，密匝匝的如蜜蜂的归巢似的，人人眼睛里都有些不平常的诡怪的凶光在闪露着。

看那位汤穿着素服，披散了发，容色是戚戚的，如罩上了一层乌云，眼光有些惶惑。

太阳蒸得个个人气喘不定。天帝似在要求着牺牲的血。

要雨，我们要的是雨，要设法下几阵雨！

祷告！祷告！要设法使天帝满足！

该有什么逆天的事吧？该负责设法挽回！

农民们骚然的在吵着喊着；空气异然的不稳。

天帝要牺牲，要人的牺牲！要血的牺牲！我们要将他满足，要使他满足！——仿佛有人狂喊着。

要使他满足！如雷似的呼声四应。

那位汤抬眼望了望；个个人眼中似都闪着诡异的凶光。他额际阵阵滴落着豆大的黄汗，他的斑白的鬓边，还津津的在焦聚汗珠。

诸位——他开始喊叫，但没有一个听他。

抬祭桌——一人倡，千人和，立刻把该预备的东西都预备好了。

堆柴——又是一声绝叫，高高的柴堆不久便竖立在这大平原的地面上了。

那位汤要喊叫，但没有一个人理会他。他已重重密密的被包围在铁桶似的人城之中。额际及鬓上的汗珠尽望下滴。他眼光惶然的似注在空洞的空气中，活像一只待屠的羊……⑩

七十年前的白话文现在读起来倒别有一番风味。郑振铎"逼真再现"了商汤那一次影响深远的桑林祷告，我就简洁一些来复述好了：后来，商汤被推上了柴堆，诚心诚意地向上帝祷告——这时候他没法不诚心诚意，因为当真若再不下雨，祭师和村长们就该在柴堆上放火了。

也不知道是商汤的诚意感动了上帝还是事有凑巧，就在千钧一发之际，终于下雨了，商汤于是在众目睽睽之下，被祭师和村长们护拥着走下柴堆，享受着人们的欢呼。

——这事在我们看来实在匪夷所思，难道帝王祭祀就是这么搞的吗？要是雨下得再晚一些，商汤还不就真被烧死了？可没听说过秦皇汉武们这么搞过呀！这样的领导谁敢做呀？试想一下，如果董仲舒这么样让汉武帝去搞"天人感应"……

但是，郑振铎这里绝非小说家言，在"逼真再现"之后就是翔实的考据工作了。我们也跟着他的考据来看看到底是怎么回事。

郑老师先是讲了历代专家对汤祷一事的分析质疑，质疑得最为有力的要算清代的辨伪大家崔适。崔适广征博引，认为此事太过不合情理，他赞同明人李九我的逻辑："商汤是位著名的圣王，兢兢业业治理国家，难道上帝看不见他终日的辛劳，却只相信他两句话的祈祷词？上帝这也太没头脑了吧！"

李九我这番话非常有力，但在解决了旧问题的同时，却带来了新问题：既然上帝是有头脑的，既然"天人感应"是确实存在的，那么，像七年大旱这样的超级自然灾害只应该降临在暴君当政的时代，怎能出现在圣王统治的时期呢？

是呀，这可真难回答了。我们想想，刚才讲过两晋南北朝灾异频频，分明是昭示乱世；如果大臣向皇帝进谏，也常会借灾异来说这是老天爷在发警告了。所以，"天人感应"理论的逻辑分明是：圣主有祥瑞，昏君有灾异。可到商汤这个例子上，怎么却讲不通了呢？

照理说，如此重要的一个问题，是不可能留到明清才有人研究的，董仲舒要圆上自己的理论，必然要对这个问题做一个完满解答，不然的话，一经其他学者问难，张口结舌答不上来，这个面子可就跌大了。

董仲舒自然给过解答，崔适自然也没有忽略，他说："董仲舒当年是这么说的：商汤时期的超级旱灾不是商汤招来的，而是上任夏朝暴君夏桀留下来的余孽。"

——这么说也很有道理哦，我们都知道上古时代有两个著名的暴君，一个是夏朝的末代君主夏桀，一个是商朝的末代君主商纣。夏桀实在太坏了，搞到天怒人怨，所以，商汤虽然推翻了他，建立了全新的商朝，可夏桀留下来的烂摊子不是一下子就能清理干净的。

我还得再插一句：古人的引述一般不像现代人这样严谨，经常不核查原文，只凭记忆一写，大意差不多就行。所以呢，崔适这里引的董仲舒的说法并不是人家的原话，在《春秋繁露·暖燠常多》，董仲舒说的是：

> 禹水汤旱，非常经也，适遭世气之变而阴阳失平，尧视民如子，民视尧如父母，《尚书》曰："二十有八载，放勋乃殂落，百姓如丧考妣，四海之内，阕密八音三年。"三年阳气厌于阴，阴气大兴，此禹所以有水名也。桀，天下之残贼也，汤，天下之盛德也，天下除残贼而得盛德大善者，再是重阳也，故汤有旱之名，皆适遭之变，非禹汤之过，毋以适遭之变，疑平生之常，则所守不失，则正道益明。

这段是说：商汤时期的大旱只是特殊情况罢了，与此相同的还有大禹时代的洪水，都是起因于世道变化而产生的阴阳失调。话说尧圣人当领导的时候，把人民群众当成儿女一样，人民群众也把尧当成父母一样。《尚书》里说："尧死的时候，老百姓都悲哀得像死了亲爹亲妈一样。这悲哀的情绪弥漫在四海之内，没有了音乐，也没有了娱乐，就这样一连过了三年。"——看，一连三年啊，这三年里，阳气一直被阴气压抑，阴气盛行，所以后来才有全国范围的大洪水了，所以才有了后来的大禹治水。商汤大旱的道理也是一样：商汤改朝换代，灭了夏桀，而夏桀是天下头号大坏蛋，灭了他就导致阳气旺盛；商汤是天下头号大好人，他掌了权，使盛德布满天下，这也是促使阳气旺盛的。而同一时间里阳气全都旺在一起了，这就像人上火一样，所以就有了大旱了。（熊逸按：这两句原文有些费解，加之我的水平有限，解释得不一定准确，但想来大意应该不差。）所以呢，大禹时代的洪水和商汤时代的大旱都是事出有因的，偶然而已，并不证明大禹和商汤不够圣王的标准。

这就是董仲舒的经典解释。看似说得很圆，可如果较真一下，如果汉武帝的时候天降灾异，完全可以托词说那是秦始皇暴政的余孽呀。这天人之间的感应如果不一定是即时生效的，很多事情可就真都说不清了。

可惜崔适没和董仲舒生活在同一个时代，不然的话，他去问难一番，肯定很有看头——崔适对董仲舒的解释明显抱持不屑的态度，他说："按您董老这个逻辑，嗯，商纣和夏桀可是同一个级别的坏蛋，那为什么武王伐纣那次改朝换代就没有商纣的'余孽'呢？那时候可是丰年啊！看来这事不可信，商汤以己身为牺牲的说法尤其不近情理。"

崔适的问难似乎言之成理，但郑振铎批评崔适说：不该以后人的常识来判断古代事情的有无。

郑振铎这话很是在理，每个时代都有各自的社会风俗和道德观念，文明开化程度也不相同。郑振铎举了《史记》里两个以活人来做牺牲的例子：一个是妇孺皆知的魏国西门豹治邺为河伯讨老婆，一个是"六国年表"里的"秦灵公八年，初以君主妻河"。

可郑先生的这两个例子似乎并没有足够的说服力。以活人来做牺牲，这在古代并没有什么新鲜的，后世打仗还常有杀人祭旗的呢，要举例子一定得举以国家领导为祭祀牺牲的才好。

那么，"初以君主妻河"，好像有点儿这个意思，是不是说：把国君扔到河里给河伯当老婆？——怪怪的哦？

同一个词，古代也有，现代也有，可意思不同，读起来最是让人糊涂。古人说"君主"通常并不是在说国家最高领导，而是说"公主"。所以，"秦灵公八年，初以君主妻河"，意思就是：在秦灵公八年，开始以公主作河伯之妻。估计就是把公主给沉到河里去了。

郑振铎给出的更有说服力的例子却是外国的事情：

希腊古代神话里，曾有一个可怖的传说：Athamas 做了 Achai 地方的国王。古代 Achai 人在饥荒或瘟疫时，常要在 Laphyatius 山的高处，把国王作为牺牲，献给 Zeus。因为他们的先人告诉过他们，只有国王才能担负了百姓们的罪：只有他一个人能成为他们的替罪的，在他的身上，一切毒害本地的不洁都放在他们身上。所以，当国王 Athamas 年纪老了时，Achai 地方发生了一场大饥荒；那个地方的 Zeus 祭师，便将他领到 Laphyatius 山的高处而作为 Zeus 的牺牲……我们的汤祷的故事和此是全然不殊的。汤的祷词："余一人有罪，无及万夫，万夫有罪，在余一人"的云云，也可证其并不是什么虚言假语。

后来的帝王，无论在哪一国，也都还负有以一人替全民族承担灾患的这种重大责任。我们在希腊大悲剧家 Saphocles 的名剧《Oedipus the King》里，一开幕便见到 Thebes 城的长老们和少年人，妇人们，已嫁的和未嫁的，都集合于王官的门前，有的人是穿上了黑衣。群众中扬起哭喊之声，不时的有人大叫道：

"奥狄甫士！聪明的奥狄甫士！你不能救护我们么，我们的国王？"这城遭了大疫，然而他们却向国王去找救护！但在比较文化进步的社会里，这一类的现象已渐渐的成为"广陵散"。国王也渐渐的不再担负这一类的精神上的或宗教上的大责任了。然而在我们的古老的社会，却还是保存了最古老的风尚，一个国王，往往同时还是一位"祭师"，且要替天下担负了一切罪过和不洁——这个不成文的法律到如今才消灭了不久！⑤

回顾一下郑老师的意见，嗯，他有些话说得不够严密，比如商汤时期未必就真有什么城乡之别，但他的意见确实给人以很大的启发。这样看来，董仲舒在文明社会里提出的"天人感应"理论，其源头竟然有可能是原始氏族社会的风俗习惯——虽然时代早就变了，世界早就变了，但人在思想上总还有些胶柱鼓瑟的意思。更加要命的是，当事人往往对此浑然不知。——这样的事，无时无刻不在历史和现实当中发生着。

郑振铎很好地解答了汤祷问题，但作为读者的我们，很容易又从此产生出一些新的疑问。比如说吧，疑问之一：传统上，求雨不都是向龙王来求吗，为什么商汤是向上帝来求呢，这时候龙王在干什么呢？疑问之二：郑先生的这句话"因为他们的先人告诉过他们，只有国王才能担负了百姓们的罪：只有他一个人能成为他们的替罪的，在他的身上，一切毒害本地的不洁都放在他们身上"，读着虽然不太通顺（可能是编排有误吧），但猜想其中心意思应该是说国王身上担负了全部老百姓的"毒害本地的不洁"——如果这样的话，国王岂不成了麻风病人的角色，人们的合理逻辑应该是：既然我们所有的"不洁"都在他一个人身上了，那么，把他给烧死（或者用其他什么类似的办法处死）不就同时也把所有的"不洁"都消除了吗？疑问之三：等社会发展了，国王的权力更大了，国家机器更厉害了（比如董仲舒及其以后的时代），国王（或皇帝）如果也面临商汤时一样的巨大灾异，并且祭祀无效的话，那又会面临怎样的结果呢？反正肯定不会真被扔到柴堆上烧死吧？（至于商汤为什么要剪掉头发和指甲，深究起来也颇有一些意义，不过我就不扯那么远了，有兴趣的人可以看看江绍原的《发须爪——关于它们的迷信》。）

先来说说"疑问之一"。

如何求雨，这在古代农业大国可当真是件大事。商汤的求雨看上去并没有太高的技术含量，可到了董仲舒这里，运用《春秋》精神，杂糅阴阳观念和五行观念，专门写了一篇"求雨篇"（《春秋繁露·求雨》），整个儿就是一篇《求雨实用操作技术手册》。因为内容太多，我只好简要讲讲：

原则上说，求雨一定要闭住阳气、释放阴气，在人间搞出阴盛阳衰的效果，上天被人间的阴气感应，就该下雨了。这个原理如果应用到现代社会，我们可以说，为什么这些年总有大雨，总有洪水，都是因为女子体育项目经常出彩，可男足总也踢不出亚洲。

董仲舒的求雨方法在操作上是极其复杂的，[②]比如，春天在求雨期间禁止砍伐山林，把侏儒聚到一起，把女巫暴露在太阳底下晒着，建坛挂旗等等，祭祀共工，找来三岁大的雄鸡和公猪，烧烤完后放在神庙里，关南门，在门外放好水，开北门，门外放一头公猪……如果真下了雨，就以一头猪来答谢老天爷。（看来老天爷也真够没出息的，闹了半天原来就是贪一头猪吃？！）

那，龙王呢？为什么是祭祀共工，而不是祭祀龙王呢？

答案是：龙在这时候还没有成为"王"呢。[③]

当然，求雨不是单单祭祀共工，而是春天祭祀共工，夏天祭祀中霤，秋天祭祀少昊，冬天祭祀玄冥。——反正说到底也没有龙王什么事。

没有"龙王"却有"龙"。在董仲舒的求雨设计里，确实有不少工作是要龙来担纲的，但龙只是被用来舞的，并不是被高高地供奉起来的，这也就是说，那些酒肉祭品龙是一点儿也吃不着的。

春夏秋冬舞的龙各不一样，哪一天开始舞、舞多长时间等等，这里边有很多烦琐的技术细节和规矩讲究，搞仪式正是儒家之所长啊。

我们现在熟悉的龙的形象基本就是在这个时候确立起来的。据阎云翔反驳闻一多"龙图腾"的说法："……无论如何也不会发生蛇氏族在不断的征服过程中也不断地将被征服者之图腾融于自己的图腾物上的事。这是现代人想象出来的征服者历险记，缺乏人类学报告的证明。……所谓具有多种动物特征的龙之定型不会早于汉代。只是从西汉开始，龙的形象才逐渐趋于统一，而在此之前，除了长身之外，龙的其他部分变化万千，互不相同。"㉝（顺便一提，在2006年末，有所谓专家否定龙图腾的事成了热点新闻，其实正如"引子之一"所说的，新问题常是老问题，阎老师在他这篇文章里就详细论证过这个问题，其中讲道："在远古时候，中国的土地上由一个龙图腾的华夏民族代表着中国文化，这种说法可能适应现代人的心理，但并不符合事实。"㉟——这篇文章原载于香港《九洲学刊》1988年第2卷第2期，差不多是二十年前的旧事了。[阎云翔"无论如何也不会发生蛇氏族在不断的征服过程中也不断地将被征服者之图腾融于自己的图腾物上的事"这句话如果辅以涂尔干的图腾考察，也许蛇图腾被拆分成蛇头图腾和蛇肚子图腾才是更近情理的，况且土著们的图腾通常只是平常事物而已。]如果前推一百年，还有更能激怒大众的说法呢——"章鸿钊先生认为中国的龙就是西方文化中的毒龙（Dragon），约在黄帝时期传入中土"㊱。章文详见1919年北京法轮印刷局（别误会哦）出版的《三灵解》。当然，这个说法现在已经不被专家们当真了。）

看来西汉时代对于龙来讲是一段重要的日子。及至东汉，富有刺儿头精神的大学者王充论证黄帝不曾升天仙去，所着力攻击的一个重点就是黄帝乘龙的传说。王充说："龙是不能真正升天的，它们只是随雨云而起，又随雨收云散而落入深渊罢了。如果黄帝当真骑上龙了，那等雨停的时候还不和龙一起落到深渊里了？"㊲

龙终于变成操纵降雨的神物而获得官方的祭祀，这大概始于六朝隋唐，到了宋朝就相当普遍了。龙忍了这么多年，总算可以吃上丰盛的祭品了，地位提高了就是不一样呀。这真是货真价实的"多年潜龙勿用，一朝见龙在田"。但饱餐祭品的龙未必就真的快活，因为宋朝人祭祀的神灵实在太多了，龙混在芸芸众神里边毫不显眼。这就像我们的小学生争取入队，好容易戴上红领巾了，却发现全班已经成为"红领巾班"了。——单说求雨要祭祀的神灵们，说出来简直就像开玩笑，比如有子张和子夏，这两位都是孔子的学生，还有神医扁鹊，也不知道这些人和下雨究竟有什么联系，最搞笑的是，这里边居然还有单雄信，听过评书《隋唐演义》的应该都熟悉这位英雄吧？㊳

后来，历元、明、清三代，龙的地位越来越高，而龙的地位到达顶峰还得说是在近现代：闻一多率先提出龙为图腾，㊴但他的论证并不足够有力，自然也没有成为定论，直到很近很近的时候，归功于一首歌曲的流行，国人普遍认同了"龙的传人"这一充满感情色彩的说法，龙也许终于算是修成正果了。至于董派的求雨技术，也一直沿用到近代——1927年6月，北京某地绅商联合各界求雨三天，《世界日报》的报道是："是用寡妇二十四名，童男女各十二名，并用大轿抬了龙王游行，用人扮成两个忘八，各商家用水射击他，鼓乐喧天，很是热闹。"当时周作人看着这个消息，大惑不解："……那些家伙是什么用意呢？水淋甲鱼，大约是古时乞雨用蛇医的遗意，因为他是水族，多少与龙王敖广有点瓜葛，可以叫他去转达一声。那个共计四打的寡妇童男女呢？我推想这是代表'旱'的吧？经书上说过'若大旱之望云霓也'，或者用那一大批人就是表示出这个意思来的？"⑥——我们对照一下董仲舒的《春秋繁露·求雨》⑥，就能解一些周作人之惑了。不过，周作人的困惑正好说明了古老传统在经历了漫长的时间之后，很多本意都已经湮灭不清了，在细节上也慢慢发生着变化。比如，汉朝可没有什么龙王敖广的——舞龙求雨虽然不假，可龙只是一个配角，真正的主角当是女巫，而当女巫退出了社会主流之后，龙的地位就开始上升了，毕竟一出戏总是得有人唱主角的。

　　再来看看疑问之二，先回顾一下问题：郑先生的这句话"因为他们的先人告诉过他们，只有国王才能担负了百姓们的罪；只有他一个人能成为他们的替罪的，在他的身上，一切毒害本地的不洁都放在他们身上"，读着虽然不太通顺（可能是编排有误吧），但猜想中心意思应该是说国王身上担负了全部老百姓的"毒害本地的不洁"，如果这样的话，国王岂不成了麻风病人的角色，人们的合理逻辑应该是：既然我们所有的"不洁"都在他一个人身上了，那么，把他给烧死（或者用其他什么类似的办法处死）不就同时也把所有的"不洁"都消除了吗？

　　——这是一个合情合理的逻辑，我们可以参考一下五月初五端午节的龙舟竞渡。

　　先提一个小小的、或许不是问题的问题：龙舟竞渡是为了什么？

　　呵呵，这问题如果是一个傻瓜来问，那就是一个十足的傻瓜问题，可是由我来问，必然是有缘由的。

　　龙舟竞渡源出屈原投江，最早的记载应该是南北朝时期的一本笔记，叫作

《荆楚岁时记》。人们引述龙舟出处往往会追溯到这本书，说当年荆楚百姓划船去寻屈原，于是留下了这个风俗。但《荆楚岁时记》并没有把这个说法当作定论，书中还谈到了另外一个说法，说事情不是源于屈原，而是源于伍子胥。

——对这个问题很多专家都做过考证，我这里只简要谈谈江绍原的《端午竞渡本意考》。㉒

江先生说，端午竞渡的来历在文献里有很多不同的记载，吴人认为是源于伍子胥，楚人认为是源于屈原，越人还认为是源于勾践，都拿自己地方上的名人说事。——看来这种风气不是现在才有的，而是古已有之呀！

认真考证一下，竞渡风俗可能和以上三位名人都没什么关系，而是为了禳灾。江先生的重要依据是《古今图书集成·岁功典·武陵竞渡略》，书中说道：划船直奔下游，烧祭品，把酒倒进江里搞仪式，诅咒一切灾害、瘟疫、妖孽，煞是热闹。竞渡完后，人和船还是要回来的，可回程的景象却和竞渡恰成对照：也不张旗，也不打鼓，偷偷把船划回来，拖上高岸，还要拿东西给盖住。今年的事就算完了，再搞就要等来年了。如果有人生病，还会用纸做成龙舟的样子，拿到水边给烧了。

配合龙舟竞渡的，还有一大堆的巫术活动，所作所为怎么看怎么都像禳灾，却看不出纪念活动的样子，更看不出和屈原有什么关系。㉓至于五月初五这个时间，事实上也并非各地普遍遵守的，还有五月初一、十五、十七，或者其他日子，唯一相同的是：全在五月。

再往下考察，发现五月在传统上一直被认为是个不好的月份，禁忌很多，究其原因，大概是人们发现夏至以后白昼渐短、黑夜渐长，是谓阴盛阳衰，于是心存畏惧。再往下推论，如果五月是个"恶月"，那么，也许"五"这个数字不大吉利，那么，两个"五"叠在一起应该更不吉利才对，于是，五月初五尤其为人所忌（哦，五十五可明明是大衍之数哎！）——江先生没有讲到的是，第一，还有一些地方把五月初五当作介之推被烧死的日子而加以纪念，风俗是一连三天不生炉子，只吃冷饭，这看来是和寒食节的传说混在一起了㉔；第二，把五月初五视为不吉，在史料里不乏例证，比如孟尝君据说就是这一天出生的，所以一直不受爸爸待见，晋朝有个将军叫王镇恶，为什么爹妈给起了"镇恶"这么个名字，就是因为他生在五月初五，《风俗通义》明确记载，说这天出生的孩子，男孩会害爹，女孩会害妈。

王充《论衡·四讳》也说过这事，拿孟尝君举例子，说俗传在正月和五月出生的孩子会杀父母，又说这传说由来已久，并给出了一个尝试性的解释。⑥我还曾见《南社诗集》里郁庆云《东京柳枝词》，其中有："五月蒲人解辟邪，更开黄屋建高牙。生儿不相准阴背，赤帜分明属汉家。"词下小注："俗生儿于五月五日，张大帜曰五月帜。"看来近代日本竟也有这个风俗，却不闻纪念，只见辟邪。

——如果你自己或是你的孩子恰好也是五月初五出生的，那你就当我前边这些话没说好了，只要记得自己生在满怀伟大爱国主义情操的端午节就好。

不过呢，如果我们较真一下，这个五月初五的传说，当初从风俗传说上或许当真属于不祥的日子，但从历史查看却未必如此：孟尝君不就是一个典型的反例么，还有汉朝的王凤，也是这一天出生的——据《西京杂记》说，父母本来顾忌风俗传闻，不敢养他，是王凤的叔叔举出了孟尝君的例子，这才把孩子抚养起来，结果这位王凤后来非常发达，权势和地位就像包青天故事里那位著名的庞太师。

我还曾不止一次地在国外人类学作品中看到以下的说法，或许多少也有一些参考价值：部落里的人因为生活资料匮乏而不得不杀死婴儿，这到底是个残忍的做法，于是他们发明出来一些折中的办法，比如规定出吉利的日子和不吉利的日子，在吉日出生的孩子就让他活下去，在不吉利的日子出生的孩子就被杀掉或者被抛弃在森林里。而即便社会已经发展得使杀婴或弃婴行为变得毫无必要了，这类行为还是会顽固地以风俗或仪式等等形式被虔诚地传承下来，虽然谁也不知道为什么要这样做。嗯，这或许正是"路径依赖"的强大作用——伟大的经济学家亚当·斯密在他的伦理学著作《道德情操论》里这样说道："遗弃婴儿，即杀害新生婴儿，是几乎在全希腊、甚至在最有教养和最文明的雅典人中间都被允许去做的事；无论什么时候，父母的境况使他们难以把这个婴儿养大，从而把他遗弃在外任其挨饿，或者被野兽吃掉，都不受到责备或非难。这种做法可能始于最野蛮的未开化时代。人们在社会发展的最初阶段就已熟悉了这种做法，对这种习惯做法始终如一的承袭，妨碍了后代的人去察觉它的残暴。"⑥——"习惯做法始终如一的承袭"，这是后文将要说到的一个重点。

——好了，对第二个问题的解答只能到此为止，很难更进一步了。但以此来反溯汤祷的传说，似乎也能够给我们一些隐约的启发，虽然我们无法确切地说出如此这般或是如此那般。

再看疑问之三：等社会发展了，国王的权力更大了，国家机器更厉害了（比如董仲舒及其以后的时代），国王（或皇帝）如果也面临商汤当时一样的巨大灾异，并且祭祀无效的话，那会面临怎样的结果呢？反正肯定不会真被扔到柴堆上烧死的吧。

——简单来说，这问题的答案是显而易见的：如果事情当真如此，谁还敢当皇帝呢！

如果深究个中原委，却也值得多费一些口舌。

先别说"等社会发展了"云云，只说商汤其人，他老人家当真那么窝囊吗？

《尚书》里边有一篇《汤誓》，是商汤准备讨伐夏桀时对手下人发布的总动员令，这可是真正的"重要讲话"：

王曰："格尔众庶，悉听朕言，非台小子，敢行称乱！有夏多罪，天命殛之。

"今尔有众，汝曰：'我后不恤我众，舍我穑事而割正夏？'予惟闻汝众言，夏氏有罪，予畏上帝，不敢不正。

"今汝其曰：'夏罪其如台？'夏王率遏众力，率割夏邑。有众率怠弗协，曰：'时日曷丧？予及汝皆亡。'夏德若兹，今朕必往。

"尔尚辅予一人，致天之罚，予其大赉汝！尔无不信，朕不食言。尔不从誓言，予则孥戮汝，罔有攸赦。"

翻译过来就是：大王说："大家都过来，听我讲话。不是我胆敢发难，实在是夏朝作恶太多，上帝命令我去消灭它。你们当中有人会说：'我们的大王不体恤人，为什么要我们荒废农活儿去打夏朝呢？'你们的想法我不是不知道，可这不是我想打仗，是上帝派我去打仗，我不敢违背他老人家的命令啊！

"你们当中还会有人不理解，说：'夏朝犯什么罪啦？'我来告诉你们吧，他们的领导夏桀驱使民力为自己建设都城，他们的人全都怨声载道，气愤地赌咒说："你这个日头呀，赶紧完蛋吧，我们宁可跟你同归于尽！"啊，你们看看，夏桀够不够坏，所以我们非出兵不可！我们要解救那些生活在水深火热当中的夏朝人民！

"你们都得帮我才行，执行上帝的命令去讨伐夏朝。你们不会白辛苦，大王我是不会吝惜赏赐的。你们也别不相信我，我这人说话算话。当然，丑话也得说在前边，如果你们不守誓言，嘿嘿，我会让你们去当奴隶，我还会大开杀戒！你们掂量着吧，我是不会手软的！"

——嗯，大家看出疑点了没有？

在这篇《汤誓》里，商汤不但公然谎称上帝的命令，对手下人还有着相当大的生杀予夺大权，如果这篇"重要讲话"属实，汤祷一事就显得可疑了。反正，这两者实在难以并存。

而事实上，汤祷的传说和这篇《汤誓》都很可疑，张飞和李逵谁也别说谁黑。郑振铎对汤祷传说的结论是："虽然'旱'未必是'七年'，时代未必便是殷商的初期，活剧里主人公也许未必便真的是汤，然而中国古代之曾有这幕活剧的出现，却是无可置疑的事。——也许不止十次百次！"

至于《汤誓》，专家们从文字的风格上觉得，这东西不大可能是商朝的货色，尤其不可能是商朝初期的，而且，从周代文献里看，《国语》引述《汤誓》，引的句子是"余一人有罪，无以万夫；万夫有罪，在余一人"[⑰]，正是汤祷传说里商汤的祷词，却不载于《尚书·汤誓》，而见于《尚书·汤诰》；《墨子》里引述《汤誓》，引的句子是"聿求元圣，与之勠力同心，以治天下"，[⑱]也是《尚书·汤誓》所无，却和《尚书·汤诰》里的"聿求元圣，与之勠力，以与尔有众请命"很是相像。

这时候却看出郑振铎的"不厚道"了，他考释汤祷传说，连《尸子》这样的冷门书都检索到了，却放着《尚书·汤诰》这等醒目的文献不予理会，也不知道是什么道理。我们查一下《尚书》，会发现"其尔万方有罪，在予一人；予一人有罪，无以尔万方"这句话在这里根本就不是商汤求雨的祷词，而且和求雨一点儿关系都没有！整篇"重要讲话"，是商汤灭掉夏朝之后返回首都，向同盟诸侯做的总结，说："凡是归顺我商朝的诸侯，不能无法无天，要以遵纪守法为荣，以好逸恶劳为耻。如果你们做得好了，我不会隐瞒；如果我有了过错，我也不会原谅自己，上帝全都看得一清二楚呢。"紧接着的话就是那句"其尔万方有罪，在予一人；予一人有罪，无以尔万方"，联系上下文，这句话应该翻译成："如果你们四方诸侯有了罪过，这是我的罪过；如果我有罪过，好汉做事好汉当，我不会连累大家。"

唉，先秦文献可真是一团乱麻呀。

乱子还没完，继续深究一下，又会发现《汤诰》似乎也不大可信，因为这篇文章仅见于"古文《尚书》"，却不见于"今文《尚书》"，八成属于伪作。

这笔糊涂账咱们暂且放过不论，反正专家们的基本意见是：《尚书》里的《汤誓》绝非原文，至于真假成分各占多少，那就真不好说了。"古文《尚书》"和"今文《尚书》"之别，背后是古文经系统和今文经系统之争，可谓是从汉到清两千年学术史上的第一大案，这里先放个话头，容后再讲。

话说回来，我们眼下的疑问是，商汤他们到底只是个大的氏族部落呢，还是已经有了比较成型的文明国家，这也不大好说。有一句流传极广、脍炙人口的格言，在现在的小学课本里我还见过，叫作"苟日新，日日新，又日新"，这话是"四书"中的《大学》引述的商汤时代一件器皿上的铭文。如果商汤时代能有如此深刻的道德箴言，想来文明程度已经相当之高了。可郭沫若对此起过疑心，他是金文专家，觉得商周两代金文多多，可拿道德箴言来做铭文的却绝无仅有。遗憾的是，这件器皿早已失传，没法拿实物来做验证了。郭沫若想来想去，终于发现，《大学》作者看到的那件青铜器应该是件残缺的东西，缺了顶上的一小部分，所以文字也就跟着残缺了，如果补上顶端的话，这句箴言就变成了"父日辛，祖日辛，兄日辛"，这就顺理成章了。[⑨]另一位专家徐宗元则认为这三句话是历代大儒读了错别字，应当是"考日辛，且日辛，兄日新"。总之，无论郭说还是徐说，这句古话读出来都是商王的世系，而绝非道德箴言。——呵呵，这可不怪我们见识浅，要知道，从东汉顶尖大儒郑玄到唐代顶尖大儒孔颖达，再到宋代顶尖大儒朱熹，对这句话全是按照道德箴言来解读的。还有一点要说的是，这件青铜器（如果当真存在的话）只能推断出是属于商代的，却不一定就是商汤本人或商汤时代的。

把时间再往后推，商周两代之中，高宗雊雉、帝乙慢神、宋景守心，这几个著名的故事我在《孟子他说》里都已讲过。再往后看，滑过十四年的短暂的秦朝，就到了汉朝了。现在我们知道，董仲舒的"天人感应"理论，阴阳五行学说，在当时并非全新的东西，并非突然间横空出世，而是早有了至少数百年甚至上千年的历史铺垫，只有如此，董氏理论才能够水到渠成——这正是社会发展的一般规律，而在我们的传统当中，总是把发明权归到少数名人的身上，比如周公制礼作乐，而像礼乐这样复杂的社会行为规范和政治框架，如果当真是全新的东西，恐怕一经使用就会全盘砸锅呢。

（四）

在老天爷的英明领导下……——最怕是日蚀——日蚀三十六，弑君三十六——学习汉明帝的重要讲话

刘邦的儿子汉惠帝刘盈死得很早，结果就造成了吕后专权的局面，这让刘姓贵族和老臣们颇为不满。吕后虽然是个女强人，手腕强硬，但她心里也知道自己理亏，更要命的是，吕后没受过系统的唯物主义教育，思想当中缺乏无神论观念，这一做了亏心事，最紧张的就是鬼敲门，何况她毕竟是个女人。

但鬼敲门的事情是防不胜防的，不以个人意志为转移，这一年，发生了日蚀。吕后紧张坏了，不断念叨着："坏了，坏了，老天爷这是冲我来的，是冲我来的啊！"

日蚀这种天象，怎么看怎么都不像好兆头，加上人们一代代的渲染，搞得领导们看见日蚀就紧张。那么，日蚀到底预示了什么呢？

有些问题，如果你不去理它，什么事也不会发生，可你一旦琢磨上它，越是琢磨，结论就越是骇人，日蚀正好就是这样一个问题。我们都知道万物生长靠太阳，太阳又是天空中最大的发光体，所以很早以前人们就把太阳和君王联系到一起了。如果继续深究的话……

汉朝人研究《春秋》非常透彻，从《春秋》文本当中发现了一个惊人的"巧合"：《春秋》记载弑君事件有三十六起，记载日蚀恰好也有三十六起，⑦这恐怕不能说是巧合吧，孔子一定是在其中蕴含着什么深意的……哎呀，难道说，日蚀就是弑君的征兆吗？

——想象一下，如果你我生活在汉朝，听专家学者们研究出了这样一个学

术成果，怎能不吃惊呢？

但是，我们必须要向这些专家提出一个问题："你们这两个'三十六'，当真是从《春秋》文本当中挨个儿数出来的吗？"

——如果在清朝以前我们听说了"三十六"的这个学术成果，可能还不会这么较真，估计也就信了，可到了清朝，汪中写了一篇《释三九》，专门分析古代文献里"三"和"九"这两个数字的用法，结论是：这两个数字经常被当作虚数来用，表示"好几个""很多个"这样的意思，而不是切实地表达字面意思。[71]

我们可以马上联想到的就是《论语》里的这句话：

曾子曰："吾日三省吾身：为人谋而不忠乎？与朋友交而不信乎？传不习乎？"

意思是：曾子说："我每天要反省自己好几次——替别人办事是否尽心负责了呢？和朋友交往是否诚实守信呢？老师教我的东西是否温习实践了呢？"

这句话前边说"三省吾身"，后边紧接着的恰好正是三件事，这是最容易迷惑人的，让人以为"三"是当实数来用的。杨伯峻就以汪中的研究为基础，说"三"在这里依然是个虚数，之所以配合上了后边的三件事，实在是碰巧了，而曾子如果当真想说实数"三"，这句话按照当时的语法应该说成"吾日省者三"。[72]这么看来，"三顾茅庐"什么的也不能太当真哦。

在汪中之后，刘师培又发展了这个观点，认为古代文献当中不仅"三"和"九"常作虚数，就连和这两个字有关的一些数字也常作虚数，比如三百、三千、三十六、七十二。

看，这里边可有一个"三十六"，正是汉朝专家们说的《春秋》所载的日蚀数和弑君数。他们真是自己数出来的吗？

关于这个"三十六"，汉朝大学者刘向在他的《说苑》里引公扈子的话，说："公扈子曰：……'《春秋》之中，弑君三十六，亡国五十二。'"董仲舒在《春秋繁露》中说《春秋》："弑君三十六，亡国五十二。"再多翻翻书——《淮南子》里也这么说，《史记》里也这么说，看来这是汉人的成说呀。

凡事最怕"认真"二字，如果当真要检验一番，我们就得辛苦一番，把《春秋》里的日蚀数、亡国数和弑君数挨个儿数数。——注《汉书》的颜师古是个实诚人，还真挨个儿数过，把"弑君三十六，亡国五十二"给一一罗列出来了。可时至现代，又真得感谢杨伯峻前辈，他也替我们数过了，而且数出来一个新结果。⑦杨先生说：我都替你们数过啦，《春秋》里边的弑君数和亡国数都不够三十六和五十二，日蚀记载倒真是实实在在的三十六次，可是，这三十六次当中有两次可能是误记和错简，再以现代的天文手段来做考察，发现还有一次也是不可靠的，所以真正可靠的只是三十六次中的三十三次。⑦（我也不知道谁说的对，唉！）这还没说完，《春秋》记事一共二百四十二年，其间在鲁国国都可以见到的日蚀应该在六十次以上，《春秋》只记载了一半，这是为什么呢？再考察古代学者对《春秋》篇幅的记载，曹魏时的张晏说全书总字数为一万八千字，南宋时的王观国说他那个时代里流行的《春秋》是一万六千五百多字，同为南宋时的李焘仔细数数，数出张晏少数了一千四百二十八字。——当时可没有现在 word（文档）的"字数统计"功能哦。⑦

嗯，这样说来，也许刘向他们看到的《春秋》版本更加完善也未可知，我们还是把人多往好处想，相信他们是挨个儿数过好了。那么，《春秋》一书中记载日蚀和弑君都是三十六次，或许当真别有深意吧？

致力于探究这层"深意"的可绝不是个别人，而是一众儒家经师——尤其是《春秋》学家——的普遍学风。比如孔光说：太阳是所有阳性物质的宗主，代表着皇帝，如果君德衰微，那么在天上就会表现出日蚀。马严说：太阳是所有阳性物质的领袖，日蚀的出现说明有阴性的东西在侵犯阳性，是阴气太盛而凌驾于阳气之上的表现。——看来武则天和慈禧的时候都没少发生日蚀才对。

话说回来，单就现在的吕后来说，她老人家紧张归紧张，却也没有因为日蚀就退了位。现代有人说"天人感应"之说虽然迷信得很，却在一定程度上起到了制约君权的作用。这个说法是有道理的，皇帝多了老天爷这么个婆婆，做事多少也会有些顾忌。可这种制约作用到底有多大，就真不好说了，至于是否被一些聪明的皇帝将计就计，那就更不好说了。毕竟从历史上看，就连骨肉至亲之情在权力面前都要退避三舍，何况其他？

确实，在《春秋》灾异理论流行的整个两汉时期，皇帝们经常因为日蚀等等"灾异"的降临而发布诏书做一些"恳切的"自我批评，这里边有几个例子值得一看。

东汉明帝的时候，有一年发生了日蚀，皇帝下诏书说：

> 朕奉承祖业，无有善政。日月薄蚀，彗孛见天，水旱不节，稼穑不成，人无宿储，下生愁垫。虽夙夜勤思，而智能不逮。昔楚庄无灾，以致戒惧；鲁哀祸大，天不降谴。今之动变，傥尚可救。有司勉思厥职，以匡无德。古者卿士献诗，百工箴谏。其言事者，靡有所讳。（《后汉书·显宗孝明帝纪》）

咱们现在开始深入学习汉明帝的重要讲话。

汉明帝说：我继承了祖业，却操持得不太好。最近又是日蚀、又是扫帚星的，唉，水旱不调，庄稼收成很糟糕，地主家里也没余粮了！我很努力想办法，可智商低也不是我的错（虽夙夜勤思，而智能不逮）。想当年楚庄王的时候，风调雨顺，可楚庄王却担心害怕；鲁哀公把国家搞得哀鸿遍野，可老天爷也不降什么灾殃。这样看来，今天我任上的这些天变倒也不算最坏，应该是有解决之道的。你们当官的都要尽职尽责来辅佐我这个缺德的皇上（有司勉思厥职，以匡无德）。古时候，大小贵族和各行的手艺人都会向国君献诗，这是个好传统，咱们得学学人家，大家也多给我提提意见，别有什么顾虑，敏感字符也不用打叉叉。

这份诏书很是值得琢磨。开头这句"朕奉承祖业"，堂而皇之地表白：这汉朝江山是我们老刘家的私人产业，是祖宗传给我的。——我前边讲过古人没有明确的爱国观念，在先秦封建时代，重点在于爱家；到了秦朝以后的专制时代，重点在于忠君，而爱国仅仅是忠君的一个附属观念，其意义基本等同于"爱护皇帝主人的私有财产"。

再看诏书里描述的那些灾异，天变倒也没什么，我们现在都很清楚那只不过是再自然不过的天象，可水旱不调、庄稼收成不好，这都是实实在在影响人们生活的。汉明帝这时候为什么突然脱离了现实语境而掉书袋讲起古了呢？这正是他的高明之处。"昔楚庄无灾，以致戒惧；鲁哀祸大，天不降谴"，这一句话，从文学角度来看，论用典之妙，论对仗之巧，都堪称典范。前半句说的是楚庄王的事情：楚庄王是"春秋五霸"之一，是楚国的一位有为君主，据刘向的《说苑》，楚庄王在位期间风调雨顺，天象正常，UFO从未出现，妖魔鬼怪也不显形，按《春秋》经师们的说法，一点儿灾异也没有，这真是天大的好事。可楚庄王却不这么想，他越琢磨越觉得不对劲，终于有一天，他诚挚地向天祈祷："喂，喂，是老天爷吗？哎，我心里一直不踏实，嗯，我这么问您，您可能觉得我是吃饱了撑的，不过我还是忍不住要问问：我在任期间，既没日蚀，又没扫帚星，什么灵异现象都没有，您，您，您是不是把我给忘了呀？"㉖

——《说苑》称赞楚庄王是个模范君主，没灾没难的都知道戒惧，这就叫"安不忘危"，很难得，很难得！

下半句说的是鲁哀公，他是《春秋》记载的最后一位鲁国君主，在位二十七年。鲁哀公比人家楚庄王可差太远了，国事一团糟，但有一点却和楚庄王一样：没遇上天灾。这很奇怪是吧，按照《春秋》经师的理论，像鲁哀公这样的坏典型，老天爷肯定少不了对他的警告，可是，事实居然相反，这是怎么回事呢？

对这个问题的标准答案是：老天爷就像班主任，君主们就像是班里的学生，学生表现好了，班主任就会表扬（降祥瑞），学生淘气捣蛋，班主任就会批评（降灾异），可也有个别学生，表现实在太差太差了，而且怎么管教都没用，死硬到底，班主任实在没辙了：算了，你算无可救药了，我也不管你了，随你爱怎么样就怎么样吧！——鲁哀公就是这种情况，老天爷干脆不搭理他了。对了，还得说明一下，这个标准答案可不是我胡乱发挥的，出处见于《后汉书·显宗孝明帝纪》唐人注引《春秋感精符》。㉗（这个很牛的书名一会儿我们还会遇到。）

汉明帝如此用典，意思是说：现在虽然灾异很多，这说明我还没有坏到家，老天爷还是愿意管教我的，再说了，真要没有一点儿灾异那也不见得就是好事。

过了一段时间，汉明帝又遇上日蚀了，这一回的诏书是：

朕以无德，奉承大业，而下贻人怨，上动三光。日蚀之变，其灾尤大，《春秋》图谶所为至谴。永思厥咎，在予一人。冀司勉修职事，极言无讳。

意思是说：我这个缺德皇帝接下来一份丰厚的祖业，却操持得不太好，老百姓肯定尽是说我坏话的。大家的怨气太大了，感应了上天，造成日蚀。这可不是闹着玩的，《春秋》图谶把日蚀说得怕死人啦！我反躬自省，唉，都是我的错，都是我一个人惹的祸啊！大家敞开了给我提意见吧，别有什么遮着掩着的，狠狠地批评我吧！

——现在咱们已经连续看了两份应对日蚀的诏书，隐隐能见到一些套路了，如果读上十份，绝对可以设计出一个诏书模板来，等哪位皇帝临时要用的时候，只要把几个关键词一换就万事大吉。只要专制体制不变，那么，凡是领导讲话、官样文章，就都是那些个模子，千百年来没什么太大的改变。某个朝代里有过外交人员感慨说：给高级领导做翻译其实是很容易的，翻来覆去就那么几套车轱辘话。——正是这个道理。

我就不罗列十份诏书了，单从这两份来看，文风和《尚书》里那些圣王讲话有的一比。比如，用古色古香的"厥"字而不是用通俗的"其"，尤其是"永思厥咎，在予一人"，这分明是承着商汤那句经典台词"万方有罪，在予一人……"来的。如果我们细心的话，会发现商汤的这句台词已经成为历代帝王诏书模板当中一个重要组成部分了，在千百年间，它的出镜率相当之高。为何如此？我们还是先来听听郑振铎的意见：

我们可以说，除了刚从流氓出身的皇帝，本来不大懂得做皇帝的大道理的（像刘邦之流），或是花花公子，养尊处优惯了，也不把那些"灾异"当作正经事来看待（像宋理宗时，临安大火。士民皆上书诉济王之冤。侍御史蒋岘却说道：火灾天数，何预故王。请对言者严加治罪）之外，没有一个"为君""为王"的人，不是关心于那些灾异的；也许心里暗笑，但表面上却非装出引咎自责的严肃的样子来不可的。天下的人民们，一见了皇帝的罪己求言诏，也像是宽了心似的；天大的灾患，有皇帝在为他们做着"挡箭牌"的；皇帝一自谴，一改过，天灾便自可消灭了。这减轻了多少的焦虑和骚动！⑱

郑先生这番话使我们煞费脑筋：正史里那么多灾异，皇帝们那么多自我批评，到底有多少是因为怕了老天爷这位高高在上、明察秋毫的婆婆，又有多少仅仅是权谋的手段，或是走走过场的形式主义？

（五）

纬书和伪书

说到这个问题，我们不妨由此引申，来看一段《老子》。

汉朝初年号称以"黄老之道"治国，厉行"无为之治"。到底这"黄老"和"无为"是怎么回事，前文已经讲过，后文还会详细再讲。这里只先摘引《老子》当中的一个章节：

> 江海之所以能为百谷王者，以其善下之，故能为百谷王。
>
> 是以圣人欲上民，必以言下之；欲先民，必以身后之。是以圣人处上而民不重，处前而民不害。是以天下乐推而不厌。以其不争，故天下莫能与之争。

这是《老子》通行本的第六十六章，是那句名言"以其不争，故天下莫能与之争"的出处。翻译一下：江海之所以成为百川汇流的地方，是因为它比百川要低，水往低处流，这不就全流到江海里去了么。所以说，圣人若想高踞万民之上，嘴里一定得尽拣谦卑的词儿说，比如什么"我就是大家的公仆"啊，"我是为大家服务的"啊等等；圣人若想领导万民，就得把自己的位置摆在万民之后。于是乎圣人虽居上位而大家不感到负担，圣人虽做了领导而大家不觉得这有什么不好，因此，天下人便拥戴圣人而不会厌弃他。圣人正是因为不与人争，所以天下没人能和他争。

要谈《老子》，首先必谈版本。大家可千万别以为我们现在看到的这个通行本《老子》就是《老子》自古以来始终不变的样子，事实上，这个通行本是晚到唐朝才基本定形的本子，如果拿这个本子来揣测汉代的黄老思想那可就有些偏颇了。唐朝重视《老子》，这部书甚至曾作为唐朝科举考试的必读教科书——科举要考的东西可不仅仅是儒家典籍哦。现在我们看到的《老子》，所谓"道"为上篇、"德"为下篇，五千言，八十一章云云，这都是唐玄宗搞出来的，圣旨一下，古籍原貌尽失，再等时间一长，人们忘记了当初这个缘由，就以为我们现在看到的就是老子亲笔写下的完整版本的原貌，而在这种张冠李戴的基础上大谈老子如何如何，这种事居然还很常见。⑦

汉朝的《老子》到底什么模样，可资参考的是马王堆汉墓出土的帛书《老子》。帛书《老子》和今本《老子》在篇章结构上差异不小，文字意义上则大致相同，就我引的这章来说，虽然字词有多处不同，主要意思倒还没什么大变。这就是说，大家看我上边的翻译，大概就是汉朝人的"老子说"了。

那么，这就是《老子》的原貌吗？当然不是。感谢考古发现，1993年在湖北郭店村的一座战国中晚期的楚墓里又出土了一部竹简《老子》，是为郭店简本，有甲、乙、丙三本，是迄今最原始的《老子》版本，其内容不仅和今本大有不同，和帛书本也很不一样。就拿上边这章来说吧，郭店简本写作：

> 江海所以为百谷王，以其能为百谷下，是以能为百谷王。
>
> 圣人之在民前也，以身后之；其在民上也，以言下之。其在民上也，民弗厚也；其在民前也，民弗害也。天下乐进而弗厌。以其不争也，故天下莫能与之争。⑧

两相比较，乍一看，总体意思似乎差别不大，但细一琢磨，简本说"圣人之在民前也"云云，是一种叙述式的说法，是说："圣人做万民的领袖，把自己的位置放在万民之后；圣人高踞万民之上，言辞谦卑，把自己说成在万民之下。"而帛书和今本的意思却是：你"如果想"当万民的领袖，"就得"把自己扮成龟孙子；你"如果想"高踞于万民之上，"就得"把自己的位置摆在万民之下。——别看字句变动不大，意思却有了本质的区别。"如果想……就得……"这个句式，摆明了是在教授权谋诈术，这可像极了和韩非子齐名的法家巨擘申不害的思想，分明就是帝王御人之学，哪是什么清静无为呢？

　　除此之外，还有一个重大疑点：老子不是一向反对仁义、圣人、忠孝什么的吗，怎么在这里（无论是今本、帛书本还是简本）却大谈圣人之道呢，这不是自相矛盾吗？由此引申的问题是：皇帝们不都想获得圣主的美名吗，如果老子反对圣人，为什么汉初要大行黄老之道呢？连带着还有一个问题：汉朝皇帝的谥号都带一个"孝"字，比如汉武帝应该叫作"汉孝武帝"，可见其以孝道为政治核心精神，而大家熟知的老子是明确反对"孝"的，为什么在汉初还能吃得开呢？

　　呵呵，问题先放在这儿，容后再讲，咱们先回到《春秋》灾异上去，回到东汉明帝方才那份诏书上去。

　　诏书里有一句"日蚀之变，其灾尤大，《春秋》图谶所为至谴"，是说"《春秋》图谶"把日蚀当作老天爷对皇帝的最最严厉的警告。——我们心里还得打上一个问号：《春秋》当真这么说过吗？不对，这是"《春秋》图谶"说的。那么，什么是"《春秋》图谶"呢，它和《春秋》有什么关系呢？

　　《后汉书》唐人注在这里引了《春秋感精符》，解释道："人君位高权重，和老天爷是有感应的。人君圣明，则天道得正，日月光明，五星有度。太阳明亮，就说明政治搞得好；太阳昏暗，就说明政治有问题。"

　　——《春秋感精符》再次出现。这个书名看上去神神秘秘的，似乎有鬼神莫测之机、天地难言之理，不像《春秋》《尚书》《周易》那么简简单单、朴实无华。其实两汉期间，这种名字的书涌现了一大堆，还有比如《易纬乾凿度》《尚书璇机钤》《诗含神雾》《河图括地象》《春秋命历叙》等等，这就是所谓的"纬书"。汉明帝所谓的"《春秋》图谶"也就是指这类东西，考证起来，应该全都诞生于新莽和东汉时期。

　　所谓"纬书"的"纬"，是相对于"经书"的"经"而言的，从纺织来看，经是直的丝，纬是横的丝，经纬纵横交错，这才能织出布来。而儒家"六经"号称成形于孔圣人之手，博大精深，可孔圣人担心"六经"太深了，怕人看不懂，所以又编写了一系列的"纬书"作为辅导材料，我们把经书和纬书交织起来，才见得圣人的深意。

　　但明眼人知道，所谓"纬书"，其实都是"伪书"。新莽以至东汉是一个大规模制造伪书的时期，其手段一般是绑名人、绑名著、跟风起哄、伪造名人作序、迎合政治风气而投机等等，这些手段竟然一直发展下去，到明代出版业

"市场化"的时候达到成熟——别看咱们现在的图书市场上伪书成灾，销量惊人，花样百出，其实并没有多少比明朝人更新奇的创意，而推其滥觞，还得说新莽和东汉年间那些成批的纬书。

这些纬书怎么看怎么不像是孔圣人写的，通篇都是怪力乱神，更有不少明显是为政治投机而作的。但正是这些书煽乎着社会风气，一时之间，谈灾异、谈预言、谈老天爷的授命，比西汉董仲舒那套理论更加具体而微。而这些纬书后来虽然频遭质疑，却直到隋炀帝时期才遭到灭绝的命运。——隋炀帝也搞过一次焚书，在全国范围内查禁谶纬图书，焚烧殆尽，如有私人胆敢藏匿，一经查出，死刑伺候。所以，《春秋感精符》我们现在已经看不到了，只能在古籍的一些古注当中还能瞥见一鳞半爪。

纬书虽然经过隋炀帝之火几近灭绝，但其中一些典故却和前文所讲的《老子》版本演变一样，时间一长，人们便忘记了当初的缘由，另因尊崇孔子的缘故，也就无所谓真假了。在这些典故当中，就有把孔子作《春秋》的来龙去脉讲得详详细细的，并且流传久远，直到近代还有不少人信以为真。

我们先来看一组五言诗，这是张尔田为自己的著作《史微》所作的题辞。张尔田于史学造诣深厚，《清史稿》就有他参与修撰。张尔田这一组五言诗，既对《史微》有着提纲挈领之功，其本身又是一个简约的儒学框架，正好值得在此一看：

（一）

日月麒麟斗，乾坤凤鸟翔。

斯文留竹帛，大典在烝尝。

冠带朝群后，蛮夷走八荒。

凭谁遵正朔，翼翼我文王。

（二）

万古苞符史，风雷柱下开。

人骑青犊去，帝杀黑龙来。

抱器周官缺，求书禹穴哀。

茫茫瞻六合，谁是素王才。

（三）

一脉传千古，微言奠九流。

文章推祭酒，仁义动诸侯。

河洛钩沈史，春秋考异邮。

八儒分派别，齐待汉皇求。

（四）

手定经纶业，艰难付后王。

诗书秦劫火，礼乐汉文章。

石室心传迹，兰台口说详。

至今过孔壁，丝竹有辉光。

（五）

洪范陈韬意，端门受命心。

世家尊太史，师统定刘歆。

五德传终始，群经列古今。

沾袍无限泪，感动一沉吟。

前四首我只简单讲讲。

　　第一首诗，麒麟和凤凰全是和孔子有关的高等动物，先渲染一下灵异现象，然后强调礼治的意义，末句点出了"遵正朔"的概念——"正朔"和前文提到的"大一统"有关，一并留到后文再讲。

　　第二首诗，"苞符"云云即指汉代纬书，和第三首里的"春秋考异邮"是一样的东西，然后说老子骑青牛西出函谷关，汉高帝刘邦斩白蛇而起义，叔孙通带领一班儒家弟子投奔刘邦，汉文帝广求民间典籍，而文化历经秦火与战乱愈发凋落，孔子那样的大儒是再也找不到了。末句里所谓的"素王"就是孔子，"素王"的意思用我们现代语言来讲就是"无冕之王"——如果联系西汉时人对孔子特殊的尊重，这话还有着更加深刻的含义，也留待后文再讲吧。至于老子是否当真西去，刘邦杀的明明是白蛇为什么诗里却说黑龙，这些问题也容后再说。

第三首诗是说孔子开创儒家，后来有孟子、荀卿这样的巨擘接踵于后，儒家更分八派，越传越广，终于等到汉朝被皇帝定为一尊。

第四首诗是说孔子靠著述为后世立法，各种典籍虽经秦火，却终于在汉朝复兴了礼乐。"心传"与"口说"大概是借佛典来指晁错被公派到山东向伏生学习《尚书》，末句"孔壁"是儒学史上一件头等大事，也等后文再说。

第五首诗详细讲讲。

"洪范陈韬意"，典出《尚书·洪范》，说武王伐纣成功之后，向商朝的贤人箕子咨询执政方略，箕子发表了一番重要讲话，被周武王的史官记录下来，这就是《尚书》里的"洪范篇"。前文讲"天人感应"，说董仲舒设计求雨的方法，用什么颜色的旗帜，走什么方位云云，理论基础是五行生克，而五行概念的源头正在这"洪范篇"当中。

"五行"这个东西对于所有中国人来说几乎都是耳熟能详的，但多数人都是知其然而不知其所以然。那么，五行的"事实"究竟是什么呢？

这得看说的是哪方面的"事实"。事实有两种，一种是真实的事实，一种是正确的事实。真实的事实往往是很难辨认的，正确的事实却总是一目了然。

那么，我们含糊一下，循着"求实"的道路来看看这五行学说，就从"洪范篇"看起。

如果从现代研究来看，"洪范篇"是个非常可疑的东西，说它是箕子对周武王说的话这肯定是靠不住的，八成是东周人的伪托。但不管真假与否，尤其重要的是，"洪范篇"的五行观念明明白白是分类观念，和我们熟悉的五行绝不相同。这最早的五行，就等于我们把世界一切物质类分为固体、液体和气体一样，仅仅是分类，绝没有说固体生液体或者液体克固体什么的。我们熟悉的阴阳和五行的结合，还有五行的相生相克的关系，这都是汉朝人搞出来的，而且汉朝人为了能把这套理论说圆可真费老了劲了。那么，他们这么费劲，动机何在呢？很简单，无利不起早，全是为了迎合政治形势。——别看我们现在阴阳五行观念依然根深蒂固，可大家要是把《汉书》和《后汉书》看过一遍，我估计得有八成以上的人从此再也不会相信什么阴阳五行了。[81]

汉朝确是阴阳五行理论的成熟期，各位大儒实在太辛苦了，刚把一套系统编圆了，政治局面又变了，原来的理论又不适用了，怎么办呢，接着圆呗！我们如果单独来看某一个理论，或者某一个理论成形的事件，可能还是很有严肃感的，可要是把这些东西放到它们的发展脉络里一看，严肃感顿时就会烟消云散。但就是这套东西，影响了中国历史达两千年之久。

大凡政治一沾上神学色彩，便会产生这样的流弊。霍尔巴赫曾经写过一则寓言，把宇宙比作一个国家，把上帝比作国王，把神父比作大臣。于是，这位君主希望人们知道他，爱他，尊敬他，服从他，可他什么事都不明说，大家都得经由大臣们的解释来了解国王的意思；但这些大臣虽然都自称是国王的代表，而大臣之间对国王旨意的解释却从来没有一致过，他们经常互相矛盾，并且称其他大臣都是骗子和歹徒……（霍尔巴赫《健全的思想》）

事情往往如此，老百姓抬头仰望，以为是一群冠冕堂皇的圣人在为冠冕堂皇的神圣路线据理力争，其实只不过是一些阴谋家和势利小人在口蜜腹剑、钩心斗角。

再看"端门受命心"这句。这个典故和《春秋》直接有关，说孔子有一天梦见丰沛一带在冒红烟，不同寻常。醒了以后，孔子越琢磨越觉得这里边一定有事，于是驾车去看。等到了梦中之地，只见一个小孩捉了一头麒麟。这麒麟果然是头异兽，一见孔子走近，竟然大嘴一张——不是要吃孔子，而是从嘴里吐出了三卷书来。孔子也不嫌脏，拿起书一看，上边写着："周亡，赤气起，火曜兴，玄丘制命帝卯金。"——老天爷说话从来不肯直说，非得跟人类玩文字游戏，其实，直接告诉孔子，让他给即将兴起的汉朝刘姓家族制定政治方针不就完了，还非要玩个"玄丘制命帝卯金"，万一孔子理解错那不就麻烦了！至于"赤气起，火曜兴"，则是五行相克的说法。

事情还没完，过了些天，有血书从天而降，掉到鲁国的端门上，上边写的是："趋作法，孔圣没，周姬亡，彗东出，秦政起，胡破术，书纪散，孔不绝。"这是在预言周朝就要完蛋了，秦始皇即将一统天下，还提醒孔子说：你的时间不多了，赶紧写书流传后世吧。第二天，孔子的学生子夏到端门去，看到血书变成一只红色的鸟儿飞走了，留下了一张图，画着孔子制定政治方略的样子，图上还有个标题，叫作"演孔图"。这就是所谓的"端门受命"，孔子在受命之后作了《春秋》和《孝经》，这都是为了汉朝的刘姓皇帝们而作的。

这事的真假暂不去论，我们能够从中看出的是，汉朝在尊崇孔子以后，是以《春秋》和《孝经》作为头等重要的政治理论经典的。关于《孝经》，我已经在《孟子他说》第三册里详细讲过，说"孝"的意思绝不仅仅是孝顺父母那么简单，《孝经》其实是一部《忠经》，是打着孝的幌子来教育大家要为皇帝尽忠的；至于《春秋》，从这故事来看，原来是孔子预先为汉朝制定的国家宪法——可是，有个问题呀：抛开神异的一面不论，凭什么孔子一个老百姓就有资格为未来的一个朝代来制订宪法呢？

——这时候才见得"素王"一词的分量，别以为这仅仅只是对这位文化大师的一个尊称，在一些汉儒的眼里，孔子当真就是一位帝王。

孔子是殷商贵族的后代，这一点应该是可信的，而商朝的创始人商汤，按照汉儒五行论的说法，是"水德"——这里的"德"并非"道德"的"德"，而是"属性"的意思，所以"水德"也就是"属性为水"，这看上去很像是现在RPG（角色扮演）游戏里的角色设计。五行分别对应着天上的五位天帝，商汤是黑帝之子，孔子也是黑帝之子（不知道这辈分是怎么论的）。既是黑帝之子，就应该在人间称王，可孔子为什么一辈子都没称过王呢？汉儒给出的理由是：孔子生在周代，周是木德，按照五行相生的理论，木只能生出火，却生不出水，没办法，水德的孔子排不上顺序，所以无法继周而称王。木能生火，汉朝是火德，于是继周而兴，有命无运的孔子便预先替火德的汉朝制定政治纲领，写下《春秋》等等经典。

这个说法很合逻辑是吧？可问题是，周朝以后不是秦朝么，怎么不提秦朝而直接到了汉朝呢？难道孔子为未来立法，就不是为秦朝立法么？——汉儒解释说：因为秦朝历时太短，可以忽略不计。

就算这个说法合理吧，可有没有人注意到张尔田第二首诗里的那句"帝杀黑龙来"，难道"黑龙"就是指黑帝之子孔子吗？"帝"如果是指刘邦，难道这句诗是说刘邦杀了孔子而做了皇帝？

当然不是，张尔田所谓的"黑龙"应该是指秦朝，因为按照汉儒另一种五行说法，不把秦朝忽略不计的话，秦朝正是水德，颜色尚黑，而汉朝不是水德而是土德，颜色尚黄。

可能有人还是不解："不对吧，就算秦朝是水德，汉朝是土德，可按照五行相生之说，水生的是木，不是土呀！"

——的确，这确实是个难解的问题，但再难的问题也是有答案的。这问题不但有确定的标准答案，而且有不止一个标准答案。答案一是说：周朝是木德，汉朝是火德，木生火，这可没错，周和汉之间那个短暂的秦朝是"闰水"。看，有趣吧，五行里边还有置闰的。答案二干脆另辟蹊径，不从五行相生来解释了，而是发展出一种五行相克的理论，说秦朝是水德，汉朝是土德，土克水，所以汉朝灭了秦朝。很多人都以为五行理论一开始就是有相生相克之说的，其实是先有了相生，后有了相克，分别属于不同的体系，最后这相生相克才联系在一起，而究其来龙去脉，原本全是因政治需要而圆谎，旧谎话的破绽需要新谎话来圆，补丁越补越多，理论就越来越复杂。这时再看张尔田这句"帝杀黑龙来"，既然说"杀"，在五行里应该就等于"克"，"黑龙"是秦朝水德，克水的是土，汉朝自然就是土德。——其实这只是西汉初期的说法，后来五行理论日趋复杂，董仲舒又搞出了一个类似的"三统论"，把水搅得更浑，后来汉朝摇身一变，又说自己是火德了。

再看下一句诗"世家尊太史"，这句话如果单独来看，还真看不出是什么意思，可放在上下文当中来看，应该是指太史公司马迁在《史记》里把孔子列入"世家"，给他以诸侯王的尊荣地位。

再下一句"师统定刘歆"则是赞扬刘歆对儒学传承所立下的汗马功劳。刘歆可谓是继董仲舒之后的儒家谱系里第二位重要人物，后文会有细说。

"五德传终始"，应该是说五行系统里帝业的轮回，这句和下句"群经列古今"成为对仗，我们不妨仅从字面理解：五行生克之说已经占据了儒学的半壁江山，成了儒学当中的头等要论了。至于末句"沾袍无限泪，感动一沉吟"就没什么可讲的了，一声感叹而已。

现在我们再来回顾一下董仲舒上了"天人三策"之后，汉武帝终于"罢黜百家，独尊儒术"，这难道真是孔子的最后胜利吗？看来并非如此哦，汉朝的儒家比之先秦儒家简直已是面目全非了。

这让我们思考一个问题：一个名词/名目/概念，在不同的时代里，字面也许是一成不变的，但实际的内涵却无时无刻不在变化着，甚至是剧烈地变化着。就拿儒家来说，孔子的儒家，孟子的儒家，荀子的儒家，这先秦三大儒家已经各有不同，儒家的"八派"也是各持一说，互相有看法，汉儒更是别具一格，然后唐朝的儒家，宋朝的儒家，元明清的儒家，何曾都是孔孟之道呢？我们又犯过多少次刻舟求剑的错误呢？那么，我们现在只就汉朝来做个管中窥豹。汉朝初年奉行"黄老之术"，难道其内容当真是我们心目中的道家思想吗？难道就真是先秦时代的老庄之道吗？进一步问个问题：如果儒非儒、道非道，它们的差异究竟是在什么地方？又为什么有了儒家取代道家的这次思想嬗变？

还有一个看似荒诞的问题是：既然正统官方思想如此推崇《春秋》灾异理论和五行生克之说，这也就意味着官方是承认不存在万世不衰的朝代的，那么，假若当真有人看到了某个足以预言改朝换代的灾异，并且"勇于"向政府汇报的话，又该怎么处理呢？

（六）

用灵异现象劝皇帝下台

先说上节最后的第二个问题好了，这还真不用凭空设例，历史上确实发生过这样的事情。

汉昭帝元凤三年正月，泰山南边突然人声鼎沸，听上去足有数千人之多。这可真是怪了，本来是寂静所在，怎么突然来了这么多人呢？附近的老百姓越想越是好奇，忍不住跑过去看看究竟，这一看：哪有什么数千人在，分明一个人都没有！

——这可是件众目睽睽之下的灵异事件，载于官方权威正史《汉书》。那么，既然阒然无人，那声音到底是从哪里来的？围观的百姓眼睁睁地看着，全都惊呆了，只见一方巨石吱吱呀呀地自己从地上立起来了！

这块巨石，高达一丈五尺，四十八个人合抱那么粗，入地八尺深，另外还有三块石头就像脚趾一样围在巨石之旁。等巨石完全立起来了，天空中突然飞来数千只白鸟，聚集近旁。同一时间，昌邑社庙里枯树重生，上林苑内本有一株大柳树枯萎倒地，此刻竟自己立起来了，重新焕发了生机，而虫子在柳树的新叶上啮咬，树叶上竟然被咬出了文字："公孙病已立。"

这一连串的事情实在骇人听闻，肯定是老天爷有什么最新指示了。只是，这指示并非明白地告知世人，而是以一套独特的密码传送到地球上。这倒难不倒汉朝人，因为一大堆儒家经师是专门吃密码破译这碗饭的，这回上场的解码专家名叫眭（suī）弘。

眭弘是山东人，而山东正是孔子的故乡，是儒者的摇篮。但眭弘年轻时候可一点儿也不老成持重，恰恰相反，他是个不良少年，讲究的是哥们儿意气，喜欢的是斗鸡跑马，等到年纪大了，《汉书》说他终于"变节"了——"变节"在这里可不是个贬义词，只是说眭弘改变了人生观，跟随一位叫作嬴公的老师学习《春秋》。知识改变命运，又正值"独尊儒术"成为国策之时，眭弘因为成绩优异而步入官场。（真让我妒忌呀，我《春秋》学得也不错，可现在公务员考试不考这个。）

《春秋》可不是迂腐的死知识，眭弘学以致用，以《春秋》原理破译老天爷这次降下的灵异事件的奥妙。眭弘说："石头和柳树都是阴性物质，象征着处在下层的老百姓，而泰山则是群山之首，是改朝换代之后帝王的祭祀大典之地。如今巨石自立，枯柳复生，都不是人力所能为，这就说明即将要有平民百姓成为天子了。而社庙中的枯树复生，预示着以前被废的公孙氏该当复兴。"

眭弘这番话实在胆大包天，也不知道他这人是太老实了还是缺个心眼，不过呢，前边那些话确实合乎逻辑，可后边这句公孙氏复兴云云却不知道他是怎么破译出来的——越想越觉得可疑，这句话不会是哪位别有用心的后人给附会上去的吧？

《汉书》里真就没说眭弘为什么破译出一个公孙氏复兴来，往下记载的是：眭弘虽然讲了公孙氏复兴，可他自己也不知道这个公孙氏到底是何许人也。不过呢，不知道也没关系，可以找嘛，眭弘紧接着就说出一番更让人大跌眼镜的话来："先师董仲舒曾经有言，即便当政的是守成之君，也不碍于圣人受命于天。何况汉家刘姓是尧圣人的后代，肯定最后也得学着尧圣人那样把位子禅让给贤人。现在既然出了这个灵异事件，咱们皇帝就应该诏告天下，寻访真命圣人，把皇位禅让给人家，自己退位卸任，让新皇帝封自己一块方圆百里的封地，就像武王伐纣之后封殷商故旧于宋国一样，这才是顺应天命的做法。"

——汉朝刘家是尧圣人之后，这本来是为了政治目的而乱认祖宗，谁知却被眭弘给做了"禅让"的理解，真让人哭笑不得。

眭弘写完了自己的意见，托一位名叫赐的朋友奏报上去。当时在位的是汉昭帝，年纪还小，主政的是大将军霍光。霍光一看眭弘这封上奏，真是气不打一处来，直接把奏疏转到公检法那边去了。后来的事情可想而知，眭弘和赐两人以妖言惑众罪被判处死刑。眭弘自己犯傻自作自受倒也罢了，还把朋友给连累进去了，这个故事告诉我们：交到一个正直的朋友未必就是一件好事。⑧

说到这里，有人肯定会觉得奇怪："老天爷那么显眼的灵异事件清清楚楚地摆在那里，泰山巨石自立发生在众目睽睽之下，枯柳复生的上林苑更是皇家苑囿，这又不是三更半夜里在乱葬岗子孤身遇鬼，《汉书》又堂而皇之地记载下来，难道真是老天爷跟大家开玩笑不成！所以说，答案只能是两者之一：要么是《春秋》这套玩意儿不够周密，不是什么事情都能解释清楚；要么就是眭弘学艺不精，把老天爷的密码给破译错了。"

其实还有第三个答案，也是此事唯一的正确答案：《春秋》理论足够周密，眭弘学艺也足够火候，他的解释全是对的，只是，事情并非马上应验，还需等待，可眭弘没等到那天，自己就先挂了。——眭弘被处斩之后，世界又经过一番风雨，一位年轻的天子果真从民间走上帝座，这就是汉宣帝。但他绝对不是外姓，而是根正苗红的刘家人，是汉武帝的曾孙，是死于"巫蛊之祸"的那位卫太子的孙子，他在襁褓之时就进了监狱，后来以平民身份生活于市井之中，似乎今生再与帝胄无缘，谁知最后却阴差阳错地做了皇帝。看来，眭弘预言里的"公孙氏"原来并不是指某个复姓公孙的人，而是指这位卫太子的孙子，也就是后来的汉宣帝。这位汉宣帝开创了汉朝的中兴局面，也正应了眭弘所说的"公孙氏复兴"。

可怜眭弘，如果能熬到汉宣帝即位之后，一定有压死人的荣华富贵在等着他呢。——嗯，不过也不好说，因为汉宣帝虽然征了眭弘的儿子为官，但他毕竟是以刑名治国，不喜儒生的。儒家的命运呀，可不是从汉武帝"罢黜百家，独尊儒术"以后就一帆风顺下去的。

有趣的是，"公孙"这个故事，等到王莽篡汉、光武帝刘秀打拼东汉江山的时候又一次小小地露了一面。

要说大搞谶纬迷信，王莽恐怕当得起是古往今来第一人。其后余风尚在，东汉建国，纬书满天飞，简直就要取代经学而成为官方的学术经典，这一时期的所谓儒家思想，大体上只是纬书思想罢了。这段历史让人很难看懂，因为那些时代的巨人到底是真心相信这套东西，还是拿它当作愚民的手段，简直就说不清了。赵翼在《廿二史劄记》里有一条目，题为"光武信谶书"，专讲光武帝刘秀迷信的一生。说一开始天下大乱的时候，有人放出一个谶语，说有个叫刘秀的当为天子，结果王莽的国师也是当时的首席儒家学术权威刘歆上了心，为了应这个谶语，干脆改名为刘秀。有一天，真刘秀和朋友们聊天，谈起那个谶语，有人说："这是指国师刘歆吧？"真刘秀一笑："安知不是我呢？"后来刘秀真当了皇帝，对谶纬极其重视，好几次对轻忽谶纬的大臣严加惩处。赵翼罗列了很多这样的例子，似乎是说刘秀当真相信这一套，可他突然笔锋一转，提到了这样一件事情：

四川军阀公孙述趁着天下大乱，自立为帝。他也没能摆脱时代的局限性，以五行系统推论出自己当是金德，颜色尚白——"朝辞白帝彩云间"的那座白帝城就是由此而得名的。公孙述以谶纬为自己打造舆论攻势，说孔子作《春秋》为汉朝制法，裁断汉朝一共为十二代帝王，现在数一数，正好十二代全都结束了，可见汉朝气数已尽，该有刘姓以外的人接受老天爷的眷顾了。——公孙述这番话还真不能算是信口开河，要知道，孔子作《春秋》是为汉朝制法这种说法经过多少儒家知识分子的宣传早已深入人心，如果细心一点儿就会发现，《春秋》编年记事，上起鲁隐公，下迄鲁哀公，统共十二位国君，历时二百四十二年，那么，汉朝理应和《春秋》的记载一样，刘家人做满十二代皇帝，就该改朝换代了。公孙述又引述一部叫作《录运法》的神秘文献，说"废昌帝，立公孙"，而他自己就复姓公孙，正应该代汉而立。

刘秀拿这事还很当真，专门写信告诉公孙述："你把文献理解错了，'废昌帝，立公孙'，明明说的是在汉昭帝死后，霍光先立了昌邑王，后来见昌邑王荒淫无道，就废了他，从民间招来卫太子的孙子立为皇帝，是为中兴汉室的汉宣帝，跟你公孙述可一点儿关系都沾不上。至于刘姓江山的受命期限，谶书上明明说代汉而立的是当涂高，可不是你公孙述呀！你可别学王莽搞那些神神怪怪的东西，要知道，封建迷信是会害死人的！"

赵翼讲到这里，感叹一声：看来刘秀是个明白人，知道谶纬那些东西都是骗人玩的，可他又为什么还酷爱这一套呢？难道说王莽和公孙述看的纬书确实是伪书，而刘秀的纬书却是真货？

这问题还真不好做个定解，不过在很多时候，一件事的真假往往并不重要，重要的是大家是否把它"当真"。

嗯，最后再交代两句后话：就像眭弘的"公孙氏复兴"果然应验一样，刘秀所谓的"代汉者当涂高"后来也应验了，曹丕手下的知识分子巧妙地把"当涂高"解释成"魏"，结果以魏代汉就成了顺理成章的事情，曹丕接受了汉献帝的"禅让"，这恐怕是刘秀当初绝对没有料到的。

（七）

年号也是一门学问

《春秋》之学被玩到这个地步，真让人不知说什么才好。那些天意呀，受命呀，该当真的时候它就是真的，该不当真的时候它就是假的，你如果该当真的时候说它假，或者该当假的时候说它真，那就犯了政治幼稚病了，杀身之祸就在眼前。那么，假如你在汉朝为官，为了安全起见，肯定想找一个风向标之类的东西。其实风向标倒也好找，盯准皇帝的眼色也就是了，再要注意的就是：既要有好的记性，也要有好的忘性。

——这话从何说起呢？就从皇帝的年号说起，《春秋》之精义也是蕴含其中的。

就拿这一年做个例子吧：汉昭帝元凤三年。还记得吗，这就是前文刚刚说过的泰山巨石自立、上林苑枯柳复生的那年。现在我们要看的是：年号元凤。为什么要叫元凤？

汉昭帝即位之初，定年号为始元，意思是说：新皇帝上任啦，万象从此更新。于是，世界从始元元年一直走到了始元七年，在七月份上，出大事了：发生日蚀了。

日蚀在当时意味着什么，前文已经说得一清二楚，汉昭帝和霍光他们也不知道有什么想法，但也许就像民间冲喜的心态似的，既然有了灾异，那就拿个祥瑞来冲冲好了。但问题是，祥瑞可不是说有就有的。在这为难的时候，有聪明人追忆往事，想起始元三年曾经有凤凰云集东海，朝廷还派人去祭祀过的。咦，这不就是明摆着的祥瑞么！好了，那就拿凤凰说事吧，朝廷于是诏告天下，始元的年号到此结束。可是，始元七年不是才过到七月么，一年才到一半难道就改年号？——不错，旧年号就用到七月了，不再往下用了，从八月算起就是元凤元年了，大吉大利，大吉大利！

议定年号自然少不得儒家知识分子的工作，而且这工作绝不像看上去那么简单。一个年号虽然一般只是寥寥两个字，可你既要把握得住《春秋》理论，又要熟悉儒家典籍，更要揣摩得清政治风向。说到底，年号可绝不仅仅是纪年的一个标记，不是没有价值蕴含的简单符号，而是政治手段之一，儒家之学、《春秋》之理、帝王之术，林林总总尽在其中。

我们只要留心一下就会发现：直到近现代，还有不少人在推崇帝国时代的好人政府，说现代民主政体的选举制度眼光过于短浅，因为领导人的一届任期无非短短几年，这种制度缺陷使他们很难做出十年、二十年乃至三五十年以上的长期规划，无法对国民做出长远承诺，而帝制则不然，长命百岁的好皇帝可以一统治就是好几十年，所以便不会有上述问题的出现。——这个论调一直小有市场，可是，所谓"长远规划"的可能性暂且不论，如果我们仔细看看历史，就会发现历史并没有为这种说法提供足够的证据。就以汉朝为例吧，单是这些换来换去的年号就很能说明问题了。

改元有很多是来自新的祥瑞，可究其根底，无外乎附会现实的政治需要。比如皇帝看看局面实在乱得不行，难以维持了，算了，改元吧！——这种时候往往会改作始元、更始、太始之类的年号，意思是：新时代开始啦，万象从此更新，大家把过去的事都放一放，咱们重新打造好生活；暗含的意思是：以前的胡搞乱搞都揭过去，谁也别再提了。所以我们才会看到一个皇帝的任期内会出现好多年号，翻来覆去地"万象更新"，这就像有些小学生写日记一样，一开始拿了个崭新的日记本，高高兴兴写了几天，结果发现字也难看、句子也不通顺，怎么办呢，好办，就把前边写完的那几页"呲啦"一撕，重新开始；又写了几天，发现还是很差劲，那就再撕，再重新写。单是一个日记本，遭受这种颠三倒四的命运倒也罢了，可如果是全国的老百姓，禁得起多少次这样的折腾？皇帝倒也安心：反正撕下去的页码不许人提，谁翻旧账就整治谁。官员们也越来越聪明，都知道禁忌之所在，干脆美其名曰"放下历史的包袱，轻装整队朝前看"。嗯，这还真不失为一个响亮的口号。倒霉的总是老百姓，谁知道自己哪一天就会变成那个牛鬼蛇神一般的"历史的包袱"，而人家"朝前看"的坚毅目光便再也落不到自己身上了？

年号的变更或者其他一些类似事物在名号上的变更，其中蕴含着不小的学问，用勒庞的话说，就是"当群体因为政治动荡或信仰变化，对某些词语唤起的形象深感厌恶时，假如事物因为与传统结构紧密联系在一起而无法改变，那么一个真正的政治家的当务之急，就是在不伤害事物本身的同时赶紧变换说法"。——这是改元之类手段的另外一层意义：新瓶装旧酒，给大家一些万象更新的美好联想。勒庞说道：

因此，聪明的托克维尔很久以前就说过，政府和帝国的具体工作就是用新的名称把大多数过去的制度重新包装一遍，这就是说，用新名称代替那些能够让群众想起不利形象的名称，因为它们的新鲜能防止这种联想。"地租"变成了"土地税"，"盐赋"变成了"盐税"，"徭役"变成了间接摊派，商号和行会的税款变成了执照费，如此等等。

可见，政治家最基本的任务之一，就是对流行用语，或至少对再没有人感兴趣、民众已经不能容忍其旧名称的事物保持警觉。名称的威力如此强大，如果选择得当，它足以使最可恶的事情改头换面，变得能被民众所接受。泰纳正确地指出，雅各宾党人正是利用了"自由"和"博爱"这种当时十分流行的说法，才能够"建立起堪与达荷美媲美的暴政，建立起和宗教法庭相类似的审判台，干出与古墨西哥人相差无几的人类大屠杀这种成就"。统治者的艺术，就像律师的艺术一样，首先在于驾驭词藻的学问。这门艺术遇到的最大困难之一，就是在同一个社会，同一个词对于不同的社会阶层往往有不同的含义，表面上看他们用词相同，其实他们说着不同的语言。㉝

从这层意义上说，"健忘"或许是老百姓最为优秀的品格，真正喜欢旧事重提的往往是一些"别有用心"的家伙。这样的例子我们可以看看英国著名的掘地派领袖温斯坦莱，他的文章曾被誉为"社会主义思想宝库中的一份光辉遗产"㉞。温斯坦莱在向克伦威尔谏言的《自由法》里辨析了"王国"和"共和国"在概念上的不同之处，他悲愤地点明："人民说，如果看看诉讼程序就会发现事情同国王统治时期一模一样，只是改了改名称罢了"，"只要立法者把实现国王的意志和特权作为自己的目的，被压迫的平民就不能享有共和国的自由"。[85]

温斯坦莱的这番话反证了"改了改名称"对于统治者来说是个多么简单而有效的管理手段，暗示了所谓"共和国"其实只是打着共和国旗号的"王国"而已，除了字面上的差异之外，和以前的王国并没有多大的实质性不同。这时候我们再来回想一下董仲舒的那个看似非常形式主义的意见："从《春秋》来看，政权交替的时候，新政权应该改变历法，改变服装和饰物的颜色，以此来表示接受了新一轮的天命"，嗯，好像别有一番感受了吧？

可是，肯定有人会出来质疑："瞧你说得容易，老百姓就那么好糊弄吗？俗话说得好：人民群众的眼睛是雪亮的！"

——历史告诉我们：人民群众的眼睛很少会是雪亮的，当然，使人民群众相信他们自己有着雪亮的眼睛，这对统治者是大有好处的，人民群众往往会在这种盲目的自信里用他们"雪亮的"眼睛追随着聪明的统治者手指的方向，哪怕那个方向正通向悬崖峭壁。

是的，心理学的研究告诉我们：在有些情境下，糊弄一个人往往不太容易，糊弄两三个人也不那么容易，但是，糊弄一群人可就容易多了。这个道理可以简单地表述为：人数往往和理性成反比，也就是说，在人数越多的时候，理性也就越少，甚至还会出现这种情况：当一百个人聚在一起的时候，他们的脑瓜儿加起来反倒不如这一百人中的任何一个人的脑瓜儿更加灵活。我们还可以在历史和现实生活中看到很多这样的例子：在向大众表达意见的时候，知识分子永远会输给义和团。

我们还是有必要再来听听勒庞的意见：

我们已经证明，群体是不受推理影响的，它们只能理解那些拼凑起来的观念。因此，那些知道如何影响他们的演说家，总是借助于他们的感情而不是他们的理性。逻辑定律对群体不起作用。让群体相信什么，首先得搞清楚让它们兴奋的感情，并且装出自己也有这种感情的样子，然后以很低级的组合方式，用一些非常著名的暗示性概念去改变他们的看法，这样才能够——如果有必要的话——再回到最初提出的观点上来，慢慢地探明引起某种说法的感情。这种根据讲话的效果不断改变措辞的必要性，使一切有效的演讲完全不可能事先进行准备和研究。在这种事先准备好的演讲中，演讲者遵循的是自己的思路而不是听众的思路，仅这一个事实就会使他不可能产生任何影响。[86]

是呀，难道"文革"那一代人就真比我们更笨么？他们的脑容量很小吗？他们的平均智商只在70以下吗？他们在单个人与单个人打交道的时候不也表现出不亚于我们的精明吗？——而且，我们还不要急着把勒庞的论断归结为他的反动的阶级局限性在作祟。

这是一件很奇怪的事情呀，为什么同一个人，独处的时候表现为一种性格，身处群体当中的时候却突然展现出了一些卑劣的新性格呢？这道理好像讲不通呀。

弗洛伊德对此有过一个解释——虽然勒庞大约要算是群体心理学的开山鼻祖，但弗洛伊德在他之后也曾关注过这个领域——他认为勒庞所谓的那些新性格其实并不是"新"的，而是因为人们的所有罪恶冲动都潜伏在潜意识里，平日里总是被压抑着，而群体的环境把"超我"的阀门打开了，这就如同打开了潘多拉的匣子……

如果以群体心理学的眼光来观察历史，连带着会对未来也生出一种不寒而栗的感觉，当然，乐观的看法也是有的，比如曼海姆就觉得勒庞把问题看得太单纯了："作为对勒庞（Le Bon）那样作者的简单化的大众心理学的答复，我们必须坚持认为，虽然聚集一团［亦即人群（crowd）或任何无差别无定形的聚集体］的人易于接受建议和受感染，但大多数人本身并不必然构成一团，进一步说，非理性并不必然瓦解社会……"其中缘由，有兴趣的读者就自己去曼海姆的书中找吧。[87]但是，曼海姆的攻击目标可能有误，因为非理性在被利用的时候，其目的往往并不在于"瓦解社会"。

对于这个问题的研究是成果颇多的，再如，涂尔干虽然不是一位心理学家，却在研究图腾的起源和功能性时深刻触及了这个问题，如果管中窥豹一下的话："一般来说，社会只要凭借着它凌驾于人们之上的那种权力，就必然会在人们心中激起神圣的感觉，这是不成问题的；因为社会之于社会成员，就如同神之于它的崇拜者。……而社会也给我们永远的依赖感。""有些时候，社会这种赋予力量与生气的作用格外明显。在共同的激情的鼓励下，我们在集会上变得易于冲动，情绪激昂，而这是仅凭个人的力量所难以维系的。等到集会解散，我们发现自己重又孑然一身，回落到平常的状态，我们就能体会出我们曾经在多大程度上超越自身了。"⑧——涂尔干使我们隐约看到：宗教似乎是无处不在的，即便在那些否定宗教的地方也依然如此，而作为个体总和的社会却像是一个活物，幻化成一个高踞于所有人之上的法力无边的家伙。任我行前辈说得好——"有人的地方就有江湖"，把这句话套用一下就是："有人的地方就有宗教——哪怕没有一个人相信宗教。"

注释

① "天人三策"详见《汉书·董仲舒传》，原文太长了，这里就不引用了。

② 所谓"春秋大义"，什么是"义"？一个被许多人认可的答案是："义"就是"道"。比如［明］姚舜牧《春秋疑问》自序："孔子曰：'吾志在《春秋》。'又曰：'其义则丘窃取之矣。'斯义何义也？《书》曰：'无偏无颇尊王之义。'无有作好尊王之道，无有作恶尊王之论。道路即义也。而在人心无偏颇好恶之间。"

另参［清］王夫之《春秋家说》卷一："《春秋》有大义，有微言。义也者，以治事也；言也者，以显义也。非事无义，非义无显。"

③ 原文详见《汉书·董仲舒传》，文烦不录。

④ 《墨子·明鬼》：子墨子言曰："若以众之所同见，与众之所同闻，则若昔者杜伯是也。周宣王杀其臣杜伯而不辜，杜伯曰：'吾君杀我而不辜，若以死者为无知则止矣；若死而有知，不出三年，必使吾君知之。'其三年，周宣王合诸侯而田于圃，田车数百乘，从数千，人满野。日中，杜伯乘白马素车，朱衣冠，执朱弓，挟朱矢，追周宣王，射之车上，中心折脊，殪车中，伏弢而死。当是之时，周人从者莫不见，远者莫不闻，着在周之春秋。为君者以教其臣，为父者以警其子，曰：'戒之慎之！凡杀不辜者，其得不祥，鬼神之诛，若此之憯遬也！'以若书之说观之，则鬼神之有，岂可疑哉？非惟若书之说为然也，昔者郑穆公，当昼日中处乎庙，有神入门而左，鸟身，素服三绝，面状正方。郑穆公见之，乃恐惧奔，神曰：'无惧！帝享女明德，使予锡女寿十年有九，使若国家蕃昌，子孙茂，毋失。'郑穆公再拜稽首曰：'敢问神名？'曰：'予为句芒。'若以郑穆公之所身见为仪，则鬼神之有，岂可疑哉？非惟若书之说为然也，昔者，燕简公杀其臣庄子仪而不辜，庄子仪曰：'吾君王杀我而不辜，死人毋知亦已，死人有知，不出三年，必使吾君知之。'期年，燕将驰祖，燕之有祖，当齐之社稷，宋之有桑林，楚之有云梦也，此男女之所属而观也。日中，燕简公方将驰于祖涂，庄子仪荷朱杖而击之，殪之车上。当是时，燕人从者莫不见，远者莫不闻，着在燕之春秋。诸侯传而语之曰'凡杀不辜者，其得不祥，鬼神之诛，若此其憯遬也！'以若书之说观，则鬼神之有，岂可疑哉？非惟若书之说为然也，昔者，宋文君鲍之时，有臣曰祝夜姑，固尝从事于厉，祩子杖揖出与言：'观辜是何珪璧之不满度量？酒醴粢盛之不净洁也？牺牲之不全肥？春秋冬夏"选"失时？岂女为之与？意鲍为之与？'观辜曰：'鲍幼弱在荷繦之中，鲍何与识焉。官臣观辜特为之。'祩子举揖而槁之，殪之坛上。当是时，宋人从者莫不见，远者莫不闻，着在宋之春秋。诸侯传而语之曰：'诸不敬慎祭祀者，鬼神之诛，至若此其憯遬也！'以若书之说观之，鬼神之有，岂可疑哉？非惟若书之说为然也。昔者，齐庄君之臣有所谓王里国、中里徼者，此二子者，讼

三年而狱不断。齐君由谦杀之恐不辜，犹谦释之。恐失有罪，乃使之人共一羊，盟齐之神社，二子许诺。于是到羊出血而洒其血，读王里国之辞既已终矣，读中里徼之辞未半也，羊起而触之，折其脚，桃神之而槁之，殪之盟所。当是时，齐人从者莫不见，远者莫不闻，着在齐之春秋。诸侯传而语之曰：'请品先不以其请者，鬼神之诛，至若此其憯遬也。'以若书之说观之，鬼神之有，岂可疑哉？"是故子墨子言曰："虽有深溪博林，幽涧毋人之所，施行不可以不董，见有鬼神视之"。

　　⑤　［清］朱彝尊《经义考》卷一百六十八"百国春秋"条目下引《墨子·明鬼》这些故事，最后加按语说："《公羊传》有'不修春秋'，则鲁之《春秋》也。周、燕、齐、宋皆有《春秋》，载在《墨子》，合以晋《乘》、楚《梼杌》、郑《志》，百国春秋之名仅存其八而已。"

　　另参［唐］刘知几《史通·六家》："《春秋》家者，其先出于三代。孔子曰：'疏通知远，《书》教也'；'属辞比事，《春秋》之教也'。知《春秋》始作，与《尚书》同时。《琐语》又有《晋春秋》，记献公十七年事。《国语》云：'晋羊舌肸习于春秋，悼公使传其太子'。《左传》昭二年，晋韩宣子来聘，见《鲁春秋》曰：'周礼尽在鲁矣。'斯则春秋之目，事匪一家。至于隐没无闻者，不可胜载。又案《竹书纪年》，其所纪事皆与《鲁春秋》同。《孟子》曰：'晋谓之乘，楚谓之杌，而鲁谓之春秋，春实一也。'然则乘与纪年、杌，其皆春秋之别名者乎！故《墨子》曰：'吾见百国春秋'，盖皆指此也。"

　　另外一种说法：［清］顾炎武《日知录》："《连山》《归藏》，非《易》也，而云'三易'者，后人因《易》之名以名之也。犹之《墨子》书言，周之《春秋》、燕之《春秋》、宋之《春秋》、齐之《春秋》，周、燕、齐、宋之史，非必皆《春秋》也，而云《春秋》者，因鲁史之名以名之也。"

　　⑥　《墨子·明鬼》：子墨子言曰："逮至昔三代圣王既没，天下失义，诸侯力正，是以存夫为人君臣上下者之不惠忠也，父子弟兄之不慈孝弟长贞良也，正长之不强于听治，贱人之不强于从事也，民之为淫暴寇乱盗贼，以兵刃毒药水火，退无罪人乎道路率径，夺人车马衣裘以自利者并作，由此始，是以天下乱。此其故何以然也？则皆以疑惑鬼神之有与无之别，不明乎鬼神之能赏贤而罚暴也。今若使天下之人，偕若信鬼神之能赏贤而罚暴也，则夫天下岂乱哉！"

　　⑦　［英］爱德华·泰勒：《人类学》（连树声／译，上海文艺出版社1993年第1版，第16章）

　　⑧　［德］黑格尔《历史哲学》（王造时／译，上海书店出版社1999年第1版）

　　⑨　详见［东汉］王充《论衡·吉验》："凡人禀贵命于天，必有吉验见于地。见于

地，故有天命也。验见非一，或以人物，或以祯祥，或以光气。……"王充举的例子从传说中的尧舜禹一直到近在他眼前的光武帝刘秀和其他几位东汉时的贵人。

⑩ ［美］费正清：《观察中国》（傅光明/译，世界知识出版社2002年第1版，第115页）

⑪ ［美］弗洛姆：《健全的社会》（孙恺详/译，王馨钵/校，贵州人民出版社1994年第1版，作者前言）

⑫ 可参看钱穆：《中国历代政治得失》（三联书店2005年第2版，第69页）：相权低落之反面，即是君权之提升。即以朝仪而言，唐代群臣朝见，宰相得有座位，并赐茶。古所谓"三公坐而论道"，唐制还是如此。迨到宋代，宰相上朝，也一同站着不坐。这一类的转变，说来甚可慨惜。但历史演变，其间也不能尽归罪于一切是黑暗势力之作祟，或某某一二人之私心故意作造出。宋太祖在后周时，原是一个殿前都检点，恰似一个皇帝的侍卫长。他因缘机会，一夜之间就做了皇帝，而且像他这样黄袍加身做皇帝的，宋太祖也并不是第一个，到他已经是第四个了。几十年中间，军队要谁做皇帝，谁就得做。赵匡胤昨天还是一殿前都检点，今天是皇帝了，那是五代乱世最黑暗的表记。若把当时皇帝来比宰相，宰相却有做上一二十年的。相形之下，皇帝反而不像样。……现在若要拨乱反正，尊王是首先第一步。而且皇帝的体统尊严不如宰相，也易启皇帝与宰相之间的猜嫌。据说当时宰相为了避嫌起见，为了表示忠诚拥戴新皇帝起见，所以自过谦抑，逊让不坐，这样才把政府尊严皇帝尊严渐渐提起，渐渐恢复了。

⑬ 《宋史·范质传》

⑭ （雍正）《朱批谕旨·田文镜奏折》七年六月十五日："但尽臣节所当为，何论君恩之厚薄。"（转引自秦晖：《传统十论》［复旦大学出版社2005年第1版，第179页］）

⑮ 《韩非子·忠孝》：夫为人子而常誉他人之亲曰："某子之亲，夜寝早起，强力生财以养子孙臣妾"，是诽谤其亲者也。为人臣常誉先王之德厚而愿之，是诽谤其君者也。非其亲者知谓之不孝，而非其君者天下此贤之，此所以乱也。故人臣毋称尧、舜之贤，毋誉汤、武之伐，毋言烈士之高，尽力守法，专心于事主者为忠臣。

⑯ 爱德华·泰勒：《人类学》（连树声/译，上海文艺出版社1993年第1版）

⑰ 爱德华·泰勒：《人类学》（连树声/译，上海文艺出版社1993年第1版）

⑱　《汉书·食货志》：汉兴，接秦之敝，诸侯并起，民失作业而大饥馑。凡米石五千，人相食，死者过半。高祖乃令民得卖子，就食蜀、汉。

⑲　江绍原著、陈泳超整理：《民俗与迷信》（北京出版社，2003年第1版，第126—128页）"中国民间婴孩杀害的原因"（原载《新女性》四卷9期，1929年9月1日）。西山荣久归纳的十三条原因是：（1）迷信——举《史记·孟尝君列传》及《癸辛杂识》不举五月五日子为例。（2）怀孕时有奇特的故事——举例：《诗经·大雅·生民》篇后稷之被弃；《指月录·五祖弘忍传》生后之被抛于浊港中。（3）孝道——郭世道瘗儿养母；《明史·孝义列传》中《沈德四传》，江伯儿母疾愈，杀儿还愿。（4）为自己的利益以媚人——易牙杀子为菜以献齐桓公。（5）一时偏激的情感。（6）家庭不和。（7）妻妾间的妒忌。（8）战乱时。（9）男女间的失伦。（10）儿女的身体不完备——未举例，只云"这是中国各地通行的"。（11）子女过多。（12）迫于饥饿。（13）虑一家将来的负担。

——说点儿闲话：写此文时，正值社会上废除中医之声又起，网络之上论辩正酣，不知有人想起没，这位江绍原前辈是反中医的一位先驱，他认为中医处在医学发展的"玄学阶段"。好几十年过去了，大家又开始以新热情论辩老问题了。

⑳　"道法自然"，这个"自然"并非现代人所谓的"大自然"，而是约略等于"自然而然"，比如王充在《论衡·自然》里的用法：天地合气，万物自生，犹夫妇合气，子自生矣。万物之生，含血之类，知饥知寒。见五谷可食，取而食之；见丝麻可衣，取而衣之。或说以为天生五谷以食人，生丝麻以衣人。此谓天为人作农夫、桑女之徒也。不合自然，故其义疑，未可从也。试依道家论之。

㉑　[法]莫斯科维奇《群氓的时代》（许列民、薛丹云、李继红/译，江苏人民出版社，2003年第1版，第236页）

㉒　弗洛姆的这段话很有参考价值："那种认为孩子在爱其他人之间，先'爱'自己的父母的想法，应当被看成是想当然的幻想。对这个年龄的孩子来说，父母是依赖和恐惧的对象，而不是爱的对象。就其性质而言，爱的基础是平等和独立。如果我们把对父母的爱与充满深情然而却是被动的依恋与习惯上的畏惧性的顺从区别开来，那么，对父母的爱（如果要发展的话）则是在后期而不是在童年才得到发展，虽然（在有利条件下）我们可以在较早的年龄发现这种爱的萌芽……"（[美]弗洛姆：《健全的社会》，孙恺详/译，王馨钵/校，贵州人民出版社1994年第1版，第31页注释3）

㉓　《圣经》NLT版（当代《圣经》）《马太福音》第17章第25—27节：第25. "Of course he does，" Peter replied. Then he went into the house to talk to Jesus about it. But before he had a chance to speak，Jesus asked him，"What do you think，Peter? Do kings tax their own people or the foreigners they have conquered?"

26. "They tax the foreigners，" Peter replied. "Well，then，" Jesus said，"the citizens are free!"

27. "However，we don't want to offend them，so go down to the lake and throw in a line. Open the mouth of the first fish you catch，and you will find a coin. Take the coin and pay the tax for both of us."

㉔ 见〔意〕托马斯·阿奎那：《阿奎那政治著作选》（马清槐/译，商务印书馆，1982年第1版）"彼得·朗巴德《嘉言录》诠释"。原译本中的"第一点"为：据说基督徒不得不服从世俗的权力，特别是暴君。因为《马太福音》第十七章第二十五节里说："既然如此，儿子就可以不受拘束了。"可是，如果在所有的国家，当今的君主的儿女可以不受拘束，那么，一切国王都要受其支配的上帝的儿女也应当可以不受拘束了。基督教徒已经成为上帝的儿女，像我们在《罗马人书》第八章第十六节里读到的："圣灵与我们的心同证我们是神的儿女。"因此基督教徒到处都是不受拘束的，从而也就不必服从世俗的权力。

——现据《圣经·马太福音》，把"不受拘束"改为"不纳税"。

㉕〔意〕托马斯·阿奎那《阿奎那政治著作选》（马清槐/译，商务印书馆，1982年第1版，第2章）

㉖〔英〕梅因：《古代法》（沈景一/译，商务印书馆1959年第1版，第71页）

㉗ 洛克的论辩是主要针对罗伯特·菲尔麦爵士，洛克在《政府论》里罗列过后者的许多观点，我们可以看一下第8节和第9节的内容：8. 现在让我们努力找寻一下，看看散见于他的著作各处的关于"父亲的威权"的说明都是些什么。当他最初讲到亚当具有父权的时候，他说："不独是亚当，就连后继的先祖们，依据作为父亲的权利，对他们的子孙也享有王权。""亚当根据神命而取得的这种支配全世界的权力以及其后的先祖们根据下传给他们的权利而享有的这种权力，是与创世以来任何君主的绝对统治权同样的广泛。""生杀之权、宣战媾和之权都为他掌握。""亚当和先祖们具有生杀的绝对权力。""君王们根据亲权继承对最高权限的行使。""王权既是依据上帝的法律而来，就不受任何低级法律的限制，亚当是众人之主。""一个家庭的父亲只凭自己的意志而毋需根据其他任何法律来进行统治。""君主的地位优于法律。""君王的无限管辖权已在《撒母耳书》中充分地说明。""君王高于法律。"为着上述目的，请看看还有许许多多是我们的作者借波丹的话发表出来的："毫无疑义，君主的一切法律、特权和授与，如果继位的君主不以明白表示同意或不以容忍的形式加以批准，那就只能在原来的君主在世时发生效力，特权尤其是如此。""君王制定法律的理由是这样的——当君王或忙于战争，或为公务所羁，不能使每个私人都和他们本人接触，来请示他们的意志和

愿望，这时候就有必要创立法律，使每个臣民都可以从法律的解释中知道他的君主的愿望。""在一个君主制的国家中，君王必须超出法律之上。""一个完善的王国，就是君王依照其个人的意志进行统治的王国。""不论是习惯法或成文法都不会，也不可能缩小君王们根据作为父亲的权利而统治其人民的一般权力。""亚当是他的家族里的父亲、君王和主人；在起初，作为一个儿子、一个臣民和一个仆人或是一个奴隶，本来是一回事。父亲有处理或出卖他的儿女或奴仆的权力，因此我们看到《圣经》上最初统计货物时，男仆和女仆都像其他的货物一样，是作为所有者的财物和资产计算的。""上帝也授予父亲以一项权力和自由，使他可以把支配子女的权力转让与他人；因此我们发现在人类历史初期，出卖和赠与儿女很为盛行，那时候，人们把他们的奴仆当作一种占有物和继承品，如同其他的货物一样，我们也看到古代经常流行阉割和使人成为阉宦的权力。""法律不过是具有至高无上的父权者的意志。""上帝规定亚当的最高权力应该是无限制的，其范围与基于他的意志的一切行为一样广大，亚当如此，其他一切具有最高权力的人们也是如此。"9. 我之所以引用我们的作者自己的这些话来烦扰读者，是因为在那里可以见到散见于他的著作中的他自己对于他的所谓"父亲的威权"的说明，他认为这种威权最初授与亚当，其后按理应属于一切君主。这种"父亲的威权"或"作为父亲的权力"，照我们的作者的意思，就是一种神圣的、不可变更的主权，一个父亲或一个君主对于他的儿女或臣民的生命、自由和财产据此享有绝对的、专断的、无限的和不受限制的权力，从而他可以任意取得或转让他们的财产，出卖、阉割和使用他们的人身——因为他们原来全都是他的奴隶，他是一切的主人和所有者，他的无限的意志就是他们的法律。

——［英］洛克：《政府论》（瞿菊农、叶启芳/译，商务印书馆1982年第1版，第8—9页）

㉘《资治通鉴》第36卷：王恽等八人使行风俗还，言天下风俗齐同，诈为郡国造歌谣颂功德，凡三万言。闰月，丁酉，诏以羲和刘秀等四人使治明堂、辟雍，令汉与文王灵台、周公作洛同符。太仆王恽等八人使行风俗，宣明德化，万国齐同，皆封为列侯。时广平相班穉独不上嘉瑞及歌谣；琅邪太守公孙闳言灾害于公府。甄丰遣属驰至两郡，讽吏民，而劾"闳空造不祥，穉绝嘉应，嫉害圣政，皆不道"。穉，班婕妤弟也。太后曰："不宣德美，宜与言灾者异罚。且班穉后宫贤家，我所哀也。"闳独下狱，诛。穉惧，上书陈恩谢罪，愿归相印，入补延陵园郎；太后许焉。

㉙［清］王夫之《读通鉴论》"梁武帝第十七"。秦晖：《传统十论》（复旦大学出版社2005年第1版，第187页）

㉚详见［德］约翰·凡·安德里亚：《基督城》（黄宗汉/译，高放/校，商务印书馆1991年第1版）

㉛　［意］康帕内拉：《太阳城》（陈大维、黎思复、黎廷弼/译，商务印书馆1980年第2版，第18、第20页）

㉜　详见［法］德尼·维拉斯：《塞瓦兰人的历史》（黄建华、姜亚洲/译，商务印书馆1986年第1版）

㉝　详见［法］摩莱里：《自然法典》（黄建华、姜亚洲/译，商务印书馆1985年第1版）

㉞　详见［英］温斯坦莱：《温斯坦莱文集》（任国栋/译，商务印书馆1965年第1版）。另外，温斯坦莱也曾经痛心疾首地谈到过革命或改革前后的"名词魔术"，比如在本书的第93页：人民说，如果看看诉讼程序，就会发现事情同国王统治时期一模一样，只是改了改名字罢了，仿佛英国的老百姓交税、提供宿营地、流出自己的鲜血不是为了改革法律，而只是为了给它起一个新的名称，把国王法律改为国家法律似的。因此，人民失望的情绪增加了，诉讼事件比以前还要来得多。于是，就形成这样的情况：一只手用剑推翻了王权，另一只手又借助于旧的国王法律恢复了君主制。

㉟　详见［英］詹姆士·哈林顿：《大洋国》（何新/译，商务印书馆1963年第1版）

㊱　［美］贝格尔：《神圣的帷幕——宗教社会学理论之要素》（高师宁/译，上海人民出版社，1991年第1版，第35页）

㊲　《汉书·高帝纪》：二月，至长安。萧何治未央宫，立东阙、北阙、前殿、武库、大仓。上见其壮丽，甚怒，谓何曰："天下匈匈，劳苦数岁，成败未可知，是何治宫室过度也！"何曰："天下方未定，故可因以就宫室。且夫天子以四海为家，非令壮丽亡以重威，且亡令后世有以加也。"上说。自栎阳徙都长安。置宗正官以序九族。夏四月，行如雒阳。

㊳　［清］王夫之《读通鉴论》"汉高祖第十三"："萧何曰：'天子以四海为家，非壮丽无以示威。'其言鄙矣，而亦未尝非人情也。游士之屦，集于公卿之门，非必其能贵之也；蔬果之馈，集于千金之室，非必其能富之也。释、老之宫，饰金碧而奏笙钟，媚者匍伏以请命，非必餍膺于其教也，庄丽动之耳。愚愚民以其荣观，心折魂荧而戢其异志，抑何为而不然哉！特古帝王用之之怀异耳。"

王夫之随即又谈到古代圣王搞形式主义并非愚民，而是必要的道德手段："古之帝王，昭德威以柔天下，亦既灼见民情之所自戢，而纳之于信顺已。奏九成于圜丘，因以使之知天；崇宗庙于七世，因以使之知孝；建两观以县法，因以使之知治；营灵台以候气，因以使之知时；立两阶于九级，因以使之知让。即其歆动之心，迪之于至德之域，视之有以耀其目，听之有以盈其耳，登之、降之、进之、退之，有以诒其安。然后人知大美之集，集于仁义礼乐之中，退而有以自惬。非权以诱天下也；至德之荣观，本有如是之洋溢也。贤者得其精意，愚不肖者矜其声容，壮丽之威至矣哉！而特不如何者徒以宫室相夸而已。不责何之弗修礼乐以崇德威，而责其弗俭。徒以俭也，俭于欲亦俭于德。萧道成之鄙吝，遂可与大禹并称乎？"

㊲　我们不妨以谨慎的逻辑来参考一个经典的解答：

作为《中国历史地图集》的主编，谭其骧曾在1981年的"中国民族关系史学术座谈会"上面对这样一个问题："你们在编绘《中国历史地图集》时是怎样划定各个历史时期的中国的范围的；也就是说，对历史上同时存在的许多国家地区和民族，你们是如何区别中外的？哪些算中国，哪些不算，标准是什么？"

谭其骧的回答是：

我们是如何处理历史上的中国这个问题呢？我们是拿清朝完成统一以后，帝国主义入侵中国以前的清朝版图，具体说，就是从18世纪50年代到19世纪40年代鸦片战争以前这个时期的中国版图作为我们历史时期的中国的范围。所谓历史时期的中国，就以此为范围，不管是几百年也好，几千年也好，在这个范围之内活动的民族，我们都认为是中国史上的民族；在这个范围之内所建立的政权，我们都认为是中国史上的政权，简单的回答就是这样。超出了这个范围，那就不是中国的民族了，也不是中国的政权了。

为什么做出这样的决定？我们的理由是：

首先，我们是现代的中国人，我们不能拿古人心目中的"中国"作为中国的范围。……这不是说我们学了马列主义才这样的，而是自古以来就是这样的，后一时期就不能拿前一时期的"中国"为中国。……

第二个问题。我们既不能以古人的"中国"历史上的中国，也不能拿今天的中国范围来限定我们历史上的中国范围。我们应该采用整个历史时期，整个几千年的历史发展所自然形成的中国为历史上的中国。我们认为十八世纪中叶以后，1840年以前的中国范围是我们几千年来历史发展所自然形成的中国，这就是我们历史上的中国。至于现在的中国疆域，已经不是历史上自然形成的那个范围了，而是这一百多年来资本主义列强、帝国主义侵略宰割了我们的部分领土的结果，所以不能代表我们历史上的中国的疆域了。（谭其骧：《长水粹编》，河北教育出版社，2000年第1版，第3—7页）

另外参看顾祖成编著《明清治藏史要》（西藏人民出版社，齐鲁书社1999年第1版）第4页，这也是个很有代表性的观点："在中国'多元一体格局'数千年历史演进过程中，边疆各少数民族及其建立的地域性政权，不管处在什么历史演进阶段，也不管当时是否纳入中央政权的直接管辖，都是中国统一多民族国家历史演进中不可分割的组成环节，都是中国历史的一部分……"

可以拿来并观的是雍正皇帝在《大义觉迷录》里关于"夷夏之防"给自己做的辩解："在逆贼之意，徒谓本朝以满洲之君入为中国之主，妄生此疆彼界之私，遂故为讪谤诋讥之说耳。不知本朝之为满洲，犹中国之有籍贯。舜为东夷之人，文王为西夷之人，曾何损于盛德乎？"

⑩　《孟子·梁惠王下》：王曰："寡人有疾，寡人好货。"对曰："昔者公刘好货，诗云：'乃积乃仓，乃裹糇粮，于橐于囊。思戢用光。弓矢斯张，干戈戚扬，爰方启行。'故居者有积仓，行者有裹粮也，然后可以爰方启行。王如好货，与百姓同之，于王何有？"王曰："寡人有疾，寡人好色。"对曰："昔者大王好色，爱厥妃。诗云：'古公亶甫，来朝走马，率西水浒，至于岐下。爰及姜女，聿来胥宇。'当是时也，内无怨女，外无旷夫。王如好色，与百姓同之，于王何有？"

⑪　[汉]贾谊《新书·时变》："商君违礼义，弃伦理，并心于进取，行之二岁，秦俗日败。秦人有子，家富子壮则出分，家贫子壮则出赘。假父耰鉏杖彗耳，虑有德色矣；母取瓢碗箕帚，虑立谇语。抱哺其子，与公并踞。妇姑不相说，则反唇而睨。其慈子嗜利，而轻简父母也，念罪非有伦理也，其不同禽兽勤焉耳。然犹并心而赴时者，曰功成而败义耳。蹶六国，兼天下，求得矣，然不知反廉耻之节，仁义之厚，信并兼之法，遂进取之业，凡十三岁而社稷为墟，不知守成之数，得之之术也。悲夫！"

⑫　《史记·商鞅列传》："行之十年，秦民大说，道不拾遗，山无盗贼，家给人足。民勇于公战，怯于私斗，乡邑大治。"

⑬　[宋]苏轼《东坡志林》"司马迁二大罪"："商鞅用于秦，变法定令，行之十年，秦民大说，道不拾遗，山无盗贼，家给人足。民勇于公战，怯于私斗。秦人富强，天子知胙于孝公，诸侯毕贺。苏子曰：此皆战国之游士邪说诡论，而司马迁暗于大道，取以为史。……"司马迁称赞桑弘羊"不加赋而上用足"，苏轼在这里拿来当靶子批，又拿出司马光的名言，明显是针对王安石的。但依现在看来，苏轼（和司马光）在本文中暴露了不懂经济的弱点，司马迁称赞桑弘羊的那句话无疑是站得住脚的。那么，其他的事情谁对谁错呢？

⑭　《论语·子路》：叶公语孔子曰："吾党有直躬者，其父攘羊，而子证之。"孔子曰："吾党之直者异于是：父为子隐，子为父隐，直在其中矣。"

⑮　事见《汉书·董仲舒传》：仲舒治国，以《春秋》灾异之变推阴阳所以错行，故求雨，闭诸阳，纵诸阴，其止雨反是；行之一国，未尝不得所欲。中废为中大夫。先是辽东高庙、长陵高园殿灾，仲舒居家推说其意，草稿未上，主父偃候仲舒，私见，嫉之，窃其书而奏焉。上召视诸儒，仲舒弟子吕步舒不知其师书，以为大愚。于是下仲舒吏，当死，诏赦之，仲舒遂不敢复言灾异。

⑯　详见钱穆：《秦汉史》（三联书店，2004年第1版）；《中国历代政治得失》

（三联书店2001年第1版）

㊼ ［清］赵翼《廿二史简记》"永乐中海外诸番来朝"条：盖皆海外小国，贪利而来。是时内监郑和奉命出海，访建文踪迹，以重利诱诸番，故相率而来。

㊽ ［法］莫斯科维奇：《群氓的时代》（许列民、薛丹云、李继红/译，江苏人民出版社，2003年第1版，第17页）：人们通常都认为，哪里出现了无政府状态，哪里就会混乱一片。无政府这个词的准确含义就是缺乏权威，无论是一个人的权威，还是一个政党的权威。这是一种对事物的错误观点。但是，无论哪一类领袖，都会利用无政府状态来增强自身的权力，并借此削弱他的竞争者。他运用的手段就是把社会制度和社会生产重建在更加坚实的基础上。这方面的成功使他能够集合民众，使他们把他的奋斗视为自己的奋斗，并且要求他们做出必要的牺牲。

第一种牺牲就是放弃对权力的控制，放弃自由所带来的满足。这样做的目的就是要帮助他，帮助那些亲近他的人以及他的追随者，使他们能够更好地发号施令，而民众自己则能更好地服从他们。这样做也是为了用最简捷的方式达到目的。领袖就是这样通过使用权宜之计以及一些非法手段来加快夺取权力的步伐。民众们也对监视、怀疑以及压迫等非正常的程序表示信任，予以授权和赞同。同样的事情也发生在其他领域中。最初，原则得到了尊重，但随后就被弃之一边。看起来，这好像只是权宜之计，但最终领袖却永远地抛弃了职责。就像历史已经见证的那样，拿破仑抛弃了立法大会，斯大林抛弃了苏维埃。

与所有这些阴谋诡计紧密联系的，就是以领袖为核心，刻意地宣传并贯彻那些把他带上权力顶峰的思想理论。没有这些理论，所有的老虎都是纸老虎，所有的权力也都不过是昙花一现。每一场选举，日常生活中的所有活动，如工作、恋爱、追寻真理、阅读报刊，等等，都变成了投给领袖的无数信任票。结果，领袖的权力，无论是来自民众的同意，还是得之于军事政变，似乎都依赖于普遍的选举权。换句话说，就是都具有某种民主的形式。我们应该记得，甚至希特勒和斯大林成为政府首脑也是通过了适当的选举。但他们随后就诉之于政变。总之，在所有此类情况下，社会无政府状态被消除了，取而代之的是暴力和服从。

东方人所谓的人格崇拜以及西方人所谓的权力的人格化，尽管差异巨大，但是它们都不过是同一种交易的极其不同的变种而已。人们每天都在放弃他们行使主权的职责，并在每一个民意测验和每一次选举中批准领袖们的行动。而对于领袖而言，他们所争取的就是每天都可以行使他自以为拥有，但却从来没有明确赋予他的权力。勒庞（Le Bon）所谓的"民众的领袖们"都能娴熟地进行这种交易，并确保其条款被人们诚心诚意地接受。民众们的这种做法，结果是完全印证了政治社会的一个基本原则，那就是民众"理而不治"（the mass reigns but does not rule）。

㊾ 郑振铎：《汤祷篇》（收录于《二十世纪中国民俗学经典·神话卷》，社会科学

文献出版社2002年第1版，第87页）

㊿　郑振铎：《汤祷篇》（收录于《二十世纪中国民俗学经典·神话卷》，社会科学文献出版社2002年第1版，第64—66页）

51　郑振铎：《汤祷篇》（收录于《二十世纪中国民俗学经典·神话卷》，社会科学文献出版社2002年第1版，第86—87页）

52　虽然复杂，却未必是古人之道。参考丁山：《古代神话与民族》（商务印书馆2005年第1版，第192页）：求雨之法，《春秋繁露·求雨篇》详矣！然而非古也。《礼记·檀弓》："岁旱，穆公召县子而问然。曰：天久不雨，吾欲暴尫而奚若？曰：天久不雨，而暴人之疾子，虐，毋乃不可与，然则吾欲暴巫而奚若？曰：天则不雨，而望之愚妇人，于以求之，毋乃已疏乎？"《左传》僖廿一年："夏，大旱。公欲焚巫尫。臧文仲曰：非旱备也。修城郭，贬食省用，务穑劝分，此其务也。巫尫何为？天欲杀之，则如勿生；若能为旱，焚之滋甚。"……

53　汉人对龙的观念，在王充《论衡·龙虚》中记载甚详。不过王充是两千年前的打假斗士，花大力气把龙的种种传说一一驳斥。如果王充生在当代，一定不能上论坛，一上论坛必死无疑。不过，对于董仲舒求雨的这套办法，王充倒是持肯定态度的，认为这是有唯物主义的依据。

54　阎云翔：《试论龙的研究》（收录于《二十世纪中国民俗学经典·信仰民俗卷》，社会科学文献出版社2002年第1版，第202页）

55　阎云翔：《试论龙的研究》（收录于《二十世纪中国民俗学经典·信仰民俗卷》，社会科学文献出版社2002年第1版，第202页）

56　阎云翔：《试论龙的研究》（收录于《二十世纪中国民俗学经典·信仰民俗卷》，社会科学文献出版社2002年第1版，第197—198页）

57　［东汉］王充《论衡·道虚》："龙不升天。黄帝骑之，乃明黄帝不升天也。龙起云雨，因乘而行；云散雨止，降复入渊。如实黄帝骑龙，随溺于渊也。"

58　详见樊恭炬：《祀龙祈雨考》（收录于《二十世纪中国民俗学经典·信仰民俗卷》，社会科学文献出版社2002年第1版）。至于龙，相关专论极多，就不列举了。

59　见闻一多：《伏羲考》

(60) 周作人：《再求雨》，收录于《周作人文类编》第6卷（钟叔河/编，湖南文艺出版社1998年第1版，第226页，本文原载1927年7月刊《语丝》140期，收入《谈虎集》）

(61) 既然是六月底的事情，那就看看《春秋繁露·求雨》对夏天求雨的规定吧："夏求雨，令县邑以水日，家人祀灶，无举土功，更火浚井，暴釜于坛，臼杵于术，七日为四通之坛于邑南门之外，方七尺，植赤缯七，其神送尤，祭之以赤雄鸡七、玄酒，具清酒、膊脯，祝斋三日，服赤衣，拜跪陈祝如春辞。以丙丁日为大赤龙一，长七丈，居中央，又为小龙六，各长三丈五尺，于南方，皆南乡，其间相去七尺，壮者七人，皆斋三日，服赤衣而舞，司空啬夫亦斋三日，服赤衣而立之，凿社，而通之闾外之沟，取五虾蟆，错置里社之中，池方七尺，深一尺，具酒脯，祝斋，衣赤衣，拜跪陈祝如初，取三岁雄鸡豭猪，燔之四通神宇，开阴闭阳如春也。季夏祷山陵以助之，令县邑十日壹徙市于邑南门之外，五日禁男子无得行入市，家人祠中霤，无举土功，聚巫市傍，为之结盖，为四通之坛于中央，植黄缯五，其神后稷，祭之以母五，玄酒，具清酒、膊脯，令各为祝斋三日，衣黄衣，皆如春祠。以戊己日为大黄龙一，长五丈，居中央，又为小龙四，各长二丈五尺，于南方，皆南乡，其间相去五尺，丈夫五人，皆斋三日，服黄衣而舞之，老者五人，亦斋三日，衣黄衣而立之，亦通社中于闾外之沟，虾蟆池方五尺，深一尺，他皆如前。"

(62) 江绍原：《端午竞渡本意考》（收录于《二十世纪中国民俗学经典·社会民俗卷》，社会科学文献出版社2002年第1版）

(63) 还可参考［东汉］王充《论衡·解除》：解逐之法，缘古逐疫之礼也。昔颛顼氏有子三人，生而皆亡，一居江水为虐鬼，一居若水为魍魉，一居欧隅之间主疫病人。故岁终事毕，驱逐疫鬼，因以送陈、迎新、内吉也。世相仿效，故有解除。夫逐疫之法，亦礼之失也。行尧、舜之德，天下太平，百灾消灭，虽不逐疫，疫鬼不往。行桀、纣之行，海内扰乱，百祸并起，虽日逐疫，疫鬼犹来。……

(64) 见李亦园《寒食与介之推》引汉代蔡邕的《琴操》和晋代陆翙的《邺中记》。

另见［唐］欧阳询《艺文类聚·职官部六·刺史》：周举为并州刺史，太原旧俗，以介子推焚骸，有龙忌之禁，辄一月寒食，莫敢烟爨，老小不堪，岁岁多死者，举既到州，乃作吊书，以置子推之庙，言盛冬去火，残损人命，非贤者之意，以宣示愚民，使还温食。

(65) ［东汉］王充《论衡·四讳》：四曰讳举正月、五月子。以为正月、五月子杀父与母，不得。已举之，父母祸死，则信而谓之真矣。夫正月、五月子何故杀父与母？人之含气，在腹肠之内，其生，十月而产，共一元气也。正与二月何殊，五与六月何异，而谓之凶也？世传此言久，拘数之人，莫敢犯之。弘识大材，实核事理，深睹吉凶之分者，然后见之。……实说，世俗讳之，亦有缘也。夫正月岁始，五月盛阳，子以生，精炽热烈，厌胜父母，父母不堪，将受其患。传相放效，莫谓不然。有空讳之言，无实凶之效，世俗惑之，误非之甚也。

(66) ［英］亚当·斯密：《道德情操论》（蒋自强、钦北愚、朱钟棣、沈凯璋/译，胡启林/校，商务印书馆1997年第1版，第265—266页）

(67) 《国语·周语上》

(68) 《墨子·尚贤》

(69) 详见郭沫若：《金文丛考·汤盘孔鼎之扬榷》（收录于《中国现代学术经典·郭沫若卷》，河北教育出版社1996年第1版）

(70) 例子很多，比如《汉书·天文志》：春秋二百四十二年间，日蚀三十六，彗星三见，夜常星不见，夜中星陨如雨者各一。当是时，祸乱辄应，周室微弱，上下交怨，弑君三十六，亡国五十二，诸侯奔走不得保其社稷者不可胜数。

(71) ［清］汪中《述学》“释三九（上）”：一奇，二偶，一二不可以为数，二乘一则为三，故三者，数之成也。积而至十则复归于一。十不可为数，故九者数之终也。于是先王之制礼，凡一二所不能尽者，则以三为之节，三加、三推之属是也。三之所不能尽者，则以九为之节，九章、九命之属是也。此制度之实数也。因而生人之措辞，凡一二之所不能尽者，则约之以三以见其多，三之所不能尽者，则约之以九以见其多。此言语之虚数也。实数，可稽也；虚数，不可执也……

(72) 杨伯峻：《论语译注》（中华书局1980年第2版，第3—4页）

(73) 详见杨伯峻：《春秋左传注》前言（中华书局1990年第2版）

(74) 古人居然有把三十六次中的三十五次都推算出来的，也不知是真是假。关于这位高人的记载见于［宋］沈括《梦溪笔谈·技艺》，历法天才、数学天才卫朴演算《春秋》日蚀，打破了唐代高僧一行保持的“二十九次”的最高纪录，达到惊人的三十五次，唯一那次没算出来的还怀疑是《春秋》记载有误：“淮南人卫朴精于历术，一行之流也。《春秋》日蚀三十六，诸历通验，密者不过得二十六七，唯一行得二十九；朴乃得三十五。唯庄公十八年一蚀，今古算皆不入蚀法，疑前史误耳。自夏仲康五年癸巳岁，至熙宁六年癸丑，凡三千二百一年，书传所载日蚀，凡四百七十五。众历考验，虽各有得失，而朴所得为多。朴能不用算推古今日月蚀，但口诵乘除，不差一算。凡'大历'悉是算数，令人就耳一读，即能暗诵；'傍通历'则纵横诵之。尝令人写历书，写讫，令附耳读之，有差一算者，读至其处，则曰：'此误某字'。其精如此。大乘除皆不下照位，运筹如飞，人眼不能逐。人有故移其一算者，朴自上至下，手循一遍，至移算处，则拨正而去。熙宁中，撰《奉元历》，以无候簿，未能尽其术。自言得六七而已，然已密于他历。"——如果照杨伯峻的说法来看，这位天才卫朴倒很可能是个骗子，况且，他没算出的那个庄公十八年日蚀，《元史》提到过《春秋》可能把月份写错了（杨前辈说搞错的大概是《元史》）。

⑦⑤ 详见杨伯峻：《春秋左传注》前言（中华书局1990年第2版）

⑦⑥ 《说苑·君道》：楚庄王见天不见妖，而地不出孽，则祷于山川曰："天其忘予欤？"此能求过于天，必不逆谏矣，安不忘危，故能终而成霸功焉。

⑦⑦ 《春秋感精符》："鲁哀公时，政弥乱绝，不日蚀。政乱之类，当致日蚀之变，而不应者，谴之何益，告之不悟，故哀公之篇绝无日蚀之异。"

⑦⑧ 郑振铎：《汤祷篇》（收录于《二十世纪中国民俗学经典·神话卷》，社会科学文献出版社2002年第1版，第87页）

⑦⑨ 可资参考的是尹振环《楚简老子辨析——楚简与帛书〈老子〉的比较研究》（中华书局2001年第1版，第11页）：武汉之罗浩、李若晖先生，将已知《老子》按时期分为四类：
（1）郭店楚简《老子》为形成期《老子》；
（2）战国末西汉初之帛书《老子》为成形期《老子》；
（3）汉、唐严遵《指归》本、河上公本、《想尔》本、王弼本、傅奕本为定形期本《老子》。
（4）嗣后为流传期本《老子》。
这种划分比较科学，基本正确，但是（3）（4）两类还必须加上"变形"二字，即定形期变形《老子》与流传期变形《老子》因为帛书《老子》已经证明了其后诸今本《老子》已经变了形，而楚简《老子》又进一步证明了这种变形：
第一，篇次被颠倒；
第二，篇名不符实；
第三，约四分之一的分章不符古意；
第四，章序被调整、颠倒，因而章序混乱；
第五，约有近140句文句被篡改。

⑧ 楚简文字极难辨认，异体字、通假字等等极多，对一些地方的认读与断句专家们仍有争议，但本文到底不是《老子》专论，所以尽量从简。对楚简释文主要依据尹振环《楚简老子辨析——楚简与帛书〈老子〉的比较研究》（中华书局2001年第1版）和聂中庆《郭店楚简〈老子〉研究》（中华书局2004年第1版），下同。

⑧ 关于五行的由来与发展，前辈们的论述很多，我就只举一家之言好了——齐思和《中国史探研》（中华书局1981年第1版），其中有"五行说之起源"，摘引片段：

……迟至春秋之时，五行之说，已甚普遍，此则可以以《左传》《国语》证之。《左传》《国语》记载当时言论，涉及五行者甚多，如：

（襄公二十七年传）天生五材，民并用之，废一不可。

（昭公二十五年传）则天之明，因地之性，生其六气，用其五行。气为五味，发为五色，章为五声。

（昭公二十九年传）故有五行之官，是谓五官。实列受氏姓，封为上公，祀为贵神。社稷五祀，是尊是奉。木正曰句芒，火正曰祝融，金正曰蓐收，水正曰玄冥，土正曰后土。

（昭公三十一年传）庚午之日，日始有谪。火胜金，故弗克。

（昭公三十二年传）故天有三辰，地有五行。

（哀公九年传）子，水位也，……水胜火。

（《周语》下）天六地五，数之常也。

（《鲁语》）及地之五行，所以生殖也。……非是不在祀典。

（《郑语》）故先王以土与金、木、水、火，杂以成百物。

以上所举各条，除昭公二十九年传一条，有汉人窜乱痕迹，前人已有定论，不足为据外，余可信为春秋时之言论。观其所论，亦不过以五行为与人生关系最密切之五种实物而已，非有玄渺之哲理，存乎其中也。先民计数，源于屈指可数，手有五指，故数穷于五。罗马数字，至五而循环，吾国字码亦然，先民计数法，犹可藉是而考见。刘师培以"一二三四五，皆有古文，而六字以上，即无古文，以此为上世原人只知五数之证"（《太炎文录》卷二引），此虽未必，要先民计数，喜以五为单位，则可断言也。古人计数既以五为单位，故遇事物，多以五称之，取其整齐而便记忆。

——另外看看不同的意见。唐兰：《中国文字学》（上海古籍出版社2001年第1版）第53页："……由此可见古代数目字本是以'四'进和'八'进做单位，而不用'五'，所以'九'字就是从象龙蛇形的字借用了。'十'字用'一'字竖起来，和'廿'等，又是四进。……这种记数的方法，最初可能和绳子有些关系，假如用一根骨箸而把绳子横绕，一道代表'一'，到四道代表'四'，于是用两道作交叉形来代表'五'，歧出形来代表'六'，十字形来代表'七'，分开的两道斜线代表'八'。假如直绕呢，一道就代表'十'……"

⑧ 《汉书·眭两夏侯京翼李传》：眭弘字孟，鲁国蕃人也。少时好侠，斗鸡走

马，长乃变节，从赢公受《春秋》。以明经为议郎，至符节令。孝昭元凤三年正月，泰山、莱芜山南匈匈有数千人声，民视之，有大石自立，高丈五尺，大四十八围，入地深八尺，三石为足。石立后有白乌数千下集其旁。是时，昌邑有枯社木卧复生，又上林苑中大柳树断枯卧地，亦自立生，有虫食树叶成文字，曰"公孙病已立"，孟推《春秋》之意，以为"石、柳，皆阴类，下民之象；泰山者，岱宗之岳，王者易姓告代之处。今大石自立，僵柳复起，非人力所为，此当有从匹夫为天子者。枯社木复生，故废之家公孙氏当复兴者也"。孟意亦不知其所在，即说曰："先师董仲舒有言，虽有继体守文之君，不害圣人之受命。汉家尧后，有传国之运。汉帝宜谁差天下，求索贤人，禅以帝位，而退自封百里，如殷、周二王后，以承顺天命。"孟使友人内官长赐上此书。时，昭帝幼，大将军霍光秉政，恶之，下其书廷尉。奏赐、孟妄设妖言惑众，大逆不道，皆伏诛。后五年，孝宣帝兴于民间，即位，征孟子为郎。

⑧ ［法］勒庞：《乌合之众——大众心理研究》（冯克利/译，中央编译出版社2000年第1版）。另外，哈耶克在《通往奴役之路》（王明毅/译，社会科学出版社1997年第1版）的第十一章里也仔细讲过类似的观点，对大众心理的了解与操作确是一项重要的政治能力，对此后文还会论及。

⑧ 见《温斯坦莱文选》中译本序（商务印书馆1965年第1版，任国栋/译）

⑧ 见温斯坦莱《自由法·给英吉利共和国军队将军奥利弗·克伦威尔阁下的信》及《自由法·致友好的没有偏见的读者》第六章（《温斯坦莱文集》，任国栋/译，商务印书馆1965年第1版）

⑧ ［法］勒庞：《乌合之众——大众心理研究》（冯克利/译，中央编译出版社2000年第1版）

⑧ ［德］曼海姆：《重建时代的人与社会——现代社会结构的研究》（张旅平/译，三联书店2002年第1版，第50页）。详见该书第一部分的第5—10章。

⑧ ［法］涂尔干：《宗教生活的基本形式》（渠东、汲喆/译，上海人民出版社1999年第1版，第276—277、第280页）。这两段引文仅仅谈及了问题的一小部分，涂尔干的详细论述请看该书第二卷，当然，最好是全书都看。

第四章

黄老，老庄，申韩，谁是真道家？

（一）

乐毅是忠还是奸？——听文天祥讲爱情故事——海南人民的分裂运动或独立运动——乐毅后人的故事

现在我们该来谈谈前边问到的第一个问题了：汉朝初年奉行"黄老之术"，难道其内容当真是我们心目中的道家思想吗？难道真是先秦时代的老庄之道吗？勒庞说："词语只有变动不定的暂时含义，它随着时代和民族的不同而不同。"那么，进一步问个问题：如果儒非儒、道非道，它们的差异究竟是在什么地方？又为什么有了儒家取代道家的这次思想嬗变？

前边讲过，读书切莫以经解经，更不可刻舟求剑，如果我们真拿现在的《老子》和黄帝的什么书来了解汉朝初年的无为之治和黄老之术，是很容易看错的。

先从文本来说，汉朝的《老子》有马王堆帛书本可以参考，和如今的通行本字句差异不大，但分章大为不同，和战国楚简本则差异极大。从文本引出的另外一个问题是：《老子》里边不少话都很难理解，我们现在倒不必费力不讨好地去追求什么"正解"，而仅要知道汉朝人到底是怎么理解《老子》的。至于黄帝之书，近年也有考古发现——当然了，这些东西都只是托名于黄帝罢了，不大可能是他老人家（如果真有他老人家的话）亲自写的。

说到道家思想，迎面而来的一个问题是：谈道家一般都是老庄并称，为什么在汉朝这时候却通称黄老呢？黄帝是怎么变成道家人物的？庄子却又跑到哪里去了？

诸多问题，我们先从一个看似与此事毫无瓜葛的人物谈起。

这个人，就是乐毅。

乐毅在中国是个家喻户晓的人物，他和管仲齐名，是诸葛亮的偶像。当年燕昭王高筑黄金台，高薪延揽外国人才，乐毅正是这些人才中的佼佼者。他为燕昭王带兵攻打齐国，连下齐国七十余城，战功极其显赫。

齐国被打得只剩下两座城池了，可说来奇怪，乐毅统雄兵摧枯拉朽，七十多座城池都顺利拿下了，怎么偏偏剩下两座拿不下来呢？——这是历史上一个著名的问题，个中原委，如果抛开严谨的历史考据的话，那么，用黄老思想可以解释，用儒家思想也可以解释。比如，一度很流行的解释大约当属苏轼的《乐毅论》，说乐毅要以仁义感化齐国民众……进一步推想，乐将军既可能是满腔儒者胸怀，也可能是一肚子黄老权谋。直到清代，崔述起而辩驳，以扎实的考据斥苏轼之非，乐毅的包袱这才算是卸了，"自然而然地"剩两座城池没拿下来。①按照《史记》的说法，正在这个时候，燕昭王去世，太子即位，是为燕惠王。这对齐国的残余势力来说称得上是个咸鱼翻身的机会，于是，齐国田单派人施展反间计，使燕惠王撤换了乐毅，后来就有了那场著名的火牛阵，田单随后一鼓作气地光复齐国。而乐毅呢，见燕惠王召自己回国，担心回去没有好果子吃，干脆半路一拐弯，跑到赵国去了。

有人可能会骂乐毅："怎么一点儿委屈都受不了呀，就算祖国母亲真的冤枉你了，你也不应该叛国而去呀！"

——但事实是，人家乐毅本来就是赵国人，赵国才是他的祖国呢。如果再往他的祖辈追溯一下的话，应该算是魏国人。

没有了乐毅的燕国军队被田单打得大败，燕惠王这时候又后悔又生气，还担心乐毅衔恨而去，趁燕国新败之机再带领赵国军队来个趁火打劫，那样的话，跟头可就栽得太大了！燕惠王想来想去：不行，我得拿话将住乐毅！

于是，燕惠王写了封信，派人到赵国送给乐毅，信上说："老乐，我才即位没多久，政治经验还不够，偏听了左右的胡话，有点儿对不住你。可我拍胸脯说，我对你可绝对没有坏心。你再好好想想，当初我老爹对你可够意思，你现在自己跑到赵国去了，给自己打算得倒真不坏，可你对得起我那死去的老爹么！"

看燕惠王的意思，是想让乐毅回去，至少也要让他念念燕昭王的好处——

到底乐毅是当世首屈一指的名将，不能为自己所用已经是天大的损失，真要是再为外国效力跟自己作对，那燕国可有吃不了兜着走的时候！

但乐毅就是不回去，他写了一封言辞恳切的长信派人送交燕惠王，[②]信里先是详细讲述了当初如何被燕昭王重用，如何为燕国立下汗马功劳，然后说道："我听说贤明的君王功业成就之后而不被荒废，名字便会著录于《春秋》之上；有远见的士人声誉建立之后而能一直保持下去，就会得到后世的称赞。先王（燕昭王）的功绩是足够辉煌的了，在他死后，他的政策也延续了下来，看来他是足以为万世楷模了。"——乐毅最后的话怎么听都像是反话，应该是在讽刺燕惠王的不肖，才即位就把爸爸的功业给毁于一旦了。乐毅紧接着说了一句名言："我听说'能把头儿开好的人不一定也能把尾收好。'"（善作者不必善成，善始者不必善终。）我们常用的成语"善始善终"就是这么来的。乐毅举伍子胥的例子，说伍子胥被吴王阖庐聘为高参，为吴国立下盖世功劳，可等阖庐死了，阖庐的儿子夫差即位了，他不明白伍子胥的本领和功业，所以逼他自杀而毫不后悔，伍子胥也不明白父子两代国君气量大有不同，所以都沉到江里了却还在偏着脾气。

乐毅把话说到这儿，意思已经再清楚不过了，他是在说："我现在就处在伍子胥的位子上，你爸爸就是阖庐，你就是夫差，我在你爸爸手下就是建功立业的大将，可落到你手里就很可能小命不保。"燕惠王肯定看得懂乐毅的意思，不知心里得怎么生气呢。

乐毅接着说：我心中的上策是，既为国君效了力，自己也能平安无事。可如果我遭到诽谤，败坏了先王的名誉，这可是我最为忧虑的事情。至于冒着不测之风险，靠侥幸来牟利，这就是道义上说不过去的了。

——乐毅这番话还是比较含蓄，如果挑明了说，大意就是：有了伍子胥的前车之鉴，我可不打算有样学样。我的人生观是：我很愿意为君王效力，但结果得是双赢——君王得好处，我也得好处，至少也要君王得好处而我没坏处。我能打仗这不假，可要让我英雄流血又流泪，这我可不干！

乐毅接下来又有名言要贡献给大家了："我听说古代的君子，绝交的时候不数落对方的不是；忠臣离开祖国，就算受了冤枉也不洗刷自己的名声。（古之君子，交绝不出恶声；忠臣去国，不洁其名。）我乐毅也是受过高等教育的，自然明白这些道理。那么，我之所以还是要给您写这封信，是怕您听信了左右的谗言，继续对我误会下去。"

——也许真是这封信的作用，乐毅和燕惠王虽然"绝交"了，但还算没把脸皮彻底撕破。乐毅继续留在了赵国，而燕惠王则善待乐毅留在燕国的家人，封乐毅的儿子乐间为昌国君，后来乐毅也常回家看看，往来于燕赵之间，燕国和赵国都以客卿相待，乐毅最后则是死在了赵国。

乐毅的态度非常耐人寻味，他的信里虽然又说君子又说忠臣，可要以后世的眼光看来，别说忠臣，他可比奸臣都奸！而且，这里还有一问：乐毅说"忠臣离开祖国，就算受了冤枉也不洗刷自己的名声"，可见这是当时流行的一句格言，能够代表当时人们的普遍认识（至少也是有一定代表性的思想认识），可我们再以后世的眼光关照一下，却只觉得不是滋味：既然是忠臣，哪能受了委屈就随便离开祖国呢？就算被冤死也得心甘情愿地受死才是呀，说不定哪天皇帝明白过来了，或者继任的皇帝明白过来了，还有平反昭雪的机会。反正，世上没有不是的父母，也没有不是的皇帝，皇帝办错事那都是因为受了奸臣的蒙蔽，罪在奸臣而不在皇帝。乐毅虽然以忠臣自命，但显然不是一个忠臣。——原因何在呢？前文讲过：封建时代的"忠"和专制时代的"忠"并不是同样的意思呀。

前文讲过的话题这里再借着乐毅来多谈一谈。说到尽忠死节，人们往往将之归于孔孟之道的儒家教育成果，其实孔孟思想里根本没有这套观念。当年，文天祥在元大都的监狱里写下了千古传唱的《正气歌》，其中有"三纲实系命，道义之为根"，所谓"三纲"，这才是汉代以后两千年专制历史上的所谓儒家正统思想，是谓"君为臣纲，父为子纲，夫为妻纲"，这是董仲舒提出来的，别怪到孔孟头上。

孔子确实也讲过"忠"，见于《论语》的，摘录典型的几条，比如：

曾子曰："吾日三省吾身：为人谋而不忠乎？与朋友交而不信乎？传不习乎？"（《论语·学而》）

曾子这里的"忠"，明显是说为人办事有没有尽到责任。比如说，领导派你给加西亚送信去，你半途不能偷奸耍滑；只要你认认真真地把事情办圆满了，那就是"忠"了。

季康子问："使民敬、忠以劝，如之何？"

子曰："临之以庄则敬，孝慈则忠，举善而教不能，则劝。"（《论语·为政》）

权力人物季康子向孔子询问："我想使人民严肃恭敬、认真办事、勤勉努力，该怎么做才好呢？"

孔子回答说："你能做到庄重严肃地对待人家，人家自然也就对你恭敬；你能做到敬老爱幼，人家自然会对你的政令尽心竭力去执行；你能把好人提拔起来，把能力不足的人培养成才，人家自然会勤勉努力。"

这里的"忠"依然是认真办事、尽心竭力的意思，而且，孔子提出的"忠"是相对的：领导"孝慈"，人民才"忠"。也就是说，这个"忠"可绝对不是主子说什么就是什么，不是无条件的。

定公问："君使臣，臣事君，如之何？"孔子对曰："君使臣以礼，臣事君以忠。"（《论语·八佾》）

鲁定公问孔子："君主使用臣子，臣子侍奉君主，各应如何才好？"

孔子回答说："君主使用臣子要合乎礼的规范，臣子侍奉君主要认真负责。"

子张问曰："令尹子文三仕为令尹，无喜色；三已之，无愠色。旧令尹之政，必以告新令尹。何如？"

子曰："忠矣。"

曰："仁矣乎？"

曰："未知，焉得仁？"（《论语·公冶长》）

子张问孔子："令尹子文三次做令尹的官，也没见他有什么高兴的表情，三次被罢官，也没见他面露怨恨。每次罢官的时候，他都会把交接工作搞好。

您说这人怎么样？"

孔子说："算得上'忠'了。"

子张问："那他算得上'仁'吗？"

孔子说："这我可就不知道了，不过，他还算不上'仁'吧？"

——看来在孔子那里，"仁"是最高的标准，"忠"比"仁"低着一头。而且，无论如何，这个"忠"也没有后世"君要臣死，臣不得不死"的那个意思，用现在的话说，无非只是敬业尽责罢了。更要紧的是，"忠"并非臣子单方面的付出，"君使臣以礼，臣事君以忠"，相反，如果君使臣不以礼，那么臣事君也就自然没必要去忠。

再来回顾一下乐毅的人生观："我很愿意为君王效力，但结果得是双赢——君王得好处，我也得好处，至少也要君王得好处而我没坏处，我能打仗这不假，可要让我英雄流血又流泪，这我可不干！"乐毅眼里的君臣关系更像是雇主和雇员的关系，如果我们拿专制时代里君臣关系几乎等同于主人和狗的关系的那种标准来衡量先秦人物，那只能觉得满大街都是奸臣了，就连孔孟也不例外。

但我们得承认的是，这种"你敬我一尺，我敬你一丈"的关系才合乎人之常情，毕竟没有几个人是天生的贱骨头，任凭别人怎么打你、骂你、侮辱你，你还能始终不二地效忠到底，甚至在这种受虐的过程中还能品味出自我牺牲的伟大快感。人总是本能地寻求公平的，而公平，在可敬的罗尔斯那里，等同于正义。如果我们把问题放到这个高度来看的话，反过来一想：无条件的效忠竟然是不正义的！在两千年的专制社会里，这种不正义的行为竟然成了官方宣传下的最最高尚的道德品质。如果这个专制时代的标准对封建时代也有追溯力的话，那么，伍子胥就是个不可原谅的大坏蛋了——楚王杀光你全家那又如何，再怎么着你也不能叛国呀，更不能带着外国兵杀回祖国复仇呀！

有那么多的人至今还站在伍子胥的一边，我也不知道该高兴还是该生气，嗯，站在伍子胥的一边不就等于站在小山智丽的一边吗？

那么，我们说这种"你敬我一尺，我敬你一丈"的关系才合乎人之常情，也许合乎的是那些文化程度不高的人的"人之常情"吧，或者说，这是符合人类的天性的，而要求单方面无条件的效忠却违背人性，所以才需要有力的宣传手段来给国民们灌输这种思想，使之变成人们心中的"常识"。

　　人性毕竟是根深蒂固的东西，其实，我们再来仔细看看文天祥，他的思想里边也并非十成十地灌满了"三纲实系命"。——在南宋政权大厦将倾的当口，文天祥被任命为右丞相。他虽然始终主战，但太皇太后决定投降，他也反抗不得。据《宋稗类钞》，在赴元军大营谈判之前，文天祥召集幕僚议事，其间他给大家讲了一个故事："有个叫刘玉川的人，和一个妓女发生了惊天动地的爱情，两个人山盟海誓，情比金坚。恋爱中的妓女再也不去接客了，全心全意地侍奉情郎刘玉川。不久之后，刘玉川金榜题名，被授予了官职，这就要赴任去。那个妓女自然为情郎高兴，一心追随，刘玉川也答应了她要带她一同赴任。可刘玉川嘴里这么说，心中却暗有打算，他巧做安排，用毒酒置妓女于死地，然后独自上任去了。——各位，你们应该不会拿刘玉川当榜样吧？"

　　文丞相这个故事说得极好，拿这个故事来比喻臣节，其中暗示的是：君臣关系近似于男女之间两情相悦，只有双方都瞧对方顺眼，这才能走到一起，然后，投之以桃李，报之以琼瑶，关系是相互的。如果人家对你投之以琼瑶，你对人家报之以毒药，那就太丧心病狂了。

　　可是，如果人家对你投之以毒药，你还应不应该对人家照样报之以琼瑶呢？这文天祥就没有说了。

　　有人可能会说："即便抛开忠君不谈，人家文丞相那到底也是爱国呀！为了祖国的主权完整，为了领土不受侵犯，这种爱国情怀可比忠君伟大得多！"

　　——文天祥的"忠君"确曾受过质疑：宋朝皇帝都已经做了俘虏，甚至公开劝说文天祥投降元朝，但文天祥拒不从命。元朝将领问他："你不听你们皇帝的话，自己还跑去另立皇帝，你能算忠臣么？"

　　文天祥的回答是："我的皇帝已经做了俘虏，这种时候，社稷为重，君为轻，我另立皇帝，为的是宗庙社稷，所以我当然是忠臣！"③

　　文天祥这里谈到了孟子的名言，把社稷摆在了皇帝的前面，后来的于谦在北京保卫战的时候也是这么做的，不然的话，面对一个做了俘虏的明英宗，难道还举国投降了不成？但是，无论是文天祥还是于谦，他们心中的"社稷"却绝对不是现代"国家"的概念，而是赵宋私天下和朱明私天下的概念，这从文天祥把"宗庙"和"社稷"一起来说就可以看得出来了——但我们要留心的是，这里的"社稷"已经被偷换概念了，不是孟子当初所谓的那个"社稷"了。如果追溯到春秋以前，宗庙和社稷是"赵家村"全村共同的，而在秦汉以后的专制社会里，宗庙和社稷虽然还是原来的名称，但实质内容却早就变了，变成皇帝这一户人家的私家宗庙和社稷了。所以，对于这时候的文天祥来说，并不是国家主权高于赵宋皇帝，而是整个赵姓家族的统治合法性和江山所有权高于某一位特定的赵姓皇帝。

别把古人想得那么现代，古代知识分子确实有很多都是"以天下苍生为己任"，但主权与领土神圣不可侵犯云云可都是非常现代的观念呀。

文天祥的例子讲了讲主权，顺便再来讲讲领土。现代人讲到国家领土，理所当然认为那是寸土必争、一寸山河也不该放弃的，可古人却没有这种观念，在他们看来，值钱的地盘当然该要，可不值钱的地盘大可以放弃，一切都是以利益为导向的。当然，找理由有时还是要拿官方学术经典来做文章的。

举个小例子：汉元帝的时候，海南岛土著又造反了，朝廷很是头疼。说起来，海南岛原本不是汉朝的地盘，直到汉武帝的时候才给扩张进来，可民风强悍的海南岛人民坚决不做"汉奸顺民"，屡屡杀掉汉朝政府派去的官员，公然造反也不是一次两次了。

汉元帝烦透了：这大老远的，要不要派军队去镇压啊？

这时候，有个叫贾捐之的儒家知识分子建议说："照我看，海南岛那破地方咱们就别要了。"

——我们现在很难想象一个国家大臣会堂而皇之地提出这种建议吧？汉元帝还不三下五除二砍了他的脑袋！

可汉元帝不但没生气，还一本正经地问他："你这意见在典籍当中可有什么依据没？"

——汉元帝的这个问题也够让我们现代人吃惊的，难道说，如果真在书上有依据，就当真把这么一大片国土放弃了不成？

贾捐之的回答是一篇斐然长文，《汉书》有录，《资治通鉴》也有节选，大意是说："当然是有依据的。尧舜禹这三位都是超级大圣王，可从《尚书·禹贡》载明的疆域来看，他们的地盘还远没咱们现在大呢。圣王们对远方夷狄的态度是：如果他们自愿前来归顺，那就收留他们，如果不来归顺，那也不勉强。秦始皇不学尧舜禹的榜样，专门开疆拓土，结果搞得偌大个秦帝国很快就土崩瓦解。咱们现在呢，海南岛乃是化外之地，犯不上立什么郡县。我的意见是：在现在的疆域里，凡是不和我们华夏文明相类的地方，凡是《尚书·禹贡》和《春秋》里没有记载的地方，咱们干脆都不要了，您就下命令吧，把这些地方的政府机关全部裁撤，官员全部撤回。"④

——咱们现代人肯定少不了骂贾捐之是汉奸、卖国贼的，一口气骂到他祖宗八代，可是，骂祖宗的时候千万要记住，这位贾捐之的祖爷爷就是贾谊。

无论如何，在汉元帝当时，贾捐之的意见还真是个正经的意见，更要命的是，汉元帝居然采纳了他的意见，海南岛就这么不要了。——这种事不单汉朝有，其他时候也有，比如我在《孟子他说》第一册里边提到朱元璋开过一张"不征之国"的单子，中心思想是"大财主不抢盐碱地"；这种事情不单中国有，外国也有，罗马的奥古斯都皇帝去世的时候，"元老院公开宣读了他的遗嘱。他作为一项宝贵遗产留给他后来的继承人的是，建议他们永远只求保守住似乎是大自然为罗马划定的战线和疆界之内的那一片土地：西至大西洋边；北至莱茵河和多瑙河；东至幼发拉底河；南边则直到阿拉伯和非洲的沙漠地带。"而在能征惯战的图拉真皇帝之后，"哈德良继位后的第一件事是放弃图拉真在东部占领的一切土地。他让帕提亚人重新选举了自己的独立自主的君王，从亚美尼亚、美索不达米亚和亚述诸省撤回了罗马派去的驻军；同时，按照奥古斯都的设想，再次划定以幼发拉底河作为帝国的边界"⑤。

我们甚至可以在古罗马的这段历史上看到和儒家思想所鼓吹的感化型仁政异曲同工的地方："罗马的名字在地球最边远地区的民族中也受到了极大的尊敬。最凶悍的野蛮人也常把他们自己之间的争端提请罗马皇帝裁决；据当时的历史学家记载，他们还看到，有一些外国使臣以作为罗马子民为荣，曾自己提出愿意归顺，却遭到了拒绝。"更有意思的是，十九世纪的法国人埃蒂耶纳·卡贝，这位被马克思誉为"最有声望然而也最肤浅的共产主义代表人物"，在他虚构的《伊加利亚旅行记》当中对他心目中的那个乌托邦共和国的对外政策居然也做了类似的描述："……还定下一条重要原则，那就是：尽可能不去干涉邻国的事务，让他们自己去处理自己的事情，不要企图加速共产制度在各个国家的建立，而是相信只要这种制度在伊加利亚试验十分成功，就能对所有其他民族都有好处；反过来，要是别的国家急急忙忙地试验，试验效果又不好的话，反而会对伊加利亚的试验不利。……我们并不去鼓励邻国加速他们的步伐，恰恰相反，我们甚至还会运用我们的影响来劝说邻国首脑稍微节制一下他们的热情。……我们的影响是巨大的，因为我们从来不企图征服任何国家，我们甚至不愿意接受一个位于我们国境之内的小小的民族要求与我们合并的建议。后来是因为他们在很多年里一再地请求，而且其他的邻国也主动地表示了同意之后，我们才满足了他们的愿望，但同时又声明我们绝不再答应类似的合并。"⑥——看来卡贝并不像我们熟悉的那些前辈满怀拯救世界人民于水深火热之中的伟大情怀，他的乌托邦倒更像是儒家风格的共产主义，赞同和平演变而非输出革命。这种种的事例常常让我困惑，嗯，好比说，在那个完全没有孝道传统的西方世界里，难道不孝儿孙的比例真比我们中国要多吗？至于其他……

还是赶紧把话题拉回到乐毅身上好了。

乐毅不是已经在前文里死掉了么？——不错，可咱们还得接茬儿说说他的后人。《史记·乐毅列传》继续讲道：乐毅的儿子乐间被燕惠王封为昌国君，在燕国一住就是三十年。后来，燕王喜听信了宰相栗腹的主意，打算攻打赵国，于是来向乐间询问意见。乐间一来是将门虎子，二来老家就在赵国，确实是有发言权的。乐间说："赵国是个'四战之地'，四面八方都是强敌，毫无天险可守，国家经常打仗，老百姓都是战争高手，咱们可别去招惹人家！"

忠言一贯逆耳，燕王喜执意要战，谁也阻拦不了。燕国和赵国在地理上距离很近，大体来说，燕国就是现在的北京一带，赵国就是现在的河北邯郸一带。赵国很快迎战，领兵的统帅就是大名鼎鼎的廉颇。

廉颇出征，燕国理所当然地吃了败仗，栗腹和另一位高级将领乐乘做了赵国的俘虏。（《战国策》说，乐乘是赵国的将军。）⑦这位乐乘是乐间的同宗，两人的关系看来很近，乐间听说乐乘被捕，干脆就跑到赵国去了。燕王喜这时候才后悔没听乐间的话，又听说乐间跑到赵国去了，心里越发不是滋味，于是写了一封信，派人送给乐间——真仿佛历史在重演啊。

燕王喜在信上说："商纣王的时候，大贤人箕子屡屡进谏，不被纣王采纳，可他还是继续劝谏，期望哪天老天爷开眼，能让纣王听自己一次；商容更惨，不但不被信用，还屡屡遭到侮辱，可即便这样，他仍然希望纣王能够变好。后来国家越来越乱，人心涣散，监狱里的囚犯全跑出来了，局面实在无法收拾了，箕子和商容这才放弃了劝谏，双双隐退。你瞧瞧，虽然商纣王是个头号暴君，可箕子和商容却不失忠圣之名。为什么呢，因为他们是在发现商纣王实在无可就药、国事实在不可为之后才不得不放弃了劝谏的。现在呢，我虽然算不上个好领导，可我比商纣王总要强上一些吧？燕国虽然也有些纷乱，可总比商纣王那时候的世道强上一些吧？你的忠言就算一点儿都没被我认真听过，可你在燕国也不至于会有箕子和商容那种遭遇吧？我觉得你就这么离开燕国了，可不大厚道呀！"

这封信说得倒也有些道理，另外，《史记》里记载的信件内容虽然只有这短短一段，可《战国策》里却是一封长信，言辞恳切，足以和燕惠王致乐毅的那封信相提并论了。但乐间和乐乘就是不原谅燕王喜，说什么也不回去，赖在赵国不走了。赵国对他们也不错，封俘虏乐乘为武襄君。（《史记·乐毅列传》）

到了第二年，风水轮流转，轮到赵国攻打燕国了，领军大将除了廉颇之外，还有一位就是乐乘。赵国军队包围了燕国的首都，燕国以重礼求和，赵国这才退兵。

又过了五年，赵孝成王去世，赵悼襄王想以乐乘来代替廉颇。廉颇不干了，打跑了乐乘，自己也跑到魏国去了。又过了十六年，赵国就被秦国给灭掉了。

说到这里，肯定有人不大理解："廉颇这是怎么了？！在《将相和》里边他可不是这样的呀，怎么领导一撤他的权力，他居然造反了，居然还叛逃了！"

——这还真是个问题。的确，我们小时候都学过《将相和》这篇文章，可小孩子那么学倒也罢了，长大以后眼光就得变一变了。

我查了一下近年小学六年级的某份语文教案，对这一课的授课计划里有这么一条："激趣导入，板书课题。课前同学们齐唱《黄河颂》。听到同学们雄壮有力、气壮山河的歌声，我情不自禁地想起历史上无数可歌可泣的爱国故事。今天，我们要学的新课《将相和》，就是一个流传千百年的动人故事。"归纳中心思想是："本文通过记述将相由和到不和又到和好的故事，表现了蔺相如不畏强暴、机智勇敢的精神，以国家利益为重，顾大局、识大体的高尚品质；表现了廉颇以国家利益为重，勇于改过的精神，赞扬了将相爱国的好品质。"

现在我们应该知道了，这种说法犯了两个错误：一是断章取义，二是拿现代观念套在古人身上。我们如果查到《史记》"将相和"这段内容的原文，往后继续看去，就会看到多年之后赵国新任领导人要以乐乘来取代廉颇的位置，廉颇不干了，火并乐乘——《廉颇蔺相如列传》的原文说："廉颇怒，攻乐乘，乐乘走"，《乐毅列传》的原文说"廉颇攻乐乘"，用的都是一个"攻"字，看来还不是单挑，而是大规模武装械斗。

廉颇犯了这么大的事，就逃到魏国去了，可在魏国一直郁郁不得志；后来赵国想要迎回廉颇，遂有了"廉颇老矣，尚能饭否"的故事；再后来，楚国悄悄把廉颇聘走，老将军便在楚国为将。——把上下文全部联系起来看，会发现，当初将、相之所以能"和"，少不了一个至关重要的条件：赵王重用他们。

这就好像现代公司里的人事关系一样，两位高管闹了矛盾，但总裁对他们都不错，结果一位高管思想觉悟更高，认识到只有团结合作，才能把公司搞好，这种态度感动了另一位高管。这种精神我们可以称之为"忠"，但这个"忠"是前文所讲的先秦观念的"忠"，并不是像后世观念那样要么对君主无条件效忠，要么对国家无条件效忠。相反，这种"忠"是有条件的，更像是职业经理人的职业操守，或者就像郎咸平经常挂在嘴边的那个信托责任。而当"忠"的前提条件消失了之后，"忠"的行为也就顺理成章地可以不复存在了。

有人可能会责怪廉颇："就算赵国领导人和赵国政府对不起你，你也不应该叛国而去呀！"

——这还是拿现代观念来套古人。

（二）

乐毅一家人与早期的道家传承——河上丈人与安期生——曹参的转型

该是把扯开来的话题收回来的时候了，呵呵，还记得乐毅是谁吗？

我们再来看两任燕国国君给乐毅父子的两封书信，就会发现：国君是责怪乐毅父子也好，撇清自己也好，并没有拿爱国主义来说过事。信中表现的是一种自由人的自由联合的精神，而申饬对方和央告对方的时候，依据都是：我，或者我爹，对你一直不错！我对你好，你也应该对我好。我虽然错怪了你，但看在我（或者我爹）一直对你很好的份儿上，希望你能够原谅我。

这种有条件的"忠"才是当时社会的流行观念，如果我们非要拿现代观念来套在廉颇身上的话，面临的难题就是：如果"将相和"里的廉颇表现出来的是爱国主义情怀，那么，攻乐乘、投奔魏国和楚国的廉颇难道就成了"汉奸"（赵奸）不成？——顺便一提，"汉奸"也是一个现代概念，整个儿"二十四史"里根本就没这个词，直到《清史稿》里才出现了"汉奸"，它的意思其实是"汉人里的奸民"。⑧

所以呢，两千多年前的乐毅一家人算不上"燕奸"，廉颇也算不上"赵奸"。但现代的我们更愿意接受我们愿意接受的说法，就拿廉颇的赵国来说吧，电影《英雄》里表现赵国人在秦军的箭雨之下依然镇定地学习书法，赵国的文化精神似乎于此可见一斑。我们也许会觉得：这些赵国人应该是受到过儒家的诗礼熏陶吧？

——事实上，那年头还没有正经的书法，不过呢，电影里表现的这一幕在剧情时间设定的几十年之后，在另外一个地方，还当真发生过。

我们先要知道，赵国也好，燕国也好，都没有太多的儒家传统，真正儒家的大本营是在鲁国，影响所及直到临近的齐国，这就构成了所谓的"齐鲁文化"。汉高帝刘邦灭了项羽，即将统一天下，天下各地败的败、降的降，望风披靡。但是，鲁国却死硬到底，鲁国人虽然也看到大势已去，可死活就是不降。现实是残酷的，没多久，刘邦指挥大军攻打鲁境，那重兵的重重围城便如同泰山压卵一般，人们仿佛已经嗅到浓郁的血腥气了。可就是这个时候，刘邦突然一愣："这，是什么声音？"

从被围的城墙里，飘荡出悠扬的音乐。刘邦很纳闷：怎么着，不会是要对我搞个"四面汉歌"吧？

奏乐的都是城里的儒生，而他们所奏的音乐正是儒家所谓"礼乐"的"乐"。

当初，《论语》里记载孔子到武城，听到有弦歌之声，笑道："这种小地方也一本正经地搞礼乐政治，这不是杀鸡用牛刀么？"（"杀鸡焉用宰牛刀"这句在评书里被用烂了的俗语其实是出自《论语》孔子之口的。）

武城的领导人是孔子的学生子游，他见老师取笑自己，当即反驳说："当年我听老师您说过：'君子学了道就会关怀别人，小人学了道就容易被使唤。'"

孔子马上对同行的其他弟子说："子游说得对，我方才那是开玩笑！"[9]

——所以，在那个年代，不是书法，而是礼乐，代表着儒家精神。城里的儒生们面对着刘邦的大军压境，从容不迫地吹拉弹唱，那心情，也许就像泰坦尼克沉没时的那些提琴手吧？

流氓出身的刘邦虽然一贯看不起儒生，虽然拿儒生的帽子当过尿壶，可这时候站在城外听音乐，却受到了一次崇高的精神洗礼，不愿意强行攻城了。

和平的解决之道是：刘邦派人挑着项羽的人头给城里人看，告诉守城的人"你们的老板已经完蛋了"。城里人这才断了念想，开城投降了。

——大家记住哦，这是楚汉相争时期的鲁地儒家风格。

翻回头来，再说乐毅一家。乐乘被廉颇给赶走了，廉颇也因此而逃到了魏国，两人也许都不知道，这已经到了山雨欲来风满楼的时刻了，国际局势比任何时候都要严峻。——仅仅在十六年之后，秦国就灭了赵国。

又过了二十多年，风云变幻，汉高帝路过赵国，想起当初名动天下的乐毅将军，于是问道："乐毅还有后代没有？"

有人回答说："有位乐叔，是乐毅的后人。"

刘邦于是封乐叔于乐乡，封号为华成君。

刘邦的这种做法正是古风的遗存，我们后文会在春秋二百四十二年中看到很多类似的事情。这位乐叔是乐毅的孙子，对汉朝寸功未立就得了这么大的好处，真是要感谢祖宗了。乐毅的族人里边出名的还有乐瑕公和乐臣公，他们在赵国即将被秦国灭亡的时候逃到了齐国的高密。乐臣公精通黄帝和老子之说，靠着这一肚子学问闻名齐国，成了当地首屈一指的大学者。——大家注意哎，这很可能就是汉初黄老之学的源头。

司马迁在《乐毅列传》的结尾谈到了乐臣公黄老之学的传承谱系：乐臣公的祖师爷叫作河上丈人，这是位神秘人物，我们没有关于他的更多资料，也不知道他的老师是谁。河上丈人教授安期生，安期生教授毛翕公，毛翕公教授乐瑕公，乐瑕公教授乐臣公——看，传到乐臣公这里是第五代。

这位黄老之学的祖师爷河上丈人也就是道家神仙河上公的原型，本来《史记》里只记载了河上丈人这么一个名字而已，更无其他资料，可到了东汉时期，道家鼓吹家谱，编出来河上公传道给汉文帝的一段轶闻，说得有鼻子有眼的，晋代《列仙传》更敷衍出汉文帝拜访河上公，河上公白日升天，传给汉文帝《老子道德章句》，说："我著此书以来已经过了一千七百多年，只传授了三个人，现在你是第四个。"——这个故事里至少有一处细节是真的：《老子》流传下来的各个版本当中还真有一个河上公本。

河上丈人或河上公的一代弟子安期生名头也很响亮，他是位神仙，老家就在齐国。汉武帝的时候方士李少君曾说自己已在海上见过安期生，还看见人家吃的枣有西瓜那么大。如果咱们唯物主义一点儿来说，安期生可能真有其人。《史记·田儋列传》提到过一个比较现实的安期生，说他是蒯通的好朋友。这位蒯通是个纵横家，曾经游说韩信三分天下，也算是一代名人。当初，安期生投奔过项羽，为项羽出谋献策，这样看来，他应该是和蒯通一样的人物。

项羽虽然没有采纳安期生的计谋，但可能觉得安期生和蒯通都有两把刷子，便想给两人高升一步，但这两人不肯接受，很快便逃之夭夭。——如果这个说法比李少君和《列仙传》所言更加可信的话，那么，河上丈人的一代弟子看来并非我们心目中"清静无为"的那种道家模样，而是讲权谋、献策略的，更像纵横游说之士。而那位高深莫测的河上丈人，如果真有其人的话，或许会是如传说中鬼谷子一流的人物。还有一点值得留意：安期生是齐国人，而乐瑕公和乐臣公也从赵国搬到了齐国，乐臣公更在齐国以黄老之学闻名。那么，他们这一支是否可以被称为"齐学"以区别于鲁国诗书礼乐的"鲁学"呢？

另外，这河上丈人一系，看来每一代都是单传，到了乐臣公是第五代，而乐臣公再往下传，就传到了盖公（盖，这里是姓，读 gě）。这个时候，楚汉之争结束，天下可算是安定下来了。

在这样的时代大背景之下，正是这位盖公真正使河上丈人一系的黄老之学应用在了实际的政治生活当中，这在很大程度上要归功于汉初的名臣曹参。

在刘邦打天下的时候，曹参是一员勇冠三军的虎将，《史记·曹相国世家》统计曹参的功劳，说他先后攻克过两个诸侯国、一百二十二个县，俘虏诸侯两人，宰相三人，将军六人，大莫敖、郡守、司马、侯、御史各一人。可是，等到江山安定了，曹参就该面临转型问题了。是呀，打打杀杀全都用不上了，乱世之虎将该转型为治世之良臣了。于是，在汉惠帝元年，曹参被任命为齐国丞相，山东七十多座城市的管理重任就交到了他的肩上。曹参想：论打仗我在行，论治国我可没啥经验，怎么办呢？

不会可以学。曹参是个学习型人才，一到齐国，就把当地的长老和读书人都找了来，向他们咨询治理之道。齐国能人多，儒生一下子就来了百十多号，人多力量大，大家集思广益，还能想不出好办法吗？

可是，这一集思广益，却什么也议不出来。问题就在：人多嘴杂，这些儒生各有一套，各执一词，一百个人就有一百零一个意见。——大家可要牢记这一幕哎，同样的场面今后还会不断上演，尤其是儒生，经常会搞一些人民内部矛盾。

可怜曹参，只听得一个头两个大，拽过旁边一人问道："你说说看，他们谁的意见对？"

那人回答道："他们说的都不对，我跟您讲讲我的意见……"

曹参："我倒——"

平心而论，这可是儒家在政治领域上大展拳脚的千载良机，如果大家意见能够统一，或者说有某种意见能占到压倒性的优势，也许儒学马上就会变成官方学术了，山东一带也很快就会礼乐复兴了。不过呢，在选择哪种儒家方法之前，还有一个先决问题：儒家知识分子自己是否认为现在应该以礼乐治国呢？——嗯，这还真不一定呢。

咦，儒家梦寐以求的不就是礼乐治国吗，怎么连这个最基本的出发点都会有疑问呢？

确实有疑问。儒家强调名分，强调礼仪，什么都要有板有眼、按部就班，所以，如果学得太深入了，脑瓜儿就可能会变得比普通人木讷一些。当初，汉朝第一位官方大儒叔孙通为刘邦准备朝廷礼仪的时候，奉旨行事，到鲁国去招聘儒生。这在当时就等于冷门专业遇上了热门招聘，很多人自然都会欣然而往，但是，偏有这么两个特立独行的家伙大大地不以为然，鄙夷地说道："现在天下初定，死人有好多还没埋，伤者有好多还没得到治疗，哪里是搞礼乐的时候呢！国家积德百年，而后才可以兴办礼乐。"⑩

——这种说法或许就是儒家真正的王道吧，正如《论语》记载孔子之言："如有王者，必世而后仁"，"善人为国百年，可以胜残去杀矣"。⑪（《汉书·刑法志》就曾怀有矛盾的心情引述过这句箴言。）但是，如果真的等上百年，也许确实是条正途，不过眼下这些儒生的就业问题可就不好解决了。这就是儒者们面临的一个长远理想和现实利益的矛盾，至于这矛盾该怎么解决，大家已经用脚投过票了。不过呢，我们先别像叔孙通一样骂这二位仁兄迂腐，因为，从他们说这句话算起，真等到将近百年之后，天下慢慢复苏，到了汉武帝的时候还真就"罢黜百家，独尊儒术"了。

接着说咱们的曹参。曹大人请了百十号儒生，结果却是事与愿违，越议声音越大，越议越没主意。曹参这时候可能已经隐隐觉出儒家不大可靠了，又听说当地有位盖公，通晓黄老之学，于是以重金去请。盖公来了，对曹参说搞政治贵在清静，若能如此，老百姓自然安定。——这是总则，盖公紧接着又讲了不少具体的办法，至于这些具体的办法都是什么，司马迁就没有记载了。

事情就这样决定了，百十号儒生没抵得过一个治黄老之学的盖公。——但这么下结论好像有些不负责任，我们设想一下，如果曹参当时不是只请来一个盖公，而是请来百十号黄老学者，结果会不会也像那些儒生一样呢？换句话说，如果曹参最初不是一下子请来百十号儒生，而是只请来一位儒生，会不会儒学就这么付诸实行了呢？

对这些问题我们就只能瞎猜了。

后来，曹参大概是为了表示对人才的尊重，便恭恭敬敬地把正堂让给盖公来住（陈直《史记新证》说明清时称呼官衙为正堂，根子大概就在这儿呢），而后就依照他老人家的法子来治理齐地。就这样过了九年，在曹参在任的这九年时间里，齐地大治，人们都夸曹参是个贤相。

看来盖公果然有一套呀！可是，这里边有个疑点：按照《乐毅列传》里排列的黄老之学的传承谱系，盖公是第六代传人，但是，在《田儋列传》里，第二代传人安期生和蒯通同时，而蒯通在汉朝初年还活着呢，韩信死后他还曾经被刘邦抓了去，险些丢了性命。那么，联系起来一看，第六代传人盖公和第二代传人安期生之间所间隔的时间也太短了吧，于理不合呀！——钱穆在《先秦诸子系年》里考证过这个问题，引《史记》里的一段话说："蒯通善齐人安期生（《列仙传》："安期生，琅琊阜乡人。"），安期生尝干项羽，项羽不能用其策。已而项羽欲封此两人，两人终不肯受，亡去。及曹参为相，请蒯通为客。"注意最后一句话："及曹参为相，请蒯通为客"，如果和安期生平辈的蒯通曾经在曹参为齐相的时候做过他的客人，安期生岂不是和盖公同时么？这从辈分上论是说什么也讲不通的，真是一团乱麻呀！

不过呢，这又牵出了一个新的疑点（也许只是我自己没搞懂）：钱穆的这段引文里，最后重要的那一句"及曹参为相，请蒯通为客"在《史记》里却根本就不存在，不知他老人家所据为何呀，倒是《汉书》有此一说，蒯通还为曹参举荐过贤人。

不管那么多了，反正我们这时候一定要留意：对所谓河上丈人的黄老之学传承谱系，也许我们应该多打上几个问号才对。

（三）

狱市，黄老之道在政治管理上的一次具体实践

但是，我们把目光集中一下，曹参为齐相和盖公治黄老应该都是相当可靠的事情。那么，难免令人好奇的是：盖公教给曹参的到底都是些什么招儿呢？黄老之术在政治上的具体应用到底是怎么一番模样呢？

这个问题《史记》没讲，不过呢，它在后文里给我们提供了一条线索：

惠帝二年，萧何卒。参闻之，告舍人趣治行，"吾将入相"。

居无何，使者果召参。参去，属其后相曰："以齐狱市为寄，慎勿扰也。"

后相曰："治无大于此者乎？"

参曰："不然。夫狱市者，所以并容也，今君扰之，奸人安所容也？吾是以先之。"⑫

这段是说：汉惠帝二年，丞相萧何死了。曹参听说了这事以后，安排从人准备行装，说："我要入朝为相啦！"

没过多久，果然应了曹参的话，曹参临走前叮嘱接班人说："以齐狱市为寄，慎勿扰也。"（这句话先不翻译，一会儿再说。）

接班人不大理解，问曹参："治理齐地难道就没有比这更重要的事吗？"言下之意是：您老叮嘱的这事也太鸡毛蒜皮了吧！

曹参说："你可别不当一回事。狱市是善恶并容的地方，你如果扰乱了它，让坏蛋们到哪里容身呢？所以我才把狱市的问题作为搞政治的首要

问题。"

——搞政治切忌只谈大原则，所以，清静无为也好，正心诚意也好，亲贤臣、远小人也好，如果没有具体办法，往往都只会流于空谈。所以呢，我们看汉初的黄老之术，可别一个"无为之治"就算完事了，得看看具体的东西。现在呢，曹参说的这个"狱市"，就是个具体的施政问题，看他把这件事摆得那么重要，应该是盖公教导他的吧？

那么，什么叫"以齐狱市为寄，慎勿扰也"呢？

先来问问：什么是"狱市"呢？

很不幸，曹参相齐的过程中这唯一的黄老政治的具体方案却是我们说不清道不明的一个东西。"狱市"为何，学者们一直都聚讼纷纭，没有定论。

查查《汉书》，这一段照抄《史记》，没什么可参考的，只是旧注引南朝〔梁〕孟康的《汉书音义》，说：

> 夫狱市兼受善恶，若穷极，奸人无所容窜；奸人无所容窜，久且为乱。秦人极刑而天下畔，孝武峻法而狱繁，此其效也。

唐人颜师古接着注释说：

> 老子曰："我无为而民自化，我好静而民自正。"参欲以道化其本，不欲扰其末。

颜师古这是在说，曹参本着老子以"道"来"化"民的政治思想，而且，只抓宏观调控（化其本），而不去干涉社会生活的具体事务（不欲扰其末），而这一政治思想如果一言以蔽之，就是"我无为而民自化，我好静而民自正"。——《老子》的这句名言真是有着超强的生命力，近在 1966 年，哈耶克在佩勒兰山协会东京会议的发言上还引述过它呢，也许老子才是阐释"自由秩序原理"最早的前辈呢。

可是，这一切都无助于我们对"狱市"的理解。"狱市"到底是什么？把学者们的意见归纳一下，大致有这么三种答案：一说"狱市"是监狱和集市，曹参认为这两者是治理地方的重中之重；二说"狱市"是齐地一个大市场的名字；三说"狱市"是一种市场制度。

三种解释，我也不知道哪个对，现在可能仍无定论。其实"狱"这个字本来不是"监狱"的意思，《诗经·召南·行露》有一句"何以速我狱"，意思是"为什么拉我打官司"，《毛传》在这里解释说"狱"就是"确"，这是从"狱"的字源来说的，"确定"谁理直、谁理亏，这就是法院的工作；再比如《论语·颜渊》孔子说子路"片言可以折狱者，其由也与"，子路的"折狱"自然也不是把别人送进监狱，而是给人家解决纠纷。至于监狱，倒也有叫"狱"的时候，不过一般来说，监狱以前一般叫"鞫"，这个字当动词用的时候有审讯的意思⑬——现在我们说哪个坏蛋"还拘着呢"，有可能就是从"鞫"这儿发展过来的。

不过呢，无论是哪种解释，似乎都和我们熟悉的道家思想不大贴合呀。——如果取"监狱（或法院）和集市"一说，道家怎么会主张刑狱呢？如果取"市场"一说，老子明明鼓吹的是小国寡民的农耕社会，又要"鸡犬之声相闻，老死不相往来"，又要"不贵难得之货，使民不争"，这都和"市场"不挨边吧？

况且，体会曹参的意思，也许是说法院里边关坏人，市场里边迎好人，不可把秩序给搞乱了；或者，他的意思好像是：狱市这个地方鱼龙混杂，藏着不少坏蛋，而且这里根本就是地方政府故意用来让坏蛋落脚的地方，因为如果对坏蛋管制太严，他们就会炸窝，所以还是宽松些好。——唉，真是不易理解啊。这条线索实在太不明朗了，盖公的黄老之学和曹参的实际应用我们还是得从别处来找找旁证……

话说曹参高升，到中央当总理去了，不知道盖公有没有随行——应该没有，推想原因，也许是盖公年纪太大，经不起长途跋涉，二是在长达九年的时间里曹参已经艺成出师了（这样说来，曹参可以算是河上丈人一系的第七代传人）。是呀，九年啦，足够曹参从大一念到博士了。那么，我们看看曹参在担任国家总理期间的所作所为，应该想象得出盖公的黄老之术或道家思想了。

曹参接替了名相萧何，俗话说，新官上任三把火，大家全都等着看曹参这三把火怎么个烧法，可是，等来等去，直等到自己心头冒火、喉咙上火，就是不见曹参的火——别说三把火，一点火星儿都没有。曹参整个儿大甩手，对当初萧何在任时定下的制度一成不变，既没有创新精神，也没有革弊举措。曹参用人的风格也怪，专挑那些不善文辞的忠厚长者，换句话说，就是专用一些暮气沉沉的老家伙，却把锐意进取的有志青年全部清理个干净（看来应届毕业生就业在两千年前就是个老大难问题），至于曹参自己，整日喝酒，不理政务，怎么看怎么像消极怠工，或者说尸位素餐。同僚们有看不过的，前来劝说，可还没等开口呢就被曹参拉着一起喝酒去了，根本就腾不出提意见的工夫。

儒家有一个重要道理，就是"上行下效"，从坏的一面说就是"上梁不正下梁歪"——相府职员的集体宿舍就和相府紧挨着，这些职员大概是受了领导那独特气质的感染，一天到晚也都是喝酒唱歌，大呼小叫的，反正纳税人也奈何不了他们。

有人实在看不过了，某天拉着曹参到这些人的宿舍去。这位仁兄本来想得很好，想拿领导来吓吓这些放肆的家伙，另外也让曹参操操心、管理一下。可曹参倒好，这一露面，不但毫无领导的架子，还很能和群众打成一片——他见手下们喝得正欢，自己也加入战团，闹得比谁都凶。

拉曹参去集体宿舍的这位仁兄，他的心态恐怕比之曹参更容易为我们一般人理解。管理的主流思路一直到近现代似乎都是这样的："如果有什么地方出了错，那就让政府来管理它；如果是管理者出了问题，那就对管理者进行管制。"（布坎南《自由的局限》）而这样的管理思路产生的结果往往会是："假如你碰到某种与时代精神背道而驰的中世纪旧机构，它靠加剧其弊端而维持下来，或遇到某种有害的新机构，那就设法挖出那病根：你将发现某项财政措施，原来只是权宜之计，后来却转变为固定的制度。你会看到，为了偿付一天的债务，竟确立了维持几个世纪的新权力机构。"（托克维尔《旧制度与大革命》）

有了这样一个认识，再来察看每个改朝换代的交接当口，竟会模糊地得出一种古怪的结论：政府越是无所作为，社会生活就恢复得越快，经济增长也就越快。在这样的时代里，与其把社会的迅速发展归功于政府的英明管理，倒不如归功于政府的放任不管？！如果真是这样的话，那么，本着"以民为本"的精神，政府充当一个"守夜人"而不是"大家长"的角色，似乎更为恰当。

如此看来，像曹参这样当个甩手掌柜在那个古老年代也许算得上一种既不费力又很讨好的施政方法，虽然曹参从来没向亚当·斯密讨过主意。

曹参无所事事的风格无处不在，手下如果有人犯了错，只要不是阴谋造反和杀人放火之类的，他总是睁一只眼闭一只眼，从来不去深究。就这么着，相府倒也太平无事。

——这些记载全都出自《史记·曹相国世家》，可仔细一看，好像有矛盾的地方：既然曹参选录手下都挑那些忠厚长者，斥退有志青年，这也就是说，集体宿舍里的那些人应该都是（或主要是）忠厚长者才对呀，一群不善文辞的木讷的忠厚长者整天"痛饮狂歌空度日，飞扬跋扈为谁雄"，好像不大对头吧？

此题无解，我们只好放过它去，再往下看。

年轻的汉惠帝见曹参身为国家总理，却整天喝酒取乐，对政务不闻不问——唉，老干部不好使唤呀。正巧，曹参的儿子曹窋也在朝中为官，汉惠帝找来曹窋，嘱咐说："你回家以后私下问问你爸，他这么怠慢朝政是不是有点儿不像话呀？不过，你可小心，别说是我让你问的哦！"

曹窋领命回家，鹦鹉学舌一番，曹参听后大怒，别看他对外人无比宽厚、无比"无为"，可对自己的儿子，不但有为，而且很有为——曹参抽了儿子二百竹板，怒斥道："回去侍奉皇上去，做好你的本职工作，天下事不是你小子能插嘴的！"看来曹窋比不得贾宝玉，家里没有贾母制约父权，对这二百竹板也只好咬牙硬撑。

汉惠帝知道了曹窋挨打，心里很不是滋味，在一次上朝的时候干脆和曹参摊了牌："你为什么要打曹窋，他那些话都是我让他说的。"

这事要论起理来还真糊涂得很——站在汉惠帝这边，意思是说："大胆曹参，你打狗也要看主人呀！"站在曹参那边，也有委屈："皇上您再圣明，可清官难断家务事，我打的可是我的亲儿子哎！"

曹参这时候赶紧脱帽谢罪，随即问了一句奇怪的话："陛下，您自己掂量掂量，您比您爸爸来，谁更英明神武呢？"

汉惠帝的爸爸就是汉高帝刘邦，曹参这么问好像是故意让汉惠帝下不来台哦。

汉惠帝知道这问题只有一个答案，老老实实地回答说："我哪敢和他老人家相比！"

曹参接着问道："那您再掂量掂量，我和萧何相比，哪个更强呢？"

这问题好像也只有一个答案，汉惠帝倒也坦率，回答说："你好像比萧何差点儿哎。"

汉惠帝的回答全在老狐狸曹参的预料之中，曹参接着说道："这样看来，您不如您的前任，我也不如我的前任，那么，既然咱们的两位前任已经平定了天下，已经把法令制订得非常完善了，您做皇帝的大可以垂拱而治，我们做大臣的也大可照方抓药，这难道有什么不对吗？"

这番说辞果然雄辩，汉惠帝一琢磨，还真是这么个道理，于是点头说道："说得好，你不必再往下说了，我都明白了。"

——这个故事，是汉初政治史上的一段佳话，后来被人归纳为一个成语，叫作"萧规曹随"，"萧"指萧何，"曹"指曹参。

就这样，曹参在国家总理的位置上萧规曹随地坐了三年，死后被谥为懿侯，后来由儿子曹窋继承了侯爵。套用一句老话：曹参虽然死了，但他永远活在人民心中。老百姓怀念曹参，编出歌曲来颂扬他，这可是真正的"歌功颂德"呀：

百姓歌之曰："萧何为法，顜若画一；曹参代之，守而勿失。载其清净，民以宁一。"⑭

老百姓歌功颂德，歌词的意思是说：萧何制订制度，清楚明白，整齐划一；曹参代萧何为相，一切遵循萧何旧制，以清静之道治国，老百姓得以安宁。

这里引录一段原文，是为了让大家看一看：这就是汉朝初年的老百姓自编的民谣（反正史书上是这么说的）。

如果我们相信司马迁的记载，那么，曹参的影响力实在够大！要知道，汉朝可不同于《诗经》时代，在这个崭新的大一统版图里，地方政府分为郡、县两级，一般草民百姓能够接触到的最多也就是县级政府，而汉朝中央政府也不具备现代国家的强大宣传力量；再者，那年头遍地都是文盲，能编出这样一个颂歌来怕也不是易事；如果我们再比较一下《诗经》里民歌性质的"风"，粗略统计其中颂歌所占的比例，如果不能心生疑惑，就只能慨叹世事变迁，世风不但没有"不古"，居然还好转起来了。

在《史记·曹相国世家》的结尾处，司马迁照例做了一段评述，说：曹参做汉朝相国，主张清静之法，合乎道家学说。老百姓在摆脱了秦朝的苛政之后，享受到了由曹参带来的休养生息的无为之治，于是天下人交口称赞。

（四）

两种"无为而治"

但是，如果我们细读《曹相国世家》，就会发现司马迁有偷换概念之嫌。到底什么是"无为之治"？——文中存在着两个截然不同的"无为之治"，一不小心就混淆了。

第一个"无为之治"，就是我们心目中惯有的道家思想的应用，政府不搞什么大动作，听任民间社会自由发展，如果说得现代一些，就是重农前提下的自由放任主义，政府把自己定位为"守夜人"，只在出现重大社会问题的时候采取措施。这种政策是对秦朝反其道而行之——当初，秦朝常年都在搞大型政府项目，修长城、修驰道、修阿房宫和骊山陵墓、封禅泰山等等，动不动就征调几十万人，老百姓苦不堪言；汉初就不再搞这套了，不过就算想搞，在国力凋敝的大环境下恐怕也搞不起来了，干脆甩手让社会自己去疗伤好了。——这两者的对比似乎在告诉我们：政府越是大有作为，老百姓的日子就过得越惨；政府甩手不管了，老百姓的日子反倒很快好过起来。再有就是：当社会跌入谷底的时候（比如秦朝末年），只要政府放宽管制，让自由于民，社会就能够迅速得到复苏。

第二个"无为之治"在曹参身上似乎表现得更明显一些，那就是：他的"无为"并非针对社会，而是针对自己——以前的政治是怎么搞的，现在接着怎么搞，完全照着传统来。老实说，能做到这点也很不容易，因为大家总是习惯于新官上任要有一些与众不同的表现，也好建功立业；就算在日常生活中，我们恐怕也很难看得惯曹参这种做法——比如，我立志当歌星，发誓要做第二个张国荣，可别人就会说：第二个张国荣有什么意思，你要做，就该做第一个熊逸！可如果我是曹参一党的，我就会挺直腰板说：第一个熊逸有什么好，连第一千个张国荣都比不上，如果我能把张国荣模仿到百分之十，远胜于把熊逸唱出百分之百！

那么，我们看曹参进了中央做了丞相之后，彻头彻尾做了第二个萧何，面对皇帝的不满也自有一套合理的说辞。但是，这里面又有一个难解的问题：曹参这种做法意味着他完全承袭了萧何的政治路线，而如果萧何当初搞的是严刑峻法而不是清静无为，那曹参的"清静无为"表现在施政上，岂不变成了和清静无为正好相反的严刑峻法么？

——这还真不是没可能，再联系一下所谓"汉承秦制"，那么，萧何承袭的是秦朝的政治制度和法律制度，而曹参又承袭了萧何的政治路线，这难道是说：汉初的"无为而治"和秦制并没有多大区别？这，哪里还有一点儿道家清静无为的影子？

我们先来看看曹参所承袭的萧何路线到底是个什么路线。《汉书》当中，萧何与曹参同传，传末评价说：天下既定之后，因为老百姓痛恨秦法，萧、曹两人顺应民意，在政策上做了改变，两人同心，于是国家安定。——这样看来，萧何与曹参分明是顺应民意而一改秦制呀。《汉书》这段文字直接抄自《史记》，《史记·萧相国世家》最后的"太史公曰"说老百姓痛恨秦法云云，但因为萧、曹分传，所以这里便没提曹参。

《史记·萧相国世家》说当初刘邦攻入咸阳，一伙人马都冲到秦宫里抢夺金银财宝，唯独萧何"独先入收秦丞相御史律令图书藏之"，清人梁玉绳《史记志疑》谈到这个问题，说《汉书·高帝纪》记载同一件事时，是说萧何"收秦丞相府图籍文书"，两相对比而知《汉书》脱误"御史律令"，《史记》脱误"文书"，《史记》所说的"图书"其实该作"图籍"。然后梁玉绳引《续古今考》："（萧）何收丞相御史图籍文书，博士官所职，不遑收取，致为项羽所焚，而后天下无副本。图谓绘画山川形势、器物制度、族姓原委、星辰度数，籍谓官吏版簿、户口生齿、百凡之数，律与令则前王后王之刑法，文书则二帝三王以来政事议论见于孔子之所删定著作……"虽然梁玉绳对此说不以为然，我们也不知道《续古今考》所据为何，但这多少有一些参考价值。能够确定的是，萧何确实承袭了秦朝的法条律令，在前文已经讲过，汉初制度绝不是一个"约法三章"就可以一带而过的——就拿秦始皇著名的"挟书令"来说吧，和"焚书"基本上是一回事，这项法令直到汉惠帝四年才告废除。从前面讲的董仲舒"天人三策"和路温舒的《尚德缓刑书》以及其他种种线索来看，汉朝的繁文缛法是相当恐怖的，和秦朝不同的"无为之治"或说"休养生息"似乎更多体现在政府不再大规模动用民力这一点上——到汉武帝当政为止。

单从刑法角度来看，《汉书·刑法制》对萧、曹的"无为之治"给出的是"与民休息"的解释，说当初刘邦约法三章，显然对坏人是不够用的，于是萧何从秦法中找了些合用的，作了九章律法。到了汉惠帝和吕后当政的时候，老百姓可算能喘口气了，都想好好地侍奉老人、拉扯孩子，萧何和曹参相继为相，无为而治，顺应民意，不加扰乱，因此社会复苏，刑罚用得很少。等到汉文帝的时候，更是清静无为的典范，刑罚大大减少，疑罪从无，刑事案件全国一共只有四百起，刑罚简直都快用不上了。直到汉武帝的时候情况才急转直下，繁文缛法与贪官酷吏为患，司法系统一团糟。

我们知道，汉武帝使儒家思想一统江山，彻底打败了黄老之学，那么从实际政治作为来看，难道说汉武帝时期的政治局面主要是儒家思想的应用成果，正如汉武帝之前的汉初政治局面是黄老之学的应用成果？——很显然，汉朝人眼中的儒家和道家并非现代人眼中的儒家和道家，我们如果想做一下了解，不能只以儒、道两家的典籍做文章，而要看看汉朝人对这两家学说都持什么态度。

《汉书·司马迁传》记载了老太史公司马谈的一份功劳：司马谈忧虑当时学习先秦思想的人不能够了解所学之学的本意而走上悖谬之途，便写了一些提纲挈领的文字，其中说道家是：

道家无为，又曰无不为，其实易行，其辞难知。其术以虚无为本，以因循为用。无成势，无常形，故能究万物之情。不为物先后，故能为万物主。有法无法，因时为业；有度无度，因物兴舍。故曰"圣人不巧，时变是守"。虚者，道之常也；因者，君之纲也。群臣并至，使各自明也。其实中其声者谓之端，实不中其声者谓之款。款言不听，奸乃不生，贤不肖自分，白黑乃形。在所欲用耳，何事不成！乃合大道，混混冥冥。光耀天下，复反无名。凡人所生者神也，所托者形也。神大用则竭，形大劳则敝，形神离则死。死者不可复生，离者不可复合，故圣人重之。

　　司马谈这个总结是相当精辟的，劈头便说：道家提倡"无为"，却又说"无不为"，道家的话总是不易理解，可实行起来却没什么难的。道家之术，理论基础是"虚无"，实践方式是"因循"，没有一定之规，随机应变，因势利导。"虚无"是道的常态，"因循"是君主的纲领。群臣会集，让他们各自表现，其中名副其实的就是好干部，名不副实的就是不称职的干部。这样一来，好人和坏人自己显形，称职和不称职的人也自己显形，让君主在上边看个清楚，酌情用谁或者不用谁。这样一来，还有什么事情办不成呢？这样的做法是合乎大道的，看似混沌不明，其实金光万丈，复归无名。凡人都有精神和形体两个部分，精神太劳累了就会枯竭，形体太劳累了就会疲惫，精神和形体一旦分离，那人也就从此完蛋了。死者不可复生，精神和形体分离了就不会复合，所以圣人对此是非常重视的。

　　司马谈这段话，最后的形与神之分我们可以放开不管，对那个理论基础"虚无"也大可以左耳朵进、右耳朵出——这些都是虚的，而实的东西就是那个"以因循为用"和"因者，君之纲也"。也就是说，道家思想在实际的政治运作上表现出来的核心精神就是"因循"两字。——这时候再看汉初政治，政府建制和法律体系都是因循秦制，就连大儒叔孙通给刘邦制订的朝仪也是因循秦制的，为此他没少受到正牌儒家学者的非议。

　　看，按照司马谈这一提纲挈领，道家的思想核心既不是小国寡民，也不是自由放任，却是一个"因循"。

　　绝不只司马谈一个人认识到"因循"的重要性。比如汉哀帝当政的时候，辅政大臣师丹想搞一点儿改革，他给的一个理由是："盖君子为政，贵因循而重改作，然所以有改者，将以救急也。"⑮是说君子搞政治重在因循，对改革的事千万要慎重，之所以要有改革，那仅仅是为了救急。——这样看来，因循守旧应该是当时政坛上的主流思想，所以想要改革的师丹有必要给自己辩白一下：我可不是要大规模改革哎，我当然知道因循才是王道，但眼下情况有变，只好改革以救急呀。

有人可能起疑了："不对吧，因循守旧、不喜改革，这不分明是儒家的那一套么？"

也对，而且，司马谈所谓的随机应变、因势利导云云，如果出于儒家口中一样不会让人觉得诧异。——汉成帝的时候，又发生日蚀了，伴随着的还有不少灵异现象，此时正值皇帝宠爱许皇后，可许皇后连生两个孩子都是早夭，于是大家就把天灾应到许皇后身上了。许皇后文化程度比较高，受了委屈不服气，给皇帝写了一封长信申诉，而皇帝则采纳了刘向和谷永的意见来坚定作答。刘向其人前文已经做过一些介绍，他是西汉末期顶尖的一位儒家大师，研究《春秋》极为透彻。皇帝这封渗透了刘向等人专业意见的回复里说了这样一段话：

> 世俗岁殊，时变日化，遭事制宜，因时而移，旧之非者，何可放焉！君子之道，乐因循而重改作。昔鲁人为长府，闵子骞曰："仍旧贯如之何？何必改作！"盖恶之也。《诗》云："虽无老成人，尚有典刑，曾是莫听，大命以倾。"（《汉书·外戚传》）

意思是说：世道会变，风俗也跟着会变，以前的东西如果与时代已经格格不入了，那我们就应该与时俱进。——然后是一句和师丹差不多的话："君子之道，乐因循而重改作。"紧接着举例说明，用的是《论语》里的一段：鲁国翻修金库，孔子的学生闵子骞说："照老样子来就行了，何必改头换面再加工呢？"《论语》在闵子骞这句话的后面还跟了句孔子的评论："闵子骞这小子平时不大说话，可一说话就说到点子上。"[16]

接下来又引述《诗经》片段，这一段出自《诗经·大雅·荡》，按照《毛诗序》的旧解，全诗是哀叹周厉王的无道。我把相连的前边几句一起引出来，意思就更容易看明白了："文王曰咨，咨女殷商。匪上帝不时，殷不用旧。虽无老成人，尚有典刑。曾是莫听，大命以倾。"意思是：周文王说：唉，你们殷商啊，怎么说你们才好呀，你们落到这一步不是上帝的错，都怪你们不用老规矩和元老重臣。虽然老成人没有了，不是还有制度和法规么，可你们就是不用这些，结果国破家亡了不是？

《论语》和《诗经》都是儒家的重要典籍，用这两部典籍来论证因循之道，看来汉朝的儒、道之别未必真有那么分明，至少"因循"这个大原则是两家通吃的。

果真如此的话，这又引出来一个要命的问题："因循"未必就是"清静无为"呀？！

（五）

到底谁才是奴隶？

《汉书·食货志》载董仲舒上书言事：

《春秋》它谷不书，至于麦禾不成则书之，以此见圣人于五谷最重麦与禾也。今关中俗不好种麦，是岁失《春秋》之所重，而损生民之具也。愿陛下幸诏大司农，使关中民益种宿麦，令毋后时。

……古者税民不过什一，其求易共；使民不过三日，其力易足。民财内足以养老尽孝，外足以事上共税，下足以蓄妻子极爱，故民说从上。至秦则不然，用商鞅之法，改帝王之制，除井田，民得卖买，富者田连阡陌，贫者无立锥之地。又颛川泽之利，管山林之饶，荒淫越制，逾侈以相高；邑有人君之尊，里有公侯之富，小民安得不困？又加月为更卒，已，复为正，一岁屯戍，一岁力役，三十倍于古；田租口赋，盐铁之利，二十倍于古。或耕豪民之田，见税什五。故贫民常衣牛马之衣，而食犬彘之食。重以贪暴之吏，刑戮妄加，民愁亡聊，亡逃山林，转为盗贼，赭衣半道，断狱岁以千万数。

这一段里，先是董仲舒研究《春秋》的一个学术成果——《春秋》对别的粮食不予记载，只对麦子和禾格外留心，这两者如果不"成"，就一定记录在案。

什么是"成"？就是"熟"，我们现在把这两个字连起来用，叫作"成熟"。至于"禾"，就是小米，《说文》称之为"嘉谷"，可见它在古代地位之高。董仲舒说，《春秋》如此记载，想来圣人在五谷之中唯独重视麦子和小米，但如今的情形是：关中民俗不喜欢种植麦子，哎呀呀，这可不符合《春秋》的宗旨哎，请陛下以行政命令使关中百姓改种麦子。

——看来春秋大义真是无所不包，就连在农业上都有发言权。董仲舒继续说：古时候政府向老百姓收税，税率不过十分之一，老百姓并不觉得负担重，草民们的财力内足以供养父母，外足以供养君主，下足以养得起老婆孩子，所以大家都还愿意侍奉君主。到了秦朝，风气大变，使用商鞅之法，更改传统制度，废除了土地国有制（井田制），从此民间可以买卖土地，于是土地兼并日益严重，富人置办了数不清的房地产，穷人却连立锥之地都没有。不但如此，富人还垄断了山泽之利，穷奢极欲，结果富人愈富，穷人愈穷，贫富两极分化。这个社会呀，绝大多数的财富都集中在绝少数人的手里，老百姓哪能不穷困潦倒呢？更别提那没完没了的劳役和兵役，老百姓在这方面的负担能有古时候的三十倍之多。田租也高，人头税也高，对重点商品政府还搞垄断专卖，赚取暴利，这给老百姓造成的负担能有古时候的二十倍之多。穷人给大地主种地，要给地主上交百分之五十的收成，所以穷人的日子真是猪狗不如啊！这还不够，还没说贪官污吏呢——这些坏东西只顾自己贪好处，随意虐待老百姓，逼得多少老百姓逃亡到深山沟子里去当了强盗啊。严刑峻法也是社会一害，搞得赫衣半道（成语出处），每年审理的案件多达千万件。

——董仲舒咬牙切齿地控诉这万恶的旧社会，紧接着说了一句："汉兴，循而未改。"这可真是了不得的一句话，如果汉朝的"无为而治"是因循秦朝的旧办法，老百姓可能更希望刘家政府能够"有为而治"呢。

无论如何，休养生息确实是休养生息了，汉朝接连几代皇帝并未像秦始皇那样大搞政府工程（虽然也有，但总算少多了），但董仲舒文中提及的土地兼并、贫富两极分化这些问题却被一道"因循"下去了。这就有几个问题要问，问题一：土地兼并如果当真这么严重，那就必然会产生大量的无地农民，而这些人都到哪里去了，总不能全都做了强盗吧？问题二：汉初明明是中国历史上最为著名的减轻农业税的时期，汉文帝的时候曾经一度干脆全部免除了农业税，董仲舒凭什么说田租过高，凭什么说佃农要交地主百分之五十的收成呢？

回答这两个问题之前，先来交代一下董仲舒此文的写作背景。

董仲舒这次上书正是在汉武帝建立丰功伟绩的大背景之下。我们后人看着汉武帝开疆拓土，战功赫赫，展我大汉雄风，民族自豪感油然而生，可你若当真生活在汉武帝时代，很可能会觉得糟糕透顶。

我们很多人并不知道温和的汉宣帝是何许人也，只对汉武帝崇拜得无以复加；并不知道"仁宣致治"是个怎样的时代，却仰慕明成祖的无上光辉。也许爱德华·吉本在描述古罗马那位"极端好名"的图拉真皇帝时所感叹的一句话直到现代依然适用："在人类对自身的杀戮者发出的欢呼声仍高于对人类的造福者的情况下，对显赫军功的追求便将永远是最伟大人物的一大罪行。"⑰在这里吉本唯一错误的是："显赫军功"仅仅是"罪行"的一个方面而绝非全部，其他诸如统治者浩大的面子工程、随心所欲的财政措施，还有特异功能大师屡屡出入皇宫所造成的巨大耗费等等，反正皇帝心意所至大手一挥，几十万、上百万老百姓就得劳师动众、受苦受累。当然，只有在"阅读历史"而非"创造历史"的时候，人们，尤其是伟人们，才容易生出另样的心态——毛泽东《〈伦理学原理〉批语》："吾人览史时，恒赞叹战国之时，刘、项相争之时，汉武与匈奴竞争之时，三国竞争之时，事态百变，人才辈出，令人喜读。至若承平之代，则殊厌弃之。非好乱也，安逸宁静之境，不能长处，非人生之所堪，而变化倏忽，乃人性之所喜也。"

草民们的所有苦难或许都是理所当然的，因为，正如"他的名姓、他的财富、他的荣誉，全都不过是一位主子的赏赐，那么这位主子便也可以完全公正地收回他赐予的一切"（爱德华·吉本语）。既然休养生息、文景之治全都不过是刘家主子的赏赐，既然全天下都不过是刘家一姓的私产，那么继任的刘家主子便可以完全公正地收回他的祖父辈赐予草民们的一切。吉本对罗马帝国的议论放在任何帝国之中都是恰如其分的："这些帝王的一举一动总会得到过当的报酬，这里有他们的成就所必然带来的无边的赞颂，还有他们对自己善德感到的真诚的骄傲，以及看到自己给人民带来普遍的幸福生活而感到的由衷喜悦。但是，一种公正但令人沮丧的思绪却为人类这种最高尚的欢乐情绪增添了酸楚的味道。他们必然常常想到这种完全依赖一个人的性格的幸福是无法持久不变的。只要有一个放纵的青年，或某一个猜忌心重的暴君，滥用现在被他们用以造福人民的专制权力，直至毁灭它，那整个局势就会立即大变了。元老院和法律所能发挥的最理想的控制作用，也许能有助于显示皇帝的品德，却从来也无能纠正他的恶行。军事力量永远只是一种盲目的无人能抗拒的压迫工具；罗马人处世道德的衰败，必将经常产生出一些随时准备为他们主子的恐惧和贪婪、淫乱和残暴叫好的谄佞之徒和一些甘心为之效劳的大臣。"⑱

常见有人拿汉朝和同时代的罗马做对比，对比两者国力的强盛或军事力量的高下，我总觉得吉本这段议论是最值得来做对比的。吉本这十八世纪的深邃洞见中唯一略嫌遗憾的是：所谓"罗马人处世道德的衰败"相对于"经常产生出一些随时准备为他们主子的恐惧和贪婪、淫乱和残暴叫好的谄佞之徒和一些甘心为之效劳的大臣"恐怕未必仅仅是鸡生蛋的简单因果关系——以我们二百年后的眼光来看，鸡生蛋固然不假，蛋生鸡同样为真，从更加宽泛的意义上说，专制体制必然导致道德衰败，必然造成"最坏的人当政"（哈耶克语）的局面。

好了，交代过这些之后，现在我们就来看看问题一：土地兼并如果当真这么严重，那就必然有大量的无地农民，这些人都到哪里去了，总不能全都做了强盗吧？

这个问题很容易理解：那年头的农村，没什么社会保障体系，农民享受不到医疗和养老保险，小农经济的效益从来都不好，一家人能不挨饿就已经烧高香了，那么，当农民遇到马高蹬短的时候，能有什么办法呢？——比如说，家里有人生病了，或者是孩子考上大学了，反正都是用钱的地方，孩子不上大学倒也无妨，但病人总不能袖手不管吧？可家里唯一值钱的东西就是土地，为解燃眉之急，只好卖地。等渡过难关之后，新的难关就出现了：没有土地的农民该如何生活？

想来想去，大约有三条路可走：一是做土匪去；二是投靠地主做佃农；三是卖身为奴。——只要农村的基本问题解决不了，加之土地可以自由买卖，那么，这三条路也就是顺理成章的了。久而久之，自由农越来越少，而土匪、佃农和奴婢却越来越多，贫富两极分化自然跟着越来越严重。这个问题，即便靠自由放任主义那种我们心目中的道家思想也是解决不了的，如果政府一直"无为"下去，一直放任不管，总有一天会酿成重大的社会危机。因为"无为而治"的自由放任主义的前提是小国寡民加上小国林立，也就是西周及其之前的那种社会形态，而等生产力发展、国家规模发生质变之后，再搞那一套就成了刻舟求剑了。

但是，"无为"虽然不行，"有为"也未必就能搞好。社会背景与当局政策一方面逼迫着穷人卖地，进而卖身，一方面又激励着富人霸占小农的土地和收买小农为奴——尽管政策的本意是要把事态导向相反的方向。

有一篇大家很熟悉的文章，《古文观止》收录的晁错的《论贵粟疏》，我前边讲的这些问题正是晁错当年忧虑的问题。晁错终于想出了办法，提出了重农抑商的具体措施，主要就是鼓励老百姓多向政府交粮，多交粮不但可以获得爵位，还可以有限地免罪。——看上去很有吸引力哦，多交些粮食就能当爵爷了？！

这得解释一下：汉朝的爵位制度也是承袭秦制而来的，爵位不像我们一般人想象得那样高不可及，事实上，爵位一共约有二十个级别，有些时候简直就是全民皆爵。爵位从低到高相应有不同的好处，比如免除徭役什么的，商鞅当年就靠这些手段鼓励秦国人种地和打仗，爵位就像对粮食收成和敌人首级的提成。

晁错提出的这个以粮食换爵位的办法看上去是有利于农民的好政策，可问题是，当时的小农经济效率很低，想要亩产千斤粮根本是不可能的，小农民一家一户再怎么勤劳也就是那么一点儿的收成，不会有多少余粮，哪有可能上交多少来换取爵位呢！

小农做不到，地主却做得到，因为他们土地多，劳动力充足，剥削适度，有规模效益等等。于是，晁错这个本意是利农的政策真搞起来之后，却只能有利于地主豪强了，而且还鼓励了地主豪强去加大土地兼并和收买奴隶的力度，这与政策的初衷整个儿是背道而驰的。⑩

所以，汉朝的奴隶数量是惊人的。在社会性质上，如果按照中国传统的定义，秦朝是个分水岭，秦以前的周代和商代都是封建社会，秦朝开始变为专制社会，直到清朝。按照现在的教科书定义，中国的历史分期是原始社会—奴隶社会—封建社会—半封建半殖民地社会—社会主义社会—共产主义社会。在这个新标准的历史分期里，奴隶社会和封建社会的分野到底在哪里，这个问题至少从1920年代就开始有争论了，1949年以后仍然被史学专家们继续争论着。其中有一伙专家就认为中国是在魏晋时代才进入封建社会的，而两汉时代应该算作奴隶社会。

汉朝的奴隶主要来源不是从战争中获得的俘虏，而是土地兼并之后无立锥之地的破产农民（我们不妨想想温铁军含蓄提过的在农村出现的"人身依附关系"）。汉朝有了发达的商业和工业，所以对奴隶的需求量是很大的，比如开山采矿（当时还不流行私人煤窑），动用的奴隶可能就得成千上万，奴隶主从中大量获利，因此可以傲视王侯。

不只豪族和大地主拥有奴隶，小门小户一样可以有奴隶，比如一个三口之家就可以买个女奴什么的，像电影里那些女孩子卖身救父，只要你可以付得起钱，就算你是个小小草民，一样可以买了她。

另一方面，奴隶并不全是苦大仇深的，所谓干的是牛马的活儿，吃的是猪狗的饭，手脚上全是镣铐云云，那是文艺作品有意的加工。当然，奴隶的日子肯定不好过，可豪门里的奴隶却过得很可能比一般的自由民舒服一些。那么，是选择贫穷的自由生活，还是选择放弃自由以换取宽裕一些的日子？面对这个问题的时候，不少人都选择了后者。

不过呢，我们还不能轻下结论，要知道，说了半天"奴隶社会"，可到底什么才是奴隶，并不是件不言而喻的简单事情。

如果按照亚里士多德在《政治学》里所下的定义，奴隶应该是这样的：

1.任何人在本性上不属于自己的人格而从属于别人，则自然而为奴隶；

2.任何人既然自己成为一笔财产（一件用品），就应当成为别人的所有物；

3.这笔财产在生活行为上被当作一件工具，这件工具和其所有者是可以分离的。

这真是个耐人寻味的定义呀。我们再考之古希腊给奴隶以自由之身的文件，奴隶被授予下述四项权利使之免除奴隶的身份：

1.该奴隶被赋予了法律地位，使之成为社会内被保障的成员之一；

2.免遭任意的逮捕；

3.有自由选择工作的权利；

4.有自由迁徙的权利。⑳

我们反过来推论一下，不符合上述四条之一的人应该被视作奴隶，那么，奴隶社会和封建社会的分野问题就该被重新讨论了。——是呀，"奴隶"是不可一概而论的，日子过得饥一顿、饱一顿的未必就不是"主人"，有好吃好喝的也未必就不是奴隶，梅因就曾经做过仔细的辨别："罗马法由于受到了'自然法'理论的影响，把奴隶日益看作一件财产的趋势得以停止发展，从而凡是深受罗马法律学影响并准许有奴隶的地方，其奴隶的状态从来不是悲惨得难堪的。我们有大量的证据，证明在美国凡是以高度罗马化的路易斯安那州法典为其法律基础的那些州中，黑种人的命运及其前途，在许多重大方面都比以英国普通法为其基础的制度之下的要好得多，因为根据最近的解释，在英国普通法上'奴隶'是没有真正的地位的，因此也就只能被认为是一种物件。"㉑

梅因所谓的罗马"其奴隶的状态从来不是悲惨得难堪的"，我们还可以找来六世纪罗马查士丁尼皇帝的《法学总论》一同参考——其中虽然规定了"无论哪个民族，主人对于奴隶都有生杀之权"，却同样有禁止肆意虐待奴隶的规定，甚至准许奴隶"如果认为主人的严酷难以忍受，可以强制主人在公平合理的条件下出卖奴隶，主人可以取得其价金"，从罗马皇帝对相关案件的批复来看，那时候的奴隶确实（也许不是全部）享有着这样的权力。如果我们能像孔子他老人家那样在身边做"正名"工作的话，或许会发现户口本上的一些男性"户主"说不定经常在家里跪搓板呢。

于是，把日本学者木村正雄的一些意见拿到这里来看最是耐人寻味不过："中国古代……所有的人民基本上被纳入所谓国家生产体之中，作为国家的劳动力而隶属于国家……人民……不能形成独立的生产体。从而在经济上、政治上、社会上都不能完成自由和独立，基本上作为国家的劳动力，为出生地的户籍所束缚（编户之民），没有迁徙自由（本籍主义），税役等按人头缴纳（直接的、个别的、人头的支配），处于国家的支配、隶属之下（人身支配）。"㉒另外，在对中国充满谬见的《历史哲学》一书当中，黑格尔对这个问题却贡献了一个虽不严密却也精当的意见："……在中国，既然一切人民在皇帝面前都是平等的——换句话说，大家一样是卑微的，因此，自由民和奴隶的区别必然不大。"㉓

黑格尔在同一本书的另一段里写道："……这里要注意的，就是家庭关系的外表性，这几乎等于一种奴隶制度。每个人都可以出卖他自己和子女，每个中国男子都可以购买他的妻妾。只有嫡妻是一个自由的妇人。侧室都是奴隶，遇着抄家充公时得被没收，就像儿童和其他产业一样。"㉔——这依旧是个不够精确的表述，但它的确说明了这样一个基本的道理：一个美好字眼所定义的东西并不一定就像这个字眼本身一样美好。

《礼记·檀弓》预先为黑格尔做了一回注解：

> 子柳之母死，子硕请具。子柳曰："何以哉？"子硕曰："请粥庶弟之母。"子柳曰："如之何其粥人之母，以葬其母也？不可。"

子柳的亲妈死了，家里要办丧事。需要交代一下：子柳是家里的嫡长子，子柳的爸爸早已经死了，现在亲妈又死了，按礼仪之邦的规矩，子柳就成了家里拿主意的人了。

子柳一母同胞的弟弟子硕来找哥哥，说要置办丧礼用的器具。子柳说："咱家这么穷，哪儿有钱置办那些东西呀？唉，这年头，死也很辛苦啊！"

子硕倒真有主意："哥，你能做主，咱们把庶弟的妈给卖了，这不就有钱了么！"㉕

——所谓"庶弟的妈"，就是说子柳的爸爸还有小老婆（不知道有几个），小老婆已经生了儿子，小老婆生的儿子就是子柳和子硕的"庶弟"。现在，子硕要葬自己的亲妈，为了凑丧葬费，就出主意要把庶弟的妈给卖了。

子柳以为不妥："为了给自己的妈妈凑丧葬费，就把别人的妈妈给卖了，这也太损了，咱可不能这么干！"

——子柳阻止了子硕的损主意，可是，既然子柳在《礼记》里作为正面典型，按照常理判断，子硕那样的做法恐怕才是当时社会的通则。

再来看看问题二：汉初明明是中国历史上最为著名的减轻农业税的时期，汉文帝的时候一度干脆全部免除了农业税，董仲舒凭什么说田租过高，凭什么说佃农要交地主百分之五十的收成呢？

这是现代社会同样面临的经济问题。那就先讲一个现代社会的例子好了。1990年，美国加征10％的奢侈品税，征税对象包括游艇、私人飞机、豪华轿车之类的东西，这种加税看上去并没有增加中低收入阶层的负担，而富人多向社会承担一些责任也是理所当然的。可事情的结果是，不但政府的最终征税额远远低于预计水平，而且，倒有不少低收入者呼吁取消这个奢侈品税。这是怎么回事呢？

原因是：奢侈品的需求弹性高，也就是说，需求量对价格的变动非常敏感，而一件奢侈品的销售虽然仅供一位富人（及其少数的家人和朋友）享用，可在它的生产和销售过程中却养活了一大批工人和职员。

这就是税收的"归宿"和"转嫁"问题，本来想劫富济贫的奢侈品税却"转嫁"到了并不足够富裕的奢侈品的生产者和销售者身上，这些生产者和销售者才是这项新增税收的最后"归宿"。

同理，汉文帝的时候确实一度免除了全部农业税，而且汉初多数时间对农民一直实行很低的税率，但这事和第一个问题有很大的关联：土地兼并导致破产农民变成佃农或奴隶，而政府的税收就不再直接落到他们身上了，而是落到了地主和奴隶主的身上。就拿三十分之一的税率说事吧，政府向地主征的税是三十分之一，但地主向佃农收多少粮食却是地主说了算的——于是，地主向佃农按自己认为的合适尺度收了百分之五十，向政府上交了三十分之一。我们来换算一下，政府税收占了大约3%，地主的地租收入占了大约47%，佃农自己剩余50%。农民在土地和收成不变的情况下，如果自己是自由农而不是佃农，那他在向政府上交3%之后，应该剩余97%才对。这就看清了，政府的低税率本意是要照顾农民，可实际执行起来却更多地便宜了地主。拿道家的思想来看，政府如此的低税率，甚至是零税率，实在够得上"清静无为"的标准了，结果却又一次事与愿违。

应该承认，在以上两个问题上的"清静无为"确实使社会财富总量获得了相当大的增长，但也造成了严重的贫富两极分化。政策虽然总在强调重农抑商，但"重"既没有重在点子上，"抑"同样没有抑在点子上，于是，"重"与"抑"的种种"有为"最后全都成了"胡作非为"。

（六）

《管子》，两千年前的前卫经济思想——"礼仪三百，威仪三千"——法礼之辨——国家利益、集体利益、个人利益——善恶与习俗——不相信天堂，但信仰天堂

宽泛来说，重商还是抑商，这也算是儒、道之争的一个焦点问题。儒家始终是坚持以农为本、重农抑商思想的，而《老子》也宣扬小国寡民的农耕传统社会之道，只是，我现在要说的道家指的是托名管仲的《管子》。

《管子》一书，现在多认为是齐国稷下学者的作品，其间还有西汉人掺杂的内容，经刘向整理校订。《汉书·艺文志》把《管子》列入道家，而且在顺序上还排在《老子》《庄子》和《列子》之前。但是，唐代张正节的《史记正义》却引《七略》的话，说："《管子》十八篇，在法家。"——这就有趣了，《七略》的作者刘歆正是刘向的儿子，而《汉书·艺文志》又基本是以《七略》为母本的。再往后看，《隋书·经籍志》《旧唐书·艺文志》和《新唐书·艺文志》也都把《管子》列为法家，那么，《管子》到底是道家还是法家呢？也许"分不清楚"才是最接近正确答案的答案。㉖

《管子》有一篇非常独特的"侈靡篇"，专谈奢侈对于治国的重要性，公然宣扬要以骄奢淫逸为荣，这在古代社会真是惊世骇俗的思想。（拿到现代来看也够前卫呢！）

《管子》在体裁上的设计是齐桓公和管仲之间的为政问答，"侈靡篇"也不例外：

问曰："古之时与今之时同乎？"

曰："同。"

"其人同乎？不同乎？"

曰："不同。可与政诛。佶尧之时，混吾之美在下，其道非独出人也。山不童而用赡，泽不獘而养足。耕以自养，以其余应良天子，故平。牛马之牧不相及，人民之俗不相知，不出百里而求足，故卿而不理，静也。其狱一踦腓一踦屦而当死。今周公断指满稽，断首满稽，断足满稽，而死民不服，非人性也，敝也。地重人载，毁敝而养不足，事末作而民兴之；是以下名而上实也，圣人者，省诸本而游诸乐，大昏也，博夜也。"

问曰："兴时化若何？"

"莫善于侈靡；贱有实，敬无用，则人可刑也。故贱粟米而敬珠玉，好礼乐而贱事业，本之始也。珠者阴之阳也，故胜火，玉者阴之阴也，故胜水，其化如神，故天子臧珠玉，诸侯臧金石，大夫畜狗马，百姓臧布帛。不然，则强者能守之，智者能牧之，贱所贵而贵所贱。不然，鳏寡独老不与得焉……"

《管子》这书是出了名的怪字多、错简多，难读难解，我可不敢保证自己的解释就是对的，有些句子我还根本解释不出来，只能说个大意，反正原文在上，谁要不放心可以参考一下。

齐桓公问："古代的天时和现代的天时是一样的吗？"

管仲说："是一样的。"

齐桓公问："那古代的人类社会和现代的人类社会是一样的吗？"

管仲说："这可就不一样了，我们可以从政务和刑罚这两方面上来看。帝喾（kù）和尧的时代，山里有好多值钱的东西都没人开发，这倒不是因为帝喾他们的执政水平有什么过人之处，而是因为山上的树木用不着砍光就足够用的，河里的鱼用不着捕尽就足够吃的。人们耕田种地，收成足够生活，多余的部分供养天子，所以天下太平无事。放牧牛马的人不会在道上相遇，不同地方的风俗习惯互不相知，人们讨生活也用不着到远处奔波。所以，虽然有官吏却没多少事可做，政务清静简单。至于犯罪的人，让他两只脚分别穿上两只不一样的鞋就算是惩罚了。而到了周公执政的时候，砍断的人手、人脚和人头堆满台阶，可人民还是不驯服。贪生怕死是人的天性，人们之所以铤而走险，是因为日子实在过不下去了。社会发展了，人口增加了，耕地相对减少了，活命越来越不容易了……"

——《管子》这一段的内容和儒家思想针锋相对，虽然也承认尧舜的上古时代是黄金时代，但认为其原因不是在于尧舜的圣明，而在于当时特殊的社会阶段（地大物博人口少）。至于刑罚，《管子》提到的"他两只脚分别穿上两只不一样的鞋就算是惩罚"，这叫作"象刑"，儒家知识分子也常常提起，但《管子》这里认为象刑的出现在于客观原因，而儒家一般则认为象刑是出于圣王的仁政，只有荀子这样特立独行的家伙才质疑象刑不可能是上古时代的刑罚。[27]还有一点最为儒家所不容的是，《管子》把儒家鼎力推崇的大圣人周公，也就是那位被传为制礼作乐的周公，说成是一个残暴酷虐的家伙。不过这八成也是实情，因为即便在儒家典籍里，周公制礼虽然是"礼仪三百，威仪三千"，但恐怕同时还制订了同样多数量的刑罚条例。

"礼仪三百，威仪三千"这话出自《中庸》，古代专家一般的解释是：礼仪当中纲领性的东西有三百条，具体细节规定有三千条。如果这样解释的话，"礼仪三百，威仪三千"也就同于《礼记·礼器》中的"经礼三百，曲礼三千"，朱熹的《四书集注》就是把"威仪"解作"曲礼"的。但这个数字很容易让人联想起《尚书·吕刑》中的"五刑之属三千"——要留心的是，这是说割鼻子、砍脚等等这五类重刑的相关法律条文有三千条，可不是说全部的刑法有三千条哦，那些罚钱和抽鞭子之类的小惩罚是不包括在内的——这是西周的事，够吓人的吧。

数字的记载既然相同，其间可能还真有联系。王充《论衡·谢短》说："古礼三百，威仪三千，刑亦正刑三百，科条三千"，照他的话说，古代礼仪是三百项纲领、三千条细则，刑罚也是三百项纲领，三千条细则，所以礼和刑是一一对应的，一个人如果违反了哪一条礼，也就同时触犯了相应的刑，这就是"出于礼，入于刑，礼之所去，刑之所取，故其多少同一数也"。——这是汉人的一种流行看法，礼和刑是一枚硬币的两面，两者在具体条文上是一一对应的，这就叫"礼之所去，刑之所取，失礼即入刑，相为表里者也"。（《后汉书·袁张韩周列传》）

经学在这里对政治屡屡发生影响，每当刑罚过滥的时候，或许就有慈悲的大臣出面，请求把超出《尚书·吕刑》之外的刑罚条目给撤销，皇帝有时候也乐于展示一下自己对子民的关心，对大臣的提议也就欣然恩准了。可话虽如此，《尚书·吕刑》却只是泛泛一提，绝对没有把所谓的三千条给一一列举出来，那么，后人又根据什么来实际操作呢？㉘

是不是有人想到了：礼和刑不是一一对应的么，查查《礼记》什么的不就有参考了？但问题是，《礼记·中庸》的"礼仪三百，威仪三千"也同样只是泛泛说说而已，虽然礼仪规范流传下来不少记载，可哪本书也没有一条条标明序号地列满三千条出来。东汉大学者郑玄注《礼记》的时候就说："礼篇多亡，本数未闻，其中事仪有三千也"，古代文献历尽风波，并没有完好保存下来，谁知道那三百、三千都说的是什么呢？

由此又来了一个问题：刑也好，礼也好，真有三百、三千那么多么？太夸张了吧？！

——我们现代人可能真不容易理解，其实看看前些年流行的《首都市民文明公约》，就算现代的《礼记》吧，内容一共只有九条，每条里边又分四小条，每小条四个字，如果用古人的话说，这就叫"礼仪九，威仪三十六"——和"礼仪三百，威仪三千"对照一下，这反差也太强烈了吧！

我们看看"十三经"当中的"三礼"（《周礼》《仪礼》《礼记》），即便刨除《周礼》，把全部条目算下来比"威仪三千"只多不少，总字数几十万，加上历代注疏和各种教辅，总字数就得几百万上千万了。看看，想做一个合格的礼仪之邦的公民，要学的东西可真不少啊！——按照前文汪中和刘师培的观点，三百、三千、三十六、七十二这类数字古人一般都用作虚数，所以这里的"礼仪三百，威仪三千"有可能也只是虚数，但是，在礼仪的数量上，"三千"是虚数并不意味着实数就一定少于三千。——呵呵，这还不是最可怕的，咱们拿佛教的戒律比比，佛教号称"僧有三千威仪、六万细行；尼有八万威仪、十二万细行"㉙，这么多内容，是用好几辈子来学的。

但是，对于周代的老百姓来说，也许宁愿学习这复杂无比的"礼仪三百，威仪三千"，因为对他们来讲，刑律条文的数量很可能是和礼仪数量一般多的——严格些说，礼仪规范的数量是和割鼻子、砍脚这类大刑的律条数量一般多的，这才是最可怕的。所以，别以为礼仪条目多就是"礼仪之邦"，对应地还有同样多的刑律条目呢，对外和对上层社会来说这叫"礼仪之邦"，对老百姓可有点儿像人间地狱哦。周人虽有"保民慎刑"和"天下安宁，刑措四十余年不用"之说，实际的刑罚却很可能是相当严酷的。㉚但儒家为什么讲周公的时候大多只讲礼仪不讲刑律呢，大概原因之一就是"刑不上大夫，礼不下庶人"——礼仪是应用在贵族身上的，而刑律则是应用在普通百姓身上的，就算刑律再多、再恐怖，贵族们也不用担心。原因之二则是后儒对前贤的不断美化——还别说遥远的尧舜禹和夏商周很难考据清楚，就连王充身在东汉都切实感受到了这种美化力量，他说："光武帝的时候，有个叫贲光的家伙给皇帝上书，说：'当年汉文帝住在明光宫，全国只判过三个人的刑。'贲光这是建议光武帝学习汉文帝的仁政，可没想到西汉和东汉距离太近，而光武帝刘秀也是念过书的，他回答贲光说：'汉文帝不住在明光宫，当时全国判刑的也不是三个人。'"王充随后又语带讥讽地说道："等到千载之后，汉文帝那所谓的'住在明光宫，全国只判过三个人的刑'很可能就会被写进经书典籍，那时候相隔的时间太久了，大家也看不出这是后儒附会的瞎话，于是瞎话也就这么成为事实了。"㉛

　　前人常论礼就是刑，礼书就是刑书，至于周公当年的政治作为也确有明文记载的雷霆手段，这便给了后人以多角度言说的可能。儒家虽不觉得周公残忍，《管子》却不这么看。《管子》里边经常有一些特立独行的思想，前边引的那段已经够让人瞠目的了，接下来的这段思想更加极端——既然管子说过"现代"和上古时代虽然天时相同但人世已变，齐桓公便继续问道："怎样根据时代的改变来相应地改变政策呢？"

　　管仲马上就提出了那个惊世骇俗的论点："最好的办法就是倡导高消费，让大家都以骄奢淫逸为荣！"

　　齐桓公肯定就得一惊："管仲这小子，荣辱观错位不成？！"

　　管仲接着解释："要想控制住人民，就得轻视有实用价值的东西，而重视没有实用价值的东西，所以，应该轻视粮食而重视珠宝，轻视生产而重视礼乐……"后边那两句原文我实在理解不了，只好放过不论，好在"侈靡篇"后文还有不少论述，可作为这一段落的佐证与发挥，比如管仲对齐桓公谈到如何役使百姓的问题：

今吾君战则请行民之所重，饮食者也，侈乐者也，民之所愿也，足其所欲，赡其所愿，则能用之耳。今使衣皮而冠角，食野草，饮野水，庸能用之？伤心者不可以致功。故尝至味，而罢至乐。而雕卵然后瀹之，雕橑然后爨之。丹沙之穴不塞，则商贾不处。富者靡之，贫者为之，此百姓之怠生百振而食，非独自为也。

这段我也不全能看懂，大意是说：老板您要是想把手下的臣民使唤得得心应手，好比您想打仗吧，您就得重视大家重视的事情，诸如好吃好喝呀，奢侈享乐呀，这些都是人的欲望所在，你如果能满足他们的这些欲望，使唤起他们来也就顺手了，如果只有破衣烂衫和粗茶淡饭给他们，谁还会给您卖命呢？人要是心里不痛快，做事就难以做好，所以呢，吃饭就要吃好的，听音乐就要听好的，吃鸡蛋要先在鸡蛋上画上画再吃，烧柴火要先把柴火雕出花样来再烧。矿藏只要不封锁，商人们就坐不住，就会惦记着开矿赚钱。富人越是高消费，穷人就越是有事做。穷人就是这样靠着富人的奢侈而谋得自家的生计，不必依靠政府的赈济。这样的事情不是老百姓自己就可以做到的。

——看来管仲的意思是：靠富人的奢侈来给穷人创造就业机会，这倒和上文美国征收奢侈品税失败的事例中所蕴含的道理如出一辙。这段表露出来的其他意思还有：不讳言国君使唤国民的权谋技巧，强调争取民心的重要性——虽然争取民心并不是为了给大众谋福利，而是为了使国民能够更顺手地为我所用。对了，这个"为我所用"的"用"可是包含着打仗在内的。哎呀，这不分明就是厚黑学么，怎么也是道家思想呢？

再看看民心之争取，这一点更清晰地表现在《管子·白心篇》，比如：

难言宪术，须同而出。无益言，无损言，近可以免，故曰：知何知乎？谋何谋乎？审而出者，彼自来。自知曰稽，知人曰济。知苟适可，为天下周。内固之一，可为长久。论而用之，可以为天下王。

这段是说：法律这玩意儿不大好讲，总之呢，法律一定要合乎民意才可以公布出来。话不能多，也不能少，这大概就不会有人埋怨什么了。所以说：用不着要聪明，也用不着玩心计，只要法律是合乎民意而公布的，远方之人也会投奔而来。有自知之明就叫作稽，有知人之明就叫作济，……（熊逸按：这几句我也不明白是什么意思，从略。）……能够应用起来的，就可以做天下之王。

《管子》这里虽然玩的还是权谋，却阐明了一个至关重要的道理："法律一定要合乎民意才可以公布出来。"这句话背后的意思是：法律是社会习俗的产物，而不是某个"圣人"凭着异乎常人的理性而凭空创造出来的，也不是某个专制统治者为了一己之私利而强加于全体国民的。

事实上，不单是法，也包括礼，都是习俗的产物，按休谟的话说，就是"法律先于国家而出现"。至于习俗，多是漫长的社会发展中不经意地出现并成形的没有条文的制度，这些制度正是所谓自发的制度，人们对事情的不加思索的反应往往都是这类制度的体现。《管子》中成文法对不成文法的呼应或许也可以说是道家"无为"思想的一种体现，因为它诉诸社会习俗，诉诸社会众人普遍的道德观念，所以并不会出现这类的尴尬和冲突：当母系氏族阶段还在方兴未艾的时候，出台一部以"三从四德"㉒为理论基础的法律。

从这一点来看，《汉书·艺文志》把《管子》列入道家倒也是恰如其分的，司马谈归纳出来的道家的"因循"原则在这里得到了非常妥帖的表现，而儒家的立法（或说"立礼"）思想则截然不同——如果说《管子》是休谟式的，儒家在某种意义上则是笛卡尔式的，相信圣人具有绝对理性，可以凭空创制出一部放之四海而皆准的完美无缺的法典，并且，这部法典还将是永恒不变的。儒家的这种理想热情我们在历代井田制发烧友（比如张载和方孝孺）那里都可以看到端倪，而大有可能的是，"十三经"中那部鸿篇巨制而又相当具体而微的《周礼》，正是被儒家这种为人类社会设计宏伟蓝图的想法所激励出来的。

——但是，事情恐怕越来越复杂了：《管子》或许也有着笛卡尔的一面，只是表现方式和儒家不同罢了。比如"任法篇"说：

> 君臣上下贵贱皆从法，此谓为大治。

意思是：君臣上下无论贵贱都依法而行，这就叫作大治。

这句话很是了得吧，这不就是说在法律面前人人平等么！这样说来，法才是最大的，比君权还大，君主和老百姓一样要受法律的制裁，嗯，只是不知道这里边有多少宪法的意思，是否两千多年前的古人已经意识到有绝对的必要来限制政府的权力了？

这思想实在太先进了，但遗憾的是，我这么理解其实是断章取义，如果把这句话前边的内容给补上，意思就不一样了：

> 有生法，有守法，有法于法。夫生法者君也，守法者臣也，法于法者民也，君臣上下贵贱皆从法，此谓为大治。

意思是：有立法的人，有执法的人，有遵纪守法的人。立法的人就是君主，执法的人就是臣子，遵纪守法的人就是老百姓，君臣上下无论贵贱都依法而行，这就叫作大治。

这样看来，立法权完全掌握在君主的手里，他想制定什么法律就制定什么法律，想修改什么法律就修改什么法律，法律的最终解释权自然也在他的手里。再联系整篇的意思，所谓"君臣上下无论贵贱都依法而行"，看来是叮嘱君主立法的时候要考虑周到，最好一劳永逸，不可朝令夕改，你颁布的法令你就得有相应的严格要求。

那么，凭什么立法权就应该完全掌握在君主手里呢？他的脑瓜儿未必就比我们更聪明，考虑问题未必就能够面面俱到，就算他是不世出的天才，还难免会有犯错的时候呢，凭什么呀？

到底凭什么，这问题有两个解答。"任法篇"的答案直截了当：凭的就是君主有权有势，怎么着吧！

——还真没法怎么着，就算人家的立法伤害到你的利益了，可论人人家人多，论势人家势大，伤害你那还不是白伤害呗！

这个观念非常法家，强调君主的"势"和"位"，只要君主有能力保持自己的权势和地位，也就有能力、有合法性来统治国家、驾御臣民。法家对"势"的推崇正如伊索寓言里一则狼和羊的故事所说明的：小山羊站在屋顶上，看见狼从底下走过，便谩骂他，嘲笑他，狼抬起头，说："伙计，骂我的并不是你，而是你所处的地势。"——势之所在，羊也可以对狼呼来喝去的，可小羊一旦失了这个势，后果就很可怕了。

再说第二个答案，这是《老子》给出的答案："圣人恒无心，以百姓之心为心。"这句话的意思，河上公说是："圣人的高招就是因循，到了有必要改革的时候总是慎之又慎，所以才会显得没主意。"王安石解释的是："圣人没有私心，想人民之所想，急人民之所急。"㉝这就是说，圣人代表了最广大人民群众的最大利益。那么，如果说国家政治是以民为本，立法权自然应该掌握在人民手里，而人民实在太多，让这么多人一起商量立法无疑在技术上是不可能的，所以人民要以合理的程序选举代表，由人民代表来立法，这样的立法才能够体现和保障人民的利益，因此是具有合法性的。可按《老子》的道理来推论呢，人民代表只有一个，他就是圣人，虽然圣人并不是由广大人民群众依照正当程序选举出来的，但他无疑代表了最广大人民群众的最大利益，他完全没有私心，想人民之所想，急人民之所急，所以，立法权掌握在他手里实在是再天经地义不过的。

——呵呵，古人是不是太先进了哎？这或许只是他们的空想吧，他们能举出例子来吗？

《管子》真就举出例子了，第一个例子就是儒家极其推崇的大圣人——尧。

儒家的圣人到了《管子》这里会不会变成反面教员呢？不会的，尧照旧是位大圣人。《管子》说：尧治理天下，就像陶工制作陶器，想怎么做就怎么做，想把天下搞成什么样就搞成什么样，老百姓是招之即来，挥之即去，令出即行，禁下辄止，每个人都是国家这台大机器上的一枚螺丝钉，服从命令听指挥，就算受到不公正对待了也知道不该去给圣人添麻烦，自己忍了就完了。

尧圣人的确是垂拱而治啊，只抓大事，游刃有余。但《管子》毕竟属于道家，虽然歌颂了尧圣人的厉害，其实是为了烘托更厉害的黄帝。《管子》说：黄帝的治国之道比尧圣人还要高明得多，不用领导下命令，老百姓特别自觉。你要是想安排他们干什么活儿，不用分派，他们主动就会来干，积极性还非常高；你不想让他们干了，不用你说，他们主动就会下岗，毫无怨言，绝不给领导增加负担。黄帝之所以能做到这一步，是因为他的立法设计缜密周到，所以能够一直沿用下去而不加任何改变，老百姓也渐渐习以为常、习惯成自然了。（我们可以从这里再体会一下"无为之治"的含义。）

嗯，现在我们把上述两个答案结合起来看：圣人，如果拥有了最高的权势，占据了最高的地位，拥有了足够的御下的权力，并且毫无私心，代表了最广大人民群众的最大利益，那么，他当然应该拥有完全的立法权。

　　《管子》的思想虽然先进得让我们吃惊，但毕竟属于两千年前，经不起现代眼光的通盘审视：关于立法问题，它在一个细节之处就犯下了致命的错误。我们再来体会一下这句话："黄帝之所以能做到这一步，是因为他的立法设计缜密周到，所以能够一直沿用下去而不加任何改变，老百姓也渐渐习以为常、习惯成自然了。"㉞——看，司马谈所谓道家的核心精神"因循"现在出问题了：原本的"因循"是指承袭旧的习俗或法律，而无论这些旧货先进与否；这里的"因循"却是圣人制定了完善的、一劳永逸的法律，老百姓长期"因循"下去，终于把法律内化为道德标准。

　　如果后者成立的话，也就意味着《管子》有一只脚"不经意地"踏入了笛卡尔绝对理性的地盘了，从而站到了经验主义的对立面上。"任法篇"还有一处强化了这一点，说："仁义礼乐都是从法当中派生出来的。"嗯，这就有点儿倒因为果了。我们现在知道，礼也好，道德也好，都是社会习俗的产物，或者说就是社会习俗本身，而习俗则是人与人在漫长的分工合作当中不经意地产生的，习俗对人具有强大的约束力，这种约束力尽管是不成文的，却牢固地根植于每个人的心中，而成文的法律则是建基于社会习俗之上而逐渐形成的，法律的评判标准也正是因此而不会违背习俗，这也就是俗语所谓的"法意不外人情"。

　　按照郭沫若的解释，"法意不外人情"在《管子·枢言篇》里便已经有了一个绝佳的说法："法出于礼，礼出于俗"，也就是说：法的出处是礼，礼的出处是社会风俗。这是个非常先进的思想，不过《管子》原话是"礼出于'治'"，郭沫若认为"治"字写错了，应该是"俗"。㉟这就让人起疑了：如果"治"字没错，这句话可就不是这个意思了。

　　我们来联系一下上下文：

　　　人故相憎也，人心之悍，故为之法。法出于礼，礼出于治。治，礼道也。万物待治礼而后定。

　　当头这句话很能说明问题：人本来是互相憎恨的，人心凶悍，而为了使凶悍的、互相憎恨的人能够相安无事，所以必须要有个法。——如果承认这个前提，那么，"俗—礼—法"的逻辑就不大通畅了，反而"俗—礼—治"看上去更加合理一些。但无论如何，这里的法并没有否定礼，而且承认礼是法的根源和基础，这又和我们想象中的法家和道家之学不大类同了。至于"人本来是互相憎恨的"这个前提对与不对，嗯，现代社会理论一般认为习俗乃至礼法产生于人群的分工合作。

《荀子》有一篇"非十二子篇"，看标题就知道他是向其他学术权威公开叫板，其中提到慎到和田骈一派，批评他们说：

　　尚法而无法，下修而好作，上则取听于上，下则取从于俗，终日言成文典，反紃察之，则偶然无所归宿，不可以经国定分；然而其持之有故，其言之成理，足以欺惑愚众：是慎到田骈也。

　　意思是：这一派虽然推崇法制，对于"法"却没有一个明确的标准，向上迎合君主，君主说什么就是什么；向下则迎合民俗，民俗怎么样他们的"法"也就跟着怎么样。整天就纠缠在法律条文里边，却没有一定之规，治不了国，定不了事物的名分。可就这种歪理邪说吧，说起来还一套一套的，还真让听众不容易听出毛病来，骗那些没头脑的老百姓也算绰绰有余了。慎到和田骈就是这一歪理邪说的反动学术权威。

这里所说的田骈几乎已不可考，慎到的线索倒还多些，他也被尊称为慎子，我们后文还会遇到。慎到还有一句名言，是"礼从俗，政从上，使从君"[36]，大体也是上文里的意思，郭沫若说慎到和田骈一派是把道家理论向法家理论发展的一派，而且"严格地说，只有这一派或慎到一人才是真正的法家。韩非子的思想，虽然主要是由慎到学说的再发展，但它主要是发展向坏的方面，掺杂进了申子或关尹、老子的术，使慎到的法理完全变了质"[37]。

我们现在着重要关注的是立法过程，从《管子》来看也好，从慎到来看也罢，暂且抛开"上则取听于上"不谈的话，如果立法过程当真如此，那正符合先前所讲的道家"因循"原则。这样的法律，自然所惩戒的也就是习俗所鄙薄的，所褒奖的也就是习俗所鼓励的，法律和人们心中的道德原则水乳交融，人们遵纪守法一点儿也不会觉得吃力，反倒是自然而然的事情。

如果拥有完全立法权的圣人当真"以百姓之心为心"，把老百姓全都代表了，他的立法无疑能够达到同样的结果。可圣人如果同时具备了绝对理性和绝对权力，高瞻远瞩，设计出了一套至善至美的理想蓝图，老百姓要是照着蓝图去做就会动辄得咎了，自然就没有了道家的因循无为之功。——从黄老申韩之学的应用来看，这还真是历史上的部分实情，而且，这个问题早就被人质疑过了，比如，慎到就觉得，君主再怎么圣明到底也是个人，是人就难免犯错，所以君主不应该独断专行、事必躬亲，而要少做事、多任法，因为法制完备了，一切人与事都会各安其分，在法制框架内靠惯性运转。但慎到这些意思全在司法的范畴里，和他的立法思想放在一起，多少有点儿不和谐音。但无论如何，在现实世界里，君主毕竟不是看学者脸色做事的，聪明的统治者们虽然根本没有什么绝对理性，也根本不是全知全能，却终于在权势的强力之外为自己的立法权找到了另一番正当说辞，那就是所谓的国家利益、社会利益和集体利益——好了，既然这些利益理所当然应该被首要保障，那么，当个人利益和它们发生冲突的时候，自然应当主动让位，或者被毫不犹豫地牺牲掉。

——这番道理深得"任法篇"所讲的黄帝治国的核心精神：久而久之，老百姓终于习惯了，把这些道理内化为自己心中无可置疑的道德规范。这就是先有圣人立法，后有百姓因循，当老百姓终于真心接纳了这些东西之后，也就可以自觉地遵行圣人制定的路线了。圣人松了一口气：可算轻松了，我可以垂拱而治了，哈哈！

但是，如果追问一下：这些道理当真站得住脚吗？到底什么是国家利益，什么是社会利益，什么是集体利益？

霍曼斯是美国当代一位很有名气的社会学家，可就连他这位研究社会学的专家都搞不清"社会利益"或者"集体利益"到底何在，最后，他以一个反动学术权威的口气坚定地对我们说："有需求的是人而不是社会，这是明摆着的，如果我们真以为有这样的'社会需求'存在，那我们就会离真理越来越远。"

——霍曼斯的话听上去很荒谬是吧？我在前文讲过"前辈社会学家们常有犯这个错误的，他们认为只要把个人行为解释清楚了就可以把这些个解释推广到群体当中去"，呵呵，霍曼斯正是这样的一位前辈，咱们先拍他一砖再往下说。

嗯，我们很容易想象个人的利益，比如我这人很贪财，一门心思就惦记着怎么才能多挣些钱，所以，如果当真多挣钱了，我的利益就得到相当程度的满足了。可是，一个"全体"，根本就没有意识、没有思想，怎么会有利益呢？如果这个"全体"多挣钱了，它该怎么表示高兴的心情呢？——嗯，这样一想，好像全体的利益其实是这个全体的组成分子即一个的个人利益的总和，所以，"国家利益"是个含混的概念，它的精确表述应该是"国民利益的总和"，而社会利益和集体利益或许也是同样道理。以鼓吹"最大多数人的最大幸福"的边沁早就看着"社会"呀、"集体"呀这些概念不顺眼，觉得它们都是虚无缥缈的，而所谓社会利益、集体利益其实就是组成社会或集体的每一个人的利益的总和，而且，个人利益是先于集体利益的，如果连个人利益是怎么回事都搞不清楚，又怎能知道集体中所有个人利益的总和是什么呢？在这种情况下大谈什么集体利益，根本就是扯淡。——呵呵，这就是英国老牌自由主义者典型的反动观念。但是，由此会产生几个问题。问题一：虽然共处一个集体，每个人的价值观却很可能是不同的，甚至是大相径庭的——我虽然爱钱，但也有人不爱钱，同样，有人追求名誉，有人追求地位，等等不一而足；问题二：当你为了所谓国家利益而牺牲掉你的个人利益之后，突然发觉几乎所有的同胞都为了同样一个国家利益而牺牲掉了各自的个人利益，那么，这也就意味着确实存在着一个独立并高踞于所有国民之上的"国家"，这个"国家"确实有着自己的利益，这个利益也很有可能会与所有国民各自的利益相悖。嗯，换句话说，是否存在这样一种状况：所有国民的个人利益（无论短期的还是长期的）全都受到了损害，而"国家利益"却由此得到了增益？

或者，我们做一个相反的考量，比如说，某个集体是由100个独立的个人组成的，如果其中的10个人想要离开这个集体而另外组成一个小集体，这样做的结果会使全部这100个人每个人都在不损害自己原有利益的前提下获得更多的利益，那么，他们会做怎样一个决定呢？再想一下，那90个人该不该以"损害集体利益"为由阻止那10个人的离开呢？——可是，他们如果阻止的话，岂不是反倒损害了每一个人的利益了吗？那么，这个集体利益到底是个什么东西呢？

如果我们把这个假想的"集体"替换成"国家""国土"或者其他的什么，上述逻辑还会不会继续成立呢？

这个问题边沁曾经讨论过，他的真知灼见曾在马克思和恩格斯合著的《神圣家族》里被隆重地引用过：

> 我们只引证边沁驳斥"政治意义上的普遍利益"的一段话。"个人利益必须服从社会利益。但是……这是什么意思呢？每个人不都是像其他一切人一样，构成了社会的一部分吗？你们所人格化了的这种社会利益只是一种抽象：它不过是个人利益的总和……如果承认为了增进他人的幸福而牺牲一个人的幸福是一件好事，那么，为此而牺牲第二个人、第三个人以至于无数人的幸福，就更是好事了……个人利益是唯一现实的利益。"（边沁《惩罚和奖赏的理论》……1826年巴黎第三版第二卷第229、230页）[8]

边沁所忧虑的事情（应该也是马克思和恩格斯同样忧虑的事情）未必就只是理论的探讨而不会在现实世界中出现，事实上，近在眼前的历史似乎证实了前贤们这一先见之明——比如，我们可以看看1963年一篇著名的文章的摘录：

> 从1950年起，铁托就公布一系列法令，规定工厂、矿山、交通运输、贸易、农业、林业、公用事业等所有国营企业，都实行所谓"工人自治"。这种所谓"工人自治"的主要内容就是把企业交给所谓"劳动集体"自行管理，企业有权自行买卖和租赁固定资产。
>
> 1953年，铁托集团公布条例，规定"合伙的公民"有权"创办企业"，"雇用劳动力"。同年，铁托集团公布法令，规定私人有权购买国家经济组织的固定资产。
>
> 南斯拉夫报刊反映的大量材料证明，"工人委员会"只是一个徒具形式的"举手机器"，企业的"一切权力都操在经理手中"。
>
> 由于经理掌握和支配生产数据，并且掌握和支配企业收入的分配，这就使他们可以利用种种特权，侵占工人的劳动成果。
>
> 铁托集团自己也承认，在这些企业中，经理同工人之间不但工资悬殊，而且分红悬殊。有些企业，经理和高级职员分得的红利比工人高四十倍。"在某些企业中，一些领导人员领到的奖金总额，竟等于整个集体的工资总额。"

企业经理还利用特权，巧立名目，取得大量收入。接受贿赂，贪污盗窃，更是企业经理的一项大财源。

这些"工人自治"企业的生产数据，不是归某一个或者某几个私人资本家所有，而实际上是归以铁托集团为代表的包括官僚、经理在内的南斯拉夫新型的官僚买办资产阶级所有。这个官僚买办资产阶级，盗用了国家的名义，依附美帝国主义，披着"社会主义"的外衣，霸占了原来属于劳动人民的财产。所谓"工人自治"制度，实际上是处于官僚买办资本统治之下的一种残酷的剥削制度。

这篇文章在当时是以《人民日报》和《红旗》杂志编辑部的名义发表的，题目叫作"南斯拉夫是社会主义国家吗？"是当年的一篇名文，现在的年轻人可能不大了解了。

中国贤者对这个问题也早有认识：百年前的郭嵩焘，这位晚清社会里孤独的先知，在批评洋务派的时候说过一句极其中肯的意见："岂有百姓穷困而国家自求富强之理？"——也难怪郭先生一生孤独，如同一个箭靶子承受着全国上下的明枪暗箭，想那洋务派在当时已经是很前卫了，郭嵩焘却比他们看得更远、更准、更根本："今言富强者，一视为国家本计，抑不知西洋之富，专在民，不在国家也。"（郭嵩焘《与友人论行西法书》）在郭先生眼里，西洋之所以发达，政治体制是主因，有了那样的政治体制，才会有那样的工业技术，而中国的洋务派却舍本逐末，以为师夷长技就足以制夷，所以是注定走不长远的。

郭嵩焘说错了吗？

也许技术和经济可以脱离政治制度而独立发展，是这样的吗？

也许专制国家根本就不存在什么国家利益，更不存在什么人民利益，是这样的吗？

嗯，脑子被搅乱了没？现在再来想想前面的问题，应该怎么回答呢？

西蒙娜·薇依曾经做过一个通俗的比喻：虽然"集体"是非常值得尊重的，然而"……因此我们可以说，对一个处于危难中的集体的义务，会导致全部奉献（sacrifice total）。但并不能说集体就高于人的个体。……一个农民，在某些情况下，为了耕作其土地，会精疲力竭、陷入疾病乃至死亡。但他心里始终明白，这只是为了面包。与此相类似，即便是在全部奉献的时候，他对集体的尊重也无非是与对营养的尊重相类似。"——这就把集体利益还原到个人利益的头上，并且适度地黯淡了那个崇高词语的神圣光环，但是，事情还有着另外的一面："通常能见到的是角色的颠倒。某些集体，非但不能为人提供营养，反倒吞噬人的灵魂。在这种情况下，它就是社会的疾病，首要的义务是要去治愈它；这时，就需要动用外科手术的方法。"㊴

　　——任何集体也许都是可以被还原为个人的。孟子在两千多年前说过一句不大讨人喜欢的话："民为贵，社稷次之，君为轻"，后人在引用这句话的时候常常有意无意地把它简化成"民贵君轻"，完全忽略掉了中间那个"社稷"。㊵如果我们把这里的"社稷"一词做简化而与时俱进的理解，我们可不可以这样问问孟子："当国家利益和人民利益发生冲突的时候，你说该怎么办呢？"

　　这问题还真不是能轻易回答的，正如前文交代过的，一定要先搞清楚"国家"的性质才行，嗯，想想三十年前南斯拉夫的那些爱国主义者吧。——事实上，把国家捧到至高无上的位置是很晚近的时代才发生的，就算在西方，可能最早也就只能追溯到马基雅维利那里。——看上去有些奇怪，一个以赤裸裸的邪恶嗓音为专制君主大唱赞歌的家伙难道不去主张"君为贵"吗，咦，想想朱熹那套正人君子的学说正是被秦桧提倡起来的，难道说……

　　这正是马基雅维利令人费解的地方，我们一般熟知的是他的《君主论》，可在他的另一个大部头《论李维前十书》里，他却是一个彻头彻尾的共和主义者，他在这本书里告诉我们：为了保卫祖国可以不择手段——不论是施加暴行还是忍受屈辱，只要是对国家有利的，就要咬牙去做。

　　虽然马先生此刻所表现出来的形象是个热血的爱国者而不是无耻的权术教师，但他这些话依然让人觉得胆寒。作为对照，马基雅维利还攻击了法国人的态度，说他们虽然也主张不择手段——不论是施加暴行还是忍受屈辱，但目的却不是保卫祖国，而是为了保卫国王。马老师轻蔑地说：这些法国人认为，只要所做的决定不会令国王蒙羞就好，至于国家为此会承担什么代价，那都是国王的家事，是国王自己的事。

　　马基雅维利是文艺复兴时代的人，这个时代大体相当于我国的明朝，不算太远哦。想一想看，如果一位国王拥有一个国家，如同现代的一个大老板拥有一家公司，当竞争的压力使得公司无法继续维持的时候，他卖掉一部分股份又有什么不对的呢？

这似乎意味着，在私天下的时代里，一位国王/皇帝，卖一卖国也不算什么罪过吧？

可是，马基雅维利所不屑的"法国人"却做过一件令人大跌眼镜的事情：国王路易十六居然遭到了审判！——这就是在大家熟知的法国大革命期间发生的，路易十六被审的罪名是：作为一位被人民选出来的国王，却"对人民发动战争"，这是叛国，是背信弃义的行为！

审判词的背后隐藏着"契约社会"的理论，马基雅维利对这件事不知道会怎么想，可是，与《君主论》齐名的《利维坦》却告诉我们：国君是不可能叛国的，因为他就是国家主权的所有者，正如一位全资拥有一家公司的资本家即便彻底卖掉自己的公司，也算不上是对公司的"背叛"。

好了，重新看看前边那两个问题，有什么新的感觉呢？

——对这些问题先别去想怎样从学理上解释，中国帝王们当年也同样面临过这些问题，是呀，如果臣民们也这么来讨论，听起来可比较刺耳呀！所以，他们迫切需要的是在现实角度来做个了断。方法很简单：统一思想——如果大家心往一处想，劲往一处使，就不会有这些烦人的问题出现了。所以中国一进入专制社会，马上就有了秦始皇的焚书，接着又有汉武帝的"罢黜百家，独尊儒术"，嗣后又接二连三地有了科举取士，有了文字狱，连绵两千年不绝。这样看来，历史上有些因果关系真是环环相扣的呀，君子见一叶落而知秋，尝一勺而知鼎镬，推理即可。

问题还没完，再说一个：如果说对社会习俗的因循就是黄老道家"无为之治"的一种体现，可儒家同样讲这一套呀，比如说，儒家《荀子》所讲的甚至比道家《管子》更要"因循"。

《荀子》有一篇"儒效篇"，讲儒家对国家、社会的实际功用，其中说道：

以从俗为善，以货财为宝，以养生为己至道，是民德也。行法至坚，不以私欲乱所闻：如是，则可谓劲士矣。行法至坚，好修正其所闻，以桥饰其情性；其言多当矣，而未谕也；其行多当矣，而未安也；其知虑多当矣，而未周密也；上则能大其所隆，下则能开道不己若者：如是，则可谓笃厚君子矣。修百王之法，若辨白黑；应当时之变，若数一二；行礼要节而安之，若生四枝；要时立功之巧，若诏四时；平正和民之善，亿万之众而搏若一人：如是，则可谓圣人矣。

第一句就很重要："以顺应社会习俗为善，以财物为宝，以过好日子为最高追求，老百姓就是这样。"这句话对老百姓的道德下了个定义：什么叫作"善"？答案就是：从俗为善。也就是说，顺应社会习俗就叫作"善"，那么，"恶"在这里虽然没说，自然可以反推：违背社会习俗就叫作"恶"。

——这是一个看似不是问题而根本上异常复杂的问题，荀子的答案自然并非标准答案，我们哪怕只在故纸堆里随意地扫上几眼，也能轻易找出太多的质疑与解答，比如斯宾诺莎认为善恶无非是人的幻觉；活跃于十九世纪末期的民俗学者萨姆纳则提出了一个似乎颠倒了因果关系的惊人论断——"道德习俗可以使任何行为都成为正当的"；弗洛伊德倾向于良心的本质就是"社会性焦虑"；而尼采的看法似乎最具创意，他认为善恶的来源需要在社会的上层和下层之中分别分析，比如，对于高高在上的老爷们，"善"原本就是他们自发的自我肯定——他们判定自己是好人，所作所为也都是善事，以此来对立于那些粗俗卑贱的家伙。尼采考之古代希腊，发现"善＝贵族，恶＝奴隶"，后来是社会的动荡使得那些"粗俗卑贱"的家伙暗中颠覆词义，奴隶品格中的顺从和利他主义居然变成了社会公认的美德。尼采还把"良心谴责"看作一种痼疾，是暴力集团建立了人类历史上最早的国家（或类似的什么组织）之后，那些因此结束了自由的漫游生活的原始人类不得已把"自由的本能"锁进内心，而这种内心的张力才正是所谓"良心谴责"的萌发之地。——这里似乎有些神秘的"自由的本能"其实是一个广为大家熟悉的概念，也就是尼采的标签式概念：强力意志。（对这个古老的问题我们也许不必倾注太多的思考，因为，嗯，尼采的这些观点成形于1887年出版的《论道德的谱系》，仅仅两年之后他就精神分裂了，一直到死也没有恢复正常。呵呵，我可一点儿没有幸灾乐祸的意思。）最令人不快的想法也许要算蒲鲁东，他在《什么是所有权》（这是一部为马克思所激赏的著作）里直截了当地说："我们没有碰到可以使我们不同于禽兽的地方。"㊶

尤其耐人寻味的是，研究群体心理学的专家们冲上来横切一刀，使这个问题变得更加复杂了。他们会说，在对善恶问题做出判断之前，先要把"人"分成"个体"和"群体"，然后分别讨论。比如，莫斯科维奇为我们勾勒了一个似曾相识的图像："群体心理学不可避免地描绘了所有那些使权力不可忍受的特征：它对理智的蔑视、它的暴力、狡诈以及专横。而这副图景中所包括的民众的情形，其让人伤心失望的程度也毫不逊色。他们总是很愿意服从。他们是自身冲动的牺牲品；或者更准确地说，是自己的无意识的牺牲品。……"然后，他像是在用一种怪异的语气说道："在回答人类到底是善还是恶的老问题时，他们也说人作为一个群体的一部分是相当邪恶的……"㊷也许莫斯科维奇说的没错，我们想想看，一个善良可爱的邻家弟弟为什么会在汇入某些人民群众的洪流之后，眨眼间就变成嗜血狂魔了？㊸

当然，更多的人一般并不会把这当作多么复杂的一个问题，或者说，根本不把它当作一个问题。黑格尔教导我们说："假如我们要有所行动，那我们不但要存心为善，并且必须知道，究竟这是不是善，或者那是不是善。然而什么是善，什么是不善，关于私人生活的通常行事，是由一国的法律和风俗来规定的。要知道这种事情，并没有什么大的困难。"（黑格尔《历史哲学》）——嗯，"并没有什么大的困难"，这让我想起曾经看过的一则新闻，说一名妇女经营红灯区，终于被抓获了，记者问她有什么感想，她痛哭流涕地说："都怪我不懂法呀！"记者而后忠告大家：看看这个教训吧，难道我们不应该认真学习法律吗？——这新闻让我好生奇怪：这位老鸨在被捕之后才终于了解到经营红灯区是"违法"的，难道她从来就不知道这是"不对"的吗？果真如此的话，也就意味着社会风俗是认可红灯区的，并不觉得搞这样一个营生在道德上有什么不妥，而法律所规定的却和普遍的风俗习惯、和人们普遍的道德意识并不合拍，法律所惩罚的，习俗并不认为是错的？

对了，需要说明的是，这是一则国内新闻。——如果事情当真如此，那么，要知道善和不善就绝不是"并没有什么大的困难"了。再阿让被沙威追捕；梭罗因为反战而拒绝缴税，结果一再入狱；马克思参与撰写《共产党宣言》以作为共产主义联盟的纲领，而这个联盟在1848年的英国是一个十足的非法组织；其实何止违法，甚至"人没有权利杀害自己的弟兄，也不能以穿军服作为杀人的借口：这样仅仅在杀人罪之外又加上奴才行为的耻辱"（雪莱语）④……这些例子是举不胜举的，这样看来，黑格尔把法律和习俗不加甄别地摆在一起是否有失轻率呢？善与不善，在这里就只有个说不清楚的答案了。

——好啦，无论存在多少答案，至今占压倒优势的意见是：善与恶并非人类头脑中先天就有的观念，而是后天社会习俗的产物。再往深里想一层，那就是：当我们拍着胸脯说自己做某件事情是"凭着良心"，是"问心无愧"的时候，这个所谓的"良心"其实和前边讲到的国家利益和集体利益一样只是一个虚幻含混的概念，良心就是我们心中的道德观念，而道德观念体现的正是我们所生活的社会中的一般社会习俗。正如古老的蒙田所说："我们以为良心来自天性，其实它诞生于我们的习俗。"

是社会学的先驱涂尔干以严谨的学理分析给了我们比较明晰的解释，他提出了一个"集体意识"的概念——原始的社会群体的成员们出于共同的生活经验而形成了种种共同的观念，个体成员从"集体意识"当中体验到了对群体的归属感，而"集体意识"也逐渐形成了它的无形的强迫力量，这就是所谓的"良心"。

这样一来，良心也就有了时间和地域之分，如果我们生活在几百年前，也许会"凭着良心"把没有守节的寡妇私刑处死；如果我们生活在几百年后，也许会在阅读历史书的时候对二十一世纪很多人"问心无愧"的行为义愤填膺。古人的眼界没有现代人这么宽广，所以很多人都拿自己本地的习俗为标准，外人只要不符合这些标准就会被嗤之以鼻。比如汉人说匈奴人寡廉鲜耻，女人如果死了丈夫，居然会改嫁给丈夫的兄弟或者儿子——王昭君在呼韩邪死后就改嫁给了呼韩邪前妻的儿子，这在中原礼俗来说确实称得上寡廉鲜耻，可匈奴人也确实就是这个风俗，而且对男方来讲，这甚至还是应尽的义务，不这样做才是寡廉鲜耻的。所以在匈奴人来看，"继承"了哥哥的妻子，这就是"从俗"，也就是"善"。（其实周代的中原诸侯也有这种风俗制度，称为"烝"和"报"，容后再讲。）萨姆纳从民俗学研究中罗列过很多这样的例子，五花八门得令人骇然，仿佛这世间真的没有永恒的善恶标准似的。是呀，在我们通过观察和阅读而品评着他人的"历史局限性"的时候，我们自己又何尝不是处于另外的局限性之中？正如本尼迪克特所谓："谁也不会以一种质朴原始的眼光来看世界。他看世界时，总会受到特定的习俗、风俗和思想方式的剪裁编排。即使在哲学探索中，人们也未能超越这些陈规旧习，就是他的真假是非概念也会受到其特有的传统习俗的影响。"（本尼迪克特《文化模式》）

就拿我们自己来说，如果我们可以把眼界放得更宽广，放得更深邃，看到澳洲土著氏族有时甚至为了消除灾祸而全体互换妻子等等许多让我们瞠目结舌的例子时，就会知道李银河南京演讲中那些"伤风败俗"的言论虽然确实伤了我们的"风"，败了我们的"俗"，却未必就是荒谬的，因为我们的"风"与"俗"不过代表了我们所在的当时当地的一般社会观念，并非放之四海而皆准的是非原则，在时过境迁之后，"伤风败俗"也许就成了"移风易俗"呢。

伟大的涂尔干甚至论证出，人们心中哪怕最最毋庸置疑的观念都是带有相对性的——接受过系统的马哲教育的我们应该很容易理解这个道理。想想热点新闻里的李银河，其实无非是在不适当的时间和不适当的地点，面对不适当的人群，说了一些貌似十恶不赦的真知灼见。她的被妖魔化，正是因为她违背了"从俗为善"这个标准，正如当年鼓吹妇女解放缠足的前辈们也是他们自己的时代风俗中的恶人一样。（如果大家回顾一下伟大的恩格斯的《家庭、私有制和国家的起源》，绝对会认为李银河是个保守主义者。）这番道理在贝卡里亚的《论犯罪与刑罚》一书中说得相当到位，并且触及了事情的另外一面：

谁要是用哲学家的眼光来读一读各国的法典及其编年史，他就会发现：善良、罪恶、良民、罪犯这些名词随着历史的沿革所发生的演变，不是以在各国环境中发生的因而总是符合共同利益的变化为依据，而是以各不相同的立法者不断煽动的欲望和谬误为依据。他往往还会发现：某一世纪的欲望就是后来世纪的道德基础。强烈的欲望作为狂热和激情的产物，当它被使一切物质和精神现象归于平衡的时间所冷却和消蚀后，逐渐变成了后来的保守，变成了当权者和投机者手中的工具。

极其含混的名誉和道德概念就是这样形成的。它们之所以成为这样，是因为：随着时间的变化，概念本身发生了变化，事物的名称却保留下来；是因为：河流和山脉不但是某种实体的界线，而且也常常成为道德地理的界线，因而，这些概念也根据地理条件而发生变化。⑮

其实何止是最易受到文化背景影响的道德观念，就连"青春期冲突"这种历来被人视为先天使然的问题最后也被证明依然是文化背景的产物——玛格丽特·米德研究萨摩亚土著部落中的青少年成长过程，惊讶地发现那完全是平静而欢愉的。

——这多少让我们对"从俗"之"俗"有点儿不放心了。而如果我们对"从俗为善"这个古老的话题给以更多的现代眼光的话，还会看到其中蕴含着另一层意义：有没有想过，启蒙运动当年对传统习俗的攻击不遗余力，这么多年以来，加之当代的科技与人文日新月异的发展和教育水平的大幅度提高，在那些发达国家当中，为什么还有那么多人信仰宗教呢？——不仅仅是心灵上的信仰而已，还伴随着种种的祈祷仪式、团体活动、社区义工服务、过各种传统节日、依附精神领袖，等等，这是为什么呢？对于我们这些在无神论教育中成长起来的人来说，这一片外面的世界似乎很难理解。

答案还得到外面的世界去找：美国当代社会学家希尔斯认真研究过这个问题，他在《论传统》一书中把上述种种命名为"实质性传统"，指明这一类的传统几乎都有人类原始心理的根源，简单来说，理性的除魅是一回事，心底深处的渴望是另一回事。我自己也相信有天堂的——看过《卖火柴的小女孩》，我便相信了火柴光亮的对岸就是天堂，对了，说"相信"是不恰当的，应该说"信仰"——我不"相信"（believe）天堂，但我"信仰"（believe in）天堂。

其实真让我"信仰"天堂的是《弗兰德斯的狗》，但为了表述方便，我就替换成《卖火柴的小女孩》了，反正两个故事都够惨的。正是从这个时候，我才体会到中世纪神学家德尔图良"因为荒谬，所以相信"这句被人化繁为简的名言的真谛：人就是有某些心底深处的渴望，即便理性和知识足够阐明这些被渴望的东西无非是习惯或者迷信，却无法抹杀那说不清、道不明的"信仰"。——谁会在卖火柴的小女孩划燃火柴的那一刻给她讲解唯物主义的宇宙论呢？谁会在月上柳梢头的美丽约会时告诉女友月球环形山的形成原因呢？谁会在虔诚的教堂婚礼上对新娘解释马克斯·韦伯对于"克里斯玛"的定义，头头是道地把当前正在经历的神圣仪式还原成社会学概念ABC，最后温柔地告诉新娘说自己此刻的所作所为正是韦伯所谓的"除魅"？（多少令人尴尬的是，巫术专家莫斯对巫术的定性也是近似的：巫术是用来被"相信"的，而不是用来被"理解"的。）

没有迷信的生活是不可想象的，也是无法忍受的，管它是庄重的仪式还是隐秘的巫术，对于一些更重视感性生活的人来说尤其如此。而且，如果说面包和清水维系的是个体的生命，那么，"迷信"则维系着许许多多作为整体的社会群体。希尔斯另外告诉我们的是：即便真要破除旧有的"愚昧的"传统，也要马上搞出一个更加富于神奇魅力的新传统来取而代之。⑯

希尔斯这话说得有点儿惊世骇俗，在这个问题上，直到现在，即便一些相当保守的人也还是站在爱尔维修一边的，认为"只有当人民对旧的法律和习俗的愚昧的尊敬减弱时，才能实现伟大的改革。"——这话我是转引自马克思和恩格斯合著的《神圣家族》，书中继续写道："或者，如他在另一个地方所说的，只有消灭了无知，'才能实现伟大的改革'。"

但遗憾的是，"无知"恐怕是永远也消灭不了的，而"人民对旧的法律和习俗的愚昧的尊敬减弱"也并不足以成为"实现伟大的改革"的首要前提，细心考察历史的话，我想多数人都会认可希尔斯的逆耳之言。其实，希尔斯的这番道理我们应该是不难理解的："破四旧"的时候正因为有了新的"克里斯玛"光环笼罩下的信仰和领袖，"破"得才会那么容易、那么充满狂热。人，也许总是需要伟大领袖来指引自己，需要成为一个共同体当中的一员，需要一些庄重的仪式来让自己全身心地投入进去……任凭理性早已指出了这些东西的荒谬。宗教社会学家贝格尔在这一点上给了我们一个更为惊人的答案：对意义和秩序的追求就像吃奶一样属于人类的一种本能——即便面对的是一个明知并无意义的世界，我们也必须给它赋予某种崇高的意义；即便在一个乱哄哄的环境里生活，我们也必须从中营造出某种神圣的秩序（详见《神圣的帷幕——宗教社会学理论之要素》）。对于贝格尔的这个说法，我们倒还真能从心理学当中给它找出依据，哦，那真会让一颗多愁善感的心受到创伤的。

从这层意义上说（即便暂不认可贝格尔的本能论），传统习俗是挥之不去的，它们蕴含着田园牧歌式的美好韵律，既赋予生活以庄重的意义，又给一些在局外人眼里或许只是平常之物的东西笼罩了圣洁的光环——这都是美的，自然也是善的。嗯，那就从俗好了。

"从俗为善"，这既然是老百姓的心态，那圣人又是什么心态呢？荀子说："遵循历代先王之法，顺应当前时代的变化，行为合乎礼义并且习惯成自然，应时建功立业，稳定政局，安抚百姓，使亿万人团结得就像一个人，能做到这些的就是圣人。"

荀子这番话把因循之理表现得恰如其分，圣人不是凭空立法，而是遵循旧制；但又不是拘泥不化，而是与时俱进。照此看来，如果说曹参的老师是荀子，倒也入情入理。

荀子在"法行篇"还有两句精辟之语：

公输不能加于绳墨，圣人不能加于礼。礼者，众人法而不知，圣人法而知之。

篇名"法行"，这里所谓的"法"其实却是"礼"。这句话的意思是：就算是鲁班，辨别木料曲直的眼力再准，也不如尺子量得准；就算是圣人，言行完全合乎礼，但也不可能比合乎礼更合乎礼。礼这东西是大家的行为准绳，而大家对此却毫无意识，圣人也依照礼来行事，却能明白这是怎么回事。

这两句话我翻译得有点儿蹩脚，解释一下就清楚了。这里所谓的"礼"，正是社会习俗，因为已经扎根在每一个社会成员的心中，所以大家的行为虽然都是在礼的框架之内，却对此毫无察觉。好比一个匈奴男人，哥哥死了，他就自然而然、不加思索地把嫂子娶了过来。——怀特海对此有着经典的见解：这种自然而然、不加思索的行为越多，就说明该社会的文化水平越高。哈耶克也表达过类似的意见，尽管他的发言会让一些人不太舒服："大多数人很少能够独立地思考；在大部分问题上，他们所接受的意见都是现成的意见；他们无论是生来具有还是受人哄骗而接受这套或那套信仰，都同样感到满意，这些都可能是真实的。在任何社会里，思想的自由可能只对很少的人才有直接的意义。"[47]

那么，这个"现成的意见"是什么呢？又是怎样作用于人的呢？——如果是在极权社会里，"现成的意见"自然就是和千千万万同胞所共同信仰着的唯一真理，这真理通过震耳欲聋的宣传永动机烙印在每个人的心底深处；如果是在古老的、较为淳朴的国度，"现成的意见"自然就是生活之地的社会习俗了。

而此刻，荀子所谓的这个圣人，立法于习俗之上，这不也是清静无为而天下治么？我们再来试想一下，如果匈奴单于吃错了药，定下新规矩说：从今以后实行中原之法，违者杀无赦！如此一来，弟弟在哥哥死后正要不加思索地娶过嫂子的时候，突然心头一凛，想起单于的法度来，赶紧打消了原来的念头。这时候我们就该重新审视两句名言了，一个是"情有可原，法无可恕"，一个是"服从命令是军人的天职"。如果那位匈奴弟弟习惯意识太强，在心头一凛之前就把嫂子娶了，临刑之前会不会认为单于的新法是恶法，而恶法就不该服从呢？如果一名军人接到的命令是屠杀老人和婴儿，他是不是应该无条件地服从呢？⑱

——这个问题即便放到近现代社会依然是有着深刻争议的，魏特夫举过这样一个具有强烈反差的例子："军队的纪律要求无条件服从……艾森豪威尔将军对苏联军队通过布雷区发动进攻的方法所作的评论说明了因制度不同而方法也不同。朱可夫元帅在一份'平淡无味'的声明中向这位美国将军解释说：'当我们来到布雷区，我们的步兵实行进攻时，就好像那不是布雷区一样。我们认为，地雷使我们受到的伤亡只不过与机关枪和大炮使我们受到的伤亡相等，如果德国人不是设立布雷区而是用强大的军队来防守那个地区的话。'艾森豪威尔冷冰冰地接着说：'我们能够清楚地想象到，如果任何一个英、美司令官采用这种战术，他会得到怎样的结果，而我甚至能够更加清楚地想象到，如果我们企图以这种做法作为我们战术理论的一部分，我们的任何一个师团的士兵会对这个问题提出怎样的意见。'"⑲

在这个例子当中，我们可以把"因制度不同而方法也不同"理解为"入乡随俗"吗？嗯，这可是个问题哦。

也许，即便被命令去蹚地雷，为了某个崇高的目标也应该无条件地服从吧？清人王之春在《椒生随笔》里有"姜明叔论兵"一条，讲到了一个惊人的逻辑："为将者，必法孙吴；法孙吴，必明申韩；明申韩，必尚黄老，于武侯见之矣。"看来黄老之学不但是申韩法家思想的根基，甚至还是孙吴兵法的祖师爷，而在黄老和孙吴之间起桥梁作用的却是令人心惊胆战的"申韩"！以现在我们对黄老一派摸清的这些门道来看，从中似乎必然会推出这个"服从"的观念来。君主只要牢牢霸住势与位，下边的人就不敢不令行禁止，当然，这还取决于君主高超的操控手段。

所谓君主的操控手段，可绝不仅仅是"君臣斗"那种人和人之间的机心权谋，那只是事情的一面罢了，还有更重要的事情要做呢。

（七）

臣乘马——乘马数——人言荡子销金窟，我道贫民觅食乡——道家：黄老还是老庄？——《韩非子》的忠孝观——道可道，非常道——王大还是人大？——老子有个学生叫文子？——伏羲时代的好时光——国家图腾——家庭的发展本身就导致宗法统治的建立——有必要虚构出一个共同的祖先——伏羲小镇和岳不群小镇——社会分层与阶级对立

还得回到《管子》。都说《老子》重农抑商，可同属一派的这个《管子》不但丝毫没有"抑商"的意图，还提倡国民要以骄奢淫逸为荣，规劝君主以满足国民的物质欲望为手段来争取民心，以达到控制国民之目的，它的"无为"更像自由放任主义，而"无为"中的"有为"则像是我们现代所谓的宏观调控。——这可不是胡乱比方，看看《管子》"臣乘马"和"乘马数"这两篇，思想之前卫简直能吓人一跳：

桓公问管子曰："请问乘马？"管子对曰："国无储，在令。"桓公曰："何谓国无储，在令？"管子对曰："一农之量，壤百亩也，春事二十五日之内。"桓公曰："何谓春事二十五日之内？"管子对曰："日至六十日而阳冻释，七十日而阴冻释，阴冻释而种稷，百日不种稷，故春事二十五日之内耳也；今君立扶台，五衢之众皆作，君过春而不止，民失其二十五日，则五衢之内阻弃之地也。起一人之缮，百亩不举。起十人之缮，千亩不举。起百人之缮，万亩不举。起千人之缮，十万亩不举。春已失二十五日，而尚有起夏

作，是春失其地，夏失其苗。秋起繇而无止，此之谓谷地数亡；谷失于时，君之衡藉而无止，民食什伍之谷，则君已藉九矣。有衡求币焉，此盗暴之所以起，刑罚之所以众也，随之以暴，谓之内战。"桓公曰："善哉！""筴乘马之数求尽也，彼王者不夺民时，故五谷兴丰，五谷兴丰，则士轻禄，民简赏。彼善为国者，使农夫寒耕暑耘，力归于上；女勤于纤微，而织归于府者；非怨民心，伤民意，高下之筴，不得不然之理也。"桓公曰："为之奈何？"管子曰："虞国得筴乘马之数矣。"桓公曰："何谓筴乘马之数？"管子曰："百亩之夫予之筴，率二十七日为子之春事，资子之币，春秋子谷大登，国谷之重去分，谓农夫曰：'币之在子者，以为谷而廪之州里。'国谷之分在上，国谷之重再十倍，谓远近之县里邑百官皆当奉器械备，曰：'国无币，以谷准币，国谷之櫎，一切什九。'还谷而应谷，国器皆资，无藉于民。此有虞之筴乘马也。"

桓公问管子曰："有虞筴乘马已行矣，吾欲立筴乘马。为之奈何？"

管子对曰："战国修其城池之功，故其国常失其地用，王国则以时行也。"

桓公曰："何谓以时行？"

管子对曰："出准之令，守地用，人筴，故开阖皆在上，无求于民。霸国守分，上分下游于分之间而用足。王国守始，国用一不足，则加一焉。国用二不足，则加二焉。国用三不足，则加三焉。国用四不足，则加四焉。国用五不足，则加五焉。国用六不足，则加六焉。国用七不足，则加七焉。国用八不足，则加八焉。国用九不足，则加九焉。国用十不足，则加十焉。人君之守高下，岁藏三分，十年则必有三年之余；若岁凶旱水泆，民失本，则修宫室台榭，以前无狗、后无彘者为庸；故修宫室台榭，非丽其乐也，以平国筴也；今至于其亡筴乘马之君，春秋冬夏，不知时终始；作功起众，立宫室台榭，民失其本事，君不知其失诸春筴，又失诸夏秋之筴数也，民无馈卖子数矣；猛毅之人淫暴，贫病之民，乞请君行律度焉，则民被刑僇而不从于主上，此筴乘马之数亡也。乘马之准，与天下齐准，彼物轻则见泄，重则见射，此斗国相泄，轻重之家相夺也；至于王国，则持流而止矣。"

桓公曰："何谓持流？"

管子对曰："有一人耕而五人食者，有一人耕而四人食者，有一人耕而三人食者，有一人耕而二人食者，此齐力而功地，田筴相圆，此国筴之时守也。君不守以筴，则民且守于上，此国筴流已。"

桓公曰："乘马之数，尽于此乎？"

管子对曰："布织财物，皆立其赁，财物之赁，与币高下，谷独贵独贱。"

桓公曰："何谓独贵独贱。"管子对曰："谷重而万物轻，谷轻而万物重。"

公曰："贱筴乘马之数奈何？"

管子对曰："郡县上臾之壤，守之若干。闲壤，守之若干。下壤，守之若干；故相壤定籍，而民不移。振贫补不足，下乐上。故以上壤之满，补下壤之众，章四时，守诸开阖，民之不移也。如废方于地此之谓筴乘马之数也。"

《管子》不同于其他古文，费解之处太多，为求谨慎，如此长段我也原文照录了。

这两个篇名看着古怪，好像和骑马有关，其实"乘马"指的是税收的统筹计算，"臣乘马"的"臣"，专家们一般认为是个错别字，其实是"策"字。这两篇的内容是一以贯之的，所以一起来讲。

齐桓公问管仲："你给我讲讲税收政策怎么玩吧。"

管仲说："国家如果没有物资储备，毛病一定出在政策上。咱们先来谈谈春耕：一个农民耕种百亩土地，最要紧的是抢春耕，必须在二十五天之内做完。因为冬至以后六十天地面解冻，再过十五天地下解冻，这时候得赶紧播种，等冬至以后满了百天，再播种可就不管用了。可如今您要搞政府工程，各地的老百姓全来服役，但工程实在太大，大家忙了一个春天也没干完，接着还得再忙一个夏天，这宝贵的农时一被耽误，别看咱们全国有那么多土地，到秋收的时候可也打不上多少粮食来。到那时候，农田收成少，政府开销却不少，于是民间有造反，朝廷有平乱，一个国家就这么有了内乱了。"

齐桓公说："对呀，是这个理！"

管仲接着说："所以呢，收税得有计划，有方法。那些成就王业的领导是从来不夺农时的，只要政府不夺农时，粮食就常有丰收。可是呢，缺粮有缺粮的难处，丰收也有丰收的难处。"

齐桓公很奇怪："丰收了还有什么难处？难道是发愁粮食太多了没地

方放？"

管仲说："丰收造成的问题是：大家都富裕了，于是士人就会轻视爵位，草民对奖励也丧失了原来的积极性。这道理很简单：人一有钱，也就不好使唤了。好比老板让工人加班，告诉他们每加班一小时就有两毛钱的加班费，如果工人都是吃了上顿没下顿的那种，为这每小时两毛钱每天能加班加出二十五小时来，可如果工人的收入已经很不错了，谁还拿老板那两毛钱当回事呢，到时候就该拿着《劳动法》让老板给假、给福利，都敢跟老板讨价还价了。"

齐桓公一愣："工资不就应该是由工会和资方协商而定吗？我早就觉得我们齐国要尽早实行 SA8000（社会责任标准）的标准，不能再搞资本主义的血汗工厂了！"

管仲叹道："您可别太前卫了哎，您的反动本质不允许您这样做！嗯，就像我方才说的，人一旦手里有俩钱了，就不容易支使了，所以那些善于治国的人会使种地的男人把一年的辛苦收成送交朝廷，使织布的妇女把整日的操劳所得送交官府，这样一来，他们虽然很勤劳，产出也很多，可自己手里却落不下多少财货。"

齐桓公瞪着眼："这样的就叫'善于治国'呀？我怎么听说善于治国是让全国人民都过上幸福生活呀？你说的这些，把老百姓一年的辛苦产出全给弄到朝廷里来，这简直就是赤裸裸的剥削！这不是让政府与人民为敌么！"

管仲说："道理是这样的：人只有既不太富、又不太穷，使唤起来才顺手。我方才说的那个办法，并不是真要让政府与人民为敌，而是政府必要的理财手段，不得已而为之啊！"

齐桓公不懂，问："那你给我详细讲讲。"

管仲说："虞国就是这么搞的，他们在春耕之前先以政府的名义向农民发放贷款，等到秋收的时候，五谷丰登，是个大丰年。可丰收就意味着粮食的供给量大，当供给大大超过需求的时候，粮食的价格就会大幅下跌——"

齐桓公摆了摆手："等等，我学的好像是：价格不是由价值决定的么，决定价值的又应该是必要劳动时间，这可是马克思的经典理论哎。"

管仲答道："您学的东西都太先进了，我跟不上，我还是按我的供求关系决定价格的反动理论来给您讲吧。方才说到粮食价格猛跌，这个时候政府就该有所行动了。"

　　齐桓公点了点头："对，政府应该限定粮食价格，并且以官方保护价格向农村收购粮食。"

　　管仲摇头："您又走在时代的前边了。我要说的是虞国政府的举措，人家可没您这么先进。虞国政府这时候就会发布公告，说：'春耕的时候政府向大家贷的款现在可该还了，政府对你们不错吧，等有收成了才让你们还钱。当初贷给你们的是钱，现在呢，政府再给个好政策：你们不是粮食多么，把该还的钱折成粮食还回来就行。'这么一来，粮食就源源不断地堆进了政府的粮仓。等半数的粮食收归政府之后，市场上粮食的供给量大幅减少，价格将会上涨十倍。这时候再通告各地官吏，让他们多搞武器和用具。这就等于是政府采购，可是呢，不要用货币来支付工钱，而是把该付的钱折成粮食支付出去。您明白了吧，政府在粮食价格的低点回收粮食，以很少的代价（春耕时的贷款）就能回收很多粮食；又在粮食价格的高点以粮食来支付政府债务，只要用很少的粮食就可以换回很多的武器和用具。这里外里一倒腾，赚头可大着呢。而且，粮食武器和用具还都是从国民手里堂而皇之买来的，而不是无偿征收来的，这多能体现爱民精神！"

　　管仲这番话把齐桓公直说得心旌摇荡，齐桓公问："虞国这一手玩得真不赖，我也想学学！你再给出出主意，咱们齐国该怎么学人家？"

　　管仲说："政府一定要有操纵财政的绝对能力。您看那些成就霸业的国家，政府只能控制全国财富的半数左右，政府的财富和民间的财富总量差不多是相等的，而那些成就王业的国家在这一点上做得就强多了，完全可以量出为入，政府有多大的财政需求，就可以从民间搞上来多少财富，国君有能力平抑物价，每年储备十分之三的粮食，十年之后必有三年份的余粮。这时候遇上自然灾害，庄稼歉收，老百姓吃不饱饭，政府就可以——"

　　齐桓公接着说："政府就可以用储备的余粮来赈济灾民，就像包青天陈州放粮那样。政府也应该带头做勤俭节约的表率。"

　　管仲说："回答错误！包青天虽然是位青天大老爷，可他是纯正的儒家知识分子，没跟我学过经济。而那些老百姓呢，他们只知道饥荒时节能放粮赈灾的就是好官，就是好政府，以为政府带头做勤俭节约的表率就可以靠勤俭来渡过难关。呵呵，其实未必如此。如果有了饥荒，政府不但不该勤俭节约，反倒应该大兴土木搞工程建设，雇佣那些最穷的人、受灾最重的地方的人来做工，这叫以工代赈。这时候您哪怕修个颐和园都行，这可绝对不是为了君主您的个人享乐哦。"

——如果不说是《管子》，我们很容易会认为这话是凯恩斯说的呢。

以骄奢淫逸为荣，以勤俭节约为耻，这种荣辱观实在令人难以接受，但《管子》却堂而皇之地说这才是治国的正道。当然，文中管仲所举的虞国施政的例子纯属附会，但我们如果真想找出实际的例子来倒也不难，比如，我们可以看看明朝太平时候的苏州，这地方在当时可是出了名的头号奢华之地。钱泳《履园丛话》说苏州的寺院、戏馆、游船、青楼等地，灯红酒绿、纸醉金迷，简直就是旧上海的十里洋场，可是，这些龌龊场所，在钱泳那双充满底层关怀的眼里看来，却无异于穷人的救济院——这话表面看上去荒谬绝伦，要知道，这些地方都是富人们一掷千金的娱乐所在，任谁看了其中的场面都只会生出对社会贫富两极分化的愤恨之情，恨不得马上加入水泊梁山，好好在苏州替天行道地做上一票。可钱泳自有他的道理，他说：靠着这些奢华场所的存在，大量穷人也能从中小小地分一杯羹。就好比豪华夜总会里虽然出入的都是些达官显贵、公子王孙，可这一条街上也因此而聚集了很多给小姐们开黑车的、给黑车司机卖盒饭的、给卖盒饭的小老板送啤酒的、给送啤酒的小伙子修三轮的，等等等等。钱泳说：这些穷人一旦你禁止他们在这里讨营生，非让他们改业，他们当中必然有很多人会沦为流氓、乞丐，甚至是小偷、强盗，为害无穷。最好的办法不如听之任之——我们也不妨称之为"无为"——钱泳最后说：曾有位潘先生游览虎丘，面对这同一番场景写诗感慨："人言荡子销金窟，我道贫民觅食乡。"这句诗真是仁者之言啊！

我选择这个故事来讲，还有一个目的，就是为了呼应一下前文曹参在齐国为相时特意讲的那个"狱市"。前文说，"狱市"到底是个什么东西，至今没有定论，但现在我们若把"狱市"当作钱泳笔下苏州的青楼戏馆，曹参那番话一下子就变得通顺起来了。

到了现在，我们应该想到，汉初的所谓黄老之学恐怕未必是一个"清静无为"就可以一言以蔽之的，《管子》在这里所表现出来的哪里是什么无为之治，分明是国家干预主义，其权谋思想之重又不由得让人怀疑它和法家是否存在什么渊源？

也许，在汉初人们的眼里，道家和法家的区别并不像我们现在看上去那样大的，《史记》不就分明把老子、庄子和申不害、韩非子同列一传么？

道家和法家的渊源早有不少前辈论述过了，大略来说，如果这两者可以被划归到一个大范畴之内的话，那么或许可以说：老庄为本，申韩为用。而在历史的发展脉络当中，道家在汉朝表现为黄老，在魏晋则表现为老庄，这两者的区别同样并不像我们现在看上去那样小。

我们现在只说汉朝人眼中的道家，其实，越往深里看，就越觉得各派之间并非那么壁垒森严，这和春秋战国时代实在是大为不同。就拿《管子》来说吧，汉初的青年俊彦贾谊在谈到儒家"别尊卑"的礼治思想的时候，离奇地引用了《管子》的话，说："《管子》曰：'礼义廉耻，是谓四维；四维不张，国乃灭亡。'"——这句话如果放到《论语》或者《孟子》里边，一点儿也不显得扎眼。

不错，《管子》也讲礼义廉耻，更为有趣的是，《管子》在讲礼义廉耻的时候，不但以此作为君主的权谋手段（法家思想），甚至还用它反击所谓"全生"之道（道家庄子思想）——见于"立政九败解篇"：

> 人君唯无好全生，则群臣皆全其生，而生又养生，养何也？曰："滋味也，声色也"，然后为养生，然则从欲妄行，男女无别，反于禽兽，然则礼义廉耻不立，人君无以自守也，故曰："全生之说胜，则廉耻不立。"

这段是说：君主如果追求全生之道，大臣们也会跟风去学全生保命的法子，风气很容易由此大开。那么，什么是全生/养生呢，很简单，就是吃好喝好、玩好睡好。可这样一来，人岂不是全都返回禽兽状态了？所以说，礼义廉耻的道德观如果不好好建立起来，君主就没法当了。这话也可以这么说：如果全生之说流行起来，这个社会也就变得寡廉鲜耻了。

——说得还真不错，魏晋不就是全生之道盛行的时候么，名士们有刘伶醉酒，有阮籍穷途，花样越翻越新，如果抛开深层原因不谈，而纯粹以世俗道德观来看，这些人可不就是寡廉鲜耻么，皇帝也确实没法使唤这些嬉皮士。

但是，《管子》虽然也讲礼义廉耻，也讲尊君卑臣，出发点却和儒家截然不同，"明法篇"说，"尊君卑臣，非计亲也，以势胜也"，这就完全是申不害的口吻了。

在"尊君卑臣"这一点上，《管子》和儒家还有一个非常要紧的区别。《管子·明法解》说：

制群臣，擅生杀，主之分也。县令仰制，臣之分也。威势尊显，主之分也。卑贱畏敬，臣之分也。令行禁止，主之分也。奉法听从，臣之分也。故君臣相与，高下之处也，如天之与地也，其分画之不同也，如白之与黑也。故君臣之间明别，则主尊臣卑，如此，则下之从上也，如响之应声；臣之法主也，如景之随形；故上令而下应，主行而臣从，以令则行，以禁则止，以求则得，此之谓易治；故明法曰："君臣之间，明别则易治。"

意思是：节制臣子，专掌生杀大权，这是君主的本分；接受君主的节制，服从命令听指挥，这是臣子的本分。位高权重，高高在上，这是君主的本分；卑躬屈膝，俯伏敬畏，这是臣子的本分。令行禁止，是君主的本分；奉法听命，是臣子的本分。所以，君臣的关系是这样的：高下之别如同天地之别，本分之别如同黑白之别。君臣之间如果界限分明，自然就会君尊臣卑，这是以下事上的道理。臣子侍奉君主，就应该像应声虫、跟屁虫一样，上边怎么吩咐，下边就怎么去做，这样的话，治起国来才会得心应手。

——这些话我们现代人听着可能很不顺耳，似乎也和我们所熟悉的道家思想没什么关系，但汉朝人眼中的黄老之学有可能真就是这个样子。回顾一下《孟子他说》里讲解唐人柳识《吊夷齐文》时谈到的"冠敝履新"的那个典故：

柳识在第二段中有一句引文，叫作"冠敝在于上，履新处于下"，意思是：帽子是戴在头上的，就算帽子破了，也得戴在头上，不能往脚上套；鞋子是穿在脚上的，就算你赶时髦花两万块钱买了一双限量发行纪念款的顶级耐克鞋，也得穿在脚上，不能顶在头上。我曾在上本书里花了些篇幅澄清许多人对"礼仪之邦"的误解，其实呢，这个"冠敝在于上，履新处于下"的说法正是对"礼仪之邦"、对"礼治"的一个非常贴切的比喻——社会上的所有人都有各自的位置，大家要各安其位：你是帽子，就永远在头上扣着；你是鞋子，就永远被人在脚下踩着；你是袜子，就算再破、再旧，也不能裁开了缝缝补补改成口罩，唯有如此，社会才能稳定，才能和谐，才不会出乱子。

"冠敝在于上，履新处于下"，这话到了汉代可能已经成为知识分子间的一句习语。汉景帝的时候，有这么一天，两位学者在皇帝面前争论起这个问题来了。这两人一个是辕固，一个是黄生。这个辕固是研究《诗经》的大专家，也就是电视剧《汉武大帝》里惹恼了窦太后、结果跟野猪被圈在一块儿的那位老先生。

当时，黄生说："商汤王和周武王都是篡位弑君的大坏蛋！"

辕固说："瞎掰！夏桀王和商纣王才是大坏蛋呢，人民群众怨恨夏桀王和商纣王，喜欢商汤王和周武王，这是民心向背啊，商汤王和周武王是受命于天的。"

现在我们置身事外，能给这口角中的二位做个评判：黄生有可能是治黄老之学的学者，坚守"尊君卑臣"的原则；而辕固在这个问题上却是孟子一派的，更加倾向于民意而不是君权。

然后，黄生就说了："冠敝在于上，履新处于下。桀、纣虽然坏，但毕竟是君主，汤、武再怎么好，但毕竟是臣下。君主就算做得不对了，臣下也只应该尽劝谏之力，哪能造反呢！"

辕固说："那，照你这么说，咱们汉朝，高皇帝（刘邦）灭了秦朝，自己做了天子，难道还错了不成？"

辩论到这里就再也进行不下去了。为什么呢？在古代，讨论历史问题一定要遵循一个基本尺度：一定要在历史的范围里讨论历史，千万别往现实问题上去引申，一旦碰了现实，历史也就不成其为历史，而一变成为政治了。黄生此时此刻该怎么回答辕固的问题呢？他可太为难了：怎么说都是错啊！

该汉景帝说话了。汉景帝说："吃马肉不吃马肝，不算不懂吃。"

——这叫说的什么话！皇帝会这么说么，不会有人觉得这是我瞎编的吧？

真不是我编的，《史记》和《汉书》里都是这么记载的。

为什么马肝不能吃呢？有人解释说那时候的人认为马肝有毒。汉景帝的话还有下半句："做学问的人不谈汤武受命，不算傻子。"这句话再解释一下就是：对一位吃遍天下美味的美食家来说，没人会因为你不吃有毒的马肝就认为你不配做美食家；同样，对一位大学者来说，也没人会因为你不谈商汤王、周武王闹革命的事就否认你是大学者。

汉景帝此言一出，立时就圈定了一片学术禁区。古代社会里的很多学术禁区都是这么来的。

黄生的身份在史料里并没有明确的记载，司马迁在《史记·太史公自序》里自称曾经向一位"黄子"学习道论，《史记集解》引徐广的说法，说这位黄子就是黄生。这两下一联系，黄生就被一些人推定为治黄老之学的学者。这个证据似乎并不过硬，而我们好像也找不到其他佐证了。无论如何，即便抛开此说不顾，我们对汉朝人眼中的道家毕竟有其他很多的认识渠道。

嗯，先从《管子》的时代来说吧。

《管子》虽然托名管仲，学者们却几乎没人认为它真是春秋时代的著作，而把成书年限推定在战国到西汉这段时间。郭沫若在《艺文类聚》里发现了一段话，和《管子》所载几乎是一样的内容：

周容子夏以侈靡见桓公。桓公曰："侈靡可以为天下乎？"
子夏曰："可。夫雕橑而后炊之，雕卵然后瀹之，所发积藏，散万物也。"

这话在《管子》里就是前文引述过的"侈靡篇"里的"而雕卵然后瀹之，雕橑然后爨之"（吃鸡蛋要先在鸡蛋上画上画再吃，烧柴火要先把柴火雕出花样来再烧）。郭沫若由此推测，"侈靡篇"的真正作者就是这位周容子夏，写作时间则应该是在汉朝吕后当政的时候。——如果我们相信这个论断，再联系《汉书·艺文志》里边的作品分类，那么，西汉人眼中的道家思想似乎隐隐现出了一个轮廓。

汉初道家称黄老，"老"是老子，现在我们有《老子》可看，可黄帝到底有什么学说，嗯，好像除了一部《黄帝内经》有些名气之外，也就没什么说得出来的了。《汉书·艺文志》在道家书目下有：《黄帝四经》四篇；《黄帝铭》六篇；《黄帝君臣》十篇，说是战国时候写的，和《老子》很像；《杂黄帝》五十八篇，说这也是战国时的作品；还有《力牧》二十二篇，战国作品，托名于黄帝的宰相力牧。

感谢近年的考古发现，马王堆出土的汉代文献当中有好几篇值钱的东西，学者们推断《十大经》和《经法》等等就是《汉书·艺文志》所载的《黄帝四经》。（此说经唐兰论证，几乎已成定论，但反方人数虽少，却很有力，名人有裘锡圭等。）

从这《黄帝四经》来看，法家味道极重，比如《经法》说："当领导的面南而立，大臣们恭恭敬敬，一点儿不敢蒙蔽领导，小弟们俯首帖耳，唯上级之命是从。"——这既不是"以民为本"，也不是以封建宗族共同体为本，看不见封建社会的痕迹，只看见专制社会的霸权，简直就是"朕即国家"的思想，完全是以领导为本，是要大家从小就牢记：在火灾发生的时刻，一定要"请领导先走"。

以领导为本位的学术思想天然会被领导喜欢，嗯，如果我是领导，想来也不会例外，我会给全体员工派发两本书，让他们一辈子只读好这两本书：一个是《没有任何借口》——当我命令下去的时候，谁都不许有任何借口，全体员工都应该把"没有任何借口"当作天经地义的道理，凡是质疑这一点的人都会马上受到大家的道德谴责；另一个是《谁动了我的奶酪》，让大家知道，如果我对不起谁了，那他不应该有任何怨言，不该对我有任何不满，乖乖地服从我的决定，饭碗被我砸了自己再另外去找！——唉，可惜这两本书生不逢时，别看现在都是大畅销书，风光无限，要是放到古代，还能风光得多，至少能被定为官方经典，列入"四书七经"。

但这么做还存在一个技术难度，那就是：人与人之间脑容量都差不多，从先天而言，谁也不比谁笨，难道你想让别人怎么想，别人就会老老实实地怎么想么？

先看这个问题：管一群羊和管一群人，哪个更容易？

当然是管一群羊更容易，那么，如果想做到"治大国若烹小鲜"，想轻轻松松治理天下，最好的办法就是把人变成羊。《老子》在这个问题上尽出损招，比如什么"虚其心，实其腹，弱其志，强其骨"，也就是说，要让老百姓多吃饭，少读书，多健身，少思考，这样的老百姓好使唤。所以我们看古代专制社会，皇帝可以搞菜篮子工程，让大家吃好喝好，可以搞全民健身运动，让大家增强体质，但绝对不会放开思想控制——从秦始皇的焚书到清朝的文字狱，这专制时代的一头一尾就被这根线贯穿下来了。

尤其值得注意的是：既然老百姓"应该"或者"已经"变成绵羊，那么，他们生存的目的自然就是被统治者所管理、所利用、所宰杀，这个逻辑是顺理成章的；反过来说，羊群因为无知无识而不可能胡思乱想妄议朝政，同时也绝不应该对政策有任何的发言权——这也很好理解：牧羊人做事犯不着跟羊商量，聪明人做事也犯不着跟傻瓜商量。也就是说：儒家一直强调的所谓"民心"，所谓"得民心者得天下"，在这里的含义是：民心向背本身并不重要，重要的是统治者必须要有足够的手段来凝聚民心。——现在社会的传销组织给了我们一个近在眼前的样板。

　　——看，从《老子》顺理成章地一推，就推到《韩非子》了。《韩非子·显学》说：

　　今巫祝之祝人曰："使若千秋万岁。"千秋万岁之声聒耳，而一日之寿无征于人，此人所以简巫祝也。今世儒者之说人主，不善今之所以为治，而语已治之功；不审官法之事，不察奸邪之情，而皆道上古之传，誉先王之成功。儒者饰辞曰："听吾言则可以霸王。"此说者之巫祝，有度之主不受也。故明主举实事，去无用；不道仁义者故，不听学者之言。

　　今不知治者必曰："得民之心。"欲得民之心而可以为治，则是伊尹、管仲无所用也，将听民而已矣。民智之不可用，犹婴儿之心也。夫婴儿不剔首则腹痛，不揃痤则寖益，剔首、揃痤必一人抱之，慈母治之，然犹啼呼不止，婴儿子不知犯其所小苦致其所大利也。今上急耕田垦草以厚民产也，而以上为酷；修刑重罚以为禁邪也，而以上为严；征赋钱粟以实仓库，且以救饥馑备军旅也，而以上为贪；境内必知介，而无私解，并力疾斗所以禽虏也，而以上为暴。此四者所以治安也，而民不知悦也。夫求圣通之士者，为民知之不足师用。昔禹决江浚河而民聚瓦石，子产开亩树桑郑人谤訾。禹利天下，子产存郑，皆以受谤，夫民智之不足用亦明矣。故举士而求贤智，为政而期适民，皆乱之端，未可与为治也。

　　韩非子明显对民心表示不屑，对提倡"得民心"的儒家更是不屑。他在这段里说："巫婆神汉向人说吉祥话，说的都是些什么'祝您千秋万代一统江湖''祝您老人家万寿无疆'之类的东西，可说得再多，有用吗，都是扯淡！现在儒家那些人就是这种巫婆神汉的作风，动不动就劝说国君：'听了我这一套，您就可以称王称霸。'可说的东西全是虚头巴脑的，什么仁义呀、民心呀，一点儿切实的都没有，明理的国君是不去理会这些骗子的。

"二把刀的政论家经常会提到'得民心'如何重要，我呸，老百姓的眼睛从来都不是雪亮的，统治者只要有能力控制舆论导向，老百姓能知道什么真假对错呢！如果搞政治真要得民心才行，还要伊尹、管仲那些职业经理人做什么，老百姓怎么说国君就怎么做呗！

"说实在的，老百姓基本上都是笨蛋，他们那点儿小脑瓜比婴儿强不到哪儿去，用鼠目寸光来形容他们再恰当不过了。这些不知好歹的东西，真没素质！想当初，大禹治水，子产改革，一片反对之声，可后来的事实证明大家全错了，只有众矢之的的大禹和子产是对的。所以说，搞政治最听不得民众的意见，就算实在非听不可，不妨像涨价听证会那样走走形式也就行了。"

看，从《黄帝四经》到《老子》，到《韩非子》，再联系一下《管子》，从尊君到卑臣，再到愚民，全是一个逻辑贯穿下来的，有黄老必有申韩。嗯，如果继续推演下去呢，结果可能出人意料。——我们看看《韩非子·忠孝》：

天下皆以孝悌忠顺之道为是也，而莫知察孝悌忠顺之道而审行之，是以天下乱。皆以尧、舜之道为是而法之，是以有弑君，有曲于父。尧、舜、汤、武，或反君臣之义，乱后世之教者也。尧为人君而君其臣，舜为人臣而臣其君，汤、武为人臣而弑其主、刑其尸，而天下誉之，此天下所以至今不治者也。夫所谓明君者，能畜其臣者也；所谓贤臣者，能明法辟、治官职以戴其君者也。今尧自以为明而不能以畜舜，舜自以为贤而不能以戴尧，汤、武自以为义而弑其君长，此明君且常与，而贤臣且常取也。故至今为人子者有取其父之家，为人臣者有取其君之国者矣。父而让子，君而让臣，此非所以定位一教之道也。臣之所闻曰："臣事君，子事父，妻事夫，三者顺则天下治，三者逆则天下乱，此天下之常道也，明王贤臣而弗易也。"则人主虽不肖，臣不敢侵也。今夫上贤任智无常，逆道也；而天下常以为治，是故田氏夺吕氏于齐，戴氏夺子氏于宋，此皆贤且智也，岂愚且不肖乎？是废常、上贤则乱，舍法、任智则危。故曰："上法而不上贤。"

忠孝之道也是儒家的一个主要思想，前文讲过，先秦儒家所谓的"忠"并非专制时代所谓的"忠"，而"孝"的意义同样也有前后区别。在韩非子看来，儒家的忠孝主张不但对国家没有好处，反倒是祸国殃民的歪理邪说。

韩非子说："瞧你们儒家推崇的那些所谓圣人，什么尧、舜、禹、商汤、周文王、周武王，要么就是颠倒君臣的名分，要么就是弑君作乱，没一个好东西。这些人有什么好学的，越学天下越乱。要照我说，真正的好君主应该有能力统御臣下，真正的好臣子也应该服服帖帖地侍奉君主，哪能君主觉得臣子好就让位给他，哪能臣子觉得君主不好就取而代之呢？就算君主是个二百五，那也是君主，做臣子的也得老实本分，不能有一丁点儿的非分之想。治国要靠法度，不能靠贤人，田氏篡了齐国，戴氏篡了宋国，这田氏和戴氏都没少出贤人，结果怎么样，国君重用贤人，却被贤人把国家给篡夺了。所以说，治国要重法制，有不可改变的一定之规，而不能重贤人。我听人说：'臣事君，子事父，妻事夫，三者顺则天下治，三者逆则天下乱，这才是放之四海而皆准的真理。'"

——看出什么来没有？韩非子虽然明白反对儒家的忠孝之说，而他"听人说"的那个"放之四海而皆准的真理"，也就是"臣事君，子事父，妻事夫"，这不就是董仲舒提出的"三纲"么？这样看来，我们一直攻击儒家的"三纲"，虽然出自大儒董仲舒之口，却能在时代更早的韩非子那里找到呼应？！这样看来，儒家发展到董仲舒这里，虽然表面上被官方独尊，但其内涵已经非常驳杂不纯了，不但"春秋大义"被阴阳五行搞得云山雾罩，还被作为断案的法理依据，甚至连"三纲"这样的儒家最新核心理论原来也是法家的思想，无条件尊君卑臣也本是道、法两家的意见。

从上文来看，道、法也未必就是截然的两家。下面我们就来详细看看《老子》。

《老子》之难解，首先就是一个"道"字。"道"就真有那么玄吗？

其实，就算这"道"真的很玄，恐怕也说明不了它的高明。很多人常有一种误解，觉得就信仰和迷信来说，那些具体的人格化的神是最普遍的，因而也最是平淡无奇的，而一种超自然的、非人格的"道"却令人耳目一新，实在高明得很。——如果你读过科德林顿写于一百年前的《美拉尼西亚人》，读过马雷特紧随其后发表的《前万物有灵论的宗教》，恐怕你就会改变看法了。（呵呵，说这话我有点儿心虚，因为这两本书我自己也没看过，只是从其他一些地方看过介绍。）科德林顿是位传教士，他在美拉尼西亚传教的同时认真考察了当地的土著，发现土著们普遍相信一种叫作"玛纳"的东西，这"玛纳"既是超自然的，又是非人格的，是说不清、道不明的一种东西，正所谓"玛纳可道，非常玛纳"。简单讲，"玛纳"有点儿像是《圣斗士星矢》[50]里的"小宇宙"，但"玛纳"不仅有身份的人有，还几乎无所不在，而且不分善恶。至于马雷特的意见，我就直接引用别人的归纳好了："牛津的人类学家马雷特……进一步证实了科德林顿的意见……他提出宗教发展的第一阶段不是为神祇命名，也不是断言物质精灵的存在，而是一种由非人格的超自然力量（'玛纳'）所唤起的（并与之相联）畏惧感。这种理论在理解史前宗教的表现形式方面起了非常重要的作用，至今仍被许多第一流的著述认定为宗教起源的最好解说。"[51]

马雷特这个观点主要是针对那些认为"万物有灵论"才是最早的宗教起源的学者们（比如前文提到过的泰勒就是其中一位重要人物），如果马雷特的观点成立，那就意味着对超自然的、非人格的某种神秘物的信仰是一种最原始的信仰。——这倒让人好奇了："道"的源头是否如此呢？（甚至，董仲舒的"天"不也是一样的吗？）

以上讨论仅供参考，毕竟没有什么直接的联系。——直接的联系马上就有了。

《老子》显然很长时间以来都被人和《庄子》等同观之，但近年的考古发现使我们把这个问题看得更清楚了。汉朝的帛书《老子》和如今的通行本《老子》内容上没有太大的不同，但章节的编排次序却很不一样。现在我们都知道《老子》一开篇就是那个著名的"道可道，非常道"，而在帛书《老子》里，不仅序列和通行本不同，文字上也有一些出入。

文字的少许出入本来不算什么大事，毕竟传抄起来总不可能一直严丝合缝，可问题是，本来这一节的断句就是有争议的，字句若再有出入，断句就更麻烦了，而断句的不同直接导致了意思的不同。（古书一般没标点，于是断句就成了一门专门的学问，叫作"章句之学"。）

通行本一般的断句是这样的：

道可道，非常道；名可名，非常名。无，名天地之始，有，名万物之母。故常无，欲以观其妙；常有，欲以观其徼。此两者，同出而异名，同谓之玄。玄之又玄，众妙之门。

有空行帛书甲本则是：

道，可道也，非恒道也。名，可名也，非恒名也。无名，万物之始也。有名，万物之母也。[故]恒无欲也，以观其眇（妙）；恒有欲也，以观其所噭。两者同出，异名同胃（谓）。玄之有（又）玄，众眇（妙）之[门]。

在帛书没有出土之前，关于通行本的断句就常有争议。比如这句"常无，欲以观其妙；常有，欲以观其徼"，宋朝人很多就都是这么断的，现代不少本子的《老子》也是这么标点的，但有人不服气，结果帛书一出，无论甲本还是乙本，"欲"字后边都有个"也"，这才证明以前是断错了，拿通行本按照汉朝人的断法就应该是"常无欲，以观其妙；常有欲，以观其徼"，意思就完全不同了。

而在帛书之后，又出土了楚简《老子》，时代断为战国，是迄今发现的最早的《老子》版本，其内容和帛书本、通行本大为不同。我们现在读《老子》的人常常把重点放在"道可道，非常道"上，还有那个"道生一，一生二，二生三，三生万物。万物负阴而抱阳，冲气以为和"，看重《老子》的宇宙论，琢磨其中玄而又玄的道理，而在楚简《老子》当中，却令人吃惊地完全没有这方面的内容。的确，楚简《老子》也谈到"道"，但没那么多玄的虚的，没什么形而上的味道，而多是实实在在地讲述政治方略。如果黄老之学在战国时代就已经发生的话（很有这种可能），那么，楚简《老子》就更值得我们好好关注一下了。

先要说明一下，我们所熟悉的形而上的"道"虽然不见于楚简《老子》，却出现在和楚简《老子》同时出土的另一篇道家文献里，这一篇就是《太一生水》。古时文字，太、天、大常常都是一回事，这在《周易江湖》里已经讲过，"太一"也就是"一"，完全可以把那个"太"字去掉。这篇竹简说：太一生了水，水反过来辅助太一，一起使劲，于是就有了天；天也反过来辅助太一，一起使劲，于是就有了地，天地大概一起辅助了太一，于是又产生了神明；神明又两相作用，于是就有了阴阳；阴阳互相作用，于是有了四时；四时互相作用，于是有了寒暑；寒暑互相作用，就形成了干湿；干湿互相作用，于是形成了"岁"，到这儿就算到头儿啦……⑫

我不知道最后的"岁"字到底是当"时间"讲，还是当"收成"或者"一年"讲，不过我们看这个生成系统，和"道生一，一生二……"，和"易有太极，是生两仪……"是不是很像呀？我们以后再要找那个玄而又玄的"道"，就别找《老子》了，直接找《太一生水》好了。

我们把形而上的"道"拿开之后，再看《老子》的"道"时就别有一种体会了：这个"道"，落在了实处，落在了政治方略之上。——这还有个旁证，马王堆出土过一篇《伊尹·九主》，这有可能就是《汉书·艺文志》所载的黄老学派的"《伊尹》五十一篇"的一部分。在这篇文献里，很清楚的是："道"和"政"是一个意思，这至少说明战国人有这样来用"道"字的，说明黄老学派有这样来用"道"字的。

《老子》越来越不神秘了，而且简本的发现订正了以前的一些误解。比如，先说一个尹振环的一家之言——我们看看通行本第三十五章"执大象，天下往"，这是什么意思呢？

——照我的理解，就是：抓住了一头大象，骑着它可以周游世界。当然古人不是这么理解的，河上公注释说："象，就是道"，那么这句话我们就可以理解为："如果掌握了大道，天下人就会纷纷归附。"成玄英解释为："大象，犹大道之法象。"嗯，也是经典一说。但从简本来看，"执"字似乎是"势"，这一来，整个儿意思就全变了："谁势力大，别人就会归附他。"⑬——这可是纯粹的法家思想哎！虚头巴脑、怎么解释都行的"道"摇身一变成了扎扎实实的"势"，意义非同小可。《韩非子》专门有一个"难势篇"，强调权势的重要性，开篇引了一段慎子的话，非常精辟，也非常务实：

慎子曰："飞龙乘云，腾蛇游雾，云罢雾霁，而龙蛇与蟥蚁同矣，则失其所乘也。贤人而诎于不肖者，则权轻位卑也；不肖而能服于贤者，则权重位尊也。尧为匹夫不能治三人，而桀为天子能乱天下，吾以此知势位之足恃，而贤智之不足慕也。夫弩弱而矢高者，激于风也；身不肖而令行者，得助于众也。尧教于隶属而民不听，至于南面而王天下，令则行，禁则止。由此观之，贤智未足以服众，而势位足以诎贤者也。"

慎子说的是：飞龙驾着云，腾蛇乘着雾，一个比一个牛，可要是云收雾散了，龙蛇和蚯蚓也就没什么区别了。这就好比大官们住着豪华别墅，坐着豪华轿车，挽着金碧辉煌的十八奶，这等气势足以使方圆二百米之内的老百姓不由自主地双膝发软想下跪，可这些大官一旦没了香车美女，往公共浴池里一扎，和贫嘴张大民也没什么两样。原因何在呢？因为他们失了势，没有了凭借。贤人俯仰于二百五的手下，是因为贤人虽贤，但权力小、地位低，而二百五则位高权重。尧这位大圣人如果只是个平头百姓，就连三五个人都管不了；夏桀虽然是个大坏蛋，但身居天子之位，便足以动摇天下。这就说明了光棍儿不斗势力，方世玉武功再高，也没法跟朝廷作对。一把小弩射出的箭却飞得很高，这是为什么？是因为风大，还赶上顺风。二百五能够发号施令统御众人，这是为什么？是因为他势力大，小弟多。同样是尧圣人，做平头百姓的时候谁也不把他当棵葱，可一旦做了天子，谁敢不听他的！所以说，贤也好，智也好，全都不如势力好。

——我们如果照这层意思来看，把《老子》归入法家，或者把申韩归入道家，似乎并不显得牵强。不过呢，"势大象"的说法并非定论，只可作为参考，裘锡圭就认为是"设大象"，魏启鹏举《国语·齐语》的记载，说西周时代"设象以为民纪"，有了"设象"，老子要"设"的不是一般的"象"，而是"大象"。"大象"我就不说了，至于"设象"，应该就是像现在的教具教学一样，用教具（象）来告诉大家什么该做，什么不该做等等，大概更加类似于我们现在大街小巷里图文并茂的宣传物吧。（也许前文讲过的"象刑"也在其中，不过这东西到底是真是假就不好说了。）

再看《老子》的另外一节，也是大家耳熟能详的，在通行本是第二十五章：

道大，天大，地大，人亦大。域中有四大，而人居其一焉。

人法地，地法天，天法道，道法自然。

佛家讲"四大皆空"，《老子》也有"四大"。这一段在帛书甲本作：

［道大，］天大，地大，王亦大。国中有四大，而王居一焉。
人法地，［地］法［天］，天法［道，道］法［自然。］

帛书乙本作：

道大，天大，地大，王亦大。国中有四大，而王居一焉。
人法地，地法天，天法道，道法自然。

简本作：

天大，地大，道大，王亦大。中国有四大安，王居一安。
人法地，地法天，天法道，道法自然。

重要的区别是：帛书甲、乙本和简本都是"王大"，而通行本却是"人大"，这一字之差可造成了要命的区别：一国之中有四个东西是最大的，如果按通行本的说法，这"四大"就是道、天、地、人，老子把人和道、天、地并重，可见他老人家心怀人民群众，是个以人为本的进步思想家；可如果按帛书本和简本的说法，这"四大"就成了道、天、地、王，老子把王和道、天、地并重，可见他老人家心怀领导，把领导都捧上天了，鼓吹领导与天地同辉，以领导为本，真是个彻头彻尾的反动学术权威。（从简本看，"四大"应该是"四大安"，这就不多说了。）

查《老子》的各个版本，不但帛书甲、乙本和简本都是"王大"，而且河上公本和王弼本也都是"王大"，东汉的想尔本作"生大"，大概是道教为了理顺养生理论才这么改的，到唐朝时候就变成"人大"了，我们现在看到的本子一般都写作"人大"。㉝

联系上下文来看，"王大"确实是顺理成章的，这和申韩、《管子》的尊君思想也是如出一辙。——试想一下你自己就是皇帝，龙书案上放着两卷书，一是《孟子》的"民为贵，社稷次之，君为轻"，一是《老子》的"天大，地大，道大，王亦大"，你会喜欢哪一个？

以汉朝人的眼光来看黄老之学，来看《老子》，还有一本书是很有参考价值的，那就是历代都认为是伪书的《文子》。《汉书·艺文志》把《文子》列入道家，说作者文子是老子的弟子，和孔子同在一个时代。但班固也不是拿得很准，他用犹疑不决的口气说：书中有周平王和文子的对话，如果文子是老子的弟子，那和周平王的时代可差着不少呢，这样看来，这书大有水分，也许是后人依托之作。⑤

在这个问题上，历代学者的声音几乎是一边倒的，只有清朝孙星衍认为书中的周平王应该是楚平王之误，果真如此的话，在时间上就没有什么矛盾了。再者，《文子》虽然未必是文子的亲笔，但"黄老之学存于《文子》，两汉用以治世，当时诸臣皆能道其说，故其书最显"。⑧——这是我们此刻最值得关注的话，如果孙说属实，那么这部《文子》就是体现汉朝黄老之学的代表作品，当时的政治与学术大可以从《文子》之中觅得端倪。

有个鼓舞人心的消息是：1970年代的汉墓考古发现了《文子》的残简，和今本对照一看，居然差别不大，而且可以确定周平王确系楚平王之误，还有一处值得关注的地方是：今本《文子》里的"老子曰"在简本里居然都是"文子曰"？！

文子到底是谁，恐怕多数人都不清楚，如果说他是老子的弟子，可从没听说老子还有弟子呀，不是传说他骑青牛西出函谷关，被关尹缠住写了五千言，然后就不知所终了吗？

——正如老子的这些传说都是极不可信的，文子是老子的弟子一说我们也不必过于当真。以前很多人认为文子就是计然，计然好像也不是个太有名的人，但他有个学生却尽人皆知，就是越王勾践的谋臣、后来和西施泛舟五湖而去的那位范蠡。这个说法的出处是《史记·货殖列传》里的"范蠡师计然"，可是，孔丘被尊称为孔子，孟轲被尊称为孟子，其他人也是一样，为什么唯独这位计然不叫计子却叫文子呢？曾有权威注释说：计然不姓计，姓辛，字文子，祖上是晋国贵族。后来又有专家说：计然姓辛，家住葵邱濮上，号叫计然，他是老子的学生，是范蠡的老师。⑤

读古书有一个放之四海而皆准的经验：越是说得有鼻子有眼的，就越是可疑。对文子的真身，钱穆有过非常详细的考辨，说计然当是书名而非人名——为了简略起见，我这里只是概括提一下他老人家考辨的结论，对过程就不详述了，但钱老师有一处论证我还是觉得有必要特别拿出来说说，因为它对我们后文进入"《春秋》三传"二百四十二年的世界是很有帮助的。——钱老师说：古人取字，要么就是单字，比如孔门高足颜回，他的字是"渊"，所以我们也叫他颜渊；要么就是在字上标识出兄弟的排行（伯仲叔季），比如还是孔门里的冉耕，字伯牛，"伯"字说明他在兄弟里排行老大；要么就是加个"子"字作为美称，比如还是孔门里的闵损，字子骞；以上三种都是古人起字的规矩，可从来没有以"某子"为字的。所以说，如果计然先生姓辛，字文子，这不符合古人起名字的规矩。再看看古人称"子"都有几种情况：要么是跟着姓走，比如范蠡的同僚文种，可以称为"文子"，如果按这个规矩，计然就应该姓文；要么是跟着名走，比如田文也被称为"文子"，如果按这个规矩，计然应该名文；要么是作为死后的谥号，比如季文子、公叔文子、范文子，这样的话，如果计然既不姓文、也不名文，倒还有机会在死后被谥为文，但是，计然只是个平头百姓，不可能获得谥号。⑧看，这三条路全都断了。

我们借此了解春秋时代在称谓上的一些规矩，至于文子到底是谁，并不十分影响我们对眼下问题的讨论——对我们来说，孙星衍那番话才是至关重要的。

我们就要进入《文子》的片段文本了，我挑选了一些《文子》当中对《老子》的阐发性议论，看看《文子》时代（战国或秦汉）的人对《老子》的理解，在我们眼里玄而又玄的"道"与"德"，还有"无为无不为"等等，原本或许都有着非常切实的意义。

"道可道，非常道；名可名，非常名"，老子这段话说得太玄，所以后人有了无数的解释，而且，正因为不容易看懂，人们越发觉得高深莫测。文子阐释这段话，说：

老子（文子）曰：夫事生者，应变而动。变生于时，知时者，无常之行。故"道可道，非常道；名可名，非常名。"书者言之所生也，言出于智，智者

不知，非常道也；名可名，非藏书者也。（《文子·道原》）

　　《文子》是说：事物是在不断的变化中的，是随着时间的流动而流动的，所以，道如果能被准确地说出来，那就不是道了，名如果能被准确地讲清楚，也就不是名了，这道理就和赫拉克里特"人不能两次踏进同一条河流"一样。

　　《文子》正面讲完再反面讲，拿儒家当靶子：儒家《诗经》《尚书》等等典籍记载的都是圣贤之言，按说圣贤说的话都是好话，可他们那些话都是针对一时一事而发，并不是永恒的真理。如果世道变了，我们守着这些典籍而不知道变通，这可就太傻了。

　　——看来《文子》的理解相当朴素啊。《老子》这段文字把历代的多少聪明人都搞糊涂过，想尽办法来解释，于是乎说什么的都有，越说越玄。

　　我们都知道《老子》又名《道德经》，这个道与德到底是怎么回事，看上去仿佛出自天然、不言而喻，深究一下的话还真不容易说得清楚——尤其难在：道和德并非老子的专有概念，儒家也讲道，也讲德，董仲舒不就是吗？就连后世的理学家也有自己的一套"道德观"，这就更把概念给搞混了，比如宋代朱熹的高徒陈淳，在《北溪字义》里给"道"字立了一章，接着就是给"理"字和"德"字各列一章，其后又论中庸，又论太极，多是理学角度的个人感悟。而《北溪字义》仅是一例而已，各家各派的解释琳琅满目、铺天盖地，所以说，在你要和别人讨论"道"或"德"等等概念之前，先得问清楚大家对这些概念的理解是否都是一样的。我们现在看的这个《文子》，对"道"和"德"的理解便自成一家——《文子》打了个比方：道与德的关系就像韦和革的关系。

　　所谓韦，就是精加工之后的动物皮，我们穿的皮夹克、皮鞋，如果说是"真皮制品"的话，用古人的话说就是拿韦做的。所谓革，是经过粗加工之后的动物皮，并不是我们现在的人造革，如果一位古人把一双革做的鞋子当成真皮制品卖给你的话，他可不是骗你，那鞋子确实是真皮的。韦和革都是真皮，只是在加工工艺上有所区别，道与德也是同样，本质上是一种东西。《文子》下文里详细来谈：

　　老子（文子）曰：昔黄帝之治天下，调日月之行，治阴阳之气，节四时之度，正律历之数，别男女，明上下，使强不掩弱，众不暴寡，民保命而不夭，岁时熟而不凶，百官正而无私，上下调而无尤，法令明而不暗，辅佐公而不阿，田者让畔，道不拾遗，市不预贾，故于此时，日月星辰不失其行，风雨时节，五谷丰昌，凤凰翔于庭，麒麟游于郊。

虑牺氏之王天下也，枕石寝绳，杀秋约冬，负方州，抱员天。阴阳所拥、沉滞不通者，穷理之；逆气戾物、伤民厚积者，绝止之。其民童蒙不知东西，视暝暝，行蹎蹎，侗然自得，莫知其所由，浮游泛然，不知所本，自养不知所如往；当此之时，禽兽虫蛇无不怀其爪牙，藏其螫毒，功揳天地。至黄帝要缪乎太祖之下，然而不章其功，不扬其名，隐真人之道，以从天地之固然，何即？道德上通，而智故消灭也。

老子（文子）曰：天不定，日月无所载；地不定，草木无所立；身不宁，是非无所形。是故，有真人而后有真智，其所持者不明，何知吾所谓知之非不知与？积惠重货，使万民欣欣，人乐其生者，仁也；举大功，显令名，体君臣，正上下，明亲疏，存危国，继绝世，立无后者，义也；闭九窍，藏志意，弃聪明，反无识，芒然仿佯乎尘垢之外，逍遥乎无事之际，含阴吐阳而与万物同和者，德也；是故，道散而为德，德溢而为仁义，仁义立而道德废矣。（《文子·精诚》）

文子夸赞黄帝之治，说：想当年，黄帝调和日月的运行，理顺阴阳之气，顺应四季变化，修正乐律和历法，确定男女尊卑的秩序和君臣上下的礼法，使强者不欺负弱者，多数不压迫少数，老百姓都能活到自然寿命，粮食总有好的收成，百官公正无私，君臣融洽无间，法令清楚公开，路不拾遗，夜不闭户，大家互相谦让，做买卖诚实守信。所以在那个时候，日月星辰运行正常，风调雨顺，五谷丰登，凤凰满天飞，麒麟遍地走，天下一片昌明气象。

文子这番话是不是感觉眼熟？如果不告诉你这是道家手笔，说是董仲舒写的，应该不会有什么怀疑吧？春秋大义的上法天道、尊卑有序、以礼治国、好人政府、祥瑞臭街，这不分明就是董派儒家么！我们在这里先留个心眼儿，往下再看看……

文子接着说：前边讲的是黄帝时代的好时光，可黄帝以前是什么样呢？我再给你们讲讲吧：在很久很久以前，有个白胡子老头儿，他的名字叫伏羲，他管理着天下四方。当我们赞美伟人的时候，为求新意，可以从他的一两个生活小侧面入手，比如我们可以说说伟人的一件衣服穿了很多年啦，等等等等，所以，关于伟大的伏羲我们就可以这样来讲：他睡觉的时候，枕的是石头，铺的是干草——这很牛吧，他崇尚俭朴和原始，用这个精神来治理天下：当阴阳不调的时候就给疏通疏通，当不好的"气"伤害群众的时候就治理治理。伏羲治下的人民群众都是些蒙昧无知的家伙——注意哦，这可不是贬义——他们目光呆滞，走起路来慢慢悠悠，和东京地铁里的人流形成鲜明的反差，他们天真淳朴，无忧无虑，既不知道自己是从哪儿来的，也不知道自己要往哪儿去，优哉游哉地漫游着，并不担心在某些重要的日子里会有一些全心全意为人民服务的执法队伍把他们弄到全心全意为人民服务的人的视野之外去筛沙子、绑刷子，他们也不会让诸如"生命和世界的本源"之类的问题来烦恼自己——这些问题就连佛陀都搞不清楚，只一句"无记"了之——他们自生自养，自得其乐。这就是伟大的伏羲时代呀，不但人类如此，就连毒蛇猛兽都消弭了凶性，收起了爪牙。

文子拿伏羲时代和黄帝时代相比，告诉大家：你们以为黄帝时代就够黄金时代了吗，呵呵，那是你们见识浅薄，伏羲时代才是真正的黄金时代呢。高明的治国之道是这样的：不彰显什么丰功伟绩，也没有歌功颂德，以真人之道顺应天地的本性。这也不难，只要领导人的道德上达于天，胸中了无机心而已。

——这就是在说无为之治。最后两句话比较费解，我翻译得不一定对，不过想来大意是不会错的。文子这里给了我们一个启示：向来都说儒家是复古的，孔子所谓"克己复礼"、追怀尧舜禹汤文武之类，虽然其中也有与时俱进的思想，但到底是以复古为主，可现在看来，道家的复古精神似乎比儒家不在以下，儒家的"古"至多只追溯到尧舜禹，更现实地说是追溯到文武周公，而道家描绘的黄金世界却一直追溯到了伏羲时代——这位伏羲据说是人类始祖，我们所有人都是他老人家和女娲的后代。这，这也实在太古老了！

不但古老，而且玄乎。闻一多写过一篇《伏羲考》，说伏羲其人见于记载要晚到战国时代才有。这问题我们先不去管，单说上古时代的蒙昧生活，如果当真如此的话，我们现代人还真很难说到底是进化了还是退化了，再者，如果此说为真，那大禹就犯不上辛苦治水，神农也没必要亲尝百草了。黄帝的传说也是聚讼纷纭，据说那时候也有不轻的刑罚，由"李官"⑩专门负责，割鼻子、砍脚的"五刑"也是那时候创立的。至于真相如何，谁也说不清楚，或许道家托古改制的精神不亚于儒家呢，或者，这种精神就是古人的学风，不论什么学派全玩这一套？

伏羲时代，或者说"人类的蒙昧时代"，是一个值得深入思考的话题，因为这个文子和老子眼中的黄金时代看上去似乎正是人类的"自然状态"，而"自然状态"又是如此难于认识，以至于卢梭感叹着："研究过社会基础的哲学家们，都认为有追溯到自然状态的必要，但是没有一个人曾经追溯到这种状态。"

卢梭这话乍听上去好像没有多大的意义，但我们必须知道，认为人类原本生活在一种只是依从本性而生活的"自然状态"曾经是十八世纪西方社会里的时髦观点，我们只要想想那个时期里一些著名的绘画作品就能有个大概的了解——好像人越文明就越怀旧似的，我们现在的西藏游、古镇游、藏传佛教热等等，也是异曲同工，那么，进一步问一下：在文明相对发展的春秋战国时代会不会也有这种怀旧之情呢？如果这是可能的话，那这个被怀的旧，按我们现在的经验来推论古人，究竟是真的旧还是被造出来的旧呢？或者说，这个所谓的"自然状态"在多大程度上是个需求导向型的东西呢？

对这个"自然状态"（或者说是原始的黄金时代）最优雅的描述或许要属摩莱里的这句话："世界是一张饭桌，它足以陈列所有共餐者所需要的一切。桌上的菜肴或者属于一切人，因为大家都饥饿；或者只属于某几个人，因为其余的人已经吃饱了。所以，任何人都不是世界的绝对的主人，任何人也没有权利要求这一点。"⑩

而卢梭这时候却表现了他缺乏浪漫的一面，他的这声感慨是发在《论人类不平等的起源和基础》这一名篇之中的，他接下来的话就是："有些人毫不犹豫地设想，在自然状态中的人，已有正义和非正义的观念，但他们却没有指出在自然状态中的人何以会有这种观念，甚至也没有说明这种观念对他有什么用处。另外有一些人谈到自然权利，即每个人所具有的保存属于自己的东西的权利，但却没有阐明他们对于'属于'一词的理解。再有一些人首先赋予强者以统治弱者的权力，因而就认为政府是由此产生的，但他们根本没有想到在人类脑筋里能够存在权力和政府等名词的意义以前，需要经过多么长的一段时间。总之，所有这些人不断地在讲人类的需要、贪婪、压迫、欲望和骄傲的时候，其实是把从社会里得来的一些观念，搬到自然状态上去了；他们论述的是野蛮人，而描绘的却是文明人。甚至在现代多数学者的头脑中，对自然状态的存在从未发生过疑问，可是一读《圣经》，便明了第一个人已经直接从上帝那里接受了智慧和训诫，他本身就不曾处于自然状态；而且如果我们像每个信奉基督教的哲学家那样相信摩西著述的话，便必须承认，人们即在洪水之前，也不曾处于纯粹的自然状态，除非他们因某种非常事故重新堕入其中则又当别论。"⑥

　　搞清楚人类的"自然状态"是如此重要，至少可以使那位鼓吹"人类天生是大胆的，只想着进行攻击和战斗"的霍布斯先生——他不幸地做了卢梭的靶子——无地自容地闭上嘴巴。但我们先不对辩论的双方做出任何评判，只是把他们的发言搬出来，作为伏羲时代的另一种截然不同的写照来给大家参考："霍布斯说：恶人是一个强壮的幼儿。我们还须进一步了解，野蛮人是不是一个强壮的幼儿。如果我们承认野蛮人是一个强壮的幼儿，就会得出什么结论呢？假如这个人，当他是强壮的时候，也像他软弱的时候那样，需要依赖于人，那么就没有一件蛮横的事情他做不出来的：他会因母亲未及时哺乳而打她，会因弟弟讨厌而虐待他，会因别人碰撞了他或搅扰了他而咬别人的腿。"——正因为如前所述，人类的"自然状态"是一个意义重大的问题，是我们所要论述的很多问题的基础，所以后文还会有详细的讨论。我们现在先来关心一下眼下的老子与文子他们"愚民"和"弃绝智慧"的主张，嗯，如果我们以一种积极心态来关照这两个面目可憎的概念的话，那么，"我们可以说，野蛮人之所以不是恶的，正因为他们不知道什么是善。因为阻止他们作恶的，不是智慧的发展，也不是法律的约束，而是情感的平静和对邪恶的无知"——这还是卢梭的话，我觉得他这句话不仅是对"愚民"和"弃绝智慧"的通俗注脚，还很妥帖地解释了老子的另一句名言："天下皆知美之为美，斯恶矣；皆知善之为善，斯不善矣。"这句话经常被人当作逻辑上的辩证观念来谈，解释成"天下的人都知道美之所以为美，这就有丑的观念同时存在了；都知道善之所以为善，恶的观念也就同时产生了"，而《老子》的本旨也许是在讲政治呢。

　　对于"伏羲时代"我们还有一点值得注意，那就是：无论是卢梭还是霍布斯，无论是文子还是老子，都缺乏社会学和人类学素养，所以，即便是万分审慎的卢梭，在这个问题上所做的也只不过是扶手椅上的哲学沉思（准确地说，卢梭的沉思不是在扶手椅上而是在圣日尔曼森林里发生的，他在《忏悔录》里谈到过写作《论人类不平等的起源和基础》的灵感是在那时"灵魂被超卓的玄想所激发，上达通神之境"），伏尔泰则貌似提出了一个真知灼见："世上不会有什么国家不先是按照共和制度治理的，这原本是人类天然趋向"，但是，考虑到他对古代社会所做的过于深刻的研究——就我们普通人可以评论的内容来说，他在宏伟的《风俗论》里以宏伟的篇幅把中国描写成了一座人间天堂——呵呵，看来我们还是很有必要再次请出爱德华·泰勒，参考一下他对蒙昧的格陵兰部族的一段朴素的记载："当他们结队出去狩猎时，推选某位有经验的向导作为部队的领导者。在蒙昧部族中常常见到这类领导者或领袖，他们由选出来的那些地位最重要或最灵敏的人来担任。但是，这类人对于家庭很少有甚至完全没有权力，是通过说服和借助舆论来达到自己的目的的。当然，这类领导者的家庭同样也具有作用，或者，如果还没有，那么，他就要努力使它具有这种作用，因此，在他的职位上就表现出了一种变成世袭的意向。……在存在跟我们非常接近的按父系继承的习俗情况下，家庭的发展本身就导致宗法统治的建立。"——由此（更多的例子我就不举了）我们可以得出的感觉是：蒙昧时代只能是老子笔下"小国寡民"的样子，伏羲这样的统治者看来不大可能统辖一片幅员辽阔的疆域，他的"天下"很可能只是一个小小的部落，不会比我们现在的一个村子更大，最夸张的想象恐怕也只能把他想象成一位和蔼可亲却没有多大权力的镇长，也就是说，他即便想要"有为"，也没有那个权力。而当这位伏羲的权力一旦稍有增大的时候，或许就昭示着权力世袭时代的到来了，这同时也标志着所谓黄金时代的结束。——要知道，"家庭的发展本身就导致宗法统治的建立"，而宗法统治的高峰正是周文王、周武王所开创的周代，这和传说中的伏羲时代可相隔太过遥远了。

　　如果向着另一个方向推论的话，即便先不去考虑原始的共和国的性质，我们看到，这位伟大的伏羲最多也只是一位小小的"村长"或者"镇长"，而社会的发展趋势是部落和部落的不断联合，这种联合需要他们通过歃血之类的仪式把其他部族的人认同为自己的家人（这是一个复杂的话题，后文会详细来讲）。而后，模仿一下爱德华·泰勒的说法：他们结合成一个"民族"，有了一个共同的民族名称，比如华夏，这时候就有必要虚构出一个共同的祖先。㉒

这个神圣的祖先是具有图腾意义的，图腾这东西总是被艺术家们搞得很神秘，喜欢拿它们作为原始野性文化来刺激现代文明人的审美趣味，其实图腾应该是有着非常实际的功能的：使群体里的个人通过对图腾的崇拜来增强对这个群体的归属感，尤其是，图腾崇拜的过程是相当仪式化的，而"仪式化"正是情绪的催化剂。库朗日当年论证奥林匹亚的神祇崇拜仪式与其说是宗教信仰，不如说是政治运动——这个观点在现在看来一点儿不惊世骇俗，为什么政府会斥重金去搞精英体育而不是大众体育，正因为精英体育具有图腾意义，而我们近现代的祭祀黄帝和祭孔大典，照样可以这般追溯到图腾崇拜的意义上去——或许正是在这个意义上，伏羲才变成了"天下"之主，变成了我们每个人的曾祖爷爷。⑥

接着来看文子的话：如果天不安定，日月便没法正常运行；如果地不安定，草木便没有依托的所在；如果身不安宁，是与非便无法明确。所以，有了真人之后才有真智，如果是非标准不明确，怎么知道我所谓的"知"并不是"不知"呢？

——"有了真人之后才有真智"，这句话我可想不通是什么意思，不过，重要的是，文子在这里似乎表达了对人类理性的不信任：是呀，你也许认为做人体炸弹搞恐怖活动是件正义的事，我的看法却完全相反，我们两个谁才正确呢？我们都认为自己是对的，但一对矛盾的意见通常不可能同时正确，那么，有没有一个判断标准可以让我们两个同时来参照呢？我们对一些似乎天经地义的道理是否绝对不该有哪怕稍许的质疑呢？——这些问题如果想到极致，就会跑到庄子的《齐物论》去了，胡适曾把《齐物论》看作导致中国哲学终结的罪魁祸首，因为它太强调"相对"了，一切事物都显得没有确定的标准了。⑥可对这些问题如果我们能够想得切实一些的话，却可以推导到前文讲过的有限理性，推导到哈耶克对"无知"的重视。

如果我们把道家（我们暂时先不去确切定义"道家"这个概念）的所谓"愚民"理论不那么消极地来做理解的话，或许可以从中看出"无知"是如何比"有知"更加健康地促进社会的发展。过度相信"有知"，或者说，相信我们拥有足够的理性，很容易让我们相信是人类的理性创造了社会——如果真是这样的话，这就意味着我们的理性可以使我们设计出一幅美丽新世界的绝妙蓝图，并为此付出十足的努力。这样的事情不是没有发生过，我们中的不少人也曾有幸目睹过理性的蓝图如何导致了可怕的非理性的群众狂热。

"承认我们的无知乃是开启智慧之母，"哈耶克在《自由秩序原理》当中引用了苏格拉底的这句名言，说，"老苏的这句名言对于我们认识社会有着深刻的意义，甚至可以说它是我们认识社会的首要前提。我们渐渐认识到，人对于诸多有助于他实现生活目标的力量往往处于必然无知的状态。社会生活之所以能够给人带来单独生活所无法提供的好处，原因就在于：个人能够从其他人的知识当中受益，虽然他未必就能认识到这个事实。社会越是发达，这种情况也就越是明显。"现在我们再来回顾一下前文的一段内容：……这里所谓的"礼"，正是社会习俗，因为已经扎根在每一个社会成员的心中，所以大家的行为虽然都是在礼的框架之内，却对此毫无察觉。好比一个匈奴男人，哥哥死了，他就自然而然、不加思索地把嫂子娶了过来。——怀特海说过：这种自然而然、不加思索的行为越多，就说明该社会的文化水平越高。哈耶克也表达过同样的意见。

这时候我们再来回味文子的"有了真人之后才有真智"，又似乎他对人类理性的怀疑仅仅局限在愚昧的大多数人身上，而只有那位"真人"才拥有真正的大智慧，所以，接下来顺理成章的是，愚昧的大众需要少数的真人来统治自己，嗯，伏羲和黄帝看来就是这样的真人。而这样的社会组织形态看上去正是和人类的本性相适应的，因而也是稳定的。

后代的不少持道家类似主张的人往往忽略了这个前提：道家描绘的黄金时代虽然美好，却只存在于小国寡民当中，一旦地盘大过一定规模之后，就算伏羲复生也无计可施了。这道理很简单，想象一下我们现在市场经济里的小公司和大公司，一个小公司运营出色，飞速发展，可原本的那套管理方式在公司规模扩大到一定限度之后就不再适用了，各种毛病也都蜂拥而至。如果大到一个国家，更是这个道理——美国社会学家彼得·布劳仔细研究过这个问题，发现维系小国寡民所依赖的是小群体的一致性：比如说伏羲治下的一个镇子吧，大家全都沾亲带故的，风俗习惯也都一样，个人既有承担社会义务的自觉性，舆论也有着强大的威慑力量，谁要是干了什么不光彩的事，大家的唾沫星子就可以淹死他，所以社会结构是非常稳定的，嗯，我们现在也有不少地方还是这个样子呀；可大的团体就有本质上的区别了，你能想象一个"喂马劈柴，周游世界"的流窜杀人犯会被唾沫星子淹死吗？

当然了，布劳如果只是把事情说到这个地步，好像也看不出比老祖母式的智慧更强的地方，布劳着重论述的是：人与人之间总是要做一些互相交换的，比如说，有一天你来找我，说盖房子需要个帮手，我呢，傻呵呵地笑着就跟你去了，好好卖了一把傻力气，又过了些天，我着急出门，可突然发现草鞋坏了，于是就找你讨双草鞋穿……淳朴的日子就是这样延续的，正是这种看似漫不经心的社会交换行为渐渐构成了社会结构和社会制度，人们正是因为社会交换的需要才形成了小小的群体，比如说，就是伏羲的那个小镇子。

我们的伏羲镇真是一座天堂呀，但是，不知道应该高兴还是应该忧伤的是，我们每个人的能力都是不同的，有人强壮些，有人瘦弱些，有人精通独孤九剑，有人喜欢吟风赏月，有人天生就具有领袖魅力，有人却一点儿没有主心骨，于是，每个人对伏羲镇的贡献自然是不一样的。大家需要经常组织起来去森林打猎，这就需要一个带头大哥，徐志摩自然对这个岗位毫无兴趣，李敖也只喜欢刨这位带头大哥的老底而无论这位带头大哥到底是谁，毕加索一门心思琢磨着怎么画好洞穴岩画，而莫扎特则绞尽脑汁看如何在这个没有钢琴的世界里展示自己的音乐天才……最后还是岳不群"勉为其难"地顺应了大家的盛情，这样，打猎队伍就成为一个组织化了的整体。

"整体"，或者"群体"，这两个词对我们普通人来说再平常不过，可在布劳那里却是一个重要概念。我们的伏羲镇越来越像一个整体了，这个"整体"潜移默化地对其中的每一个人发挥着奇妙的作用，原先我们人与人之间只是自由交换的关系，如果我不愿帮你盖房子，你除了生生闷气之外也不能怎样，要么就主动提出把如花似玉的女儿嫁给我，可现在，世道变了，权力的形成使得交换不再是原先那样的平等和自由，这回你可以对我说："我岳不群让你小子帮我盖房子去。"我向四下一看：好家伙，岳灵珊和林平之手按宝剑怒目而视，后边还跟着一群气宗弟子，唉，除了无条件地去劳动，我还有什么办法可想呢？可惜了岳灵珊这个妹子，如果在社会分层开始之前，她有可能就是我的老婆呀！

这个时候，别的事情就不管了，对于我来讲，当务之急就是草鞋问题：我不可能再像以前一样随便找老岳讨草鞋穿了，而我们镇上又只有岳不群会做草鞋，更为可恨的是，我这双尊贵的脚天生就对泥土过敏，唉，这可怎么办呢？

布劳给我出了四招。第一招是：如果我有一门独门绝技的话，就可以用它来向以岳不群为首的镇子核心来做交换；第二招是：嵩山镇的草鞋也能满足我的需要，我可以去找左冷禅；第三招是：我练成独孤九剑，强迫岳不群给我草鞋；第四招是：我去找找草鞋的替代品，如果可以搞来耐克运动鞋的话，呵呵，对我这个原始人来说也是可以将就的。

唉，这四招虽然都是好办法，可第一，我没有任何独门绝技；第二，虽然到嵩山镇可以搞到草鞋，但走到嵩山镇需要磨损掉十双草鞋；第三，我虽然想练独孤九剑，可风老前辈一向来去无踪；第四，我身处史前时代，是无论如何也等不到耐克公司成立的。——喂，布劳兄弟，你还有没有实际一点儿的办法呀？

布劳自信地说："当然有了！如果这四招都行不通的话，我还有最后一个绝招，那就是：对岳不群表示服从，甘愿做他的忠实走狗。你既然毫无选择权了，可行的也就只有这一招了。"

布劳是个居心叵测的家伙，他把告诉我的这几招也对岳不群讲了。岳不群听过之后满脸阴云，作为一个理性的人，他知道，如果想要维持现有的权力，就必须想出破解"布劳四式"的新招。岳不群暗自挠头："独孤九剑的破法我都已经琢磨出来了，可这'布劳四式'该怎么去破呢？"

这个小问题是根本难不倒岳不群的，他发觉最关键的手段就是阻止草鞋的其他提供者，比如，灭掉嵩山镇，剪除左冷禅，还要尽量延迟耐克公司出现的时间。一句话：全力维护自己的垄断地位。从此，强制性手段越来越多，刑罚也大规模地出现了，并且被应用得越来越重、越来越广，社会分层开始形成……

——这里需要特别提示一下，社会分层是个很复杂的事情，可千万别把它习惯性地想象成简单的阶级对立，嗯，比如我们一些社会学权威教科书里总会提到一个社会冲突论一派的德国学者达伦道夫，说他大量借用马克思的术语而实质却根本和马克思无关。其实呢，这些书里避而不谈的是，正是这位达伦道夫聪明地质疑了马克思的阶级对立一说：在马克思的时代，公司或工厂的所有者同时也是管理者，但后来事情的演变是，所有者和管理者发生了分离——我们现代人对这点都很容易理解：一个小老百姓手持一家大公司的少量股票，他不也就是这家大公司的一位股东吗，而该公司的总经理却可能是一位毫无股份的职业经理人，是"被雇佣者"，更有甚者，该公司本该属于被剥削阶级的底层工人也有可能持有少量的股份，这样的话，他究竟是股东还是雇员呢，或者说，他到底属于剥削阶级还是被剥削阶级呢？

以上说的是资本的分化，而劳动同时也在分化——难道工人全是大老粗吗，不也有金领和白领吗，不也有高级技术工人和简单体力工人之分吗，他们之间的收入差距不也是巨大的吗？如果我们依然使用"阶级"这个概念的话，在这时过境迁之后到底存在着多少阶级呢，这些阶级之间又是怎样互相作用的呢，到底是哪个阶级在剥削着哪个阶级呢？

只要靠着我们现代生活的常识就很容易理解达伦道夫的意见，而兰斯基更为我们指出了：社会越是发达，阶级就越难以简单界定，因为一个人可以分别属于好几个不同的阶级。所以，千万不要以为社会分层只是简单的二元对立，它现在是复杂的，以前也是复杂的，从来都是复杂的，复杂到超过所有人的想象。所以，如果不做一些抽象和简化的话，根本就没有办法入手分析。

有了这个提示之后，再来想想我们的伏羲小镇，对了，这时候已经变成岳不群小镇了，当这个小镇越来越大的时候，社会分层也就越来越复杂，社会秩序的维持越来越离不开正式的规则和强制性的权力——如果我们说道家也有着原教旨主义一派的话，那么他们的主张自然只是刻舟求剑式的。

文子不知道是不是一个原教旨主义者，不过，当我们接触过布劳的理论之后，就可以一身轻地来看文子的这段下文了：对群众施加足够的恩惠，他们自然会活得美滋滋的，这就是"仁"；对自己的丰功伟绩要不厌其烦地宣传，把自己树立为老百姓心中的道德典范，君臣之间有"礼"来节制，高低贵贱一清二楚，亲疏关系明确有别，危亡之国得以延祚，绝世之家得延香火，这就是"义"；啥也不听不看，啥也不问不想，以无知无识之心悠游于红尘之外，含阴吐阳与万物合为一体，这就是"德"；所以说，"道"产生出了"德"，"德"产生出了"仁"和"义"，道、德、仁、义这几个东西相互依存，有生有离，当仁和义脱离了道和德而被单独确立下来的时候，道的世界也就离我们远去了。

——文子这段话很有些费解的地方，细心体会，他最后要说的意思似乎是：上古世界是道的世界，大概就是伏羲小镇那样的吧，而后道的世界退化为德的世界，这大概就是指黄帝的时候，再而后则道、德俱废，仁、义登上了舞台。这或许正是《老子》通行本第三十八章的意思：

> 上德不德是以有德；下德不失德，是以无德。
> 上德无为而无以为，下德为之而有以为。
> 上仁为之而无以为，上义为之而有以为。
> 上礼力之而莫之应，则攘臂而扔之。
> 故失道而后德，失德而后仁，失仁而后义，失义而后礼。……

这里用比较流行的陈鼓应的翻译：

> 上"德"的人不自恃有德，所以实是有"德"；下"德"的人自以为不离失德，所以没有达到"德"。
> 上"德"的人顺任自然而无心作为；下"德"的人顺任自然而有心作为。
> 上仁的人有所作为却出于无意；上义的人有所作为且出于有意。
> 上礼的人有所作为而得不到回应，于是就扬着胳膊使人强从。
> 所以失去了"道"而后才有"德"，失去了"德"而后才有仁，失去了仁而后才有义，失去了义而后才有礼。……⑥⑤

这两者怎么看怎么都像有一些渊源，也许《文子》也和《老子》一样是在讲一个社会的退化过程吧，不过，就我们所看到的来说，文子眼中的仁义世界似乎并不算个太坏的世界，无非是领导人喜欢给自己歌功颂德罢了（如果是在后来的专制社会，老百姓在这种情况下会充分表现出斯德哥尔摩综合征的症状，眼泪刹不住闸了，膝盖的骨头也彻底软化了），至于那个"礼"，也无非就是标志着人有高低贵贱的官本位罢了，至少比军国主义要更有先进性吧？

但文子最后这两句话或许是另外的意思：道产生了德，德又产生了仁和义，所以追根溯源的话，仁义与道德其实都是一家子。在这一家子之中，道无疑是位大家长，他老人家只要一动，德也好，仁义也好，全得跟着一起动才行，而如果事情是这样发展的话，那么，仁和义就并不违背这个道了，反而是道的派生之物。于是，仁和义只有在完全脱离了道德的情况下才是应该被批评的。

如果上边这个解释成立的话，看来文子对仁义也不是完全不接受的。我们不妨按照对文子的这个理解打个比方：如果我们把道、德、仁、义这四个家伙比作一只老虎的话，道就是老虎的脑袋，德就是老虎的躯干，仁和义就是老虎的屁股和尾巴，那么，合乎情理的动作是：脑袋往哪边转，身子和屁股也应该随着往哪边转，如果屁股和尾巴独立于脑袋而自行其是的话，那就不应该了。那么，随之而来的问题就是：屁股该如何跟着脑袋呢？如果屁股下定决心跟脑袋脱离关系，那又如何呢？在怎样的情况下，老虎的屁股就变得摸不得了呢？又从何时何地开始，屁股也可以决定脑袋了呢？

这些问题先不去管，但我们可以从中看到，文子对道和德的解释虽然也有一些玄虚之处，但比起我们一般人惯有的概念却要脚踏实地多了。最后，再归纳一下《文子》的中心思想："《文子》这部著作是中国古代伟大的思想家、革命家、教育家文子的代表作，它通过对上古黄金时代的美好描绘，深刻揭露了旧社会儒家礼教的虚伪和罪恶的本质，深情表达了对广大劳动人民的同情，弘扬了……"

哦，呵呵，不好意思哎，上学的时候中心思想写习惯了，这么多年也没改过来，看来即便是"少小离家老大回"，最终也难免"乡音无改鬓毛衰"啊。重新归纳一下吧，简单一点，中心思想就四个字：因循，权变。

——在《文子》这里，"非常道"也好，无为之治也好，说白了其实就是这四个字。

哦，我们值得想一想前文里提到的《论语》里的这个故事：鲁国翻修金库，孔子的学生闵子骞说："照老样子来就行了，何必改头换面再加工呢？"孔子评论道："闵子骞这小子平时不大说话，可一说话就说到点子上。"

这不也是因循之道吗？

（八）

《淮南子》解读《老子》——小故事，大智慧

了解汉朝人眼中的老子和黄老思想，《文子》不过是个小小的序幕，鸿篇巨制的《淮南子》是绝对不可以不看的。

熟悉《老子》的人一般都读过《老子》的三部早期教辅：一是《韩非子》，其中的"解老篇"和"喻老篇"全是针对《老子》有感而发的；二是《吕氏春秋》，其中对无为思想论述极丰；三是《淮南子》，尤其是其中的"道应训"，详细解读《老子》里的重点章句。

《韩非子》的"解老篇"和"喻老篇"是颇具争议的文章，很多人认为它们是汉朝人作品，掺杂进了《韩非子》的，《吕氏春秋》也蒙着一层神秘的面纱，而《淮南子》却根正苗红，没有多大的争议。

说"根正苗红"，一是从主编来说，这位淮南王刘安是汉高帝刘邦的孙子，是汉武帝刘彻的叔叔，为人风流蕴藉，以诸侯王之力召集了数千名知识分子，创作了这一部划时代的巨著——从这层意义上说，《淮南子》堪称第二部《吕氏春秋》；二是从学术史上来说，中国道教史研究的第一位权威人物许地山极为推举这部书，说《淮南子》是老庄嫡系的学术继承人，集汉代道家思想之大成。

许地山这个名字大家想必都不陌生，小学语文课本收录过他的一篇《落花生》，只是很多人不知道他还是一位道教研究领域的专家，正如很多人也不知道同一个时代里以散文名世的朱自清更是一位古典文学研究的专家。许地山研究道教发展史，认为从《淮南子》可以看出先秦时期的阴阳学说和五行学说在

汉朝初年已经被道家思想吸纳进去了[66]——这里有两点很值得我们注意，一是阴阳和五行原本各自都是独立的体系，和《周易》更没关系，现在大家一提起这些东西总以为它们是一回事，这是一个误解（详见《周易江湖》）；二是《淮南子》的时代基本上也就是董仲舒的时代，而前文已经讲过，董仲舒鼓吹的那套"儒家思想"不也多出来不少阴阳五行吗，不也把圣人的一部《春秋》归结为阴阳五行祥瑞灾异云云吗？这不是给我们后代人添乱么，到底谁是儒家、谁是道家呀？

——这个问题我们暂不深论，先来着重看看《淮南子》的"道应训"。

"道应训"彻头彻尾是个古代版本的"小故事，大道理"，就差没配上Flash（动画）了。小故事一共有好几十个，绝大多数被用来阐明《老子》的名言。饶有启发意义的是，这些被渲染出来的《老子》名言和今天通行本的《老子》内容相差无几，这部分地说明了《老子》一书在汉朝初年已经基本定形了。另外，清代魏源（就是写《海国图志》的那位）曾对《淮南子》所引的这部分《老子》做过很高的评价，说："其五千言章句，以河上公所分及傅奕古本为最疵，而《淮南》所引为最善。"[67]魏源还有另一层意思，这就容后再讲了。

我们先来看看古代的小故事吧，感受一下《淮南子》想要告诉我们的大道理。（故事太多了，我只挑选一部分来讲。）

1. 法令滋彰，盗贼多有

惠子为惠王为国法，已成而示诸先生，先生皆善之。

奏之惠王，惠王其说之，以示翟煎，曰："善！"

惠王曰："善，可行乎？"

翟煎曰："不可。"

惠王曰："善而不可行，何也？"

翟煎对曰："今夫举大木者，前呼邪许，后亦应之，此举重劝力之歌也，岂无郑卫激楚之音哉？然而不用者，不若此其宜也。治国有礼，不在文辩。"

故老子曰："法令滋彰，盗贼多有。"此之谓也。

故事的一开始出现了两个人：惠子和惠王，看上去像是哥儿俩，至少也是同宗，但是，这二位绝没有一点儿沾亲带故。

　　惠子就是惠施，此人学问极高，也很好学，他在出门的时候总是从者如云，车队里夹着好几辆专车，车上满满的全都是书——"学富五车"这个成语就是从这儿来的。不过话说回来，那个年代统共也没多少书，还都是竹简，只见体积不见字数，凭良心说，惠施读的书未必就比我多呀，他那五车书，论内容未必及得上现代小学生的一个大书包。但问题在于，读书的多与少是要和同代人去比较的，唉，这就是我的悲哀。

　　惠施的知名还因为他是庄子的朋友，《庄子·秋水篇》说这两位"游于濠梁之上"，辩论那个名播后世的"鱼之乐"的问题。当然了，惠施并不是整天都这么无聊，此时他正被惠王重金礼聘来做高管，而这位惠王，就是《孟子》一开篇"孟子见梁惠王"的那位梁惠王，他的故事详见《孟子他说》。

　　天下文章一大抄，现在我们要说的这个故事并非《淮南子》编辑部的原创（后面的故事也是），而是取自《吕氏春秋》的"淫辞篇"，稍做改编而已——捎带说一声，恐怕有些心术不正的家伙一看见"淫辞篇"这个题目就急着去买《吕氏春秋》了，其实原本这个"淫"字是"过分"的意思，比如"淫雨霏霏"，是说雨一下起来就没完没了，和色情并无任何关系。前些年我还曾见过一本用心良苦的书，书名大概叫作"中国古代奇技淫巧"，乍一看以为是讲古代房中术的，很惹眼，其实是讲古代科技的，而书名说的一点儿都没错，科技在中国古代确实一向被贬低为奇技淫巧。好了，不扯远了，回到我们这个寓意深刻的小故事来，故事说的是，梁惠王请来外国专家惠施为自己的国家主持立法工作，惠施不负所托，编出了一部国家大典。这样大的一件事，总得开个听证会讨论一下，于是，魏国贵族长老们齐聚一堂，一起鉴定惠施这位外国专家的工作成果。

　　一位德高望重的老者首先发言："我同意，我同意涨价方案。"

　　另一位元老马上随声附和："涨是一定要涨的，我们要讨论的只是个涨多涨少的问题。"

　　四下马上响起一片热烈的掌声。

　　突然，有个嘶哑的声音说："我不同意涨价！"

　　所有的眼睛一齐盯了过去，方才说话那人咳了一声："其实呢，我也是赞成涨价的，只是，只是，如果大家都举手赞成，那不就显得不够民主！"

一点点小尘埃就这么迅速落定了，最后，主持人欣慰地点了点头："大家的意见又这么一致啊，呵呵，决议通过，明天正式涨价！"

又是一片热烈的掌声。

这，是怎么回事呀？

而且，惠施呢？

——惠施被晾在当中，愣住了……过了好半晌，眼看着大家就要离席而去了，这才弱弱地问了一句："涨什么价哎？咱们不是要论证我的立法工作么？"

一片死寂，过了约莫半分钟的工夫，大家这才一个个缓过神来："哦，对了，对了，不是调价听证会，是讨论立法问题，呵呵。""是呀是呀，听证会听得都成习惯了，一时还真没反应过来，惠先生别介意哦！"

惠施苦笑了一下，定了定神，向大家展示起了自己的工作成果……

惠施的才干是毋庸置疑的，别忘了，他可是货真价实的学富五车啊。于是，只见贵族长老们交头接耳，无不对这部法典挑起大指。

会议结果被上报给了梁惠王，梁惠王大喜过望，把惠施法典派给一位叫翟煎的重臣去看。翟煎看过之后，点点头，也叹了一个"好"字。

梁惠王更是高兴，问道："那咱们这就开始实行吧？"

翟煎这时候却摇了摇头："实行不得。"

梁惠王被搞糊涂了："你不是说这东西好么，既然好，怎么又实行不得呢？"

翟煎答道："意大利歌剧好不好？当然好！可纤夫们拉纤的时候有唱《图兰朵》选段的么？——大家都是一起'哼哧''哼哧'地喊号子。劳动号子当然远不如《图兰朵》好听，可《图兰朵》再怎么好听也用不到拉纤的时候啊！治国也是一个道理，靠的是'礼'，而不是漂亮的条文。"

——小故事讲完了，该讲大道理了：所以《老子》才说"法律越严，盗贼越多"（法令滋彰，盗贼多有）。就是这个道理啊！

最后这句《老子》的大道理看来是《老子》基础性的思想，在简本里也有这句，字句上稍有出入，是"法物滋彰，而盗贼多有"，意思是没什么差别的。——在那个古老的年代里，这或许是一个世界性的难题，塔西陀也曾在地球那边感叹着"国家越糟，法律越密"。

但是，这个道理，和我们现代人的意识却很不合拍了，我们只听说要加强法制化建设，翟煎要是换在现在到论坛上发言去，能被拍砖都算幸运了，最大的可能是：根本没人理他，因为他这个意见实在太荒谬了。

《淮南子》这里给我们展示的是：治国靠的是"礼"，而不是"法"，而这个"礼"又着重在于礼治的核心精神，而不是具体的、条文化的形式——这就好像张三丰在武当山上教给张无忌太极拳那样，让张无忌只去把握太极拳的精髓原理，而忘记所有的具体招式，其中奥妙大概在于：世界是变化的，敌人是变化的，变化是无限的，而招式却是有限的，任何一个固定的招式再怎么厉害也总有它应付不到的地方，而只有把握住核心原理，随着外界的、敌人的变化而做出相应的变化，这些"相应的变化"虽然并没有记载于拳谱之上，却丝毫不违背拳理，无论外界怎么变化，无论敌人怎么变化，我都有相应的解决之道。

呵呵，我可不是要砸各位太极拳老师的饭碗，罪魁祸首是金庸，不是我哎。

翟煎看来就是张三丰一派的，觉得治国之道，在于得"意"而忘"形"。他之所以认为惠施的辛苦劳动全是白费力气，是因为在他的眼里，惠施玩的那套全都是"形"，或者说，全都是太极拳的一个个具体招式，而这些具体招式哪怕数量再多，也远远多不过千变万化的社会现实。——有趣的是，罗尔斯的老对头诺齐克在分析国家之产生的时候也说过这个道理：在一个自然状态中，人们理解的自然法不可能为每一种偶然情况都提供恰当的解决办法，从世故人情来看，冲突的双方往往都觉得自己占理，都觉得自己吃了亏，如果这样下去的话，冤冤相报将永无止境，这或许是任何人都不愿看到的情况，于是……诺齐克从中论证出他的经典概念"最弱意义的国家"，其具体意义暂不展开阐释，但大体来说，这样一个"最弱意义的国家"已经近乎无为之治了。（十足的无为之治就是无政府主义了。我们再由此稍稍想一个小小的问题：国家是否原本只是，或者说原本应该只是，人们为了达成某种目的而创造的一件工具？对，仅仅是一个"工具"？）

即便是"最弱意义的国家"也必须具备一定的对纠纷的仲裁能力，那么，现在的问题是，这种仲裁需不需要板上钉钉式的条文依据呢？

可是，这难道也是一个问题吗？即便在我们现代，法律不都是数不清的条文么？

——先要澄清一下：惠施这里的"立法"未必就是狭义的"制定法律"，而很可能是设计治国的方针大计，我们现在只来个管中窥豹，单说法律这一项。

如果这样来说，的确，即便我们现代法律仍然是数不清的条文，规定了这种违法怎么判、那种违法怎么判，可是，世界在变化，立法经常会显得滞后，总有一些聪明人熟读法律，找出空子，想办法走在法律的前边。这样的例子可不少哦，在法律的空白处下手，那可几乎就是堂堂正正地为非作歹呀。

翟煎顾虑的正是这种情况，而他的解决之道就是把握核心精神，放弃具体的条文规范。翟煎的这个想法和董仲舒的"《春秋》决狱"精神大有相似之处，董老一部《春秋》在手——具体说是一部《春秋经》加一部《公羊传》——天下事便没有不能判的。但是，董仲舒和翟煎之间仍有一个本质的区别，那就是：董仲舒所依据的太极拳理是圣人所制之"法"，而翟煎的太极拳理则是故事里并没有详细交代的"礼"。如果我们把翟煎的"礼"约略看作礼治的话，倒让人有点儿糊涂了：怎么儒家大师董仲舒却搞起法来，而黄老一派的《淮南子》却提倡礼治？

如果我们再联系一下前文讲过的一些内容，礼是从习俗当中产生出来的，基本上说，礼治的精神和人们普遍的风俗习惯、道德信条是一致的，那么，单从法律意义上说，这位翟煎倒很前卫了？我们设想一下，假如我和张无忌决斗，失手把他打死了，这案子拿到官方审理，嗯，在标准的大陆法系的法庭上，我的命运就取决于法律条文的具体规定，比如《刑法典》规定："决斗伤人致死者，视情节轻重，判处一分钟以上、三分钟以下有期徒刑。"这个规定清楚明白，我老老实实地服刑也就是了，如果我足够财大势大，不难把牢狱生活变成五星级宾馆里的度假。当然，如果换到董仲舒的《春秋》法庭，我就有一些宝贵的机会了——我可以向董老证明：张无忌是炎黄子孙，而我的祖先是蚩尤，当初蚩尤是被炎帝、黄帝联合起来杀死的，这事虽然已经过去了好几千年，但经书上有详细记载，那可是圣人给作的证哦。嘿，我这个蚩尤子孙对杀祖之仇念念不忘，所以约张无忌公开决斗，以小熊飞刀破了乾坤大挪移，杀了张无忌，这，这有什么不对吗？

董仲舒一听：嗯，这个熊逸说的倒也在理，血亲复仇是"春秋大义"郑重褒奖的，《公羊传》里表彰过齐襄公灭掉纪国的事情——齐襄公为九世先祖复仇，仇恨都隔了九代人依然不减，复仇这是对了，熊逸在他的《春秋大义》里开篇没多久就写过这段故事。好吧，根据《春秋》齐襄公九世复仇的精神，宣判熊逸无罪释放！

听起来很动人哦，可是，如果董仲舒存心跟我为难，我可就没这么好的收场了。《春秋繁露·王道》有一句"内诸夏而外夷狄"，这是一条经典的"春秋大义"，如果本着这一条，我的祖先蚩尤属于"夷狄"，被杀那是活该。呵呵，我命休矣……

可我不死心，努力从经典当中给自己找辩护，正如前文一再说明过的，只要你足够用心，什么理由都是找得出来的。这个辩护理由在前文的一处注释里已经出现过了，那就是雍正皇帝在《大义觉迷录》里为自己所做的辩护："舜为东夷之人，文王为西夷之人，曾何损于盛德乎。"看看，大舜和周文王这两位儒家极力推崇的圣人原本不也都是"夷狄"么？⑱看来我又死不了啦！

可也不能高兴得太早，既然"只要你足够用心，什么理由都是找得出来的"，这可是一把双刃剑。董仲舒如果存心跟我过不去，而经典的最终解释权又掌握在他的手里的话，那我是无论如何也难逃这一劫的，除非他的脑瓜实在不够灵光。

在翟煎的法庭上，本案结果可能又是另外的样子，嗯，这有好几种可能。第一种可能是：翟煎组织了一个陪审团，当然，陪审团的成员至少应该具有"士"的身份，且不管审理程序是否公正、公开，但对我的判决是要陪审团来举手的。陪审团的成员们代表了当时当地的普遍道德观念，如果决斗在那时候是个正常现象，是有了争端的人们解决争端的一个正当渠道的话（正如在古老的欧洲那样），陪审团应该会认定我是无罪的；但是，这事如果发生在二十一世纪，人们的普遍风俗习惯和道德标准都已经有了变化了，我的下场看来就不会太妙了。

翟煎法庭的第二种可能是：没有陪审团，只是由负责处理这类事情的某位官员依照当时的"礼"，主要也就是当时的风俗习惯，来给我判案。虽然这也算有一定的标准，可运用之妙，存乎法官之一心，他要是早晨才跟老婆吵完架，很可能就会给我重判，这多少是件没谱的事。

无论怎么说吧，以我们现在的眼光来看，《老子》的这句"法令滋彰，盗贼多有"，与其说是提出了一个政治方针，毋宁说是指出了一种社会现实，这就越发让人生疑：法令明明是惩治犯罪的，法令越严明，对犯罪的打击也就越重，社会也就越是安定。如果抛开古老的礼法之争的意义不谈的话，难道法律和盗贼当真是成反比的么？

我们不说小盗，先说大盗，我在《孟子他说》里有一章详细分析了朱元璋搞的重拳反腐，连剥人皮的手段都用上了，惩治不可谓不严厉；再从他杀掉的腐败分子来看，不仅数量惊人，而且，杀官员杀过宰相，杀亲人杀过女婿，执法不可谓不铁面。但是，效果呢？

有一句话是我们绝不陌生的："治乱世需用重典"，但人们观察到的现实世界的运作却往往不足以证明这句经典格言的恰当，甚至还对它构成了种种绝妙的反讽。是呀，老子遇到的问题是古今中外都曾经遇到的问题，但问题的解决是否真像《老子》或者《淮南子》告诉我们的那样？

无数个聪明的脑瓜在思索着问题的症结何在，在十几年前，仍然有人不懈地纠缠着这个问题。美国心理学家汤姆·泰勒主持了一次大规模的电话调查，调查结果对我们是有一些启发意义的：重拳也好，严打也好，并不能让人们提起多大的守法意识，而真正起作用的是程序正义，是人们相信这个社会的法律环境是公平的，违法的结果是可以预期的，司法的整个过程是公开透明的。

如果我们反过来思考这个问题：只要立法和司法过程是由权力所有者一手控制，只要案件的调查审理完全是暗箱操作，哪怕重拳再重、严打再严，照样还会"法令滋彰，盗贼多有"。多少人呼吁过对犯罪分子要加重量刑，但泰勒的研究结果却提示我们：即便把朱元璋那套"剥皮实草"的恐怖手段照搬到现代舞台，一样无济于事——甚至还会有更加可怕的后果：良民也难免会被黑箱装了进去，随即便在没有公开和公正的审判里被"罪有应得"地"剥皮实草"。这可不是危言耸听，方孝孺那位清正廉明的老爹就是在朱元璋的黑箱反腐中被当作腐败分子处理的。

这也在一定程度上解释了鲁迅曾经哀叹过的国民的麻木。麻木该怎样"唤醒"，这是鲁迅关心的问题，我现在关心的是：麻木是怎么"形成"的？试想一下，如果社会到处都是黑箱，随处可见的都是冤无处伸、苦无处诉、正义无法伸张，就连爸爸教育儿子都常常说些什么"退一步海阔天空"之类的美德格言——当正当权益受到损害的时候，心头念两句"退一步海阔天空"几乎成了草民百姓的唯一补救办法，在这样的社会里生活，不麻木便只有痛苦，乃至痛死。当老百姓对不公正已经习以为常的时候，重典与否对他们又有多大的影响呢，反正都是权力者在黑箱里玩玩技术罢了。

中国历来有着对法律秘而不宣的传统，春秋时期郑国的政治家子产做过一件极著名的事：铸刑鼎，也就是把法律条文铸在鼎上向大家公开展示。这个做法让郑国的保守派人士非常不安，认为子产这是破坏了游戏规则，人们会从此不再畏惧法律，还会精研条文，想方设法去钻法律的空子。叔向为此给子产写信，其中说到夏朝制订《禹刑》、商朝制订《汤刑》、周朝制订《九刑》，这三部刑法都是产生于国家衰败的时代。⑥——咦，这不正是"法令滋彰，盗贼多有"的意思么？

保守派的顾虑不是没有道理，子产的法律公开化会使得对法律的解释不再垄断在少数人的手里，他们也很难再"运用之妙，存乎一心"。即便我们所能设想到的子产改革的最好成果——大家通过认真研读法规，从此谁也不犯法了——这对原本的法律解释权的垄断者们来说也未必是件好事，因为没有了违法的人，垄断者们的权力也就没有寻租空间了，换句话说，他们的权力不再值钱了。这可不是件好事呀，不值钱的权力还有什么意思呢？

在子产之后，争取使权力的含金量缩水的努力依然存在，虽然只是杯水车薪。汉宣帝时期，有个叫郑昌的官员在上疏中点明了法制的这层意义："律令一定，愚民知所避就，奸吏无所弄法。"⑦郑昌觉得这才是"正本"的办法，使法律公开化，使法律没有随意性，老百姓就清楚什么能做，什么不能做，法律系统的官吏们也就没机会肆意地玩弄法律了。

郑昌或许没有想到，仅有法律条文的公开化是远远不够的，如果查案过程是可以肆无忌惮的，如果判案过程是可以关起门来放狗的，他所担心的问题依然得不到解决。

我们很容易就可以设想一个虽然有了公开的法律条文，虽然使用重典，却没有程序正义的地方：俗话都说："管天管地，不管拉屎放屁"，我们假定这个虚拟的"不理想国"有一条禁止放屁的法律，如果有谁被发现放了屁，经审判后会被处以三至三十年有期徒刑——具体刑期依据该屁的音量和浓度而定。

这是一条足够荒谬的法律，除了显而易见的影响之外，还深深改变了人们的饮食习惯——黄豆一下子就变成了不受欢迎的食品。但是，如果在程序上是公正的，违法的结果是可以预期的，人们总还有防范的办法——如果你知道在公众场合放了一个音量为20分贝、粪臭素含量为15％的屁，你将被处以十五年的有期徒刑，那么你就会：第一，一发现要放屁的苗头就尽量憋着；第二，要放屁的时候赶紧去找个没人的场合偷偷解决，对了，还要小心别被秘密警察发现。而一旦你真的胆敢以身试法，在公众场合放了屁，你也清楚地知道，你这个音量为20分贝、粪臭素含量为15％的屁必将给你带来十五年的有期徒刑——不会更长，也不会更短。所以，这样的法律虽然足够荒谬，却远非可怕。

可怕的法律是没有标准的法律，比如，你放屁可能被抓，不放屁同样可能被抓，被抓了之后可能被判一两年的有期徒刑，也可能会被满门抄斩，违法的后果是完全不可预期的。那么，在这样一个地方，除非是掌握权力的人，谁能不生活得胆战心惊呢？

是呀，如果有正当的法律程序，即便连放屁都算违法，这样一个社会的可怕程度也远不如那些纸面上全是良法、操作上却全是黑箱的地方。

——伯林谈论霍布斯的时候，对这位《利维坦》的作者并没有抱有多大的兴趣，但他承认：霍布斯虽然鼓吹强权国家，鼓吹强力手段，但是，"霍布斯所设想的法律是，如果你服从，你就能生存，斯大林所需要的法律是，不管你服不服从，你都会被处罚，总之，你没有安全保障，违法或守法都有可能受到处罚。"⑦

在这样的世界里，走人情的能力对一个人来说就显得尤其重要了，而慢慢地，应该也不再有什么人依然相信"治乱世需用重典"这句古老的格言了。——但是，但是，只关注"重典"而不关注程序这未必就是错的，在这个价值判断上，关键是看你的屁股坐在哪里。这很简单呀，我们可以联想到《吕氏春秋》里的一则小故事，或许能进一步给我们一些启发：

英明的宋康王最近对一个问题总也想不通，就问大臣唐鞅："我杀人杀得手都酸了，可大臣们却越来越不怕我，这到底是怎么回事呢？"

唐鞅回答说："这道理很简单，大家不怕您，因为您杀的都是坏人，所以好人当然不会担心被杀。"（这部分地意味着法律是公开的，违法的结果是可以预期的。）

唐鞅接着给出了个主意："您要想让大家都怕您，这也容易，不分好人、坏人，胡乱开刀就行！"

没过多久，唐鞅就被宋康王杀了……⑦

一则小故事牵出了越来越多的问题，宋康王的事情就先告一段落吧，让我们再来想象一下：如果是在程序正义前提之下的"法令滋彰"，还会不会导致"盗贼多有"这个结果呢？

还有一个问题值得去问问老子本人："你既然说了'法令滋彰，盗贼多有'，那你能不能再给出个主意，怎么着才能让'盗贼无有'呀？你别只知道整天写书批评政府，要是换你来搞，说不定还不如现在呢！"

老子"嘿嘿"一笑："你听没听说过这样的道理：你进饭馆吃饭，嫌菜做得难吃，厨师气势汹汹地拎着菜刀出来说：'有本事你自己做，做得比我好再来批评我！'——算啦，不跟你扯这些了，你不是问我有什么办法可以让'盗贼无有'么？当然有了，你好好看看我的书，通行本第十九章不是说了么：'绝巧弃利，盗贼无有'，写得清清楚楚啊。"

——老子说得不错，通行本第十九章是有这么一句话，意思是：抛弃巧诈和财利，盗贼就会消失。

这个第十九章是通行本和简本差异很大的一章，通行本除了"绝巧弃利"之外，还说了什么"绝圣弃智"和"绝仁弃义"，一看就知道是和儒家思想作对，而简本的这两句却仅仅是说"绝智弃辩"和"绝伪弃虑"⑦，没有那么强的火药味。——《老子》一书看来就是这么慢慢成形的。

"绝巧弃利"在两个本子上都是一致的，使人比较放心一些。我们可以设想一下：老子所谓的这两个罪魁祸首"巧"和"利"有没有可能真被"绝"掉"弃"掉？退一步说，即便可以做到这一步，就真的会导致"盗贼无有"吗？对照一下汤姆·泰勒的研究，看来人类的思想在两千多年的时间里多少还算进步了一些。

最后，我们再来回顾一下我和张无忌的决斗事件。抛开诺齐克那种扶手椅上的精密思辨，人类学家为我们提供了一些更为扎实的证据。拉德克利夫-布朗㉔给我们展示了澳洲土著的决斗场面，出于复仇目的的决斗是被限制在可控范围之内的，如果张无忌的炎黄祖先确实枉杀过蚩尤的话，那么，明教的教众就该把我的复仇看作是正义的，在我杀掉张无忌之后，青翼蝠王他们不该对我寻仇，而我呢，既然已经手刃大仇，此后也不得再耿耿于怀。决斗作为一种有效的报复手段，在澳洲土著那里是被视为正当的，而且是公开进行的，当事人使用飞去来器和石刀之类的武器互相攻击，虽然不比小熊飞刀大战乾坤大挪移更具观赏性，但一点儿也不失紧张残酷。观战者时刻注视着决斗的发展，如果认为太出格了就会出手干涉——只是不知道双方的旁观者一起出手干涉的话会造成什么局面，想象一下灰熊、棕熊、北极熊大战青翼蝠王和光明左使？

无论如何，澳洲土著还可以告诉我们的是：有组织的仲裁在他们中间确实已经产生了，正如诺齐克所描述的那样。那么下边又该出现什么呢？……

2. 知其雄，守其雌，其为天下谿

> 赵简子以襄子为后，董阏于曰："无恤贱，今以为后，何也？"
>
> 简子曰："是为人也，能为社稷忍羞。"
>
> 异日，知伯与襄子饮而批襄子之首，大夫请杀之，襄子曰："先君之立我也，曰能为社稷忍羞，岂曰能刺人哉！"
>
> 处十月，知伯围襄子于晋阳，襄子疏队而击之，大败知伯，破其首以为饮器。
>
> 故老子曰："知其雄，守其雌，其为天下谿。"

对故事的主人公赵简子、赵襄子和智伯，我在《孟子他说》里都有过详细的介绍：像中山狼、赵氏孤儿这些故事都是和赵家人有关的；智伯有个著名的门客叫作豫让，他为智伯复仇的故事是《史记·刺客列传》里非常璀璨的一笔。

在现在这个故事里，赵简子想立赵无恤做自己的继承人，家臣很不理解，问道："无恤这孩子出身低贱，只是您老人家的一个庶子，怎么能立他做继承人呢？"

赵简子说："我看这孩子老成持重，是个能为社稷忍辱负重的好材料。"

就这样，赵无恤接班做了赵家的新老大，这就是赵襄子。

时光流转，有一次，国内的第一号政治人物智伯和赵襄子一起喝酒，智伯这家伙飞扬跋扈惯了，这一次竟然无故去打赵襄子的脑袋，实在太欺负人了！

赵襄子的手下人忍无可忍，请求杀掉智伯，可赵襄子却说："当初我爸立我做继承人，就是看重我能够忍辱负重，难道我现在就这么沉不住气么？"

这场小风波就这样很快平息下来，而仅仅在十个月之后，赵襄子便在晋阳大败智伯，还拿智伯的头盖骨做了酒具。

《淮南子》说：这个小故事为我们阐释了《老子》的这句名言："知道什么是雄强，却谨守于柔弱，甘心处于卑下的地位。"（知其雄，守其雌，其为天下谿。）

先要说明一点的是，两千年前的这种"小故事，大道理"和如今的都有同样的本质上的缺陷：把复杂的社会给过分简单化了，岂不知，一只蝴蝶在巴西轻拍翅膀可以导致一个月后美国德州的一场飓风。把"蝴蝶效应"用在社会生活上并不过分，而赵襄子的这个故事其实根本不足以证明《老子》的那句大道理。——赵襄子杀智伯是历史上的一次重大事件，由此引发而来的"三家分晋"被司马光列为《资治通鉴》叙事的开端，开启了整个战国时代，而从细节纷呈的史料上来看，赵襄子的得手似乎完全是一次险胜，也许一些细小事件上的误差就足以使整个局面完全颠倒。但成功人士的成功历程无论怎么充满偶然，也总能被人们解读出无限的人生哲理。这可能要归咎于我们心理上一个普遍的特质了，设想一下这个场景：我们看到一张纸上画了三根直线的时候，这三根直线形成了一个近似的、并没有完全闭合的三角形，虽然严格来说这并不是一个三角形而只是三根直线罢了，但绝大多数人都会把它看作一个三角形。三角形没有封闭的部分是我们在心里给它封闭完成的，是我们的大脑把这三根直线主观组合成一个完成的三角形——这就是格式塔心理学所谓的"闭合律"。我们真得留心一下，在思考问题的时候，是否经常会不由自主地受到"闭合律"的影响呢？那些在信息传媒落后的时代里书写历史的人，他们笔下五光十色的历史故事真是那么可信吗？赵襄子之前在饭局上的表现和之后的斩杀智伯，这两件事情之间的因果关系到底在多大程度上是真实存在的，又在多大程度上是被人为串联起来的呢？

　　催眠术也曾经暴露过一个近似的问题：心理学家在把受试者成功催眠之后，命令他去打开房间的窗子，受试者完全服从了这个命令，当试验结束以后，受试者醒转过来，心理学家问他刚才为什么要打开窗子？受试者疑惑了一会儿，很快回答说："因为觉得房间里太热。"

　　"房间里太热"，嗯，这真是一个合情合理的理由，在逻辑上是完全讲得通的，唯一的遗憾是：它是错的。

　　类似的研究已经很多了。帕累托研究人的行为，用了很大的篇幅论述人类是多么乐于给自己毫无逻辑的行为赋予合乎逻辑的外表。这让我觉得，我们在读《左传》乃至二十四史之前很有必要先把帕累托的《普通社会学》学习一遍，也好让我们对史书中那些完满合乎逻辑的故事——几乎所有的正史都是这样——有一些适度的怀疑和免疫力。很有可能的是：历史事件本身的逻辑性远不如史书上的记载，而当后人再以锱铢必较的态度去精心分析某某历史事件的时候，所能获得的"感悟"可能并不比对一本小说的读后感更有质地。在我们把历史描述得越来越真的时候，我们很可能正在离历史越来越远。

　　清代辨伪大家崔述曾有专文议论，感叹世人难免以己度人、以今度古、以小人之心度君子之腹，这也是问题的另一侧面，不可不慎。⑦

　　好啦，继续赵襄子的故事，我们再来做一个假设：如果赵襄子在后来和智伯的战争中失败了，历史书又会怎么写呢？——就拿这个《淮南子》为例吧，难道所有的叙述还是一成不变，还是写赵襄子如何忍辱负重，只是到了最后关头才终于不敌智伯了吗？当然了，故事当真这样进展的话，也就论证不出《老子》的那句名言了。

　　但是，如果事情真是这样一个崭新结局，叙述也多半会是完全崭新的腔调，最有可能的写法是：赵襄子在酒桌上的示弱导致了自己阵营的人心涣散，所以赵襄子最后才败给了智伯。而且，这个新版本的故事虽然论证不了《老子》的那句名言，却一样可以论证出其他名言，虽然意思是和《老子》相反的——那就拿这个新版故事来论证马基雅维利的名言好了，马前辈在这里告诉我们："那些以为谦卑可以战胜傲慢的人，纯粹是在自欺。"⑧

　　尤其值得指出，马基雅维利这句话可不是出自大家熟知的《君主论》，而是出自《论李维前十书》，所以，他不是站在专制君主的帮凶的立场，而是以一位受人尊敬的共和主义者的口吻给我们讲了这句名言，并且做出了足够有力的论证。所以，他此刻的出发点和主张小国寡民的老子也就没有什么天渊之别了。

书写历史也许就是这样：任你千变万化，我总能说出理来。

好了，再来琢磨一下赵襄子的所作所为和《老子》理论的联系，咦，又有一番耐人寻味之处哦——这个故事和《老子》的这句名言如果单摆浮搁地分别放着，我想大家也不会有什么特殊的感受，但是，把它们放在一起，却很能够看出问题来了：《老子》在这里所讲的分明是一种权谋机诈的手段！

这位老先生可太能使坏了，前边刚说过要"绝巧弃利"，现在怎么又玩起权谋来了？这样看来，《百家讲坛》最应该请来给大家品读《老子》的专家当非九千岁魏忠贤他老人家莫属了？过后再出版一本《魏忠贤品〈老子〉》，副书名可以叫"官场、职场枕边书"，或者叫"跟魏忠贤学做人"，一定大红大紫，至少公务员们得人手一册。

这不是我夸大其词，老子这话不但权谋，而且权谋得还比较庸俗，他用文言文一说咱们觉得很深邃，其实换成俗话就是那句"扮猪吃老虎"。——联系一下赵襄子的故事，不就是这个理么？

但是，还有一个问题：我前边讲了，现在展示出来的，是汉朝人眼中的《老子》，是《淮南子》编辑部的黄老思想，原本的老子当真说的是这个"扮猪吃老虎"的意思么？

——这还真是难说。简本《老子》里没有这句话，所以，有可能老子本来是没这个歪心思的。帛书《老子》里倒是有这一段，写作：

> 知其雄，守其雌，为天下谿。为天下谿，恒德不离，复归于婴儿。
> 知其白，守其辱，为天下谷。为天下谷，恒德乃足，复归于朴。
> 知其白，守其黑，为天下式。为天下式。恒德不忒，复归于无极。
> 朴散则为器，圣人用之则为官长。夫大制无割。

通行本的字句和帛书本稍有出入：

　　知其雄，守其雌，为天下谿。为天下谿，常德不离，复归于婴儿。

　　知其白，守其黑，为天下式。为天下式，常德不忒，复归于无极。

　　知其荣，守其辱，为天下谷。为天下谷，常德乃足。复归于朴。

　　朴散则为器，圣人用之，则为官长，故大制不割。

　　既然这两个版本差别不大，应该还算可靠吧？

　　但是，遗憾的是，这两篇都不可靠，而且证据确凿。

　　历来有不少专家都质疑过这一章内容的可靠性，认为是脱胎于《庄子·天下篇》。《庄子》的原文是：

　　老聃曰：“知其雄，守其雌，为天下谿；知其白，守其辱，为天下谷。”

　　这是《庄子》引述老子的话，老子的原话应该只有这么两句，帛书和通行本那么多的文字都是后人给添补上去的。《庄子》里的句子，雄和雌构成一组意思相对的词，白和辱也是一样。大家可能不理解了：这个“辱”字怎么能和“白”构成对仗呢，应该是荣对辱、黑对白呀？

　　——不错，看看帛书本和通行本，大体都给改过来了，是荣和辱、黑和白的对仗了。

　　但是，这一改就露了馅了。按照易顺鼎的说法，因为“辱”字原本就有“黑”的意思，有《仪礼》旧注可以为证，自然可以和“白”相对，所以老子的原话并没有错。后人看着这两句话，不知道“辱”的这层意思，觉得应该给理顺一下，就给改成荣辱黑白了。不但改了字，还加了字：本来老子说了句“知其雄，守其雌，为天下谿”，就算完了，可后人觉得意思不够完善，还得补充说明一下，于是就加上了现在我们看到的这个“为天下谿，常德不离，复归于婴儿”，后边两句的修改体例也是一样的。⑦

　　郭沫若也分析过这一章的篡改痕迹，结论和易顺鼎基本一样，但他是认为“白”的意思是“洁”，“辱”的意思是“污”，所以构成对仗——在这个细节上，八成易顺鼎是对的，不过这么琐碎的问题我们大可不去操心，留待专家去考证好了。郭沫若还从文字的押韵入手来做分析，说“为天下谿，常德不离，复归于婴儿”这句韵文暴露了篡改者的时代，因为“离”和“儿”能够押韵是在战国中叶以后的事，"离"字以前是读"罗"的，所以，这位篡改者必定生活在战国中叶以后。⑦

从音韵角度来分析古文确实是个有益的方法，大家可以想想我在《周易江湖》里是怎么从押韵的角度来分析卦辞的，很能看出一些东西。但这一招也不是那么保险，你怎知作者没有地方口音呢？而且，声音的转变经常不着痕迹，就拿这个"离"和"儿"来说吧，现在也不押韵了，我们只是在古典诗词里还能读到"君王城上竖降旗，妾在深宫哪得知。十四万人齐解甲，更无一个是男儿"，但是，至少明清时候的人写诗押韵已经不得不去硬背韵谱了——他们在日常生活里的发音已经和唐诗宋词时代大不一样了。我们读明清诗词，看它们和唐诗宋词一样的押韵，可别以为汉语发音这么多年都一直没变呀。

识别真假还可以从文风来看，正如《孟子他说》里介绍过的：其实平心而论，古人造假比现代人有良心多了，虽然假冒，却绝不伪劣。比如说，分辨《尚书》的真假有一个虽然粗糙却很简便的法子，那就是看它的行文风格，但凡文笔漂亮的就有可能是假的。比如我曾介绍过的那个出自《尚书》的宋儒经典座右铭"人心惟危，道心惟微，惟精惟一，允执厥中"，这么漂亮的句子，嘿嘿，假的。前边还介绍过一句"德日新，万邦惟怀；志自满，九族乃离"，也很漂亮，也是假的。

再来看看《老子》这几句话，行文流畅，斐然成章，怎么看怎么都像假的。

真与假的意义在于：告诉了我们那些篡改经典的后人（很可能是秦、汉时期的人）是如何对《老子》思想做了发挥的，而这些人的思想正好反映出来他们时代的一些思潮，正如我们现代人如果单单从《资本论》入手是解读不了市场经济和计划经济的。

那么，我们现在是否可以粗略地得出这个印象：汉朝初年的《老子》被羼杂进了一些权谋思想，并在这个意义上得到了权威的认可和解读呢？

3. 道冲，而用之又弗盈

赵襄子攻翟而胜之，取尤人、终人。使者来谒之，襄子方将食而有忧色。

左右曰："一朝而两城下，此人之所喜也。今君有忧色，何也？"

襄子曰："江河之大也，不过三日。飘风暴雨，日中不须臾。今赵氏之德行无所积，今一朝两城下，亡其及我乎？"

孔子闻之曰："赵氏其昌乎！"

夫忧，所以为昌也，而喜，所以为亡也。胜非其难也，持之者其难也。贤主以此持胜，故其福及后世。齐、楚、吴、越皆尝胜矣，然而卒取亡焉，不通乎持胜也。唯有道之主能持胜。孔子劲构国门之关，而不肯以力闻。墨子为守攻，公输般服，而不肯以兵知。善持胜者，以强为弱。

故老子曰："道冲，而用之又弗盈也。"

这还是赵襄子的故事。

正在赵襄子准备吃饭的当口，前线信使回来禀报军情，说派去攻打翟国的大军进展顺利，一天之内连下两城。

这真是个好消息啊！可赵襄子不但没笑，反而忧虑起来。旁边的侍臣很是不解，问道："一天时间连下两城，换旁人都得乐死，您怎么却发愁呢？"

真是非得有个华生，才显出福尔摩斯的聪明。赵襄子说："你看那长江、黄河洪水暴涨，声势骇人，可至多三天水就会退了，狂风暴雨折腾不了一整天，正午的烈日一会儿就会偏西。现在，我们赵氏积德还远远没有积够，一天时间连下两城，衰亡恐怕就要接踵而至了吧？"

这事传到了孔子耳朵里，老圣人赞叹道："赵氏就要昌盛了！"

《淮南子》又花了不少篇幅评论此事，说：打胜仗并不难，好多人都打过胜仗，难就难在保持胜利成果。如果遇胜则骄，离败仗也就不远了；如果越是胜利越是谨慎，这才是有道君主的作风。孔子可以力托千斤闸，但他从不参加奥运会的举重比赛；墨子的攻防作战技术连公输般都甘拜下风，但他连星际争霸的联机对战都不肯去玩，这都是以强为弱的大道呀。

这则小故事背后的大道理也就是《老子》说的："道虽然空空如也，用起来却绵绵不绝。"（道冲，而用之又弗盈。）

"道虽然空空如也，用起来却绵绵不绝。"这句话，是在通行本《老子》的第四章，该章的全文是：

> 道冲，而用之或不盈。渊兮，似万物之宗。挫其锐，解其纷，和其光，同其尘。湛兮，似或存。吾不知谁之子，象帝之先。

这里就是成语"和光同尘"的出处。如果我们单独来看这段文字，恐怕只会感觉到玄而又玄，八成不会和赵襄子那类故事联系到一起的。我们再来看看比较流行的陈鼓应的翻译：

> "道"体是虚空的，然而作用却不穷竭。渊深啊！它好像是万物的宗主；幽隐啊！似亡而又实存。我不知道它是从哪里产生的，似乎有天帝以前就有了它。[79]

——好好想想吧，你能从这里联想到赵襄子的故事吗？

《淮南子》的叙述里还有一点值得我们注意：对孔子和墨子不但没有贬低，反倒很推崇似的，难道他们不是道家的学术死敌吗？

4. 勇于不敢则活

惠盂见宋康王，蹀足謦欬，疾言曰："寡人所说者，勇有功也，不说为仁义者也，客将何以教寡人？"

惠盂对曰："臣有道于此。人虽勇，刺之不入；虽巧有力，击之不中。大王独无意邪？"

宋王曰："善，此寡人之所欲闻也。"

惠盂曰："夫刺之而不入，击之而不中，此犹辱也。臣有道于此，使人虽有勇弗敢刺，虽有力不敢击，夫不敢刺、不敢击，非无其意也。臣有道于此，使人本无其意也。夫无其意，未有爱利之心也。臣有道于此，使天下丈夫女子莫不欢然皆欲爱利之心，此其贤于勇有力也，四累之上也。大王独无意邪？"

宋王曰："此寡人所欲得也。"

惠盂对曰："孔、墨是已。孔丘、墨翟，无地而为君、无官而为长，天下丈夫女子莫不延颈举踵而愿安利之。今大王，万乘之主也。诚有其志，则四境之内皆得其利矣。此贤于孔、墨也远矣！"

宋王无以应。

惠孟出，宋王谓左右曰："辩矣，客之以说胜寡人也。"

故老子曰："勇于不敢则活。"由此观之，大勇反为不勇耳。

宋康王这位谜一般的人物又出现了。

惠孟前来求见宋康王。故事里没有交代惠孟的五官相貌和衣着打扮，但想来是一位温文尔雅的儒生。宋康王看着惠孟，越看越不顺眼，还没等人家说话呢，就又是跳脚、又是咳嗽，拔高了嗓门叫道："老子喜欢的是勇士，不喜欢那些满口仁义的家伙，你，你你你，你少来跟老子废话！"

惠孟不慌不忙道："我这回不讲仁义，只谈道术。您不是喜欢勇士么，可我有一种道术，就算刺过来的是独孤九剑，也休想伤我一根寒毛，就算降龙十八掌打过来，也休想碰到我的衣角！"

宋康王一愣："难道这就是传说中的金钟罩、铁布衫？你站着别动，待寡人拿剑刺你一下！"

惠孟连忙摆手："您先别拿我做试验，我还没说完呢，我还有更厉害的功夫呢！"

宋康王摆了摆手："实践是检验真理的唯一标准，刺完再说！"

惠孟一咧嘴："别急，我真正精通的是别的功夫，您得先听我说。嗯，是这样的，您方才不是刺不着我么……"

宋康王眼皮一翻："不对吧，我还没刺呢？！"

惠孟连忙说道："您先别跟我较真，就当没刺着好了。道理是这样的：虽然没刺着，可被人拿剑刺、拿掌打，这无论如何也是一种耻辱，所以，更高明的道术是根本不让对方发招。"

宋康王有点儿糊涂了："你的意思是……一招制敌？"

惠孟回答："错！我的道术是：我往这儿一站，任他多大的英雄好汉也不敢跟我过招。"

宋康王把嘴一撇："我不信，你这叫瞎诈唬，看我先拿剑刺你一下再说！"

惠孟连忙摆手："别急，先听我说，我还有更高明的本事呢！嗯，让别人不敢攻击你，这也不算多大的本事，人家只是不敢，但攻击的意图还是有的。

我还有一招，让人家连攻击的意图都没有。"

宋康王一泄气："就算你对，反正我现在是没有攻击你的意图了，就听你天桥的嘴把式随便怎么练吧。"

惠孟松了口气，接着说："您不懂，让人家没有攻击的意图，这也不算什么真正高明的功夫。您看，您现在已经不想拿剑刺我了，但这样一来，我们两个只是各回各家、各找各妈，仅此而已。最高明的本事是这样的：不但让人家对你没有攻击的意图，他们甚至还会喜欢你，想方设法地给你好处，让你占便宜……"

宋康王插嘴道："等等，我听你的意思是，要把人家卖了，还能让人家欢天喜地地帮你数钱？"

惠孟一愣，想了半晌："好像……您说得太直白了。反正，我的意思嘛，嗯，您难道不觉得这种功夫要比简单的勇猛善战高明千万倍么？"

宋康王点了点头："嗯，确实如此。那，你就把这本事教给我吧。"

惠孟说："孔子和墨子就是身怀这种绝技的顶尖高手，听说金庸原本是想让这二位来做自己小说的主人公的，可又一想，读者就喜欢看个打打杀杀的热闹，为了照顾读者口味这才作罢。孔子和墨子尽管没有自己的地盘，却被天下人视为心目中的君主，没有一官半职却被天下官员们视为心目中的尊长，男女老少们无不衷心希望这两人能够长命百岁、日进斗金。现在呢，大王您是大国之君，先天条件比孔子、墨子强出百倍，如果再有了这二位高人的胸怀，天下人谁不盼着您好呢。您的前途大大的光明啊！"

惠孟这番话讲完，宋康王半晌没有作答。等惠孟告辞之后，宋康王对身边的人说："这家伙的口才实在太好了，他这一番口舌彻底把我折服了。"

小故事讲完，大道理上场：所以《老子》说："勇于做到不逞强就能保全性命。"（勇于不敢，则活。）由此看来，大勇反倒是不勇啊！

《老子》的这段内容在简本里是没有的，在通行本位于第七十三章，全文是：

勇于敢，则杀；勇于不敢，则活。此两者，或利或害。天之所恶，孰知其故？是以圣人犹难之。

天之道，不争而善胜，不言而善应，不召而自来，坦然而善谋。

天网恢恢，疏而不失。

我们惯用的成语"天网恢恢，疏而不漏"，出处就在这里。通观全章，说的是大家熟知的一种《老子》基本精神，放在令狐冲身上就是"无招胜有招"，放在郭靖身上就是后发制人，放在张三丰身上就是以柔克刚。仔细体会《老子》原文，说的只是一个大道理，指出了自然界的运行就是如此这般的，令狐冲和张三丰他们都是在此基础上做了进一步的发挥。

一个大道理可以有无限多的具体发挥，好比我说"先下手为强，后下手遭殃"，这是一个大道理，你可以具体联系到学习、工作、大国之间的军备竞赛和流氓瘪三的街头斗殴。"后下手为强"表面看上去和"先下手为强"完全相反，但这正体现了一种更深层的真理：与之相反的说法也是同样正确的。"后下手为强"同样也可以具体联系到学习、工作、大国之间的军备竞赛和流氓瘪三的街头斗殴。

《淮南子》把《老子》的这个大道理所做的具体联系看上去是着重在权谋的层面上：君主如果想要成就王者之业，就应该表现出如何如何……这个故事又给我们透露了几个线索：第一，对孔子和墨子这两个学术对手表现出相当程度的推崇；第二，虽然"以无勇为大勇"这个逻辑非常道家，但骨子里却和孔孟之言没什么两样——想想孟子见齐宣王的时候，齐宣王说什么"寡人好色""寡人好货""寡人好勇"等等，孟子的逻辑不是和这里的《淮南子》如出一辙吗，而且，惠孟的话简直像极了孟子，分明就是行仁政感召天下这套逻辑，可是，道家的书为什么要推销儒家观念呢；第三，《老子》本章的原文是陈述性的语气，《淮南子》却分明是建议性的，而建议的对象也明显就是掌权的君主——如果我们对比一下《老子》的简本和通行本，会发现《老子》原本就给人一种"建议书"的感觉，是向君主讲述治国的大道，而通行本更加强了这种语气，《淮南子》则完全就是建议书的味道了。

5. 夫代大匠斫者，希不伤其手

昔尧之佐九人，舜之佐七人，武王之佐五人。尧、舜、武王于九、七、五者，不能一事焉，然而垂拱受成功者，善乘人之资也。故人与骥逐走则不胜骥，托于车上，则骥不能胜人。北方有兽，其名曰蹶，鼠前而兔后，趋则顿，走则颠，常为蛩蛩駏驉取甘草以与之，蹶有患害，蛩蛩駏驉必负而走。此以其能，托其所不能。

故老子曰："夫代大匠斲者，希不伤其手。"

在很久很久以前，尧圣人手下有九个能干的小弟，舜圣人手下有七个，周武王手下有五个。要论具体的才干，尧、舜和周武王跟他们这些小弟中的任何一个都没法相比，那么，为什么是他们当了老大呢，这是庸主统领贤臣还是外行领导内行？

这个看似简单的问题却曾经困扰过很多时代里的很多聪明人。举个典型的例子，就是十九世纪初期浪漫的圣西门所提出来的宣言式的阐述：设想法国突然失去了五十名一流的物理学家、五十名一流的化学家……五十名一流的木匠……总共失去了三千名一流的科学家、艺术家和工匠……民族要是一霎时失去他们，便会变成一具没有灵魂的僵尸……再设想另一种情况，失去的不是这些人，而是三万名王公贵族们，这些国家栋梁的死亡并不会给国家任何政治损失。⑳

圣西门理想的是由高级知识分子来掌握国家政权，这很难说是内行领导内行还是外行领导内行，而他的这种思想一度广为流传，直到二十世纪还很有市场呢，激赏者之中就有伟大的革命导师列宁。我们可以回忆一下孟子和他的学生讨论君子是不是白吃饭的那个故事（《孟子他说》），孟子无疑认为搞政治也是一种专业，和农民种田、科学家搞科研没什么两样，这种思想在中国影响深远，《淮南子》无疑也持这种看法。

看，就在近现代，还有不少人认为外行管理内行是个荒谬的做法，而在两千多年以前，前辈们就明白外行是理所当然地应该领导内行了，这才是合理的管理结构，和MBA的原理异曲同工。

其实这个道理非常简单，《淮南子》举例子说：人和马赛跑，两条腿跑不过四条腿，如果照着技术尖子才能做高管的思路，马场总裁最应该给赤兔马来做，如果实在要找人类来管，刘翔绝对要比韦尔奇够资历。但是，这样的管理结构才是真正的荒谬。马虽然跑得比人快，但人可以坐在马车上呀。

《淮南子》继续举例：北方有一种怪兽，叫作蹶（jué），前腿短如老鼠，后腿长过大象，鉴于这种先天缺陷，这家伙只能慢慢蠕动，步子稍微一快就得栽跟头。还有一种怪兽叫作蛩蛩（jù）駏（xū），特征和蹶正好相反，前腿超长，后腿奇短，这种体型最大的问题是没法低头吃草。

好在怪兽之间也存在着感人的雷锋精神，蹶经常拔些甘草来喂给蛩蛩駏駏吃，而当遇到危险的时候，这两只怪兽前后一搭，相负而行，跑起来风驰电掣一般，《尔雅》把它们叫作"比肩兽"。

这个故事大家肯定看着眼熟，我们常用的一个成语叫"狼狈为奸"，说狼和狈就是蹶和蛩蛩駏駏这种关系。有可能最早的出处就是蹶和蛩蛩駏駏的故事，只是这两个怪兽的名字太难认了，人们才简化成了狼和狈，并且把故事的寓意导向了贬义的一面。[⑧]

抛开人类的有色眼镜，我们得承认狼和狈是一对互相帮助的典范，是我们学习的榜样，如果同学之间闹了矛盾，老师就应该用狼和狈的故事来开导他们，当然，公司与公司之间最好的合作模式也是狼和狈的这种模式。

《淮南子》说，以上的小故事为我们阐明了《老子》里的这一句话："代替大木匠去砍木头的人，很少有不伤到自己的手的。"（夫代大匠斫者，希不伤其手。）

《老子》这句话，见于通行本第七十四章，上下文连起来看是：

民不畏死，奈何以死惧之？若使民常畏死，而为奇者，吾得执而杀之，孰敢？常有司杀者杀。夫代司杀者杀，是谓代大匠斫。夫代大匠斫者，希有不伤其手矣。

这一章也很有名，主要是第一句话"民不畏死，奈何以死惧之"流传很广。我们先来看一下陈鼓应对这一章的翻译：

人民不畏惧死亡，为什么用死亡来恐吓他？如果使人民真的畏惧死亡，对于为邪作恶的人，我们就可以把他抓起来杀掉，谁还敢为非作歹？

经常有专管杀人的去执行杀的任务。那代替专管杀人的去执行杀的任务，

这就如同代替木匠去砍木头一样。那代替木匠砍木头，很少有不砍伤自己的手的。^⑳

再来看一下陈老师的"引述"：

人的生死本是顺应自然的，如庄子所说的：人的生，适时而来；人的死，顺时而去（适来，时也；适去，顺也）。人生在世，理应享尽天赋的寿命，然而专制者只为了维护一己的权益，斧钺威禁，私意杀人，使得许多人本应属于自然的死亡（"司杀者杀"），却在年轻力壮时，被统治阶层驱向穷途，而置于刑戮。

本章为老子对于当时严刑峻法，逼使人民走向死途的情形，提出沉痛的抗议。

陈老师的话，明显让人感觉这段文章绝不会是春秋时代的文字，如果"专制者"这个说法确是经过深思熟虑的话，我们得想想，春秋时代还属于封建社会呢，及至战国才有了专制的普遍趋势，而真正的专制时代却是从秦朝才宣告开始的。即便我们说商鞅变法之后的秦国已经进入专制统治了，那也只是西陲一地而已，广袤的中原大地可不是这样。

再查查简本《老子》，并没有这段内容，说明这一段有可能是后人加上去的，而这位"后人"的时代应该在战国中晚期到西汉初期之间。

再看陈老师的注释，把"有司者"解释为"天道"，这种解释古已有之，虽然"有司者"的字面意思是"政府执法机关"。这样一理解，就是说：只有老天爷才掌握着人的生杀大权，人类是不应该代行其职的，如果人类代替老天爷来杀人的话，那就相当于外行来做木匠活儿，很容易把自己弄伤。或者说，"大匠"也是比喻天道，人是不能替天行道的，不然的话，很容易自找倒霉。

这种解释倒也文从字顺，而且显得寓意深刻，但从《淮南子》的"小故事，大道理"来看，汉朝的那些前辈并没把老子的这句话理解得那么玄妙，他们只是从上古明君的外行领导内行和狼、狈互相帮助来说明：专业问题找专家，自己别乱来——好比你以MBA的资历管理一家网络公司的技术部，你只应该做好自己专业的管理工作，当技术问题出现的时候，一定要让你手下的技术专家去解决，你可别自己上手，不然的话，"代替大木匠去砍木头的人，很少有不伤到自己的手的"（夫代大匠斫者，希不伤其手）。

《淮南子》再次给我们展示了事情的这一面：《老子》在汉朝初年那些高级知识分子的眼里，并没有我们现在以为的那样玄妙莫测和高深难懂，单从这段来看，只不过是在讲一个管理技巧，相当于古代的 MBA 的案例分析，强调的并不是什么宏大玄虚的宇宙观和人生观，而是政治运作中具体而微的实际技能。

6. 天大，地大，道大，王亦大。域中有四大，而王处其一焉

宁越欲干齐桓公，困穷无以自达，于是为商旅、将任车，以商于齐，暮宿于郭门之外。桓公效迎客，夜开门，辟任车，爝火甚盛，从者甚众。宁越饭牛车下，望见桓公而悲，击牛角而疾商歌。桓公闻之，抚其仆之手曰："异哉，歌者非常人也。"命后车载之。

桓公及至，从者以请。桓公赣之衣冠而见，说以为天下。桓公大说，将任之。群臣争之曰："客，卫人也。卫之去齐不远，君不若使人问之。问之而故贤者也，用之未晚。"

桓公曰："不然，问之，患其有小恶也，以人之小恶而忘人之大美，此人主之所以失天下之上也。"

凡听必有验，一听而弗复问，合其所以也。且人固难合也，权而用其长者而已矣。当是举也，桓公得之矣。

故老子曰："天大，地大，道大，王亦大。域中有四大，而王处其一焉。"以言其能包裹之也。

宁越（有的故事里说是宁戚）是位卫国老乡，胸怀大志，很想能有一番作为。这正是春秋第一位霸主齐桓公凯歌高唱的时代，齐国在国际事务中不时展现着霸主的威严，而齐国旁边的卫国，也就是宁越的祖国，只不过是一个微不足道的小国罢了。

宁越这位有志青年现在面临着一个重要的人生抉择：是在祖国施展抱负，还是投奔齐国一展拳脚？——如果换到现在，这绝对不是一个问题，还用想

么，儿不嫌母丑，狗不嫌家贫，卫国再怎么差劲，毕竟是自己的祖国，齐国再怎么好，那也是外国。不过春秋时代的人们可没有太多的祖国概念，更不会把祖国和母亲画上等号，宁越毫不犹豫，准备投奔齐国。

可是，主意好拿，真要做起来还有一些实际困难：宁越是个穷孩子，到齐国的路虽然不算太远，可宁越实在凑不出路费。这还得算当时国际上壁垒不严，人民可以在一定程度上自由流动，有一些迁徙的自由，不然的话，宁越要找蛇头安排偷渡更得花上一大笔钱。

现实的困难是可以被理想的火焰烧成灰烬的，宁越想了个办法，做苦力，帮一个去齐国做买卖的商人押送货车，就这样到了齐国。

说来也巧，宁越一行正好赶上齐桓公外出，只见华丽的车队浩浩荡荡地开出城外，齐桓公仿佛"美人如花隔云端"，让宁越体会着咫尺天涯的苦涩。

宁越在一旁看着，心中无限感慨，很有唱歌的欲望。唱歌需要伴奏，宁越往身边一看，只有牛车，没有乐器，只好因陋就简了。宁越当下拍着牛角引吭高歌，这正是半夜时分，冷不丁这一嗓门，声震百里之外。

齐桓公被吓了一跳：这是谁呀，太没素质了，半夜扰民，应该报警！可再一听，这歌唱得大有深意啊！齐桓公一拍身边仆从的手，说："这位歌手一定不是平常之人，去，找到他，带他进城。"

真是令人感慨啊，如果换到现在，歌唱得再好，也不过在超女比赛上夺魁，最后做个当红艺人罢了，可看人家宁越，靠着无伴奏的几声干号就给自己打开了仕进之门。

不久之后，宁越受到了齐桓公的正式接见，宁越大谈治国安邦之道，齐桓公越听越是高兴，越听越觉得宁越人才难得，嗯，得赶紧给他封个大官才行！

可大臣们有意见了，有人说："您这决定做得也太急了吧？照我看，这位宁先生是卫国人，家乡离我们这儿也不算远，咱们最好派人去他老巢摸摸底，先把他的案底搞清楚再考虑怎么用他。"

这位大臣的话倒也在理，现在公司招聘的时候还经常要打电话到应聘者的原单位了解情况呢，可齐桓公不这么想，他说："如果去查他，真查出一些小毛病来怎么办呢？因为一点儿小毛病而忽视了人家的大才，有些君王就是这么失去贤人的。我可不能这么做。"

《淮南子》夸赞齐桓公的用人之道，最后阐明大道理：《老子》说："天大，地大，道大，王也大，天下有四大，王是其中之一。"（天大，地大，道大，王亦大。域中有四大，而王处其一焉。）这是说君王要像天、地、道一样，要"大"，要有包容一切的胸怀。

这段《老子》在前文已经讲过一些了，看，《淮南子》里引述的也是"天大，地大，道大，王也大"，最后是"王大"而不是通行本的"人大"，尽管"人大"在上下文里更合逻辑。

《淮南子》解释"王大"非常具体，就是俗话说"大人有大量""宰相的肚子能撑船"的意思（以言其能包裹之也），说到底这还是技术型的解释，而不是玄虚型的感悟。

7. 贵以身为天下，焉可以托天下；爱以身为天下，焉可以寄天下

> 大王亶父居邠，翟人攻之，事之以皮帛珠玉而弗受，曰："翟人之所求者地，无以财物为也。"
>
> 大王亶父曰："与人之兄居而杀其弟，与人之父处而杀其子，吾弗为。皆勉处矣！为吾臣，与翟人奚以异？且吾闻之也：不以其所养害其养。"杖策而去。民相连而从之，遂成国于岐山之下。
>
> 大王亶父可谓能保生矣。虽富贵，不以养伤身；虽贫贱，不以利累形。今受其先人之爵禄，则必重失之。所自来者久矣，而轻失之，岂不惑哉？
>
> 故老子曰："贵以身为天下，焉可以托天下；爱以身为天下，焉可以寄天下矣。"

这故事的主人公是大王亶（dǎn）父，大王也就是"太王"，通常对他的称呼是古公亶父，正确的称呼似应是"公亶父"，是周文王的爷爷，是周部落的早期带头人。

古公亶父是个历史上的大名人，他的事迹经常被人称述[83]，在战国时代，滕文公曾经遭遇过和当初古公亶父类似的处境，来找孟子讨主意，而孟子就是拿古公亶父的做法来给滕文公支着儿的。

滕文公又来问了："我们滕国是个小国，为了服侍大国真是操碎了心，可还是多灾多难的，这可怎么办啊？"

孟子说："太王当年占着邠地的地盘，狄人来捣乱。太王送皮货给狄人，狄人还是来捣乱；太王又送狗送马给狄人，也不灵；又送珍珠美玉，还不灵。太王于是召集长老们，跟他们说：'我算明白了，狄人想要的是这片地盘。我听说过，道德高尚的人不能让养活人的东西反过来祸害人。地盘就给了狄人算了，小弟们也不愁没老大，某家去也！'太王就这么离开了邠地，翻过梁山，一看岐山脚下还能住人，就定居在这里了。邠地的那些小弟都说：'老大是个好老大，咱们不能没有他。'于是，跟从太王来到岐山的人就像赶集一样。"

孟子讲完了太王的故事，接着说："可是，也有人说祖业不是我们能决定要还是不要的，所以，我们要守好祖业，死也不走。大王，这两条路，您自己选吧。"

孟子这回更有意思，给了完全不同的两个主意，让滕文公自己去选。

太王的故事在古史上是非常有名的，他最后搬到的岐山脚下就是现在的陕西周原一带，这一带的考古发现很多，说明这里确实曾是周人的聚居地。

太王就是古公亶父，是周人的一位重要祖先，孟子很推崇的周文王和灭了商纣王的周武王都是他的后人。太王的这段故事，在后人看来简直不可思议，周人这样一个社会组织如果用现代语言来说，那几乎就是自由人的自由联合，一切以人为本，什么领土、主权、君权，都不像后世那样具有至高无上、无可置疑的地位。太王就像喜剧影片里一个善良的黑帮老大，自己的帮会总是被狄人的帮会欺负，后来发现狄人帮会是看中了自己的地盘，太王觉得如果捍卫领地就会打打杀杀，得死人，嗯，算了吧，地盘我不要了，我走还不行么，小弟们没有了我这个老大自然还会有新老大，也许就认你们狄人的老大做老大，这也没什么不好，只要他们能在新老大的手底下生活得好就可以了。

我们甚至还能由此来推想一些可能的情况。假如狄人步步紧逼，得寸进尺，太王实在没地方可去了，那么，第一，如果条件能谈拢那就投降，从此以后大家都是一家人，那就谁也别再欺负谁了，一起发展生产，共同致富；第二，如果条件谈不拢，或者内部有分歧，那就谁想投降就去投降，谁想抵抗就去抵抗，划分阵营，各立旗号；第三，如果小弟们一致要求抵抗，那就开打，打赢了最好，打败了也死而无憾。

无论如何，太王能说出"小弟们不愁没老大"这样的话来，总能算是个了不起的人，尽管当时的"老大"（君）并不是后世的君主乃至帝王的概念。

《淮南子》盛赞了古公亶父重视人命的态度，可是，这总让人心生疑惑。古公亶父时期的普遍道德观也许真是那样的，人命要紧，但凡有一线生机就不干那种抛头颅、洒热血的保家卫国的事情，而且，不单是老大自己的性命要紧，小弟们的性命也一样要紧，老大没理由随意牺牲掉小弟们的性命，不管他有任何冠冕堂皇的理由。

然而，到了《淮南子》的时候，就已经进入私天下时代了，这时候的各位老大已经开始渐渐地把全天下的人口和土地都视为自己的私有财产，渐渐地渴望专制，和小弟之间的关系也早已发生了变化。新老大会拿什么标准要求小弟呢？我们应该很熟悉：宁为玉碎，不为瓦全；无条件服从是做小弟的天职；^⑭拼将十万头颅血，誓把老大的面子/财产一挽回；等等等等。——这些英雄行为如果换到古公亶父时代就是另一番道理了：部落成员全都沾亲带故，部落就是一个真正的大家庭，即便部落联盟也通常伴随着婚姻关系，在一定程度上还属于自由人的自由联盟，和左冷禅"五岳剑派"那种大联盟不可同日而语。他们即便跟外敌作战，一般也真是出于捍卫自家的利益、保卫自己的家园，而不是像私天下时代充当帝王的炮灰——这种古老的观念直到春秋时代还大有遗风流传：春秋时代的军队都是贵族子弟兵，他们的身份大多是贵族中最低等级的"士"，由这些"士"组成了"士兵"，把作战当成自己的义务和荣誉，这种情况到战国时代才发生了质的转变。而后，越是专制强化，小弟们便越加没有了发言权，他们的生命便也越加不被重视。

这样看来，《淮南子》的写作时代在汉朝初年，秦朝的专制统治刚刚结束，汉朝虽然也要成为一个专制大国，但秦朝的迅速瓦解使汉朝的统治集团和知识分子无不对秦朝的政治体制心生疑虑，处处总想反秦朝之道而行之。我们看到的是，汉朝初年，郡县制和封建制并行，中央政府的管制远称不上繁重和严密，《淮南子》是在这个大背景下被铸造完成的，而当它完成的时候，汉武帝即将大展雄主之才，这便注定了"重视小弟们的生命"这种论调流行不了多久了。——翻翻《史记》和《汉书》吧，如果你只是一个普通百姓，恐怕整个西汉你最不想活在其中的时代就是汉武帝时代了，呵呵，即便这样，我们好像还是应该连篇累牍地去赞美他老人家，也许，对一些人来说，他们更喜欢铁腕的主子，而不是独立的人格。——这道理绝不像看上去那样荒谬，托克维尔就曾经细致地说明过："……做仆人的终于不关心自己。他们逐渐忘却自己，也可以说放弃自己，或者毋宁说把自己的一切全都交给了主人，并自以为由此确立了自己的人格。他们以支使他们的人的财富来炫耀自己，以主人的荣誉来为自己增辉，以主人的高贵来抬高自己，并一直陶醉于这些仰仗他人而来的光荣。他们把这种光荣看得往往比其全权的实有者看得还重要。"（《论美国的民主》）以及"对弊端推波助澜最甚的莫过于人们惯称的路易十四统治的黄金时代了"（《旧制度与大革命》）。很多人看电视剧"某某大帝"会跟着心潮澎湃，可就拿最著名的一位大帝——汉武大帝来说吧，司马光在反对王安石变法的时候举例子说汉武帝改变祖宗制度，结果"盗贼半天下"（《宋史·司马光传》）。司马光的对头王安石也不遵循"凡是敌人反对的我们就要拥护"这条原则，也和司马光一样看不惯汉武帝的一些作风："壮士悲歌出塞频，中原萧瑟半无人。君王不负长陵约，直欲功成赏汉臣。"（王安石《汉武》）所以，"盛世"往往是对皇帝来说的，皇帝的盛世未必就是老百姓的好时光呀——这道理又让王安石给写成了诗："千载纷争一羽毛，可怜身世两徒劳。无人语与刘玄德，问舍求田计最高。"（《读〈蜀志〉》）[85]

封建社会和部落生活毕竟不同于后来的朝代。在先周时代，情况也许是这个样子的：古公亶父虽然是个领袖，却不是小弟们的"主人"。古公亶父这个或许不合时宜的故事使《淮南子》推导出《老子》的这句话来："故贵以身为天下，若可寄天下；爱以身为天下，若可托天下。"——这句话我没有直接翻译，因为实在是翻译不出来。

如果从《淮南子》以古公亶父的故事推导出《老子》的这句话来看，这句话的意思应该是："看重他人生命的人，才有资格掌管天下；爱惜他人生命的人，才有资格治理天下。"

《老子》这一章本来就把话说得含混不清，也许有传抄错误或者错简什么的，总之怎么看怎么像病句，搞得历代专家煞费苦心地研究出了无数种光怪陆离的解释，道术家读出了养生，政治家读出了爱民，每一种解释虽然都能自圆其说，但把这些解释放在一起来看，恐怕只能是越看越糊涂。这一章在通行本里是第十三章：

> 宠辱若惊，贵大患若身。
> 何谓宠辱若惊？宠为下，得之若惊，失之若惊，是谓宠辱若惊。
> 何谓贵大患若身？吾所以有大患者，为吾有身，及吾无身，吾有何患？
> 故贵以身为天下，若可寄天下；爱以身为天下，若可托天下。

这是《老子》里边很出名的一章，开头讨论宠和辱的关系，后来《菜根谭》把它变成了一句更加清晰漂亮的名言："宠辱不惊，闲看庭前花开花落；去留无意，漫随天外云卷云舒"。可是，真要对《老子》原文较起真来，其中意思恐怕是任谁也说不清的，而最接近《淮南子》理解的，是福永光司的解释："本章谓真正能够珍重一己之身、爱惜一己生命的人，才能珍重他人的生命、爱重别人的人生。况且，也只有这样的人，才可以放心地将天下的政治委任于他。"⑧

从黄老学派的一贯思想来看，福永光司的解释应该是最为切合的。可从《淮南子》给出的小故事来看，似乎又把"爱自己的生命"推广到了"也爱别人的生命"，这种推己及人的态度却是典型的儒家逻辑，尤其是孟子最喜欢玩的论辩方式。

《老子》的这一章在简本里也有，而且内容差别不大，看来这属于《老子》非常原始的思想。无论是简本还是通行本，老子似乎都在向领导人谏言，提出自己的政治主张，而不是在论述什么玄妙的宇宙观。

我们如果照着《淮南子》和《老子》的思路，古公亶父正是因为珍爱自己的生命，连带着便也珍爱小弟们的生命，这似乎正是一种同情心的体现。那么，这样风格的政治统帅为什么在后来很难看到了？是古公亶父的故事并不可靠，还是什么别的原因？这种政治思想在后世有没有实行的可能呢？

心理学家用实验告诉我们：同情心是一种移情的表现，这并不是后天培养出来的。一个婴儿在听到旁边另一个婴儿大哭的时候也会跟着一起哭，但他在听自己哭声的录音的时候却显得无动于衷。如果我们把同情心视为一种善的美德，这个研究结果无疑会给孟子的性善理论投上赞成的一票——虽然种种反对票也同样具有说服力。

"人之初，性本善"，这个道理后来成为儒家理论的一个重要基础，儒者们面临的一个问题是：古公亶父确实够善的，可是，怎么能使专制时代的君主们也发扬自己心底的那一点善念呢，怎么能让这些高高在上的家伙也能有古公亶父一样的同情心呢？儒者们的主流答案是：劝说君主们好好学习儒家经典，做到"正心诚意"，以自己的善良与同情逐渐感染整个帝国。

——考察卷帙浩繁的历史，所谓"正心诚意"云云总是或多或少地给人以掩耳盗铃的感觉，尽管儒者们的出发点是无比真诚的。但是，从相反的方向来看，"掩耳盗铃"也确有一定的实际功效：盗铃是改变不了的，但盗铃的时候一定要记得掩耳。托克维尔又一次在我之前发现了这个秘密，他的说法是："法国人能够耐心地忍受专制政权，只要这政权不暴虐，但他们从不愿意和它面面相觑，因此，在专制政权前面设立某种虚假的障碍，虽不能阻止专制政权，但至少能起点遮掩作用，这样做是相当明智的。"（《旧制度与大革命》）

但也总有些人真心地相信掩耳的目的不是为了盗铃，这种思想直到现代余波仍在，比如我们看到一些人主张大家阅读《论语》，阅读"四书五经"，从那些古老的道德箴言当中学习做人的道理，培养出自身的善念与同情心。这种美好的想法是否真能切合实际，我们不妨看看托克维尔在十九世纪对新生的美国做了一次实地走访之后得出的一些结论：

当人们对彼此的不幸自然怀有恻隐之心，随便而频繁的交往使他们每天接触，任何冲动都不会使他们分离的时候，则不难理解他们在必要的时候会立即互助；当一个美国人请他的同胞协助的时候，很少有人拒绝。我就屡次见到他们满怀热情地自发助人的义举。

如果公路上突然发生车祸事故，人们将从四面八方前来救护罹难的人。要是某个家庭横遭大难，素昧平生的人也会慷慨解囊；每个人的捐助虽少，但集腋成裘，便可使这一家人摆脱困难。

在世界上的一些文明国家里，一个不幸的人往往在人群中孤立无援，就像一个野人在森林里的遭遇一样。而在美国，就几乎没有这种现象。美国人的态度虽然一向冷淡，而且往往粗野，但他们却几乎没有冷酷无情的表现。如果他们没有立即去帮助人，那也不表明他们拒绝助人。

这一切同我在前面论述个人主义时所讲的话并不抵触。

我甚至认为它们互相协调，而决不对立。

身份的平等在使人们觉得自己独立的同时，也使他们感到自己软弱。他们的确是自由了，却面临着无数的意外威胁。经验很快使他们懂得，他们虽然不是经常需要别人的帮助，但一定有时候非要他人帮助不可。我们在欧洲经常看到，职业相同的人都随时互助。他们所遇到的苦难相同，这就足以使他们互相寻求支持，而不管他们在其他方面如何铁石心肠和如何自私。因此，在他们当中有人遇到困难，而别人只要暂时牺牲一下或格外努力一番就可以挽救时，他们便会奋力支援，而不会袖手旁观。这并不表明他们对那个人的命运十分关心，因为他们的努力一旦证明无效，他们马上就会把支援置于脑后，而各自去忙自己的事情。但是，他们之间似乎有一种几乎是不由自主的默契。

根据这个默契，每个人都有暂时支援他人的义务，而在他自己有困难的时候，也有权要求他人支援。

如果把我就一个阶级所述的一切推而广之，用于一个民族，大家就会更加了解我的思想。

其实，在一个民主国家的所有公民之间，也有一种与我方才所说的默契类似的契约。他们觉得大家有共同的弱点和危险。他们的利益和他们的同情心，使他们产生了在必要的时候进行互相援助的信念。

身份越是平等，人们也就越是明白这种互相支援的义务。

在民主国家里，没有人会广为施舍，但可以经常帮助别人。每个人很少有效忠精神，但大家都乐于助人。⑧

最后两句话值得单独提出来重复一遍以示重要："身份越是平等，人们也就越是明白这种互相支援的义务。在民主国家里，没有人会广为施舍，但可以经常帮助别人。每个人很少有效忠精神，但大家都乐于助人。"然后，首先需要解释一下的是，引文中虽是讲"民主国家"里的平等状况，但我们可别把这里的"民主"一词理解得过于现代了——萨托利在评价托克维尔的美国之行的时候曾经特别提到："……托克维尔把民主和贵族统治相对照，直到1848年还

把民主理解为一种社会状态而不是政治形态。"（萨托利《民主新论》）

这段引文出自托克维尔的名著《论美国的民主》。作为一部研究民主理论的著作，这部大书也许显得有些陈旧，但这并不妨碍书中的许多真知灼见在新时代里继续以常青树的面貌出现在我们面前，那些"陈旧"的观点对我们很多现代人来说甚至是非常"前卫"的。

托克维尔的这段文字首先就具有文化比较的意义：以前我总觉得做一些调查统计是很有必要的，看看在那些没有儒家传统的遥远国度里，人民群众是否就生活得比我们更加"不仁不义"，看看在那些毫无孝道精神的地方，人民群众是否就生活得比我们更加缺少家庭温暖？如果这两个问题的答案都是否定的话，那么，所谓儒家精神的独特性到底何在？在现代社会里倡导儒学到底又有什么意义？

从托克维尔的论述看来，人类到底是在进步，对一些古老问题的认识也更加清晰了：一个人的同情心是和他生活于其中的集体有着紧密联系的。好比说，当我得知一个写书的家伙给出版社寄了一份厚厚的手稿，等这书稿走完一整套的程序之后，变成了一本只有一枚硬币厚的小册子，还居然是用骑马钉装订成书的，这个可怜的家伙经受不起这个打击，从二百层的高楼上跳了下来。当我经过他的坟墓的时候，忍不住停下来吊唁一番，特意买了一本涂尔干的《论自杀》放在他的坟前，然后，流下了几滴同情的眼泪。——同情，是因为感同身受，而如果自杀的是个医生、律师或者公务员什么的，我恐怕只会把他的死讯当成新闻来看。

更有甚者，奴隶主很难对奴隶产生同情（哪怕奴隶们真的是在水深火热中挣扎），反之亦然。我们进而会在历史当中发现：似乎社会的专制程度越高，同情心就越不普遍。那么，问题出在哪里呢？

托克维尔在《旧制度与大革命》里的两句议论或许可以给我们提供一些参考："正是独夫体制，天长日久，使人们彼此相似，却对彼此的命运互不关心，这是独夫政体的必然后果"；再有就是："于是，在已经存在的所有个别的不平等中，又加上一项更加普遍的不平等，从而加剧并维持所有其他的不平等。从那开始，国库的需求随着中央政权权限的增长而增长，军役税也随之扩大和多样化，不久便增加到十倍，而且所有的新税都变成了军役税。这样，捐税的不平等每年都使各阶级分离，使人们彼此孤立，其深刻程度超过了以往的任何时代。最有能力纳税的人免税，最无能力应付的人却得缴税，当捐税以此为宗旨时，就必然导致那一可怕的后果——富人免税，穷人缴税。"⑧

这两处议论其实恰好为我们解释了一个社会之所以缺乏普遍同情心的理由：独夫体制和不平等。而托克维尔在初生的美国所发现的促成了一个具有普遍同情心的社会的原因正是那里的"平等"——"身份越是平等，人们也就越是明白这种互相支援的义务"，从反面的例子来看，当时的白人虽然对陌生人的困难也乐于给以热情的援手，但对黑人却没有多大的同情和友爱。那时候的黑人无疑是处在一种比白人低人一等的地位上，于是，"在剧院里，黑人有钱也买不到同曾经是他们主人的白人并排坐在一起的票……当黑人死去时，他们的骨头就被抛到一旁，身份的差别都造成了死后的不平等"。

无论从正的一面还是从反的一面来看，社会的普遍同情心主要受限于它的平等程度，而不是取决于苦口婆心的道德说教和别的什么。托克维尔这个百年前的观点对我们现代的一些人恐怕仍有启发意义，当我们试图以传统的儒家思想来教化出一个友爱的社会的时候，我们是在走着一条无数前辈们两千多年来都没有走通的道路，更有甚者的是，真正的那群拦路虎当中，儒家自己恐怕也是一个。——这可一点儿都不荒谬，要知道，儒家思想的核心精神之一就是规范出严密的社会等级，我们几乎可以用"官本位"这个现代词语来解释"礼仪之邦"的真正含义。可是，一个等级森严的社会不正是"平等"的反面吗？

儒家推崇礼治，希望营造出一个复古的"礼仪之邦"来，社会从上到下有一套完整的等级秩序，所有人各安其位，安分守己，政府对贵族阶级、对执政阶层要给以足够的尊重，不能像对待老百姓一样对待他们。

汉初的年轻儒者贾谊在名文《治安策》里有一段很生动的"台阶"的比喻："天子就像宫殿，老百姓就像平地，官员则是从平地通往宫殿的台阶。大家为什么都觉得天子很尊贵呢，这是因为天子高高在上，令人望而生畏。但是，大家想想，如果玉皇大帝住的天庭不是在彩云之上而是在四川盆地最底部，那恐怕大家就把他老人家当妖精了。我们求神拜佛，造的神像、佛像不都也是高高在上的么，其实都是一个道理。所以呢，通往天子宫殿的台阶是一级一级的，台阶越多，天子的位置就越高，老百姓就越得仰着脖子来崇拜他。

如果台阶只有那么一两级，那就坏了，天子和老百姓就没有距离了，老百姓也就不会再拿天子当棵葱了。古代帝王深明此理，这才设立了等级制度——从爵位来说，有公、侯、伯、子、男五等爵®；从官秩上说，有部级、厅级、局级等等，这些森严的等级形成了一个金字塔，天子高坐金字塔的最顶端，尊贵无比。

"我们来想想，如果一位贵族，或者大臣，贪污受贿了，犯了大罪了，该怎么处置他呢？

"乡下有句谚语，叫'投鼠忌器'（现在成了我们的成语）。如果官员队伍里出了一只害群之鼠，我们的确应该打老鼠，但要小心别因为打老鼠而把贵重器皿给打坏了。"

什么是贾谊所谓的"贵重器皿"呢？就是他在前面所讲的那个等级制度，也就是儒家一直追求的"礼治"。

贾谊接着引用了一句中国人都很熟悉的话："刑不上大夫"，这句话的意思是说：伤残身体的刑罚是不能加在统治阶级身上的，好比说，即便同样是被处死刑，统治阶级的人是被注射死，毫无痛苦和创伤，而被统治阶级的人却是被枪毙。但很多人不了解的是，这样做的目的倒不一定是当官的利用职权为本阶级捞取好处和逃避处罚，其深层意义在于：贵族官僚阶级是上通天子、下达庶民的"台阶"，尤其高级官员是离天子很近的，如果他们犯了罪所受的刑罚和普通百姓一样，那就在一定程度上削弱了"台阶"的意义。老百姓会发现：噢，我杀了人会被绑赴刑场砍脑袋，你们这些达官显贵杀了人也一样被绑赴刑场砍脑袋；我犯了错会挨板子，你们这些达官显贵犯了错也一样要挨板子——嘿嘿，看你们平日里趾高气扬、不可一世的，我还以为你们多了不起呢，敢情挨板子的时候也一样吱哇乱叫啊！

贾谊认为，这就好比让一个局里的小科员们和局长在一个澡堂里洗澡，衣服一脱，大池子一泡，平日里的等级标志突然通通消失了，小科员们难免会因此产生一些微妙的心理变化。古代儒家认为：这类事情、这类心理变化会使老百姓对统治者产生轻慢之心，对社会的稳定是非常不利的。

那么，难道贾谊认为官员犯了罪就不该打、不该杀么？当然不是，他的意思是：投鼠是一定要投的，但在投的时候一定别忘了忌器——秦朝两位皇帝就是犯了这个错误，投鼠不忌器，结果导致了下民对上层统治者失去了敬畏之心。

　　那么，该如何做到既投鼠又忌器呢？这也容易，对犯罪的官员该杀就杀，该灭族就灭族，但是，千万不要折辱他们——比如，从政府角度来说，不要使小小的狱吏都能对被收监的高官呼来喝去的，尤其要注意的是，惩治官员的过程千万不能让老百姓看见。而且，对犯了罪的官员还不可指名道姓地斥责。从官员角度来说，官员犯了罪，自觉一点儿，赶紧自杀，别等着皇帝派人来杀你。皇帝对犯罪的官员只要说一句："你小子不对啊，竟敢贪污这么多钱，该死！可我尊敬你，给你留面子，我不抓你，你自己看着办吧。"然后等他自杀就可以了。皇帝对贵族臣僚要有这般尊敬之心，等级制度才不会遭到破坏。

　　——大家读汉朝历史，会发现汉朝的官员自杀率很高，出处就在这里呢。（《孟子他说》）

　　贾谊的这段议论很能说明儒家的礼治精神，对照前文，这样的礼治不分明是走向平等的对立面么？在这样一个前提之下，期待着儒家思想可以有教化之功，把社会引导向充满同情和友爱之情的人间天堂，这岂不是南辕北辙？

　　很难想象一个官本位的礼仪之邦真像贾谊憧憬的那样美好，虽然这个理想国里的老百姓可以被调教得心往一处想、劲往一处使，整齐得就像足球场上的草坪——你只能看到一整块的草坪，却看不出这棵草和那棵草有什么不同，而一座生机勃勃的花园显然不是这个样子的。草坪这类看似绝对平等的环境却有着和其表面现象截然相反的实质，而花园式的多元化和隐伏在多元化之中的个人主义才是平等的保障："如同今天的情况，一个办公室职员至少可以嘲笑百万富翁，一个可以用自己的双手挣得体面生活的工人不需要害怕政治家、部门长官、代表或者部长。"（莫斯卡《统治阶级》）

　　令人沮丧的事情还不止这些，如果我们把托克维尔的意见多考虑一下，儒家孝道鼓吹下的温暖家庭似乎也立不住脚了，更何况，孝道是个被现代人广泛误解的概念，它所诞生的土壤是周代那种特殊的宗法制度，而在专制时代开始之后，孝道又几乎完全变成了一种政治，其家庭伦理意义是附属于政治意义之上的。（详见《孟子他说》）

　　即便我们以一种比较单纯的眼光来看待孝道，这同样是一种虽然被儒家精神所鼓吹，却只能在儒家核心思想之下走向自己的对立面的一种东西。正如上文所说，森严的等级体系是天然排斥情感的，传统的家长与子女的关系正是威权体制的一个缩影，尽管子女作为服从的一方会显得心甘情愿，似乎特别喜欢这一副甜蜜的枷锁。

如果我们传统的威权家庭可以类比旧时代欧洲的贵族家庭的话，托克维尔下面的论述尤其有了一种特别的说服力：

随着贵族失去权势，父母的那种严肃的、约定俗成的、合法的权威也不见了，而在家庭之内建立起一种平等关系。

总的来说，我不知道社会是否由于这种变化而受到了损失，但我确信个人却由此得到了好处。我认为，随着民情和法制日益民主，父子关系也会更加亲密和温和，而不像以前那样讲究规矩和仰仗权威；他们之间的信任和眷爱也往往是坚定的。看来，父子的天然联系是紧密了，但他们的社会联系却松弛了。

在民主的家庭里，做父亲的除了表示老人对子女的爱抚和向他们传授经验之外，并没有任何权力。他的命令可能无人遵从，但他的忠告一般会发生作用。虽然子女们对他不是毕恭毕敬，但至少对他表示信任。子女同他交谈没有固定的礼节，而是随时可以同他谈话，经常向他请教。在这里，家长和长官的身份不见了，但父亲的身份依然存在。

为了判明两种社会情况在这方面的差异，只看一看贵族时代留下来的一些家书就可以了。书信的文体经常是端庄、死板和生硬的，而且文字冰冷得使人心里感觉不到一点热乎气儿。

反之，在民主国家里，儿子写给父亲的信中，字里行间总有某些随便、亲密和依恋的表现，一看之下就知道家庭里建立了新的关系。

这样的变革也在改革兄弟姊妹的相互关系。

在贵族的家庭里，也像在贵族社会里一样，人人的地位是早已规定好了的。不只是父亲在家庭里另成一级，享有广泛的特权，就是子女之间也不平等。子女的年龄和性别，永远决定着他们每个人在家里的地位，并使其享有一定的特权。

民主制度把这些壁垒大部分废除或减少了。

……贵族家庭的成员彼此联系得极为密切，他们的利益互相关联，他们的想法也颇为一致，但是他们的心却很少互通。

民主制度也使弟兄间互相依靠，但依靠的方式与贵族的不同。

根据民主的法制，一家的子女是完全平等的，从而也是自主的。没有任何东西强制他们彼此接近，也没有任何东西迫使他们互相疏远。因为他们血统相同，在同一家庭里成长，受到同样的关怀，没有任何特权使他们各不相同和把他们分成等级，所以他们之间从小就容易产生亲密无间的手足情感。

成年之后形成的关系，也不会引起他们破裂不睦，因为兄弟的情义在使他们日益接近，而不会使他们反目。

因此，在民主制度下，使兄弟们互相接近的并不是利害关系，而是对往日的共同回忆，以及思想和爱好的自由共鸣。⑩

如果托克维尔是对的，那么，无论我们是渴望一个温情社会还是亲密家庭，对平等的追求或许才是真正的先决条件，尽管这个先决条件看上去和我们所要达到的目的毫无关系；同样的，儒家的礼治和孝道却该甩得越远越好，尽管这些东西在我们眼前铺起了一条通往天堂的金光大道。

现在，回到我们故事的开头，我们会注意到：儒家和道家所一致推崇的那个古公亶父时代恰恰处在儒家和道家的诞生之前，古公亶父之所以饱含同情和友爱，恐怕更多是因为氏族部落成员之间的关系相当平等之故，领导人并没有被贾谊的台阶提升到九天之上，小弟们也没有被列在等级秩序的第十八层地狱，于是，按照托克维尔所发现的那个普适性原则，正是氏族成员之间身份的平等导致了这样的结果，而不是因为古公亶父如何英明伟大，更不是因为古公亶父学习了儒家或道家的那些精辟理论。或许同样是因为这个原因，当社会发生了翻天覆地的变化之后，是"不平等"导致了古老的牧歌社会始终无法重现，导致了所谓黄帝时代、尧舜禹时代成为渐行渐远的海市蜃楼，任凭一代代精英学者再如何呼唤、再怎么教化，也都无济于事。

社会的冷漠，人情的淡薄，所谓道德的沦丧，所有令人沮丧的一切，难道真是拿圣人的一部部经典就可以教化而改变的么？

"故贵以身为天下，若可寄天下；爱以身为天下，若可托天下。"——听着老子向领导人谏言的声音，嗯，如果连草根老百姓的一些问题都难以通过教化来改变，又怎么指望能够教化得了那些拥有无限权力的帝王呢？

把问题再多想一层："平等"既会成为某种政治制度的结果，或许也是实现某种政治制度的基石。马基雅维利曾经斩钉截铁地说道："有平等的地方，难以建立君主国；没有平等的地方，难以建立共和国。"（《论李维前十书》）——真的不可能吗？也许，马基雅维利过于悲观了吧？

8. 道可道，非常道；名可名，非常名

桓公读书于堂，轮人斫轮于堂下，释其椎凿而问桓公曰："君之所读者何书也？"

桓公曰："圣人之书。"

轮扁曰："其人在焉？"

桓公曰："已死矣。"

轮扁曰："是直圣人之糟粕耳！"

桓公悖然作色而怒曰："寡人读书，工人焉得而讥之哉！有说则可，无说则死。"

轮扁曰："然，有说。臣试以臣之所轮语之：大疾则苦而不入，大徐则甘而不固。不甘不苦，应于手，厌于心，而可以至妙者，臣不能以教臣之子，而臣之子亦不能得之于臣。是以行年七十，老而为轮。今圣人之所言者，亦以怀其实，穷而死，独其糟粕在耳！"

故老子曰："道可道，非常道；名可名，非常名。"

这个故事里的主人公叫作轮扁，他可不是姓轮名扁，"轮"是他的职业，"扁"才是他的名字，这种称呼在先秦时期是很常见的，如同黄飞鸿那个杀猪卖肉出身的徒弟叫"猪肉荣"，洋一点的称呼比如 Dr. Smith 之类。所以，轮扁这个名字如果翻译成现代语言，就是"做车轮子的阿扁"。

这一天，齐桓公正在堂上读书，轮扁在堂下做着车轮。——这就是故事发生的场景，呵呵，怎么看怎么觉得古怪哦，这不大像是现实世界里能够发生的事情。不过，既然是个故事，那就一直古怪下去好了。

轮扁在堂下干活儿，干得累了，把家伙一放，居然跟齐桓公搭上话了：

"老板，看什么书呢？"

齐桓公看书正看得入神，冷不丁被轮扁这一嗓门吓了一跳，当即大喝一声："锦衣卫，快把惊驾之人拉下去斩了！"——呵呵，这才是符合人之常情的故事发展，可故事的真正发展是：齐桓公放下手里的书，回答轮扁说："我看的是圣人的书。"

轮扁蹬鼻子上脸，接着问道："哦，这圣人还活着么？"

齐桓公很有耐心，回答道："早死啦！"

轮扁一听，说了一句超级大不敬的话："这样啊，那您看的这书也不过是圣人留下的糟粕罢了。"

齐桓公这回可真的恼了："寡人读书，你一个臭工人居然敢当面说三道四的，嘿，你今天要是说不出个所以然来，我非杀了你不可！"

轮扁不慌不忙，还真说出了一番大道理："我是个做车轮子的工人，我就从我的本职工作开始说吧。轮子上，不同部件接合的地方是最难把握的，做得紧了就不容易接在一起，做得松了又容易脱落，一定得做到不松不紧刚刚好，妙到毫巅，差一分一毫都不行。可是，这门手艺我虽然在行，却没法教给我儿子；我儿子虽然聪明，可我无论怎么跟他讲，他一上手还是不行。这都是因为手艺里那些真正的精髓是难以言传的呀。圣人的书也是同样的道理——圣人死了，带着他的思想中那些难以言传的精髓一起离我们而去了，只剩下一些糟粕留了下来，喏，就是您看的书上的那些文字呀。"

故事戛然而止，《淮南子》紧接着便归结出了《老子》最著名的那个大道理："道可道，非常道；名可名，非常名。"——这一句两千多年来聚讼纷纭的名言在汉初一些知识分子的眼里原来是这个意思哦，并不是现在很多人普遍认为的宇宙论？！

这倒让我想起了一个小典故：有人请美国大诗人弗罗斯特给诗下个定义，弗罗斯特的回答是："所谓诗，就是在翻译之后失去的东西。"——如果万事万物里边都隐藏着"道"的身影，弗罗斯特的"道"应该就是他的"诗"了，正如轮扁的"道"就是他那手难以言传的绝活儿。

如果这个思路不差的话，我倒觉得，轮扁的故事对阐明"道可道"这句格言来说还不够贴切，因为做车轮子这活儿说到底是个熟练工种，就好比有人问我怎么学英语，我可以马上说出一二三来，这一二三虽然都是我多年积累的心得体会，可任谁也不可能听完这一二三之后马上就学会英语。所以，弗罗斯特的那个说法或许更能准确表达"道可道，非常道"的真切内涵，尽管弗罗斯特是个外国人，更没学过道家文化。

《淮南子》里另有一节应该和这个故事一起来看：

王寿负书而行，见徐冯于周。徐冯曰："事者，应变而动。变生于时，故知时者无常行。书者，言之所出也。言出于知者，知者藏书。"于是王寿乃焚书而舞之。

故老子曰："多言数穷，不如守中。"

王寿背着书出门，路上遇见了徐冯。徐冯说："人应该懂得随机应变的道理，识时务的人是不会拘泥于成法的。书籍虽然是个好东西，里边记载了不少智者的至理名言，可书是死的，世界是活的，有智慧的人是不藏书的。"

王寿很听劝，把书都烧掉了，还手舞足蹈起来。正如《老子》所谓："多言数穷，不如守中。"

"多言数穷，不如守中"这句话从这里看，应该是随机应变、无招胜有招的意思，和张无忌初学太极拳是一个道理，而不像后人每每把"多言"解释成"政令繁苛"。

从《淮南子》领会的《老子》精神来看，这分明是给我们出难题：《老子》不也是智者之言的记载么，难道这本书也该被我们烧了不成？而且，老子心中那玄妙的道术早已经随着他老人家的去世而消失不见了，我们再怎么读他的书也是竹篮打水一场空？还有，研究《老子》的历代著名学者其实全在围着糟粕打转，他们的解释更是不可听信的了？！

这就好像一个悖论——我对你说："谁的话都不能信"，那么，我这句话你该不该信呢？

9. 鱼不可脱于渊，国之利器不可以示人

昔者司城子罕相宋，谓宋君曰："夫国家之安危，百姓之治乱，在君行

赏罚。夫爵赏赐予，民之所好也，君自行之。杀戮刑罚，民之所怨也，臣请当之。"

宋君曰；"善，寡人当其美，子受其怨，寡人自知不为诸侯笑矣。"

国人皆知杀戮之专，制在子罕也，大臣亲之，百姓畏之。居不至期年，子罕遂却宋君而专其政。

故老子曰："鱼不可脱于渊，国之利器不可以示人。"

这个故事的主人公叫作司城子罕，看名字像个日本影星，其实"司城"是他的官职，这个官职一般叫作"司空"，是负责工程建设的，"子罕"是他的字。司城子罕，或司空子罕，和司空摘星没有任何关系。

这位司城子罕在宋国做官，劝说宋国的国君："国家的安危，百姓的治乱，这一切都取决于君王的赏罚之道。爵位和赏赐是大家喜欢的，我建议以后凡是遇到这种给人好处的事情都由您亲自出面；杀戮和刑罚都是大家怨恨的东西，这种事以后就让我来做好了。"

国君一听，非常高兴："好啊，这样一来，大家的感激都是冲我来的，怨恨都是冲你去的，我的名声会越来越好，诸侯们谁也不会笑话我了。"

——我先不往下讲，大家自己琢磨一下，司城子罕这是什么意思，宋国国君的想法对不对呢？

很快，宋国人都知道杀戮和刑罚的大权完全掌握在司城子罕的手里，于是，大臣们攀附他，百姓畏惧他，过了不到一年，子罕就杀了宋国国君，篡夺了宋国的君位。

这个小故事阐释的是《老子》这句名言："鱼儿不能离开水，国家的'利器'不可以展示给人看。"（鱼不可脱于渊，国之利器不可以示人。）

这可是彻头彻尾的帝王权术。司城子罕的建议实际上提出了一个帝王管理学的重要问题：如果"残酷"和"仁慈"只能二选一的话，你选哪一个？如果"被人爱戴"和"被人畏惧"只能二选一的话，你选哪一个？——这个问题也正是马基雅维利在《君主论》里论述过的最出名的问题，也是最使他承受骂名的一个问题。马基雅维利给出的标准答案是："如果一个人对两者必须有所取舍，那么，被人畏惧比受人爱戴是安全得多的。"司城子罕心里肯定也是这么想的，只是藏在心里不说出来罢了，也许正是因为这个原因，大骂司城子罕的人比大骂马基雅维利的人可少多了。人心真是很难解释，掩耳盗铃竟会成为社会普遍默许的事情，那些只是把铃声敲响而不去盗铃的人却成了过街老鼠，就连故事结尾那句《老子》的话竟也在告诫君主"国之利器不可以示人"，其含义似乎是：种种卑鄙的勾当尽管去做，只要别大声说出口来——也许这也可以算作"道可道，非常道"的一种解释吧？

　　西方人总爱把事情说得实在一些，马基雅维利偏偏要把这帝王术中不可说的"道"清清楚楚给说出来。他不但给前边那个二选一的考题设计了令几乎所有正人君子都无法接受的标准答案，进而还以直爽的口吻道出了无耻的论证过程："因为关于人类，一般地可以这样说：他们是忘恩负义、容易变心的，是伪装者、冒牌货，是逃避危难、追逐利益的。当你对他们有好处的时候，他们是整个儿属于你的。正如我在前面谈到的，当需要还很遥远的时候，他们表示愿意为你流血，奉献自己的财产、性命和自己的子女，可是到了这种需要即将来临的时候，他们就背弃你了。"火辣辣的名言一句接着一句："而且人们冒犯一个自己爱戴的人比冒犯一个自己畏惧的人较少顾忌，因为爱戴是靠恩义这条纽带维系的，然而由于人性是恶劣的，在任何时候，只要对自己有利，人们便把这条纽带一刀两断了。可是畏惧，则由于害怕受到绝不会放弃的惩罚而保持着。……人们忘记父亲之死比忘记遗产的丧失还来得快些。……人们爱戴君主，是基于他们自己的意志，而感到畏惧则是基于君主的意志，因此一位明智的君主应当立足在自己的意志之上，而不是立足在他人的意志之上。"

　　这些赤裸裸的教唆真是触目惊心，把心照不宣的东西摆在了明面上，受人围攻也是自然而然的。心理学家告诉我们：人类的头脑很难接受直接的负面意见，尤其是对一些笃信弥深的东西，一不小心就会造成"认知失谐"，而后就会更加固执己见。——说句心里话，我在写《周易江湖》的时候对这一点就深为顾忌，所以，尽管关于《周易》的一些要紧问题我是有着明确答案的，但生怕触怒一些人敏感的信仰神经，便在笔法上每多峰回路转，把功夫下在考证与分析思辨上，在结论呼之欲出的当口却戛然而止，免得有人看了三四千字之后就怒不可遏地跺脚拍砖。呵呵，各位回想一下当初的阅读体验，可有什么新的感觉吗？

但马基雅维利可是个实诚人，《淮南子》眼中的老子似乎也是个实诚人，把种种的帝王权谋伎俩开诚布公出来，并不讳言一些在后人眼光看来过于龌龊的内容，而在写作之时也和马基雅维利一样，设想着自己的谏言是将要上达君主的——事情很可能真是这个样子，至少从《淮南子》展示出的这些"小故事，大道理"来看就是这样，而我们之所以认为老子不是这样，很可能只是因为他晦涩的文言文使后人读出了太多的歧义。

但这事也不好说，通行本《老子》在另外一章里却和马基雅维利一样，把这层龌龊的意思给挑明了："人民如果不畏惧统治者的威势，那么，更大的祸患就快要发生了。"（民不畏威，则大威至。）——如果我对这句话理解正确的话，老子在这里确实马基雅维利了一回。那么，老百姓应该畏惧的这个"威"，是否就是"国之利器"呢？

唉，《老子》的歧义无处不在，"国之利器不可以示人"，"利器"一词我前边没有翻译，因为这句话虽然看似好懂，可这"利器"到底指的什么，至今也没有确定的答案。——陈鼓应在《老子注译及评介》里提到了三种解释："一说利器指权道（如河上公）；一说利器指赏罚（如韩非）；一说利器指圣智仁义巧利（如范应元）。"现在看来，我们似乎可以从简本《老子》判断出范应元的解释是不恰当的——"巧利"可以保留，"圣智仁义"或可取消，但河上公和韩非谁对谁错，这问题就只能等待更新的考古发现了。

10. 能受国之不祥，是谓天下王

宋景公之时，荧惑在心。公惧，召子韦而问焉，曰："荧惑在心，何也？"

子韦曰："荧惑，天罚也。心，宋分野。祸且当君。虽然，可移于宰相。"

公曰："宰相，所使治国家也，而移死焉，不祥。"

子韦曰，"可移于民。"

公曰："民死，寡人谁为君乎？宁独死耳！"

子韦曰："可移于岁。"

公曰："岁，民之命。岁饥，民必死矣。为人君而欲杀其民以自活也，其谁以我为君者乎？是寡人之命固已尽矣，子韦无复言矣！"

子韦还走，北面再拜曰："敢贺君！天之处高而听卑。君有君人之言三，天必有三赏君。今夕星必徙三舍，君延年二十一岁。"

　　公曰："子奚以知之？"

　　对曰："君有君人之言三，故有三赏，星必三徙舍，舍行七里，三七二十一，故君移年二十一岁，臣请伏于陛下以伺之，星不徙，臣请死之。"

　　公曰："可。"

　　是夕也，星果三徙舍，

　　故老子曰："能受国之不祥，是谓天下王。"

　　这就是"宋景守心"的故事，我在《孟子他说》里讲过。简单介绍一下：火星跑到了心宿二的旁边，形成了"荧惑守心"的恐怖天象，按照当时的天文学说法，天上的心宿对应着地上的宋国，这下宋国要遭殃了。

　　宋国这时候的国君是宋景公，他知道事情不妙，赶紧去找天文学家子韦商量对策。子韦还真有办法，先后给宋景公出了三个主意：老天爷的惩罚是一定要来的，但我们可以应付，一是让天罚移到宰相身上，二是让天罚移到百姓身上，三是让天罚把今年的收成毁了，这三招无论选哪一个，都可以让宋景公自己躲过一劫。

　　但宋景公哪招都不用，说："宰相是国家重臣，百姓是国家根基，粮食是国家命脉，哪个也少不得，干脆听天由命好了，我这条老命算豁出去了！"

　　子韦一听，当即给宋景公道喜："您既然有这般高尚的情怀，老天爷也会感动的，您放心吧，天罚不但不会来，您还会延寿二十一年。"

　　故事的结尾照例是《老子》的话："能够承担全国的灾祸的人，才有资格做国王。"（能受国之不祥，是谓天下王。）

　　《老子》这句话如果仔细琢磨，确实意味深长。我们想想董仲舒搞的那套《春秋》灾异理论，让皇帝看着老天爷的脸色办事，一有个日蚀什么的，皇帝以九五之尊还得下个罪己诏，对全国人民检讨一下自己的工作失误。那个时候虽然没有什么政府要向纳税人负责的观念，但皇帝要向老天爷负责的观念还是有的。所以我们才会在史书中屡屡看到：即便在两千年私天下的专制时代，皇帝也经常要主动承认错误的，不管他们是敷衍了事也好，还是耍弄心计也好，反正是肯低头的，更重要的是，皇帝们承认的错误通常都是近期发生的事情，比如当年的粮食歉收或者去年的赈灾工作没有搞好，没多少人会拿十几二十年前的陈芝麻烂谷子说事的，这多少显得还有一点做皇帝的职业操守。一个永远不会承认错误的皇帝，一个对也英明、错也英明的皇帝在两千年的历史上都是不多见的。从儒家角度上说，皇帝要积极响应老天爷的警告；从黄老角度上说，如果说皇帝是一个管理岗位的话，那么在岗位描述的头一栏里就明白地写着："能够承担全国的灾祸的人，才有资格做国王。"（能受国之不祥，是谓天下王。）既然承担全国的灾祸是皇帝的天职，更何况写个不疼不痒的检讨书呢？

　　事情的另一面是：我们回顾一下前文详细讲过的汤祷的传说，商汤王以自虐的方式在桑林祷雨，甚至还险些将自己的老命做了献给上天的祭品，这不正是"能受国之不祥，是谓天下王"么？所以，从这个上古传说来看，《老子》的这一说法恐怕并非空穴来风，并不是老子捋着白胡子靠脑力激荡构想出来的深刻哲理，而是对上古政治传统的一种模糊的继承。

　　不管怎么说，《老子》在这里再一次给我们讲了一番政治。正如我常说的，不要以为先秦诸子讲的都是什么伦理道德和生活智慧，这些智者的思想核心几乎都是通往政治的，我们只有在这个层面上理解他们，才会少一些自以为是的误解。

11. 去彼取此

　　季子治亶父三年，而巫马期絻衣短褐，易容貌往观化焉，见得鱼释之，巫马期间焉，曰："凡子所为鱼者，欲得也。今得而释之，何也？"

　　渔者对曰："季子不欲人取小鱼也，所得者小鱼，是以释之。"

　　巫马期归以报孔子曰："季子之德至矣！使人暗行，若有严刑在其侧者。季子何以至于此？"

　　孔子曰："丘尝问之以治，言曰：'诚于此者刑于彼。'季子必行此术也。"

　　故老子曰："去彼取此。"

　　故事里的季子一般被认为是孔子的学生宓子贱，他在亶父这个地方做官，已经三年了。同学巫马期想了解一下宓子贱的政绩，于是施展高超的易容术，去亶父微服私访。

如果原文记载无误，巫马期的"微服"可够搞笑的：所谓"綌（wèn）衣短（shù）褐"，大约可以解释出两种意思，一是头戴礼帽、身穿粗布衣服，二是穿丧服配粗布衣服，反正巫马期就这么乔装改扮地去了。

巫马期到了亶父的时候天已经黑了，他看见河边还有人捕鱼，捕到了鱼却又把鱼放回水里。巫马期很奇怪，问道："请问，您这是在捕鱼还是在搞行为艺术？"

那人回答说："宓子贱不愿意让人捕小鱼，我方才捕上来的都是些小鱼，所以就放掉了。"

原来是这么回事啊！巫马期取得了这个很有价值的情报，回去向老师孔子汇报——原来巫马期的幕后还另有黑手？！

孔子听罢，感叹道："宓子贱把德政做到了极致啊！他治下的人民即便在背地里行事，也像警察和城管就在身边盯着一样。"

故事最后归结为《老子》："去彼取此。"

这故事可够怪的，如果不提最后《老子》的"去彼取此"，而是归结为儒家的那个著名概念"君子慎独"，恐怕文意更加连贯。对了，这故事又一次为儒家唱了赞歌，赞美了宓子贱的"德治"。

也许《淮南子》没说出"君子慎独"，一是因为捕鱼的应该不是"君子"，而是"小人"，二是因为当时还没有这个著名的"慎独"观念——嗯，这也说不好。对儒家思想稍有了解的人恐怕都知道这个"慎独"，"四书"里的《大学》和《中庸》都提到过它，历来被程朱等等大师解释为君子修身的一个高绝境界：一个人独处的时候也不能胡来，没人监督你的时候要自己监督自己。可近年出土的子思一派的《五行篇》却显示这个"慎独"原本是另外的意思，大师们全都自作多情地给解释歪了——还不能太怪程朱，这个词至少从郑玄那时候就解释歪了。

至于《老子》的这个"去彼取此"，放在这里实在让人不解。通行本的"去彼取此"先后出现过三次，一次是说："圣人摒弃物欲的诱惑（去彼）而保持安足的生活（取此）"；一次是说："舍弃浮华（去彼）而保留敦厚（取此）"；还有一次是说："不要自吹自擂（去彼），而要自知、自爱

（取此）"。⑨——那么，《淮南子》这则故事的寓意到底是哪一个"去彼取此"呢？

12. 化而欲作，吾将镇之以无名之朴也

武王问太公曰："寡人伐纣天下，是臣杀其主而下伐其上也。吾恐后世之用兵不休，斗争不已，为之奈何？"

太公曰："甚善，王之问也。夫未得兽者，唯恐其创之小也。已得之，唯恐伤肉之多也。王若欲久持之，则塞民于兑，道全为无用之事、烦扰之教。彼皆乐其业，供其情，昭昭而道冥冥，于是乃去其督而载之木，解其剑而带之笏。为三年之丧，令类不蕃。高辞卑让，使民不争。酒肉以通之，竽瑟以娱之，鬼神以畏之。繁文滋礼以殄其质，厚葬久丧以亻屈其家；含珠鳞施纶组，以贫其财，深凿高垄以尽其力。家贫族少，虑患者贫。以此移风，可以持天下弗失。"

故老子曰："化而欲作，吾将镇之以无名之朴也。"

这个故事发生在武王伐纣之后不久。周武王得了江山，可心里不大安稳，于是请教姜太公："我夺了商纣王的天下，这是以臣弑君、以下犯上的行为呀，如果后世有人效法我的样子，搞得兵祸连绵，那可就不好了。你看这该怎么办呢？"

——《淮南子》这里借周武王之口提出来的问题，称得上中国历史上极为经典的一个政治难题，多少聪明人在这个问题上都要犯晕。前文讲过汉景帝"吃马肉不吃马肝"的故事就是被这个问题给带出来的，由此开创了皇帝划定学术禁区的先河。

如果头上没有皇帝，这问题其实很好回答，因为真实的答案自然会质疑当今皇帝的皇位合法性，而所有不拂逆鳞的答案不用问全是虚的。《淮南子》这里设计的问题也没有把话说尽，其实应该问的是："我以臣弑君、以下犯上，夺了前朝的江山，可我不想让别人用同样的办法来夺我家的江山，怎么能预防别人这样做？"

咱们先来看看姜太公的答案："大王您能提出这个问题来，这很好。这

就好比打猎，猎物还在活蹦乱跳的时候，猎人唯恐把箭射轻了，可等到猎杀成功之后，又希望猎物的伤口越小越好。"——这得解释一下：那时候打猎是很讲究"杀法"的，有上杀、次杀和下杀三个档次。上杀是古龙小说式的杀法，蓝光一闪，生死立现，这种被"上杀"的动物是等级最高的，肉质最好，可以做成肉干用作祭祀；中杀是说一箭没有正中心脏，动物挣扎了一阵才死，所以肉质就差了些，不能做成肉干用作祭祀了，只能退而求其次，给客人们来吃；下杀是金庸和梁羽生小说式的杀法，猎人和野兽你来我往，大战三百合，野兽终于浑身是血，惨死当场，经过这么长时间的磨难，野兽的肉质也不好了，皮毛也伤痕累累了，既不能用来祭祀，也不适合招待客人，那就下厨房好了。姜太公的意思，用现代的话说就好比买房，买之前总嫌房价太高，整天盼着降价，买了之后又总嫌房价太低，整天盼着升值。姜太公对周武王说的就是这个意思："你灭掉商朝之前总想增强以臣弑君、以下犯上的合法性，等自己坐了江山之后，又开始想减弱以臣弑君、以下犯上的合法性。"

咱们得承认，周武王这番顾虑虽然有些龌龊，但毕竟是人之常情。而回答这种非常问题，必须得有非常身份。姜太公很可能就具有这种非常身份。——严肃点儿来说，姜太公恐怕并不像传说中那样是个草民百姓，在渭水钓鱼的时候被周文王看中，于是辅佐周人灭掉商朝。这样的传说明显带着君权时代的痕迹，真正的姜太公和周文王的风云际会很可能意味着当时东部的姜部落和西部的周部落的联合，于是，姜太公对于周武王恐怕不会像后世臣子对君主那样的姿态，《淮南子》恐怕是忽略这一点了。

姜太公出的主意是："您如果想长久地占有天下，最好的办法就是蒙住老百姓的眼睛，堵住老百姓的耳朵，引导着他们多做一些无用功，同时，用烦琐的礼乐来教化他们，让他们各自安于本职工作，养成他们安逸的心态，让他们的脑袋从清清明明变成浑浑噩噩。达到这种程度之后，再摘掉他们的头盔，给他们戴上以翎毛装饰的帽子；解下他们的刀剑，让他们手持笏板；制定为期三年的守孝规则，以此来限制他们的生育；大力宣讲等级秩序和谦卑退让的精神，让他们不起争斗之心；多给酒肉让他们好吃好喝，再用音乐使他们好玩好乐，用鬼神使他们敬畏天命，用繁文缛礼使他们丧失自然天性，用厚葬久丧使他们耗尽财产，让他们为丧事置办奢侈的陪葬品，这样来使他们陷入贫穷，让他们挖壕沟、筑城墙来耗费体力。这样做下去，就没有多少人还能犯上作乱了。——只要这样移风易俗，就可以永保江山。"

最后归纳为《老子》的一句话："万物在自然变化中萌生了私欲，我将以道的质朴来镇住这些私欲。"（化而欲作，吾将镇之以无名之朴。）

看完这个故事，有什么感想没有？是不是觉得阶级敌人太歹毒了？呵呵，这是《淮南子》要讲的最后一个故事，也是最有意义的一个故事。我们得好好想想：如果《老子》真是这个意思，或者说，如果汉初知识分子眼中的《老子》真是这个意思，那么，我们对所谓"黄老之道"和"休养生息"就得多一番理解了。

这段在《老子》通行本第三十七章，全部内容是：

道常无为而无不为。侯王若能守之，万物将自化。化而欲作，吾将镇之以无名之朴。镇之以无名之朴，夫将不欲。不欲以静，天下将自正。

还是用陈鼓应的翻译：

"道"永远是顺任自然的，然而没有一件事不是它所为。侯王如果能持守它，万物就会自生自长。自生自长而至贪欲萌作时，我就用"道"的真朴来镇住它。用"道"的真朴来镇住它，就会不起贪欲。不起贪欲而归于安静，天下自然上轨道。[92]

陈老师的引述是：

本章提示出理想的政治在于无为而自化（self-transform）——让人民自我化育，自我体现。

"静""朴""不欲"都是"无为"的内涵。统治者自身如能做到清静、真朴、不贪欲，对人民如能做到不骚扰、不侈靡、不扩张私人意欲，百姓的生活自然可以获得安宁。

老子一再强调统治者的态度应出于"无为"——顺任自然而不加干预——

让人民自我发展，自我完成，同时要养成真朴的民风，这样的社会才能趋于安定。

　　陈老师的这些意见可以说代表了绝大多数人对《老子》的定义。可是，和《淮南子》两相对照，我们惊讶地发现：同一个《老子》竟被解读出截然相反的意思来，而且都能够自圆其说！

　　我们现在先退回《老子》的文本本身，抛开各家的阐释，自己来体会一下。基本可以确定的是：第一，这里照例是谏言形式，是向"侯王"所做的劝说；第二，老子并不认为纯粹靠自然而然的发展就可以天下太平，而是觉得，如果一任自生自长的话，贪欲早晚会发展起来，到那时候还得靠政府的手段来进行干涉——用比较现代的语言来说，就是：老子主张"守夜人"型的小政府，管还是要管的，只是以自由放任政策为主；第三，老子认为最大的祸害就是"贪欲"，只有消除了贪欲，天下才会太平——当然，这"贪欲"既包括君主的贪欲，也包括老百姓的贪欲。

　　再看看陈老师的阐释，恐怕有两处值得商榷的：一是"老子一再强调统治者的态度应出于'无为'——顺任自然而不加干预——让人民自我发展，自我完成"，但看来不是这样，老子虽然力主"无为"，但也指出了在"无为"的发展道路上会出现"贪欲"，而这"贪欲"是需要以"有为"之手段来"镇"的；二是"统治者自身如能做到清静、真朴、不贪欲，对人民如能做到不骚扰、不侈靡、不扩张私人意欲，百姓的生活自然可以获得安宁"，这个解释显然带有太多的民本主义色彩，是说一切手段的最终目的是"百姓的生活自然可以获得安宁"，但细品《老子》原文，却未必是这个意思，嗯，说不定还真是姜太公的那种意思呢——应该承认，在这个问题上，《老子》并没有说得那么明确，做解释的人似乎很容易受到自己"阶级局限性"的影响，以自己眼中的老子代替了老子本身。而困难尤其在于，在这个问题上，我们恐怕永远无法了解老子自己到底是什么意思。

　　但是，如果我们仅仅把目光集中在"汉初人士对《老子》的理解"的话，陈老师的解释自然就输给《淮南子》了，而且，一种在大一统的时代能够让统治阶层喜欢的学说恐怕也很难会像陈老师描述的那个样子。——是呀，凭什么要"以民为本"呢？私天下的时代，江山与百姓都是帝王的私有财产，跟他们讲"以民为本"就如同对养鸡场的主人说"以鸡为本"，虽然"以鸡为本"在一定意义上是成立的，毕竟养鸡场的主人要靠这些鸡来挣钱。所以，我们或许可以把民本思想的第一名言"民为邦本，本固邦宁"替换成"鸡为养鸡场本，本固养鸡场宁"。但是，设想一下，在闹鸡瘟的时候，在闹禽流感的时候，如果这些鸡危及养鸡场主人的生命（或者危及健康、财产等等），场主对这些鸡当然得有多少杀多少了，虽然忍痛，但不能有一丝手软。

现代人体会祖先古老的智慧，很少会有人站在《淮南子》的一方，"以民为本"被赋予了越来越多的开明色彩，儒与道等各家思想也被不断征引来阐明一个个的流行观念，比如"人权"什么的，可是，事情原本真是那样的吗？

夏勇在《中国民权思想》里的一段话颇为耐人寻味："民本思想是我国古代政治哲学的最主要、也最精彩的部分。从某种意义上讲，古代政治思想之要义在于发挥一个'民'字，古代政治哲学可以归结为'民学'，其中蕴含的核心价值乃是民本。尝有论者断言，中国古代哲学里，民学也好，民本思想也好，归根到底，不过是为统治者如何治理好民众想办法、出主意，实质乃用民之道、御民之学。此论于我辈之影响，可谓久且深矣。可是，近些年来阅读古代尤其是先秦思想史料，我越来越多读出的，却是关于民权的思想。"⑨

夏老师收集了不少相关的例句，比如：

天视自我民视，天听自我民听。

民之所欲，天必从之。（《尚书·泰誓》）

天聪明自我民聪明，天明畏自我民明威。（《尚书·皋陶谟》）

天之爱民甚矣！岂其使一人肆于民上，以从其淫，而弃天地之性？必不然矣！（《左传·襄公十四年》）

大道之行也，天下为公。（《礼记·礼运》）

还有一些，就不一一引述了。

关于这个题目，可看的东西很多，金耀基著有一部《中国民本思想史》，专门论述这个问题，我再偷一次懒，借用李明辉在《儒家传统与人权》一文中对金老师论述的儒家民本思想的简要归纳：

1.人民是政治的主体；

2.人君之居位，必须得到人民之同意；

3.保民、养民是人君的最大职务；

4."义利之辨"旨在抑制统治者的特殊利益，以保障人民的一般权利；

5."王霸之辨"意涵：王者的一切作为均是为人民，而非以人民为手段，以遂行一己之目的；

6.君臣之际并非片面的绝对的服从关系，而是双边的相对的约定关系。

——这些说法听上去都很让人高兴，可要是较起真来，还真不太好说。第一个问题是：如果单以"文献里有说法"作为事实判断的话，我们从一些邪教组织的纲领里还能看到更美妙的说辞呢，就连希特勒，纳粹的二十五点纲领也看上去很美，比如：我们要求一切德意志人在民族自决权的基础上联合成为一个大德意志帝国；取缔不劳而获的收入，打碎利息奴役制；取缔和没收一切靠战争发财的非法所得；我们要求对所有（到目前为止）已经组合起来的企业（托拉斯）实行国有化；我们要求参加大企业的分红；我们要求实现一种适合我国需要的土地改革，要求制定一项为了公益而无代价地没收土地的法令，要求废除地租，要求制止一切土地投机倒把；要求对卖国贼、高利贷者、投机商处以死刑……

——这些纲领如果不说是纳粹的，现在肯定有不少人会举手赞同。

下一个问题是：先秦时期是封建社会，秦朝以后是专制社会，社会结构完全不同，所以说，先秦诸子的思想有不少都是有着封建渊源的，如果疏忽了这一点，就很容易刻舟求剑了。比如前文讲过的赵家村的比喻，那就是封建社会的基本结构，除奴隶之外的几乎全体成员无不拥有对自己国家的一份"股份"，他们是国家的股东，从国君到士人论起血缘来都是一家，国君要是惹大家不高兴了是可能被大家给赶走的，那时候的老百姓天然就拥有相当的政治权力。所以说，那时候的老百姓和后来的老百姓根本就不是一个概念。

这就牵出一个更麻烦的问题：所谓民本，这个"民"在先秦时代到底说的是哪些人，真的就是我们现代所谓"人民群众"的意思吗？——这可是个聚讼纷纭的问题，比如梁启超和郭沫若就认为"民"是奴隶，而且是一种特殊的奴隶：这些人原本是战俘，胜利者把他们刺瞎了眼，逼他们干活儿，有些人老实听话，从此就成了奴隶，是为"民"——如果"民本"是指以这些"民"为本，显然是说不通的。当然，"民"还有其他的解释：有泛指人类的，有指庶民百姓的（"百姓"本来都是贵族，这里用它现代的意思），等等，而这些意思在古籍当中往往不是很能分得清楚，尤其是，有些古籍的年代本身就不好确定，像前边引过的《尚书·泰誓》和《尚书·皋陶谟》，都是很可疑的文献，我们就更难搞清楚其中的"民"呀什么的指的到底都是哪些人，何况周朝的开国前贤们总是对自己人说一套，对商朝遗民说一套，其用心很是可疑，至于"天下为公"云云，我在《孟子他说》里有过详细解释，可以参考。

再想想苏格拉底时代的民主，能做主的"民"都是些什么成分的家伙呢，占全部人口的多大比例呢？近一些的，卢梭，这个构建社会契约的伟大先驱，他所向往的模范国家日内瓦虽然公"民"们确实很能做"主"，但实情是，日内瓦的社会分为五个等级，"公民"只是其中的第一等，而最下面的三个等级占到全国人口总数的90％以上，他们是根本没有投票权的——按照我们现在的法律说法，这90％以上的人被"剥夺了政治权利终身"。㉔

现在仔细想想，中国古代最合情合理的"民本"源头恐怕就是赵家村那样的，一个小邦国里是有不少中小股民的，至于奴隶到底占到多大比重，这一直都是个悬而未决的问题。要命的是，世界变了，封建社会结束了，专制时代开始了，有了大一统的国家，到了私天下的时代，小股民不存在了，国家变成皇帝100％控股了，在这个背景下，才有了《淮南子》里周武王和姜太公的那个故事。谈什么民本精神的《老子》吗？呵呵，那纯粹是跟皇帝作对。这种私天下的专制时代，也就是前文比喻的养鸡场时代，全国老百姓的生活福祉只有跟皇帝的政权稳定性联系在一起时才是有意义的，才会被皇帝"仁慈地"考虑在内。对于一个有理性的皇帝来说，政权的稳定自然比什么都更重要，所以，如果为了政权稳定必须提高老百姓的福祉，那就去努力提高他们的福祉——虽然宣传上永远是把老百姓的利益放在第一位的；同样道理，如果政权稳定需要牺牲老百姓的福祉，乃至牺牲千万人的生命，皇帝也会毫不犹豫地去做——虽然宣传上永远会把这些被牺牲的家伙定性为"极少数叛乱分子"，把他们划到"善良"老百姓的对立面去，嗯，"制造敌人"这可是皇帝们高明的政治技巧。

我们现在先像《淮南子》一伙人一样，把"民本主义"等同于"养鸡场主义"好了，再来温习一下姜太公的那一套至理名言，越发感觉可疑：我们很难说清这姜太公主义到底是儒家思想还是黄老思想——"蒙住老百姓的眼睛，堵住老百姓的耳朵"，这种意见孔子也说过，老子也说过；"用烦琐的礼乐来教化他们，让他们各自安于本职工作，养成他们安逸的心态，让他们的脑袋从清清明明变成浑浑噩噩"，倒更像儒家那套，大搞繁文缛节的礼仪么；"摘掉他们的头盔，给他们戴上以翎毛装饰的帽子；解下他们的刀剑，让他们手持笏板；制定为期三年的守孝规则，以此来限制他们的生育"，这句话表面上看是很儒家的，可问题是，三年守孝的规则其目的竟然是为了限制老百姓的生育，这可真是匪夷所思，难道计划生育政策也能在两千多年前的古人思想中找到源头吗？而且，古人的这个办法倒还真是春风化雨式的，表面上是"但使风俗淳"，鼓励人们对父母尽孝，暗地里却藏着个节制生育的险恶用心。可他们为什么要节制生育呢？那个地广人稀的年代里，人多不就意味着力量大么？难道是说天下已定，用不着人多力量大了，反倒觉得人少好管理了不成？

"大力宣讲谦卑退让的精神，让他们不起争斗之心，多给酒肉让他们好吃好喝"，这个主意好像说孔子出的也行，说老子出的也行，仔细琢磨一下，觉得更像老子的风格，毕竟孔子还讲过"以直报怨"什么的，而孟子更有"虽千万人吾往矣"的大无畏气概。

"用鬼神使他们敬畏天命"，这却更像孔子的意思。孔子是个无神论者，却主张严肃祭祀、敬拜鬼神，这曾让墨子他们很看不惯，说很难想象一个无神论者居然一本正经地教育大家求神拜佛，这分明是口是心非的伪君子！

"用繁文缛礼使他们丧失自然天性"，这也更像儒家态度，以礼仪来规范人的行为，而"丧失自然天性"并没有什么不好，因为猴子在受到礼仪教化而"丧失了自然天性"之后就变得文明了，就变成人了。人之所以成为文明的人，是一定要丧失一些自然天性的，而在这个问题上起到重要作用的，一个是社会环境的影响，一个是教育的感化，这都是儒家所极力提倡的。

"厚葬"从字面来说虽然很难说是儒家的正统思想，却可以说是儒家思想的流弊之一，也是最为墨家诟病的一点。⑧儒家主张的"厚葬"原本是在符合礼仪规范的前提下做最大可能的厚葬，比如，张三是个局级干部，按照礼仪规范，在他死后，葬礼的最高标准是十万块钱的棺椁和二十万块钱的墓地，吹鼓手的乐班子不能超过十个人，而张三他家就算再怎么有钱，亲属们就算再怎么爱戴张三，给张三操办的葬礼也不能超过这个标准。如果张三的棺材最后一算账，发现花了十五万，完了，这是部级标准了，张三逾越了礼治，大错特错了！但是，儒家强调的厚葬，主要还是为了慎终追远，暗中的意思是要以礼仪来规范社会中的各个等级，更深层的意思则是以礼仪规范来凸现祭祀的重要意义，而礼仪规范又限定了小宗只能在大宗的带领下祭祀祖先，这对封建社会的政治稳定是有原则性的重大意义的。⑧可"厚葬"到了姜太公的嘴里，怎么却变成了一条阴险恶毒的计谋呢？提倡厚葬，居然是为了耗尽老百姓的财产？！这是为什么呢？而且，统治者真能做出如此恶毒的事情来吗？

——"为什么"，前文讲过，人穷就容易管理，赏和罚的手段就容易派得上用场，一个为了打发寂寞时光而去做小职员的千万富翁恐怕是最让老板觉得难以管理的家伙了：奖励他吧，他对那点儿奖金根本看不上眼；处罚他吧，就算把他的薪水全部扣光他也毫不在乎。所以，要想让政权稳定，要想让老百姓都乖乖听话，让他们富裕起来未必是一个恰当的办法。——这事没有那么简单，可称得上是千百年来的一个政治难题：百姓们不能太富裕，也不能太贫穷，否则都容易出乱子，一定要把握好一个度才行，于是，似乎很多税收政策、通货膨胀政策和一些稀奇古怪的经济政策在一定程度上都是为这个目的服务的。

另外，可能连姜太公自己和《淮南子》的主创人员都不知道，以某种仪式化的活动来散尽家财，这事可能还有着非常古老的渊源，到战国、秦、汉之际，这渊源可能早已磨灭掉了，但它的阴影还残留着，人们或许对它仅存有一些模糊的感觉，却根本说不清具体情况。——这是现代的人类学家告诉我们的：在原始部族时代经常出现这样的场面：部落中最富有的人会搞一次豪华宴会，请部落同仁一股脑地把自己的财富吃光、分光。他们这种"疯狂"行为的动机还真不好确定，早些年的无政府主义者克鲁泡特金将其归因于土著们的善良性格和淳朴风俗，而更加训练有素的本尼迪克特则认为，有这种风俗的土著们是以此来使自己获得的头衔和特权生效，更重要是在别人面前显摆自己。[97]

我们现代人一般只知道中产阶级会因病返贫，想想倒退几千年，或者在现代的一些原始部落当中，居然还有因请客返贫的，更有甚者，这些因请客返贫的家伙在他们盛大的返贫过程中是充满喜悦之情的，这是多么崇高的思想觉悟啊！

这就是"夸富宴"——这个名词很容易让我们联想到改革开放初期常曝的新闻：两个大款在酒楼砸钱，一瓶瓶地摔高档洋酒，看谁能撑到最后。如果姜太公知道世间居然会有这等奇事，可能就把"厚葬"替换成"摔洋酒"了，毕竟后者见效更快一些，一个人一生可以摔很多次洋酒，却只死一回父亲。

"摔洋酒"这类做法在原始部落里却并不是什么荒唐的事——如果这些摔洋酒的大款飞到诸如巴布亚新几内亚或者爪哇之类的"忧郁的热带"，他们可能一下子就会融入原始部族的生活——这会让那些为了同样目的而煞费苦心的人类学家羡慕死的。

在莫斯的笔下，原始的"夸富宴"似乎是部落之间一种最富激情的战斗方式，双方为了赢得面子全都不惜毁尽家财，而这一对冤家还很可能就是近亲关系。（莫斯《礼物：旧社会中交换的形式与功能》）

先秦诸子很多闪光的念头都可以找到更加古老的渊源——也许不能完全确定，只是疑似而已。姜太公这个让百姓散尽家财的主意就说不好到底有什么来历，或者真有部落遗风也说不准呢。在后文我们还会看到疑似的一些部落遗风，有一些则是相当可以确定的。

"让他们挖壕沟、筑城墙来耗费体力，这样做下去，就没有多少人还能犯上作乱了"，这话大是恶毒，应该是姜太公全部这番话里最令人气愤的一个观点了。但遗憾的是，正如哈耶克曾经感叹的"最坏的家伙最容易爬到权力的顶峰"，最恶毒的主意同样最容易得到最广泛的实施。我在《孟子他说》里写过一节"劳民伤财有助于社会稳定"，讲的就都是这样的事。[98]有人可能觉得奇怪：老百姓都挖壕沟、筑城墙去了，都劳民伤财了，这能叫社会稳定么？——当然稳定，这就是黄老思想的一个要点："君臣异道"。

所谓"君臣异道"，黄老讲，其实儒家也讲，正如前文提到的，最高统治者"无为而治"（黄老）或者"垂拱而治"（儒家）了，可具体工作总得有人做吧，全国人一起"无为"了，一起"垂拱"了，那就得一起饿肚子。所以，越是下层的人就越得"有为"，就越得和领导之道反向而行。——从管理角度来讲，这倒没什么错，有过大公司总裁经历的巴纳德曾就这个问题发表过著名的看法：总裁的任务不是亲力亲为，而是为下属们维系一个良好的工作环境。（巴纳德《管理的功能》）

看看现在的大公司，一般来说，董事长总是最轻闲的，看的文件大多也只看头一页，甚至只看几句最简明扼要的提纲，至于部门经理们，那可就忙得多了，再看看车间里具体从事生产的工人，加班加点，流血流汗，"清晨四点一刻，天还没亮，睡在拥挤的工房里的人们已经被人吆喝着起身了。一个穿着和时节不相衬的拷绸衫裤的男子大声地呼喊：'拆铺啦！起来！'接着，又下命令似的高叫：'芦柴棒，去烧火！妈的，还躺着，猪猡！'"（夏衍《包身工》）

古代的国家管理也脱不了管理学的一些基本原则，在一个头脑正常的皇帝眼里，政权的稳定自然是第一位的，而老百姓的"不太稳定"（劳民伤财之类）和政权的稳定不一定就是矛盾的，甚至，后者往往还是前者的基础。正如人们大多喜欢乖巧的狗儿却不喜欢素有奸臣之称的猫咪，统治者自然也希望自己治下的人民能像狗儿一样忠诚而乖巧，于是乎"劳其筋骨，苦其心志，饿其体肤，空乏其身"，这不是为了"增益其所不能"，而是为了便于管理，便于操控。从这层意义上说，老百姓生活福祉的提高往往只是统治者稳固政权的副产品，而绝不是统治者的治国目的本身，正如圣西门所谓："至今为止，统治者一直把民族当作自己的家产；他们的一切政治谋划，实质上不是为了经营这些产业，就是为了扩大这些产业。有些谋划即使给被统治者带来了一些好处，实际上也只是由统治者当作使其财产更有收益和更加牢靠的手段而想出来的。连老百姓也把由此而产生的好处看成是统治者的恩泽，而不视为统治者的职责。"⑨

政权稳固永远是第一位的，所以，老百姓这些福祉是否能够同样"稳固"，这就是一个值得怀疑的问题了。令人郁闷的是：在私天下的时代，这实在是一个合情合理的逻辑。

"君臣异道"说起来只是一个概念，实际上却有两个截然相反的方向。理想的方向，嗯，找个最极端的例子吧，这是《尸子》说的——先介绍一下作者：这位尸子名叫尸佼，《汉书·艺文志》说他是商鞅的老师，参与了商鞅变法的工作，司马迁说尸佼的著作流传很广，可奇怪的是，这书越传越残，到宋朝就已经基本散光了，现在我们看到的只是古人的辑本。《尸子·治天下》说：

郑简公谓子产曰："饮酒之不乐，钟鼓之不鸣，寡人之任也；国家之不□，朝廷之不治，与诸侯交之不得志，子之任也。子无入寡人之乐，寡人无入子之朝。"

自是以来，子产治郑，城门不闭，国无盗贼，道无饿人。

孔子曰："若郑简公之好乐，虽抱钟而朝可也。"

夫用贤，身乐而名附，事少而功多，国治而能逸。凡治之道莫如因智，智之道莫如因贤……

这是说郑简公治国的事。郑简公是个超级甩手掌柜，对郑国总理子产说："喝酒不能尽兴，钟鼓不能长鸣，这是我的责任；国家治理不好，朝廷一团乱麻，外交一塌糊涂，这是你的责任。你别干涉我寻欢作乐，我也不干涉你治理国政。"

于是，子产专心于政治工作，郑国形势一片大好。

评论员孔子发表意见："像郑简公这种领导，就算抱着电吉他上朝都没问题。"

评论员尸子发表总结性意见："搞政治的关键就在于任用贤人。这多好，君主自己寻欢作乐，不用干多少正经事，国家还能蒸蒸日上。治国要善于使用别人的脑子，用别人的脑子莫过于用贤人的脑子。"

——这就是典型的理想型"君臣异道"，老大要"无为"，事情都交给能干的小弟去打理。历代很多知识分子都追求这种理想，按钱穆的说法，中国历来有君权和相权之争，皇帝要集权，宰相要当子产那样的贤人，于是历代中央政府的政治格局总是围绕着这个斗争在变。现实的问题是：这位郑简公如果不是太傻，就是运气太好，遇上的是子产而不是魏忠贤，子产也没有在绝对权力下腐化变质。齐桓公和管仲是同类关系中更为著名的例子，如果后世的皇帝有着买三张彩票就能中五百万大奖的信心，学学郑简公他们也未尝不可。

而在《淮南子》这个故事里，周武王可不是郑简公，姜太公的"君臣异道"走的是另外一条路线，其中一个前提性的重点内容就是"愚民"。

可以说，姜太公开的药方是一张具体而微的愚民计划书，这里值得我们特别留意的是，这张计划书虽然打着《老子》的旗号，其中却融合了儒、道、法三家的愚民思想精粹。——说儒家提倡愚民可能会引起一些人的不快，的确，对《论语》里边关于这个问题的最有名的一句话"民可使由之，不可使知之"，历来都是争论不休的。杨伯峻的翻译是："老百姓，可以使他们照着我们的道路走去，不可以使他们知道那是为什么。"（杨伯峻《论语译注》）如果杨老师的解释成立，孔子毫无疑问是主张愚民的。

再听听钱穆的，他老人家解释这句话真可谓苦口婆心，大意是：老百姓的天性都是善良的，但其中也有一些人IQ不高，领导人如果在每次政令发布之前都得给大家讲明白这政令是什么意思，那就什么事都干不成了。诗和礼乐的教化之功也是要靠这个"由"字的，让老百姓"由之而不知，自然而深入"，最后总有一天他们会明白的。（钱穆《论语新解》）

钱老师话说得非常委婉，立场也站在孔子一边，但说来说去还是不脱"愚民"二字。这种观点其实是万古长青的，即便在现代，还经常看到国外新闻报道说某某地方长官高瞻远瞩，不顾当地所有老百姓的反对，毅然搞了个什么什么工程，最后事情办完，老百姓获益良多，这才一致认同了领导人的英明远见。——这种例子如果有闲心去查的话，能查出一大堆来，但如果想让例子变得对论点有支持力的话，就应该拿出符合规范的统计数据，看看一定地区、一定时间之内，地方长官"不顾当地所有老百姓的反对，毅然搞了个什么什么工程"之类的事，到底有多少最后变成了"高瞻远瞩"，又有多少最后变成了"绝口不提"；再有，地方长官这等权力的发展趋势和连带影响都是什么。

这些事情恐怕不是两千六百年前的孔子所能想到的。但是，孔子毕竟是位圣人，圣人似乎是不该鼓吹愚民的，于是，"民可使由之，不可使知之"自然也有一些好心肠的解释。

单从断句来说，有人断成："民可，使由之；不可，使知之。"还有人断成："民可使，由之；不可使，知之。"愚民思想这就变成民本思想了。谁让《论语》是语录体呢，简单交代一句话，却不提供环境背景，也难怪历代对《论语》中几乎任何一句话都有好几种解释，更难怪历代中央政府总得规定唯一的官方注本。我们可以设想这样一句话："孔子对老婆曰：'等回了家，看我怎么收拾你！'"——如果没有背景材料，我们怎么能知道孔子这是对老婆发脾气了，还是小两口打情骂俏呢？事实上，这类事情在孔子死后没多久就出现了，曾子和有若几个同学为孔子一句话到底做何解释争执起来，还好有的同学记得孔子说话时的语境，这才争出了一个结果⑩。

　　考古发现给了我们一点儿参考，定州汉墓竹简《论语》虽然残缺得很，却正好也有这句话："可使由之不可使智之"，很可能前边原本有个"民"字，现在看不见了。

　　其实我们还有另外一条路可走，不必一直在这句话上纠缠不休。我倒觉得，《论语》当中相对来说无可争议的愚民思想是在这句话里："祭如在，祭神如神在。"（《论语·八佾》）杨伯峻的翻译是："孔子祭祀祖先的时候，便好像祖先真在那里；祭神的时候，便好像神真在那里。"这话背后的意思是：我知道祭祖的时候祖先是不在的，我也知道祭神的时候神仙也是不在的，可我还是照祭不误，我就假装他们都在呢。

　　能给孔子这个思想作证的，最好的证人就是儒家的头等反对派——墨家。用反对派来作证是比较可靠的，因为词语和概念经常一个人一个用法——常见两人争辩，一个说儒家如何好，一个说儒家如何坏，其实这两人头脑里的"儒家"很可能根本就是不一样的，拿一本《论语》就说这是影响了中国历史两千多年的儒家经典，其实未必如此。所以，从某种意义上说，想搞清一个东西到底"是什么"，得看看它"不是什么"，还得听听它的反对派攻击它什么——没办法，这就是语言的特殊性——墨家就大力攻击孔门这种鬼神观，说很难想象一个无神论者居然一本正经地教育大家求神拜鬼，这分明是口是心非的伪君子！由此可见，先秦儒家的鬼神观确乎如此。

　　前文讲过，墨家是很拿鬼神当回事的，认为有了鬼神的监督，大家才不敢为非作歹。其实在这点上墨家真是错怪了儒家，儒家的那个"假装"其实大有深意，这层深意在《论语》里没有挑明，在《孟子》里也没有挑明，都是心照不宣的东西，挑明了就不好了。但在先秦的儒者当中，最后由荀子打开天窗说亮话了，这一说还就说得非常透彻，见于《荀子·礼论》：

祭者、志意思慕之情也。愃（gé）诡唈（yì）僾（aì）而不能无时至焉。故人之欢欣和合之时，则夫忠臣孝子亦愃诡而有所至矣。彼其所至者，甚大动也；案屈然已，则其于志意之情者惆然不嗛（qiè），其于礼节者阙然不具。故先王案为之立文，尊尊亲亲之义至矣。故曰：祭者、志意思慕之情也，忠信爱敬之至矣，礼节文貌之盛矣，苟非圣人，莫之能知也。圣人明知之，士君子安行之，官人以为守，百姓以成俗；其在君子以为人道也，其在百姓以为鬼事也。故钟鼓管磬，琴瑟竽笙，韶夏护武，汋桓箾（shuò）简象，是君子之所以为愃诡其所喜乐之文也。齐（zī）衰（cuī）、苴杖、居庐、食粥、席薪、枕块，是君子之所以为愃诡其所哀痛之文也。师旅有制，刑法有等，莫不称罪，是君子之所以为愃诡其所敦恶之文也。卜筮视日、斋戒、修涂、几筵、馈荐、告祝，如或飨之。物取而皆祭之，如或尝之。毋利举爵，主人有尊，如或觞之。宾出，主人拜送，反易服，即位而哭，如或去之。哀夫！敬夫！事死如事生，事亡如事存，状乎无形影，然而成文。

第一段是强调祭祀要表达真情实感，像忠臣怀念去世的国君，孝子怀念去世的双亲，这些感情都是自然而然的，需要渠道表达出来。先王正是出于这个原因，才制定了祭祀的礼仪制度。

第二段就说上后台的话了：感情的表达和礼仪的反复，这两者之间的关系只有圣人才明白。圣人心知肚明，士君子安然施行，当官的把这当作自己职责的一部分，老百姓把这当作风俗习惯。在君子眼里，祭祀是在尽人事；在老百姓眼里，祭祀就是和鬼神打交道。所以，各种名堂的音乐都是君子们表达感情的工具，各种形式的服丧礼节都是君子们表达哀恸的手段，就好比军队有军纪，刑罚有尺度，君子感情的发泄一样是有规则和尺度的。虔诚地奉献祭品，如同鬼神真的前来享用似的；主人脱下祭服，换上丧服，送走客人之后回到原位哭号，如同鬼神真的离去了似的。悲哀啊！虔敬啊！对待死者如同对待生者，侍奉亡人如同侍奉活人，这就是礼仪。

这个问题依然具有普世意义，伏尔泰曾经调侃过孟菲斯神圣的阿庇斯牛，说善男信女们把它当神，头脑清明的人只把它看作一种单纯的象征之物，至于愚夫愚妇，便对它顶礼膜拜了。后来。暴君冈比西征服埃及，亲手杀了这头牛，让愚民们好好看看，他们的神也是可以被插到烤肉叉上的。（伏尔泰《哲

学辞典》）

　　这个故事再次验证了前文中希尔斯讲过的道理：即便真要破除旧有的"愚昧的"传统，也要马上搞出一个更加富于神奇魅力的新传统来取而代之。——在这里，冈比西这位精力充沛的暴君或许正是这个"更加富于神奇魅力的新传统"，因为暴君往往是极有领袖魅力的家伙，就像撒旦一样，英俊潇洒，雄辩滔滔，正是韦伯所谓的"卡里斯玛型"领袖。

　　《荀子·天论》还有另一段泄漏天机的话：

　　"雩而雨，何也？"

　　曰："无何也，犹不雩而雨也。日月蚀而救之，天旱而雩，卜筮然后决大事，非以为得求也，以文之也。故君子以为文，而百姓以为神，以为文则吉，以为神则凶也。"

　　先是一个设问："搞雩祭求雨，结果真就下雨了，这是怎么回事呢？"

　　回答是："不为什么，你就算不搞雩祭，到下雨的时候自然下雨。日蚀、月蚀发生的时候，人们敲锣打鼓想把日月救出来，天旱的时候人们搞雩祭来求雨，有了疑难问题就占卜决定，这些事情道理都是一样的。难道搞雩祭、占卜什么的真就管用么，不过是个幌子罢了。君子知道这些都是幌子，可老百姓却以为是神灵的作用……"⑩

　　想起康德的话："有两件事物我愈是思考愈觉神奇，心中也愈充满敬畏，那就是我头顶上的星空与我内心的道德准则。"康德说这话的时候恐怕心里比谁都清楚：这"两件事物"都对社会有益，可较起真来的话，哪样都靠不住。荀子这就是欺负老百姓不识字，所以公然出来蒙骗傻小子：上流社会的深层用意不足为下层人民道。⑪——彭尼·凯恩曾经以《荀子》这段文字来论证"随着时间的推移，把饥荒视为一种超自然力量的人越来越少了，特别是在孔夫子时代的知识分子，他们'没有意识到宗教在社会管理中的价值，而是将他们置于宗教之上'"⑫，但彭尼·凯恩明显是搞错了，这些儒家知识分子恰好是"意识到宗教在社会管理中的价值"，所以才从实用性的意义上来宣扬"封建迷信"，在一本正经的脸孔之下藏着一颗偷着乐的心。就这样，两千多年来，那些在儒家思想指导下恭敬地相信祭祀是真的在和鬼神打交道的人全都受骗了，看来学习儒学切不可只读一部《论语》就算完了。

在这个问题上，伏尔泰说得虽然不够准确，却很是有趣："中国的儒生崇拜一个唯一的上帝，但却听任人民受和尚的迷信行为的蛊惑。他们接受道教、佛教，以及其他几种教。官员们认为人民可以信奉跟国教不同的宗教，就像食用一种比较粗糙的食物那样。"（伏尔泰《风俗论》）

具有讽刺意味的是，愚民之道和说谎骗人其实都是一个道理，骗来骗去很容易把自己也骗进去——儒家还就真出了这个问题，宗师开创的骗人之术原本只瞒着老百姓，可传了几代之后，自己人也相信了，前文讲过的董仲舒的《春秋》灾异理论就是一个最好的例子，后来搞到整个两汉时期谶纬流行、祥瑞遍地、灾异满天，真真假假的谁也说不清楚了。

这里有一个问题是绝对应该留意的：但凡这种自欺欺人的事情，之所以能行得通，除了行骗者的个人原因之外还少不了另一个同样重要的条件，那就是：受骗的人期待着受骗。——这其实只是个很简单的道理，看看当代"大师"们的故事，大多都是这么回事。而在一个"足够大"的社会里就更是如此，勒庞为我们阐述的"集体无理性"在此每每发挥催化剂的作用，骗子会在狂热的期待气氛中首先迷失了自己，使自己成为自己的第一个受害者，在这个过程中，社会和骗子一起互动，很快把骗局推上了高潮。

所以说，《荀子》这篇"礼论"称得上是理解儒家鬼神观和愚民思想的关键——这毕竟是一篇冷静的文字，由此而前窥春秋、战国，后观西汉、东汉，就如同拥有了一把万能钥匙。但是话说回来，孔子和荀子在这个问题上未必就是错的，至少在他们那个时代里，这样的观念绝对是无可厚非的，即便在现在看来，也有着相当程度的合理性（想想勒庞吧）。有多少事情都是"可为智者道，难与俗人言"（韩愈《送陈秀才彤序》），现代依然如此，只要看看每年的畅销书排行榜就能知道一二了。

"愚民"并不完全像字面上那样充满贬义，梁启超就曾经揣测说：以孔子那样的高智慧，不可能真相信那些灵异事件的，他当时想要推行"小康社会"的主张，可要搞这套东西就必须依托一国之君自上而下地施行，孔子顾虑到不受限制的君权会导致暴君肆虐的结果，这才巧设鬼神计，在《春秋经》的义本上特意"以元统天、以天统君"，给国君找婆婆，这其实也是不得已而为之

呀。董仲舒也是明白这层深意的，所以"天人三策"才大谈君权神授和灾异祥瑞。汉儒大多都明白的，只是越往后糊涂人就越多。㉔

梁启超的观点看上去过于前卫，而且是有硬伤的（后文再说），这就是他的历史局限性了。不过以梁启超当时的时局，对古人"以常情揣度之"，也自有当时的一番道理。

从另一方面来看，把愚民的源头追溯到孔子也未必就是合情合理的，儒家的这套愚民方式或许有其更为古老的渊源。设想一下，如果这世上当真没有鬼神的话，鬼神观念又是如何产生的呢？尤其重要的是：鬼神观念是在怎样的"现实意义"上被延续下来的？——社会学家布迪厄为我们指出了"欺骗"在原始部族社会当中的重要意义：部族是通过仪式化的敬拜鬼神而紧密团结起来的，即便是明眼人也有义务把事实真相当作义务来严加保守；马凌诺斯基则强调了原始仪式的许多积极意义，诸如增进集体团结、熏陶道德意识、提高个人信心等等，虽然先民们做着那些很不着调的事情，可个人和群体确实都从中获益匪浅。看来，孔子和荀子在这个问题上的见识可比布迪厄他们早了两千多年，呵呵，这可不算是给老祖宗脸上贴金。另外给我们启发的是：不但科学是一把双刃剑，迷信同样也是一把双刃剑，再者，把旧有的社会习俗全部推倒重来，这既是孔子一派所反对的，也是老子一派反对的，他们都认识到大范围的一破一立会对社会造成伤筋动骨的损害，而无论这"破"掉的是多么愚昧，这"立"起的是多么先进。

就是这样，仪式和人造的鬼神都是维护社会稳定的有效手段，一个社会群体通过庄严的仪式来敬拜共同认可的一个神圣的人造物，从仪式过程中体会到一种社会认同感——每一个个体都融入群体当中去了，这满足了人天生的一种心理属性。这很原始吗？（可参看涂尔干《宗教生活的基本形式》）有一个例子虽然有些极端，却很能说明这个问题——这是近代中国《醒狮》周报上的一篇颂国旗的文章，周作人把它分行打了回车，就成了一首"很好的诗"：

这是何等的伟大！
何等的神圣！
何等的可敬！

何等的可爱！

所以我每次见到

五色国旗的时候，

恨不能呼她为我的母亲，

恨不能叫她做我的爱人，

当我这样默想的时候，

我的生命已经与

可敬可爱的五色国旗

起了共鸣，

熔而为一了！⑥

我们很容易理解的是：仪式越复杂，庄严程度也就越高——就像订立一个协议，拉钩儿就是最简单的仪式。庄严和神圣总是离不开仪式的，小男孩把心爱的橡皮送给了邻居小女孩，小女孩怕小男孩哪天反悔，会把橡皮要回去，于是两人举行仪式——拉钩儿，并伴以仪式化的语言："拉钩儿上吊，一百年不许要"——这很可能就是诗歌的源头，正如法国人类学家葛兰言所谓："诗歌语言是与特殊活动相对应的一种特殊的表达形式。诗歌表现总有一种强制性的敬重。这是与宗教活动相适合的：诗歌是先知的语言。《左传》和《史记》中记载的预言几乎无一例外地采取了童谣的形式。"（葛兰言《古代中国的节庆与歌谣》）这类仪式化的特殊语言形式原本应该另有一种重要的功用：使很多人可以按照一个固定的节奏一同发出声音——这就好像小学生一起朗诵课文一样，四平八稳的节奏使课堂上的每一个个体都消失掉了，个体会从中产生一种融入集体的感觉，这感觉既如此自然，又如此神秘，这就是仪式的力量所在。（我小时候就总和大家念不到一起去，为此没少挨老师的批评。我那幼小的心灵充满疑惑：正常人怎么可能把书读得那么慢呢？——也许正是因为对仪式的天然迟钝，这个小孩子直到长大以后还一直对人群抱有一种疏离之感。）

人天生就是需要仪式的，更需要神圣的敬拜物。有些聪明人觉得这是不对的，是迷信，真正的信仰应该是对教义的信仰，是内心的，而不是流于形式。我曾经很欣赏弘一法师李叔同的一句话："敬神佛而不拜神佛"（大意如此，记不清了），但后来发现事情可能不是这样，形式应该是重于内容的——不但"应该"如此，而且事实一直如此。

康德是站在李叔同一边的，据麦克斯·缪勒说："康德认为那种靠没有道德价值的行为，靠仪式即外在的崇拜来取悦神灵的，不是宗教而是迷信。我看不需要再引用站在相反立场上的观点了，即认为内心默祷的宗教，哪怕它在公众生活中是积极活动的宗教，如果没有外在的崇拜、没有僧侣、没有仪式，那就什么都不是。"⑳——是的，世界永远是站在李叔同和康德他们的"相反立场"上的，即便古往今来的老百姓远不如这几个聪明人高明，但他们就是这样，永远如此。

当然，另有一些聪明程度不亚于李叔同和康德的家伙也是和他们对着干的——社会发展了，文明进步了，孔子和荀子这样的聪明人发觉了其中的欺骗和奥妙，却从现实意义出发，认为老百姓们还是继续愚昧下去的好——嗯，这个出发点倒也不坏，如果现在能用上董仲舒"原心定罪"那个理论的话，这两位儒家先贤应该不会为愚民思想担上什么罪名的。

但同样的愚民思想，拿到黄老一派那里性质好像就变了。

（九）

青蛙国王

青蛙没有首领，觉得不痛快。他们派代表去见宙斯，要求给他们一个国王。宙斯看他们太天真，就扔一块木头到池塘里去。

最初，他们听见"扑通"一声，吓了一跳，都钻进池塘底下去了。后来，木头停住不动了，他们又钻出来，觉得它没有什么了不起，就爬上去坐着。对这第一个国王，他们很不满意，于是又去见宙斯，说这个国王太迟钝，要求换一个。宙斯生了气，就给他们派去一条水蛇。水蛇便把他们抓来吃。

这故事是说：迟钝的国王总比捣乱的国王好得多。

这是《伊索寓言》里的一则故事，最后那句小结论如果换成中国风格的语言就是：无为的皇帝总比有为的皇帝要好。但这个故事有一点显然与历史常规不符：青蛙们一致觉得需要一个国王，所以求宙斯给他们派一个来，这虽然也说得上是"君权神授"，但显然是民本主义的（尤其考虑到青蛙们在对第一任木头国王不满意之后还能要求宙斯再换一个），而"无为"思想开始流行的时候，世界已经变成"君本主义"了。

于是，既然事事都要以国君为本，"无为"就变了味道：只有广大青蛙一同变傻，国王的政权才能稳定，国王才能高高在上地轻松享福。所以，不要想当然地认为"无为之治"之下的老百姓有着充分的自由发展空间——统治者只有"省心"才能"无为"，而"省心"的前提是：老百姓必须被驯化成老实听话的乖孩子。正是在这层意义上，《淮南子》才借姜太公之口向帝王传授着愚民的不二法门。（虽然《老子》文本中的"愚"字未必是一个贬义词。）

"蒙住老百姓的眼睛，堵住老百姓的耳朵"，这看上去并不像一件很容易的事。的确，如果还是在春秋战国时代，这个办法根本是行不通的，因为老百姓在很大程度上可以自由流动，知识分子如果在卫国触犯了忌讳可以一拍屁股就跑到秦国去，人们的眼睛总能看到外面的世界，耳朵总能听到外面的声音，每个国家都在努力去使"近者悦，远者来"，他们所散布的信息虽然有可能是虚假的，或者在传播过程中被一次次以讹传讹，但听众们却有可能从种种不同的声音渠道中对各类矛盾的信息做出自己的判断和辨别。所以，姜太公的坏点子只有在大一统的集权时代才真正可行，令《淮南子》的编纂人员兴奋的是，初生的汉朝已经接近这个标准了。

单纯从技术角度来说，姜太公主义的具体应用即便在现代的发达社会当中都有着极其成功的例子，我们设想一下：如何在现代社会维系一个小国寡民式的团体，使这个团体完全免于外部触手可及的繁华诱惑？

如果我们取一个严谨的例子，可以看看当代美国的"严紧派"，这是一个基督教门诺派中的小教派，对这个鲜活样本的考察有助于我们对古老历史的思考。

严紧派的生活看上去是与现代社会格格不入的，他们不但没有汽车，就连抽水马桶也没有，甚至根本就不用电。他们中的男人多是农民，使用的农具还是二百年前的样式，女人刚过二十岁就会出嫁，婚后便一直过着地道的家庭主妇的日子。

在1900年，严紧派的成员总数大约有五千，九十年之后，这个数字便超过了十万，其成员在美国的二十个州和加拿大都有分布。这可真让人百思不得其解，要知道，这些人既不是生活在古代，也不是原始土著，到底是什么力量促成了这样一个结果？

像梭罗那样的家伙也许会去投奔严紧派的，如果现代梭罗足够多的话，确实可以迅速扩充大部队，但问题是，严紧派顾名思义，是个非常"严紧"的教派，并不吸收外来人员。所以，他们的人数扩张便意味着：在严紧派传统中成长起来的绝大多数年轻人在成年之后并没有投奔外面的世界，而是甘愿在小圈子里维持以往的生活。

研究者发现，这样的结果得益于严紧派内部严密的控制手段，与"外人"交往是被严厉禁止的，相应的教育工作是从小孩子抓起的。——考虑到他们既没有电也没有汽车的生活，不接触外界显然并不像我们一般人想象的那样困难。

在严紧派的封闭社会里，首先是宗教力量在一个至高无上的位置上影响着人们的心理和行为，深厚的传统习俗则很容易对违规者施以重压，如果群体内部当真出了个罗密欧式的人物，他会在全体教徒达成一致意见之后被牧师处以一种类似于隔离的处罚——我们可以想一想霍桑的《红字》。事实上，他们是很少动用隔离手段的，单是违规者个人的"良心谴责"和这个封闭社会的闲言碎语就足以让他悔过自新了。

与这些负面制约相比，正面制约的意义显然更为重要：那些遵循严紧派传统的人在他们的小社会里会得到超乎一般的关爱与友谊。[07]

严紧派的存在给了我们一个极端的成功案例：即便在现代的发达国家里，靠着一些高明的管理技术依然可以维系一个封闭的小社会。严紧派的管理技术和姜太公主义异曲同工的是：首先需要"用鬼神使他们敬畏天命"，然后才是蒙眼睛、堵耳朵，断绝和外界社会的接触。我们转而思考中国的古代社会，大多数时间里确实也是这么做的，而更加值得我们思考的是：在这个问题上，儒家和黄老一派的意见并不存在本质的分歧，儒家（不论有意还是无意）甚至表现得更加激烈。

"用鬼神使他们敬畏天命"其实包含了两个问题：一是给社会设置一整套唯一的真神系统，二是给社会设置一整套唯一的价值观，这两点实际上是一枚硬币的两面，是相辅相成的。所以，"罢黜百家，独尊儒术"的政治意义和秦始皇的焚书坑儒并没有什么两样，只是手段更加高明罢了，都是以一种唯一正确的声音压制所有其他的声音，而事实上，这种声音之所以是唯一正确的，仅仅因为它是官方的。至于蒙眼睛和堵耳朵，在一个集权国家并不是一件难事，想想孟子一直以"正人心，息邪说，距诐行，放淫辞"为己任，一生都在不断地攻击杨派和墨派，可他哪里想到，真有一天这所有的"邪说"和"淫辞"都被打压下去了，社会却没有变成他设想的那个样子。况且，孟子是在"百家争鸣"的自由环境下才能扯开嗓门"息邪说"云云的，他如果也赶上统一思想的时候，焉知道自己的主张就不会被打成"邪说"呢？

这是很有可能的事啊，设想一下，如果孔子和孟子生活在儒学一统的汉朝或者宋朝，会落个什么下场呢？——陈天华在《警世钟》里讲过一件趣事："日本国从前信奉儒教，有一个道学先生门徒很多，一日有个门徒问先生道：'我们最尊敬孔子，倘若孔子现在没死，中国把他作为大将，征讨我国，我们怎么做法呢？'先生答道：'孔子是主张爱国的，我们若降了孔子，便是孔子的罪人了。只有齐心死拒，把孔子擒来，这方算得行了孔子的道。'"（却不知这位先生学的是哪个版本的孔子？）

严紧派的"正面制约"能给我们很大的启发："无为之治"的最高境界是老百姓真心相信被灌输的价值观念，进而出于主动来维护社会秩序，极端的例子是：养鸡场里的鸡会真心认为多下蛋是自己应尽的义务，鸡群当中也把多下蛋当作一种值得为之奋斗的荣誉，尽管这些鸡蛋是要被主人拿去卖钱的。另外，当一只鸡已经无力下蛋之后，它会自觉地走上砧板，为的是不给主人增加负担，嗯，这是一只鸡一生中最后的荣誉了——如果剥夺低收入者作为纳税人的荣誉是一种可耻行为的话，那么，剥夺一只鸡主动走上砧板的权利/荣誉简直就令人发指了。

严紧派的生活显然不能和养鸡场做简单类比，但集权国家的政治运作却和养鸡场的管理如出一辙。鸡从自我牺牲中体验到荣誉的快感，主人则从鸡的自我牺牲中得到了实利。我们疑惑地看到，春秋战国以至秦汉，人们一些根本的价值观为什么发生了如此重大的变化（比如新一代的伍子胥就不再是值得同情的英雄，而成为千夫所指的汉奸）？这是因为儒家思想或者黄老思想占了主流么？是什么思想在如此强烈地影响着人们的观念？也许关键不在于具体的某个思想流派，而在于社会结构的巨大变迁。

抛开所有的思想流派不谈，仅仅是大一统帝国的成立就注定会发生那些个变化——我们可以看看波普诺的《社会学》这部权威教科书对集权主义的定义：

集权主义国家创造了一种官方的意识形态、一个整体的世界观和一套行为规则。敌对的世界观受到压制，宗教团体受到迫害，艺术家和知识分子的作品受到严格审查。由于看不到集权主义的缺陷而形成了盲目的爱国主义，使民族主义（即认为本民族的利益和安全更重要）通常成为这种政府形式的重要方面。

传统的政府组织不足以确保集权控制。一个有效的集权主义国家必须建立特殊的控制机制。其中一种机制就是官方政党，它成为多数政治活动的中心场所。政党训练、挑选并合法化那些政治统治精英。绝不允许组织任何其他政党，成立政党的企图被谴责为背叛。在希特勒统治时期的德国，民族社会党（纳粹党）是唯一政党，也是合法的政治表达的唯一渠道。

在前苏联体制下，选举活动按常规举行，但不允许选民选择提倡不同政策的其他党派候选人。㉘

这番话对我们回顾历史来说一点儿也不显得"太现代了"。波普诺认为，集权主义的社会里，政府对社会进行着方方面面的控制，这种控制需要现代的技术手段才能做到，所以，尽管古代罗马帝国的许多皇帝都试图进行集权主义的统治，但真正高水平的集权主义直到二十世纪方才出现。——如果波普诺对中国历史足够了解的话，或许会承认高水平的集权管理在中国早已有之。

长沙走马楼吴简的出土更正了我们对中国历史上"国权不下县"的看法，政府不仅势力巨大，而且简直就是无孔不入的，㉙要让全国人民都能做到服从命令听指挥，或许愚民政策还真是个行之有效的办法。

不过，应该承认的是，即便统治者不去刻意地愚民，老百姓的大脑在任何时代也没法和精英分子相比，尤其在人多势众的时候，愚昧更会被无限放大。这种现象曾经引起心理学家们的极度好奇，在"二战"过后，他们通过实验的手段试图搞个明白：二十世纪的德国人，普遍受教育水平并不算低，其中更有不少的高级知识分子，可大家这是怎么了，怎么会那么疯狂地迷上了纳粹呢，怎么会亲手干下那么多令人发指的残暴行为呢？

精英分子普遍具有瞧不起大众的倾向，似乎在历史上的每个时代都是如此，所以，改革家往往是一意孤行的。苏轼曾经让他笔下的人物发出这样一个老生常谈式的感慨："民可与乐成，难与虑始"，意思是：老百姓啊，等你把事情搞成功了，他们能跟你一起享受改革成果，可你如果在改革之初想要和他

们一起谋划，想要征得他们的同意，那可是门儿都没有！（苏轼《书传》）

但是，在苏轼的笔下，持这种意见的人是以反面教员的形象出现的，其背景就是商朝"盘庚迁殷"的时候。苏轼为《尚书》做注释，注到《盘庚篇》的时候，很是发了一通感慨。

盘庚是商朝的一位著名国君，当时他有迁都的打算，他特有的高瞻远瞩使他比其他人更清楚地看到了迁都的必要性：如果迁都，对大家都好，如果不迁，日子就会越来越难。那么，迁，还是不迁？

历史上的一般情况是：只要现在生活的地方不是人间地狱，绝大多数人都会选择维持现状——想想那些冒着生命危险的偷渡者吧。现代的心理学研究让我们充分认识到人的维持现状的心理强烈到超乎大多数人的想象，专家们给出的解释是：这是出自一种自我保护的心理根源，变化总要意味着行动，而行动的后果往往是不可预知的，所以选择行动也就意味着可能会后悔和自责，人们为了避免承担责任，通常都会选择维持现状，并会为此寻找借口。在我们这个商业社会，身边随处可见这样的例子：每一种具有革新意义的产品问世时，我们都会看到产品设计的这种倾向，比如第一代电子书，外形上就很像传统的纸质书。而在我们古老的《尚书》故事当中，没学过现代心理学的盘庚该怎么去解决这个亘古难题呢？⑩

苏轼说："不仁者"的解决办法才是"民可与乐成，难与虑始"，这种人搞政治，大家全都摸不着头脑，但盘庚是个好领导，不会这么做的，他并没有强迫大家服从自己的迁都决定，更没有把大家的眼睛和耳朵一起蒙上，挥着鞭子就往预定方向赶路。盘庚不是的，他对大家开诚布公，仔细讲清楚迁都和不迁都之间的利害关系，他虽然没有和大家一起谋划，毕竟最后是靠"说"达到了原先的目的。（苏轼《书传》）

苏轼这番话很可能是有感而发的，矛头针对当时的王安石变法：盘庚的开诚布公显示出一位仁君的泱泱风范，而像王安石那种愚民的搞法，结果如何暂且不说，单是这手段就不符合"仁者"的标准。

上古那些真真假假的圣王一直都被后世知识分子拿来给自己扯大旗用，但这些大旗两千年来都没能在现实的政治生活中起到多大的作用，其中的根本原因正是苏轼在此时忽略掉的一个问题：盘庚他们那时候还是部族社会呢，连封建社会都还没到，所以，盘庚（其他如尧舜禹他们也是一样）充其量只是一个酋长，根本就没有专制时代的皇帝那种予取予夺的生杀大权——我们可以从近现代很多土著部落社会的情况来想象古老的商代社会，比如非洲中部具有相当规模的努尔人，做酋长的虽然拥有神圣的地位，却经常得做一些赔本儿的买卖，绝大多数时候他只能通过说服而非强制来使部落成员接受自己的意见——从各方面综合来看，酋长们确实当得起"人民公仆"这个光荣称号。⑪

直到封建社会的周代，领袖们的权力还是受到同胞们的很大制约的，同胞们都是国家的股东，废黜一个倒行逆施的领导人并不像专制时代那样被认为是大逆不道的。正是这种社会结构的不同，使苏轼他们对尧舜禹汤文武等人政治风格的呼唤永远徒劳无功。——我们再来体会一下《淮南子》里姜太公的那一番话，分明可以看出这种区别：在封建社会之前，大家的利益都是绑在一起的，而在专制时代以后，皇帝为了永保江山，既要在一定程度上满足老百姓的利益，又必须以"恰当的"手段来损害老百姓的利益。

当然，这种损害老百姓利益的手段只能是秘而不宣的，在一切公开的场合和所有铺天盖地的宣传里，皇帝经常被塑造成一个无私的奉献者的形象，他总是在殚精竭虑地忧国忧民，深切关怀着万民的福祉。——很少有人认真思考这里边的逻辑矛盾，比如，同是儒家知识分子却是政治上的大对头的王安石和司马光，他们都清楚这样一个放之四海而皆准的真理："人是贱虫，不打不中"，所以都主张靠明确的赏罚来治理国家，在这一点上他们和商鞅表现得并无二致——司马光明确表示，搞好政治只有三大原则：用对人，功必赏，过必罚⑫，好像从中看不出有什么"德"的因素哦，那么，天下就只有一个人不是"贱虫"，这个人就是皇帝。

如此一来，这分明又是一种"君臣异道"的体现，看来，只要社会结构进入了专制时代，无论是哪种思想占了上风，都得首先认可皇帝的这种特殊地位。于是，"用鬼神使他们敬畏天命，用繁文缛礼使他们丧失自然天性"，这样的愚民政策就更显得是必须的，复杂的等级仪式把皇帝推到了近乎神的位置上，让全国人民顶礼膜拜。

只要存在专制的地方，就存在着全国性的造神运动和说谎运动——在古代，这主要是靠独尊官学来体现；在近代，这主要是靠发达的传媒技术来体现，后者正所谓"西餐叉子吃人肉"是也。马克思对这一潮流的洞见既适用于近代资本主义，也同样适用于古代专制王朝："按照马克思的观点，新闻工作者本身属于无产阶级成员，但是他们像官吏、教师、牧师一样，通过把他们从游业无产者较低阶层的社会地位提升出来，允许他们进入统治阶级的上流圈子以便在上层建筑中获得补偿，他们在维护现政权中成了资产阶级的同盟军，其最重要的职能便是欺骗人民，使人民不能认识到自身异化的状况。"⑬

　　皇帝哪怕只做了一件屁大的好事，也必须动用全国的宣传力量来大张旗鼓地渲染一番。史书里常有这样的场面：皇帝只是抽了一小会儿工夫摆摆样子，上上下下一班人马就得跟着折腾好几个月，对了，别忘了前期还得准备好几个月和后期收拾好几个月。当然，皇帝的小小辛苦通常都不会白费，老百姓再一次由衷感受到皇恩浩荡，遥向金銮殿磕头谢恩。——时至近代仍有此风，幸好是在外国：钱单士厘女士（钱恂之妻，钱玄同的大嫂，娘家姓单）旅经俄国，慨叹那里的仁政，说水灾、旱灾的时候发粮食救济灾民这本是政府的分内之事，可在俄国这却成了朝廷对老百姓的恩惠，让听者感觉俄国老百姓遭灾受难才是天经地义的，一旦衣食有点儿着落，那便是国政仁厚——所以俄国算不上是文明国家呀！⑭

　　观察外人的眼光总难免掉进"乌鸦站在猪身上"的窠臼，我们不妨参照一下黑格尔耳闻当中几乎是同时代的中国的样子——对于这同一个问题，钱单士厘的着眼点在政府那里，而黑格尔的则是在老百姓身上："皇帝对于人民说话，始终带有尊严和慈父般的仁爱和温柔，可是人民却把自己看作是最卑贱的，自信生下来是专给皇帝拉车的。逼他们掉进水深火热中去的生活的担子，他们看作是不可避免的命运，就是卖身为奴，吃口奴隶的苦饭，他们也不以为可怕。因为复仇而作的自杀，以及婴孩的遗弃，乃是普通的、甚至每天的常事，这就表示中国人把个人自己和人类一般都看得是怎样轻微。"⑮

　　钱单士厘和黑格尔各自所说的无非是一件事情的两面，这"两面"之间互相影响是毋庸置疑的，但是，究其原委，哪一面才更加本质呢？或者说，这"两面"之间有没有因果关系，如果有，谁是因，谁是果？

　　钱单士厘这次旅行既看到了俄国的"仁政"，也看到了俄国的愚民——这可是一次难得的对"异于文明国"的专制政权愚民手段的近距离观察，内容可比秦汉魏晋的史料清晰多了：火车在阿臣斯克停下了，下车去找吃的，发现吃的东西还真不少，车场中间有卖书的，可全是宗教书，奇怪的是，居然没有报纸卖，大概因为俄国教育不普及，识字的人太少，加之政府报禁太严，既不许刊载开启民智的文章，也不许刊载外交内容，还有种种数不清的禁区，这就造成写文章的人处处需要顾忌，简直无从下笔，而读者也觉得文章乏味不值一看，所以报业在俄国是断然不会发达的——钱单士厘最后归结了一句："此政府所便，而非社会之利也。"⑯

这句话正可以做姜太公愚民主张的注解，交代清楚了一个大前提：政府利益和社会利益是两回事，统治者经常混淆这两个概念，强调一个"我们"或"咱们"而使大家发生错觉，比如乾隆皇帝在搞文字狱的时候在上谕里说："夫谤及朕躬犹可，谤及本朝则叛逆耳"⑰，玩的就是这个手段。——其实钱夫人对俄国的议论还真刻薄了些，就在她的《癸卯旅行记》的另外一处，写托尔斯泰的小说被俄国政府严厉查禁，又说俄政府对托尔斯泰极其残酷，不但"剥其公权"，还把他"摈于教外"，但最终还是碍于托尔斯泰是位国际名人，又只是在纸上散布邪说，却从未亲自做过任何一件，于是，政府虽然恨之入骨，却也终究不敢杀他。⑱——这些内容也是钱夫人亲手所记，托尔斯泰以一代文宗之身份，著作遭受查禁，人身安全却能保全，这难道还不够说明俄国的"文明"么，这要是换在康乾盛世，早就被抄家灭族了。

钱夫人所处的时代，正是中国千年未见之变局，所以用不了多少时候，她在俄罗斯冷眼旁观的托尔斯泰的遭遇便一般无二地降临到她一位同胞的头上——民国十八年（1929年）是战事频仍的一年，罗隆基却把目光特别关注在"一件小事"之上："我预料后人在民国十八年的历史上，除了俄人侵入满洲这奇辱极耻外，定还可以寻得这样一段故事：十八年时有胡适其人，做了《知难，行亦不易》，《人权与约法》一类的文章，批评党义，触犯党讳，被党员认为侮辱总理，大逆不道，有反革命罪……"这个逻辑能够成立吗？罗隆基搬出了孙中山："孙中山先生是拥护言论自由的。压迫言论自由的人，是不明了党义，是违背总理的教训。倘使违背总理教训的人是反动或反革命，那么，压迫言论自由的人，或者是反动或反革命。"这些话不是杜撰的，在党义上确有证据。清光绪三十年（1904），孙先生曾做过《中国问题真解决》一篇文章（见中山书局出版的《中山全书》第四卷）。这篇文章中，孙先生把清廷的罪孽宣布于世界。他举出清廷罪状十条，内有这两项：

"第二条抑遏吾人智识之发展"

"第六条禁止言论自由……"⑲

这些事情越是玩味，越是觉得含义无穷："抑遏吾人智识之发展"和"禁止言论自由"竟然贯穿了专制时代之始终，《淮南子》所描述的姜太公主义虽然已经换过数不清的马甲，可真实面目却历两千年而不变，这总该让人吃上一惊吧？谁是始作俑者？是黄老一派还是董派儒家呢，或者是其他的什么人和什么原因？

我们把姜太公的愚民主张对照一下董仲舒的"天人感应"，咦，很奇怪哦，这两者之间竟似没有什么本质上的区别，只不过董仲舒说得含蓄一些，姜太公的话却是赤裸裸的。这倒真是让人生疑：董仲舒到底是哪一派的，《淮南子》到底又是哪一派的？

换一个思路，看看贝格尔这句描述："例如在中国，甚至极富理性的、实际起着世俗化作用的'道'（指事物的'正常秩序'或'正确道路'）的概念的非神话化形式，也认可了把制度结构视为宇宙秩序反映的延续下来的概念。"⑳你能说出贝格尔这里说的"道"是儒家的"道"呢，还是道家的"道"，是董仲舒的"道"呢，还是《老子》的"道"？

——动动脑筋，先看一副对联：

上联是：无始无终先作形声真主宰；

下联是：宣仁宣义聿昭拯济大权衡；

横批：万有真元。

这副对联应该是挂在哪儿的呢？乍看之下，挂在道观里比较合适，太上老君的塑像前边来这么一个，应该合适；可转念想想，又是仁，又是义，应该挂在孔庙才对吧？——开拓思维：挂在佛寺里难道就不可以吗？

事实上，这副对联是康熙皇帝赐给在北京的传教士的，被刻在天主教堂里。——伏尔泰在《风俗论》里以这副对联为例，驳斥一些西方人认为中国是个无神论国家的"轻率举动"，原编者注给出了这副对联的出处，其记载见于霍尔德的《旅华实录》。

很多思想都是这样，一旦流行开来，就会枝繁叶茂，四下蔓延，虽然名目还是原先的名目，可距离发源地却渐行渐远了，正如无神论的佛教最后变成了鬼神的世界，强烈抵制偶像崇拜的基督教最后也到处是对基督的膜拜，这几年祭孔争议不断，这么多人争来辩去，可其中能有几个是真正学习过孔子的"教义"的，有几个是真正了解过"儒家传统"的？正如孔子和荀子的先见之明：祭祀的仪式才是重要的，内容只是幌子。是呀，在这类问题上，形式永远大于内容，这是个不争的事实。相对于内容，人们真正需要的似乎只是图腾，只是仪式，是越来越精美的图腾，是越来越雕琢的仪式，这是从原始部落时代就表现出来的人的本性，迄今不变。百年前，法国的东方学会邀请郭嵩焘写个论文，有个题目很有趣："老子的学问和今天的道士截然不同，可道士们为什么尊老子为祖师爷呢？"（郭嵩焘《使西纪程》）——只要仔细观察一下，我们会发现同类的问题在历史上随处可见。

这一怀疑，我们就该想想汉武帝了，他老人家"罢黜百家，独尊儒术"，当真把"百家"都"罢黜"了么？他所"独尊"的当真是"儒术"么？表现在汉武帝和窦太后之间的儒学与黄老之争当真像看上去那样胜负分明么？——好像很可疑哎！

（十）

于吉之死的三个版本——小说是如何做到"比历史更真实"的

我们先来就法国东方学会的问题看看道家的动静。

如果不提"道家"，只说"道教"，那么，形成于两汉之际的《太平清领书》应该是他们最早期的经典之一。《太平清领书》，看这个书名我们就能模糊猜出它的年代——想想前文讲过的汉代纬书，《易纬乾凿度》《尚书璇机钤》《河图括地象》《春秋命历叙》，感觉很像是吧? 好在《太平清领书》还有一个简明的别名:《太平经》。

《太平经》的内容可比《老子》丰富多了，而且论事极为具体，这倒是便于理解了，可书中内容，如果抽掉那些过于玄玄虚虚的东西，再抽掉个别反对一言堂的议论，和董仲舒的《春秋繁露》也没有多大的区别。《太平经》和《春秋繁露》一样，大讲祥瑞和灾异，通篇的阴阳五行，还讲人分几等（神仙也分几等），大家都要各安其分，不过也可以通过个人努力而迈上社会等级的一个台阶。两书之间的另一个重要共同点就是都善于把基础理论发挥成繁复的技术——比如董仲舒的求雨仪式，这可不是随便什么人到龙王庙上上供那么简单，非得受过专业训练的人才做得了。种种对"高深"理论的实用化和技术化常常会令我们现代人瞠目结舌，比如《太平经》阐发《易经》的哲理，说阳爻和阴爻一奇一偶，所以阴阳配对就得是一个男人配两个女人，这才是符合自然法则的，大家如果都这么做了，"太皇天上平气"就会受到人类行为的感应而降落下来，人间就是太平盛世，反之，如果世间实行的是一夫一妻或者一夫

多妻（两个以上），老天爷就会生气，后果很严重。㉑

以我们现代人的眼光来看，"一男二女法"和"天人感应"都是一种货色，其间的区别只是技术层面的，而整体来看，这道教理论和儒家学说竟没有什么不同？！但汉朝人却不这么看，结果汉顺帝的时候，有官员奏称《太平经》"妖妄不经"，皇帝也就把这书"收藏之"了。

——此事见于《后汉书·郎颢襄楷列传》，其中还提到了《太平经》神奇的来历，说汉顺帝的时候，琅琊人宫崇到朝廷献书，说这书是他的老师于吉在曲阳泉水上所得的神书。这书的外表看上去确实够神的，"皆缥白素朱介青首朱目"，反正就是说装帧极其精美，怎么看怎么都像是仙界的东西，这就是《太平清领书》——看来汉朝人就已经重视起书籍装帧了。

这位获得神书的于吉可不是个普通人，而他的一段经历正好又能说明儒、道、法这些学派在专制体制内的一致性，我们就来详细看看好了。

《后汉书》李贤注引《江表传》说琅琊道士于吉跑到南方去了，烧香读道书，还以符水给人治病。江南这时候正是孙策的地盘，孙策有一回在郡城楼上宴请宾客，这位于吉身穿盛服不期而至。于吉这一来，立时引发了全场的大地震，正在吃吃喝喝的宾客们有一大半马上放下了碗筷，下楼去拜见于吉，管宴会的人怎么呵斥都没一点儿作用。

孙策可不干了：这江东是我的地盘哎，这些宾客都是我的人哎，有不少都是我手下的将军，怎么于吉这小子倒成了老大了！

孙策立即下令，把于吉收押，准备处斩！

于吉可能还不明白呢：我犯什么法了？

孙策手下的小弟们当然要救于吉，这些人还真有主意，自己不出面，让家中女眷去求孙策的母亲，搞起了夫人外交。老太太这一了解情况，也觉得儿子过分，对孙策说："于先生助军作福，医护将士，对我们有这么大的帮助，怎么反倒要杀了人家呢！"

孙策这回可没听劝，说出了一番道理："当初南阳张津为交州刺史，抛弃了圣人的教诲，废除了汉家的法律，常常奇装异服，读些邪俗道书，说是这些书有助化之功。可结果呢，张刺史却被蛮夷所杀。于吉这些人搞的东西绝对没什么好处，只是大家现在还被蒙在鼓里罢了。"

于吉算是没救了。孙策出刀之快，简直能赛过李寻欢："即催斩之，悬首于市。"⑫

"即催斩之，悬首于市"——这八个字是意味深长的，孙策杀于吉刻不容缓，随即挂出于吉的人头，警示众人。

这件事乍一看还真让人看不太懂，按说《太平经》和《春秋繁露》能有多大的不同呢？董仲舒主义和于吉主义又能有多大的不同呢？为什么这两者的命运遭际却有云泥之别呢？

按照孙策的说法，促成他这个毅然决然的举动的是这样一个逻辑：于吉"抛弃了圣人的教诲"，搞的是一些"邪俗"。——乍听之下，孙策确实言之成理，想想西方历史上的教派之争，各自都坚持自己所持的是宇宙之间的唯一真理，而对方的"邪俗"必须予以铲除。可是问题是，这正是东西方的一个极大差异所在：中国历史上对"教义"的信仰经常是一团糨糊，如果从"儒教"⑬的意义来看儒家，信奉儒教的人在祭祀祖先和祭祀古圣先贤之余并不介意烧个香、拜个佛什么的，民间就更没的说了，关公居然成了财神，大户人家办道场的时候也往往是和尚、道士一起请，整天念经拜佛的人不一定就对佛教教义真有多少了解，黄鼠狼大仙可以和太上老君一起享受供品……法国汉学家谢和耐在谈到宋朝士大夫的排佛态度的时候，很到位地说过中国的这种信仰特色："士大夫们的这种排佛态度，在大多数场合下只涉及个人信仰问题。事实上，官方祭祀偶尔亦有向佛教神灵祷求保护的。如果这在我们西方人看来有点匪夷所思，那唯不过是因为西方在宗教领域划分了门户森严的教派，各有各的教理和信条罢了。然而在中国，教义的分野从来就无关宏旨。唯一的区别只在于各种宗教在社会中的不同地位，即看它是官方的还是家庭的祭祀，或者地方的、地区的、村落的祭祀，要不就是行业神的崇拜。而在所有这些情境中，教义都居于次要的地位。"⑭

这样看来，问题的答案就有可能在马克斯·韦伯那里："……一般也没有由于纯粹的宗教观点招致的迫害，除非巫术的原因（类似希腊的宗教裁判）或政治的观点要求这种迫害。不过，政治观点总是要求相当残酷的迫害。"⑮

——孙策杀于吉的理由不再那么冠冕堂皇了，事实上，于吉的"教义"就算再"邪俗"一万倍，也不干孙策什么事，可是，不管有意还是无意，于吉挑战了孙策的政治权威，这却是绝对不能容忍的。设想另外一种情况，盛装出席宴会的不是于吉，而是董仲舒，甚至是孔子或者孟子，结果会如何呢? 这些人不仅没有"抛弃圣人的教诲"，甚至自己就是如假包换的圣人，孙策难道就会换一副毕恭毕敬的面孔，和他手下那些小弟一起下楼拜见么? 呵呵……

　　说到这节，有人可能会不以为然："从孙策母亲的话来看，于吉当时肯定净搞一些神神鬼鬼的东西，儒家说到底毕竟是搞政治学问的，这两者之间有着本质的不同，所以说，如果真是孔子、孟子、董仲舒参加宴会，肯定不会落得于吉那样的下场。"

　　——孔孟暂且不论，董仲舒搞的那套和于吉还真没有本质区别，如果说有区别的话，那可能就是: 于吉会给具体的某个人治病，而董仲舒的法术玩得则比较大，但是，更加现实的区别，也就是导致了两人实际命运截然不同的缘由，却是因为董仲舒直接打进政治最高层，获得了官学身份之后，再以官学最高代言人的身份搞一些自上而下的东西，而于吉却是从中下层入手的——稍有常识的人都知道这叫作死，这和"教义"根本就没有关系。

　　一个值得参考的例子是: 汉武帝时代，天下有两大学术中心: 北方是河间王刘德，南方是淮南王刘安。淮南王刘安前文已经介绍过一些，他网罗了数千名知识分子，编纂出了一部卷帙浩繁的《淮南子》，另外，汉朝的文学体裁以赋出名，汉赋是和唐诗、宋词、元曲、明清小说并称的独步一个时代的文学，而汉赋的高手大多集中在淮南王那边。按现在的话说，淮南集团就是当时最大的原创作品出版集团，余秋雨、易中天、韩寒、郭敬明这些老少英雄全被淮南王以非常优厚的待遇礼聘了去，当然，像好熊熊逸这样的无名鼠辈也能混进去蹭两顿饭吃。北方的河间王刘德集团虽然缺少当红作家，原创性也不太强，但它相当于现在的中华书局，专门整理古籍善本——当时正值秦始皇焚书之后，刘德以重金向民间求访先贤书册，为延续和弘扬传统文化立了大功。所以，河间王集团虽然没什么当红作家，却聚集了一批整理文献的专人和抄书匠，而且偏重于儒家经学——私心想想: 我要是到了汉朝，既可以在淮南王那边发表小说，也可以在河间王这边整理古籍，看来饭碗还是能有着落的。

　　汉武帝时期确实文化繁荣，南有文学出版集团，北有中华书局，两大学术中心闻名遐迩。汉武帝是要弘扬儒学的，按说和黄老一派的淮南王该会有些隔阁，但对河间王应该非常亲近才是，而河间王为人也很憨厚，别看那么大一个王爷，从来不会为非作歹、仗势欺人，只是专心整理学问，真有长者之风啊。最重要的是，河间王刘德"好儒学，被服造次必于儒者，山东诸儒多从之游"，在喜好儒学这一点上分明就是汉武帝的同道。

但是，政治舞台上的逻辑往往不一样的。汉人杜业告诉了我们河间王的离奇结局：河间王精通经学，道德高尚，天下的英才与儒生都归附于他。汉武帝的时候，河间王进首都朝见，言谈举止很有仁义之风。汉武帝向他请教国事，河间王说得头头是道。——汉武帝应该高兴才对吧？不是，他反倒恼火起来，向河间王发了一句狠话："汤以七十里，文王百里，王其勉之。"

"汤以七十里，文王百里"，这是儒家的一句经典台词，我在《孟子他说》里没少介绍，大意是说：商汤王当初只有方圆七十里的地盘，可他大行仁政，结果夺取了夏朝的天下；周文王当初也只有方圆百里的地盘，可他大行仁政，结果夺取了商朝的天下。儒家这番道理本来是阐释"仁者无敌"的，劝国君们多行仁政，只有施行仁政才有望称王天下，瞧，商汤王和周文王就靠着那么可怜的一点儿家底，不也成就大事了么！

可如今这话从汉武帝嘴里说出来，味道就不一样了，最后那句"王其勉之"，是告诉河间王：你老兄可要"仁者无敌"了哎，商汤王和周文王都是你的好榜样，你就再接再厉吧！

不知道河间王听完这话是个什么表情，想来是出了一身冷汗。杜业说："河间王听出了汉武帝的意思，回到封国之后，再也不搞儒学和古籍整理了，成天喝酒、听音乐，就这么度过了后半生。[126]"

看，河间王刘德，多老实本分的一个人，踏踏实实做学问，没有任何宗教和巫术色彩，结局虽然比于吉幸运一些，可事情的本质却和于吉之死没什么两样。于吉参加了孙策的宴会，河间王也等于是参加了汉武帝的宴会，是呀，有什么不同呢？

"汤以七十里，文王百里"，这句儒家的经典台词在现实的政治生活中从没派上想象中的用场，可被人拿来害人却不是一次。——据说当年荀子游荡到楚国的时候，楚国正值著名的"战国四公子"之一的春申君掌握大权。春申君倒还看重荀子，派给他一个兰陵令的官职。兰陵虽然地方不大，但在这里做官也算个不错的差使，可儒家贤者们在他们所生活的时代总是摆脱不了霉运，荀子做官没多久，就得罪小人了。

小人向春申君说荀子的坏话，这坏话说得极有水平："头儿，我给您提个醒，您可一定得小心荀子！"

春申君一愣："荀子这人不错啊，挺踏实啊，是位真正的贤者！"

小人说："您说得不错，荀子确实是位真正的贤者，可是，正是因为这一点，我才劝您多加小心。"

春申君被说糊涂了："你这都是哪儿挨哪儿啊？"

小人说："您好好想想，商汤王靠着七十里的地盘就能称王，周文王靠着百里的地盘就能一统天下，荀子可是位大贤者啊，不在商汤王和周文王之下，他要有了兰陵这片小地盘，难保不会从此起家，最后也来个一统天下。真到那时候，咱们楚国可就要完蛋了啊！"

春申君一听，立时就出了一头冷汗："不错，是这个理啊！"怎么办？春申君赶紧炒了荀子的鱿鱼。㊵

时隔百年，河间王刘德再次因为这句"汤以七十里，文王百里"遭了殃，不少人都是少年为纨绔子弟，成年后变得老成持重，刘德正好相反，前半辈子老成持重，后半辈子却被迫变成纨绔子弟了。

两大学术中心这么容易地就倒了一个，另一个也不会有美满收场。淮南王刘安意图造反，结果阴谋败露，畏罪自杀，从此之后，天下的学术中心便只有一个了。

从事情的结局来看，淮南王的谋反着实可疑。说来也巧，淮南王死后，墙倒众人推，"春秋大义"正是推墙众人的一个重要武器。——这事得从火灾说起。

汉武帝建元六年六月丁酉，辽东高庙发生火灾，四月壬子，高园便殿又起火了。火灾在古人的眼里颇为神秘，这也难怪，有些火灾可能是乱丢烟头之类的行为造成的，开始的时候没人觉察，火势一起更显得突如其来，还有些火灾是雷电造成的，就更像是老天爷的惩罚。直到明清，火灾依然影响着人心。我曾在《明实录》里见过一些十分离奇的火灾记录，像天上飞火球这类事，很难说不是灵异事件呀。

对于火灾的原理，整个儿汉朝恐怕也没有人比董仲舒更明白了。所以，对辽东高庙和高园便殿这两起火灾，董仲舒自信满满地对汉武帝长篇大论地解释道："《春秋》之道，是从以前的事来推知未来，所以说，当咱们现实生活发生什么事情的时候，应该到《春秋》里边查查有没有同类事情曾经发生过，仔细体会一下其中道理，这样一来，天地之变，国家之事，什么事都能一清二楚。就说这个火灾吧，翻翻《春秋》，鲁定公和鲁哀公的时候，权臣季氏的邪恶势力已经成熟，孔子的圣德也正在最耀眼的时候，这正是以圣德铲除邪恶的最好时机。别看国君势力薄弱，可笑到最后的一定是国君。于是，鲁定公二年五月，两观发生了火灾。两观僭越礼制，老天爷降火去烧，这是在说：僭越礼制的臣子可以被除掉啦，你们大家快动手吧！这是天意啊，可惜，鲁定公和老天爷之间有着语言障碍，良机就这么被错过了。

　　"到了鲁哀公三年五月，桓宫、釐宫发生火灾，老天爷还是那个意思：不义的显贵之臣该被铲除啦，大家快动手吧！可鲁哀公很迟钝，没反应过来。老天爷急了，在第二年的六月又在亳社放了把火。上述这几次火灾，老天爷都是以烧掉僭越礼制的东西来启示鲁国国君，叫他们除掉僭越之臣而任用圣人。

　　"这里有个问题，季氏乱政已经很久了，为什么老天爷不早点儿放火呢？答案是：以前鲁国还没有圣人显现呢，所以没有足够的力量来除掉季氏，鲁昭公的时候就是这样。可等到鲁定公和鲁哀公的时候，圣人已经出现了，除掉季氏的时机这才成熟了，所以老天爷也就以火灾来给大家发信号了。

　　"不到适当时机绝不出手，这就是天道的特点。看看今天，高庙不应当建在辽东，高园便殿不应当建在陵墓旁边，这都是违反礼制的，所以老天爷这才来放火。可是，辽东高庙和高园便殿都建了很长时间了，为什么老天爷早不放火，偏要等到现在才来放火呢？大概他老人家是认为时机到了。

　　"想当初，秦朝接了周朝的烂摊子，没治理好，我们汉朝又接了秦朝的烂摊子，也不好治理呀，现在皇亲国戚又这么多，无法无天的，正到了所谓积重难返的时候，实在让人担忧。老天爷在这个时候降下火灾，似乎是在提醒陛下：'该大刀阔斧地改革啦，先挑皇亲国戚当中那些刺儿头铲除之，不要留有情面，我怎么烧辽东高庙的，你就怎么下手除害。再看看朝中近臣，把其中的坏蛋除掉，就像我烧掉高园便殿那样。'如此，在外省而行为不端的，就算显贵如辽东高庙也毫不留情地烧掉，何况诸侯呢；在朝中的，就算显贵如高园便殿也大火焚之，何况近臣呢。这就是天意啊！外地有坏蛋，老天爷就在外地降灾；内部有坏蛋，老天爷就在内部降灾。灾情的大小和罪行是成正比的，我们要顺应老天爷的意思办事啊。"

在建元六年这两次火灾之前，淮南王刘安入朝，和汉武帝的舅舅武安侯田蚡说过些叛逆之言，其后，膠西于王、赵敬肃王、常山宪王屡屡犯法，甚至还杀人全家、毒杀部长级高官，接着，淮南王和衡山王就造反了，膠东王和江都王也都准备响应。直到元朔六年，这些家伙才都完蛋了，田蚡死得早，没赶上被正法。这个时候，汉武帝才想起董仲舒的那番话来，就派董仲舒的学生吕步舒持斧钺查办淮南王谋反一案。吕步舒不愧是董仲舒的学生，《春秋》学得好，依"春秋大义"在外独断专行，遇事并不奏请皇帝。事情办完之后，回朝交差，汉武帝对吕步舒的判决给予了全盘肯定。[123]——从《汉书·淮南衡山济北王传》来看，因为淮南王的谋反而连带受到惩处的有几千人之多啊——原文说这几千人"受诛"，也弄不清这里是不是说这几千人全被杀了。反正不论是全杀还是分别惩处，都够吕步舒忙活的。看看，学好《春秋》是能做大事的，洪七公那么高的武功，一辈子杀人也不过才三位数。

所以，元代马端临《文献通考》评董仲舒的"《春秋》决狱"，说汉武帝驭下以机心深重为明察，大法官张汤断案以残酷为忠诚，董仲舒以经术附会他们的意思。王弼、何晏以老庄的宗旨解释儒家经典，人们还都说他们的罪行比桀纣还大，更何况董仲舒以圣人的经典来粉饰刑狱，引导皇帝多多杀人，这罪过不比王弼、何晏他们要大得多么！[129]

——这就提出了一个重要的问题：到底是断案本着"春秋大义"，还是"春秋大义"装点断案的门面呢？

就在《汉书·淮南衡山济北王传》，给淮南王议罪的时候，膠西王也拿"春秋大义"来落井下石，说《春秋》有所谓"臣无将，将而诛"——这也就是前文讲过的"春秋大义"之"君亲无将"，是说臣下别说不能谋反，就算心里动了动谋反的念头，也是该杀的。刘端说："连动动谋反的念头都该杀，淮南王刘安这小子可不只是动了动念头吧？"[130]——这个议论在《盐铁论》的大辩论里还能够多看到一些端倪：论战的焦点是"君亲无将，将而必诛"与"桀犬吠尧，各为其主"，看来那时候专制统治尚且为时不久，"君亲无将"的观念还没有完全深入人心。[131]——后来可就不一样了，就连忽必烈这个蒙古老板在处置查无实据的反臣的时候，大臣们也全都抬出来"人臣无将，将而必诛"的"春秋大义"。⑫

《春秋》这部圣人书也能成为杀人利器啊。淮南王刘安的死因据不少人推测都跟"学术中心不两立"有关，再看看河间王刘德的下场，其间的逻辑和于吉之死有什么不同吗？

返回头来再看于吉，前文讲于吉之死，出处是《后汉书》李贤注引《江表传》，而《三国志》裴松之注也引述《江表传》来说明此事，字句稍有不同，⑬裴松之另外引了《志林》，却对《江表传》的说法提出了一些质疑，说孙策举张津的例子在时间上是有矛盾的。但对我们要讨论的问题来说，《志林》里边最重要的信息是对于吉死亡年龄的推测和对孙策此举的评价。

《志林》说当初于吉得到《太平清领书》，后来他的学生宫崇入朝进献，是在汉顺帝执政时期，从那时候算到孙策这会儿，已经过去了五六十年，于吉怎么说也得一百岁上下了。对于一位百岁老人，别说没犯罪，就算当真犯了罪，按照礼法的规矩也不该对他施加刑罚的，而且，天子出行的时候如果遇上了这样的高龄老人，以至尊的身份都要上前嘘寒问暖几句，以表示亲爱之情，这是圣王之教啊。可于吉呢，论岁数有一百了，论罪行又哪有什么实际罪行呢，孙策对一位无罪的百岁老人暴施极刑，实在太过分了哎！⑭

《志林》说的一点儿不错，汉朝号称以孝道治天下，皇帝们的谥号全带个"孝"字，于吉都一百岁了，熬不了几年了，可就这样孙策还迫不及待地把他杀了，生怕慢了一分一秒似的，确实不像话。

不过，话说回来，于吉真有一百岁么？"人生七十古来稀"，何况一百？更何况一百岁的老人还活蹦乱跳的？难解，难解，这也许正是中华文化博大精深的地方吧。

但是，从后文来看，说于吉是位百岁老人恐怕还说少了。裴松之又引《搜神记》，说：

孙策准备渡江袭击许昌（大概是想趁曹操不在的时候把汉献帝给接过来），带着于吉一起出发。当时天干物燥，酷热难当，待着不动都一身大汗，何况行军。孙策也知道这种天气里行军不容易，有点儿难为大家，所以经常身先士卒，早早起来督促大家牵引船只赶路。

孙策这一早起，发现有些事情不大对劲：咦，怎么有不少将士大清早就往于吉那儿聚啊，他是领导还是我是领导啊？！

孙策不干了，抓了于吉，大骂道："现在天旱不雨，道路难行，恐怕不能按时渡江，所以我这个当领导的天天都起大早，操碎了心啊。可是你，你你你，不但不为我分忧，反倒像个没事人似的，装神弄鬼，涣散我的军心，我我我，我今天非得杀了你不可！"

孙策着人把于吉绑在烈日底下，让他祈雨，如果到中午能下雨就赦免他。——这可真是难为于吉，前文讲过，祈雨可是个技术活儿，要有一大堆材料、一大群人和一大套仪式，而且也没有短短半天工夫就可以奏效的。董仲舒称得上是西汉祈雨第一人，可就算把他绑在这儿，给他仅仅半天时间，八成董仲舒也难逃一死。

可于吉还真有两下子，没多一会儿，烈日当空就变成阴云密布了，等到中午时分，果然天降大雨。将士们都很高兴，为于吉担了半天的心总算放下来了。可谁都没想到，孙策没守诺言，还是把于吉给杀了。将士们都很难过，在船上收拾好于吉的尸体。可是，奇怪的事情又发生了：到了夜里，突然有一朵怪云覆盖住于吉的尸体，等第二天早上大家去看，那尸体却踪迹全无！

孙策杀了于吉之后，每当独坐的时候就恍惚看到于吉，搞得自己有些精神失常。后来孙策被人行刺，负了伤，揽镜自照的时候却在镜子里看见了于吉，惊回头看却寂然无人，再看镜子却又看见了于吉，就这样三番五次，孙策终于崩溃了，把镜子摔在地上，大叫一声，身上的创伤全部迸裂，就这么死了。[18]

对于于吉之死，《江表传》和《搜神记》的记载从表面看似乎截然不同，实质却是一般无二的。——很多人都会以为，《搜神记》不过都是些怪力乱神的内容，当不得真，根本没法和正史相比。其实不然，之所以有一种极端的说法："小说比历史更可信"，这是有原因的：单从事件来看，正史的记载可能是真的，也可能是假的，但小说的记载通常都是虚构的，没有人会把小说当真；可是，对思想的记录，小说却有可能比历史更真——小说虽然略去了历史事件的来龙去脉，却以文学的手法把事件背后所隐藏的"思想上的真实"（或者说"本质上的真实"）给突出地表现出来了。我们看《搜神记》这段于吉的故事，故事可能除了人名之外全是虚构的，却通过这样的虚构，把孙策杀于吉的真实原因凸现出来了：故事是以于吉祈雨这个虚构的情节强化了孙策的真实意图，孙策先是交给于吉一个不可能的任务，读者这时候已经知道这个任务多半只是一个借口，知道这是存心刁难于吉，但心里还是为于吉抱有一线希望，等到于吉当真完成这个不可能的任务之后，读者总算为于吉松了口气，因为孙策当初毕竟是当着三军将士的面下的命令，总不能当场反悔吧？就这样，孙策被虚构的情节逼到了一个要么承认失败，要么必须"彻底摊牌"的地步，最后孙策选择了后者，放弃的是作为一名统帅的"令行禁止"，这可是极大的代价哦。正是因为凸显出代价之大，更强化了孙策要杀于吉的决心。而小说最后交代的孙策之死，体现的则是作者的褒贬——在这个独立成章的故事里，孙策作为一个活生生的人物的复杂性被简化掉了，而思想/实质上的真实却更加明朗了。从这一点来看，小说做的和正史并无二致，而小说的表现力却比正史强得多了。

再来看看另一个问题：于吉到底犯没犯法？

其实，如果较真的话，也真能指摘他一二三的。《江表传》里，于吉出现在孙策宴会上时，穿的是一身"盛装"——《三国志》此处的引述要详细一些，说："吉乃盛服杖小函，漆画之，名为仙人铧，趋度门下。"单是奇装异服这一节，已经是犯罪了。

——奇装异服也犯罪，这是哪条法律规定的呢？这是不是太过分了呢？

不用去找法律条文，这个说法在《礼记》里就有。这又提示我们一点：别以为《礼记》这类讲礼仪的典籍里全说的是温文尔雅的行礼仪式，这里边可有不少血腥内容呢。就说这个"奇装异服罪"吧，别不当回事，别以为真穿了奇装异服大不了也就被判个拘留，《礼记·王制》说："作淫声、异服、奇技、奇器以疑众，杀！"翻译过来就是："搞邪淫的音乐、奇装异服、稀奇古怪的技术和器物，用以惑乱民众的，杀！"

年轻人可要小心了，你们如果生活在过去那个"礼仪之邦"，穿错了衣服是要没命的！还有哦，听重金属这等"淫声"也要没命的（"淫"字的本义是"过度"），玩手机短信和网游这等"奇技、奇器"也是要没命的！

就连我这样的老人家也很危险，看看《礼记·王制》这一段的好几个"杀"字：

析言破律、乱名改作、执左道以乱政，杀！

作淫声、异服、奇技、奇器以疑众，杀！

行伪而坚、言伪而辩、学非而博、顺非而泽以疑众，杀！

假于鬼神、时日、卜筮以疑众，杀！

翻译过来就是：

专门在法律条文上寻找漏洞的、变乱名号更改制度的、以旁门左道来扰乱政治的，杀！

搞邪淫的音乐、奇装异服、稀奇古怪的技术和器物，用以惑乱民众的，杀！

行为虚伪骗取别人信任的、言辞虚伪却很善辩的、学的不仅不是正经学问而且还在其中涉猎广博的、文过饰非的，凡是以这些行为来惑乱民众的，杀！

假托于鬼神和占卜以惑乱民众的，杀！

按照第一条规定，至少现在这些律师和法学家都该杀，那些走在法律前边干坏事的家伙自然也该杀，这都属于"专门在法律条文上寻找漏洞"；房地产开发商也有一批人该杀，明明是钢筋水泥的楼群，他们非得搞个某某花园之类的名目，这都属于"变乱名号"。

按照第二条规定，从滚石乐队到超女，都该杀，这属于"搞邪淫的音乐、奇装异服"；爱迪生最该杀，他搞的"稀奇古怪的技术和器物"比谁都多。

按照第三条规定，这个……我自己好像就在该杀之列的，"言辞虚伪却很善辩的、学的不仅不是正经学问而且还在其中涉猎广博的"，这两条我都占。

——大家都知道朱元璋算是历代皇帝里边搞专制搞得很厉害的一个，他曾经给天下读书人制定过学规，规定大家只能读哪些书而不能读哪些书，其中说道："其有剽窃异端邪说，炫奇立异者，文虽工，弗录"，这就是说：凡是在思想上标新立异的，就算文采盖过唐宋八大家，考试也不得录取。

第四条规矩"假托于鬼神和占卜……"该杀的人就太多了。（这里边也有我，《周易江湖》不说，我还写过鬼故事在网上连载过呢，真可怕哦！）

——有人可能会问："古人杀人也太苛刻了吧？！至于么！"

呵呵，这四项杀人规定里真正值得注意的其实是每句话的最后：三个"杀"字之前都有"以疑众"三个字，这才是问题的关键。奇装异服也好，奇音异乐、奇谈怪论也好，这些东西都有一个共同的特点，那就是吸引眼球，进而可能的效果就是：聚拢追随者。这才是统治者最害怕的。

以上这四个"杀"，于吉犯了第二条和第四条。第二条的"奇装异服"现代人不大容易理解了，其实看看古书，对奇装异服的出现常有特殊的关注。比如前文讲过的隽不疑以《春秋》断事，毅然抓了宫门外真假难辨的卫太子，《汉书》就特别记载了这位卫太子当时的打扮："乘一辆黄色牛犊拉的车子，车上插着黄旗，旗上画有龟蛇图案，身穿黄衣，头戴黄帽"，而他引来的围观者多达数万。

孙策杀于吉的关键原因正在这里。如果单从对罪行的惩罚来看，就算是杀人放火也该经过正常审判程序，然后等秋后问斩，可对于吉这种看似无害的家伙却要迫不及待地予以剪除，因为，领导人最关心的既不是正义，也不是老百姓，而是自己的政权稳固。于吉就算什么都没做，但他太得人心了，而所有的人心都应该只归向一个人的，那就是最高统治者。

所以站在统治者的立场上，于吉是必然要杀的，也必然是"迫不及待"地要杀的。在这个问题上我们不妨看看一段后事：于吉从神仙手里拿到的那本《太平清领书》虽然被皇室藏之秘府，后来却成为一个民间教派所尊奉的经典文献，这个民间教派以这部经书的名字命名自己的组织，这就是"太平道"，他们后来搞出来的运动就是黄巾起义。

看来事情真如科塞所说的："审查制度的出现比印刷文字早得多。"㊱——我们是不是总爱把别人往坏处想呢，也许，《礼记》里的这些严苛规定仅仅是字面上那样表达了对社会道德水准的适当忧虑，就好比要给电影分级一样？

科塞为我们指出了事情的另外一面："某些时代的某些政府，对其公民可能的道德堕落漠不关心，却深为担心不合常规的政治观念对他们的污染。"㊲——对这一类的"某些时代"，我们很容易从沉埋在古老文献之下的一些社会现象中得到自由和民主的印象，但事情的本质是，这样的自由和民主（即便是导致道德堕落的）之所以能够存在，仅仅因为它们与政治无关。——

魏特夫称之为"乞丐式的民主"。⑱

统治者为了不让别人有得民心的机会，真可谓煞费苦心。我们仅从朝廷上看，看看历代的朋党之争就能想象一二。有心的皇帝是很难容忍朋党的，无论这朋党是君子之党还是小人之党。清人舒铁云《书〈壮悔堂文集〉》诗有："南部烟花歌伎扇，东林姓氏党人碑"，平朴的字面下似藏着无限的隐痛。当初，欧阳修曾经以《朋党论》论述君子之党的积极意义，文章虽成名文，却没有明白专制政体的特性所在啊。在这个问题上，皇帝最希望看到的局面是：手下人全是一盘散沙，大家各干各的，谁也别想团结起来。只有这种局面，对政权来讲才是最安全的。而一旦形成朋党的时候，有心的皇帝也往往会努力平衡朋党的势力，绝不能使某一朋党的力量明显强于其他朋党或利益集团。记得小时候看历史故事，看到好人集团和坏人集团做斗争的时候就很着急生气，觉得皇帝怎么不帮助好人集团把坏人集团铲除掉呢。后来才明白了这个道理，皇帝才不管你好人坏人呢，即便好人集团全是由包青天和岳武穆这些人组成的，也不能让他们占了明显的上风。而更为理想的结果是：包青天和岳武穆互相不和，抱不起团儿来。所以，一直被人们称颂的"将相和"的局面其实正是君王们大为忌讳的。

在史书上常会看到这样的情况：皇帝在人事安排上不但不会主动促成"将相和"，反而极力拆散已经形成的"将相和"。另一方面，官场丛林也是遵循市场经济的逻辑的，经济学上讲的"资源是稀缺的"在这里也是一样，权力资源永远是稀缺的，而为了争夺稀缺的权力资源，野兽们马上就会认识到个人力量的渺小而势必会勾结起来，于是，在老虎大王的眼皮底下，狼群和狼群在血腥厮杀着。对这样的厮杀，老虎通常不但默许，而且纵容，因为它也知道"恶虎斗不过群狼"的道理。老百姓会看到这个过程中不断有十恶不赦的贪官落马，他们天真地以为这都是因为皇上圣明。

对于专制统治者来讲，最优的局面就是"团结"——让大家全都团结在自己的麾下，让他们干什么他们就干什么，哪怕让他们去死；而大家各自之间的最优关系则是"一盘散沙"，就算皇帝不够强势，号召力不足以达到"团结"的话，使臣民们形成"一盘散沙"的局面对政权的安全就更显得重要了。

专制的高明技术是无处不在的。即便是科举考试这样的看起来给读书人提供了跳龙门机会的政治举措，或许也是皇帝们为了维护政权的稳定、为了造成一盘散沙之局面的刻意设计。——这话是马克斯·韦伯说的，他说起有一次有人向皇帝建议废除科举制度（这可不是1905年那次，而是遥远的1372年），认为当官只要凭道德这一项指标就足够了，用不着考那么复杂的东西，"这个建议很快就撤回了，这倒不难理解，毕竟皇帝与应试者在考试制度里存在着利害关系，或者至少双方都如此认为，从皇帝的立场而言，考试制度扮演的角色，正如俄国专制君主用来操纵其贵族的品位秩序（Mjestnitshestwo）——虽然就技术而言，手段并不相同。此一制度导致候补者互相竞争俸禄与官职，因而使他们无法连成一气地形成封建官吏贵族。获取官职的机会对任何人开放，只要他们能证明自己有足够的学养。考试制度也因此而完全达到了它的目的"⑬。这里尤其值得关注的句子就是"使他们无法连成一气地形成……"李弘祺也在为我们指出事情的另一面："考试制度固然是一个'公正'的建制，但是它的作用与现代社会所要求的'平等'绝对没有关系。相反地，它是建立在一个维持不平等社会的基础上面，利用重酬，荣誉和权力来牢笼社会中的士绅阶级，以维持社会的安定。在传统社会里，稳定远比其他任何东西重要。这是明清科举制度的基本精神。"这里的关键句子是："稳定远比其他任何东西重要。"至于什么是"其他任何东西"，嗯，大概只有老百姓想不到的，没有皇帝做不出的。⑭

韦伯所分析的科举考试可能只是管中窥豹而已，也许还有很多很多我们以为是为了老百姓的福祉或其他什么神圣目的的政府行为，其实都只不过是皇帝为了维护政权的稳固。当然，好的副产品毕竟也是好产品，但是，难道所有的副产品都是好的吗？

鲁迅也曾经论及这个问题，他有一篇小文，针对"近来的读书人，常常叹中国人好像一盘散沙"，文章的题目就叫《沙》。虽然我并不是十分赞同他的看法，但他文中有一句话我却是非常欣赏的，那就是："他们（指老百姓）的像沙，是被统治者'治'成功的，用文言来说，就是'治绩'。"⑭

在鲁迅那个年代里，很多人都气愤于国人的"一盘散沙"，殊不知这正是专制统治的后遗症啊，凡有专制的地方就必然如此。

话说回来，在孙策的刀下，于吉并不是第一个死于"疑众"的，还曾有一位仁兄，既没有奇装异服，也没有掐诀算卦，却和于吉一般的死因，他就是江东名士高岱。

据《三国志》裴松之注引《吴录》，高岱是位隐士，精通《左传》，孙策闻之其名，派人去请。为了这个即将到来的会面，孙策还真下功夫，临阵磨枪搞《左传》速成，想到时和高岱有个学术讨论，大概想显显自己也是有文化的吧。没想到有人从中使坏，对孙策说："高岱觉得您就是个武将，不通文墨的。您看着吧，等您问他《左传》的时候，他肯定一问三不知，不愿意搭您这个莽儿。"

把孙策这边打理好了，这位使坏的又跑到高岱那儿去了，"好心"劝说道："孙将军这人有个毛病，不喜欢别人胜过自己。等他问你《左传》的时候，你就装作不懂，多让他出出风头。"高岱一听："嗯，说的有理。"

奸计总是容易得逞的（但我想不出这样一个秘计是怎么曝光的），结果，在会面的时候孙策勃然大怒，认为高岱轻视自己，就把他下了狱。

按说高岱也没多大的罪过，就算真是在言辞上轻视孙策，孙将军大人大量，等怒气一消也就会把高岱放了。这个时候，使坏的小人完成了自己的历史使命，从史书中悄然退场了，接下来整装上场的是一大群好人，高岱的知交好友和仰慕者们。

一个坏蛋的出场充其量只能使高岱多坐几天监狱，可如今这一大群好人的出场却要了高岱的命。——孙策登楼一望，只见为高岱求情请愿的人挤满了好几条大街。好家伙，这高岱如此得人心，怎能留他！杀！《吴录》原文说的是："策恶其收众心，遂杀之。"[40]

高岱比于吉更冤，于吉不管怎么说也奇装异服和装神弄鬼过，可高岱仅仅因为有很多人为他求情这才丢了性命。于吉和高岱表面上看所作所为完全不同，获罪经过也完全不同，其实被杀的原因却是完全一样的。

高岱之死更有代表性，大家以为求情的人越多，领导就越会开恩，结果却适得其反。看看，古人活得也不容易啊，人缘太差了不行，人缘太好了更不行。历史上还常有这样的情况：人缘超级差的大臣反倒会得到皇帝的重用，原因也在于此。

专制权力的获得与保持总是离不开煽动的，一般来说，一位出众的统治者必须是一位出众的煽动家，也正是因此，他们所深为顾忌的就是那些同样具有煽动力的家伙。罗素讲过这样一条真谛："国家权力与其说是通过法律莫如说是通过社会舆论发挥作用。"⑭ 当然，罗素的话是针对近现代社会来说的，可就专制和舆论的本质来说，近现代和古代的不同只是技术层面的不同而已。希特勒可以史无前例地设置出一个一言堂的国家宣传部门，这和秦始皇的焚书坑儒，和汉武帝的"罢黜百家，独尊儒术"，和唐太宗的"英雄入彀"⑭，和朱元璋的朱熹主义八股取士⑮，和"康乾盛世"里的文字狱、编修《四库全书》难道真有很大的不同吗？⑯ 一个耐人寻味的现象是：这些登峰造极的手段往往是伴随着轰轰烈烈的"盛世"而出现的。

对煽动的意义体会得更深，对愚民的意义也就相应体会得更深。这从罗素那句话的上下文就能看得出来："正像通常在英国的情况那样，国家权力与其说是通过法律莫如说是通过社会舆论发挥作用。在新闻界喋喋不休的影响下，国家大造舆论。专制的舆论如同专制的法律，同样是自由的敌人。如果年轻人拒绝参加战争，他就会发现无人雇佣他，走在街上就会遭到朋友的侮辱和蔑视，过去喜欢他的女人就会嘲笑他。这样的惩罚如同死刑一样使他难以忍受。"——这个年轻人"拒绝参加战争"，嗯，无论他是站在正义一边还是相反，后果确实会是那样的。这个年轻人可能会困惑起来：我到底是站在了暴君的对立面上，还是站在了亲人和同胞们的对立面上？

对于统治者来说，民越愚，煽动就越有效，而煽动越有效，民也就越愚，这是一个良性互动的关系，唯一的问题是："愚民"是一把双刃剑，如果民众当中站出来一个卡里斯玛型的人物，并且他同样掌握着高明的煽动技巧的话……

于吉就是这么一个人物，还有淮南王刘安、河间王刘德，还有无数死于各式名目的人，不论他们有没有争权之心，反正是触犯了统治者的忌讳。这就好比皇帝的后宫，在征选男性仆役的时候，尽管这些男人也很可能具备坐怀不乱之风，也可能被儒家的教育法宝培养出高尚的道德操守，但皇帝还是无一例外选择了一劳永逸的阉割。——阉割的确是一个最保险的办法，所以，不仅后宫要阉割，全国上下都要阉割（尽管技术手段上有些差异），再看于吉他们，竟隐隐然长了些胡子，这就非死不可了。⑰

（十一）

屠龙术——小尧舜——夷夏之防

当初，梁启超分析过为什么在汉武时代儒家会被定为一尊，在他提出的六个原因当中，第三个原因是和我们现在的话题比较相关的：当时诸子百家谁不想给自己争个地位，可为什么其他学派终被罢黜，却只有孔子之学得以独尊呢？要知道，周末的大学派里，老子学派和墨子学派都是能和孔子学派比肩而立的，但墨家主张平等，对专制是大大不利的，老子主张放任，也不利于皇帝施展手脚，而只有孔学严明等级秩序，并把施政权力的合法性归结于君主身上，虽然孔学也讲些大同世界云云，可那到底都是当压箱底的绝技宝贝着，得到传授的人并没几个，至于孔子当初真正上干君王、下传弟子的学问，则主要都是些"上天下泽之大义，扶阳抑阴之庸言"（熊逸按：正是董仲舒那套），这些内容对帝王驾御百姓最是合适。想当初汉高帝刘邦在马上打天下的时候，拿儒生的帽子当尿壶用，可在天下平定之后，却跑到鲁地搞祭祀去了，究其原委，大约打天下时孔学是阻力，而治天下时孔学却是法宝吧？⑱

梁启超的这个意见是有些代表性的，其中"虽有大同之义、太平之制，而密勿微言，闻者盖寡"这句话尤其令人伤心，但这恰是一切学术走入官学或成为普及的必然之势，毕竟屠龙术总不如屠狗术吃香——"汗漫学屠龙，绛灌学屠狗。屠狗位通侯，屠龙不糊口"⑲是也。但是，梁启超也许把"学说"理解得过于僵化了些。秦汉之际，学派之间早已互相影响和渗透，单凭标签已经很难说明内容了。就拿贾谊来说，《汉书·艺文志》把他的作品列为儒家，可读起来又何尝真是儒家呢？傅斯年《中国古代文学史讲义》有《贾谊》一文，说他兼通儒家思想及三晋官术，不谈"亲亲"却讲"形势"，何尝是儒家的话？

傅斯年所谓"三晋官术"是指刑名之学，指鹿为马的那位赵高就是秦代这个领域里的学术带头人。傅斯年在《儒林》一文中进而点明："刑名出于三晋，黄老变自刑名"，这是把黄老和老庄截然为二来看了。[50]

汉初最负盛名的贾谊如果算不得纯儒，那么，那位地位崇高的董仲舒，与其说是儒家泰斗，更不如说是阴阳术士了，甚或说是墨家的传人似乎也无不可——胡适即谓："儒教的大师董仲舒便是富于宗教心的方士，他的思想很像一个墨教信徒，尊信上帝，主张兼爱非攻。"[51]汉初的黄老学派，现在我们一般称之为"道法家"，确是要把它和"老庄"区别开来，这真是一个很说明问题的标签啊。魏源所谓"有黄老之学，有老庄之学"（《老子本义序》），又说"晋人以庄为老，而汉人以老为老也"[52]，都是极精辟的意见。再想想无为而治、等级秩序、君臣异道、愚民之术，在这些原则性的政治学概念上，大家到底有多大的区别呢？

或许事情可以这样来说：历史上的任何学术，当成为官学之后都只会变成一副样子，无论它曾经是儒家、道家还是法家，还是其他的什么家，成为官学之后便只有一个"官家"。

或许真是权力改变思想，而非思想改变权力。最极端的例子或许就是东汉的石渠阁和白虎观两次中央级学术会议，学者们论辩经义，争论不下的地方由皇帝来做最终裁决。这样的学术，哪里有一点儿"独立之思想，自由之精神"呢？汉朝因缘际会，"罢黜百家，独尊儒术"，其实细细想来，只要是"罢黜百家"，不论"独尊"的是哪一门学术，最后都只会是一副嘴脸。这时候再来回顾一下郑振铎为我们分析的"汤祷"的故事——这个"回顾"就请白寿彝前辈来说说吧："远古帝王所以要说天下有罪，在余一人，就是因为他要对神负责。汉代的帝王亲自讲经，判断各家的是非，就是以教主的身份出现的。他们被礼赞：'万岁、万岁、万万岁'，他们被称为'金口玉言'，他们可以封山川土地之神，他们可以赠予仙人道号，都是以教主的身份出现的。不懂得这一点，就不会懂得皇权之所以神秘，也不会懂得封建道德之宗教的起源，甚至也不会懂得封建社会为什么在土地权问题上缺乏真正的私有权。郑先生想得也许不会这么远，但他却提出了一个重要的历史问题。"[53]

在实践当中真正使儒家从其他思想中凸现出来的或许只有两点：第一

是"礼"，第二是"夷夏之防"，而不是孔子所谓的"仁"与孟子所谓的
"义"——更何况这两个宝贵的概念已经在专制社会里被充分曲解掉了。

——文章写到这里，已经几十万字了，今天读书时忽然看到1931年6月
10日《北京大学日刊》载有胡适给学生们出的一套"中古思想史试题"，
说："下列七题，任择一题，作论文一篇，于6月22日交到注册部。班上人数
太多，论文请以三千字为限。"其中第一题是："试证明秦以前无'道家'，
'道家'即是战国末年齐国新起的一个混合学派，又称黄老之学。参考《史
记·乐毅传》及论，又《曹相国世家》，又《太史公自序》。又《汉书·艺文
志》。"——呵呵，真不知该做何表情才好。再有，我这篇本该限定在三千字
的"论文"只因为超了篇幅，便晚交了七十五年。

"礼"，乍看上去是个好词，《春秋》学就是大谈特谈这个"礼"字的。
如果在现代社会依然以"通经致用"的态度来看待"礼"的话，张岱年前辈的
这个意见便既有代表性，又是悦耳动听的："儒家宣扬人际和谐。孔子弟子有
若说：'礼之用，和为贵。'孔子也说：'君子和而不同，小人同而不和。'
所谓和即是多样性的统一。……孟子赞扬'人和'的价值说：'天时不如地
利，地利不如人和。'他认为人和是战争胜利的决定条件。人和即人民的团结
一致。"㉞

但是，就历史论历史的话，儒家的这个"和"明明白白就是等级贵贱各安
其位的"和"（详见《孟子他说》第二册）。在这个"人际和谐"的社会里，
大到祭祀，小到穿衣，各阶层都有自己的定位，即《春秋繁露·度制》所谓：
"贵贱有等，衣服有制，朝廷有位，乡党有序"，一旦超标就是"僭越"，就
是儒家常用的一个贬义词——"非礼也"（这个"非礼"可绝对不是要流氓的
意思）。况且，"礼"还有一个广为人知的重要原则："礼"是"不下庶人"
的，照这么说，当今中国十三亿人，倒有一大半以上是应该"非礼"的。

如果严格而论，"非礼"一直是两千年历史的主流。汉朝立国之初，叔
孙通为刘邦设计朝仪，使刘邦感受到帝王的尊贵，也认识到了儒者的实用功
能。㉟叔孙通本来是秦朝的博士，他为汉朝设计的礼仪基本就是因袭秦朝旧
制，而考之秦朝的礼仪，按《史记》的说法已经"不合圣制"了，多重在"尊

君抑臣"一节，想来和孔子所缅怀的周礼早已经大相径庭了。至于秦汉以后，"尊君抑臣"始终都是礼治的一大原则。⑱

后来，汉武帝喜欢场面，召集儒者定制礼仪，可搞了十几年也没搞成，诸如明堂之类，一个儒者一个意见，一个个还都大有以生命捍卫真理的作风，旁观者看得出来，在那时候就已经搞不清到底什么是周礼了。

"礼"的来龙去脉是个太大的问题，只好留到以后再谈，单说专制时代已经"非礼"的礼意义何在。其中之一就是仪式的意义，前文已经论之甚详，再有一点就是孝的应用——不错，孝道也是礼的重要一环，比如《大戴礼记·曾子大孝篇》所谓："居处不庄，非孝也；事君不忠，非孝也；莅官不敬，非孝也；朋友不信，非孝也；战阵无勇敢，非孝也。"看，这些都是孝，也都是礼，难道这真是在说孝顺父母吗？

专制时代的"礼"和"孝"全都是"忠"的不同侧面，其意义无非两点，一是"尊君抑臣"，二是驯化臣民，无非是专制君主的愚民手段罢了。儒家经典当中，除了"三礼"之外，《论语》重点在"仁"，"《春秋》三传"重点在"礼"，"礼"之详情会在以后陆续讲到。

至于"夷夏之防"，看似简单明确，其实也是一个非常含糊的概念，每个时代的"夷夏之防"都是大不一样的。晚清革命家们大讲"夷夏之防"，主要用意在于排满，当年那些革命言论现在看来已经大有反动之嫌了，比如陈天华《猛回头·地理略述》：

> 普天之下，共分五大洲。中国是亚细亚洲一个顶大的国，内地有十八省，称为中国本部。在本部东北方，有东三省，即从前宋朝那时候的金国，现在的满洲。那满洲乘着明末的乱，占了我们中国，改号大清国。
>
> 直隶、山西、陕西之北有蒙古，即元鞑子，灭了宋朝，一统中华，明太祖把他赶回原处，后亦为满洲所灭。由甘肃过去，有新疆省，是一个回回国，乾隆年间灭的。四川之西有西藏，是一个活佛做国主，亦归服清朝。除了十八省外，从前都是外国，于今都是大清国。虽然中国也不过与那蒙古、新疆、西藏同做了满洲的奴隶。

再看《猛回头·人种略述》：

天下的人，自大处言之，约分五种：亚细亚洲的人，大半是黄色种……专就黄色种而言之，则十八省的人皆系汉种，我始祖黄帝于五千年前，自西北方面来，战胜了苗族，一统中国。今虽为外种所征服，其人口共四万万有余，居世界人口四分之一。满洲是通古斯种，金朝亦是此种人，其人口共五百万。蒙古为蒙古种，其人口共二百万。新疆为回回种，其人口一百二十万。西藏为吐蕃种，其人口一百五十万。苗、瑶是从前中国的土人，其数比汉种较多，于今只深山之中留了些微。满洲、蒙古、西藏、新疆的人，从前都是汉族的对头，无一刻不提防他。其人皆是野蛮，凶如虎狼，不知礼仪，中国称他们为犬羊，受他等之害不少，自满洲入主中国，号称中外一家，于是向之称他为犬羊者，今皆俯首为犬羊的奴隶了。

再如《猛回头·猛回头》：

从前做中国皇帝的，虽然朝代屡易，总是我汉人，总是我黄帝的子孙，只可称之为换朝，算不得灭国。惟有元鞑子灭了中国，后来赖有朱太祖恢复转来了。如今这满洲灭了我中国，难道说我们这些人就不想恢复了吗?

再如《警世钟》：

中国从前的亡国，算不得亡国，只算得换朝（夏、商、周、秦、唐、宋、明都是朝号，不是国号，因为是中国的人），自己争斗。只有元朝由蒙古（就是古时的匈奴国），清朝由满洲（就是宋朝时的金国）打进中国，这中国就算亡过二次。

……须知种族二字，最要认得明白，分得清楚。……单就黄种而论，又分汉种（始祖黄帝于四千三百余年前，自中国的西北来，战胜了蚩尤，把从前在中国的老族苗族赶走，在黄河两岸建立国家。现在中国内部十八省的四万万人，皆是黄帝公公的子孙，号称汉种），二苗种（从前遍中国皆是这种人，如今只有云、贵、两广稍为有些），三东胡种（就是从前的金，现在的满洲，人口又五百万），四蒙古种（就是从前的元朝，现在内外蒙古，人口有二百万），其余的种族，不必细讲。……这种族的感情，是从胎里带来的。对于自己种族的人，一定是相亲相爱；对于以外种族的人，一定是相残相杀。

这些话在现在看起来都是触目惊心的。我们现在中小学课本里讲陈天华决不会讲这些内容，这也算是《春秋》精神之一的"为贤者讳"吧？

陈天华的这些看法可以称得上是前人对"夷夏之防"的一种典型认识，那么，有一位历史人物恰恰适合作为参照来看，这就是金朝的皇帝金世宗。

我们很多人都受《精忠岳传》的影响太大，以为金朝人都是些没文化的游牧者，典型代表就是金兀术、粘罕，有点儿头脑的就是没鼻子军师哈迷赤，他们对头领的称谓就更透着野蛮——叫"狼主"。可我们当真要看看"二十四史"里的《金史》，定然会大吃一惊的。

历朝历代，皇帝们经常喜欢自比尧舜，臣下们也喜欢用尧舜来规劝或阿谀皇帝，但真正被许多人以尧舜看待、并誉之为"小尧舜"的，两千多年来只有一位金世宗。如果《金史·世宗本纪》里的记载哪怕只有一半属实的话，这个"小尧舜"之称就确实是实至名归的。

"小尧舜"自然是一个和平主义者，所以，金世宗在位期间极力促成宋金和谈，还给宋朝开出了优惠条件：宋朝以前对金朝是称"臣"的，现在称"侄"就可以了，这真是给了宋朝好大的面子呀。他还组织专人把"五经"翻译成女真文，适度地推行汉文化，同时还维护着女真早期的淳朴风格。如果和一些明君比较一下，汉文帝是出了名的节俭的，但恐怕还比不上金世宗，金世宗一顿饭只有四五样菜，有一次公主没换约就赶着饭点儿过来，结果闹得饭菜不够吃。唐太宗是出了名的以宽厚对待臣下，可金世宗有一次叮嘱太子，说："你在储君的位子上，我为你打理天下，已经没有什么再要你去经营的事了，你只要别忘记祖宗淳朴的作风，以勤修道德为孝，以赏罚分明为政就够了。当年唐太宗对他的太子说：'我攻打高丽没有成功，你要接着干。'像这种事我是不会留给你的。……唐太宗是个有道之君，可他还对太子说：'你对李勣无恩，如今我无故把他贬走，等我死后，你要立刻给他个大官当，他一定会为你效死力的。'⑰——照我看，当皇帝的哪能用这种小心机呢。我统治群臣，靠的只是诚实二字。"

金世宗的统治时代堪称金朝的黄金时代，《剑桥中国史·辽西夏金元卷》评价这段历史说："短短几年之内，世宗就这样成功地使他的国家无论内外环境都得到了稳定。在他统治的漫长时间之内，在诸多领域如行政机构、经济以及教育等方面进行了改革，除了在与蒙古的边境上战争还时有发生之外，金朝享有了长达25年不受干扰的和平时期"，至于外交方面，则是"宋金和议拖延数年才得以缔结，确实应该归咎于宋"。

至于为华夏儒家文化所津津乐道的"孝"，在金朝也大有表现：有个叫移剌余里的契丹人，有一妻一妾，妻子生了六个儿子，妾生了四个儿子。妻子死后，她那六个儿子在妈妈的墓边搭了草庐，昼夜轮班守墓。妾的孩子们听说之后，议论道："死的那位虽不是咱们的亲妈，却是嫡母，咱们也应该守墓才对。"于是，这四个孩子也加入了轮班的队伍。就这样，十个孩子昼夜轮班，三年如一日。金世宗打猎路过当地，听说了这件事，便赏赐了孝子们五百贯钱。这钱还特意让县官堆在集市上（五百贯能堆个小山了），让大家都看见，然后再让孝子们拿走。⑱

例子还有很多，我就不多举了。可怜金世宗，两千年唯一的"小尧舜"，在后世居然默默无闻，难道是老百姓坚守"夷夏之防"，不把他当自己人吗？好像也不是，"康乾盛世"不是一直被人赞不绝口么，想那康熙和乾隆，文字狱冤杀了多少人，《四库全书》捣毁了多少文化，不也被大家交口称赞么？人心啊，统计一下十年来清宫题材电视剧的数量就能看出个大概了。可金世宗呢，有多少人知道这位金世宗呢？

如果从疆域来看，以传统的标准（不妨就参照上文中陈天华的标准），黄河流域的中原地区当时已经全在金朝的版图之内，而金朝与南宋并不是对等的南北两个政权——金朝是宗主国，南宋是藩属国，再看文化，金朝分明已经成为汉文化的中原重镇，所以，无论从以上哪个角度来看，在通史的记载上，北宋以后不应该是南宋，而应该是金，南宋的地位约略等同于南明，尽管南宋地盘较大、历时较久。

金朝当时确实是以中原正统王朝自居的，于是，一个奇怪的问题就出现了：金朝比之南宋，在政治、军事、文化、地理上都占优势，又加上一位"小尧舜"的出现，已经不再是一个北方蛮族了，而南宋这边尚且"西湖歌舞几时休"，于是，人家"小尧舜"再打过来可就不是野蛮入侵了，而是冠冕堂皇的

"吊民伐罪";不再是以落后文化毁灭先进文化,而是以先进文化讨伐腐朽文化;不再是边远部落入侵中原腹地,而是中原政权统一南方割据势力——也就是说,金朝如果入侵南宋,看上去居然会是一场"正义战争"。即便退一步讲,金朝和南宋之间的"夷夏之防"也已经算是不存在了,金朝灭了南宋,也不过算是一家一姓的改朝换代而已。

这不是危言耸听,南宋的知识分子确实面临着这个难题,金朝,这个本该是"夷狄"的部落,如今居然也捧出"春秋大义"来论证自己的正统性了——赵秉文在《蜀汉正名论》里大讲《春秋》的褒贬之道:"《春秋》,诸侯用夷礼则夷之,夷而进于中国则中国之。"这就是说,即便你是华夏诸侯,只要你搞夷狄文化,圣人就把你当夷狄看待;即便你是夷狄,只要你搞华夏文化,圣人就认可你是中国人。——想想前文《春秋》的例子里对"吴子"和"吴"的那些咬文嚼字,好像圣人还真是这个意思。

元朝大儒郝经还说过一句更为有名的话:"能行中国之道,则中国之主也。"⑨这位郝经先生在"引子之一"当中已经出现过了,就是张弘范的老师之一。

这问题越琢磨就越麻烦。中国历来都有很深的正统王朝的意识,也就是说,偌大的版图之上只能有一个王朝是"正统的",如果同时还有其他独立政权存在,则要么是伪政权,要么是藩属,要么是夷狄,不容许有两个或两个以上的独立正统政权和平并存。"春秋大义"的两种精神在这里起着关键作用:一个就是"夷夏之防",一个就是"大一统"。——"大一统"又是个复杂的话题,只好留待以后再讲。

从赵秉文和郝经的话来看,如果蒙元政权能"行中国之道",自然应该被认为是货真价实的"中国之主",这道理不大容易让人想得通,因为,如果日寇和美帝也"行中国之道",难道也可以被尊为"中国之主"吗?

具有参考意义的是,在元末明初的时候,不少汉人知识分子一点儿没有"夷夏之防",坚持认为元朝是正统政权,执意要为元朝效忠——在民间故事里极为著名的那位刘伯温就是这么一个角色。刘伯温才干极高,在乱世当中无比忧国忧民,只不过忧的是元政权。他为元政府的平乱工作做出过不小的贡献,后来实在是被元政府内部的腐败搞得没办法——又是猜忌又是掣肘的,才咬牙投了朱元璋。

还有那位宋濂，也是元末明初极著名的人物，他很有知识分子的气节，在明朝建国之后还坚持自己的遗民身份，不肯在明朝为官。他在《送杨廉夫还吴浙》一诗里写过这样的句子："不受君王五色诏，白衣宣至白衣还。"——这样的气节实在令人费解：难道元政权不是异族政权吗？难道朱元璋的驱逐鞑虏不是恢复了汉家江山吗？可为什么这么多饱读诗书的知识分子却把元朝当作和唐、宋一脉相承的正统政权呢？为什么还要为这样一个政权守节效忠呢？文天祥如果复生，看到这种场面不知道会是什么心情？

这是中国历史上一个极难解释的现象，看来忠君思想已经大大超过了"夷夏之防"。那么，这真是所谓的孔孟之道么？嗯，我们总说中国两千年历史都是孔孟之道，真的是这样吗？

由此再来说一件骇人听闻的事情：明清易代之际，朱明遗民朱舜水立志反清复明，他曾和郑成功联手，失败后流亡日本，为德川光圀招揽，住在江户。德川光圀从朱舜水那里得知了满人入主中原的经过，认为在异族征服之下中国已经亡国，而日本才是继承了华夏文化的正统国家，于是仿照《史记》体例，编修了一部《大日本史》，阐扬"正统"观念。——这话乍看之下倒像是言之成理，我们却很难想象华夏文化还可以这般"一脉相承"。

可能更为骇人听闻的是：商朝便已经是夷人的世界了。傅斯年曾在《夷夏东西说》里发表过这个观点，张光直又曾在《商文明》里引述过傅的观点，简要说道："夷夏对立的文献中，商人显然是一个夷人城邦，它在整个夏代统治期间始终保持一定的政治地位。"[⑤] 丁山前辈也讲："周人伐商，例称商人为'戎商'，为'夷商'。"[⑥]——嗯，难道说，我们所谓的华夏文明其实却是东夷文明吗？

这问题我也不知道答案，还是谈一下现实一些的内容吧。——"夷夏之防"在实际的政治生活中通常还会表现为一种技术手段，这是专制君主们所常用的：通过设置一个敌人（夷狄），从而在内部制造紧张空气，使人们忽略当前的内部矛盾，提高政权的稳定性。想想中学语文课本里那句孟子的名言："入则无法家拂士，出则无敌国外患者，国恒亡。然后知生于忧患而死于安乐也"，这话常是被反过来用的：对于聪明的君主来说，即便外边没有敌人，也有必要制造出一个敌人；换句话说，为了团结起"我们"，就有必要创造出一个对立的"他们"。哈耶克对这个问题有精辟的见解：

　　第三个消极的选择因素，或许是最重要的，它恰恰是和训练有素的政治煽动家要把有密切联系的成分相同的支持者团结在一起的那种有意识的努力分不开的。

　　人们赞同一个消极的纲领，即对敌人的憎恨、对富人的忌妒，比赞同一项积极的任务要容易些，这看来几乎是人性的一个法则。若要用一个信条将某个集团牢牢地团结在一起以便共同行动的话，那么，将"我们"和"他们"对立起来，即向一个集团以外的人进行共同的斗争，则似乎是这个信条中的重要组成部分。

　　因此，那些不仅想要获得对一个政策的支持，而且要获得广大群众的无保留的忠诚的人，都总是运用它来为自己服务。从他们的观点来看，这种共同斗争的巨大优越性在于，它几乎比任何积极的纲领更能够留给他们以较大的自由行动的余地。

　　敌人，不管他是内部的，如"犹太人"或者"富农"，或是外部的，似乎都是一个极权主义领导人的武器库中不可或缺的必需品。[20]

　　所以，当我们观察专制时代的历史时，不必惊讶于它的处处树敌，因为这是它的特性所决定了的。即便在现代的办公室政治里，作为一个部门主管，如果你正在面临团队成员对你的信任危机，那么，树立一个外部的"迫在眉睫的敌人"是有助于你渡过难关的。——在感觉到危险迫在眉睫的时候，人们很容易尽弃前嫌，携手与共，所以，一个出色的政客总是善于制造敌人，也善于制造紧张气氛的，而且，既然"敌人"是经常需要的，最好的办法自然不是三下五除二地消灭敌人，所以我们在历史上常会见到这样的情况：天真的老百姓在巧妙的煽动之下为如何尽早解决掉最后一个敌人而干着急，却不知道就算这敌人真被解决掉了，主子很快也会再找一个敌人的。而在这个过程当中，自然需要强化"我们"的共同点，同时也要强化"我们"和"他们"之间的不同点，这就是"夷夏之防"的巧妙应用，而这又是和"图腾"的实质意义关联在一起的（如前文所述），谁是"我们"，谁是"他们"，这也是可以随着统治者的心意和需要而随时变换的。——我们可以看一下罗兰·巴特对一幅照片的描述：

我在理发店里，一本《巴黎竞赛》（Paris Match）抄本到我手里了。封面上，是一个穿着法国军服的年轻黑人在敬礼，双眼上扬，也许凝神注视着一面法国国旗。这些就是这张照片的意义。但不论天真与否，我清楚地看见它对我意指：法国是一个伟大的帝国，她的所有子民，没有肤色歧视，忠实地在她的旗帜下服务，对所谓殖民主义的诽谤者，没什么比这个黑人效忠所谓的压迫者时所展示的狂热有更好的答案。因此我再度面对了一个更大的符号学体系：有一个能指，它自身已凭前一个系统形成（一个黑人士兵正进行法国式敬礼）；还有所指（在此是法国与军队有意的混合）；最后，通过能指而呈现所指。㊿

一位军人庄严地敬礼，仰望国旗，这一类的画面绝非罕见，但如果画面元素一切不变，只是把军人换作警察——嗯，你见过这样的画面吗？

注释

① 详见［清］崔述《尚友堂文集》"书苏子瞻乐毅论后"。崔述认为苏轼说法的来由滥觞于夏侯玄。夏侯玄也写过一篇《乐毅论》，这文章被王羲之抄了一份，所以在书法界享有盛名。崔述显然看不惯苏轼的学风，开头便抨击说："苏子瞻以纵横权术之学，发为文章，言多不衷于理，故所作诸论皆以强词私意讥议古人得失。然不过见之偏而已，未有如《乐毅论》考据之不详也。"想想崔述以辨伪知名，苏轼却是以文辞行世，这就是学者和文人的差异吧（偏巧朱熹也不喜欢苏轼）。这段故事，倒可以联系崔述下文之"以己度人"云云。

② 乐毅这段故事，不可靠的地方很多，这封《报燕惠王书》就是尤其不可靠的一个。我这里就从俗了。关于此事的辨伪，详见杨宽：《战国史》（增定本）（上海人民出版社2003年第一版，第16—20页）。

③［宋］文天祥《文信国公纪年录》："当此之时，社稷为重，君为轻。吾别立君，为宗庙社稷计，所以为忠也。"——文天祥的《指南录后序》曾被选入中学课本，入选的时候删了一段，而这段恰好是很适合说明当前问题的，补录如下："呜呼！予之生也幸，而幸生也何为？所求乎为臣，主辱，臣死有余僇；所求乎为子，以父母之遗体行殆，而死有余责。将请罪于君，君不许，请罪于母，母不许，请罪于先人之墓。生无以救国难，死犹为厉鬼以击贼，义也。赖天之灵，宗庙之福，修我戈矛，从王于师，以为前驱，雪九庙之耻，复高祖之业，所谓'誓不与贼俱生'，所谓'鞠躬尽力，死而后已'，亦义也。嗟夫，若予者，将无往而不得死所矣！向也，使予委骨于草莽，予虽浩然无所愧怍，然微以自文于君亲；君亲其谓予何！诚不自意返吾衣冠，重见日月，使旦夕得正丘首，复何憾哉！复何憾哉！"

④《汉书·严硃吾丘主父徐严终王贾传》："捐之对曰：'……臣愚以为非冠带之国，《禹贡》所及，《春秋》所治，皆可且无以为。愿遂弃珠厓，专用恤关东为忧。……'"

另见《汉书·元帝纪》："珠厓郡山南县反，博谋群臣。待诏贾捐之以为宜弃珠厓，救民饥馑。乃罢珠厓。"

⑤［英］爱德华·吉本：《罗马帝国衰亡史》（黄宜思、黄雨石/译，商务印书馆1997年第1版）

⑥ 详见［法］埃蒂耶纳·卡贝：《伊加利亚旅行记》（李雄飞/译，余航/校，商务印书馆1978年第1版）。

⑦ 《史记》对这件事的记载有些小小的自相矛盾的地方。

《史记·乐毅列传》：乐间居燕三十余年，燕王喜用其相栗腹之计，欲攻赵，而问昌国君乐间。乐间曰："赵，四战之国也，其民习兵，伐之不可。"燕王不听，遂伐赵。赵使廉颇击之，大破栗腹之军于鄗，禽栗腹、乐乘。乐乘者，乐间之宗也。于是乐间奔赵，赵遂围燕。燕重割地以与赵和，赵乃解而去。

《史记·廉颇蔺相如列传》：自邯郸围解五年，而燕用栗腹之谋，曰"赵壮者尽于长平，其孤未壮"，举兵击赵。赵使廉颇将，击，大破燕军于鄗，杀栗腹，遂围燕。燕割五城请和，乃听之。

《史记·燕召公世家》：今王喜四年，秦昭王卒。燕王命相栗腹约欢赵，以五百金为赵王酒。还报燕王曰："赵王壮者皆死长平，其孤未壮，可伐也。"王召昌国君乐间问之。对曰："赵四战之国，其民习兵，不可伐。"王曰："吾以五而伐一。"对曰："不可。"燕王怒，髃臣皆以为可。卒起二军，车二千乘，栗腹将而攻鄗，卿秦攻代。唯独大夫将渠谓燕王曰："与人通关约交，以五百金饮人之王，使者报而反攻之，不祥，兵无成功。"燕王不听，自将偏军随之。将渠引燕王绶止之曰："王必无自往，往无成功。"王蹵之以足。将渠泣曰："臣非以自为，为王也！"燕军至宋子，赵使廉颇将，击破栗腹于鄗。［乐乘］破卿秦［乐乘］于代。乐间奔赵。廉颇逐之五百余里，围其国。燕人请和，赵人不许，必令将渠处和。燕相将渠以处和。赵听将渠，解燕围。

《史记·赵世家》：十五年，以尉文封相国廉颇为信平君。燕王令丞相栗腹约欢，以五百金为赵王酒，还归，报燕王曰："赵氏壮者皆死长平，其孤未壮，可伐也。"王召昌国君乐间而问之。对曰："赵，四战之国也，其民习兵，伐之不可。"王曰："吾以倍伐寡，二而伐一，可乎？"对曰："不可。"王曰："吾即以五而伐一，可乎？"对曰："不可。"燕王大怒。髃臣皆以为可。燕卒起二军，车二千乘，栗腹将而攻鄗，卿秦将而攻代。廉颇为赵将，破杀栗腹，虏卿秦、乐间。

⑧ 即便到了鸦片战争的时代，"汉奸"之"奸"依然被当作"奸民"的意思来用，比如魏源《筹海篇》："今日沿海所患安在乎？必曰：械斗之民也，烟盐私贩也，海盗也，渔艇蛋户也。今日陆地所患安在？必曰：回匪也，盐匪也，捻匪、红湖匪、曳刀匪也。官吏切齿为乱民，有事则目为汉奸。"《夷艘寇海记》："岂特义民可用，即莠民亦可用。以汉奸攻逆夷也。"

⑨ 《论语·阳货》：子之武城，闻弦歌之声。夫子莞尔而笑，曰："割鸡焉用牛刀？"子游对曰："昔者偃也闻诸夫子曰：'君子学道则爱人，小人学道则易使也。'"子曰："二三子！偃之言是也。前言戏之耳。"

⑩ 《史记·刘敬叔孙通列传》：于是叔孙通使征鲁诸生三十余人。鲁有两生不肯行，曰："公所事者且十主，皆面谀以得亲贵。今天下初定，死者未葬，伤者未起，又

欲起礼乐。礼乐所由起，积德百年而后可兴也。吾不忍为公所为。公所为不合古，吾不行。公往矣，无污我！"叔孙通笑曰："若真鄙儒也，不知时变。"

⑪ 两句俱见于《论语·子路》。

⑫《史记·曹相国世家》

⑬ 从"鞠"这个字说个小插曲，比较有趣。《汉书·外戚传》里记载吕后虐杀戚夫人的事，最惨的就是"太后遂断戚夫人手足，去眼熏耳，饮瘖药，使居鞠域中，名曰'人彘'。"戚夫人被囚禁的地方就叫"鞠域"。颜师古注释说"鞠域，如蹋鞠之域，谓窟室也。"这就是说，戚夫人被关押在一个足球场里（"蹋鞠"就是踢足球），就算汉代的足球场比较小，可也觉得于理不通哦，颜师古又说这个足球场是个"窟室"，也让人很难理解。

现在的通俗历史读物里说到戚夫人这段，一般都说她被扔进厕所里了——这个说法出自《史记》，但古文的"厕"倒不一定真指厕所。不过，不管怎么说，"厕"都是指最脏的地方，可以是厕所，也可以是猪圈。古人经常是猪圈连着厕所的，人一拉，猪就吃，然后人再吃猪肉……好恶心哦！

好了，话说回来，"鞠域"不管怎么解，但应该不会是厕所。

咬文嚼字一番。《艺文类聚·刑法部》有东汉李尤的《鞠城铭》："圆鞠方墙，仿像阴阳。法月衡对，二六相当。建长立平，其例有常。不以亲疏，不有阿私。端心平意，莫怨是非。鞠政由然，况乎执机。"什么是"鞠城"，现在很多出版物里都解释成古代足球场，而且解释得头头是道，比如："在《鞠城铭》中，李尤笔下的足球场，是'圆鞠方墙，仿像阴阳'。即'鞠'是圆形的，球场四周围着方墙，它象征着天圆地方，阴阳相对。竞赛中，效法月份，双方各6人，共12人进行对阵互相抗衡，称为'法月衡对，二六相当'。由于是有一定规则的竞赛，因而要设置裁判员建立公正的标准，对于裁判的判罚，也有约定俗成的常规。担任裁判的人，不能亲一方而疏另一方，裁判要公正。同时，对参赛队员的要求是心平气和地服从裁判，不要报怨裁判的裁决。其健全的竞赛规则，反映出这时的蹴鞠已经具备了现代足球运动的比赛规模了。"——看起来还真是这样，但是，这篇《鞠城铭》明明是出现在"刑法部"的分类之下的呀。

细心的人可能发现了，李尤写的是《鞠城铭》，"鞠"和"鞠"不是一个字。呵呵，其实倒无妨，这两个字是可以互通的，《龙龛手鉴·革部》说"鞠"是"鞠"的俗字——颜师古的误会可能就在这里，没分清，结果把监狱当成足球场了。——"鞠城"反正是监狱了，"鞠域"应当也是监狱才对？

⑭《史记·曹相国世家》

⑮ 详见《汉书·食货志》。

⑯《论语·先进》：鲁人为长府。闵子骞曰："仍旧贯，如之何？何必改作？"子曰："夫人不言，言必有中。"

⑰［英］爱德华·吉本：《罗马帝国衰亡史》（黄宜思、黄雨石/译，商务印书馆1997年第1版）

⑱［英］爱德华·吉本：《罗马帝国衰亡史》（黄宜思、黄雨石/译，商务印书馆1997年第1版，第13—15页）

⑲ 王夫之对此有过详论，消极的一面如："入粟六百石而拜爵上造，一家之主伯亚旅，力耕而得六百石之赢余者几何？无亦强豪挟利以多占，役人以佃而收其半也；无亦富商大贾以金钱笼致而得者也。如是，则重农而农益轻，贵粟而金益贵。"详见《读通鉴论》"汉文帝第十八"。

⑳ 详见［英］哈耶克：《自由秩序原理》（邓正来/译，三联书店1997年第1版，第15页及该页注27）。

㉑［英］亨利·梅因：《古代法》（沈景一/译，商务印书馆1959年第1版）

㉒［日］木村正雄：《中国古代专制主义的基础条件》（见《日本学者研究中国史论著选译》第三卷，刘俊文/主编，黄金山、孔繁敏等/译，中华书局1993年第1版，第682页）："中国古代的基本生产关系，是一种可成为'齐民制'的特殊形态。它不像希腊和罗马那样的以自由市民和他们所占有并役使的私人奴隶的生产关系为基础，构成多数的自律生产体；而是所有的人民基本上被纳入所谓国家生产体之中，作为国家的劳动力而隶属于国家的这种生产关系。人民在国家生产体之中，虽然每一个家族可以分得标准为一百亩的耕地，但终于不能形成独立的生产体。从而在经济上、政治上、社会上都不能完成自由和独立，基本上作为国家的劳动力，为出生地的户籍所束缚（编户之民），没有迁徙自由（本籍主义），税役等按人头缴纳（直接的、个别的、人头的支配），处于国家的支配、隶属之下（人身支配）。"

㉓［德］黑格尔：《历史哲学》（王造时/译，上海书店出版社1999年第1版，第136页）。同一段落的后文也颇有些意思，说的是"大家是一样卑微"的后果，其内容足以使一部分同胞吹胡子瞪眼，所以引过来一起看看："……大家既然没有荣誉心，人与人之间又没有一种个人的权利，自贬自抑的意识便极其通行，这种意识又很容易变为极度的自暴自弃。正由于他们自暴自弃，便造成了中国人极大的不道德。他们以撒谎著名，他们随时随地都能撒谎。朋友欺诈朋友，假如欺诈不能达到目的，或者为对方所发觉

时，双方都不以为可怪，都不觉得可耻。他们的欺诈实在可以说诡谲巧妙到了极顶。欧洲人和他们打交道时，非得提心吊胆不可。"

㉔ ［德］黑格尔：《历史哲学》（王造时/译，上海书店出版社1999年第1版，第133页）。

㉕ "请粥庶弟之母"，这个"粥"字这里通"鬻"，郑玄注释为："粥，谓嫁之也。妾贱，取之曰买。"

㉖ 这书身世复杂，我这里只是简略一提。

㉗ 《荀子·正论》：世俗之为说者曰："治古无肉刑，而有象刑：墨黥，慅婴，共、艾毕，菲、枲屦，杀、赭衣而不纯。治古如是。"是不然。以为治邪？则人固莫触罪，非独不用肉刑，亦不用象刑矣。以为人或触罪矣，而直轻其刑，然则是杀人者不死，伤人者不刑也。罪至重而刑至轻，庸人不知恶矣，乱莫大焉。凡刑人之本，禁暴恶恶，且惩其未也。杀人者不死，而伤人者不刑，是谓惠暴而宽贼也，非恶恶也。故象刑殆非生于治古，并起于乱今也。

㉘ 《汉书·礼乐志》：王者必因前王之礼，顺时施宜，有所损益，即民之心，稍稍制作，至太平而大备。周监于二代，礼文尤具，事为之制，曲为之防，故称礼经三百，威仪三千。于是教化浃洽，民用和睦，灾害不生，祸乱不作，囹圄空虚，四十余年。孔子美之曰："郁郁乎文哉！吾从周。"及其衰也，诸侯逾越法度，恶礼制之害己，去其篇籍。遭秦火学，遂以乱亡。
《后汉书·袁张韩周列传》：永元六年，宠代郭躬为廷尉。性仁矜。及为理官，数议疑狱，常亲自为奏，每附经典，务从宽恕，帝辄从之，济活着甚觽。其深文刻敝，于此少衰。宠又钩校律令条法，溢于甫刑者除之。曰："臣闻礼经三百，威仪三千，故甫刑大辟二百，五刑之属三千。礼之所去，刑之所取，失礼则入刑，相为表里者也。今律令死刑六百一十，耐罪千六百九十八，赎罪以下二千六百八十一，溢于甫刑者千九百八十九，其四百一十大辟，千五百耐罪，七十九赎罪。《春秋保乾图》曰：'王者三百年一蠲法。'汉兴以来，三百二年，宪令稍增，科条无限。又律有三家，其说各异。宜令三公、廷尉平定律令，应经合义者，可使大辟二百，而耐罪、赎罪二千八百，并为三千，悉删除其余令，与礼相应，以易万人视听，以致刑措之美，传之无穷。"未及施行，会坐诏狱吏与囚交通抵罪。

㉙ 《佛学大词典》"三千威仪八万细行"条：为佛弟子持守日常威仪之作法。坐作进退有威德仪则，称为威仪。比丘所应持守之二百五十戒，配以行住坐卧四威仪，合为一千戒，循转三世（一说三聚净戒），即成三千威仪。再配以身口七支（杀、盗、淫、

两舌、恶口、妄言、绮语）、贪嗔痴三毒及等分等四种烦恼，共成八万四千。诸经举其大数，但称八万细行；净心诚观法以小乘、大乘之不同着眼，而谓菩萨戒有八万威仪，声闻戒有三千威仪。又八宗纲要卷上谓僧戒与尼戒不同，僧有二百五十戒，即三千威仪，六万细行。尼有三百四十戒，即八万威仪，十二万细行。考诸文献，最早采用三千威仪之名目者，或即袭用自我国古代成语，即《中庸》之"优优大哉，礼仪三百，威仪三千。"〔大佛顶首楞严经卷五、法华三大部补注卷十一、大藏法数卷六十八〕

㉚ 童书业：《春秋史》（上海古籍出版社2003年第1版，第113页）："周初刑罚最严，凡不孝不慈不恭不友和酗酒的人都处死刑……"

〔美〕许倬云：《西周史》第五章第一节："成康之世，据说四十年刑措不用，号为太平。究其实际，北方并未完全肃清。康王时代的小盂鼎铭文残缺，不见全貌，但由其残文看来，周人与鬼方之间，曾有十分激烈的战事……"

㉛〔东汉〕王充《论衡·艺增》：光武皇帝之时，郎中汝南贲光上书，言孝文皇帝时居明光宫，天下断狱三人。颂美文帝，陈其效实。光武皇帝曰："孝文时不居明光宫，断狱不三人。"积善修德，美名流之，是以君子恶居下流。夫贲光上书于汉，汉为今世，增益功美，犹过其实，况上古帝王久远，贤人从后褒述，失实离本，独已多矣。不遭光武论，千世之后，孝文之事载在经艺之上，人不知其增，居明光宫，断狱三人，而遂为实事也。

㉜ "三从"之本义未必如此。参见谢维扬：《周代家庭形态》（中国社会科学出版社1990年第1版，第40页）：故《丧服传》说："妇人有三从之义，无专用之道。故未嫁从父，既嫁从夫，夫死从子。"这个从，不是服从，而是归从。即属于哪一方宗亲之意。

㉝ 陈鼓应：《老子注译及评介》（中华书局1984年第1版，第253页）：常无心：今本作"无常心"，据帛书乙本改。……王安石说："圣人无心，……以'吉凶与民同患'故也。"……河上公注云："圣人重更改，贵因循，若自'无心'。"

㉞ 详见《管子·任法》。

㉟ 郭沫若：《十批判书》（收录于《中国古代社会研究（外二种）》下册，河北教育出版社2000年第1版，内容详见该书第759页）

㊱ 尤其是"礼从俗"，可谓礼乐政治的一项重要原则，体现出对大刀阔斧式的改革的深切质疑。正如苏洵《礼论》中所谓："夫人之情，安于其所常为，无故而变其俗，则其势必不从。"

㊲ 郭沫若：《十批判书》（收录于《中国古代社会研究（外二种）》下册，河北教育出版社2000年第1版，引文见该书第756页）

㊳《马克思恩格斯全集》第2卷（人民出版社1963年第1版）

㊴［法］西蒙娜·薇依：《扎根——人类责任宣言绪论》（徐卫翔/译，三联书店2003年第1版，第6页）

㊵ 这个简化也不知道是从什么时候开始的，但在我看过的文字当中，至少陈天华的《警世钟》里还引的是完整的句子："中国自古以来，被把君臣大义的邪说所误。任凭什么昏君，把百姓害到尽头，做百姓的总不能出来说句话。不知孟夫子说道：'民为贵，社稷次之，君为轻！'君若是不好，百姓尽可以另立一个。何况满洲原是外国的鞑子，盗占中国，杀去中国的人民无数，是我祖宗的大仇。"

㊶ 需要说明的是，蒲鲁东这里可不是说气话或者反讽，而是以不短的篇幅严密论证出了这个结论。

㊷［法］莫斯科维奇《群氓的时代》（许列民、薛丹云、李继红/译，江苏人民出版社，2003年第1版，第12页）

这个"老问题"确实是够古老的，前人的论述几乎多达一个人一辈子也看不完的程度。我以为群体心理学在这方面的贡献是有革命意义的。

㊸ 这个问题并非本章的重点，却会在后文加以讨论。继续参看一下莫斯科维奇的《群氓的时代》也许是有益的：更糟的是，一个人一旦加入一个群体，深陷于一群民众之中，就可能变得过分暴躁、惊惶、热情或者残忍。他的行为举止与道德良心相抵触，与其利益也相违背。在这种情况下，他似乎已完全变成了另一个人。那就是不断困惑和惊扰我们的难解之谜。英国心理学家巴特利特（Bartlett. F.）在他的一部经典著作中引述一个政治家的言论，对此做了清楚的表述："社会行为是所有行为中最大的奥秘。我为此不得不研究了一辈子。但我仍然不敢假装全部都理解了。我可能对一个人已经了如指掌，但我仍然不敢说，他在一个群体中首先会做些什么。"

㊹ 见《雪莱政治论文选》，不过雪莱就违法问题却有着比较保守的看法，他在同一篇文章中说："任何人都无权独自反抗不管怎样坏的法律的执行，从而扰乱公众的安宁。他应该服从，同时竭尽他自己的理智力量，来促成这种法律的废除。"

㊺［意］贝卡里亚：《论犯罪与刑罚》（黄风/译，中国大百科全书出版社1993年第

1版）

㊻ 哈耶克曾经给出过另一个有效的办法："要使人民承认他们要为之服务的这些价值标准的正确性，最有效的方法是说服他们相信这些价值标准的确是和他们，或者说，至少是和他们当中的最优秀者一直所持有的价值标准相同的，只不过它们在以往没有得到应有的理解和认识罢了。使人民将对旧偶像的忠诚转移到新偶像上去的借口是新的偶像的确是他们健全的本能一直启示给他们的东西，只不过他们从前对它们的认识很模糊。达到这种目标最有效的技巧，就是仍然使用旧的字眼，但改变这些字眼的意义。极权主义制度的特色中，很少有像对语言的完全曲解——即借字义的改变来表达新制度的理想——这件事那样使肤浅的观察者感到困惑不解的了，而同时也很少有什么像这件事那样典型地体现整个极权主义精神氛围了。"（《通往奴役之路》，王明毅/译，社会科学出版社1997年第1版，第11章）

㊼ ［英］哈耶克：《通往奴役之路》（王明毅/译，社会科学出版社1997年第1版，第11章）

㊽ 在这个问题上毛泽东有过精辟的论述，见《所谓"不服从政令、军令"》（收录于《毛泽东选集》第三卷）：

国民党政府还经常以"不服从政令、军令"责备中国共产党。但我们只能这样说：幸喜中国共产党人还保存了中国人民的普通常识，没有服从那些实际上是把中国人民艰难困苦地从日本侵略者手里夺回来的中国解放区再送交日本侵略者的这种所谓"政令、军令"，例如，一九三九年的所谓《限制异党活动办法》，一九四一年的所谓"解散新四军"和"退至旧黄河以北"，一九四三年的所谓"解散中国共产党"，一九四四年的所谓"限期取消十个师以外的全部军队"，以及在最近谈判中提出来的所谓将军队和地方政府移交给国民党，其交换条件是不许成立联合政府，只许收容几个共产党员到国民党独裁政府里去做官，并将这种办法称之为国民党政府的"让步"等等。幸喜我们没有服从这些东西，替中国人民保存了一片干净土，保存了一支英勇抗日的军队。难道中国人民不应该庆贺这一个"不服从"吗？难道国民党政府自己用自己的法西斯主义的政令和失败主义的军令，将黑龙江至贵州省的广大土地、人民送交日本侵略者，还觉得不够吗？除了日本侵略者和反动派欢迎这些"政令、军令"之外，难道还有什么爱国的、有良心的中国人欢迎这些东西吗？没有一个不是形式的而是实际的、不是法西斯独裁的而是民主的联合政府，能够设想中国人民会允许中国共产党人，擅自将这个获得了解放的中国解放区和抗日有功的人民军队，交给失败主义和法西斯主义的国民党法西斯独裁政府吗？假如没有中国解放区及其军队，中国人民的抗日事业还有今日吗？我们民族的前途还能设想吗？

㊾ ［美］魏特夫：《东方专制主义——对于极权力量的比较研究》（徐式谷/译，中

国社会科学出版社1989年第1版，第139页）

(50) ［日］车田正美：《圣斗士星矢》（无名氏/译，大陆某奸商非法出版，版次不详——因为没有版权页）——我这才叫严谨的学风。

(51) ［美］斯特伦：《人与神——宗教生活的理解》（金泽、何其敏/译，上海人民出版社，1991年第1版）

(52) 《太一生水》这段话我只是简单一说，就不较真了。对这些文字专家们争议极多，有兴趣的可以找几期《道家文化研究》《中国哲学》和《古文字研究》看看。

(53) 详见尹振环：《楚简老子辨析——楚简与帛书〈老子〉的比较研究》（中华书局2001年第1版）。

(54) 参看聂中庆：《郭店楚简〈老子〉研究》（中华书局2004年第1版，第218—219页）："王亦大"句傅奕本、范应元本均作"人亦大"。范应元云："'人'字傅奕同古本。河上公本作'王'，观河上公之意，以为王者人中之尊，故有尊君之义。然按后文'人法地'，则古本文义相贯。况人为万物之灵，与天地并列为三才，身任斯道，则人实亦大矣。"奚侗云："两'人'字各本均作'王'，《淮南子·道应训》引亦作王，盖古之尊君者妄改之，非老子本义也。" 验之简本及帛书甲、乙本均作"王亦大"，则"王亦大"应为老子原文。

(55) 《汉书·艺文志》：《文子》九篇。老子弟子，与孔子并时，而称周平王问，似依托者也。

(56) ［清］孙星衍《问字堂集·文子序》

(57) 《四库全书总目提要》卷一百四十六·子部五十六·道家类·《文子》条：……因《史记·货殖传》有"范蠡师计然"语，又因裴骃《集解》有"计然姓辛，字文子，其先晋国公子"语，北魏李暹作《文子》注，遂以计然、文子合为一人。文子乃有姓、有名，谓之辛鈃（案：暹注今已不传，此据《读书志》所引）。……

(58) 详见钱穆：《先秦诸子系年》（河北教育出版社2002年第1版，第134—135页，第252—253页）。

(59) 《管子·法法》：舜之有天下也，禹为司空，契为司徒，皋陶为李，后稷为田……

⑥⓪ ［法］摩莱里：《自然法典》（黄建华、姜亚洲/译，商务印书馆1985年第1版）

⑥① ［法］卢梭：《论人类不平等的起源和基础》（李常山/译，商务印书馆1962年第1版，第71页），下同。

⑥② ［英］爱德华·泰勒：《人类学》（连树声/译，上海文艺出版社1993年第1版），第16章："这就从家庭传播到较为广阔的范围。部族的自然形成道路，就是由家庭或群体形成部族，这种群体随着时间的流逝而扩大并分成许多经济单位，而这许多经济单位彼此仍然承认是亲属。这种亲族关系作为整个部族的关系，被所有的人都如此深刻地承认，甚至当各不同的部族发生混合的时候，只要一想为所有群体建立一种想象的关系，那么人们就常常虚构一位共同的祖先。因此，kindred（亲属关系）和kindness（爱护）是携手前进的——这两个同源的派生词，最恰当地表现了社会生活中主要的基本原则之一。"

⑥③ 图腾与旗帜的渊源可参考伊利亚特·史密斯《人类史》和涂尔干《宗教生活的基本形式》。

⑥④ 详见胡适：《中国哲学史大纲》。

⑥⑤ 陈鼓应：《老子注译及评介》（中华书局1984年第1版，第216页）

⑥⑥ 详见许地山：《道教史》（上海古籍出版社1999年第1版）。

⑥⑦ ［清］魏源《老子本义序》（《魏源集》，中华书局1983年第1版，第255页）

⑥⑧ 舜圣人也有可能是"西域人"。［清］王谟辑《汉魏遗书》、［汉］颍容《春秋释例》："舜居西域，本曰妫汭。"不过这个"西域"并不是碧眼胡僧的那个西域。

⑥⑨ 《左传·昭公六年》：三月，郑人铸刑书。叔向使诒子产书，曰："始吾有虞于子，今则已矣。昔先王议事以制，不为刑辟，惧民之有争心也。犹不可禁御，是故闲之以义，纠之以政，行之以礼，守之以信，奉之以仁，制为禄位以劝其从，严断刑罚以威其淫。惧其未也，故诲之以忠，耸之以行，教之以务，使之以和，临之以敬，莅之以强，断之以刚。犹求圣哲之上，明察之官，忠信之长，慈惠之师，民于是乎可任使也，而不生祸乱。民知有辟，则不忌于上，并有争心，以征于书，而徼幸以成之，弗可为矣。夏有乱政而作《禹刑》，商有乱政而作《汤刑》，周有乱政而作《九刑》，三辟之兴，皆叔世也。今吾子相郑国，作封洫，立谤政，制参辟，铸刑书，将以靖民，不亦难乎？《诗》曰：'仪式刑文王之德，日靖四方。'又曰：'仪刑文王，万邦作孚。'如

是，何辟之有？民知争端矣，将弃礼而征于书。锥刀之末，将尽争之。乱狱滋丰，贿赂并行，终子之世，郑其败乎！肸闻之，国将亡，必多制，其此之谓乎！"复书曰："若吾子之言，侨不才，不能及子孙，吾以救世也。既不承命，敢忘大惠？"

⑦⓪ ［唐］杜佑《通典·职官七》：汉宣帝地节三年，初于廷尉置左、右平，员四人。宣帝诏曰："今遣廷吏与郡鞠狱，任轻禄薄，其为置正平，员四人，其务平之。"涿郡太守郑昌上言曰："圣王立法明刑者，非以为理救衰乱之起也。今明主躬垂明听，不置廷平，狱将自正。若开后嗣，不若删定律令。律令一定，愚民知所避就，奸吏无所弄法。今不正其本，而置廷平以理其末，代襄听怠，则廷平将摇权而为乱首也。"宣帝始置左、右平。

⑦① 详见［伊朗］拉明·贾汉贝格鲁：《伯林谈话录》（杨祯钦/译，译林出版社2002年第1版）

⑦② 《吕氏春秋·淫辞》：宋王谓其相唐鞅曰："寡人所杀戮者众矣，而群臣愈不畏，其故何也？"唐鞅对曰："王之所罪，尽不善者也。罪不善，善者故为不畏。王欲群臣之畏也，不若无辨其善与不善而时罪之，若此则群臣畏矣。"居无几何，宋君杀唐鞅。唐鞅之对也，不若无对。

⑦③ 这两句的释文一直有争议，相关文章一大堆，我就举一个好了。裘锡圭：《纠正我在郭店〈老子〉简释读中的一个错误——关于"绝伪弃诈"》（收录于裘锡圭：《中国出土古文献十讲》，复旦大学出版社2004年第1版，第230—241页，原载《郭店楚简国际学术研讨会论文集》，湖北人民出版社2000年第1版）。

⑦④ 详见［英］拉德克利夫布朗：《原始社会的结构与功能》（潘蛟、王贤海、刘文远、知寒/译，潘蛟/校，中央民族大学出版社1999年第1版，第11章）

⑦⑤ ［清］崔述《考信录提要》"以己度人"条："人之情好以己度人，以今度古，以不肖度圣贤。至于贫富贵贱，南北水陆，通都僻壤，亦莫不互相度。往往径庭悬隔，而其人终不自知也。汉疏广为太子太傅，以老辞位而去，此乃士君子常事；而后世论者谓广见赵、盖、韩、杨之死故去。无论盖、韩、杨之死在此后，藉使遇宽大之主，遂终已不去乎！何其视古人太浅也！昭烈帝临终托孤于诸葛武侯，曰：'嗣子可辅，辅之；若不可辅，君可自取，毋令他人得之。'此乃肺腑之言，有何诈伪，而后世论者谓昭烈故为此言以坚武侯之心。然将使昭烈为袁本初、刘景升而后可乎！此无他，彼之心固如是，故料古人之亦必如是耳。……"

⑦⑥ 详见［意］马基雅维利：《论李维》（冯克利/译，上海人民出版社2005年第1

版，第244—245页）

(77) 易顺鼎《读老札记》：按此章有后人窜入之语，非尽老子原文。庄子天下篇引老聃曰："知其雄，守其雌，为天下溪。知其白，守其辱，为天下谷。"此老子原文也。盖本以"雌"对"雄"，以"辱"对"白"。辱有黑义，仪礼注："以白造缁曰辱。"此古义之可证者。后人不知"辱"与"白"对，以为必"黑"始可对"白"，必"荣"始可对"辱"，如是，加"守其黑"一句于"知其白"之下，加"知其荣"一句于"守其辱"之上；又加"为天下式，为天下式，常德不忒，复归于无极"四句，以协"黑"韵，而窜改之迹显然矣。以"辱"对"白"，此自周至汉古义，而彼竟不知，其显然者，一也。"为天下溪"，"为天下谷"，"溪""谷"同意，皆水所归，"为天下式"，则与"溪""谷"不伦，协合成韵，其显然者，二也。王弼已为"式"字等句作注，则窜改即在魏、晋之初，幸赖庄子所引，可以考见原文，亟当订正，以存真面。（转引自陈鼓应：《老子注译及评介》，中华书局1984年第1版，第178—179页）

(78) 详见郭沫若：《中国古代社会研究（外一种）》下册（河北教育出版社2000年第1版，第766—768页）。

(79) 陈鼓应：《老子注译及评介》（中华书局1984年第1版，第76—77页）

(80) 全文见《圣西门选集》第一卷（王燕生、徐仲年、徐基恩/译，董果良/校，商务印书馆2004年第1版）"组织者"。圣西门显然认为那些所谓的"国家栋梁"并不比我们普通人强出多少，他继续论述道："这首先是因为遗缺的职位可很容易补上。能履行国王兄弟职务的，法国大有人在，而且完成得能像这位先生一样好；很多人能够胜任大公亲王的职务，而且跟安古雷姆公爵殿下、贝利公爵殿下、奥尔良公爵殿下、波旁公爵殿下完全一样胜任；许多法国女性都能像安古雷姆公爵夫人、贝利公爵夫人、奥尔良夫人、波旁夫人和龚德小姐一样，成为贤良的公主或王妃。

"宫廷里有的是侍从可以出任高官，军队中有许多人比我们现在的元帅们还善于治军带兵。有多少听差可以充任我们的国家大臣！有多少职员比现任的省长和副省长更善于管理省务！有多少律师同我们的法官一样精通法律！有多少神甫跟我们的红衣主教、大主教、主教、大本堂神甫和议事司铎一样精明能干！至于那些数以万计的养尊处优的财主，他们的继承者无须经过什么训练，便能像他们本人一样善于送往迎来，保持其沙龙的荣誉。"

——看来圣西门时代的政治、军事和法律对技术要求并不太高哦，而且，"有多少律师同我们的法官一样精通法律"——这至少说明他们在任的法官确实都是精通法律的，这难道还不够吗？

(81) 看看唐兰的有趣小考据："……旧式的训诂学家，往往不懂得'字'和'语'的分别，被字面所误，把双音节语拆开来，一个一个去解释。例如：……'犹豫'也本是双音节语，可从《老子》就说'豫兮若冬涉川，犹兮若畏四邻'，分做两处，那就难怪要把两个多疑的兽名来解释了。'狼狈'的意义本等于'狼跋''剌癶'，也是一个双音节语，由于字面是两个兽，段成式《酉阳杂俎》卷十六附会着说：'或言狼、狈是两物，狈前足绝短，每行常驾两狼，失狼则不能动，故世言事乖者称狼狈。'后来人就更说到'狼狈为奸'了。"（唐兰：《中国文字学》，上海古籍出版社2001年第1版，第26页）

(82) 见陈鼓应：《老子注译及评介》（中华书局1984年第1版），下同。

(83) 这像是战国时代的流行故事，除《孟子》记载之外，还可见《庄子·让王》和《吕氏春秋·审为》。

(84) 比如《资治通鉴》第二百五十六卷讲的这个典型的例子："时溥遣使献黄巢及家人首并姬妾，上御大玄楼受之。宣问姬妾：'汝曹皆勋贵子女，世受国恩，何为从贼？'其居首者对曰：'狂贼凶逆，国家以百万之众，失守宗祧，播迁巴、蜀；今陛下以不能拒贼责一女子，置公卿将帅于何地乎！'上不复问，皆戮之于市。人争与之酒，其余皆悲怖昏醉，居首者独不饮不泣，至于就刑，神色肃然。"——人心并不都在唐僖宗一边，宋代周煇《清波杂志》"黄巢姬妾"条特别感谢司马光把这位奇女子载入史册，并惋惜唐史记《列女传》遗此不载。

(85) "盛世"的另一个问题是：我们经常很难搞清，哪些是真实情况，哪些是粉饰出来的。汉武帝的"盛世"即便在正史里也有不少骇人的记载，后来的一些"盛世"却往往只在一些野史笔记里留存些个不那么主旋律的说法。就拿被很多人誉为中国历史第一盛世的康乾盛世来说吧，清人汪辉祖《病榻梦痕录》回忆了乾隆年间的物价飞涨，树皮被吃光了，还有不少人吃观音土致死——这可是杭州附近，不是什么塞外边荒；清人俞蛟《梦盦杂著》记载"棚民"之患，等等。

(86) 转引自陈鼓应：《老子注译及评介》（中华书局1984年第1版，第111页）

(87) ［法］托克维尔：《论美国的民主》（董果良/译，商务印书馆1988年第1版）

(88) ［法］托克维尔：《旧制度与大革命》（冯棠/译，桂裕芳、张芝联/校，商务印书馆1992年第1版）

(89) "五等爵"疑点多多，这里只是简要从俗而论，详情容后细表。

⑨⓪ ［法］托克维尔：《论美国的民主》（董果良/译，商务印书馆1988年第1版）

⑨① 《老子》第十二章：五色令人目盲，五音令人耳聋，五味令人口爽，驰骋畋猎，令人心发狂，难得之货，令人行妨。是以圣人为腹不为目，故去彼取此。

第三十八章：上德不德，是以有德；下德不失德，是以无德。上德无为而无以为，下德为之而有以为。上仁为之而无以为，上义为之而有以为。上礼为之而莫之应，则攘臂而扔之。故失道而后德，失德而后仁，失仁而后义，失义而后礼。夫礼者，忠信之薄，而乱之首。前识者，道之华，而愚之始。是以大丈夫处其厚，不居其薄；处其实，不居其华。故去彼取此。

第七十二章：民不畏威，则大威至。无狎其所居，无厌其所生。夫唯不厌，是以不厌。是以圣人自知不自见；自爱不自贵。故去彼取此。

⑨② 陈鼓应：《老子注译及评介》（中华书局1984年第1版，第111、221页）

⑨③ 夏勇：《中国民权思想》（三联书店2004年第1版，第2—3页）

⑨④ ［美］萨托利：《民主新论》（冯克利、阎克文/译，东方出版社1998年第1版，第177页）。另外，关于卢梭时代的日内瓦，详细可看朱学勤：《道德理想国的覆灭——从卢梭到罗伯斯庇尔》（上海三联书店1994年第1版）

⑨⑤ 虽然墨家主张薄葬，极力反对儒家的厚葬主张，但王充《论衡·薄葬》却把厚葬之风归咎于儒、墨两家，各打五十大板。听起来好像不可思议，但王充批评墨家的理由是：墨家虽然主张薄葬，但他们的"明鬼"主张却必然导致人们的厚葬行为——如果大家都知道死人会变鬼，还敢对死人吝啬么？——"圣贤之业，皆以薄葬省用为务。然而世尚厚葬，有奢泰之失者，儒家论不明，墨家议之非故也。墨家之议右鬼，以为人死辄为神鬼而有知，能形而害人，故引杜伯之类以为效验。儒家不从，以为死人无知，不能为鬼，然而赗祭备物者，示不负死以观生也。陆贾依儒家而说，故其立语，不肯明处。刘子政举薄葬之奏，务欲省用，不能极论。是以世俗内持狐疑之议，外闻杜伯之类，又见病且终者，墓中死人来与相见，故遂信是，谓死如生。……"

⑨⑥ 熊逸《孟子他说》第二册：儒家推崇礼治，有各式各样很复杂的一些仪式，其中丧礼是特别讲究的。做人要做孝子，这在儒家的理论里绝不仅仅是伦理范畴的事，而是政治范畴的事。评书里常说一句话，叫"忠孝不能两全"，这很给人造成误解，以为忠和孝是对立的，其实在儒家看来，这两者就是一枚硬币的两面：在家做孝子，出门做忠臣。同样的，在家要是逆子，出门做官肯定得是奸臣。

有人可能会问：即便是在家做孝子，那么，在父母生前多尽孝不是很好么，何必还要讲究死后那些劳师动众的繁文缛节呢？——我们现代社会很推崇这种观念，宣传生前多尽孝、丧事要从俭，这是一点儿错没有的。但古人讲究厚葬也自有他们的道理。

那，是因为古人的鬼神观和来世观吗？——有一定的关联，但说到底还是为现实服务的，为政治服务的。这就不得不讲讲周代的宗法制。简单举个例子：第一任周天子一共讨了三个老婆，生了六个儿子，等他死了，这六个儿子谁来接他的班呢？是考试？是比武？还是抽签？都不行，那就乱套了，按照严格规定：他的大老婆生的大儿子才是合法接班人。好了，大儿子接了班，然后这位大儿子（第二任周天子）又讨了三个老婆，生了六个儿子，等他死的时候，他的大老婆生的大儿子又会接他的班成为第三任周天子，往后就依此类推。这个大老婆大儿子的系统叫作"大宗"，其他那些儿子都叫"小宗"。周朝人尤其讲究祭祖，第一任周天子生的老二、老三一向跟爸爸关系不错，有一天，两人一合计，爸爸死了这么长时间了，很是想念，唉，祭奠他老人家一下吧！

人家的祭奠可不像老百姓那样在坟头上烧点儿纸钱就完了，那可是个无比盛大的活动。可老二和老三虽然有这个想法，却不能真正去做。为什么呢？因为他们没这个权利。

啊？！难道做儿子的还没权利祭奠过世的爸爸么？——的确没有，从老二到老六都没有这个权利，只有老大才有。换句话说，就是只有"大宗"才有。

可是，从老二到老六要是不能祭祖，这不是不合人情么？所以，他们其实也是可以去祭祖的，但一定要在老大的带领之下才行。如果自己要单独祭祖，那就等于造反。

再拿老二做例子。老大接了班，当了新任的周天子，老二和其他兄弟一起早已被分封到全国各地做诸侯了。老二被分封到了齐国，做了第一任的齐王（严格说是不能叫"王"的，只能是"公"或者"侯"什么的，不过这里就从俗了）。这位齐王讨了三个老婆，生了六个儿子，接班的方法和周天子的"大宗"系统一样，照样是大老婆生的大儿子接班做第二任的齐王，依此类推，这一支就是齐国的"大宗"，而其他子弟就是齐国的"小宗"。齐国的小宗也没有单独祭奠第一任齐王的权利，只有在"大宗"的带领下才能参加祭祖活动。

第一任齐王所生的六个孩子里，老大接班做了第二任齐王，另外五兄弟被分封到各自的采邑，成为卿大夫，在他们这个卿大夫的更小的系统里，也一样再分"大宗"和"小宗"。依此类推。

明白了这种宗法制度，我们就能想象到祭祖的意义了：如果要尊奉祖先，就要隆重祭祀；如果要去祭祀，"小宗"就得听"大宗"的——在齐国的祭祖是齐国的各个卿大夫都得紧跟齐王，在周王室的祭祖是各个诸侯国的国君都得紧跟周天子。所以，孝道在政治上的重要性也就不言而喻了。……

明白了宗法制度大概结构，我们就会明白，所谓"孝道"在那样的社会里是带有很重大的政治意义的：与其说是情感，不如说是现实；与其说是伦理，不如说是政治。到后来封建社会解体，中国进入漫长的专制社会，孝道也就失去了它原来的意义，而又在新的政治环境下被赋予了新的意义。现代社会有人讲我们要弘扬传统文化，恢复中国古代的孝道，这些人的用心虽好，却忽视了孝道之所以成为孝道的历史背景。我们不妨想想，我们说中国传统文化讲求孝顺父母，可人家外国人也没有鼓励孩子去虐待父母啊？那我们这个“孝道”的独到之处到底在哪里呢？——在中国古代从宗法制度而来的政治意义之内。

(97) 克鲁泡特金《互助论》和本尼迪克特《文化模式》中这类记载还有很多。

(98) 熊逸《孟子他说》第一册：如何解决闲散劳动力的安置问题，或者说是失业问题，这是朱元璋曾经操心过的问题，也是现代西方经济学中一个重点课题。所以我们可以很自豪地说：“对于这个问题，我们中国人很早很早以前就想出了很有效的方法。”——真的很早，比朱元璋还早。

先说朱元璋，他很清醒地认识到失业问题是个影响社会稳定的大问题。他那时候不是自由市场经济，所以失业问题不必非要通过市场机制来解决。朱元璋的思路据推测是，让这批人（失业人口或者潜在失业人口）上山下乡做无用功去，当然，能多创造点儿价值更好，不能的话也没关系，不闹事就行。这就好比让这些人挖沟，挖完大沟再把沟填上，然后再挖，然后再填！而且，用驿站来安置这么多人，驿站工作本身也确实很重要，这就是一举两得啊。所以，即便驿站有大量冗员，即便机构臃肿，即便人浮于事，那也是轻易裁撤不得的！

宋朝皇帝更早认识到了这点。我们知道，北宋地盘不大，可常备军规模空前，为什么？不是单单为了加强国防，而是在用军队来安置失业人口，所以北宋一到灾荒年景军队就会大量征兵，就是怕这些人流落在社会上会成为不安定因素，会闹事。

(99) 《圣西门选集》第一卷《我的〈社会组织理论〉一书的摘要》（王燕生、徐仲年、徐基恩/译，董果良/校，商务印书馆2004年第1版）

(100) 《礼记·檀弓》：有子问于曾子曰：“问丧于夫子乎？”曰：“闻之矣，丧欲速贫，死欲速朽。”有子曰：“是非君子之言也。”曾子曰：“参也闻诸夫子也。”有子又曰：“是非君子之言也。”曾子曰：“参也与子游闻之。”

有子曰：“然，然则夫子有为言之也。”

曾子以斯言告于子游。子游曰：“甚哉，有子之言似夫子也。昔者夫子居于宋，见桓司马自为石椁，三年而不成。夫子曰：‘若是其靡也，死不如速朽之愈也。’死之欲速朽，为桓司马言之也。南宫敬叔反，必载宝而朝。夫子曰：‘若是其货也，丧不如速贫之愈也。’丧之欲速贫，为敬叔言之也。”

曾子以子游之言告于有子。有子曰：“然，吾固曰，非夫子之言也。”

曾子曰：“子何以知之？”

有子曰：“夫子制于中都，四寸之棺，五寸之椁，以斯知不欲速朽也。昔者夫子失鲁司寇，将之荆，盖先之以子夏，又申之以冉有，以斯知不欲速贫也。”

⑩　可参看〔美〕贝格尔：《神圣的帷幕——宗教社会学理论之要素》（高师宁/译，上海人民出版社，1991年第1版，第34页），贝格尔解释了这个问题的另外一面：在这种层次上，神圣的反义词是世俗，可以简单地将其定义为神圣性质的匮乏。所有并未"突出来"成为神圣的现象都是世俗的。日常生活的程序都是世俗的，除非能够证明它们后来被认为以这种或那种方式输入了神圣的力量（如从事神圣的工作）。然而，即便在这种情况下，被认为属于生活本身的普通事件之神圣性质，仍然保留有其非常的特点，即要通过种种仪式去象征性地重新肯定的特点，而失去这种特点就相当于世俗化，相当于把这些事件仅仅看作世俗的东西。

⑫　在这个问题上，本尼迪克特的一种观点值得参考：在英语中，我们常说我们是"heirs of the ages"（历史的负恩人）。两次世界大战和严重的经济危机，多多少少减弱了讲这句话时的自信。但这种变化并没有增加我们对过去的负恩感。东方各民族的观点则与此相反，总认为自己是历史的负恩人。他们那些西方人称之为崇拜祖先的行为中，其实很大部分并不是真正崇拜，也不完全是对其祖先，而是一种仪式，表示人们承认对过去的一切欠有巨大的恩情。不仅如此，他们欠的恩情不仅是对过去，而且在当前，在每天与别人的接触中增加他们所欠的恩情。他们的日常意志和行为都发自这种报恩感。（〔美〕本尼迪克特：《菊与刀》，吕万和、熊达云、王智新/译，商务印书馆1990年第1版，第68页）

⑬　〔美〕彭尼·凯恩：《中国的大饥荒（1959—1961）——对人口和社会的影响》（郑文鑫、毕健康、戴龙基等/译，中国社会科学出版社1993年第1版，第34页）

⑭　梁启超：《论中国学术思想变迁之大势》（载于《饮冰室合集》"饮冰室文集之七"）：灾异之说何自起乎？孔子小康之义，势不得不以一国之权托诸君主。而又恐君主之权无限，而暴君益乘以为虐也，于是乎思所以制之。乃于《春秋》特著以元统天、以天统君之义，而群经亦往往三致意焉。其即位也，誓天而治；其崩薨也，称天而谥。是盖孔子所殚思焦虑，计无复之，而不得已出于此途者也。不然，以孔子之圣智，宁不知日蚀、彗见、地震、星孛、鹢退、石陨等，地文之现象，动物之恒情，于人事上、政治上毫无关系也。……孔子盖深查夫据乱时代之人类，其宗教迷信之念甚强也，故利用之而申警之。

⑮　周作人：《国旗颂》，收录于《周作人文类编》第1卷（钟叔河/编，湖南文艺出版社1998年第1版，第563—564页，本文原载1927年1月1日刊《语丝》112期）

⑯　〔英〕麦克斯·缪勒：《宗教的起源与发展》（金泽/译，陈观胜/校，上海人民出版社，1989年第1版，第12页）

⑩⑦ 克菲阿特和泽尔内《极端群体》，详见［美］戴维·波普诺：《社会学》第十版（李强等/译，中国人民大学出版社1999年第1版，第136—137页）

⑩⑧ 波普诺《社会学》第10版（李强等/译，中国人民大学出版社1999年第1版）。这里的"集权主义"是指Totalitarianism，这个词经常是一个作者一个用法。

⑩⑨ 秦晖的《传统十论》（复旦大学出版社2005年第1版）有对这个问题的详细阐述，比如：我们看到上至秦汉之际，下迄唐宋之间，今天所见的存世"生活史料"涉及的几百个实际存在过的村庄，包括湖南（长沙一带）、湖北（江陵一带）、四川（成都平原）、中原（洛阳一带）、河西走廊（张掖敦煌一线）等诸代表性区域类型——从内地到边疆，黄河流域到长江流域，全是非宗族化的乡村，其非宗族化的程度不仅高于清代农村，甚至高于当代乡间一般自然村落，而与完全无宗法因素的随机群体相仿。在这许多案例中没有任何一例聚族而居或大姓居优的。当然，没有发现并不意味着不存在，也许今后人们会找到典籍中那种族居乡村的生活实例，但在编户齐民的乡村中几乎可以断言其比率不会高，尤其在王朝稳定的年代。

⑩⑩ 《伊索寓言》里有一则故事最能说明人的这种常见心态，如果我们只看这个小故事而不听伊索的"大道理"的话："两只青蛙是邻居，一个住在离路很远的深的池塘里，又一个却在路上小水洼里。那个在池塘里的劝别一个移居到他这里来，那么生活得更好更安全，可是他说要从住惯的地方离开很不舍得，不曾听从，后来终于在那里被走过的车子压死了。这样地，有些人干着无聊的事务过日子的，在他转向更好的事之前就已灭亡了。"（《全译伊索寓言集》，周作人/译，中国对外翻译出版公司，1999年第1版，第30页）

⑪ ［英］埃文斯–普理查德：《努尔人——对尼罗河畔一个人群的生活方式和政治制度的描述》（褚建芳、阎书昌、赵旭东/译，华夏出版社2002年第1版），第187页：……很明显，从我们的信息提供者描述整个程序的方式来看，酋长做出的最后决议，是隐含于劝说性语言之中的意见，而不是传达一个有权威的裁决。此外，尽管酋长的神圣及长老的影响是很有分量的，但只有在双方都同意时，其决议才能被接受。

第199页：总之，我们可以说，努尔人的酋长是神圣的人物，但这种神圣并没有赋予他们在特定社会情境之外的任何一般性的权威。我从未看到努尔人对待酋长比对待其他人更尊重，或者谈起酋长就像谈起十分重要的人物一样。他们只是把酋长看作是某种类型的世仇得以解决以及某种污秽得以拭掉的代理人，而且，我经常听到这样的说法："我们抓住他们，把豹皮给他们，让他们当我们的酋长，在为凶杀举行的献祭仪式上作说道。"

第205页：那些最具影响力的长老都是嘎特·特沃特（gaat twot），即公牛之子……

他所具有的权威从来就是非正式性的。他没有任何明确界定的地位、权力或领袖身份（sphere of leadership）。一个杰出的社会人物的产生，是许多因素共同作用的结果，比如宗族、年龄、在家中的辈分、许多孩子、姻亲关系、所拥有的牛的多少、作为斗士的勇猛气概、辩才、性格，常常还包括某种仪式权力等。这种社会人物被人们看成是联合家庭以及由同族亲属和姻亲所聚集成的群落的首领，是村落或营地的首领，是一个在我们称之为区落的这个相当含混的范围内具有重要性的人。

⑫ 《宋史·司马光传》：遂上疏论修心之要三：曰仁，曰明，曰武；治国之要三：曰官人，曰信赏，曰必罚。其说甚备。且曰："臣获事三朝，皆以此六言献，平生力学所得，尽在是矣。"——司马光说自己先后为官三朝，全凭着六项原则。司马光在《进五规状》里还说，没几个人真能做到公而忘私。看来这位有着实际事功的著名儒者对人心的道德操守并不抱多大的信任。

⑬ 赫伯特·阿特休尔：《权力的媒介——新闻媒介在人类事务中的作用》（黄煜、裘志康/译，华夏出版社1989年第1版）

⑭ 钱单士厘：《癸卯旅行记》："譬如水旱偏灾，发帑移粟，乃行政者分内事。而在俄国则必曰：'此朝廷加惠穷黎''此朝廷拯念民生'。一若百姓必应受种种损害，稍或不然，便是国政仁厚。此俄之所以异于文明国也。"——此言还有上文，比较之下真觉得这就已经够"仁政"了："此驿见一华人负囊登车，求售绢物。询系山东人，所售即山东所织。俄于他国人入境之禁止綦严，且课税重重。此小贩人所获几何，而不远万里作此营生，想见吾民生计之艰。闻一路至森堡，此等亦不下数百名，间被杀死，且或加以有疫之名而虐死之。死后彼官以一纸空言达彼内部，转达外部，而告于我使馆，我使馆本不知此等人姓名来由踪迹，亦遂置之，其不告我使馆并不达彼内、外部者无论矣。虽然，视满洲境上哥萨克之时时杀人而上官方奖励之者，仁厚多矣，无怪俄官之动称国政仁厚也。"

⑮ ［德］黑格尔：《历史哲学》（王造时/译，上海书店出版社1999年第1版，第143页）

⑯ 钱单士厘：《癸卯旅行记》："廿二日（阳五月十八）晨过阿臣斯克，下车就食于车场。俄路惟食物最备。场中间有售宗教书者，而从未见售新闻纸者。盖俄本罕施小学教育，故识字人少，不能读新闻纸。且政府对报馆禁令苛细，不使载开民智语，不使载国际交涉语，以及种种禁载。执笔者既左顾右忌，无从着笔，阅者又以所载尽无精彩而生厌，故新闻纸断不能发达。此政府所便，而非社会之利也。"

⑰ 转引自黄裳：《笔祸史谈丛》（北京出版社，2004年第1版，第22页）

⑱ 钱单士厘《癸卯旅行记》："（托尔斯泰）所著小说，多曲肖各种社会情状，最足开启民智，故俄政府禁之甚严。其行于俄境者，乃寻常笔墨，而精撰则行于外国，禁入俄境。俄廷待托极酷，剥其公权，摈于教外（摈教为人生莫大辱事，而托淡然。）徒以各国钦重，且但有笔墨而无实事，故虽恨之入骨，不敢杀也。"

⑲ 罗隆基：《告压迫言论自由者——研究党义的心得》（收录于《胡适文集》第5卷，欧阳哲生/编，北京大学出版社1998年第1版，第564—565页，原载于1929年9月10日《新月》第2卷第6、7号合刊）

⑳ ［美］贝格尔：《神圣的帷幕——宗教社会学理论之要素》（高师宁/译，上海人民出版社1991年第1版，第43页）

㉑ 《太平经·一男二女法第四十二》："然，太皇天上平气将到，当纯法天。故令一男者当得二女，以象阴阳，阳数奇、阴数偶也，乃太和之气到也。如大多女，则阴气兴；如大多男，则阳气无双无法，亦致凶，何也？人之数当与天地相应，不相应，力而不及，故得凶害也。"

不过话说回来，儒家也有个"一夫二妇"的版本，"那一夫二妇乃尧舜之道，舜妻尧之二女，班班可考"——这事还真有人认真过，可以看看乾隆十八年"丁文彬逆词案"里丁文彬有趣的供词：

"小子从前跟了族叔祖丁芝田到过曲阜，见过老衍圣公，讲尧舜之道，辟佛老邪教，曾把两个女儿许配小子的。"

"问，你既是小家出身，现在看你形如乞丐，当年衍圣公怎肯与你结亲？况结亲从无两女同许一人之理，又并无媒妁，显属妄赖了。"

"供，小子结亲是奉上帝命，何须媒妁呢。那一夫而妇乃尧舜之道，舜妻尧之二女，班班可考。当年老衍圣公守先王之道，实应称帝，看小子讲道论德，与舜无异，故传位与小子，以二女妻之。这都蒙上帝启迪所成。小子闻得衍圣公殁了，就接了位，如今已八年了。"（转引自黄裳：《笔祸史谈丛》，北京出版社2004年第1版，第42页）

綦彦臣：《中国古代言论史》（航空工业出版社2005年第1版，第12章）：丁文彬是浙江上虞人，读过几年书。略晓文义。他想著书求名，抄袭而成《文武记》《太公望传》，于乾隆十四年（公元1749）呈献江南学政庄有恭。庄有恭收了丁文彬的书又把这两部书增补改写为《洪范》《春秋》。作者在书中以"天子""王帝"自居，并且大行封赏：父母封"王"封"后"；兄、叔等人封"公"封"太宰"；暗自恋慕过的一董姓女子封"妃"。丁文彬年幼时，叔祖丁芝田在山东任教官，与孔府衍圣公某交订。丁文彬随这位叔祖在山东住过几日，终身不忘，因此想入非非，在《洪范》《春秋》中妄称该衍圣公曾将其二女许配给他，于是分别封"后""妃"，孔府其他人也封予高官显爵。丁文彬还编造《时宪书》，自拟国号"大明"（后改"大夏"），年号"天元"（后改"昭武"），自画钱币样式，自订冠婚丧葬制度等。十八年（公元1753年）五月，三十八岁的丁文彬携带《洪范》《春秋》和《时宪书》等来到曲阜孔府，向素不相识的当代衍圣公孔昭焕献书、攀亲。孔昭焕呈报山东巡抚，巡抚上奏清廷，最后照"大逆"谋反例把丁文彬凌迟处死枭首示众，他的亲属及看过"逆书"的王士照等人分别判斩监候、杖、流等。

⑫　《江表传》："时有道士琅邪于吉，先寓居东方，来吴会，立精舍，烧香读道书，制作符水以疗病，吴会人多事之。孙策尝于郡城楼上请会宾客，吉乃盛服趋度门下。诸将宾客三分之二下楼拜之，掌客者禁诃不能止。策即令收之。诸事之者，悉使妇女入见策母，请之。母谓策曰：'于先生亦助军作福，医护将士，不可杀之。'策曰：'昔南阳张津为交州刺史，舍前圣典训，废汉家法律，常着绛帓头，鼓琴烧香，读邪俗道书，云以助化，卒为蛮夷所杀。此甚无益，诸君但未悟耳。今此子已在鬼录，勿复费纸笔也。'即催斩之，县首于市。"（《后汉书》，中华书局1965年第1版，第1084页）

⑬　严格来说，"儒教"这个概念恐怕并不确切。韦伯《儒教与道教》："中国语言中没有'宗教'对应的专门名词，有的只是：1.（儒家学派的）'教义'；2.'礼'，而无宗教性质的和约定俗成之分。孔夫子主义的正式中国名称是'文人的教义'（儒教）。"

韦伯的这个说法虽然值得商榷，但对"儒教"来说却是大体适用的。儒学，即便是充满了阴阳五行的儒学，毕竟还没有诸如"彼岸世界"这类思想。至于中文当中的"教"字，"宗教"这层意思恐怕是相当后起的，大概是在宋朝。我们看到东汉时期的道教众流派并没有给自己冠以"教"的名目，比如，张角他们的"太平道"（后来闹出黄巾军起义），张道陵一家创立的"天师道"（俗称"五斗米道"），还有魏伯阳的"金丹道"，都是称"道"而不称"教"的。唐代封演《封氏闻见记》有"道教"条目，但所说的"道教"之"教"，意思应该是"学派"。

在"儒教"这个问题上，早先的外国人当中倒是伏尔泰理解得比较妥帖——在他的《风俗论》这部巨著里，他对中国的描述虽然错误百出，但还真把"儒教"的意义说对了：他们的孔子不创新说，不立新礼；他不做受神启者，也不做先知。他是传授古代法律的贤明官吏。我们有时不恰当地（把他的学说）称为"儒教"，其实他并没有宗教，他的宗教就是所有皇帝和大臣的宗教，就是先贤的宗教。孔子只是以道德谆谆告诫人，而不宣扬什么奥义。在他的第一部书中，他说为政之道，在日日新。在第二部书中，他证明上帝亲自把道德铭刻在人的心中，他说人非生而性恶，恶乃由过错所致。第三部书是纯粹的格言集，其中找不到任何鄙俗的言辞，可笑的譬喻。孔子有弟子5000，他可以成为强大的党派的领袖，但他宁愿教育人，不愿统治人。——伏尔泰：《风俗论——论各民族的精神与风俗以及自查理曼至路易十三的历史》上册（梁守锵/译，商务印书馆1995年第1版，第74页）。

梁启超有过一个斩钉截铁的论断："吾国有特异于他国者一事，日无宗教是也。"他以为这是好事而不是坏事，后来又解释说："中国无宗教，无迷信，此就其学术发达以后之大体言之也。中国非无宗教思想，但其思想之起特早，且常倚于切实，故迷信之力不甚强，而受益受弊皆少，中国古代思想，敬天畏天，其第一著也。其言天也，与今日西教言造化主题颇近，但其语圆通，不似彼之拘墟迹象，易滋人惑。"（梁启超：《论中国学术思想变迁之大势》，载于《饮冰室合集》"饮冰室文集之七"）

⑭ ［法］谢和耐：《蒙元入侵前夜的中国日常生活》（刘东/译，江苏人民出版社，1998年3月第1版，第155—156页）

⑮ ［德］韦伯：《儒教与道教》（王容芬/译，商务印书馆1995年第1版，第264—265页）：祖先崇拜和作为世袭制臣民心态基础的世俗的孝之基本意义，也正是儒教国家的实际宽容的绝对界限。这种宽容，一方面表现出同西方古代态度的亲缘关系，另一方面，也表现出同这种态度的本质区别。国家祭祀的对象是那些官方承认的大神。但是，皇帝偶尔也参拜道教与佛教的圣迹……地相占卜工作由国家付酬。风水受到公开承认，偶尔也镇压来自西藏的驱魔师……不过，肯定出自纯粹政治治安的理由。城市的官大人正式参加道教城隍的祭奠，由道长封的神还需皇上批准。既没有受到保护的、要求"良心自由"的权利，另一方面，一般也没有由于纯粹的宗教观点招致的迫害，除非巫术的原因（类似希腊的宗教裁判）或政治的观点要求这种迫害。不过，政治观点总是要求相当残酷的迫害。

⑯ 《史记集解》引汉名臣奏：杜业奏曰："河间献王经术通明，积德累行，天下雄俊觿儒皆归之。孝武帝时，献王朝，被服造次必于仁义。问以五策，献王辄对无穷。孝武帝觉然难之，谓献王曰：'汤以七十里，文王百里，王其勉之。'王知其意，归即纵酒听乐，因以终。"

⑰ 《后汉书》李贤注引刘向《孙卿子后序》：卿名况，赵人也。楚相春申君以为兰陵令。或谓春申君曰："汤以七十里，文王以百里。孙卿贤者，今与之百里地，楚其危乎！"春申君谢之。孙卿去之赵，后客或谓春申君曰："伊尹去夏入殷，殷王而夏亡，管仲去鲁入齐，鲁弱而齐强，故贤者所在，君尊国安。今孙卿天下贤人，所去之国其不安乎！"春申君使人聘孙卿，乃还，复为兰陵令。
——此事姑妄听之，未必可靠。钱穆的《先秦诸子系年》有一条"春申君封荀卿为兰陵令辨"，对此详加考辨，认为"后世言荀卿事，悉本马迁刘向。然向言最难凭……"可以参看。

⑱ 《汉书·五行志》：武帝建元六年六月丁酉，辽东高庙灾。四月壬子，高园便殿火。董仲舒对曰："《春秋》之道举往以明来，是故天下有物，视《春秋》所举与同比

者，精微眇以存其意，通伦类以贯其理，天地之变，国家之事，粲然皆见，亡所疑矣。按《春秋》鲁定公、哀公时，季氏之恶已孰，而孔子之圣方盛。夫以盛圣而易孰恶，季孙虽重，鲁君虽轻，其势可成也。故定公二年五月两观灾。两观，僭礼之物。天灾之者，若曰，僭礼之臣可以去。已见罪征，而后告可去，此天意也。定公不知省。至哀公三年五月，桓宫、釐宫灾。二者同事，所为一也，若曰燔贵而去不义云尔。哀公未能见，故四年六月亳社灾。两观、桓、釐庙、亳社，四者皆不当立，天皆燔其不当立者以示鲁，欲其去乱臣而用圣人也。季氏亡道久矣，前是天不见灾者，鲁未有贤圣臣，虽欲去季孙，其力不能，昭公是也。至定、哀乃见之，其时可也。不时不见，天之道也。今高庙不当居辽东，高园殿不当居陵旁，于礼亦不当立，与鲁所灾同。其不当立久矣，至于陛下时天乃灾之者，殆其时可也。昔秦受亡周之敝，而亡以化之；汉受亡秦之敝，又亡以化之。夫继二敝之后，承其下流，兼受其猥，难治甚矣。又多兄弟亲戚骨肉之连，骄扬奢侈，恣睢者众，所谓重难之时者也。陛下正当大敝之后，又遭重难之时，甚可忧也。故天灾若语陛下：'当今之世，虽敝而重难，非以太平至公，不能治出。视亲戚贵属在诸侯远正最甚者，忍而诛之，如吾燔辽东高庙乃可；视近臣在国中处旁仄及贵而不正者，忍而诛之，如吾燔高园殿乃可'云尔。在外而不正者，虽贵如高庙，犹灾燔之，况诸侯乎！在内不正者，虽贵如高园殿，犹燔灾之，况大臣乎！此天意也。罪在外者天灾外，罪在内者天灾内，燔甚罪当重，燔简罪当轻，承天意之道也。"

先是，淮南王安入朝，始与帝舅太尉武安侯田蚡有逆言。其后胶西于王、赵敬肃王、常山宪王皆数犯法，或至夷灭人家，药杀二千石，而淮南、衡山王遂谋反。胶东、江都王皆知其谋，阴治兵弩，欲以应之。至元朔六年，乃发觉而伏辜。时田蚡已死，不及诛。上思仲舒前言，使仲舒弟子吕步舒持斧钺治淮南狱，以《春秋》谊颛断于外，不请。既还奏事，上皆是之。

㉙［元］马端临《文献通考》："帝之驭下以深刻为明，汤之决狱以惨酷为忠，而仲舒乃以经术附会之。王、何以老庄宗旨释经，昔人犹谓其罪深于桀纣，况以圣经为缘饰淫刑之具，导人主以多杀乎？其罪又深于王、何矣。"

㉚《汉书·淮南衡山济北王传》：赵王彭祖、列侯让等四十三人皆曰："淮南王安大逆无道，谋反明白，当伏诛。"膠西王端议曰："安废法度，行邪辟，有诈伪心，以乱天下，营惑百姓，背畔（叛）宗庙，妄作妖言。《春秋》曰：'臣毋将，将而诛。'安罪重于将，谋反形已定。臣端所见其书印图及它逆亡道事验明白，当伏法。论国吏二百石以上及比者，宗室近幸臣不在法中者，不能相教，皆当免，削爵为士伍，毋得官为吏。其非吏，它赎死金二斤八两，以章安之罪，使天下明知臣子之道，毋敢复有邪僻背畔之意。"承相弘、廷尉汤等以闻，上使宗正以符节治王。未至，安自刑杀。后、太子诸所与谋皆收夷。国除为九江郡。

㉛《盐铁论·晁错》："大夫曰：《春秋》之法，'君亲无将，将而必诛。'故

臣罪莫重于弑君，子罪莫重于弑父。日者，淮南、衡山修文学招四方游士，山东儒、墨咸聚于江、淮之间，讲议集论，著书数十篇。然卒于背义不臣，使谋叛逆，诛及宗族。晁错变法易常，不用制度，迫蹴宗室，侵削诸侯，蕃臣不附，骨肉不亲，吴、楚积怨，斩错东市，以慰三军之士而谢诸侯。斯亦谁杀之乎？文学曰：孔子不饮盗泉之流，曾子不入胜母之闾。名且恶之，而况为不臣不子乎？是以孔子沐浴而朝，告之哀公。陈文子有马十乘，弃而违之。《传》曰：'君子可贵可贱，可刑可杀，而不可使为乱。'若夫外饰其貌而内无其实，口诵其文而行不犹其道，是盗，固与盗而不容于君子之域。《春秋》不以寡犯众，诛绝之义有所止，不兼怨恶也。故舜之诛，诛鲧；其举，举禹。夫以玙璠之玼而弃其璞，以一人之罪而兼其众，则天下无美宝信士也。晁生言诸侯之地大，富则骄奢，急则合从。故因吴之过而削之会稽，因楚之罪而夺之东海，所以均轻重，分其权，而为万世虑也。弦高诞于秦而信于郑，晁生忠于汉而仇于诸侯。人臣各死其主，为其国用。此解杨之所以厚于晋而薄于荆也。"

⑬　别以为元政权没文化，忽必烈杀文统就是这么杀的，"人臣无将"还见于诏书，见《元史·叛臣传》："文统乃伏诛。子荛并就戮。诏谕天下曰：'人臣无将，垂千古之彝训；国制有定，怀二心者必诛。何期辅弼之僚，乃蓄奸邪之志。平章政事王文统，起由下列，擢置台司，倚付不为不深，待遇不为不厚，庶收成效，以底丕平。焉知李璮之同谋，潜使子荛之通耗。迩者获亲书之数幅，审其有反状者累年，宜加肆市之诛，以著滔天之恶。已于今月二十三日，将反臣王文统并其子荛，正典刑讫。於戏！负国恩而谋大逆，死有余辜；处相位而被极刑，时或未喻。咨尔有众，体予至怀。'"

秦长卿谏杀阿合马也是以这个名义，见《元史·秦长卿传》："臣愚戆，能识阿合马，其为政擅生杀人，人畏惮之，固莫敢言，然怨毒亦已甚矣。观其禁绝异议，杜塞忠言，其情似秦赵高；私蓄逾公家赀，觊觎非望，其事似汉董卓。《春秋》人臣无将，请及其未发，诛之为便。"

⑬　《三国志》裴松之注引《江表传》：江表传曰：时有道士琅邪于吉，先寓居东方，往来吴会，立精舍，烧香读道书，制作符水以治病，吴会人多事之。策尝于郡城门楼上，集会诸将宾客，吉乃盛服杖小函，漆画之，名为仙人铧，趋度门下。诸将宾客三分之二下楼迎拜之，掌宾者禁呵不能止。策即令收之。诸事之者，悉使妇女入见策母，请救之。母谓策曰："于先生亦助军作福，医护将士，不可杀之。"策曰："此子妖妄，能幻惑众心，远使诸将不复相顾君臣之礼，尽委策下楼拜之，不可不除也。"诸将复连名通白事陈乞之，策曰："昔南阳张津为交州刺史，舍前圣典训，废汉家法律，尝著绛帕头，鼓琴烧香，读邪俗道书，云以助化，卒为南夷所杀。此甚无益，诸君但未悟耳。今此子已在鬼箓，勿复费纸笔也。"即催斩之，县首于市。诸事之者，尚不谓其死而云尸解焉，复祭祀求福。

⑭　《三国志》裴松之注引《志林》：初顺帝时，琅邪宫崇诣阙上师于吉所得神书于

曲阳泉水上，白素硃界，号《太平清领道》，凡百余卷。顺帝至建安中，五六十岁，于吉是时近已百年，年在耄悼，礼不加刑。又天子巡狩，问百年者，就而见之，敬齿以亲爱，圣王之至教也。吉罪不及死，而暴加酷刑，是乃谬诛，非所以为美也。喜推考桓王之薨，建安五年四月四日。是时曹、袁相攻，未有胜负。案夏侯元让与石威则书，袁绍破后也。书云："授孙贲以长沙，业张津以零、桂。"此为桓王于前亡，张津于后死，不得相让，譬言津之死意矣。

臣松之案：太康八年，广州大中正王范上交广二州春秋。建安六年，张津犹为交州牧。《江表传》之虚如《志林》所云。

⑬《三国志》裴松之注引《搜神记》：策欲渡江袭许，与吉俱行。时大旱，所在熇厉。策催诸将士使速引船，或身自早出督切，见将吏多在吉许，策因此激怒，言："我为不如于吉邪，而先趋务之？"便使收吉。至，呵问之曰："天旱不雨，道涂艰涩，不时得过，故自早出，而卿不同忧戚，安坐船中作鬼物态，败吾部伍，今当相除。"令人缚置地上暴之，使请雨，若能感天日中雨者，当原赦，不尔行诛。俄而云气上蒸，肤寸而合，比至日中，大雨总至，溪涧盈溢。将士喜悦，以为吉必见原，并往庆慰。策遂杀之。将士哀惜，共藏其尸。天夜，忽更兴云覆之；明旦往视，不知所在。

案：《江表传》《搜神记》于吉事不同，未详孰是。

……《搜神记》曰：策既杀于吉，每独坐，仿佛见吉在左右，意深恶之，颇有失常。后治创方差，而引镜自照，见吉在镜中，顾而弗见，如是再三，因扑镜大叫，创皆崩裂，须臾而死。

⑯〔美〕刘易斯·科塞：《理念人——一项社会学的考察》（郭方等/译，郑也夫、冯克利/校，中央编译出版社2001年第1版，第90页）："审查制度的出现比印刷文字早得多。但自从印刷业使观念的广泛传播成为可能后，审查制度才完整地形成。无论什么样的政治集团或统治形式，也无论在哪个历史时期，审查制度在任何地方都作为对社会控制的重要机制发挥着作用。统治者历来限制那些他们以为与自己的利益对立或者有损于公共利益的思想的传播。"——科塞的说法显然是不够严密的，"任何"和"无论"这样的用语或许忽略了现代社会当中的一些例外，比如"百花齐放，百家争鸣"。

⑰〔美〕刘易斯·科塞：《理念人——一项社会学的考察》（郭方等/译，郑也夫、冯克利/校，中央编译出版社2001年第1版，第90—91页）

⑱〔美〕魏特夫：《东方专制主义——对于极权力量的比较研究》（徐式谷/译，中国社会科学出版社1989年第1版，第123页）："在现代极权主义国家中，关在集中营和强迫劳动营中的人们时常被允许聚集在一起随意谈话；而在其中有一些人还常被指定担任辅助性的监督工作。从行政效果递减法则的角度来看，给与他们以这种'自由'是合算的。这种做法既可以节省人员，同时决不会威胁集中营的长官及其卫队的权力。农业

管理社会中的村落、基尔特和从属的宗教组织不是恐怖营。但是和恐怖营有一点相同，即它们享有某些和政治无关的自由。在某些情况下，这种自由是相当大的，可是并没有导致完全的自治。充其量它们是建立了一种乞丐式的民主。"

⑬　[德]马克斯·韦伯《中国的宗教——儒教与道教》（康乐、简惠美/译，收入《韦伯作品集》第5卷，广西师范大学出版社2004年第1版，第179—180页）。这是《儒教与道教》的另一个译本。

⑭　李弘祺《科举——隋唐到明清的考试制度》（《中国文化新论·制度篇》，三联书店1992年第1版，第293页）

⑭　鲁迅：《沙》（收入《鲁迅全集》第五卷《南腔北调集》，人民文学出版社，1973年第1版，第142—144页），文章很短，全文摘引一下：近来的读书人，常常叹中国人好像一盘散沙，无法可想，将倒楣的责任，归之于大家。其实这是冤枉了大部分中国人的。小民虽然不学，见事也许不明，但知道关于本身利害时，何尝不会团结。先前有跪香，民变，造反；现在也还有请愿之类。他们的像沙，是被统治者"治"成功的，用文言来说，就是"治绩"。

那么，中国就没有沙么？有是有的，但并非小民，而是大小统治者。

人们又常常说："升官发财。"其实这两件事是不并列的，其所以要升官，只因为要发财，升官不过是一种发财的门径。所以官僚虽然依靠朝廷，却并不忠于朝廷，吏役虽然依靠衙署，却并不爱护衙署，头领下一个清廉的命令，小喽罗是决不听的，对付的方法有"蒙蔽"。他们都是自私自利的沙，可以肥己时就肥己，而且每一粒都是皇帝，可以称尊处就称尊。有些人译俄皇为"沙皇"，移赠此辈，倒是极确切的尊号。财何从来？是从小民身上刮下来的。小民倘能团结，发财就烦难，那么，当然应该想尽方法，使他们变成散沙才好。以沙皇治小民，于是全中国就成为"一盘散沙"了。

然而沙漠以外，还有团结的人们在，他们"如入无人之境"的走进来了。

这就是沙漠上的大事变。当这时候，古人曾有两句极切贴的比喻，叫作"君子为猿鹤，小人为虫沙"。那些君子们，不是像白鹤的腾空，就如猢狲的上树，"树倒猢狲散"，另外还有树，他们决不会吃苦。剩在地下的，便是小民的蝼蚁和泥沙，要践踏杀戮都可以，他们对沙皇尚且不敌，怎能敌得过沙皇的胜者呢？

然而当这时候，偏又有人摇笔鼓舌，向着小民提出严重的质问道："国民将何以自处"呢，"问国民将何以善其后"呢？忽然记得了"国民"，别的什么都不说，只又要他们来填亏空，不是等于向着缚了手脚的人，要求他去捕盗么？

但这正是沙皇治绩的后盾，是猿鸣鹤唳的尾声，称尊肥己之余，必然到来的末一着。

（七月十二日。）

⑫ 《三国志》裴松之注引《吴录》：时有高岱者，隐于余姚，策命出使会稽丞陆昭逆之，策虚己候焉。闻其善《左传》，乃自玩读，欲与论讲。或谓之曰："高岱以将军但英武而已，无文学之才，若与论传而或云不知者，则某言符矣。"又谓岱曰："孙将军为人，恶胜己者，若每问，当言不知，乃合意耳。如皆辨义，此必危殆。"岱以为然，及与论传，或答不知。策果怒，以为轻己，乃囚之。知交及时人皆露坐为请。策登楼，望见数里中填满。策恶其收众心，遂杀之。

⑬ ［英］伯特兰·罗素：《论国家》（收录于《罗素自选文集》，戴玉庆/译，商务印书馆2006年第1版），引文见该书第59页。

⑭ ［清］舒铁云《曲阜拜圣人林下》：劫火红烧秦月令，史才青削鲁春秋。出家仙佛开生面，入彀英雄到白头。

⑮ 陈寅恪《文章》：八股文章试帖诗，宗朱颂圣有成规。白头宫女哈哈笑，眉样如今又入时。

［清］福格《听雨丛谈》：一曰：今科场之病，莫甚于拟题。且以经文言之，所习本经四道，而本经可以出题者不过数十。富家巨族，延请名士馆于家塾，将此数十题各撰一篇，酬价，令其子弟及僮仆之俊慧者记诵熟习。入场命题，十符八九，即以所记之文抄誊上卷，较之风檐结构，难易迥殊。《四书》亦然。发榜后，少年貌美者多得馆选。天下之士，靡然从风。余闻昔年《五经》之中，惟《春秋》止记题目，然亦须兼读四传、《礼记》《内则》。百年以来，《丧服》等篇皆删去不读，今则并《檀弓》不读矣。《书》则删去《五子之歌》《汤誓》《盘庚》《西伯戡黎》《微子》《金滕》《顾命》《康王之诰》《文王之命》等篇不读，《诗》则删去淫风变雅不读，《易》则删去讼、否、剥、遁、明夷、睽、蹇、困、旅等卦不读，止记其可以出题之篇，及此数十题之文而已。昔人所须十年而成者，以一年成之，故愚以为八股之害，等于焚书，而败人才，有甚于咸阳所坑者也。

⑯ 比如［清］顾炎武《日知录》："秦之焚书而'五经'亡，本朝以取士而'五经'亡。今之为科举之学者，大率皆帖括熟烂之言，不能通知大义者也。而《易》《春秋》尤为缪盭。"

⑰ 于吉的故事也有另外的说法，他也许当真做过什么的——毛主席在1958年写的《对〈张鲁传〉评注》里说："在南方，有于吉领导的群众运动，也是道教。"而当时的动荡背景是（仍据此文）："汉末的黄巾运动，规模极大，那是太平道。在南方，有于吉领导的群众运动，也是道教。在西方（以汉中为中心的陕南川北区域），有五斗米道。史称，五斗米道与太平道'大都相似'，是一条路线的运动，又称张鲁等三世，行五斗米道，'民夷便乐'，可见大受群众欢迎。信教者出五斗米，以神道治病，置义舍

（大路上的公共宿舍）吃饭不要钱（目的似乎是招来关中区域的流民）；修治道路（以犯轻微错误的人修路）；'犯法者三原而后刑'（以说服为主要方法）；'不置长吏，皆以祭酒为治'，祭酒'各领部众，多者为治头大祭酒'（近乎政社合一，劳武结合，但以小农经济为基础）。这几条，就是五斗米道的经济、政治纲领。"

⑭ 梁启超：《论中国学术思想变迁之大势》（载于《饮冰室合集》"饮冰室文集之七"）："既贵一尊矣，然当时百家，莫不自思以易天下，何为不一于他而独一于孔？是亦有故。周末大家，足与孔并者，无逾老、墨。然墨氏主平等，大不利于专制；老氏主放任，亦不利于干涉，与霸者所持之术，固已异矣。惟孔学则严等差、贵秩序，而措而施之者归结于君权，虽有大同之义、太平之制，而密勿微言，闻者盖寡，其所以干七十二君、授三千弟子者，大率上天下泽之大义，扶阳抑阴之庸言，于帝王驭民最为合适。故霸者窃取而利用之以宰制天下。汉高在马上，取儒冠以资溲溺，及既定大业，则适鲁以太牢祀矣。盖前此则孔学可以为之阻力，后此则孔学可以为之奥援也。此其三。"

⑭ 景耀月《读史感言》

⑮ 区别黄老与老庄的早有其人，清代魏源在这个问题上很有精辟之见："有黄老之学，有老庄之学，黄老之学出于上古，故五千言中动称经言及太上有言，又多引礼家之言、兵家之言。其宗旨见于《庄子·天下篇》，其旁出者见于《灵枢经》黄帝之言及《淮南·精神训》，其于六经也近于《易》。其末章欲得小国寡民而治之，又言以身治身、以家国天下治家国天下，则其辄言天下无为者，非枯坐拱手而化行若驰也。"（魏源《老子本义序》，载《魏源集》，中华书局1983年第1版，第253页）

⑤ 胡适：《中国中古思想小史》（《胡适文集》第6卷，欧阳哲生/编，北京大学出版社1998年第1版，引文见第638页）

⑤ ［清］魏源《老子本义》（载《魏源集》，中华书局1983年第1版，第255页）

⑤ 白寿彝《民俗学和历史学》（收录于《二十世纪中国民俗学经典·民俗理论卷》，社会科学出版社2002年第1版，引文见该书第134页），引文中的"封建社会"意思和本文所用的不同。

⑤ 张岱年：《爱国主义与民族凝聚力的思想基础》（收录于《张岱年全集》第7卷，河北人民出版社1996年第1版，引文见第390页）

⑤ 详见《史记·刘敬叔孙通列传》

⑤⑥《史记·礼书》："至秦有天下，悉内六国礼仪，采择其善，虽不合圣制，其尊君抑臣，朝廷济济，依古以来。至于高祖，光有四海，叔孙通颇有所增益减损，大抵皆袭秦故。"

⑤⑦《金史·世宗本纪上》：上谓皇太子曰："吾儿在储贰之位，朕为汝措天下，当无复有经营之事。汝惟无忘祖宗纯厚之风，以勤修道德为孝，明信赏罚为治而已。昔唐太宗谓其子高宗曰：'吾伐高丽不克终，汝可继之。'如此之事，朕不以遗汝。如辽之海滨王，以国人爱其子，嫉而杀之，此何理也。子为众爱，愈为美事，所为若此，安有不亡。唐太宗有道之君，而谓其子高宗曰：'尔于李绩无恩。今以事出之，我死，宜即授以仆射，彼必致死力矣。'君人者，焉用伪为。受恩于父，安有忘报于子者乎？朕御臣下，惟以诚实耳。"

⑤⑧《金史·世宗本纪下》：丙子，次永清县。有移剌余里也者，契丹人也，隶虞王猛安，有一妻一妾。妻之子六，妾之子四。妻死，其六子庐墓下，更宿守之。妾之子皆曰："是嫡母也，我辈独不当守坟墓乎？"于是，亦更宿焉，三岁如一。上因猎，过而闻之，赐钱五百贯，仍令县官积钱于市，以示县民，然后给之，以为孝子之劝。

⑤⑨［元］郝经《与宋国两淮制置使书》，收录于《郝文忠公凌川文集》卷三。

⑥⓪［美］张光直：《商文明》（张良仁、岳红彬、丁晓雷/译，辽宁教育出版社2002年第1版，第339页）。张光直引傅斯年的段落是："在殷商西周以前，或与殷商西周同时所有今山东全省境中，及河南省之东部，安徽之东北角，或兼及河北省之渤海岸，并跨海而括朝鲜的两岸，一切地方，其中不止一个民族见于经典者，有大暞、少暞，有济徐方诸部，风盈偃诸姓，全叫做夷……夏一代的大事正是和这些夷斗争。"下面是张光直的话："商人，傅斯年认为'虽非夷，然曾抚有夷方之人，并用其文化，凭此人民以伐夏而灭亡之，实际上亦可说夷人胜夏。'夷夏对立的文献中，商人显然是一个夷人城邦，它在整个夏代统治期间始终保持一定的政治地位。"

商的来历一直是个争议很大的问题，大体有东、西、北三说，现在来看，东来说比较占了优势，详细论述参看王玉哲《中华远古史》第四章第四节。

⑥①丁山：《古代神话与民族》（商务印书馆2005年第1版，第14页）："种族问题，在古代也闹得很厉害。殷商王朝，封建亲属子弟或王朝公卿为侯为亚，对于外族则例成为'方'，土方……马方、鬼方，多少涵有种族的歧视意味。周人伐商，例称商人为'戎商'，为'夷商'，而称楚人为'荆蛮'，称徐人为淮夷，种族的歧视，一如蒙古帝国歧视契丹、女真为'汉人'，卑视宋人为'南人'……"——看来连"汉人"都曾是种族歧视的称呼呀！

⑫　［英］哈耶克：《通往奴役之路》（王明毅/译，社会科学出版社1997年第1版）第10章。

⑬　［法］罗兰·巴特：《神话——大众文化诠释》（许蔷蔷、许绮玲/译，上海人民出版社1999年第1版，第175页）

后 记

这个结尾倒更像是一篇小说的结尾，不过，就这样结尾吧。

感谢文渊对这份文稿辛勤的编辑整理（虽然我又笨手笨脚地搞坏了一些word格式），感谢玫瑰的原生质建立并维护了一个叫作"熊霸天下"的QQ群，感谢煮酒无ID对这个QQ群的巨额赞助（虽然我更希望他直接赞助我的肚子），感谢负重前行发起了网络讨论会，感谢潇水、文渊诸位在本书第一次有了出版假象时为我写的评论（帮我满足了出版社的要求，可人家却变卦了，连累大家白辛苦，深表歉意！），感谢方律师辛勤地为我创建了博客并更新文章，感谢煮酒众多网友对好熊大无畏的表扬和小心翼翼的批评（虽然好熊对任何疾风暴雨式的表扬都有坦然接受的心理素质），熊逸工作室（这是一位网友的ID）发起的网上预订活动更让我感激涕零，还要感谢无数英雄豪杰的推波助澜（不好意思，我只能挂一漏万了）。他们的名号虽然看上去颇像牛鬼蛇神的黑名单，但难保其中没有蜀山的剑侠、锦衣卫的统领、扬州的盐商、五台山的高僧……嗯，再对大家说一声"谢谢"。

本文一开始是在网上连载的，连载结束的那天，我这颗老迈的心竟然起了一丝伤感，感觉好像年轻时走出电影院，蓦然发现自己置身于光天化日之下，车水马龙之间。

该结束的总是要结束的，最后，希望这稿子能够顺利出版吧。在写作环节上我可以做很多事情，但在出版环节上，我能做的就只有祈祷了。

熊　逸

2007年1月22日

新版后记

从没想过还有为这本书再写后记的机会，换句话说，从没想过这本书还能再版。

距离初版，转眼已经十几年了。这十几年间，虽然有时候我会拿起这本书，但从没想要翻开一页。对于自己的作品，刚刚写完的时候总觉得这好那好，处处满意，但只要稍过几个月，就会浑身不自在，再看会很尴尬，就像爱美的女生看到自己曾经拍过的丑照片。

心情复杂，实在说不出什么了。无论如何，感谢那些在十几年后的今天依然记得这本书的人，感谢罗辑思维把它发掘出来，感谢博集天卷让它再一次重见天日。

熊　逸

2019年1月

© 民主与建设出版社，2025

图书在版编目（CIP）数据

春秋大义：中国传统语境下的皇权与学术 / 熊逸著
. -- 北京：民主与建设出版社，2018.9（2025.2 重印）
ISBN 978-7-5139-2266-1

Ⅰ.①春… Ⅱ.①熊… Ⅲ.①中国历史—春秋时代—
编年体②《春秋》—研究 Ⅳ.① K225.04

中国版本图书馆 CIP 数据核字（2018）第 187029 号

春秋大义：中国传统语境下的皇权与学术
CHUNQIU DAYI: ZHONGGUO CHUANTONG YUJING XIA DE HUANGQUAN YU XUESHU

著　　者	熊　逸
责任编辑	韩增标
监　　制	于向勇
策划编辑	楚　静
营销编辑	时宇飞　黄璐璐　刘　爽
装帧设计	潘雪琴
出版发行	民主与建设出版社有限责任公司
电　　话	（010）59417747　59419778
社　　址	北京市海淀区西三环中路 10 号望海楼 E 座 7 层
邮　　编	100142
印　　刷	三河市兴博印务有限公司
开　　本	700mm×995mm　1/16
印　　张	37
字　　数	660 千字
版　　次	2019 年 3 月第 1 版
印　　次	2025 年 2 月第 2 次印刷
标准书号	ISBN 978-7-5139-2266-1
定　　价	88.00 元

注：如有印、装质量问题，请与出版社联系。